워너비
투자자

Wannabe Investor

주식은 겁난다?
그래서 이 책을 만들었다!

워너비
투자자

첫 주식을 사기 전에 반드시 알아야 할 투자 레슨 40

앤 마리 사바스 지음 | 신용우 옮김

동양북스

이 책은 어려운 금융 용어 앞에서 막막했던 사람, 월급이 빠듯해 투자를 망설이던 사람, 학자금 대출로 허덕이던 사람들이 경제적 자유로 나아갈 용기를 준다. 마지막 장을 덮을 때면 누구나 '투자가 이렇게 흥미로운 일이구나' 하고 느끼게 될 것이다.

세계은행 이사회 전 미국 이사, 투자자, 인터벌 벤처, 에릭 베델

이 책은 헷갈리기만 했던 투자 개념을 명쾌하게 풀어낸다. 저자는 초보 투자자들이 꼭 알아야 할 핵심을 놀라울 만큼 쉽게 전달할 뿐만 아니라, 투자 경험이 풍부한 독자에게도 새로운 통찰을 선사한다.

투자 전략가이자 포브스 금융 및 경제 분야 수석 기고가, 《한입 투자(Bite-Sized Investing)》 저자, 밀턴 에즈라티

투자자라면 반드시 곁에 두어야 할 책이다. 주식의 개념, 시장의 원리, 그리고 리스크 관리에 필요한 원칙까지 명확하게 짚어준다. 투자 여정을 시작하는 모든 이들에게 든든한 나침반이 되어줄 것이다.

《언더머니(Undermoney)》 저자, **제이 뉴먼**

이 책은 말 그대로 '투자서의 결정판'이라 할 만하다. 저자는 투자의 세계를 생생하게 담아내며, 노련한 투자자들이 지켜온 원칙들을 이해하기 쉽게 설명한다. 이 책을 읽고 나면 누구든 현명한 투자자로 거듭날 수 있을 것이다.

《온 파(On Parr)》 저자, **켄 머리**

지난 10년 동안 막막한 투자 세계에서
길을 비춰준 앨런에게.
65년 동안 시장을 여행하며 얻은
풍부한 지식과 지혜를 나눠주셔서 감사합니다.

◦∘ ═══▷ **차례** ◁═══ ∘◦

투자 수단과 전략의 원리를 이해하라 ⋯ ⟶

원칙을 세우고 꾸준히 실천하라

투자는 '준비된 순간'이 아니라, '결심한 순간'에 시작된다

지식에 투자하는 것이
가장 높은 이익을 낸다.

투자의 아버지, 벤저민 프랭클린

혹시 당신도 다음과 같은 이유로 투자를 망설이고 있는가?

- 월급이 생활비로 모두 나간다.

- 학자금부터 다 갚고 투자할 생각이다.

- 투자를 시작할 자금이 충분하지 않다고 생각한다.

- 증권 계좌 개설법을 모른다.

- 돈은 언제나 바로 뺄 수 있어야 해서 은행에 둔다.

- 주식 투자는 도박과 비슷하다고 생각하며, 그런 위험을 감수할 자신이 없다.

- 아직 투자하기엔 지식이 충분하지 않다.

만약 이러한 이유로 투자를 망설이는 중이라면 장담할 수 있다. 이 책은 당신을 위한 책이다.

이 책이 세상에 나오기까지 꼬박 31년이 걸렸다.

1992년 당시, 난 주식에 투자할 돈이 없는 약 40%의 미국인에 속했다.[1] 다행히 작은 사업이 성공하면서 여윳돈이 조금 생겼고, 그 덕분에 금융 전문가에게 2년 정도 자산 관리를 맡길 수 있었다.

하지만 자산 관리사와의 인연은 그리 오래가지 못했다. 내 자산을 관리하던 담당자가 점점 승승장구하면서 내 포트폴리오는 신입 재무 설계사를 거쳐 그의 비서에게 맡겨졌기 때문이다.

결국 나는 자금을 안전한 저축 통장으로 옮기고 그들과의 관계를 정리했다. 그 뒤, 자산을 직접 관리하겠다고 마음먹고 투자 서적을 읽고, 투자 동호회에도 가입하며 부단히 노력했다. 하지만 여전히 투자는 어렵게 느껴졌고, 그렇게 내 돈은 통장에 20년 동안 잠들어 있었다.

다시 투자할 용기를 내기까지는 오랜 시간이 걸렸다. 그 계기가 된 건 '나만의 워런 버핏', 앨런과의 만남이었다. 50년 이상 투자를 한 베테랑인 그는 '투자는 어렵지 않다'는 확신을 내게 줬다. 그와 처음 몇 번의 투자 과정을 함께한 덕분에 자신감도 가질 수 있었다.

지난 10여 년 동안 나만의 워런 버핏을 곁에 둔 건 정말 큰 행운이었다. 하지만 한편으로 이해하기 쉬운 투자서를 더 빨리 찾았다면, 10년은 일찍 돈을 굴렸을 것이라는 아쉬움도 있다.

이 책은 그 당시 내가 간절히 바라왔던 투자 입문서다. 간단한 투자 개념부터 자주 하는 실수까지 꼭 알아야 할 40가지를 추렸다. 그리고 나의 투자 스승이 조언해준 'Key Point'도 담았다.

특히 다른 사람의 도움 없이 혼자 투자하기로 결심했다면 뒤에 나올 '현명한 투자를 위한 18가지 투자 원칙'만큼은 꼭 보라. 초보 투자자에서 워너비 투자자로 거듭나기 위해 반드시 알아야 할 내용을 정리해뒀다.

분명히 말하지만, 난 금융 상담사가 아니다. 투자의 긍정적인 힘을 깨닫고 자산을 키운 평범한 사람일 뿐이다. 내가 할 수 있다면 당신도 할 수 있다.

준비됐는가? 그럼 시작하자!

잠깐!
첫 투자를
하기 전에

자신의 수입 안에서 생활하고,
투자할 수 있게 저축하자.

버크셔 해서웨이의 전 회장, 찰리 멍거

투자를 시작하기 전에 먼저 '나와 돈의 관계'를 이해해야 한다. 돈과의 관계는 저마다 다르다. 누군가는 돈이 줄어들면 불안해하면서도, 뜻밖에 큰돈이 생기면 곧장 써버린다. 또 다른 누군가는 어떤 상황에서든 계획적으로 돈을 쓴다. 이러한 돈과의 관계는 자산 형성에 큰 영향을 끼친다.

사실 나는 20대 때까지 돈과의 관계를 깊이 생각해본 적 없었다. 그저 부모님을 따라 먹고살기 위해 돈을 벌고, 때론 기분 따라 돈을 썼으며, 만약을 대비해 조금 저축했다.

나에게 돈은 당장의 삶을 책임지기 위한 도구에 불과했다. 막연히 '언젠가는 미래를 준비해야지'라고 생각했을 뿐이다.

하지만 필 라우트의 책《돈은 나의 친구(Money Is My Friend)》[2]를 읽고 돈과의 관계를 돌아볼 필요성을 느꼈다.

라우트는 이 책에서 네 가지 부의 법칙을 말했다.

- **소득의 법칙**: 모든 인간의 부는 정신에 의해 창조된다.
- **지출의 법칙**: 모든 거래에서 돈의 가치는 구매자와 판매자에 의해 결정된다.
- **저축의 법칙**: 저축이란 소득에서 남는 돈을 모으는 행위다.
- **투자의 법칙**: 투자란 자신의 자산을 이용해 소득을 늘리는 행위다.

소득의 법칙과 지출의 법칙은 거의 모든 사람이 따른다. 누구나 일해서 돈을 벌고, 그 돈을 음식, 옷, 집 등 필요한 것을 사는 데 쓴다.

그러나 저축의 법칙과 투자의 법칙은 다르다. 저축의 법칙을 잘 실천하는 사람도 있지만, 그렇지 않은 사람도 있다. 실제로 나는 30대 때 버는 족족 다 써버리는 편이었다. 문제는 투자의 법칙을 따르려면 앞의 세 가지 법칙을 실천해야 한다는 것이다. 다시 말해, 충분히 벌고 과소비하지 않아야 저축할 수 있고, 그래야 투자의 기회를 얻을 수 있다.

지금 투자를 시작해도 괜찮을 만큼 재정 상태가 안정적인지 알고 싶다면 먼저 세 가지를 점검해야 한다.

첫째, 퇴직연금을 들었는가?

많은 기업이 '확정기여형(DC)'이나 '확정급여형(DB)' 퇴직연금

제도를 통해 직원의 퇴직금을 적립한다. 여기에 더해 '개인형 퇴직연금(IRP)' 계좌를 활용하면 세액공제 혜택을 받을 수 있다.

IRP 계좌는 납입할 때 세액공제를 받고, 은퇴 후 인출할 때 낮은 세율로 과세되기 때문에, 장기적으로 세금 부담을 줄일 수 있다. 또한 연말정산 시 세액공제 혜택도 받을 수 있다.

다만, IRP나 DC형 계좌의 투자 대상은 제한적이다. 주로 채권형, 혼합형, 상장지수펀드(ETF) 등에만 투자할 수 있으며, 개별 종목 주식에 직접 투자할 수 없다.

그렇더라도 퇴직연금 계좌는 세제 혜택과 은퇴 자산 마련이라는 두 마리 토끼를 잡을 수 있는 중요한 기반이다. 만약 회사에서 퇴직연금을 운영하지 않거나, 개인사업자라면 IRP 계좌 개설을 고려해보자. 단, 제도와 세금 규정은 달라질 수 있으니 가입 전에 꼼꼼히 확인해야 한다.

둘째, 비상금은 충분한가?

내일 갑자기 직장을 잃는다면 당장 생계를 유지할 여윳돈이 있는가? 미국 노동통계국[3]에 따르면 2023년 12월 기준으로 실직 후 다시 일자리를 찾기까지 걸린 평균 기간은 약 22주, 즉 5개월이 조금 넘었다. 중앙값은 2개월 남짓으로 절반은 그보다 빨리 취업했고, 나머지 절반은 더 오래 걸렸다.

사람마다 상황이 다르기 때문에, '비상금으로 얼마가 적당하다'라고 단정할 수는 없다. 다만 전문가들은 적어도 3~6개월 치 생활비를 비상금으로 준비하라고 조언한다. 갑자기 수입이 사라져도 버틸 수 있는 최소한의 안전장치인 셈이다.

게다가 인생에는 늘 예기치 않은 지출이 생긴다. 차를 수리해야 하거나, 갑자기 병원에 입원할 수도 있다. 그럴 때마다 고금리 대출에 의존하게 되면 상황은 더 나빠지고 만다. 그런 상황을 겪지 않기 위해서라도 비상금은 미리 모아야 한다.

셋째, 신용카드 빚은 없는가?

2023년 초에 발표된 한 조사에 따르면, 미국 성인의 35%는 매달 신용카드 대금을 갚지 못했다.[4] 그만큼 많은 사람이 이자를 내며 빚을 쌓은 셈이다.

그러나 신용카드 빚은 가장 먼저 없애야 할 대상이다. 신용카드 금리가 높아서 그대로 두면 매달 꽤 많은 이자를 내야 하기 때문이다.

이때 대표적인 전략은 두 가지다.

- **눈사태 전략**: 모든 카드의 최소 금액만 상환한 뒤, 남은 돈으로 금리가 가장 높은 카드의 빚부터 갚는다. 그 카드의 빚이 모두 정리되면 다음으로 금리가 높은 카드의 빚을 갚는다.
- **눈덩이 굴리기 전략**: 모든 카드의 최소 금액만 상환한 뒤, 남은 돈으로 잔금이 가장 적게 남은 카드의 빚부터 갚는다. 그 카드의 빚이 모두 정리되면 다음으로 잔금이 적은 카드의 빚을 갚는다.

만약 신용카드 빚이 있는데 비상금도 부족하다면 무엇에 먼저 집중해야 할까?

여성 특화 투자 플랫폼 기업인 엘레베스트(Ellevest)의 공동 창립자 샐리 크로첵(Sallie Krawcheck)은 "비상금도 중요하지만, 이를 마련하기 위해 신용카드 빚 상환을 미뤄서는 안 된다"라고 강조했다.[5] 신용카드 이자는 생각보다 빠르게 불어나고, 결국 모아둔 비상금보다 훨씬 큰 비용을 카드값 갚는 데 써야 하기 때문이다.

실제로 2022년 9월 미국의 신용카드 평균 금리는 16%였는데, 이듬해에는 약 21%까지 올랐다. 이는 미국 연방준비제도가 금리 통계를 집계하기 시작한 1994년 이후 가장 높은 수치다.[6]

설령 자신이 이보다 낮은 금리를 적용받고 있더라도, 빚은 하루라도 빨리 갚는 것이 가장 확실한 투자다. 고금리 부채를 방치하는 한, 자산은 쉽게 불어나지 않기 때문이다.

이제 본격적으로 '투자 레슨'을 받아보자!

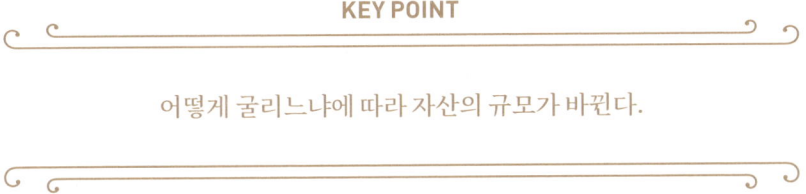

KEY POINT

어떻게 굴리느냐에 따라 자산의 규모가 바뀐다.

Wannabe

Investor

투자자의
시선으로
세상을
바라보라

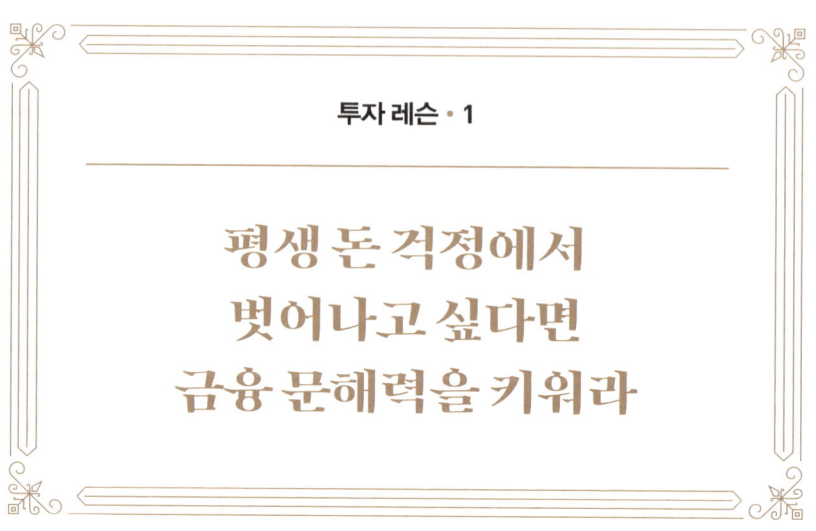

평생 돈 걱정에서 벗어나고 싶다면 금융 문해력을 키워라

2년 안에 IQ를 높이고 싶은가? 그렇다면 안주하지 마라.
언제나 초심자의 태도로 배워라.

아타리 창업자, 놀런 부슈널

금융 문해력이란 돈과 관련된 정보를 잘 이해하고, 현명하게 쓰고 관리하는 능력을 말한다. 예산을 세우고, 소비를 조절하며, 투자 결정을 내리는 것이 모두 여기에 포함된다.

금융 문해력이 부족하면 돈을 지나치게 많이 쓰거나, 너무 적게 저축하는 등 비합리적인 결정을 내리기 쉽다. 실제로 미국 금융교육위원회의 조사에 따르면, 금융 지식이 부족한 사람은 연평균 1,500달

러(약 200만 원) 이상 손해를 보는 것으로 나타났다.[7]

사실 불과 몇 년 전까지만 해도 미국의 청소년 금융 교육은 미흡한 수준이었다. 2023년 기준, 고등학생에게 경제 수업을 의무화한 주는 단 23개뿐이었다는 사실이 이를 뒷받침한다.[8] 반면 덴마크는 7~9학년 학생에게 의무적으로 금융 교육을 실시하고 있으며, 스웨덴, 노르웨이와 함께 세계에서 금융 문해력이 가장 뛰어난 국가로 꼽힌다.[9]

다행히 미국에도 점차 변화의 조짐이 나타나기 시작했다. 워싱턴 D.C.와 푸에르토리코를 포함한 41개 주에서 금융 교육 관련 법안을 추진한 것이다.[10] 물론 금융 교육을 받는다고 해서 누구나 부자가 되는 것은 아니다. 금융 지식은 출발점일 뿐, 그것을 실천으로 옮겨야 한다.

가장 대표적인 방법이 바로 투자다. 미국 주식 시장을 대표하는 S&P500 지수는 1957년 도입 이후 연평균 10.7%의 성장률을 기록했다. 심지어 최근 10년 사이에는 12%를 넘기기도 했다.[11] 이는 정기예금 금리보다 훨씬 높은 수치다.

그런데도 미국인의 40%는 주식에 전혀 투자하지 않는다. 그 이유가 무엇일까? 지금부터 사람들이 투자를 주저하는 대표적인 이유 일곱 가지를 살펴보자.

① 월급을 모두 생활비로 쓴다

투자는커녕 당장 생활비를 감당하기 버거운 사람도 많다. 하지만 지출을 줄일 수 있다면 미래를 위해 투자하는 것이 현명하다.

하루 밥 한 끼까지 줄이며 무조건 검소하게 살라는 뜻이 아니다. 소비를 지나치게 참으면 오히려 삶의 균형이 무너질 수 있다.

투자 자금을 어떻게 마련할지는 철저히 개인의 선택이다. 다만, 찰나의 만족에만 집중하지 말고 더 큰 그림을 그리는 것이 중요하다.

② 학자금 대출부터 갚고 투자할 생각이다

이자율은 대출 종류, 금액, 상환 기간에 따라 다르다. 학자금 대출 중에는 연 이자율이 10%를 넘는 상품도 있지만, 이자율이 비교적 낮은 상품도 있다.

물론 대출 이자율이 높으면 되도록 빨리 갚는 것이 좋다. 하지만 이자율이 낮다면, 일부 여유 자금을 투자로 돌리는 편이 현명할 수도 있다.

예를 들어, 학자금 대출 이자율이 3%인데 금융 상품을 통해 연 7%의 수익을 얻을 수 있다면, 대출을 갚는 것이 4% 손해를 보는 셈이다. (이 4%의 차액을 기회비용이라고 한다.)

참고로, 미국은 2022년 '안전법 2.0'을 통과시켰다. 이 법은 파트타임 근로자의 퇴직연금 가입을 쉽게 하고, 직장을 옮겨도 기존 연금 자산을 이전할 수 있도록 하는 등 퇴직연금 제도를 전반적으로 확대한 법이다. 이 법에 따라 직원이 학자금 대출을 갚으면, 고용주가 그 상환액만큼 퇴직연금 계좌에 돈을 대신 넣어줄 수 있게 되었다. 학자금 대출 상환 때문에 저축을 미루는 근로자들도 은퇴 자금을 마련할 수 있도록 돕기 위한 것이다.[12]

③ 투자할 충분한 자금이 없다

간혹 투자용 거래 계좌를 개설하는 데 큰돈이 필요하다고 생각하는 사람들이 있다. 그러나 사실 일부 투자 회사에서만 최소 예치금을 요구할 뿐이다. 로빈후드(Robinhood)나 위불(Webull) 같은 온라인 거래 플랫폼은 기본 계좌 개설 시 최소 예치금이 없다.

④ 거래 계좌를 개설하는 방법을 모른다

계좌를 개설하는 법을 몰라서 투자하지 않는다는 말은 변명일 뿐이다. 인터넷에 검색하면 계좌를 개설하는 방법이 자세히 나온다. 심지어 거래 플랫폼 앱에서는 차근차근 절차를 따르기만 하면 만들 수 있다. 참고로, '투자 레슨 31'에서도 계좌 개설법을 다룬다.

⑤ 자금을 유동 자산으로 두기를 원한다

유동 자산이란 쉽게 현금으로 바꿀 수 있는 자산을 뜻한다. 대표적으로 적금이나 입출금 계좌가 유동 자산에 속한다. 반면 집이나 땅은 팔아서 현금으로 바꾸려면 시간이 걸린다. 즉, 유동성이 적다.

따라서 생활비나 비상금은 바로 사용하기 쉬운 통장에 두는 것이 현명하다. 다만, 이런 계좌의 이율은 높지 않아 돈을 불리기 힘들다. 가령 물가 상승률이 3%인데 예금의 이율이 0.25%라면, 2.75%의 구매력 손실이 발생하는 셈이다. 그런데 이 자금을 주식, 펀드, ETF 등에 투자하면 돈을 불릴 수 있다. 게다가 이런 종류의 상품들은 필요할 때 현금화하기도 쉽다.

⑥ 주식 투자를 도박으로 여긴다

투자에 대한 아무런 이해 없이 주식부터 매수하는 행동은 분명 도박에 가깝다. 특히 친구나 TV에 나오는 전문가, 혹은 인터넷에 떠도는 말만 믿고 직접 조사하지도 않은 채 주식을 매수하면 안 된다. 하지만 스스로 공부한 뒤 투자한다면 슬롯머신보다 훨씬 나은 수익을 남길 수 있다.

⑦ 충분한 투자 지식이 없다

2023년, 한 금융 신뢰도 조사 결과에 따르면 미국인의 47%가 투자 결정을 내리는 데 불편함을 느낀 것으로 나타났다.[13] 심지어 다른 조사에서는 투자자 가운데 61%가 올바른 투자 결정을 내릴 수 있을지 걱정했다.[14]

자신의 무지함을 아는 것은 중요하다. 단, 투자에 대해 잘 모른다며 손을 놓기보다 '아직 충분한 투자 지식이 없다'라고 생각해야 한다. 지식은 공부하면 얼마든지 쌓을 수 있다.

만약 시간이 부족한 초보 투자자라면 믿을 만한 금융 상담사에게 도움받기를 권한다. 그들은 개인의 상황에 맞는 금융 정보를 제공하고, 현명한 결정을 내리게 도와줄 것이다. 물론 비용은 지불해야 한다. 상담사의 연간 수수료는 보통 대신 관리하는 자금의 0.25~2% 정도다. 전문가의 힘을 빌려 마음의 평화를 유지할 수 있으니 가치는 충분하다.

지금까지 투자하지 않은 이유가 무엇이든, 이 책을 보는 지금은 투자하겠다는 결심을 한 상태일 것이다. 그 결심이 헛되지 않도록 본격적으로 예비 투자자에서 진짜 투자자로 거듭나는 데 필요한 지식을 알아보자.

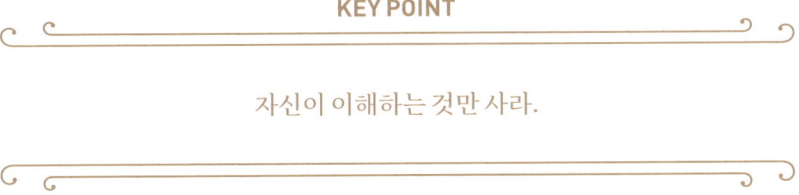

KEY POINT

자신이 이해하는 것만 사라.

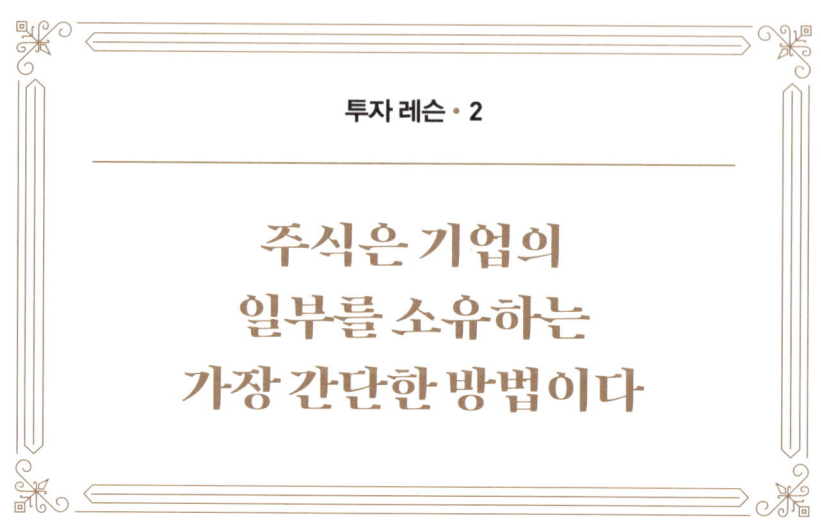

투자 레슨 · 2

주식은 기업의 일부를 소유하는 가장 간단한 방법이다

개인 투자자는 투기꾼이 아닌
투자자로서 일관되게 행동해야 한다.

《현명한 투자자》의 저자, 벤저민 그레이엄

종종 '주식'과 '지분'을 혼용해 쓰곤 한다. 그러나 엄밀히 따지면 둘은 다르다. 먼저, '주식'은 기업의 소유권을 일정한 단위로 나눈 것을 의미한다. 즉, 주식을 산다는 것은 기업 소유권의 조각을 손에 넣는다는 뜻이다. 기업의 가치가 높아질수록 주식이 더 높은 가격에 거래될 가능성도 커진다. 주식은 크게 여덟 가지 유형으로 구분할 수 있다(다만, 모든 기업이 하나의 유형에만 속하진 않는다).

① 우량주

우량주는 해당 업계를 오랫동안 이끌어온 대형 기업의 주식을 말한다. 기업의 성과가 대체로 안정적이라 투자 위험성이 낮은 편이다. 대표적인 예로, 프록터&갬블(PG), 마이크로소프트(MSFT), 버크셔 해서웨이(BRK.B)가 있다.

② 배당주

배당주는 기업 수익의 일부를 주주들에게 배당으로 나눠주는 주식을 말한다. 일반적으로 배당은 현금으로 지급되지만, 일부 기업은 주식으로 배당을 하기도 한다. 대표적으로 셰브론(CVX), 버라이즌(VZ) 등이 여기에 속한다.

③ 성장주

성장주는 지금까지 매출과 이익이 모두 빠르게 늘어났고, 앞으로도 빠르게 성장하리라 예측되는 기업의 주식을 말한다. 하지만 그 예측이 항상 맞는 것은 아니다. 잠재력이 클수록 위험도 함께 커진다.

실제로 많은 기업이 성장을 이어가기 위해 수년간 막대한 자금을 투자하지만, 수익을 거의 내지 못하거나 적자를 감수하기도 한다. 즉, 성장주라고 해서 반드시 높은 수익을 보장하는 것은 아니며, 그만큼 투자자에게는 상당한 위험이 따른다. 성공적으로 자리 잡은 기업으로는 테슬라(TSLA), 아마존(AMZN), 엔비디아(NVDA)가 있다.

④ 가치주

가치주는 기업의 내재 가치에 비해 낮은 가격에 거래되는 주식을 말한다. 기업의 평판, 성장 가능성, 재무 상황이 좋은 편인데도 시장에서는 일시적인 요인으로 저평가되기도 한다. 이런 기업에 투자한 인내심 강한 투자자는 훗날 주가가 가치를 회복할 때 큰 수익을 거둘 수 있다. 대표적인 예로 월트 디즈니(DIS), 로우스 컴퍼니(LOW), 포드 모터(F) 등이 있다.

⑤ 경기 순환주(민감주)

경기 순환주는 기업 실적이 전반적인 경기 흐름과 밀접하게 움직이는 주식을 말한다. 경제는 확장, 정점, 수축, 저점이라는 네 단계를 거친다.

순환주는 보통 경기가 확장하거나 정점일 때 주가가 오르고, 수축이나 저점 시기일 때는 하락하는 경향을 보인다. 대표적으로 제너럴 모터스(GM) 같은 자동차 회사, 델타 에어라인스(DAL) 같은 항공사, 메리어트 인터내셔널(MAR) 같은 호텔 체인이 있다.

또한 산업 수요와 공급 변화에 민감한 주식도 여기에 포함된다. 예를 들어, 반도체 제조업체들은 수요가 크고 공급이 부족할 때 실적과 주가가 오르지만, 공급 과잉으로 가격이 떨어지면 주가도 함께 하락한다. 이런 사이클은 경기가 순환하는 한 반복된다. 엔비디아(모든 기업이 하나의 유형에만 속하지 않는다는 점을 기억하자)와 인텔(INTC)이 대표적이다.

⑥ 경기 방어주

경기 방어주는 순환주와 달리 경기 변동에 상대적으로 덜 영향을 받는 안정적인 기업의 주식을 말한다. 대표적으로 월마트(WMT), 코카콜라(KO), 맥도날드(MCD)가 있다.

대부분의 방어주 기업들은 '경제적 해자'를 갖고 있다. 이는 워런 버핏이 즐겨 사용한 개념으로, 경쟁사보다 뚜렷한 경쟁 우위를 의미한다(경제적 해자는 '투자 레슨 16'에서 더 살펴보겠다).

이 기업들은 꾸준한 수요를 가진 제품이나 서비스를 제공하고, 안정적인 배당을 지급하며, 견실한 사업 모델을 유지한다. 그래서 같은 업계의 다른 주식보다 더 선호되는 편이다.

다만, 방어주는 폭발적인 성장을 기대하기 어렵다. 이미 전 세계적으로 탄탄한 사업 기반을 갖춰, 추가 성장 여력이 제한적이기 때문이다. 전 세계에 맥도날드 매장을 몇 개나 더 늘릴 수 있을지 생각해보면 이해하기 쉬울 것이다.

⑦ 투기주

투기주는 사업 모델이나 제품이 아직 검증되지 않은 젊은 기업의 주식을 말한다. 이런 주식은 확실한 지표보다 투자자의 기대나 시장의 소문에 좌우되기 때문에 위험성이 크다. 주가가 급등하면 큰 수익을 얻을 수 있지만, 그만큼 빠르게 하락해 큰 손실로 이어질 가능성도 존재한다.

금융 분석가들이 투기주에 대해 의견을 내는 경우는 드물다. 기업

실적이 부족해 근거 있는 전망을 내리기 어렵기 때문이다.

투기적 성격이 강한 주식의 예로 인텔리아 테라퓨틱스(NTLA)가 있다. 이 회사는 유전자 치료제를 개발 중이지만, 효과와 안전성을 입증한 다음, 규제 당국의 승인을 받아야만 수익을 낼 수 있다.

퀀텀스케이프(QS) 역시 차세대 배터리를 개발하고 있지만, 실제 환경에서의 작동 여부와 생산 비용의 현실성을 확인하기 전까지는 기업 가치를 속단하기 어렵다. 새로운 에너지와 광물을 탐사하는 신생 채굴 기업들도 대부분 투기주로 분류된다.

⑧ 저가주

저가주는 보통 주당 5달러 미만에 거래되는 주식을 말한다. 미국의 주요 거래소에서는 드물고, 대부분은 중개인-판매자 네트워크를 통한 장외시장(OTC)에서 거래된다. 대표적인 곳이 OTC 마켓 그룹이다.

저가주는 일반적으로 투기주보다 위험한 편이다. 젊은 기업이 많아 신뢰할 만한 정보가 부족하고, 장외시장은 거래소 상장 기업만큼 엄격한 감독을 받지 않기 때문이다. 게다가 거래량도 적어 가격 조작이나 투기적 거래의 대상이 되기 쉽다. 물론 가격이 낮은 만큼 급등할 가능성도 있지만, 그만큼 급격히 떨어질 위험도 크다.

한국 거래소(코스피, 코스닥)에서는 저가주가 미국보다 훨씬 드물다. 주가가 오랫동안 매우 낮게 유지될 경우 대부분 재무 악화나 거래량 부족 같은 여러 위험 신호를 동반해 상장 유지가 쉽지 않기 때문이다. 실제로 간혹 코스피나 코스닥에서 1,000원 이하로 내려가는 종목이 있긴 하지만, 대부분 경영 악화나 상장 폐지 위험이 있는 경우가 많다. 따라서 초보 투자자라면 이런 종목은 피하는 것이 좋다.

KEY POINT

싼 게 비지떡이다. 좋은 주식을 사자!

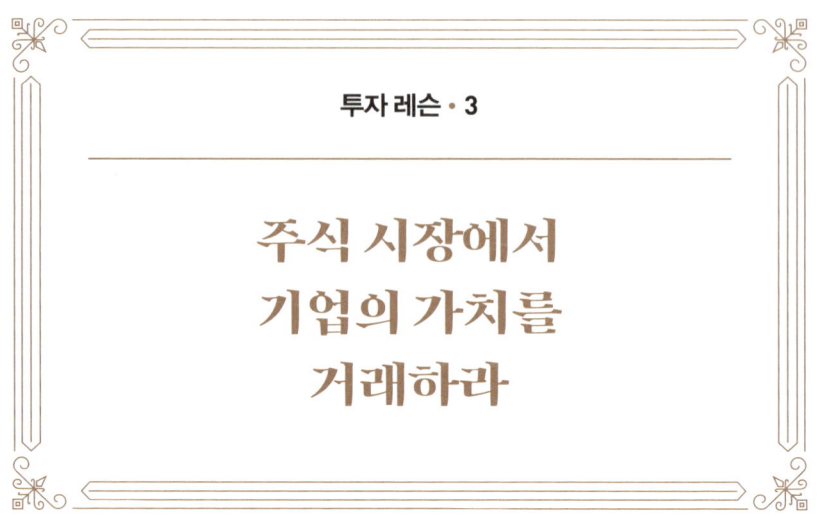

주식 시장에서 기업의 가치를 거래하라

비시장 경제를 보고 나서야
시장 경제의 가치를 확실히 깨닫게 됐다.

웰빌의 창립자, 에스터 다이슨

13세기 베네치아의 상인들은 정부가 발행한 채권을 거래하며 초기 금융 시장의 형태를 만들었다. 이후 1500년대 벨기에에서 앤트워프 거래소가 등장하면서 실물 상품과 함께 약속어음이 활발히 거래됐다.

하지만 현재까지 운영되는 최초의 공식 '주식 거래소'는 따로 있다. 바로, 암스테르담 주식 거래소다.

오늘날, 전 세계에는 약 60개의 증권거래소가 있으며, 대부분 수

표 1 시가총액 1조 달러 이상의 증권거래소		(단위: 달러)
거래소	**약자**	**시가총액**
뉴욕증권거래소	NYSE	25.0조
전미 증권업 협회 자동 시세 시스템	NASDAQ	22.2조
상하이증권거래소(중국)	SSE	7.1조
유로넥스트 암스테르담	AEX	7.0조
일본 거래소 그룹	JPX	6.0조
선전증권거래소(중국)	SZSE	4.8조
홍콩증권거래소	HKEX	4.6조
인도국립증권거래소	NSE	3.7조
런던증권거래소(영국)	LSE	3.3조
토론토증권거래소(캐나다)	TSX	3.1조
사우디증권거래소	Tadawul	3.0조
독일증권거래소(독일)	FSX	2.2조
스위스증권거래소	SIX	2.0조
한국거래소	KRX	2.0조
나스닥 노르딕·발틱	OMX	1.9조
호주증권거래소	ASX	1.7조
대만증권거래소	TAI	1.7조
테헤란증권거래소(이란)	TSE	1.6조
요하네스버그증권거래소(남아공)	JSE	1.2조

천 개의 기업이 상장돼 있다. 그러나 조사 전문 기관인 스태티스타(Statista)에 따르면, 2023년 7월 기준 시가총액이 1조 달러(상장된 모든 기업의 총가치) 이상인 거래소는 단 19곳뿐이었다(표 1).

세계에서 가장 규모가 큰 거래소 두 곳은 모두 미국에 있다. 바로 뉴욕증권거래소(NYSE)와 나스닥(NASDAQ)이다. 특히 1971년에 설립된 나스닥은 세계 최초의 전자식 주식 거래 시장이었다.

기업이 증권거래소에 상장하면 여러 이점을 누릴 수 있다. 먼저, 새로운 주식을 발행해 자본 조달이 수월해지고, 기업의 재무 위험이 다수의 투자자에게 분산된다. 또한 시장의 분석가나 투자자들 사이에서 활발히 논의되며 기업 인지도도 높아진다.

그렇지만 모든 기업이 상장할 수 있는 것은 아니다. 각 거래소는 저마다 상장 기준을 두어, 기업이 일정한 요건을 충족해야만 상장할 수 있다.

예컨대, 뉴욕증권거래소는 최소 110만 주의 공개 유통 주식과 4,000만 달러 이상의 시가총액을 요구한다. 나스닥은 시장 구분에 따라 기준이 조금 다르다. 대개 125만 주 이상의 공개 유통 주식과 4,500만 달러 이상의 시가총액을 요구하며, 상장 시장 구분에 따라 수익, 자산, 현금 흐름 등 추가 기준을 충족해야 한다. 또한 나스닥은 성장 잠재력뿐 아니라 우수한 경영진을 갖춘 기업을 선호한다.

초보(간혹 노련한) 투자자들이 잘 모르는 증권거래소에 관한 세 가지 사실이 있다.

① 주식은 여러 거래소에 상장되고 거래된다

하나의 기업이 여러 나라의 투자자에게 동시에 주목받는 방법이 있다. 바로 주식을 여러 거래소에 상장하는 것이다. 주식을 다수의 거래소에 상장하면 더 많은 투자자에게 노출되어 유동성이 높아진다. 또한 서로 다른 시간대의 거래소에 상장하면 투자자들에게 더 긴 거래 시간을 제공할 수 있다. 이런 이유로 다국적 기업들은 종종 여러 증권거래소에 상장한다.

대표적인 예로, 영국의 에너지 기업 '브리티시 페트롤륨(BP)'을 들 수 있다. 이 기업은 런던증권거래소, 프랑크푸르트증권거래소 등에 상장했다.

② 거래소의 기준을 충족하지 못하면 상장 폐지된다

거래소는 상장 요건뿐 아니라, 유지 요건도 둔다. 만약 그 기준을 충족하지 못하면 상장 폐지, 즉 증권거래소에서 퇴출될 수 있다. 예를 들어, 나스닥에서는 30거래일 이상 1달러 아래로 유지되면 상장 폐지 위험에 놓이게 된다.

③ 증권거래소는 최소 규모의 제한이 없다

모든 거래소가 수백, 수천 개의 기업을 상장해야 하는 것은 아니다. 캄보디아증권거래소(CSX)는 2012년 국영기업인 프놈펜수도청(PPWSA) 하나만 거래하며 시작했다. 이후 2014년에 두 번째 기업이 상장됐는데, 2024년 기준 열 개 남짓의 기업이 상장된 매우 작은 규모의 증권거래소다. 심지어 이 중 두 곳은 2021년에 상장됐다. 라오 스증권거래소(LSX) 역시 열 개 정도의 기업만 상장돼 있어, 세계에서 가장 작은 증권거래소 가운데 하나로 꼽힌다.

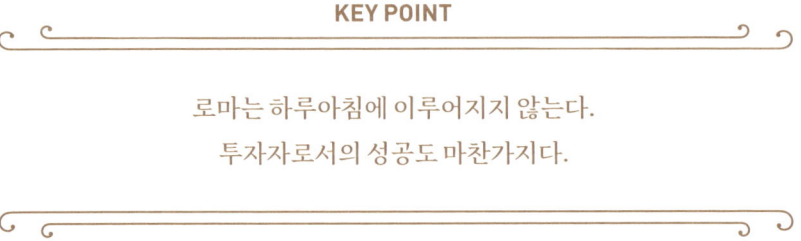

KEY POINT

로마는 하루아침에 이루어지지 않는다.
투자자로서의 성공도 마찬가지다.

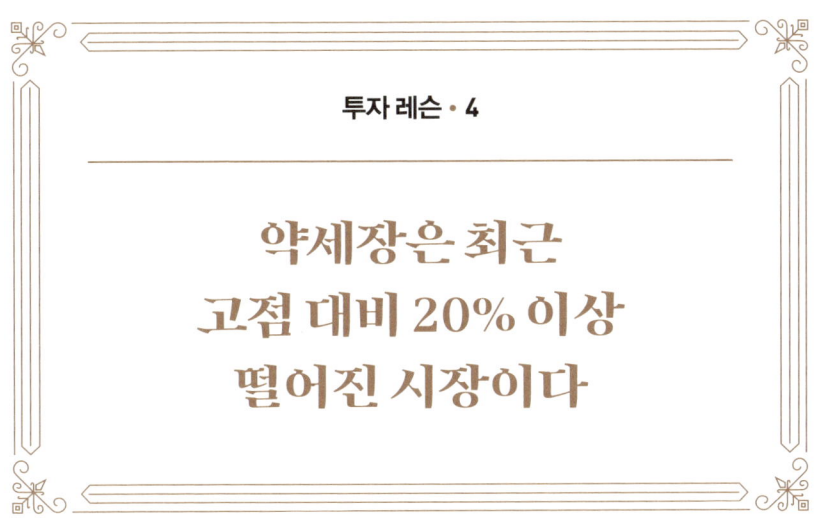

약세장은 최근 고점 대비 20% 이상 떨어진 시장이다

투자할 때 가장 중요한 교훈은
힘든 시기에 배우게 된다.

오크트리 캐피털 매니지먼트 회장, 하워드 막스

동물은 의외의 장소에서 나타나곤 한다. 심지어 주식 시장에서도 종종 등장한다! 경제 뉴스에 등장하는 주인공들은 바로 곰과 황소다.

'베어 마켓(bear market, 약세장)'이라는 표현은 18세기 초, 곰 가죽을 미리 팔던 상인들에게서 유래됐다. 이들은 아직 잡지도 않은 곰 가죽을 비싼 값에 팔겠다고 먼저 계약한 뒤, 나중에 사냥꾼에게 저렴한 가격의 가죽을 사들여 차익을 남겼다. 다시 말해, 앞으로 곰 가죽의 가격이 떨어질 것이라 예상하고 미리 비싸게 판 것이다. 여기서 이런 속담이 생겼다.

"곰을 잡기 전에 가죽을 파는 것은 현명하지 않다."[15]

즉, 거래하기 전에 그 가치를 꼼꼼히 확인하라는 뜻이다.

오늘날 약세장은 주식 혹은 자산의 가치가 지속적으로 하락하는 상황을 말한다. 미국 증권거래위원회(SEC)는 주가가 최근 고점 대비 20% 이상 하락하고 최소 두 달 넘게 이어질 때를 약세장으로 본다.

금융 전문 작가인 카디 아룰라(Kadi Arula)는 베어 마켓이라는 용어를 "곰이 공격할 때 발톱을 들어 아래로 할퀴는 동작을 나타내는 것 같다"라고 표현하기도 했다. 주식 시장의 뼈아픈 하락세를 잘 나타낸 비유다.[16]

약세장은 경기 둔화, 소비 위축, 투자 심리 악화 등으로 인해 발생한다. 다만, 약세장의 시작 시점은 비교적 명확하지만, 끝나는 시점은 불확실하다. 실제로 미국에서는 약세장이 몇 년간 이어진 적도 있다.

반대로, '황소 시장('투자 레슨 5'에서 살펴보겠다)'은 시장이 저점에서 20% 이상 상승했을 때 시작된다고 본다. 따라서 강세장도, 약세장도 아닌 기간이 존재한다.

S&P500 지수를 기준으로 보면, 약세장은 평균 19개월 동안 이어졌고, 시장 가치는 약 38% 감소했다(표 2 참조).

그렇다면 약세장이 곧바로 경기 침체로 이어질까? 놀랍게도 꼭 그렇지는 않다. 약세장은 주식 시장이 20% 이상 하락했을 때를 가리키는 반면, 경기 침체는 최소 2분기 이상 경제 전반이 위축됐을 때를 가리킨다(참고로 미국에서는 성장률, 고용, 생산 등을 종합해 더 복잡한 기준으로 판단한다).

금융 저널리스트인 데이비드 자일러(David Zeiler) 역시 "약세장이

표 2 S&P500으로 확인한 약세장

시작일	종료일	시작 가치	종료 가치	기간	지수 하락률
1929.9.7	1932.6.1	31.92	4.40	32.8개월	86.2%
1937.3.6	1942.4.29	18.68	7.47	61.8개월	60.0%
1946.5.29	1949.6.14	19.25	13.55	36.5개월	29.6%
1956.8.2	1957.10.22	49.64	38.98	14.7개월	21.5%
1961.12.12	1962.6.27	72.64	52.32	6.5개월	28.0%
1966.2.9	1966.10.7	94.06	73.20	7.9개월	22.2%
1968.11.29	1970.5.26	108.37	69.29	17.8개월	36.1%
1973.1.11	1974.10.3	120.24	62.28	20.7개월	48.2%
1980.11.28	1982.8.12	140.52	102.42	20.4개월	27.1%
1987.8.25	1987.12.4	336.77	223.92	3.3개월	33.5%
1990.7.16	1990.10.11	368.95	295.46	2.9개월	19.9%
2000.3.24	2002.10.9	1,527.46	776.76	30.5개월	49.1%
2007.10.9	2009.3.9	1,565.15	676.53	17.0개월	56.8%
2020.2.19	2020.3.23	3,386.15	2,237.40	1.1개월	33.9%
2022.1.3	2022.10.10	4,796.56	3,583.07	9.2개월	25.3%
평균		N/A	N/A	18.9개월	38.5%

출처: S&P500 지수

곧 경기 침체를 의미하지는 않는다"라고 말했다.[17] 실제로 1946년부터 2009년 사이 발생한 11번의 약세장 중 4번은 경기 침체로 이어지지 않았다(표 3 참조).

분석가들은 시장 하락을 이야기할 때 두 가지 용어를 반드시 알아

표 3 약세장과 경기 침체의 역사적인 연관성

고점인 달	저점인 달	기간	경기 침체인가?	하락률
1946.5	1947.5	12개월	아니오	29%
1956.8	1957.10	14개월	네	22%
1961.12	1962.6	6개월	아니오	28%
1966.2	1966.10	8개월	아니오	22%
1968.12	1970.5	17개월	네	36%
1973.1	1974.10	21개월	네	48%
1980.11	1982.8	21개월	네	27%
1987.8	1987.12	4개월	아니오	34%
1990.7	1990.10	3개월	네	20%
2000.3	2002.10	31개월	네	49%
2007.10	2009.3	17개월	네	56%
2011.4	2011.10	6개월	아니오	19%
2018.9	2018.12	3개월	아니오	20%
2020.2	2020.3	1개월	네	34%
2022.1	2022.10	9개월	아니오	25%

출처: LPL 리서치 팩트세트

야 한다고 강조한다. 첫째, '시장 조정'은 시장이 최근 고점(보통 52주 고점) 대비 10~20% 하락했을 때를 말한다. 둘째, '풀백(pullback)'은 자산 가치가 일시적으로 하락하는 상황으로, 보통 5~10% 정도의 하락을 의미한다.

약세장을 현명하게 헤쳐나가려면 회복력, 전략적 의사결정, 장기 목표에 관해 흔들리지 않는 집중력이 필요하다. 꼭 기억하라. 아무리 어렵고 긴 약세장이라도 충분히 극복할 수 있다.

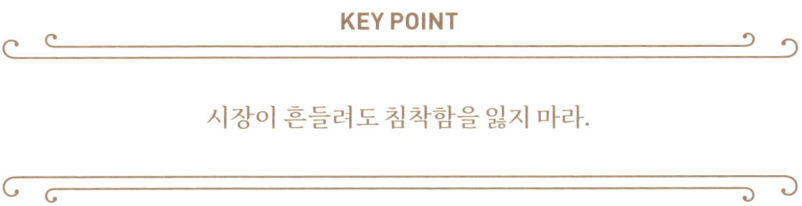

KEY POINT

시장이 흔들려도 침착함을 잃지 마라.

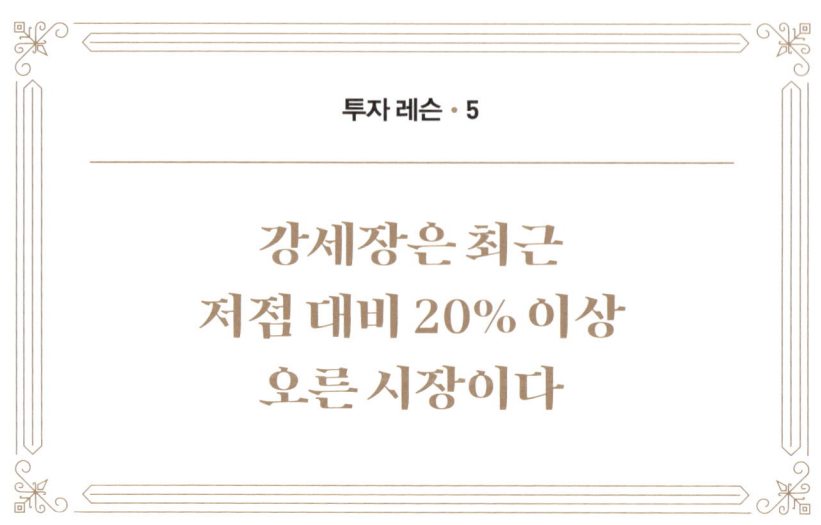

강세장은 최근 저점 대비 20% 이상 오른 시장이다

상승장에서는 모두 전문가가 된다!
하락장에서는 모두 현자가 된다!

인도 영화 음악 감독이자 가수, 아미트 트리베리

이번에는 베어 마켓의 반대인 불 마켓(bull market)을 살펴보자.

불 마켓, 즉 강세장은 주식 시장이 저점에서 20% 이상 반등했을 때를 가리킨다. 황소가 돌진할 때 뿔을 위로 치켜올리는 공격 동작이 강세장을 상징한다는 설이 있다. 강세장은 주로 S&P500 지수, 다우존스 산업평균(DJIA), 나스닥 종합지수 같은 대표 지수로 판단한다.

보통 강세장은 주식을 팔려는 사람보다 사려는 사람이 더 많을 때

나타나며, 대체로 경제가 성장세를 보이는 시기와 맞물린다. 이때는 국내총생산(GDP) 성장률이 탄탄하고, 실업률이 낮으며, 기업의 수익이 증가하는 경향을 보인다. 또한 투자 심리가 낙관적이어서 기업 공개(IPO)가 늘어나기도 한다.

표 4 S&P500으로 확인한 강세장

시작일	종료일	시작 가격	종료 가격	기간	변화율
1932.6.1	1937.3.6	4.40	18.68	57.1개월	324.5%
1942.4.29	1946.5.29	7.47	19.25	49.0개월	157.7%
1949.6.14	1956.8.2	13.55	49.64	85.6개월	266.3%
1957.10.22	1961.12.12	38.98	72.64	49.7개월	86.4%
1962.6.27	1966.2.9	52.32	94.06	43.5개월	79.8%
1966.10.7	1968.11.29	73.20	108.37	25.8개월	48.0%
1970.5.26	1973.1.11	69.29	120.24	31.6개월	73.5%
1974.10.3	1980.11.28	62.28	140.52	73.9개월	125.6%
1982.8.12	1987.8.25	102.42	336.77	60.4개월	228.8%
1987.12.4	1990.7.16	223.92	368.95	31.4개월	64.8%
1990.10.11	2000.3.24	295.46	1,527.46	113.4개월	417.0%
2002.10.9	2007.10.9	776.76	1,565.15	60.0개월	101.5%
2009.3.9	2020.2.19	676.53	3,386.15	131.4개월	400.5%
2020.3.23	2022.1.3	2,237.40	4,796.56	21.4개월	114.4%
평균				**59.6개월**	**177.8%**

출처: S&P 다우존스 지수

1932년 6월부터 2022년 초까지, 미국에서는 14번의 강세장이 있었다. 가장 짧은 강세장은 21개월 조금 넘게 이어졌는데, 이때 S&P500은 약 114% 상승했다. 반면, 가장 긴 강세장은 2009년부터 2020년까지 약 131개월 동안 이어졌으며, 이 기간 동안 지수는 무려 400% 상승했다(표 4 참조).

강세장에서도 시장은 매우 역동적이다. 따라서 상승 추세의 파도를 타되, 침착함과 절제, 그리고 융통성을 잃지 않아야 성공의 기반을 마련할 수 있다.

KEY POINT

강세장을 놓칠까 봐 걱정할 필요 없다.
중요한 건 '언제 들어가느냐'가 아니라 '얼마나 오래 버티느냐'다.

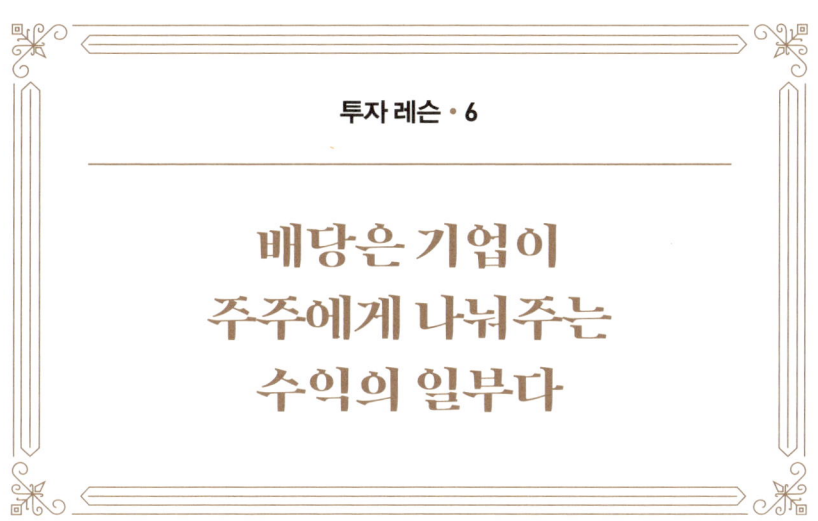

배당은 기업이 주주에게 나눠주는 수익의 일부다

소는 우유를 위해, 닭은 달걀을 위해,
주식은 당연히 배당금을 위해.

경제학자, 존 버 윌리엄스

배당이란 기업이 이익의 일부를 주주에게 돌려주는 것으로, 안정된 기업일수록 지급하는 경향이 있다. 실제로 S&P500에 포함된 기업의 84% 이상이 배당을 지급한다. 배당을 잘 활용하면 투자 수익을 효과적으로 늘릴 수 있다. 다만, 배당이 항상 지급되는 것은 아니다. 때로는 기업의 재정 악화나 예상치 못한 지출로 인해 배당 지급이 중단되기도 한다.

기업이 배당을 지급하는 이유는 크게 세 가지다. 첫째, 정기적으로 이익의 일부를 나눠주면 주식 매수가 늘어나 주가가 높아진다. 둘째, 주주들의 이탈을 막을 수 있다. 셋째, 배당은 기업 리더들이 자사의 미래에 확신을 가지고 있음을 보여주는 신호로 해석된다.

전설적인 투자자 워런 버핏은 배당을 좋아하기로 유명하다. 실제로 버크셔 해서웨이의 투자 포트폴리오 속에는 애플, 코카콜라 같은 배당주가 많아 매년 막대한 배당을 받는다. 그런데 흥미로운 점은 정작 버핏이 운영 중인 버크셔 해서웨이는 주주에게 배당을 지급하지 않는다는 것이다. 왜일까?

수익이 좋아도 배당을 하지 않는 이유는 크게 세 가지다. 첫째, 사업 성장에 재투자한다. 둘째, 향후 다른 기업을 인수할 자금을 모은다. 셋째, 부채를 상환한다.

특히 빠르게 성장 중인 초기 기업들은 배당을 거의 지급하지 않는다. 이 기업들은 아직 수익성이 충분하지 않아 인수, 확장, 매출 증가, 제품 개발, 연구 등 성장에 필요한 분야에 자본을 우선적으로 투입하기 때문이다.

배당에도 세금이 붙을까?

미국 기업은 대부분 분기마다 배당을 지급하며, 간혹 월 단위로 지급하는 곳도 있다. 반면 한국 기업들은 주로 연 1회 결산 배당을 지급하며,

일부 기업만 분기 또는 반기 배당을 지급한다.

배당은 현금, 주식, 또는 이 둘 중에서 선택할 수 있는 방식으로 지급된다. 만약 배당을 현금으로 받을 경우, 두 가지 선택지가 생긴다.

- 현금을 인출한다.
- 배당금으로 해당 기업의 주식에 재투자한다.

현금을 받으면 투자자는 즉시 과세 대상이 된다. 참고로, 한국에서는 보통 15.4%가 원천징수되며, 이자 소득과 배당 소득을 합쳐 연간 2천만 원을 넘으면 종합소득세에 합산 과세될 수 있다.

반면에 배당을 주식으로 받은 경우, 그 주식을 팔기 전까지는 과세되지 않는다. 다만, 현금과 주식 중 선택할 수 있다면, 주식을 선택해도 세법상 현금 배당으로 간주되어 과세 대상이 될 수도 있다.[18]

배당 소득에 대한 세금은 계좌 유형에 따라서도 달라진다. 예를 들어, 개인종합자산관리계좌(ISA)는 일정 한도까지 비과세나 분리과세 혜택을 받을 수 있고, 연금저축이나 퇴직연금(IRP 등) 계좌로 투자하면 운용 기간 동안에는 과세가 유예된다. 물론 연금을 실제로 수령할 때는 세금을 납부해야 한다.

미국의 경우, 배당 지급 주식을 401(K)나 개인퇴직계좌(IRA) 같은 과세 유예 계좌로 보유하면, 해당 주식을 팔기 전에는 세금을 내지 않는다.[19] 단, 계좌 유형별로 조건과 제한 사항이 있으므로, 투자 전에 반드시 관련 내용을 충분히 확인해야 한다.

배당과 세금 체계를 이해하는 것은 장기 투자에서 매우 중요하다. 그러니 자신의 상황에 맞는 세금 전략을 반드시 세우고, 필요할 경우 전문가와 상의하자.

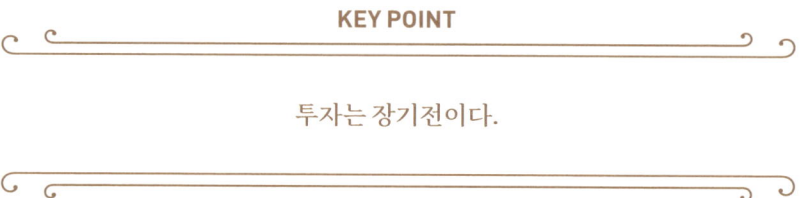

KEY POINT

투자는 장기전이다.

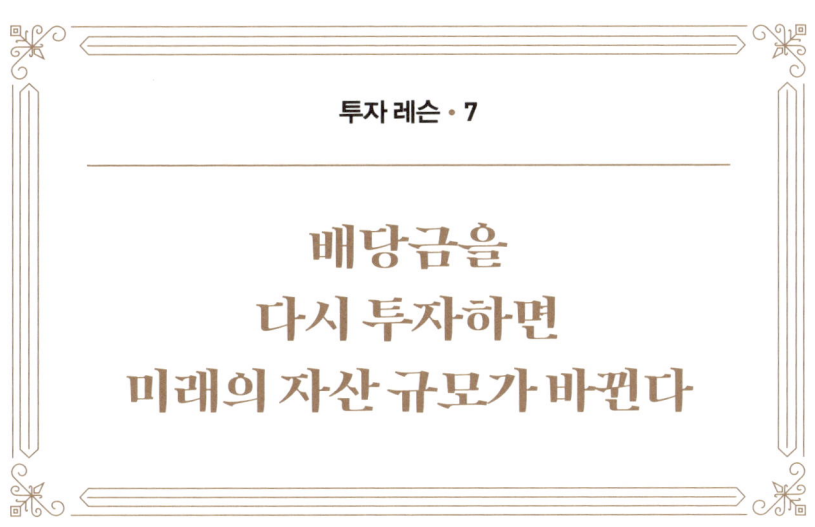

배당금을 다시 투자하면 미래의 자산 규모가 바뀐다

대다수의 투자자가
어제의 할 일을 오늘 하려고 한다.

전 미국 재무장관, 래리 서머스

그렇다면 배당을 현금으로 받아야 좋을까, 재투자해야 좋을까? 당장 답을 듣고 싶겠지만, 먼저 몇 가지 용어를 정리해보자.

'기준일'은 배당을 받을 주주의 명단을 확정하는 날이다. 기준일의 전날은 '배당락일'이라고 부르며, 이날 이후에 주식을 사면 다음 배당을 받을 수 없다. 따라서 배당을 받고 싶다면 배당락일 전에 주식을 매수해야 한다. 즉, 최소 기준일 이틀 전에 주식을 매입하고 배당

락일까지 보유해야 다음 배당을 받을 수 있다.[20]

다시 아까의 질문으로 돌아가서, 배당을 현금으로 받는 것과 주식에 재투자하는 것 중 어느 쪽이 더 나을지 살펴보자.

2022년 4월 8일, 브로드컴(AVGO) 주식 10주를 매수했다고 해보자. 이날 종가는 1주에 592.54달러였다. 이 주식을 6월 21일(배당락일)까지 갖고 있으면, 당신은 6월 30일에 주당 4.1달러씩, 총 41달러의 배당을 받을 수 있다. 이때 41달러를 현금으로 받겠는가, 아니면 주식에 재투자하겠는가?

두 선택지 모두 각각의 장점이 있다.

- **현금 선택**: 배당을 현금으로 받으면 41달러를 원하는 대로 쓸 수 있다. 만약 보유 배당주가 여러 개라면 배당금을 생활비에 보태는 것도 가능하다. 실제로 배당금으로 생활하는 투자자들도 많다.[21]
- **재투자 선택**: 41달러의 배당을 재투자하면 브로드컴 주식 약 0.08주를 추가로 받게 된다. 언뜻 적어 보일 수 있지만, 배당을 꾸준히 재투자하면 10년, 20년, 50년 뒤에는 큰 차이가 생긴다.

자산 관리사 조슈아 케넌(Joshua Kennon)은 쌍둥이 투자자 이야기를 통해 재투자의 장점을 설명했다.[22] 그는 제이슨과 제니퍼라는 쌍둥이 투자자가 배당주인 코카콜라(KO)에 똑같이 1만 달러를 투자하고 50년간 보유했다고 가정했다.

케넌은 원래 1962년을 기준으로 설명했지만, 여기서는 1974년

1월 2일에 투자를 시작했다고 해보자. 이날 코카콜라의 주가는 (계산하기 편리하게도) 약 125달러였고, 두 사람은 각각 1만 달러로 80주를 매입했다. 다만, 제이슨은 분기마다 배당을 현금으로 받았고, 제니퍼는 모든 배당을 재투자했다.

그 뒤, 50년 동안 제이슨은 배당으로 총 21만 3,750달러를 모았다. 이 기간에 코카콜라는 여섯 차례 분할을 했고, 80주는 7,680주로 불어났다. 시장 가치는 약 46만 달러에 달했다. 꽤 괜찮은 성과다.

하지만 제니퍼의 성과는 더 놀라웠다. 그는 배당을 재투자해 코카콜라 주식을 꾸준히 늘렸고, 50년 뒤 보유 주식이 1만 8,900주로 늘어났다. 시장 가치는 무려 113만 2,000달러에 달했다!

물론 여기서는 단순화를 위해 세금이나 수수료를 고려하지 않았다. 실제 투자할 때는 각국의 세법과 비용 구조에 따라 결과가 달라질 수 있다. 그렇더라도 배당 재투자의 복리 효과가 장기적으로 얼마나 강력한지를 보여주는 예시임은 분명하다.

배당주에 투자한다면 가능한 한 오래 보유하며 배당을 재투자해보자. 놀라울 정도의 복리 성장을 경험할 수 있을 것이다.

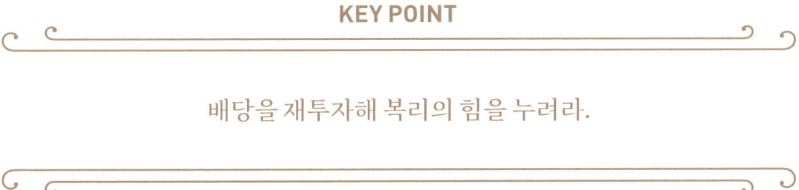

KEY POINT

배당을 재투자해 복리의 힘을 누려라.

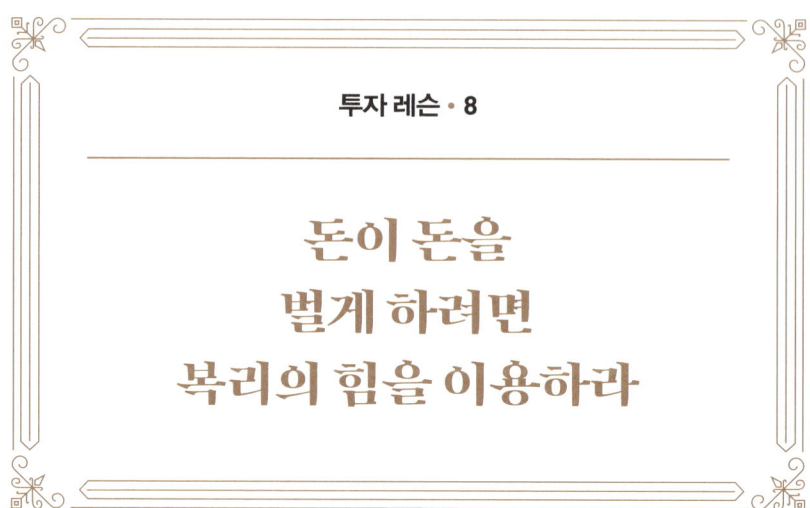

투자 레슨 · 8

돈이 돈을 벌게 하려면 복리의 힘을 이용하라

복리의 원칙은 작지만 똑똑한 선택을
커다란 보상으로 바꿔준다.

《인생도 복리가 됩니다》의 저자, 대런 하디

단돈 180달러를 720만 달러로 불린 사람이 있다. 바로, 평범한 회사원이었던 그레이스 그로너(Grace Groner)다.

그로너는 1931년 대학을 졸업한 직후 애보트 연구소에서 사회생활을 시작했다. 그리고 4년 뒤, 애보트(ABT) 주식 3주를 주당 60달러에 샀다. 이후 그는 주식을 추가로 매수하지 않았고, 그저 그 주식을 평생 보유했다.

2010년 100세의 나이로 그가 세상을 떠났을 때, 그의 애보트 주식은 10만 주로 불어나 있었고, 가치는 무려 720만 달러에 이르렀다![23] 이 기적 같은 성장은 주식 분할과 배당 재투자 덕분이었다. 애보트가 수차례 주식을 분할하면서 보유 주식 수가 늘어났던 것이다. 설령 주식 분할을 하지 않았더라도, 배당 재투자를 통해 초기 투자금 180달러는 수백만 달러로 늘어났을 것이다.

복리의 원리는 단순하다. 이자가 원금에 더해지고, 늘어난 그 원금이 또다시 이자를 낳는다. 즉, 복리는 시간이 흐를수록 눈덩이처럼 불어나는 힘을 가지고 있다.[24] 다음과 같이 이해하면 쉽다.

- 주식에 1,000달러를 투자했다. 1년 뒤, 그 주식은 100달러의 수익을 냈다. 1년 만에 투자금이 1,100달러로 늘어났다.
- 2년 차에도 똑같이 10%의 수익을 냈다. 다만, 이번에는 1,100달러가 기준이 되어 110달러를 받았다. 이제 투자금은 1,210달러가 됐다.
- 3년 차에도 수익은 10%로, 121달러를 얻어 투자금은 1,331달러가 됐다.

이렇듯 복리는 원금에 이자를 더하며 성장을 가속화시킨다.

복리의 힘을 최대한 활용하려면 당연히 시간이 필요하다. 주식 시장에 일찍 그리고 꾸준히 투자할수록 더 큰 복리의 혜택을 누릴 수 있다. 예를 들어, 매달 100달러씩(하루에 고작 3.33달러) 투자한다고 해보자. 20년 후, 복리라는 마법이 그 돈을 얼마나 키워줄까? 답은 표 5에 나와 있다.

| 표 5 | 복리 성장의 힘(매달 100달러씩 투자, 6% 복리) | |

연차	총투자금	투자 가치
1	$1,200	$1,234
2	$2,400	$2,543
3	$3,600	$3,934
4	$4,800	$5,410
5	$6,000	$6,977
6	$7,200	$8,641
7	$8,400	$10,407
8	$9,600	$12,283
9	$10,800	$14,274
10	$12,000	$16,388
11	$13,200	$18,632
12	$14,400	$21,015
13	$15,600	$23,545
14	$16,800	$26,230
15	$18,000	$29,082
16	$19,200	$32,109
17	$20,400	$35,323
18	$21,600	$38,735
19	$22,800	$42,358
20	$24,000	$46,204

표 5를 보고 왜 복리를 6%로 계산했는지 궁금한 사람이 있을 것이다. 《주식에 장기 투자하라》의 저자인 제러미 시겔(Jeremy Siegel) 박사는 1802년부터 2021년까지의 미국 시장을 분석했다. 그 결과, 물가 상승으로 달러 가치가 떨어진 것을 감안했을 때, 미국 주식의 실제 연평균 수익률이 약 6.9%로 나타났다. 이 점을 고려해 연간 복리 수익률을 6%로 설정했다.

그렇다면 이 가정 아래에서 복리의 효과가 실제로 얼마나 큰지 살펴보자.

첫해에 매달 100달러씩 연 복리 6%로 투자하면 12개월 뒤에는 1,234달러가 된다. 이때 1,200달러의 6%인 72달러가 더해지지 않는다. 1,200달러를 한 번에 넣은 것이 아니라, 매달 100달러씩 나눠서 넣었기 때문이다.

같은 방식으로 10년 동안 총 1만 2,000달러를 투자하면 자산은 1만 6,388달러로 늘어난다. 36% 이상 증가한 것이다.

표를 보면 시간이 지날수록, 가치가 기하급수적으로 불어난다는 사실을 확인할 수 있다. 오직 복리 덕분이다.

복리의 힘은 오래 지속할수록 더 강해진다. 같은 방식으로 20년 동안 2만 4,000달러를 투자하면 자산은 4만 6,204달러까지 커진다. 투자 수익만 92%가 넘는 셈이다!

더 중요한 점은 이 수치가 실질 수익률이라는 것이다. 즉, 물가 상승을 감안하더라도 실제 구매력은 두 배 가까이 늘어난다.

복리의 힘은 짧은 기간에는 체감하기 어렵다. 하지만 긴 시간을 지켜보면, 어느 순간부터 눈덩이처럼 커지는 모습을 볼 수 있다. 더 이상 망설일 필요가 없다. 지금 바로 투자 계획을 세우자!

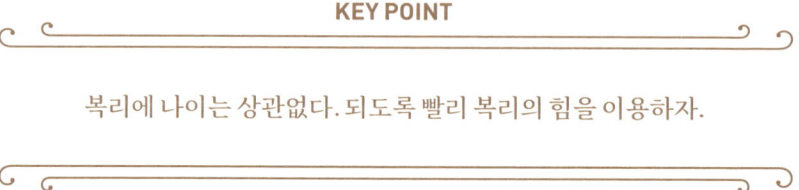

KEY POINT

복리에 나이는 상관없다. 되도록 빨리 복리의 힘을 이용하자.

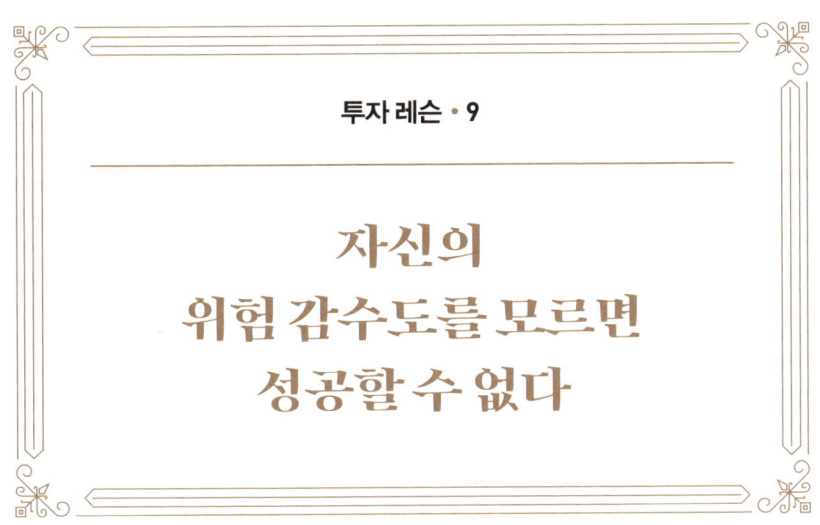

자신의 위험 감수도를 모르면 성공할 수 없다

지금처럼 빠르게 변하는 세상에서
위험하지 않은 전략은 무조건 실패한다.

페이스북 창업자, 마크 저커버그

위험 감수도란 주가가 크게 떨어졌을 때도 인내할 수 있는 힘, 즉 손실을 받아들이는 배짱을 말한다. 어떤 투자자는 주가가 롤러코스터를 타도 전혀 동요하지 않는 반면, 어떤 투자자는 잔잔한 흐름을 더 선호한다.

이런 성향은 평생 똑같이 유지되지 않는다. 재정 상황이나 투자 목표, 나이 등에 따라 달라질 수 있다. 중요한 점은 고위험 감수자와 저위험 감수자 사이에 우열은 없다는 사실이다. 그저 투자를 시작하기 전에 자신의 위험 감수도를 정확히 파악하면 된다. 그래야 예상치 못한 하락장에서도 불안에 시달리는 상황을 피할 수 있다.

나의 위험 감수도는?

다음 설명을 읽고 자신이 고위험/중위험/저위험 감수도 중 어디에 속하는지 체크해보자. 자신의 성향을 알면 투자 상품을 고를 때 더 현명한 선택을 할 수 있다.

저위험 감수도

저위험 감수도의 투자자는 다음과 같은 경향을 보인다.

□ 투자 손실의 가능성을 최대한 줄이고 싶다.
□ 잠재적 수익보다 원금 보존이 더 중요하다.
□ 주가가 크게 출렁이는 것을 견디기 힘들다.
□ 학비나 은퇴 자금처럼 가까운 미래에 쓸 돈이 필요하다.

이런 투자자에게는 안정적인 배당주나 채권 같은 보수적인 상품이 잘 맞는다.

중위험 감수도

중위험 감수도의 투자자는 다음과 같은 경향을 보인다.

- ☐ 위험과 수익 사이의 균형을 원한다.
- ☐ 일반적인 수준의 시장 변동성은 감내할 수 있다.
- ☐ 주식과 다른 자산이 섞인 분산 포트폴리오가 편하다.
- ☐ 안정성과 위험성이 적절히 조화된 전략을 선호한다.
- ☐ 다른 유동 자산이 있어 급하게 현금화하지 않아도 된다.

이런 경우, 여러 산업의 주식에 분산 투자하는 것이 좋다. 다만, 지나치게 변동성이 큰 종목은 피해야 한다. 일부 자산은 채권이나 안전 자산에 분산하는 것도 현명한 방법이다.

고위험 감수도

고위험 감수도의 투자자는 다음과 같은 경향을 보인다.

- ☐ 시장 변동이 심해도 크게 동요하지 않는다.
- ☐ 높은 수익을 위해서라면 상당한 위험도 감수한다.
- ☐ 장기적인 관점에서 투자의 가치가 오르내릴 수 있다는 점을 이해한다.
- ☐ 공격적인 전략에도 과감히 도전한다.

이런 투자자라면 변동성이 큰 주식, 신흥 시장, 혁신 산업처럼 더 공격적인 자산을 고려해봐도 좋다. 다만, 높은 수익 가능성에는 그만큼 큰 손실 위험도 따른다는 점을 명심해야 한다.

위험 감수도 유형에 따른 투자 사례

이제 각 유형의 투자자들이 실제로 어떤 선택을 하고, 어떤 결과를 얻었는지 예시로 살펴보자. 자신이 어디에 속하는지 잘 모르겠다면 다음의 상황에서 어떻게 반응할지 상상해보라.

예시 1. 저위험 감수도의 테리

테리는 컴퓨터 프로그래머로 일하는 45세의 미혼 여성이다. 그는 퇴직연금에 꾸준히 납입하고 있으며, 1년 치 생활비에 해당하는 비상금도 가지고 있다.

또한 현금을 유동적으로 보관하기 위해 2만 달러를 연 3.75%의 고금리 계좌에 예치했다. 2010년부터 2023년까지 예치해둔 결과, 원금이 3만 2,540달러로 늘어났다. 수익률은 무려 62.7%였다.

하지만 테리가 놓친 것이 있다. 바로, 물가의 상승이다. 이 기간에 물가가 평균 약 2.75% 오른 탓에 그가 고금리 계좌로 늘린 구매력은 고작 1%에 불과했다. 만약 예금 이율이 2.5%였다면 구매력은 오히려 더 줄어들었을 것이다.

다행히 테리는 위험 감수도가 낮아 완만한 성장에도 만족했다. 그러나 보수적인 투자자가 반드시 기억해야 할 점이 있다. 바로, 명목 이익(숫자상 이익)과 실질 이익(구매력 증가)은 다르다는 점이다. 자산을 통장에 넣어두기만 하면 물가 상승률을 감안했을 때 손해를 볼 수도 있다.

예시 2. 중위험 감수도의 톰

톰은 32세에 처음으로 투자를 시작했다. 2010년 1월 1일, 자신의 생일을 맞아 할머니로부터 코카콜라 주식 351주(약 2만 달러 상당)를 선물 받은 것이다. 할머니는 그에게 주식을 선물하며 "이 주식을 2023년 1월 1일까지 가지고 있거라"라고 당부했다.

톰이 주식을 받았을 당시 코카콜라의 주가는 주당 57달러였다. 시간이 흘러 2023년 1월 3일, 주가는 62.95달러가 되었고, 그 사이에 주식 분할도 진행됐다. 덕분에 그는 702주를 보유하게 되었으며, 가치는 총 4만 4,191달러까지 늘어났다.

여기에 더해 톰은 그동안 총 1만 2,369달러의 배당을 받았다. 만약 이 배당을 재투자했다면 2023년 그의 자산 가치는 5만 6,559달러가 됐을 것이다.

예시 3. 고위험 감수도의 티나

티나는 작은 기업을 운영하는 40세의 사업가다.

2010년 1월 4일, 그는 여윳돈 3만 달러를 모두 성장주에 쏟아부었다. 그가 선택한 기업은 온라인 건강보험 서비스 'e헬스', 임상 단계의 바이오 기업 '클리블랜드 바이오랩스', 제약사에 재료를 공급하는 '레플리젠'이었다.

처음 몇 년은 말 그대로 롤러코스터였다. 주당 17.12달러에 584주를 매수했던 e헬스는 2014년 60달러로 뛰었다가 급락했고, 2020년 봄에는 주가가 130달러를 넘으며 700%의 수익을 기록했다. 그러나 곧 폭락해 2023년 1월에는 주당 4.85달러까지 떨어지며 약 1만 달러였던 자산이 2,832달러로 줄어들었다.

클리블랜드 바이오랩스의 상황은 더 안 좋았다. 주당 70달러에 143주를 매수한 뒤 첫 2년 동안에는 주가가 150달러까지 치솟았지만, 그 후 바닥으로 곤두박질쳤다. 심지어 이 기업이 합병으로 사라지기 직전 주가는 겨우 3.17달러였다.

다행히 리플리젠은 달랐다. 바이오 의약품 수요가 늘면서 사업이 크게 성장했다. 주당 3.79달러에 2,638주를 매수했던 리플리젠은 2021년 9월, 주가가 300달러까지 올랐고, 2023년 1월에도 주당 162달러를 기록했다. 초기 투자금 약 1만 달러가 무려 42만 7,356달러로 불어난 것이다.

이 사례에서 한 가지 사실을 알 수 있다. 고위험 투자가 언제나 고수익으로 이어지진 않는다는 점이다. e헬스와 클리블랜드 바이오랩스처럼 쓴맛을 볼 수도 있다.

세 가지 예시 가운데 자신과 가장 비슷한 사람은 누구인가?

- **저위험 감수도의 테리**: 2만 달러를 고금리 계좌에 넣어 13년 동안 62.7%의 수익을 올렸다.
- **중위험 감수도의 톰**: 2만 달러 상당의 코카콜라 주식으로 13년 동안 2배 이상의 수익을 냈다(배당을 재투자했다면 약 3배다).
- **고위험 감수도의 티나**: 3만 달러를 성장주에 투자해 13년 동안 (2개의 종목이 실패했음에도) 1,300%가 넘는 성장을 이뤘다.

금융 시장은 언제나 불확실하다. 그래서 초보 투자자일수록 자신의 위험 감수도를 이해해야 한다. 자신의 목표와 성향에 맞게 자산을 운용해야 안정적인 투자 경험을 쌓을 수 있기 때문이다.

위험 감수도를 더 정확하게 파악하고 싶다면 금융 전문가의 도움을 받아보자. 자신에게 맞는 투자 계획을 세우는 데 도움이 될 것이다.

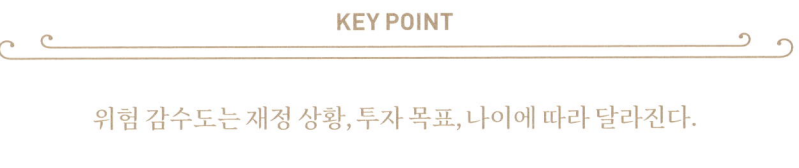

KEY POINT

위험 감수도는 재정 상황, 투자 목표, 나이에 따라 달라진다.

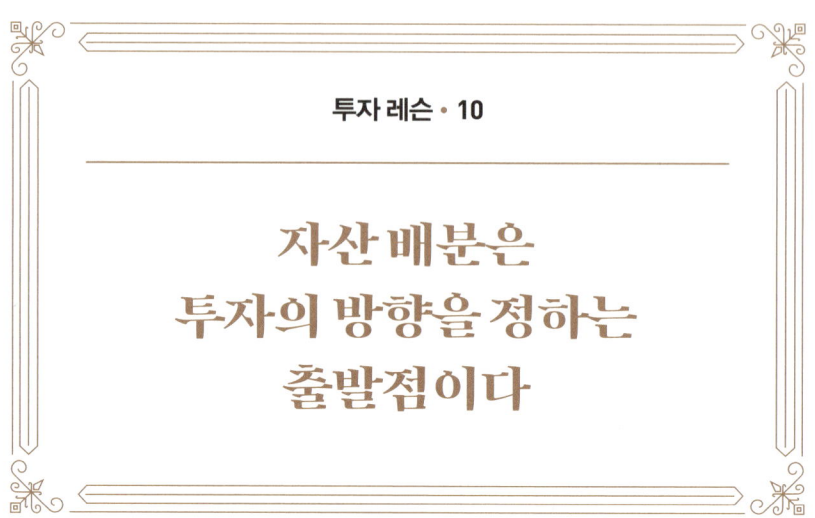

자산 배분은
투자의 방향을 정하는
출발점이다

미래가 어떻게 될지 모른다고 가정하고
자산 배분 전략부터 세워라.

헤지펀드 관리자, 레이 달리오

자신의 위험 감수도를 알았다면 이제 그에 맞는 투자 비율을 정해야 한다. 이를 '자산 배분'이라고 한다. 즉, 자산 배분은 내 돈을 어디에 얼마나 투자할지 정하는 과정을 말한다. 이때 각 자산의 비율은 개인의 위험 감수도와 목표에 따라 달라지며, 특히 베테랑 투자자일수록 투자할 종목을 고르기 전에 자산 배분 비율부터 결정한다.

자산 배분을 어떻게 할까?

앞에서 살펴본 위험 감수도를 기준으로, 자산 배분의 대표적인 세 가지 유형을 살펴보자.

① 보수적인 포트폴리오

위험 감수도가 낮거나 현금이 자주 필요한 사람은 보수적으로 자산을 배분하는 것이 좋다. 예를 들어, 채권에 50%, 단기 투자(정기예금, 고금리 저축 계좌 등)에 30%, 국내 주식에 15%, 해외 주식에 5%로 나누는 식이다. 이러한 포트폴리오는 공격적인 배분 방식보다 연간

그림 1 보수적인 포트폴리오 예시

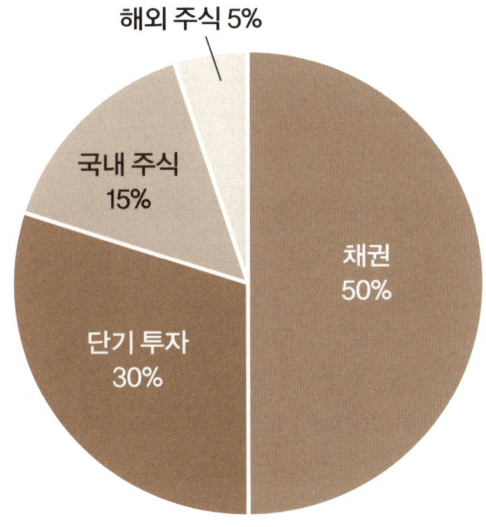

수익률은 낮을 가능성이 크지만, 변동성은 훨씬 적다(원서는 미국 독자를 대상으로 '미국 주식'과 '해외 주식'으로 구분했으나, 투자의 전반적인 이해를 돕기 위해 '국내 주식'과 '해외 주식'으로 수정하였다).

② 중도적인 포트폴리오

중위험 감수도의 투자자는 채권에 30%, 단기 투자에 15%, 국내 주식에 40%, 해외 주식에 15%로 자산을 나눌 수 있다(그림 2). 보수적인 방식보다 기대 수익은 높지만, 시장 변동성의 영향을 더 많이 받는다. 특히 장기 투자를 하다 보면 시장 변동성을 피하기 어렵다. 그렇더라도 흔들리지 마라. 위기가 없다면 보상도 없다.

그림 2 중도적인 포트폴리오 예시

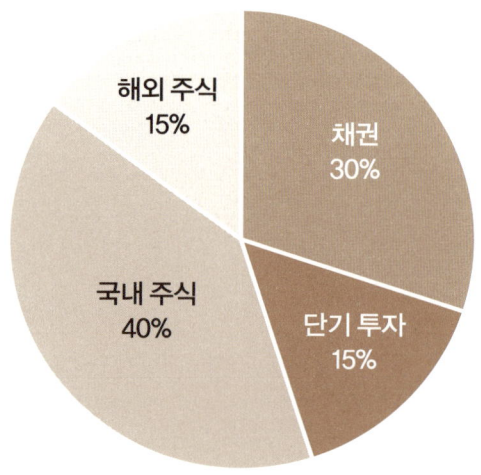

③ 공격적인 포트폴리오

만약 좌우명이 "성공하려면 실패를 감수해야 한다"라면 공격적인 포트폴리오가 어울린다. 고위험 감수도의 투자자도 마찬가지다. 이러한 투자자들은 국내 주식에 60%, 해외 주식에 25%, 채권에 15%를 고려할 수 있다(그림 3). 이때 단기 투자는 포함하지 않는다.

이 방식은 다른 포트폴리오보다 변동성이 크지만, 장기적으로 더 높은 수익을 기대할 수 있다. 단, 큰 수익 기회만큼 손실 위험도 커진다는 점을 반드시 기억해야 한다.

그림 3 공격적인 포트폴리오 예시

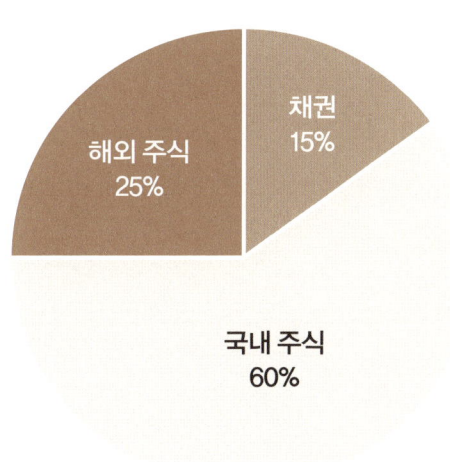

정기적으로 포트폴리오를 재조정하라

포트폴리오 비중은 생각보다 쉽게 변한다. 투자 상품마다 성장률이 다르기 때문이다. 따라서 그 비율이 어떻게 변하는지 주기적으로 점검해야 한다.

가령 처음에 주식과 채권에 50%씩 분산 투자했다고 해보자. 시간이 지나 채권은 제자리인데 주식이 올랐다면, 비율은 주식 70%, 채권 30%로 바뀔 수 있다. 이때 처음의 비율로 되돌리거나 현재 상황에 맞게 다시 조정하는 '포트폴리오 재조정'을 해야 한다.

투자 비율은 늘 주의 깊게 살피는 것이 이상적이지만, 어렵다면 최소 1년에 한 번은 점검하자. 단, 재조정할 때는 정확한 수치에 집착하기보다, 자신의 위험 감수도에 맞는 비율을 유지하는 것이 더 중요하다.

KEY POINT

투자는 남을 따라 하면 안 된다.
자신에게 잘 맞는 자산 배분 비율을 파악하라.

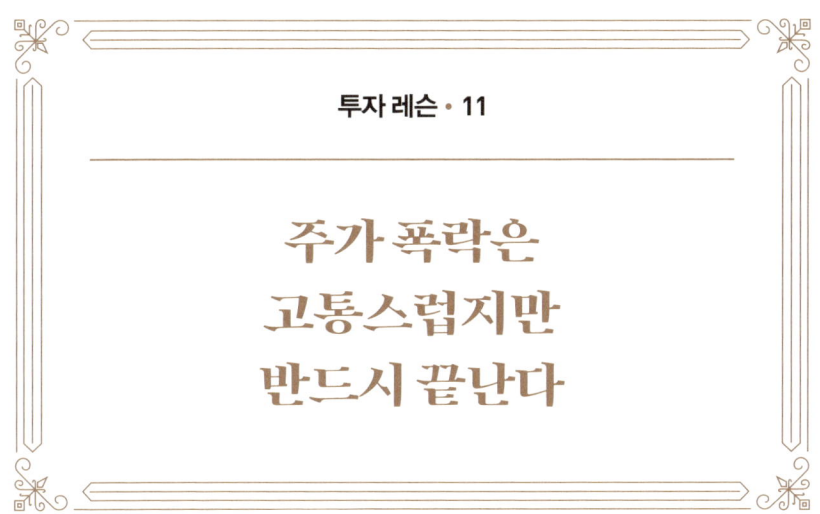

주가 폭락은
고통스럽지만
반드시 끝난다

주식을 10년 동안 보유할 생각이 아니라면,
단 10분도 소유하지 마라.

버크셔 해서웨이 최고경영자, 워런 버핏

주식 투자는 장기적으로 자산을 늘릴 수 있는 강력한 방법 중 하나다. 이때 가장 중요한 부분은 '장기적으로'다. 투자할 때는 인내심을 꼭 가져야 한다.

실제로 S&P500 지수는 30~50% 정도 급락한 적도 있다. 이런 폭락장에서 많은 투자자들이 공포에 휩싸여 보유 주식을 일부 혹은 전부를 매도하곤 한다. 그러나 이는 회복할 기회를 버리고 손실을 결정지을 뿐이다. **시장은 결국 다시 회복한다.** 지난 다섯 번의 경기 침체를 돌아보면, 공포에 차서 매도하기보다는 이성적으로 버틴 쪽이 훨씬 좋은 결과를 얻었다.

그렇다면 실제로 주식 시장이 큰 폭으로 하락했다가 다시 회복하는 데 얼마나 걸렸을까? 지금부터 다섯 번의 주요 침체기를 살펴보며, 인내심을 갖고 버텼다면 어떤 결과를 얻었을지 알아보겠다. 이를 계산하기 위해 '너드월렛의 주식 시장 폭락 계산기'를 사용했다. 지금은 서비스가 종료되었지만, 인터넷에서 비슷한 계산기를 찾아 시뮬레이션해보면 깨달음을 얻게 될 것이다.

① 더블딥 불황(1980~1982년)

1980년대 초, 유가 상승, 인플레이션, 고금리, 미국 통화 정책, 높은 실업률 등이 겹치며 경기 침체로 이어졌다.

당시 10만 달러를 투자한 경우, 저점에서 7만 1,700달러까지 떨어졌지만, 약 2년 만에 회복됐다. 이후 투자를 계속 유지했다면 2019년 12월 31일 기준으로 229만 9,160달러까지 불어났을 것이다.

② 검은 월요일(1987년)

1987년 10월 19일, 불안한 세계 정세와 프로그램 매매 도입으로, 미국 증시는 하루 만에 약 22% 폭락했다. 미국 주식 시장 역사상 가장 큰 일일 낙폭이었다.

당시 10만 달러를 투자한 경우, 검은 월요일에 7만 9,200달러까지 떨어졌지만, 약 2년 만에 회복됐다. 만약 2019년 12월 31일까지 보유했다면 자산은 114만 2,830달러에 도달했을 것이다.

③ 닷컴 버블 붕괴(2000년)

1990년대 후반, 인터넷 벤처 기업들이 주목을 받으며 주가가 과열됐다. 그러나 2000년 3월, 결국 거품이 터졌고 S&P500은 50% 가까이 폭락했다. 이후 회복하기까지 무려 7년이 걸렸다.

당시 10만 달러를 투자한 경우, 저점에서 5만 800달러까지 떨어졌다. 하지만 침착하게 버텼다면 약 7년 뒤에 원래 가치인 10만 달러를 회복했을 것이다. 나아가 2019년 12월 31일까지 보유했다면 자산은 21만 1,500달러로 늘어났을 것이다.

④ 대불황(2007~2009년)

주택 거품과 서브프라임 모기지 사태는 세계 금융 위기로 이어졌다. S&P500은 고점 대비 약 57%나 떨어졌고, 회복하는 데 약 5년이 걸렸다.

당시 10만 달러를 투자한 경우, 4만 3,200달러까지 가파르게 떨어졌다. 하지만 공황 매도(Panic Sell)하지 않았다면, 5년 5개월 뒤 원금을 회복했을 것이다. 나아가 2019년 12월 31일까지 투자를 유지했다면 자산은 20만 6,400달러로 불어났을 것이다. 이는 연평균 약 6.2%의 복리 수익률이다. 다시 말해, 시장이 폭락하기 직전에 투자했더라도 장기적으로는 이득을 봤을 것이다.

⑤ 코로나19 팬데믹(2020년)

모두 알다시피 가장 최근의 경기 침체는 코로나19 팬데믹으로 인해 발생했다. 2020년 3월, 다우 지수는 하루 만에 13% 가까이 떨어졌다. 그러나 연방 정부와 중앙은행의 신속한 개입 덕분에 불과 5개월 만에 회복세를 보였다.

장기 투자를 하다 보면 누구나 주가 폭락을 한 번쯤 겪게 된다.

하지만 하락장이 두렵다고 투자금을 성급히 빼버리면 (적어도 미국 시장에서는) 큰 하락을 버틴 뒤 얻을 수 있는 수익을 놓치게 된다. 그래서 워런 버핏을 포함한 많은 투자 대가들이 "적어도 10년은 보유하라"고 말하는 것이다.

물론 주가 폭락은 언제나 두렵다. 그러나 분산 전략이 폭락을 버틸 수 있게 든든한 방패 역할을 해줄 것이다.

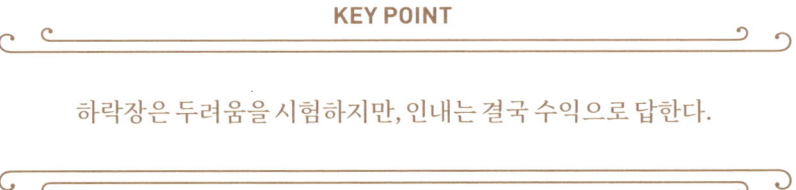

KEY POINT

하락장은 두려움을 시험하지만, 인내는 결국 수익으로 답한다.

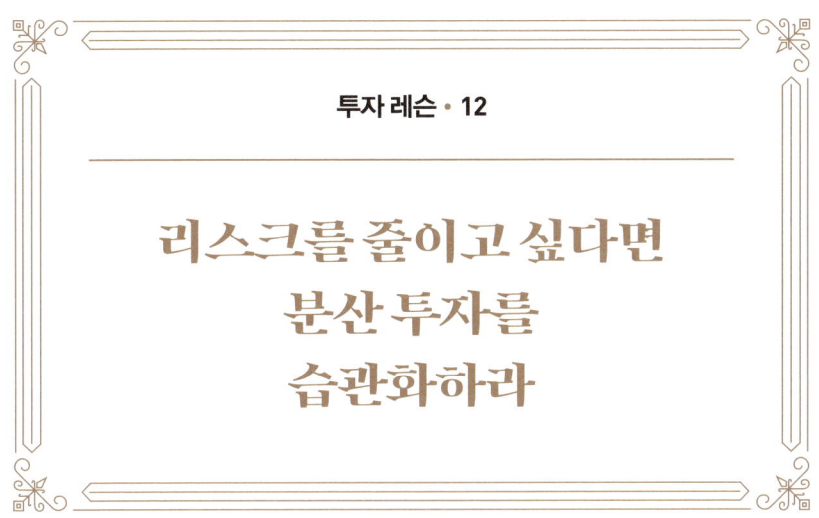

투자 레슨 · 12

리스크를 줄이고 싶다면
분산 투자를
습관화하라

매우 긴박한 순간에도 안정적이고 싶다면
포트폴리오를 분산하라.

《투자(INVESTING)》의 저자, 나베드 압달리

투자에서 가장 먼저 배워야 할 것은 '수익을 내는 법'이 아니다. '잃지 않는 법'이다. 다시 말해, 리스크 관리법을 익히지 않는 한 운 좋게 수익을 내더라도 꾸준히 이어가기 힘들다. 그래서 현명한 투자자들은 분산 투자를 한다.

버핏이 분산 투자를 하는 이유

분산 투자란 다양한 자산, 산업, 개별 종목에 투자하는 것을 말한다. 이렇게 투자 대상을 나누면 각각의 투자 성과가 (좋든, 나쁘든) 전체 포트폴리오에 미치는 영향을 줄여준다.

예를 들어, 워런 버핏의 버크셔 해서웨이는 은행, 음료 회사, 자동차 및 소비재 제조사, 기술 기업, 에너지 대기업 등 여러 산업을 고르게 담고 있다. 반면에 아크 인베스트(Ark Invest)의 창립자 캐시 우드(Cathie Wood)는 자사가 운용하는 ETF에 기술 혁신 기업들만 집중적으로 담았다.

만약 2020년에 아크 이노베이션 ETF에 투자했다면, 버크셔 해서웨이가 그대로일 때 3배 이상 치솟는 경험을 하며 스스로 투자 천재라고 느꼈을지도 모른다. 비록 2021년에 고점을 찍은 뒤 하락세로 돌아섰지만, 여전히 분산 투자자보다 앞서 있다는 자신감도 느꼈을 것이다.

그러나 2022년에는 상황이 완전히 달라졌다. 그해 기술주와 성장주가 급락하고, 가치주가 다시 인기를 얻은 것이다. 그 결과 2020년 1월부터 2023년 9월까지 아크 이노베이션은 큰 등락을 겪었고, 고르게 분산한 버크셔 해서웨이는 꾸준한 상승세로 기술 ETF를 크게 앞질렀다.

분산 투자는 모든 투자자에게 유용한 전략이다. 이 전략의 가장 큰 세 가지 장점은 다음과 같다.

- **위험 감소**: 분산 투자를 하면 한 종목의 부진이 전체 자산에 미치는 충격을 줄일 수 있다. 다시 말해, 단일 투자 실패로 큰 손실을 볼 가능성이 줄어든다.
- **낮은 변동성**: 분산된 포트폴리오는 하나에 집중된 포트폴리오보다 가격 변동을 적게 겪는다. 덕분에 투자자는 시장 침체기에도 흔들리지 않고 버틸 수 있다.
- **유동성의 증가**: 여러 자산에 나눠 투자하면 필요할 때 일부 자산을 쉽게 현금화하거나, 시장 상황에 맞게 조정할 수 있다.

분산 투자를 하는 5가지 방법

분산 투자는 어렵지 않다. 다음 방법들만 따르면 초보 투자자도 손쉽게 분산할 수 있다.

① 다양한 자산에 투자하기

자금을 국내 주식, 해외 주식, 채권, 고금리 예금 같은 단기 상품에 나눠 투자한다.

② 여러 산업(섹터)에 고르게 분산하기

기술, 헬스케어, 금융, 에너지 등 11개 주요 산업에 골고루 투자한다(산업 분야에 대해서는 '투자 레슨 14'에서 더 살펴보겠다).

③ 다양한 규모의 종목에 투자하기

대형주, 중형주, 중소형주에 나눠 투자한다(기업의 규모는 일반적으로 시가총액으로 구분하며, 이에 대해서는 뒤에서 더 살펴보겠다).

④ 해외에 투자하기

해외 증권거래소에 상장된 기업들은 자국 경제와 밀접하게 연결돼 있다. 따라서 여러 나라 기업에 투자하면 해당 국가의 성장 잠재력을 함께 누릴 수 있다.

⑤ ETF와 인덱스 펀드 활용하기

ETF나 인덱스 펀드는 여러 주식이나 채권을 함께 담고 있어서 초보자도 분산 효과를 얻기 쉽다(ETF와 인덱스 펀드에 관해서는 '투자 레슨 20과 21'에서 자세히 보겠다).

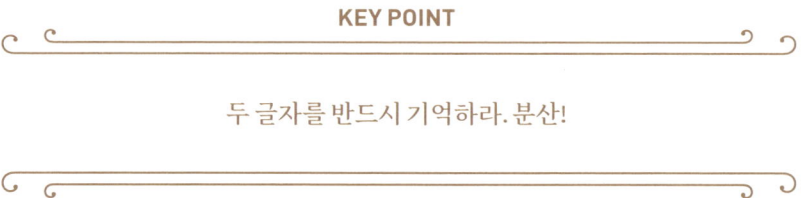

KEY POINT

두 글자를 반드시 기억하라. 분산!

투자 수단과
전략의
원리를
이해하라

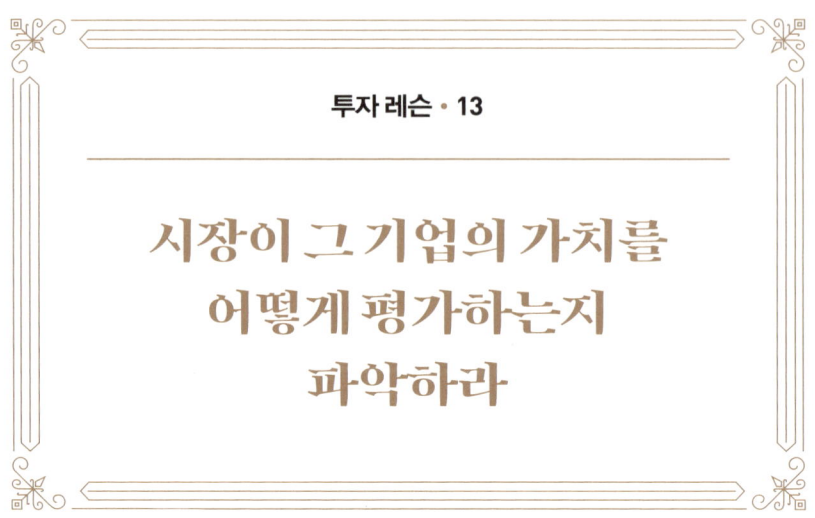

투자 레슨 · 13

시장이 그 기업의 가치를 어떻게 평가하는지 파악하라

가격을 지불하고 가치를 얻는다.

버크셔 해서웨이 최고경영자, 워런 버핏

주식 시장에서는 기업의 규모를 다음과 같이 나눈다.

- 초소형주
- 소형주
- 중소형주
- 중형주

- 대형주
- 초대형주

이처럼 기업의 규모를 구분하는 기준은 시가총액이다. 시가총액이란 기업이 발행한 주식 수에 현재 주가를 곱해 계산한 기업의 시장 가치를 말한다. 예를 들어, 어떤 기업이 주식 15만 주를 발행했고, 1주당 20달러에 거래된다고 해보자. 그러면 시가총액은 3억 달러다. 이는 중소형주에 속하는 기업이라고 할 수 있다.

그렇다면 시가총액 규모에 따라 어떻게 나뉠까? 지금부터 하나씩 살펴보자.

① 초소형주

초소형주는 시가총액이 5천만 달러 미만인 상장 기업을 말한다. 한 금융 사이트에 따르면, 2023년 8월 기준 미국 시장에서 초소형주에 해당하는 기업은 971곳이었다. 이들은 대부분 주가가 5달러 미만인 '동전주'로, 보통 장외에서 거래된다.

② 소형주

시가총액이 5천만~3억 달러 사이면 소형주에 속한다. 2022년 6월 기준, 나스닥에 상장된 소형주 기업은 4,300곳, 장외 거래 기업은 2,700곳에 달했다.

초소형주와 소형주는 투자 위험이 높은 편이다. 규모가 작고, 상장 이력이 상대적으로 짧아 정보가 부족하며, 전문 분석가들도 잘 다루지 않는다. 또한 거래량이 적어 원하는 시점에 매도하기 어려울 수 있으며, 투기 세력에 의해 주가가 조작될 위험도 있다. 따라서 매수하기 전에 충분히 조사해야 한다.

③ 중소형주

중소형주는 시가총액이 3억~20억 달러인 기업을 말한다. 2012년 자료에 따르면 약 1,989곳이 여기에 속했다. 2023년 기준으로, 중소형주에 속하는 대표적인 기업은 다음과 같다.

- 셔터스톡(SSTK), 시가총액 16억 달러
- 레이지보이(LZB), 시가총액 14억 달러
- 와비 파커(WRBY), 시가총액 17억 달러

단, 시가총액은 시점과 시장 상황에 따라 수시로 변동되므로, 책을 읽는 시점에 따라 바뀔 수 있다는 점을 참고 바란다.

중소형주는 중형주나 대형주보다 투자 위험이 크지만, 그만큼 성장 잠재력도 크다. 찾아보면 건실한 기업도 많으며, 실제로 일부 중소형주가 대형주를 앞지른 사례도 있다.

④ 중형주

중형주는 시가총액이 20억~100억 달러인 곳을 말한다. 2023년 기준, 약 1,100개 기업이 속했으며, 대표적인 기업은 다음과 같다.

- 옐프(YELP), 시가총액 30억 달러
- 해즈브로(HAS), 시가총액 91억 달러
- 월풀(WHR), 시가총액 78억 달러

일반적으로 중형주는 중소형주보다 변동성이 낮고 비교적 안정적이며, 자금 조달에 있어 유리한 편이다. 대형주에 비해 세계 정세의 영향을 덜 받는다는 점도 특징이다.

⑤ 대형주

대형주는 시가총액이 100억~2,000억 달러인 기업을 말한다. 2023년 12월 기준, 약 735개 기업이 여기에 속했다. 대표적인 기업으로 다음 세 곳이 있다.

- 스타벅스(SBUX), 시가총액 1,220억 달러
- 넷플릭스(NFLX), 시가총액 1,400억 달러
- CVS 헬스(CVS), 시가총액 1,200억 달러

대형주는 일반적으로 성숙기에 접어든 기업으로, 변동성이 낮고 수익이 안정적이다. 또한 주주에게 배당을 지급하는 경우가 많으며, 오랜 업력을 바탕으로 신뢰할 만한 정보도 풍부하다.

⑥ 초대형주

초대형주는 시가총액이 2,000억 달러 이상인 기업을 말한다. 즉, 상장 기업 중 최대 규모에 해당한다. 2023년 8월 기준, 42개 기업이 여기에 속했으며, 대표적인 기업은 다음과 같다.

- 애플(AAPL), 시가총액 2조 8,000억 달러
- 마이크로소프트(MSFT), 시가총액 2조 6,000억 달러
- 아마존(AMZN), 시가총액 1조 4,000억 달러

그렇다면 어떤 유형의 기업이 더 나을까? 당연한 말이지만 정답은 없다. 각각 장단점이 있기 때문이다. 다만, 내 투자 스승 앨런은 이렇게 말했다.

"기업의 시가총액에 너무 매달리지 마세요. 시장이 매긴 숫자가 그 기업의 진정한 가치를 말해주지는 않으니까요."

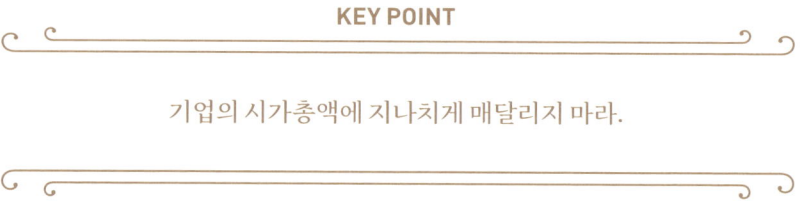

KEY POINT

기업의 시가총액에 지나치게 매달리지 마라.

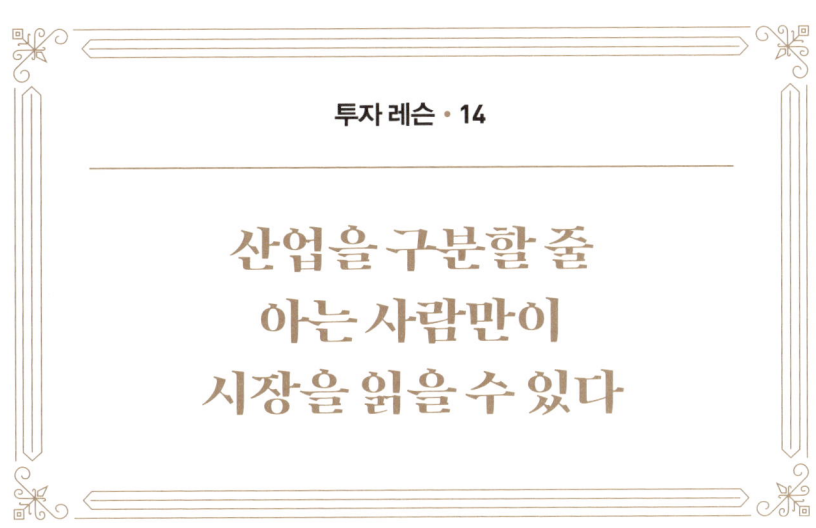

산업을 구분할 줄 아는 사람만이 시장을 읽을 수 있다

주식 투자를 하면 경제의 다양한 면을 배울 수 있다.
주식은 넓은 세상을 들여다보는 창문이다.

전기 작가이자 역사가, 론 처노

미국의 대표적인 거래소 두 곳에는 약 6,000개의 기업이 상장돼 있다 (2023년 초 기준, 뉴욕증권거래소 2,385개, 나스닥 3,611개).[25] 그렇다 보니 개별 기업을 하나하나 살펴보기에는 너무 많은 시간이 든다. 이때 유용한 것이 산업 분류 체계다.

1999년, 모던 스탠리 캐피털 인터내셔널과 S&P 다우존스 지수는 '글로벌 산업 분류 기준(GICS)'을 함께 개발했다. 현재 가장 널리 사용되는 이 체계는 기업들을 대표 사업 기준으로 분류해, 유사 기업을 비교 및 분석할 수 있도록 돕는다. 즉, GICS는 비슷한 기업을 묶어 살펴보고 투자 결정을 내릴 수 있도록 돕는 분석 도구인 셈이다.

GICS는 산업을 크게 열한 가지로 나눈다.

① 에너지

석유, 가스, 석탄 등 소모성 연료를 다루는 기업이 속한다. 대표 기업은 다음과 같다.

- 마라톤 오일(NYSE: MRO)
- 셰브론(NYSE: CVX)
- 엑슨 모빌(NYSE: XOM)
- 할리버튼(NYSE: HAL)
- 코노코필립스(NYSE: COP)

② 소재

금속, 시멘트, 목재 및 종이, 화학제품 등 산업 전반의 기초 재료를 생산하는 기업이 속한다. 대표 기업은 다음과 같다.

- 유나이티드 스테이츠 스틸(NYSE: X)
- 린데(NYSE: LIN)
- BHP 그룹(NYSE: BHP)

- 리오 틴토(NYSE: RIO)

- 발레(NYSE: VALE)

금융 기자 데이비드 로덱(David Rodeck)은 다음과 같이 설명했다. "소재 산업 주식들은 경기 침체기에 가치를 잃는다. 그러나 주택, 자동차, 전자제품 등 생산품 수요가 늘어나면 이 산업 주식의 가치 역시 상승하는 경향을 보인다."[26]

③ 산업

건설, 엔지니어링, 전기 장비, 운송, 항공우주 및 방위 등 다양한 산업이 속한다. 대표 기업은 다음과 같다.

- 유나이티드 파셀 서비스(NYSE: UPS)

- RTX(NYSE: RTX)

- 유니온 퍼시픽(NYSE: UNP)

- 허니웰 인터내셔널(NASDAQ: HON)

- 캐터필러(NYSE: CAT)

④ 선택 소비재

자동차, 가전제품, 의류, 생활용품, 명품 등을 생산하는 기업과 호텔, 영화관 같은 서비스 기업이 속한다. 대표 기업은 다음과 같다.

- 아마존(NASDAQ: AMZN)

- 테슬라(NASDAQ: TSLA)

- 홈디포(NYSE: HD)

- 토요타자동차(NYSE: TM)

- 나이키(NYSE: NKE)

아마존이 여기에 속한다는 사실에 놀랐을지도 모른다. 많은 사람이 아마존을 기술 기업으로 생각하지만(기술 사업이 수익의 가장 큰 부분을 차지), GICS에서는 아마존의 주력 사업을 선택 소비재로 분류한다.

⑤ 필수 소비재

음식, 음료, 담배, 개인용품처럼 사람들이 자주 구매하는 제품을 판매하는 기업이 속한다. 필수 소비재는 선택 소비재와 달리 없으면 불편한 물품들이다. 그렇다 보니 필수 소비재 기업들은 경기 변동에 덜 민감한 편이다. 대표 기업은 다음과 같다.

- 프록터&갬블(NYSE: PG)

- 펩시코(NASDAQ: PEP)

- 에스티 로더(NYSE: EL)

- 유니레버(NYSE: UL)

- 필립 모리스 인터내셔널(NYSE: PM)

⑥ 헬스케어

의약품 제조사, 의료 장비 제작사, 보험약제 관리 기업, 의료 서비스 기업 등이 포함된다. 대표 기업은 다음과 같다.

- 버텍스 파마슈티컬(NASDAQ: VRTX)
- 얼라인 테크놀로지(NASDAQ: ALGN)
- 유나이티드헬스 그룹(NYSE: UNH)
- HCA 헬스케어(NYSE: HCA)
- AMN 헬스케어 서비스(NYSE: AMN)

⑦ 금융

은행, 보험사, 증권사, 소비자 금융 업체 등이 포함된다. 이 분야는 막대한 현금을 창출할 수 있어서 워런 버핏 같은 투자자들이 선호해 왔다. 대표 기업은 다음과 같다.

- 아틀란티쿠스 홀딩스(NASDAQ: ATLC)
- B. 라일리 파이낸셜(NASDAQ: RILY)
- 블랙스톤(NYSE: BX)
- 코벨(NASDAQ: CRVL)
- KKR & Co(NYSE: KKR)

⑧ 정보 기술

하드웨어와 소프트웨어, 반도체를 개발 및 제조하는 기업이 속한다. 대표 기업은 다음과 같다.

- 애플(NASDAQ: AAPL)
- 마이크로소프트(NASDAQ: MSFT)
- 타이완 반도체 매뉴팩처링(NYSE: TSM)
- 엔비디아(NASDAQ: NVDA)
- 브로드컴(NASDAQ: AVGO)

⑨ 통신 서비스

광대역, 이동통신, 방송 등 네트워크 기반 서비스를 제공하는 기업이 속한다. 대표 기업은 다음과 같다.

- T-모바일 US(NASDAQ: TMUS)
- 컴캐스트(NASDAQ: CMCSA)
- 넷플릭스(NASDAQ: NFLX)
- 메타 플랫폼스(NASDAQ: META)
- 알파벳(NASDAQ: GOOGL, GOOG)

⑩ 유틸리티(공공 서비스)

전기, 천연가스, 수도 등 핵심 인프라를 공급하는 기업이 속한다.

대표 기업은 다음과 같다.

- 넥스트에라 에너지(NYSE: NEE)
- 아메리칸 워터 웍스(NYSE: AWK)
- 도미니언 에너지(NYSE: D)
- 듀크 에너지(NYSE: DUK)
- 브룩필드 인프라스트럭처 파트너스(NYSE: BIP)

이 분야는 경기 침체기에도 꾸준한 수요 덕분에 안전한 종목으로 평가받는다. 배당 수익률도 상대적으로 높아 장기 보유를 선호하는 투자자들도 많다.

⑪ 부동산

부동산과 토지를 소유, 개발, 임대 및 관리하는 기업이 속한다. 대표 기업은 다음과 같다.

- CBRE 그룹(NYSE: CBRE)
- 사이먼 프로퍼티 그룹(NYSE: SPG)
- 프로로지스(NYSE: PLD)
- 아메리칸 타워(NYSE: AMT)
- 이퀴닉스(NASDAQ: EQIX)

일부 기업은 소속 분야가 바뀌기도 했다.

예를 들어, 컴캐스트와 넷플릭스는 원래 '선택 소비재'였고, 메타 (전 페이스북)와 알파벳(구글의 모회사)은 '정보 기술' 분야에 속했다. 그러나 2018년 9월 GICS의 개편으로, '전기통신 서비스' 분야가 '통신 서비스' 분야로 재편되면서 이 기업들이 새롭게 포함됐다.[27]

이러한 산업 분야를 이해하면 포트폴리오를 더 효과적으로 분산할 수 있다. 꼭 기억하라. 아는 만큼 좋은 기회가 보인다!

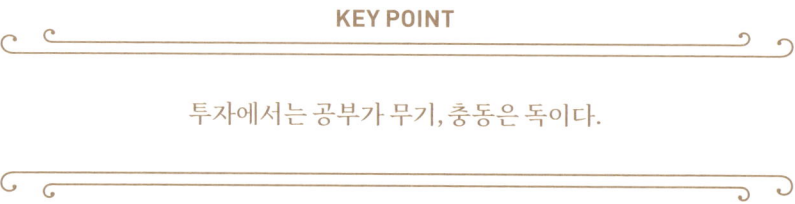

KEY POINT

투자에서는 공부가 무기, 충동은 독이다.

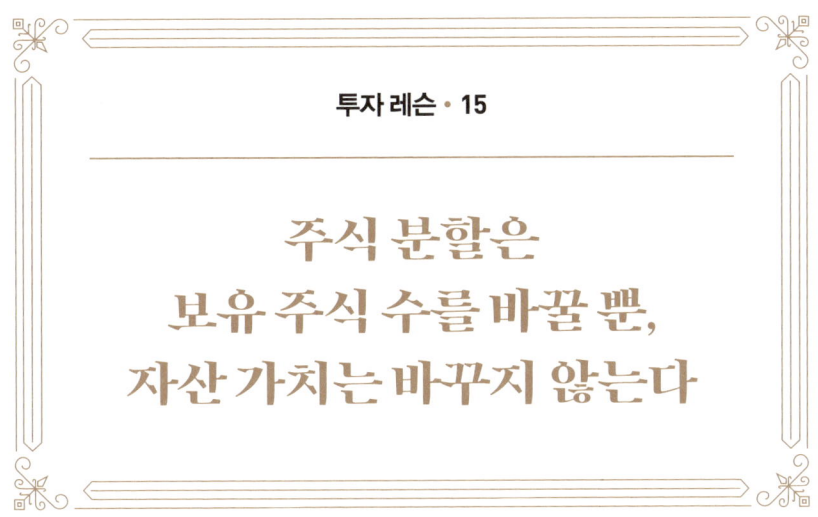

주식 분할은 보유 주식 수를 바꿀 뿐, 자산 가치는 바꾸지 않는다

성공적인 투자의 열쇠는
주식이 아닌 기업에 집중하는 데 있다.

월가의 영웅이자 작가, 피터 린치

자고 일어났더니 보유 주식 수가 2배, 3배, 4배 심지어 20배로 늘어났다면 어떨까? 아마 눈이 번쩍 뜨일 것이다.

나 역시 아무것도 하지 않았는데 주식 수가 갑자기 늘어난 적이 있다. 누군가 깜짝 선물이라도 준 것일까? 하지만 아쉽게도 밤사이 몰래 주식을 두고 가는 투자 요정은 없다. 만약 보유 주식 수가 하루아침에 크게 불어났다면, 이는 대부분 '주식 분할' 때문이다.

주식을 분할해도 가치는 같다

주식 분할은 기존 투자자의 보유 주식 수를 늘리면서, 주가를 낮춰 더 많은 사람이 매수하기 쉽게 만드는 조치를 말한다. 보통 주가가 크게 오르면 기업은 주식을 2 대 1로 분할한다. 이때 기준일에 50주를 보유하고 있었다면 분할한 뒤에는 100주를 갖게 된다.

하지만 주식 수가 늘어나도 자산 가치는 변하지 않는다. 주식 수가 2배로 늘어나면 1주당 주가는 절반으로 조정되기 때문이다. 피자 한 판을 4조각, 6조각 혹은 8조각으로 잘라도 전체 양은 같듯이, 주식 분할도 주식 수만 바꿀 뿐이다.

간단한 퀴즈를 통해 주식 분할의 개념을 이해해보자.

문제1   2020년 7월에 애플 주식 10주를 매수했다. 그런데 애플이 2020년 8월 28일에 주식을 4 대 1로 분할했다면 8월 29일에 몇 주를 보유하게 될까?

정답   40주를 보유하게 된다.

문제2   4 대 1로 분할하면 1주의 가격은 어떻게 될까?

정답   분할하기 전 주가의 4분의 1이 된다. 주식 수만 늘어날 뿐 전체 가치는 변하지 않는다.

문제3   기준일은 어떤 영향을 줄까?

기준일에 주식을 가지고 있는 투자자만 분할 자격을 얻는다. 당시 애플의 기준일은 2020년 8월 24일이었고, 7월에 10주를 매수해서 갖고 있었다면 분할 대상이 된다.

많은 초보 투자자가 "그럼 분할된 주식을 새로 사는 게 더 유리한가요?"라고 묻곤 한다. 하지만 실제로는 차이가 없다.

예를 들어, 엔비디아 1주를 700달러에 사든, 분할 후 주당 175달러에 4주를 사든 투자금은 똑같이 700달러다. 다만, 주식 수가 많아 보이는 걸 선호한다면 후자가 더 만족스러울 수 있다.

기업은 왜 주식 분할을 할까?

주식 분할은 기업의 근본적인 가치를 바꾸진 않는다. 하지만 시장에서는 분할 이후 주가가 오르는 현상이 자주 나타난다.

나스닥 수석 경제학자인 필 매킨토시(Phil Mackintosh)는 "분할된 주식은 시장 평균보다 높은 성과를 내곤 한다"라고[28] 분석했다. 실제로 분할 발표만으로도 주가가 평균 약 2.5% 상승했다.

왜 그럴까? 주가가 낮아지면 투자자에게 더 매력적으로 보이고, 거래 단위가 작아져 매매 비용이 줄어든다. 그 결과 거래가 활발해지고 자연히 유동성도 증가한다. 이러한 요인들이 모여 기업 가치에 긍정적인 효과를 주는 셈이다. 무엇보다 주식 분할은 '앞으로도 성장할 것'이라는 경영진의 자신감을 보여주는 신호로 해석되기도 한다.

어떤 기업들이 분할을 했는지 궁금하다면 stockanalysis.com 같은 사이트에서 확인해보라.

주식 병합, 상장 폐지를 피하고 싶은 기업의 마지막 카드

간혹 보유 주식 수가 줄어드는 경우도 있다. 이를 주식 병합 또는 역분할이라고 한다. 방식은 분할과 비슷하지만, 실행 이유는 정반대다.

예를 들어, 1 대 5 병합은 보유 주식 5주를 1주로 합치는 것이다. 마치 여러 조각으로 나눴던 피자를 다시 하나로 모으는 것과 같다.

그렇다면 기업은 왜 병합을 할까? 분할의 이유를 반대로 생각해보면 이해하기 쉽다. 앞서 말했듯, 기업은 주가가 너무 올라 투자자들의 접근성이 떨어지면 분할을 한다. 반대로 주가가 심하게 떨어져 상장 폐지 위험에 놓인 기업은 병합을 실행한다.

병합을 하면 주가가 높아져 겉보기에는 안정적인 회사로 보일 수 있다. 하지만 이 역시 기업의 본질적인 가치를 바꾸지는 못한다. 병합이 끝난 뒤에도 시가총액은 그대로이고, 기업이 실질적인 변화를 꾀하지 않으면 주가는 다시 하락하기 쉽다.

실제로 병합은 종종 대형 기업에서도 일어난다.

예를 들어, 2021년 7월에 제너럴 일렉트릭(GE)의 주식을 보유하고 있었다고 해보자. 그런데 2021년 7월 30일 금요일, 거래 마감 시점에 이 기업이 1 대 8 병합을 실행했다. 마감 당시 GE의 주가는 약 15달러였고, 조정된 주식은 다음 거래일인 2021년 8월 2일 월요일부터 효력이 발생했다.

당시 실행한 주식 병합이 GE 주식에 어떤 영향을 끼쳤을까?

문제1　만약 GE 주식 240주를 가지고 있었다면, 병합한 뒤에 보유 주식은 몇 주가 될까?

정답　30주가 된다.

문제2　병합하고 나서 1주당 주가는 얼마일까?

정답　120달러다. 기존 주가 15달러에 8을 곱하면 된다.

초보 투자자라면 주식 분할이나 병합을 당장 경험할 일은 거의 없을 것이다. 그러나 투자는 장기전이다. 분할과 병합의 개념을 확실히 이해하고 있으면 훗날 실제 상황이 닥쳤을 때 더 침착하게 대응할 수 있다.

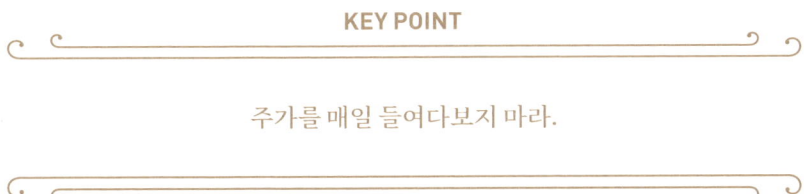

KEY POINT

주가를 매일 들여다보지 마라.

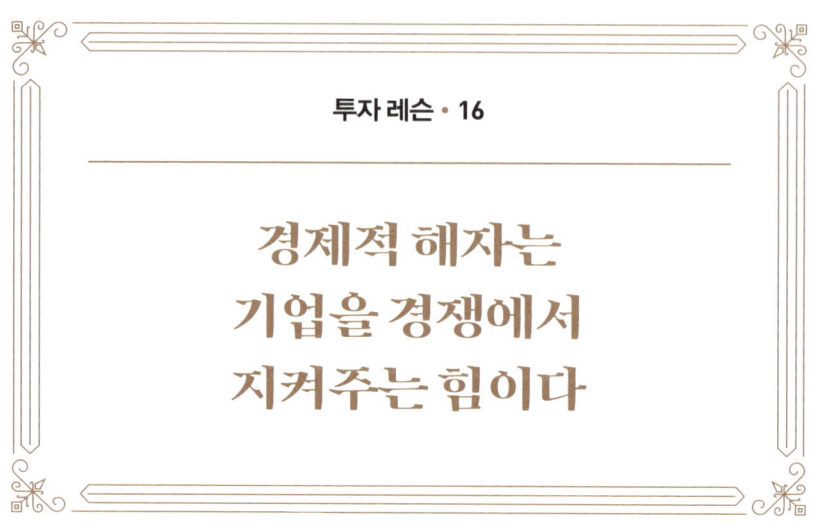

경제적 해자는 기업을 경쟁에서 지켜주는 힘이다

돈만 버는 기업은 형편없다.

포드 모터 컴퍼니 창립자, 헨리 포드

경제적 해자라는 개념을 널리 알린 인물은 위대한 투자자, 워런 버핏이다. 그는 1993년 컬럼비아 대학교 초청 강연에서도 이 개념을 강조했다.

당시 강연에서 브루스 그린월드(Bruce Greenwald) 교수는 버핏에게 "기업에 투자하려면 그 기업의 사업을 얼마나 깊이 이해해야 하나요?"라고 물었다.

그러자 버핏은 이렇게 답했다.

"해자가 없는 기업에는 투자하지 마세요."

이때 '해자'란 경쟁사에 쉽게 시장 점유율을 뺏기지 않도록 해주는 강력한 경쟁 우위를 뜻한다. 마치 성을 둘러싼 도랑이 침입을 막아내듯, 기업의 해자 역시 외부의 '공격'을 방어하는 역할을 한다.

버핏이 해자를 강조한 이유는 단순하다. 해자가 있는 기업만이 장기간 높은 수익을 유지하며 투자자의 신뢰를 지킬 수 있기 때문이다. 그래서 그는 수많은 투자 원칙 가운데서도 "해자가 있는 기업을 찾아라"라는 조언을 늘 강조한다.

경제적 해자를 판단하는 6가지 기준

기업이 경제적 해자를 갖추는 방법은 다양하지만, 그 뿌리에는 공통된 특징이 있다. 다음 여섯 가지 질문은 기업이 그러한 특징을 갖췄는지 살펴보는 데 도움을 줄 것이다.[29]

① 비용 우위가 있는가?

경쟁사보다 낮은 가격으로 제품이나 서비스를 제공할 수 있는 능력을 비용 우위라고 한다. 대표적으로 월마트는 대규모 구매력을 바탕으로 공급자와 낮은 가격을 협상하며, 경쟁사들이 따라 하기 힘든 수준의 가격 경쟁력을 확보했다.

② 네트워크 효과가 있는가?

네트워크 효과란 사용자가 늘어날수록 상품이나 서비스의 가치가 커지는 현상을 말한다. 페이스북, 인스타그램, X(옛 트위터) 같은 소셜 미디어 플랫폼이 대표적이다. 이러한 플랫폼은 더 많은 사람이 쓸수록 연락 수단으로서 가치가 커진다. 반대로 사용자가 줄어들면 네트워크 효과가 약해져 사람들이 다른 플랫폼으로 옮겨가게 된다.

③ 경쟁사로 바꿨을 때 전환 비용이 발생하는가?

전환 비용이란 다른 기업의 서비스로 옮길 때 드는 시간이나 비용을 뜻한다. 주거래 은행이나 통신사를 쉽게 바꾸지 않는 이유도 바로 이 때문이다. 이는 개인만의 이야기가 아니다. 기업 역시 새로운 공급업체로 바꾸려면 단기 지출과 혼란을 감수해야 하기에 쉽게 결정하지 못한다.

④ 브랜드 인지도가 있는가?

브랜드 인지도란 소비자가 로고나 포장만 보고도 상품을 알아볼 수 있는 정도를 말한다. 이 인지도가 높을수록 소비자는 익숙함과 신뢰를 느끼며, 다른 제품으로 쉽게 바꾸지 않는다.

예를 들어, 전 세계에서 맥도날드의 황금 아치 로고를 모르는 사람은 거의 없다. 경쟁사도 충분히 맛있는 햄버거를 만들 수 있지만, 맥도날드에는 고객을 끌어당기는 강력한 브랜드 파워가 있는 셈이다.

⑤ 진입 장벽이 높은가?

새로운 기업이 시장에 진입하려 할 때, 비용이나 시간이 많이 들거나 기술 난도가 높은 상태를 '진입 장벽이 높다'라고 표현한다. 가령 대형 통신사를 생각해보자. 신규 기업이 그들과 비슷한 수준의 무선 네트워크를 구축하려면 막대한 비용과 오랜 시간이 필요하다. 이처럼 높은 진입 장벽 덕분에 기존 대형 통신사들은 새로운 경쟁자의 등장을 크게 두려워하지 않는다.

⑥ 무형 자산이 있는가?

무형 자산이란 브랜드, 특허, 허가, 지적 재산권 등을 말한다. 디즈니는 무형 자산으로 강력한 해자를 쌓은 대표적인 기업이다. 물론 다른 영화사도 판타지 영화를 얼마든지 만들 수 있지만, 마블 시리즈나 스타워즈를 만들 수 있는 곳은 오직 디즈니뿐이다.

세계적인 기업들은 경제적 해자를 갖췄을까?

이 요소들을 모두 갖춰야만 기업에 해자가 있다고 말할 수 있을까?《경제적 해자》(북스토리, 2021)의 저자 팻 도시(Pat Dorsey)는 그렇지 않다고 말한다. 그는 책에서 지속 가능한 해자의 핵심을 네 가지로 정리했다. 바로 비용 우위, 네트워크 효과, 전환 비용, 무형 자산이다.

그렇다면 세계적인 기업들은 어떤 경제적 해자를 갖췄을까? 대표적인 기업 다섯 곳이 어떤 특성을 기반으로 해자를 갖췄는지 살펴보자. 실제 기업 사례를 보고 나면 경제적 해자가 왜 기업 경쟁력의 핵심인지 쉽게 이해할 수 있을 것이다.

참고로, 한 가지 특성만 갖춘 기업은 해자가 좁지만, 여러 특성을 함께 갖춘 기업은 더 넓은 해자를 지닌다. 해자가 넓을수록 기업은 더 안정적으로 수익을 지켜낼 수 있다.

① 월마트(WMT)

앞에서 말했듯, 월마트는 압도적인 가격 경쟁력, 즉 비용 우위를 갖고 있다. 현재 월마트는 19개국에서 약 1만 500개 이상의 매장과 클럽을 운영하고 있다.[30] 특히 미국인의 90%가 월마트 매장에서 16km 이내에 거주한다는 점은 월마트의 뛰어난 접근성을 보여준다.[31] 비록 고객 만족도 조사에서는 코스트코와 타깃(미국의 대표적인 대형 할인점)이 앞설 때도 있지만, 소비자들은 여전히 저렴한 가격과 편리한 접근성 때문에 월마트를 찾는다.

② 아마존(AMZN)

아마존은 여러 면에서 독보적인 경쟁 우위를 지닌 기업이다. 방대한 온라인 소매 플랫폼은 쇼핑을 쉽고 빠르게 만들고, 거대한 물류망은 배송 속도와 비용 면에서 강력한 무기가 된다. 또한 클라우드 서비스 역시 진입 장벽을 형성한다. 그래서 일부 분석가들은 아마존의 성장 잠재력이 아직도 저평가되어 있다고 말한다.[32]

③ 애플(AAPL)

애플은 세계에서 가장 가치 있는 브랜드 중 하나다. 전 세계적으로 압도적인 브랜드 인지도와 더불어, 아이클라우드를 중심으로 한 서비스는 강력한 무형 자산이자 전환 비용을 만든다.[33]

④ 디즈니(DIS)

코로나19 팬데믹은 디즈니의 테마파크, 리조트, 크루즈 사업에 큰 타격을 줬다. 그러나 디즈니는 미키마우스를 비롯한 수많은 캐릭터와 콘텐츠라는 무형 자산을 보유해 경쟁사가 뚫기 힘든 해자를 구축하고 있다. 실제로 디즈니는 모닝스타가 선정한 '넓은 해자 집중 지수'에 포함됐다. 또한 글로벌 투자 운용사인 반에크(VanEck)에 따르면, 디즈니는 2023년 1월 기준 '넓은 해자 지수'의 성장을 이끈 상위 다섯 종목 중 하나였다.[34]

⑤ 버크셔 해서웨이(BRK.A, BRK.B)

버크셔 해서웨이는 소비자에게 제품을 직접 판매하는 기업이 아니라 해자를 분석하기 쉽지 않다. 그런데도 이 기업은 여러 측면에서 강력한 경쟁 우위를 지니고 있다. 워런 버핏은 기업을 인수할 때 경영진의 역량과 사업의 장기 성장 가능성을 철저히 평가한다. 또한 버크셔는 부채 없이 막대한 현금을 보유해 유리한 조건으로 투자 기회를 잡을 수 있다. 더불어, 버크셔 산하의 자회사들 역시 각각 해자를 갖춰 기업의 안정성을 뒷받침한다.[35]

해자는 영원하지 않다

놀랍게도 경제적 해자는 사라지기도 한다.

한때 한국에서 가장 많이 쓰였던 메신저 '네이트온'을 떠올려보자. 청소년, 직장인 할 것 없이 네이트온 계정을 가지고 있었고, 그만큼 강력한 네트워크 효과가 존재했다. 하지만 '카카오톡'이 등장하자, 네이트온의 네트워크 효과는 빠르게 사라졌고, 해자도 함께 무너졌다(이해를 돕기 위해 국내 사례를 예로 들었다).

2000년대 중반 인기를 끌었던 초기 스마트폰 블랙베리의 제조사 리서치 인 모션(Research In Motion)도 마찬가지다. RIM은 막강한 브랜드 파워와 특허라는 무형 자산을 가지고 있었다.

그러나 아이폰 출시 이후 스마트폰 시장이 급격히 바뀌었고, 애플은 앱 스토어 생태계라는 더 높은 해자를 구축하며 시장을 장악했다. 결국 RIM은 스마트폰 시장에서 완전히 밀려났다.

경제적 해자는 영원히 유지되지 않는다. 따라서 투자자는 기업의 해자가 여전히 유효한지 신중히 평가해야 한다.

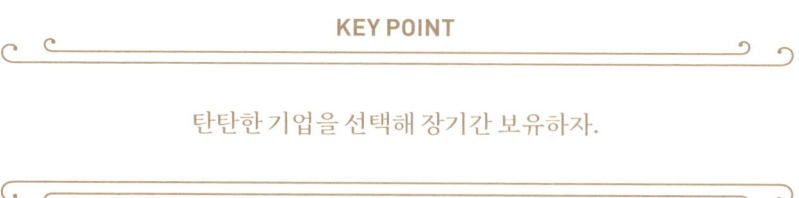

KEY POINT

탄탄한 기업을 선택해 장기간 보유하자.

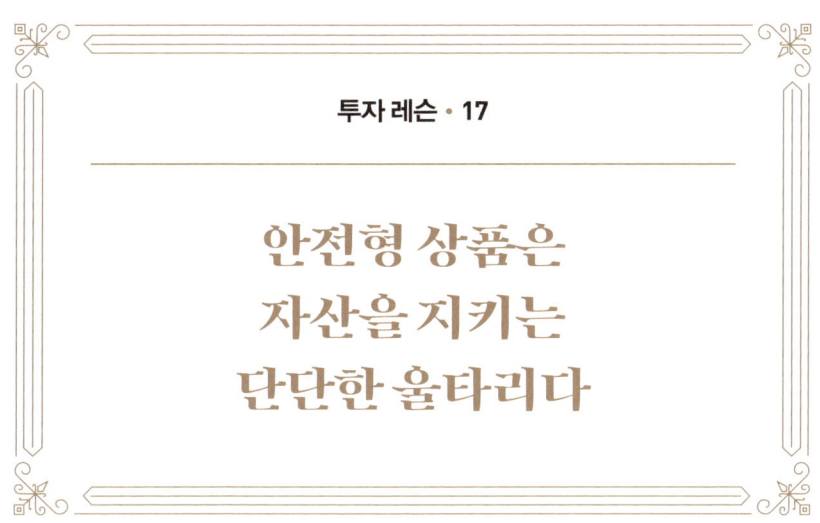

투자 레슨 · 17

안전형 상품은
자산을 지키는
단단한 울타리다

저축만으로 백만장자가 될 수 있을까요?
제 이야기는 여기까지입니다.

《부의 창조(CREATING WEALTH)》의 저자, 로버트 G. 앨런

주식은 변동성이 크지만, 장기적으로 다른 투자 수단보다 높은 수익률을 기대할 수 있다. 하지만 보수적인 투자자나 분산 투자를 원하는 사람이라면, 변동성이 낮은 다른 금융 수단도 알아두는 것이 좋다.

대표적인 예가 확정이자부 증권이다. 이는 정해진 기간 동안 이자를 받고, 만기 때 원금을 돌려받는 투자 방법이다. 따라서 원금을 안전하게 지키면서 안정적인 이익을 얻을 수 있다.

확정이자부 증권의 가장 일반적인 형태는 바로 채권이다. 채권은 보통 (기업이나 정부 등에) 돈을 빌려주고 그 대가로 이자를 받으며 만기 시에 원금을 돌려받는다. 이 방식은 손실 위험을 최소화하면서 이자 수익을 꽤 정확하게 예측할 수 있다. 따라서 안정적인 현금 흐름을 원하거나, 주식의 변동성이 부담스러운 투자자에게 매우 적합하다.

이처럼 안정적인 수익을 추구할 수 있는 선택지는 다양하다.

저축 예금

저축 예금은 당장 쓰지 않을 자금을 넣어두기에 가장 간단하고 안전한 방법이다. 한국에서는 예금자 보호 제도를 통해 1인당 1금융기관 기준 최대 5천만 원까지 자산이 보장된다. 다시 말해, 은행이 파산하더라도 이 한도 내에서는 돈을 돌려받을 수 있다.

다만, 저축 예금의 금리가 높지 않은 편이라, 물가 상승률을 따라잡기 어렵다. 그래서 많은 금액을 넣어둘 계획이라면 미리 금리를 확인하는 것이 좋다.

장점
- 계좌 개설과 이용이 쉬움
- 만기가 따로 없음

- 언제든 인출 가능(유동성)

- 안전성(예금자 보호 제도)

- 소액도 가능

단점

- 인출 횟수나 금액 제한 가능성

- 낮은 금리

- 금리 변동 가능성

- 수수료 면제를 위해 일정 잔액 유지 조건이 붙을 수 있음

금융시장 계좌(MMA)

금융시장 계좌는 미국에서 흔히 볼 수 있는 상품이다. 기본 구조는 저축 예금과 비슷하지만, 상대적으로 더 높은 금리를 제공하는 경우가 많다. 또한 수표 발급이나 직불카드 사용이 가능한 상품도 있다.

다만, 최소 예치금 조건이나 거래 횟수 제한이 붙을 수 있으며, 조건을 충족하지 못하면 수수료가 부과될 수 있다. 따라서 당장 쓸 계획은 없지만 가까운 시일 내 사용할 자금을 보관할 때 적합하다.

참고로 한국에 이와 동일한 상품은 없지만, 자금을 단기 보관한다는 관점에서는 CMA 계좌가 비슷한 편이라고 볼 수 있다.

장점

- 저축 예금보다 상대적으로 높은 금리

- 수표나 직불카드 사용 가능

- 예금자 보호 제도(미국의 경우 FDIC) 적용

단점

- 높은 최소 예치금

- 거래 횟수 제한 가능성

- 수수료 발생 가능성

정기 예금

정기 예금은 일정 기간 은행에 돈을 맡기고, 만기 시 원금과 이자를 돌려받는 상품이다. 만기일이 되면 현금으로 찾을 수도 있고, 정기 예금에 재예치할 수도 있다.

정기 예금은 보통 1년 만기로 많이 이용하지만, 짧게는 3개월부터 길게는 수년 단위 상품까지 다양하다. 보통 고정 금리로 제공되는 경우가 많아, 가입할 때 이자율과 만기일을 미리 알 수 있다. 다만, 변동 금리형 상품도 존재한다.

일반적으로 예치 기간이 길수록 높은 이율을 제공하지만, 물가 상승률보다 금리가 낮으면 실제 수익의 가치가 줄어들 수 있다. 또한,

정기 예금을 중도 해지하면 약정 이율보다 낮은 이율로 계산되므로 예상보다 이익이 줄어들 수 있다.

정기 예금은 '사다리 타기(laddering) 전략'을 활용하면 더 효과적이다. 예를 들어, 3천만 원을 모두 3년짜리 예금에 넣기보다 1년, 2년, 3년 만기 예금으로 나누어 1천만 원씩 가입하는 것이 더 좋다. 이렇게 하면 매년 일부 자금이 만기돼 유동성이 생기고, 금리가 오를 때 더 높은 금리로 재예치할 수 있다.

단, 5천만 원 이상 예치할 계획이라면 예금자 보호 제도를 고려해 여러 금융기관에 나누어 넣는 것이 안전하다.

장점

- 안전성
- 보장된 수익
- 저축 예금보다 높은 수익
- 사다리 타기 전략 활용 가능
- 별도의 월 수수료 없음

단점

- 유동성 제한
- 중도 해지 시 낮아지는 이율
- 주식보다 낮은 수익(장기적으로)

미국 국채

미국 국채는 매우 안전한 자산 중 하나로 꼽힌다. 단기 국채, 중기 국채, 장기 국채로 나뉘며, 모두 미국 정부에서 발행한다. 설령 정치적 논쟁이 있더라도 미국 정부가 채무를 이행하지 않을 가능성은 매우 낮다.

단기 국채(미국 재무부 단기 증권)

미국 단기 국채(T-bill)는 만기가 1년 이하인 채무 증서를 말한다. 액면가보다 저렴한 가격에 매입하고, 만기일에는 액면가로 상환받는다. 예를 들어, 액면가 100달러인 증권을 97달러에 사면, 만기일에 100달러를 돌려받아 3달러의 수익을 얻는다. 다만, 만기일 전에 매도하면 당시 시장 가격에 따라 손실이 생길 수도 있다.

단기 국채의 이자는 연방 소득세 과세 대상이지만, 주나 지방 소득세는 면세된다. 따라서 뉴욕이나 캘리포니아처럼 소득세율이 높은 주에서는 이 점이 상대적으로 유리하다.

장점

- 안전성
- 유동성
- 적은 최소 투자금
- 경쟁력 있는 이율
- 주·지방세 면세 혜택

단점

- 상대적으로 낮은 수익률(물가 상승 시 실질 수익 감소 위험)
- 만기 전 매도 시 손실 가능성

중기 국채 및 장기 국채

중기 국채는 만기가 2, 3, 5, 7, 10년이고, 장기 국채는 20년 혹은 30년이다. 이 국채들은 만기일까지 6개월마다 정기적으로 이자를 지급하며, 만기 전에 매도해 현금화할 수도 있다. 또한 만기가 길수록 금리가 높아, 자금을 오래 맡기면 더 큰 이자 수익을 기대할 수 있다.

장점

- 미국 정부의 보증으로, 사실상 채무 불이행 위험이 없음
- 유동성

단점

- 상대적으로 낮은 수익률

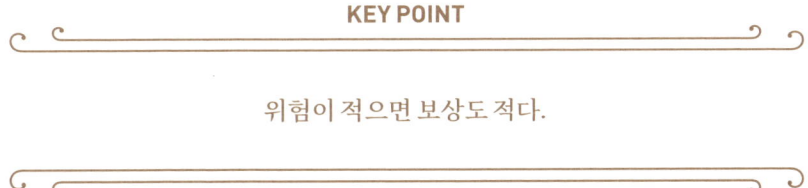

KEY POINT

위험이 적으면 보상도 적다.

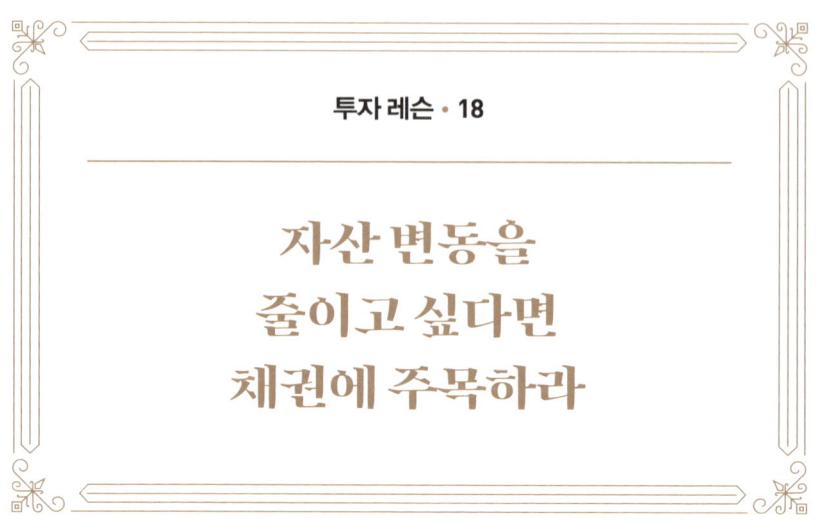

자산 변동을
줄이고 싶다면
채권에 주목하라

저는 평생 손대지 않을 돈만 주식 시장에 넣습니다.
채권으로 먹고살고 싶습니다. 안전한 것을 좋아하거든요.

테니스 챔피언, 모니카 셀레스

다른 사람에게 돈을 빌리면 차용증을 쓰듯, 정부나 기업도 돈이 필요할 때 투자자에게 자금을 빌리고 차용증을 준다. 이때 차용증은 이자와 원금을 약속하는 일종의 투자 상품인데, 이것이 바로 채권이다.

채권은 쉽게 말해 '투자용 차용증서'다. 발행자는 정부, 지방자치단체, 혹은 기업일 수 있으며, 투자자는 발행자에게 돈을 빌려주는 사람이다. 발행자는 약속된 주기마다 이자(쿠폰)를 지급하고, 만기일에는 원금을 상환해야 한다.

일부 채권은 만기 전에 발행자가 미리 상환할 수 있는 권리를 가지는데, 이를 '조기 상환(콜옵션)'이라고 한다. 발행자는 특정 날짜에 상환 금액(대개 액면가)과 미지급 이자를 지급하고 채권을 되사간다. 이렇게 하면 기존의 높은 금리 부채를 없애고, 더 낮은 금리로 자금을 조달할 수 있다. 마치 주택담보대출을 더 낮은 이자의 상품으로 갈아타는 것과 비슷하다.

일반적으로 채권은 주식보다 변동성이 낮아 안전하다고 알려져 있다. 하지만 발행자의 신용도나 채권의 성격에 따라 위험 수준은 크게 달라질 수 있다.

채권의 3가지 종류

채권의 일반적인 형태는 다음과 같다.

① 정부 채권(국채)

국채는 정부가 발행하는 채권으로, 발행 정부의 신용이 뒷받침되기 때문에 가장 안전하다. 특히 안정적인 국가들은 채무 불이행을 피하려 한다. 하지만 재정 상황이 불안한 국가들은 다르다. 실제로 베네수엘라는 여러 차례 채무를 이행하지 못했다.

② 지방 채권(지방채)

지방채는 지방자치단체가 대규모 투자나 재해 복구 같은 공공 사업을 위해 발행하는 채권이다. 국채보다 상대적으로 위험한 편이며, 지방자치단체의 재정 상태와 신용도에 따라 안정성이 달라진다.

③ 회사채

회사채는 기업이 자금을 조달하기 위해 발행하는 채권이다. 국채보다 이자율이 높은 편이지만, 발행 기업의 상황에 따라 부도 위험도 존재한다. 따라서 안정성과 수익성을 비교한 뒤 선택해야 한다.

채권의 위험도

채권에 투자하기로 했다면 자신의 위험 감수도에 맞는 채권을 선택해야 한다. 일반적으로 채권은 위험도와 수익률에 따라 세 가지 범주로 나눌 수 있다.

① 낮은 이자율/낮은 위험도의 채권

정부가 발행하는 채권은 가장 안전한 채권에 속한다. 한국에서는 국채와 공기업이 발행하는 공사채가 여기에 해당되며, 미국에서는 저축채권과 앞에서 본 국채 등이 해당된다. 정부가 지급을 보증하기 때문에 믿을 수 있는 편이지만, 그만큼 이자율이 낮다.

② 중간 이자율/중간 위험도의 채권

지방채는 중위험 채권으로 분류된다. 다만, 발행한 지방자치단체의 재정 상태와 신용도를 반드시 살펴봐야 한다.

③ 높은 이자율/높은 위험도의 채권

회사채는 발행 기업의 신용도에 따라 위험 수준이 크게 달라진다. 피치(Fitch), 무디스(Moody's), S&P 같은 신용평가사는 기업의 채권을 AAA부터 '정크 본드(신용 등급이 낮은 채권)'까지 등급을 매긴다. 등급이 낮을수록 부도 위험은 커지지만, 동시에 이자율은 높아진다. 결국 그 위험을 감수할 것인지는 본인이 판단해야 한다.

회사채의 위험 요소는 크게 네 가지로 나눌 수 있다.

- **신용 위험**: 고금리 채권을 발행하는 기업의 재무 상태는 대체로 불안정하다. 그렇다 보니 성과가 좋지 않거나 현금 흐름이 막히면 이자를 제때 지급하지 못하거나 부도 처리될 수도 있다. 최악의 경우, 투자금을 전부 잃을 가능성도 있다. 설령 파산 절차를 거쳐 일부를 돌려받더라도 수년이 걸릴 수 있으며, 그 기간에는 어떤 이자도 받지 못한다.
- **금리 위험**: 채권의 가치는 시장 금리에 따라 달라진다. 만약 만기가 긴 채권의 이자율보다 시장 금리가 높아지면 기존 채권의 가치는 떨어진다.
- **시장 위험**: 경기가 나빠지거나 금융 시장에서 불안 심리가 커지면, 투자자들은 고금리 회사채를 너무 위험하다고 판단해 매각한다. 결국 시장에 매물로 나온 채권이 넘쳐나게 돼 가격이 급락할 수 있다. 다시 말해, 다른 사람의 두

려움이 나의 자산 가치에 영향을 줄 수 있다.

- **유동성 위험**: 앞서 말했듯, 유동성은 자산을 팔고 싶을 때 얼마나 빠르고 쉽게 현금화할 수 있는지를 뜻한다. 신용 등급이 높은 회사채는 꾸준히 거래되어 필요할 때 쉽게 팔 수 있다. 그러나 신용도가 낮은 고금리 채권은 팔기 어렵다.

"고수익에는 고통이 따른다."

이 말은 회사채에도 적용된다. 특히 고위험/고금리 회사채에 투자할수록 자신의 위험 감수도와 현금 유동성을 반드시 고려해야 한다.

채권의 장단점을 알고 투자하라

초보 투자자를 위해 채권의 대표적인 장점과 단점을 네 가지씩 정리하면 다음과 같다.

장점

- 정해진 이자 지급으로 꾸준한 수입원 제공
- 주식(보통주)보다 상대적으로 낮은 위험성
- 투자 목적별 선택 용이성(다양한 만기일과 신용 등급)
- 2차 시장에서 거래 가능한 높은 유동성

단점

- 주식보다 낮은 수익률(물가 상승률을 따라가지 못할 수 있음)

- 시장 금리, 신용 등급, 경기 상황에 따른 가격 변동 가능성

- 금리 상승 시 기존 채권의 시장 가치 하락 위험

- 채무 불이행 가능성

채권은 이자도 비교적 안정적으로 지급되고, 위험 수준을 스스로 선택할 수 있어 마치 '투자의 뷔페'와 같다. 특히 투자를 막 시작했거나 분산 투자를 하고 싶은 사람에게 채권은 꽤 좋은 선택지다.

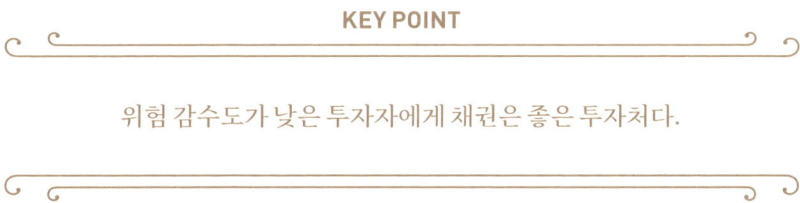

KEY POINT

위험 감수도가 낮은 투자자에게 채권은 좋은 투자처다.

개별 종목을
고르기 어렵다면
뮤추얼 펀드에 투자하라

저비용 뮤추얼 펀드의 확산은
가계의 자산 시장 참여를 늘리고 자산 분산의 기회를 넓혔다.

전 미국 재무장관, 재닛 옐런

뮤추얼 펀드(상호 펀드)는 오랫동안 사랑 받고 있는 투자 수단이다. 많은 사람이 뮤추얼 펀드를 통해 처음으로 투자의 세계에 발을 들인다. 주식이나 채권 같은 개별 종목을 일일이 고르지 않아도 되기 때문에 초보 투자자도 비교적 쉽게 투자할 수 있다.

뮤추얼 펀드란 무엇인가

뮤추얼 펀드는 여러 투자자의 자금을 모아 주식, 채권 등 다양한 자산에 투자하는 방식을 말한다. 수익은 투자금 비율에 따라 배분되며, 운용사 수수료를 제외하고 정기적으로 정산된다. 각 펀드는 전문 펀드매니저가 관리하며, 이들은 모인 자금으로 다양한 자산을 매입한다.

뮤추얼 펀드는 크게 두 가지 유형으로 나뉜다. 펀드매니저가 적극적으로 종목을 고르는 액티브 펀드와 시장 지수를 그대로 추종하는 인덱스 펀드(지수 펀드)다.

먼저, '액티브 펀드'는 펀드매니저가 일정 주기로 종목을 사고팔며 시장 흐름을 따라가고, 더 높은 수익을 내기 위해 적극적으로 운용한다. 또한 '뱅가드 헬스케어 펀드'나 '피델리티 천연자원 펀드'처럼 특정 산업에 집중 투자하는 펀드도 여기에 속한다.

일부 펀드는 자체 기준에 맞는 종목에 투자하기도 한다. 가령, '피델리티 마젤란 펀드'는 성장 잠재력이 확실한 시가총액 100억 달러 이상의 대형 기업에 투자한다. 따라서 투자자는 매니저가 신뢰하는 굵직한 기업의 주식을 보유하게 된다.

반면, '인덱스 펀드'는 훨씬 단조롭지만 더 안정적인 방식을 취한다. 이 펀드는 다우존스 산업평균지수, 나스닥 종합지수, S&P500 혹은 소형주 지수인 러셀 2000처럼 특정 지수를 그대로 추종한다. 인덱스 펀드의 관리 매니저들은 종목의 오르내림을 예측하지 않고, 단순히 지수 구성에 맞춰 포트폴리오를 구성한다. 그만큼 관리하기 쉽기 때문에 수수료도 액티브 펀드보다 저렴하다.

흔히 고연봉 전문 펀드매니저가 운용하는 액티브 펀드가 인덱스 펀드보다 더 좋은 성과를 낼 것이라 기대한다. 하지만 꼭 그렇지는 않다. 특히 운용 기간이 길어질수록 액티브 펀드가 기준 지수를 앞서는 사례는 현저히 줄어든다. 이는 적극적인 관리로 시장을 꾸준히 이기기 어렵다는 증거이기도 하다.[36]

뮤추얼 펀드의 3가지 유형

뮤추얼 펀드는 크게 세 종류로 나뉜다. 바로, 주식형 펀드, 채권형 펀드, 혼합형 펀드다. 이 펀드들은 각각의 장단점을 갖고 있다.

① 주식형 펀드

이름에서 알 수 있듯, 주식형 펀드는 주로 주식에 투자한다. 이 펀드 역시 투자자가 직접 포트폴리오를 짤 필요 없다는 점이 장점이다. 보통 주식형은 높은 수익을 노리는 투자자들에게 인기가 많다.

장점
- 높은 수익 가능성
- 다양한 주식에 분산 투자 가능
- 전문가의 운용

단점

- 채권형 펀드보다 높은 손실 위험

- 시장 변동성이 수익 변동으로 이어짐

- 상대적으로 높은 관리 수수료(특히 액티브 펀드)

② 채권형 펀드

채권형 펀드는 국채, 회사채, 지방채 등 다양한 채권에 투자한다. 이 펀드는 주식형 펀드보다 덜 위험하며, 분기나 반기 단위로 이자를 지급하는 등 꾸준한 수입원을 제공해 인기가 많다. 일반적으로 수익률은 예·적금보다 높은 편이다. 다만, 운용 과정에서 매니저가 포트폴리오를 조정하기 때문에 시기에 따라 수익률이 달라질 수 있다.

그러나 채권형 펀드는 신용 위험에서 완전히 자유롭지 않다. 발행 기관에 재정 문제가 생기면 이자 지급이 늦어지거나 최악의 경우 원금을 잃을 가능성도 존재한다. 그렇더라도 주식형 펀드와 마찬가지로 자산을 다양하게 분산해 어느 정도 위험을 완화할 수 있다.

장점

- 꾸준한 수익

- 주식형 펀드보다 낮은 위험성

- 다양한 채권과 고정 수익 자산에 분산

- 전문가의 운용

단점

- 주식보다 낮은 수익

- 금리 변화에 민감

- 신용 위험

③ 혼합형 펀드

혼합형 펀드는 주식과 채권에 동시에 투자해, 채권의 안정성과 주식의 성장 잠재력 사이에서 균형을 추구한다.

장점

- 안정성과 성장 잠재력 사이의 균형

- 다양한 주식과 채권에 분산

- 전문가의 운용

단점

- 주식형 펀드보다 낮은 수익 가능성

- 시장 변동성에 영향을 받음

- 상대적으로 높은 운용 수수료

단, 한 가지 주의할 점이 있다. 뮤추얼 펀드는 시장 마감 이후에 거래되므로 당일 종가가 적용된다는 점이다. 이는 뒤에서 알아볼 ETF와 구별되는 중요한 특징이기도 하다.

뮤추얼 펀드는 초보자는 물론 경험 많은 투자자에게도 전문적인 관리와 분산 투자 효과를 제공한다. 하지만 투자하기 전에 반드시 해당 펀드의 장단점을 이해하고, 자신의 투자 목표와 위험 감수 성향에 맞는지 살펴봐야 한다.

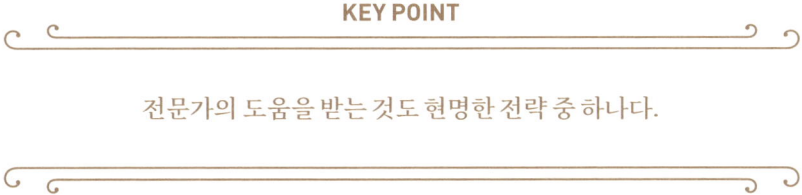

KEY POINT

전문가의 도움을 받는 것도 현명한 전략 중 하나다.

한 번에 여러 종목에 투자하고 싶다면 상장지수펀드(ETF)를 활용하라

올바른 투자 가치관을 지녀야 한다.
ETF는 대체로 투자자와의 약속을 충실히 이행하지만,
거래를 잘못하면 그 결과는 전적으로 투자자의 몫이다.

ETF.COM의 전 CEO, 데이브 나디그

이번에는 뮤추얼 펀드의 동생이라 할 수 있는 상장지수펀드(ETF)에 대해 알아보겠다. ETF 역시 뮤추얼 펀드처럼 여러 자산에 분산 투자하지만, 결정적인 차이점이 있다. 지금부터 그 차이점이 무엇인지 살펴보고, 투자자들이 왜 ETF를 많이 활용하는지 차근차근 알아보자.

ETF란 무엇인가

ETF는 1993년 'SPDR S&P500 ETF 신탁(SPY)'이 나오면서 처음 도입됐다.[37] SPY는 S&P500 지수를 추종하도록 설계된 상품으로, SPY를 매수하면 미국을 대표하는 500개 대기업에 분산 투자하는 효과를 얻을 수 있다.

ETF는 여러 종목을 한꺼번에 담아 투자한다는 점에서 뮤추얼 펀드와 비슷하다. 하지만 거래 방식은 완전히 다르다. 뮤추얼 펀드는 종가가 정해진 뒤에야 사고팔 수 있다. 반면 ETF는 주식처럼 장중에 실시간으로 거래된다. 따라서 펀드 안에 담긴 주식 가격이 움직이면 ETF 가격도 곧바로 움직인다.

SPY 이후 다양한 ETF가 등장했다. S&P500이나 나스닥, 다우 종합지수를 추종하는 상품은 물론이고, 산업·테마별 ETF, 채권 ETF, 해외 및 신흥 시장 ETF, 중소형주 ETF, 심지어 암호화폐 ETF까지 출시됐다.

그중 대표적인 ETF로는 QQQ ETF와 DIA ETF를 들 수 있다.

먼저, 인베스코 QQQ 트러스트(NASDAQ: QQQ)는 흔히 QQQ ETF라고 불리며, 나스닥 100 지수를 추종한다. 나스닥 증권거래소에 상장된 주요 100개 기업(금융사 제외)으로 구성된 지수다. 이 ETF의 상위 보유 종목 가운데에는 애플, 아마존, 마이크로소프트처럼 성장 잠재력이 높은 기술주가 많아 '성장형 ETF'로 여겨진다.

다음은 DIA ETF다. 정식 명칭은 'SPDR 다우존스 산업평균 ETF

트러스트(NYSE: DIA)'로, 다우존스 산업평균지수(DJIA)를 따른다. 이 지수는 미국을 대표하는 30개의 대형주로 구성된다. DIA ETF의 상위 보유 종목에는 골드만삭스, 유나이티드헬스 그룹, 보잉, 캐터필러 등이 있다. DIA ETF는 재정적으로 탄탄하고 오랜 기간 안정적으로 운영된 기업들이 많아 '우량주 ETF'로 평가받는다.

ETF에 투자하면 해당 지수에 속한 기업의 성과가 곧 자신의 투자 성과로 이어진다. 다만, ETF 역시 시장 변동성과 하락 가능성을 피할 수는 없다. 그러므로 투자하기 전에 자신의 투자 목표와 위험 감수도를 충분히 고려해야 한다.

ETF의 장점

ETF의 인기를 증명이라도 하듯, 요즘 서점에 가면 ETF 관련 책을 쉽게 볼 수 있다. 많은 사람들이 ETF에 관심을 갖는 이유가 무엇일까? 그 이유는 다섯 가지로 정리할 수 있다.

① 분산화

ETF는 여러 종목을 한 바구니에 담아 투자한다. 따라서 특정 종목이 부진하더라도 큰 손해를 피할 수 있다. 이런 분산 효과 덕분에 시장 변동성의 충격도 완화된다.

② 저렴한 수수료

대부분의 ETF는 지수를 그대로 따라가서 운용 방식이 단순하고, 비용도 적다. 그래서 일반적인 뮤추얼 펀드보다 수수료가 저렴한 편이다. 다만 최근에는 액티브 ETF도 늘고 있으니, 모든 ETF의 비용이 저렴할 것이라고 단정해선 안 된다.

③ 유동성

ETF는 주식처럼 시장 거래 시간 동안에는 언제든 사고팔 수 있다. 덕분에 원하는 타이밍에 들어가고 빠져나올 수 있어 단기 변동을 활용하려는 투자자에게도 매력적이다.

④ 투명성

ETF는 보유 종목을 매일 공개한다. 그래서 투자자는 어떤 종목에 얼마만큼 투자하고 있는지 쉽게 확인할 수 있다. 반면, 뮤추얼 펀드는 정해진 주기에 맞춰서만 자산을 공개한다.

⑤ 세금 효율성

ETF는 담고 있는 종목을 자주 바꾸지 않아 미국에서는 세금 절감 효과가 높게 평가된다. 다만, 한국의 과세 방식은 달라서 국내 주식형 ETF에서만 세금상 이점을 기대할 수 있다.

ETF의 단점

ETF는 분명 매력적인 투자 수단이지만, 주의해야 할 점도 있다.

① 거래 비용

ETF는 뮤추얼 펀드보다 운용 보수가 낮지만, 사고팔 때마다 증권사 수수료를 내야 한다. 그렇다 보니 단기 매매가 잦을수록 비용 부담이 커진다. 다만, 한국에서는 많은 증권사가 ETF 거래 수수료를 면제하거나 할인해주는 이벤트를 진행하니 투자하기 전에 꼼꼼히 살펴보기를 권한다.

② 유동성

모든 ETF가 활발히 거래되지는 않는다. 거래량이 적은 ETF는 매수/매도 상대를 찾기 어렵고, 매수와 매도의 호가 차이로 예상보다 큰 비용이 들 수 있다.

③ 변동성

ETF는 여러 종목에 나누어 투자하므로 개별 종목 부진으로 인한 손실 위험을 줄일 수 있다. 하지만 시장 전체가 크게 하락할 때는 ETF 역시 그 흐름에서 벗어나기 어렵다. 지수가 급락하는 시기에는 ETF도 함께 떨어지며, 단기적으로는 상당한 손실을 볼 수 있다.

ETF가 인기를 얻은 데에는 분명한 이유가 있다. 하지만 투자자는 잠재적인 단점도 알아야 한다.

ETF는 특정 지수나 테마를 추종하기 때문에 개별 종목을 직접 선택할 수 없다. 만약 위험을 감수하더라도 한두 종목에 집중 투자해 더 큰 수익을 얻고 싶다면 ETF는 적합하지 않다. 그러니 자신의 위험 감수도와 ETF로 얻고 싶은 것 등을 고려해 ETF 활용 여부를 결정하라.

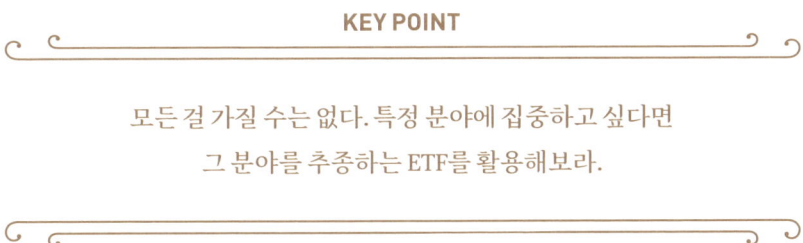

KEY POINT

모든 걸 가질 수는 없다. 특정 분야에 집중하고 싶다면
그 분야를 추종하는 ETF를 활용해보라.

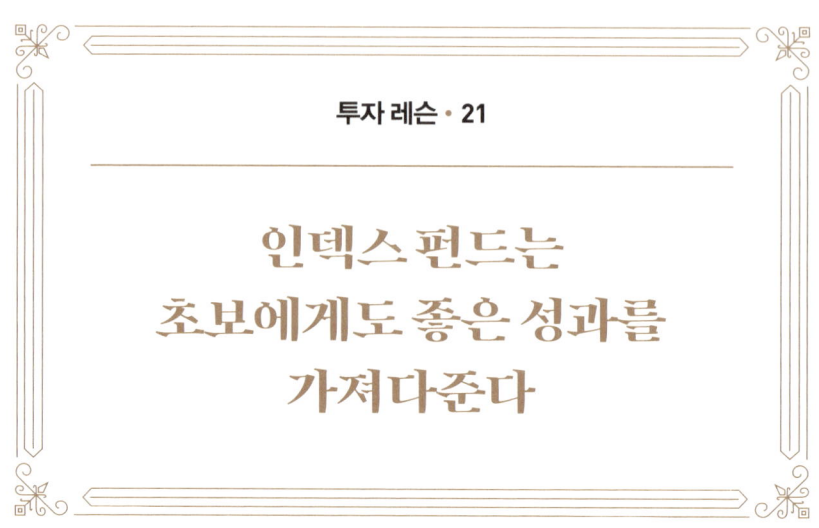

투자 레슨 · 21

인덱스 펀드는 초보에게도 좋은 성과를 가져다준다

아무것도 모르는 투자자라도 인덱스 펀드에 꾸준히 투자하면
투자 전문가보다 나은 성과를 얻을 수 있다.

버크셔 해서웨이 최고경영자, 워런 버핏

수많은 주식 가운데 무엇을 선택할지 고민하지 않고 안정적인 수익을
얻고 싶다면 인덱스 펀드를 추천한다. 나의 투자 스승인 앨런은 그 이
유를 아주 멋진 비유로 설명했다.

"인덱스 펀드는 나의 자산을 위한 뷔페와 같습니다. 한 가지 요리
에만 집중하지 않고, 다양한 음식을 조금씩 맛보는 것이지요. 마치 금
융계의 '자유이용권'인 셈입니다."

금융계의 자유이용권, 인덱스 펀드

인덱스 펀드의 목표는 특정 지수의 성과를 그대로 따라가는 것이다. 그래서 해당 지수에 포함된 모든 종목을 비율에 맞게 담는다.

예를 들어, S&P500 인덱스 펀드를 매수하면 해당 지수 내 500개 기업을 시가총액 비중에 맞춰 보유하게 된다. 시가총액이 클수록 지수에 미치는 영향력이 크기 때문이다.

2023년 말 기준, S&P500의 시가총액은 약 36조 달러였다. 이 중 애플의 시가총액은 약 2.73조 달러로, 전체의 약 7%를 차지했다. 따라서 이 지수를 추종하는 펀드라면, 자산의 7%를 애플 주식에 투자하게 된다. 다른 기업들도 같은 방식으로 비중이 정해진다.

인덱스 펀드의 장점

인덱스 펀드는 몇 가지 뚜렷한 장점이 있다.

① 분산화

인덱스 펀드는 여러 분야의 주식을 담아 한 종목의 성과가 전체에 미치는 영향을 줄여준다. 다만, 특정 종목이 급등할 때는 그 수익을 온전히 누리지 못한다.

② 저렴한 수수료

인덱스 펀드는 지수를 그대로 따르기 때문에 매니저가 적극적으로 종목을 고르며 운용할 필요가 없다. 그래서 인덱스 펀드는 액티브 펀드보다 운용 비용이 적게 들고, 연간 수수료도 저렴하다.

③ 더 나은 성과

단기(예를 들어 1년) 성과만 놓고 보더라도 인덱스 펀드는 대부분의 액티브 펀드를 앞선다. 모닝스타에 따르면, 2022년에는 액티브 펀드의 단 43%만이 인덱스 펀드를 앞섰다.[38] 장기적으로 보면 그 격차가 더 크게 벌어진다. 저렴한 수수료와 시장 전체를 고르게 반영하는 구조 덕분이다.

④ 접근성

인덱스 펀드는 적은 비용으로 더 넓은 시장 혹은 특정 분야와 연계되는 효율적인 투자 수단이다. 또한 증권사나 온라인 플랫폼을 통해 쉽게 매수할 수 있으며, 연금저축이나 IRP 같은 세금 혜택 계좌에서도 운용할 수 있다.

⑤ 세금 처리의 단순함

인덱스 펀드는 내부 종목 매매에 따른 세금이 투자자에게 직접 과세되지 않아 상대적으로 세금 처리 부담이 적다. 다만, 해외 주식형 인덱스 펀드는 환매 시 수익에 대해 과세가 적용된다.

장점이 있으면 당연히 단점도 있다. 인덱스 펀드의 대표적인 단점은 다음과 같다.

① 상승 잠재력의 제한

인덱스 펀드는 시장 전체의 흐름을 따르기 때문에 안정적이다. 하지만 소수 종목에 집중하는 투자만큼 큰 수익을 기대하기는 어렵다.

② 시장 변동성

인덱스 펀드는 개별 종목보다는 덜 위험하지만, 시장 변동성에서 자유롭지 않다. 전체 시장이 하락하면 인덱스 펀드 역시 비슷한 비율로 떨어진다.

③ 추적 오차

인덱스 펀드는 기준 지수를 추종하도록 설계됐지만, 성과가 항상 지수와 일치하는 것은 아니다. 운용 비용이나 편입 비중의 차이로 오차가 생길 수 있다.

④ 수동적 관리

인덱스 펀드는 시장의 흐름을 그대로 따른다. 펀드매니저가 시장 상황에 맞춰 적극적으로 포트폴리오를 조정하지 않기 때문에 특정 기업이나 산업의 전망이 나빠져도, 지수에 포함돼 있는 한 계속 보유해야 한다. 이 때문에 수익률이 낮아질 위험도 있다.

다만, 지수는 고정된 것이 아니다. 기업이 기준에 미달하거나 합병되는 경우, 지수에서 제외되고 다른 기업이 편입된다.

예를 들어, 2023년 8월과 9월에는 링컨 내셔널, 뉴웰 브랜즈, 어드밴스 오토 파츠가 빠지고 블랙스톤, 에어비앤비, 켄뷰(Kenvue)가 들어왔다. 실제로 2015년 이후 S&P500에서 제외된 기업은 무려 180개나 된다.[39] 안정적인 지수처럼 보여도 그 안에서 끊임없는 변동이 일어나고 있는 것이다.

인덱스 펀드를 시작할 때 꼭 알아야 할 대표 지수들

지수를 추종하는 펀드의 종류는 매우 다양하다. 그중 어떤 지수를 선택할지는 투자 목표와 위험 감수 정도에 따라 달라진다. 대표적으로 뮤추얼 펀드와 ETF가 많이 추종하는 인기 지수는 다음과 같다.

- **S&P500**: 미국 증시에 상장된 기업 가운데 시가총액 상위 약 500개 종목으로 구성된 대표 지수다.
- **다우존스 산업평균지수**: 미국을 대표하는 블루칩 기업 30개로 이루어져 있다. 이 지수는 시가총액이 아닌 주가에 가중치를 두기 때문에 주가가 높은 종목이 지수에 더 큰 영향을 준다. 편입 기준은 주관적인 편인데, 한 문서에

는 "일반적으로 평판이 좋고, 꾸준히 성장하며, 많은 투자자의 관심을 받는 기업"이 조건으로 언급된다.[40]

- **나스닥 종합지수**: 나스닥 증권거래소에 상장된 모든 기업이 포함된다.
- **러셀 2000**: 미국의 중소형주 2,000개 기업으로 구성된다.

인덱스 펀드에 투자하고 싶다면 특정 산업 지수, 글로벌 지수, 지역 지수까지 폭넓게 살펴보는 것이 좋다. 또한 투자하기 전에는 각 지수의 장단점과 그 지수를 추종하는 펀드가 자신의 위험 감수도와 맞는지 반드시 점검해야 한다.

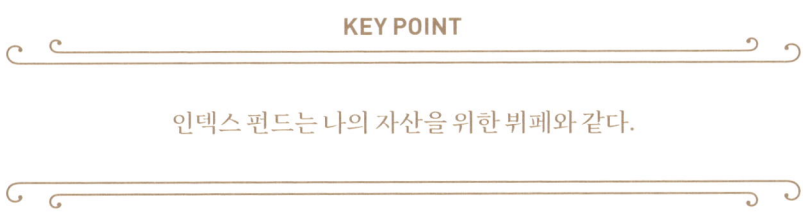

KEY POINT

인덱스 펀드는 나의 자산을 위한 뷔페와 같다.

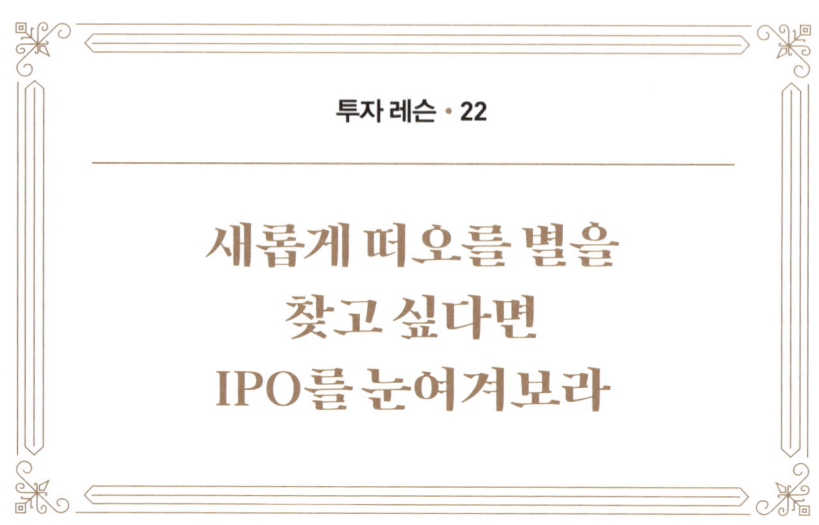

새롭게 떠오를 별을 찾고 싶다면 IPO를 눈여겨보라

주식으로 수익을 내려면
기업의 비전을 읽는 눈, 매수를 결정할 용기,
그리고 시간을 견뎌낼 인내심이 있어야 한다.

투자자이자 애널리스트, 토머스 윌리엄 펠프스

주식 거래는 언제 처음 시작됐을까? 최초로 공개 거래된 기업은 '네덜란드 동인도 회사(Dutch East India Company)'였다. 1602년에 설립된 이곳은 역사상 처음으로 기업 공개(IPO)를 진행한 기업이기도 하다.

경제 기사에서 'IPO'라는 용어가 종종 등장하지만, 정작 그 의미를 정확히 모르는 사람이 꽤 많다. 그래서 이번 장에서는 IPO가 무엇인지 간단히 살펴보겠다.

주식을 거래할 수 있는 기업과 없는 기업의 차이

IPO를 살펴보기 전에 민간 기업과 상장 기업을 이해해야 한다.

먼저, 민간 기업은 창립자, 경영진 혹은 소수의 투자자가 지분을 소유한 기업을 말한다. 일반 투자자가 주식을 쉽게 살 수 없으며, 투자자로 참여하려면 제한된 기회를 잡아야 한다. 미국에서 민간 기업은 증권거래위원회에 재무 정보를 정기적으로 보고할 의무가 없다.

반면, 상장 기업은 증권거래소에 등록해 누구나 주식을 사고팔 수 있는 기업을 말한다. 이러한 기업들은 정기적으로 재무 정보를 공개해야 하고, 주주들에게 신뢰를 주어야 한다. 당연히 상장 기업을 향한 관리와 검토의 수준도 민간 기업과 비교할 수 없을 만큼 높아진다.

그렇다면 기업은 왜 상장을 택할까? 간혹 창립자가 지분을 현금화하기 위해 상장하기도 하지만, 대부분은 성장 자금을 조달하기 위해 상장을 진행한다. 그래서 보통 상장은 기업 발전에 중요한 이정표로 간주된다.

이제 본격적으로 기업이 IPO를 진행하는 단계를 살펴보자.

상장 기업이 되기 위한 5단계

IPO(Initial Public Offering)의 핵심 5단계는 다음과 같다.[41]

① 주관사 선정

상장을 준비하는 기업은 하나 이상의 주관사(주로 투자 은행)와 협력 관계를 맺는다. 주관사는 해당 기업에 대한 검증(기업 실사)을 수행하고, 발행 기업과 함께 상장일에 판매할 주식의 공모가를 결정한다.

② 규제 관련 서류 제출

기업이 IPO 승인을 받으려면 정부 규제 기관에 여러 서류를 제출해야 한다. 미국에서는 증권거래위원회에 등록 서류와 재무 공시 자료를 제출해야 하며, 이 과정은 보통 6개월에서 1년 정도 걸린다. 이때 증권거래위원회는 투자자가 합리적으로 판단할 수 있을 만큼, 공시 내용이 충분하고 정확하게 작성되었는지 검토한다.

③ 가격 책정

승인이 완료되면 IPO 시행일과 공모가가 확정된다. 이 가격에는 주관사가 산정한 기업의 가치가 반영된다. 대체로 발행한 주식이 모두 판매되도록 다소 낮게 책정되는 경우가 많다.

④ 안정화

주식 상장 후 합리적인 가격을 유지하는 것은 주관사의 몫이다. 수급 불균형이 발생하면 주관사가 발행가나 그 이하로 매수해 가격을 방어할 수 있다. 다만, 이러한 개입은 단기간에 그친다.

⑤ 전환

안정화 기간이 끝나고 나면 주가는 시장의 수요와 공급에 의해 움직인다.

가격 책정 단계에서 IPO 주식이 다소 저평가된다는 점이 중요하다. 덕분에 일부 투자자들은 상장 직후 빠르게 차익을 얻을 수 있다. 그러나 이런 기회는 주로 대형 기관 투자자, 주관사의 주요 고객, 그리고 초기 투자자에게 돌아가는 경우가 많다. 따라서 일반 투자자가 상장일에 주식을 매수하더라도, 발행가 수준의 '신규' IPO 주식을 사는 것은 아니다. 이미 이익 실현을 노리는 초기 투자자들이 내놓은 주식을 사는 셈이다.

단, 상장 전에 주식을 배정받은 직원은 일정 기간(보통 90~180일) 동안 주식을 팔 수 없다. 이는 상장 직후 대규모 매도가 발생해 주가가 불안정해지는 것을 방지하기 위해서다.

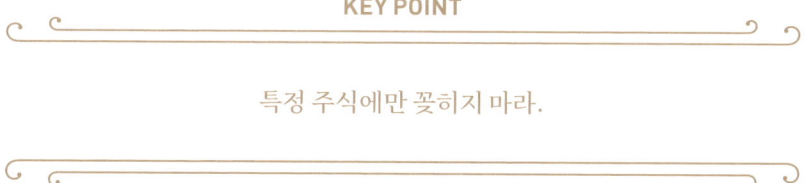

KEY POINT

특정 주식에만 꽂히지 마라.

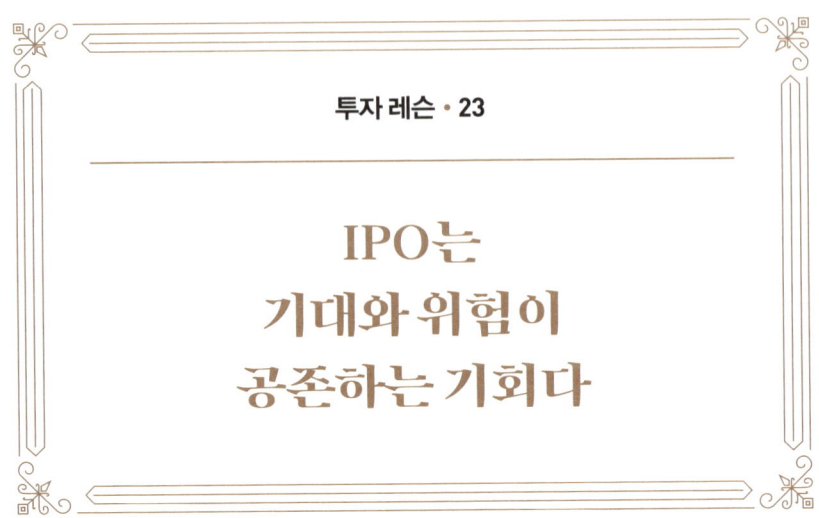

투자 레슨 · 23

IPO는
기대와 위험이
공존하는 기회다

주식 투자 성공의 비결은 늘 맞추는 데 있지 않다.
틀렸을 때 손실을 최소화하는 것이 더 중요하다.

인베스터스 비즈니스 데일리의 창업자, 윌리엄 오닐

종종 초보 투자자들은 IPO 기회를 놓칠까 봐 두려운 마음에 성급히 뛰어들곤 한다.

하지만 감정에 따라 투자하는 것은 매우 위험하다. 특히 이제 막 상장한 기업에 투자하기 전에는 반드시 그 기업의 재무 상태, 사업 모델, 경쟁 환경, 성장 전망을 신중히 평가해야 한다.

IPO의 매력과 위험 요소

IPO 투자에는 아주 간단하면서 분명한 장점이 몇 가지 있다.

- 돈을 벌 수 있다.
- 돈을 많이 벌 수 있다.
- 때론 정말 돈을 많이 벌 수 있다.

이 이상 무슨 설명이 더 필요할까?

하지만 수익 가능성만 보고 접근하면 곤란하다. 신규 상장 기업의 주식은 그만큼의 위험 요소도 함께 존재한다.

무엇보다 상장 초기에 급등한 주가는 다시 내려오기 마련이다. 상장 직후에는 거래 가능한 주식 수(유통 주식 수)가 전체 지분에 비해 매우 적은 경우가 많다. 그래서 수요가 공급을 빠르게 앞서면서 주가는 자연스럽게 위로 치솟는다.

하지만 이런 상승세가 계속 이어지지는 않는다. 실제로 2022년 12월 20일 기준, 2021년에 상장한 약 400개의 기업 중 87%가 공모가보다 낮은 가격에 거래되고 있었다.[42]

또한 신규 상장 기업의 주가는 변동성이 크다. 대중에게 공개된 사업 실적이 부족하거나, 수익 모델이 검증되지 않은 경우가 많기 때문이다. '그 기업의 사업 모델은 통할까?', '그 기술력이 큰 수익을 낼 수 있을까?', '신약이 승인될까?' 같은 요인들로 인해 주가는 롤러코스터처럼 출렁이고, 그 결과 투자금의 일부나 전부를 잃을 가능성도 존재한다.

따라서 IPO 투자를 하기 전에는 위험 요소를 정확히 이해해야 하며, 동시에 자신의 위험 감수도도 점검해야 한다. 위험에 민감하다면 이제 막 상장한 주식을 사는 일은 신중히 판단할 필요가 있다. 반대로, 위험 감수도가 높고 장기적인 투자 전략을 세웠다면 IPO 투자도 고려할 만하다. 단, 투자하기 전에 다음 두 가지를 꼭 생각해보자.

- IPO에 투자하려는 자금은 생활 자금이 아닌 여유 자금인가? 다시 말해, 손실을 감당할 수 있는가?
- 새로 상장된 주식을 최소 10년 이상 보유할 의지가 있는가?

두 질문에 모두 "예"라고 답할 수 없다면 신규 상장주 투자는 신중해야 한다. 이어서 실제로 잘 알려진 IPO 사례를 통해 위험 요소와 장점에 관해 더 자세히 알아보자.

사례 연구 1. 페이스북

2012년 5월 18일 페이스북(현 메타)이 상장했을 때 50주를 샀다고 가정해보자. 상장 첫날, 개인 투자자는 기관 투자자처럼 공모가인 38달러에 사기는 힘들었지만, 거래 마감 직전에는 주당 38.23달러에 매수할 수 있었다. 이 가격으로 50주를 샀다면 총투자금은 1,911.50달러가 된다. 이제 이 주식을 11년간 보유했다고 가정하고

표 6을 보자.

38.23달러에 산 페이스북 주식이 1년 만에 24.35달러로 떨어진 걸 봤을 때 어떤 기분이 들었을까? 당연히 마음 아팠을 것이다. 그런데 사실 주가가 이보다 더 낮을 때도 있었다. 페이스북은 상장한 지 4개월도 안 된 2012년 9월 4일, 종가 17.73달러를 기록했다.

만약 이때 당신이라면 어떻게 했겠는가? 손실을 보더라도 불안해서 팔았을까? 아니면 최소 10년은 보유해야 한다는 조언을 떠올렸을

표 6   2012년~2023년, 페이스북(메타)의 주가 기록

날짜	종가	50주의 가치
2012.5.18(IPO)	$38.23	$1,911
2013.5.1	$24.35	$1,217
2014.5.1	$63.30	$3,165
2015.5.1	$79.19	$3,959
2016.5.1	$118.81	$5,940
2017.5.1	$151.46	$7,573
2018.5.1	$191.78	$9,589
2019.5.1	$177.47	$8,873
2020.5.1	$225.09	$11,254
2021.5.1	$328.73	$16,436
2022.5.1	$211.13	$10,556
2023.5.1	$243.12	$12,156

까? 만약 매도했을 것 같다면 IPO 투자는 당신의 성향에 맞지 않는 방법일 것이다. 신규 상장주에는 단기적으로 큰 변동성이 동반되기 때문이다.

그러나 장기 보유한 투자자의 결과는 달랐다. 상장 후 약 2년이 지나자, 초기 투자금 1,911달러가 3,165달러로 늘어난 것이다. 심지어 그다음 해에는 3,959달러로 늘어났다.

하지만 모든 IPO가 이렇게 성공하는 것은 아니다. 어떤 종목은 꽤 오랜 기간 상승하지만, 또 어떤 종목은 계속 하락하기도 한다. 그래서 신규 상장 주식을 서둘러 사기 전에, 철저히 조사하고 자신의 투자 전략을 확인하는 것이 무엇보다 중요하다.

사례 연구 2. 엔비디아

이번에는 내가 좋아하는 주식인 엔비디아를 살펴보자. 1993년 창립한 이 기업은 1999년 1월 22일 주당 12달러로 상장했다. 첫날 종가는 19.69달러로 마감하며 좋은 출발을 보였는데, 이때 1,969달러를 투자해 100주를 샀다고 가정해보자. 표 7은 23년 동안 그 가치가 어떻게 변했는지를 보여준다.

표에서 확인할 수 있듯, 엔비디아의 주가는 상장 이후 몇 년간 순조롭게 상승했고, 2000년 5월 주가는 주당 약 113달러까지 치솟으며, 초기 투자금 1,969달러는 1만 1,300달러까지 불어났다.

그러나 곧 닷컴 버블이 붕괴하면서 기술 기업들의 가치가 급락했다. 엔비디아의 주가도 70% 정도 하락하며 보유 주식의 가치는

표 7 1999년~2022년, 엔비디아(NVDA)의 주가 기록

날짜	종가	가격(분할 미적용)	100주의 가격(분할 미적용)
1999.1.22(IPO)	$19.69	$19.69	$1,969
1999.12.27	$46.94	$46.94	$4,694
2000.6.27	주식 2 대 1 분할		
2000.12.25	$32.77	$65.54	$6,554
2001.9.10	주식 2 대 1 분할		
2001.12.31	$66.90	$267.60	$26,760
2002.12.31	$11.51	$46.04	$4,604
2003.12.31	$23.20	$92.80	$9,280
2004.12.31	$23.56	$94.24	$9,424
2005.12.30	$36.56	$146.24	$14,624
2006.4.7	주식 2 대 1 분할		
2006.12.29	$37.01	$296.08	$29,608
2007.9.11	주식 3 대 2 분할		
2007.12.31	$34.02	$408.24	$40,824
2008.12.31	$8.07	$96.84	$9,684
2009.12.31	$18.68	$224.16	$22,416
2010.12.31	$15.40	$184.80	$18,480
2011.12.30	$13.86	$166.32	$16,632
2012.12.31	$12.26	$147.12	$14,712
2013.12.31	$16.02	$192.24	$19,224
2014.12.31	$20.05	$240.60	$24,060
2015.12.31	$32.96	$395.52	$39,552

2016.12.30	$106.74	$1,280.88	$128,088
2017.12.29	$193.50	$2,322.00	$232,200
2018.12.31	$133.50	$1,602.00	$160,200
2019.12.31	$235.30	$2,823.60	$282,360
2020.12.31	$522.20	$6,266.40	$626,640
2021.7.20	주식 4 대 1 분할		
2021.12.31	$294.11	$14,117.28	$1,411,728
2022.12.30	$146.14	$7,014.72	$701,472

3,277달러로 줄었다.

이 상황에서 당신은 끝까지 버틸 수 있었을까? 손실을 줄이려고 팔지 않았을까? 하지만 그런 선택은 장기 투자 전략과 맞지 않다. 신뢰할 수 있는 기업이라면 적어도 10년 이상 보유해야 한다. 주식 투자의 가장 든든한 동료는 시간과 인내심이다.

이후 2001년 9월, 엔비디아는 두 번째 주식 분할을 단행했다. 그해 연말 종가는 66.90달러였고, 주식 수는 200주에서 400주로 늘었다. 초기 투자금 1,969달러가 2만 6,760달러로 성장한 것이다.

하지만 신규 상장한 기업은 변동성이 크다. 엔비디아도 예외는 아니었다. 2002년, 엔비디아 주가는 곤두박질쳤고, 그해 12월 31일 종가는 고작 11.51달러를 기록했다. 400주의 가치는 4,604달러로, 불과 1년 만에 80% 이상 증발해버렸다.

엔비디아가 불황을 완전히 극복하기까지는 수년이 걸렸다. 단기 투자자들은 2003~2005년 대부분 엔비디아라는 배에서 뛰어내렸을 것이다. 그러나 엔비디아는 결국 회복했고, 2006년 4월 7일, 세 번째 주식 분할을 단행했다. 덕분에 보유한 주식 수는 800주가 됐다. 2006년 12월 29일 종가는 37.01달러까지 올랐고, 800주의 가치는 2만 9,608달러에 달했다.

엔비디아는 이후에도 더 성장했다. 2007년 9월, 주식을 3 대 2로 분할해 800주는 1,200주가 됐고, 2021년 7월에는 4 대 1로 분할해 4,800주가 됐다. 초기 투자금 1,969달러는 2021년 말에 141만 1,728달러로 불어났다!

하지만 표를 보면 알 수 있듯, 이처럼 놀라운 수익을 내기까지 수많은 우여곡절이 있었다. 특히 당시 엔비디아는 경기 순환에 큰 영향을 받는 순환주에 속했다는 점을 잊지 말아야 한다.

누군가는 이렇게 말할지도 모른다.

"IPO는 겁쟁이가 도전할 주식이 아니구나."

맞는 말이다. 하지만 장기적인 관점에서 보면, IPO가 큰 수익으로 이어질 수 있다는 사실을 기억해야 한다.

이쯤에서 다시 질문해보자. 2007년 말, 우연히 2014년까지의 미래를 알 수 있었다면 당신은 어떤 선택을 했겠는가?

- 1번: 엔비디아 주식을 팔지 않고 끝까지 보유한다.
- 2번: 초기 투자금 1,969달러만 회수하고 나머지 주식은 계속 보유한다.
- 3번: 변동성에 지쳐 전부 매도한다.

이 질문에 정답은 없다. 다만, 엔비디아라는 특별한 사례에서는 어떤 선택을 했든 수익을 얻을 수 있었다.

1번을 선택해 엔비디아 주식을 계속 보유했다면 2021년 말에는 약 141만 달러로 불어난다. 심지어 여기에는 2013년부터 지급된 배당은 포함되지 않았다. 하지만 2022년 12월 말, 주가는 40% 이상 떨어진다. 그래도 초기 투자금보다는 압도적으로 높은 수준이다.

2번을 선택해 2014년 12월 31일 원금만 회수하고 나머지 주식은 남겼다고 해보자. 그러면 보유 주식은 1,102주가 되고, 이후 분할을 거쳐 2022년 말에는 약 64만 달러로 성장한다. 충분히 매력적인 수익이다.

3번을 선택해 2007년 12월 1,200주를 주당 34.02달러에 전량 매도했다면, 4만 824달러를 손에 쥐었을 것이다. 이 역시 초기 투자금의 20배가 넘는 금액이다.

결국 IPO 투자는 선택의 문제다. 단, 투자하기로 결심했다면 반드시 철저히 조사하고, 여유 자금으로만 투자하며, 적어도 10년 이상 보유할 인내심을 가져야 한다.

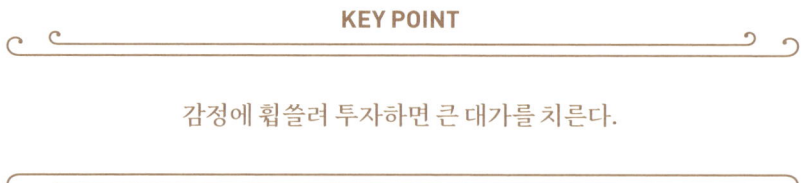

KEY POINT

감정에 휩쓸려 투자하면 큰 대가를 치른다.

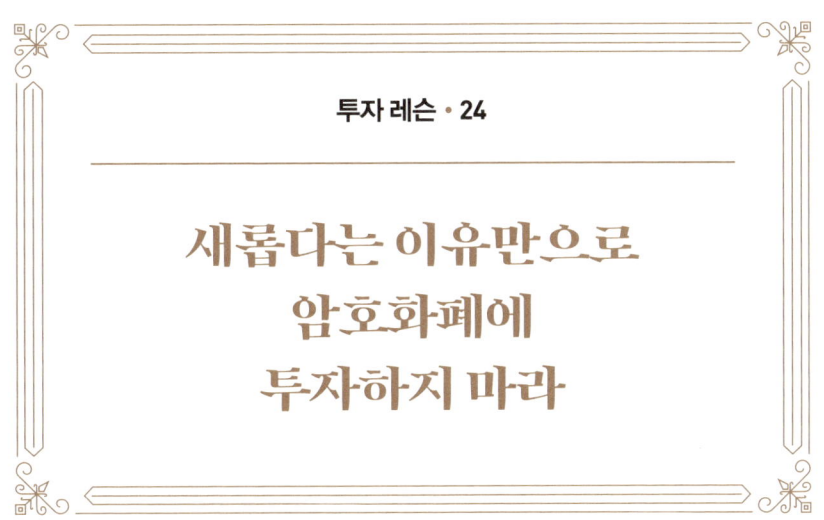

새롭다는 이유만으로 암호화폐에 투자하지 마라

암호화폐가 실제로 어떤 가치를 더하는가?
아직 누구도 내게 명확히 답하지 못했다.

포트폴리오 관리자, 스티브 아이스먼

암호화폐라는 용어를 처음 들었을 때 나는 매우 혼란스러웠다. 사람들이 컴퓨터로 디지털 화폐를 '채굴'하고, 게다가 어떤 정부의 보증도 없다니! 무슨 소리인지 도통 이해할 수 없었다.

"자신이 이해하는 것에 하는 투자야말로 최선의 투자입니다."

나의 투자 스승인 앨런은 늘 이렇게 말했다. 그래서 난 암호화폐에 투자하지 않았다. 기본적인 개념을 공부하긴 했지만, 투자하기에는 아직 부족하다고 생각했기 때문이다.

일부 금융 전문가는 암호화폐를 미래의 화폐로 평가한다. 그 의견이 맞을 수도 있고, 아닐 수도 있다.

사람들이 새로운 것을 받아들이려면 시간이 필요하다. 1914년, 웨스턴 유니언(Western Union)이 최초로 신용카드 개념을 도입했을 때 역시 많은 사람이 조심스러운 태도를 취했다. 당시 이 낯선 결제 방식은 '금속 화폐'라고 불렸다. 개인적으로 알지도 못하는 사람에게 신용을 제공한다는 것은 당시 사람들에게 생소한 개념이었다. 그래서 초기 신용카드는 극소수의 고객에게만 제공됐다.[43]

암호화폐에 투자할지 말지는 전적으로 자신의 선택이다. 지금 당장 새로운 자산으로 삼을 수도 있고, 몇 년 동안 지켜본 뒤에 결정할 수도 있다.

나는 가상화폐 전문가가 아니다. 온라인에 훨씬 더 깊고 폭넓은 정보가 존재한다. 하지만 돌다리도 두들겨본다는 마음으로 이 장에서 몇 가지 기본 사항을 살펴보자.

기억하라. 많이 아는 투자자가 강한 투자자다.

세상에 없던 화폐의 등장

암호화폐 개념은 2008년 사토시 나카모토라는 인물이 발표한 백서 《비트코인: P2P 전자화폐 시스템》에서 처음 제시됐다. 이 백서는 중앙

기관 없이도 신뢰할 만한 전자화폐를 운영할 수 있는 방법을 설명했고, 2009년 1월 비트코인 프로토콜이 공개되면서 세계 최초의 암호화폐가 등장했다.

암호화폐의 핵심은 '디지털 교환 수단'이라는 점이다. 직불카드나 온라인 결제 서비스처럼, 상대방이 받아들인다면 암호화폐로도 거래할 수 있다.

암호화폐는 블록체인 기술을 기반으로 한다. 거래 정보는 분산된 네트워크에 암호화되어 저장되며, 참여자들이 공동으로 검증한다. 이 과정 덕분에 위조나 조작은 현실적으로 거의 불가능하다.

암호화폐는 코인과 토큰으로 나뉜다. 비트코인처럼 자체 블록체인을 가진 암호화폐는 '코인', 특정 플랫폼(블록체인) 위에서 발행되어 사용되는 디지털 자산은 '토큰'이라고 부른다. 두 자산 모두 전자지갑을 통해 소유권을 옮길 수 있으며, 특히 해외 송금에서는 기존 금융 시스템보다 빠르게 처리되는 경우가 많다.

이 과정에서 은행 같은 중앙 기관은 사용자의 계정이나 거래를 직접 관리하지 않는다. 대신 모든 거래는 블록체인이라는 디지털 원장에 기록된다. 즉, 거래 내역은 누구나 확인할 수 있지만, 그 거래를 한 실제 인물이 누구인지는 알 수 없다.

물론 암호화폐의 기술적 안전성은 높은 편이다. 그러나 위험 요소도 있다. 블록체인 자체는 해킹하기 매우 어렵지만, 거래소나 개인 지갑이 보안에 취약할 경우 도난이나 분실 위험이 존재한다.

또한 암호화폐는 높은 익명성과 느슨한 규제로 인해 범죄자들에게 악용되기도 했다. 그래서 각국 정부와 규제 기관은 돈세탁, 탈세, 다크 웹에서의 불법 거래 같은 문제를 해결하기 위해 지금도 대응책을 마련하고 있다.[44]

암호화폐, 무엇이 가치를 움직이는가

과거에 미국 달러는 금으로 교환할 수 있는 '대표 통화'였다. 하지만 1971년 이후 금태환이 중단되면서 달러는 명목화폐가 됐다. 명목화폐의 가치는 금과 같은 실물 자산이 아니라, 그 화폐를 발행하는 국가의 정부나 중앙은행이 보증한다. 정부와 은행이 공급과 정책을 조절하면서 통화의 가치에 영향을 주는 것이다. 엔과 유로도 명목화폐에 속한다.

반면에 암호화폐는 명목화폐도, 대표 통화도 아니다. 오히려 암호화폐의 가치는 시장 수요와 투자자 기대에 따라 크게 요동친다는 점에서 주식과 비슷하다. 하지만 주식과 달리 배당이나 실적처럼 가치의 바탕이 되는 '근거 자산'이 존재하지 않는다.

일부 암호화폐는 네트워크에서 특정 기능을 수행하는 데 필요해 수요가 생기기도 한다. 가령 스마트 계약을 실행하거나 애플리케이션을 구동할 때 토큰을 사용해야 한다면, 이는 가치 형성에 기여할 수 있다. 다만, 여전히 암호화폐의 가치는 기대와 추측에 크게 좌우되기 때문에 가격 변동성이 매우 큰 편이다.

또한 암호화폐는 기존 화폐와 달리 정부의 보호 장치가 없다. 예를 들어, 미국에는 FDIC라는 예금자 보호 제도가 있어 은행이 파산하더라도 계좌당 최대 25만 달러까지 보장된다. 한국의 예금자보호법과 비슷한 제도다. 하지만 암호화폐는 이런 보호를 받지 못한다.

실제로 최근 몇 년 동안, FTX, 제네시스 글로벌 캐피털, 블록파이 등 암호화폐 관련 기업이 연이어 파산하면서 많은 투자자들이 손실을 감수해야 했다.[45]

암호화폐 거래를 검증하는 두 가지 방법

앞서 말했듯, 암호화폐는 탈중앙화된 분산 원장, 즉 블록체인으로 운영된다. 누군가 거래를 하면 곧바로 기록되는 것이 아니라, 먼저 유효한 거래인지 검증하는 절차를 거친다. 실제로 코인을 보유하고 있는지, 같은 코인을 두 번 쓰려는 건 아닌지, 서명이 올바른지 등을 확인하는 것이다. 이 검증을 통과한 거래만이 블록에 추가되고, 네트워크 전체의 원장이 갱신된다. 이때 대표적인 검증 방식이 작업 증명(PoW)과 지분 증명(PoS)이다.

작업 증명(Proof of Work)은 흔히 '채굴'이라고 불린다. 새로운 거래 블록을 원장에 추가하려면 복잡한 암호 수학 문제를 풀어야 하는데, 정답은 무작위 시도 끝에 얻을 수 있다. 문제가 너무 어렵기 때문이다. 이때 문제를 가장 먼저 푼 채굴자는 보상으로 새로운 코인을 받는다. 대표적으로 비트코인이 이 방식을 사용한다.

그런데 작업 증명은 막대한 전력이 필요하다. 케임브리지 대학의 2022년 연구에 따르면, 비트코인 채굴에 사용된 전력은 124.5테라와트시로, 인구 4,500만 명의 아르헨티나 전체 전력 사용량과 비슷한 수준이었다. 그래서 현재 존재하는 2만 2,000개 이상의 암호화폐 중 작업 증명을 사용하는 것은 100개 남짓뿐이다.

반면, 지분 증명(Proof of Stake)은 그보다 효율적이다. 이 방식에서는 거래를 검증하고 보상을 받으려면 일정량의 토큰을 예치(스테이킹)해야 한다. 이후 무작위로 선출된 검증자가 거래를 확인하고, 정직하게 처리하면 보상으로 새로운 토큰을 받는다. 반대로 잘못된 거래를 승인하려 하면 예치한 지분을 잃을 수 있다. 지분 증명은 참여자 수가 적고, 검증 과정이 단순해 에너지 사용량이 훨씬 적다.

다만, 앞으로 암호화폐 기술이 환경 부담과 보안 문제를 어떻게 풀어갈 것인지는 여전히 중요한 과제로 남아 있다.

암호화폐가 쏟아지는 이유와 대표 주자들

암호화폐는 왜 이렇게 많아진 걸까? 미국의 투자 전문 매체 모틀리 풀의 칼럼니스트 라일 데일리(Lyle Daly)는 이렇게 설명했다.

"가장 큰 이유는 실질적인 진입장벽이 없기 때문이다. 누구든 암호화폐를 만들고 싶으면 만들 수 있다. 심지어 기술적인 노하우가 전혀 없어도 약 20달러의 비용으로 외주 작업자를 통해 암호화폐를 만들 수 있다!"[46]

표 8에 대표적인 암호화폐들을 정리했다. 암호화폐 상위 10개 목록은 가격 변동에 따라 자주 바뀐다. 하지만 비트코인과 이더리움은 지금까지 상위 자리를 굳건히 지켜왔다. 2024년 기준 3위였던 테더는 흔히 '스테이블코인'이라고 불리며, 1달러 안팎의 가치를 유지하도록 설계된 암호화폐다. 사람들은 주로 다른 암호화폐를 사고팔거나, 명목화폐와 암호화폐 사이를 오갈 때 테더를 일종의 '중간 통화'로 사용한다.

표 8 시가총액 규모가 가장 큰 암호화폐(슬릭차트 닷컴, 2024년 1월 5일 기준)

암호화폐	시가총액
비트코인(BTC)	$8,600억
이더리움(ETH)	$2,699억
테더(USDT)	$929억
비앤비(BNB)	$483억
솔라나(SOL)	$434억
XRP(XRP)	$309억
USDC(USDC)	$251억
카르다노(ADA)	$192억
아발란체(AVAX)	$135억
도지코인(DOGE)	$118억

암호화폐에 투자하고 싶다면

미국에서는 주로 '코인베이스'와 '로빈후드'를 가장 많이 사용한다. 두 플랫폼 모두 비트코인, 이더리움 등 주요 암호화폐를 거래할 수 있다. 참고로, 한국에서는 업비트, 빗썸 같은 거래소를 통해 거래할 수 있다.

계좌를 만들면 '공개 키'와 '개인 키'가 발급된다. 공개 키는 다른 사람에게 암호화폐를 받을 때 사용하는 것으로 자유롭게 공유해도 된다. 반면 개인 키는 본인의 자산에 접근할 때 사용하는 중요한 열쇠로, 절대 다른 사람과 공유해서는 안 된다.

만약 개인 키를 분실하면 찾을 방법이 없고, 누군가 이를 알아내면 보유한 암호화폐를 잃을 수 있다. 실제로 비트코인의 약 20%가 개인 키를 분실해 영원히 접근할 수 없는 상태라고 한다.[47]

앞으로 암호화폐가 대중적으로 더 확산될지, 아니면 한정된 용도에 머물지는 아무도 모른다. 그렇더라도 금융 환경의 변화를 이해하고 꾸준히 공부하는 과정은 투자자에게 중요한 자산이 될 것이다.

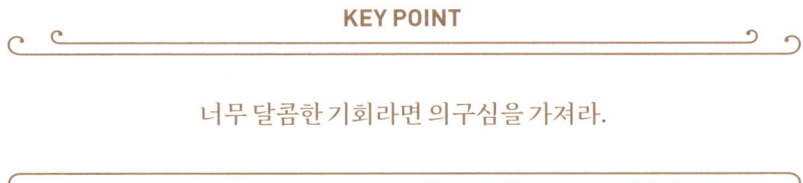

KEY POINT

너무 달콤한 기회라면 의구심을 가져라.

원칙을
세우고
꾸준히
실천하라

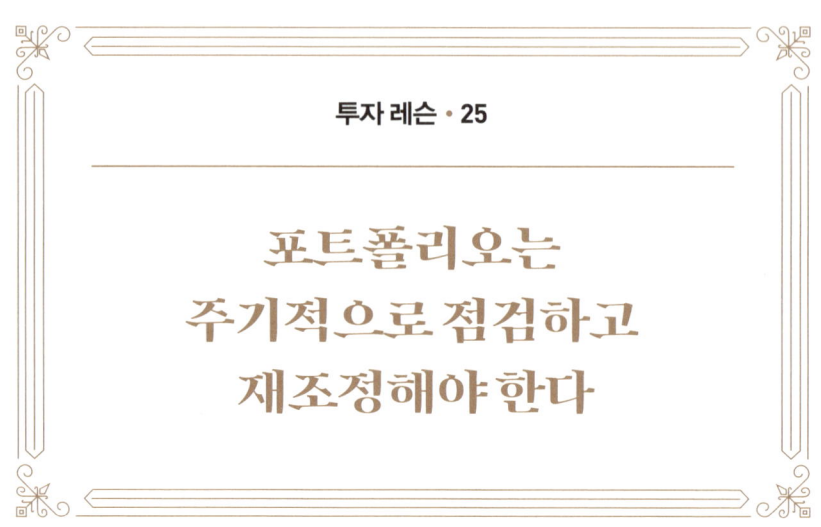

포트폴리오는 주기적으로 점검하고 재조정해야 한다

백만장자가 되기 전에
백만장자처럼 생각하는 법을 배워라.

작가이자 연구원, 토머스 J. 스탠리

지금까지 주식 시장의 구조, 주식의 유형, 그리고 주식 투자로 얻을 수 있는 이점을 간단히 살펴봤다. 이제 실제로 투자를 시작하기 전에 다음 사항들을 결정할 차례다.

- 투자 포트폴리오를 직접 관리할 것인가?
- 금융 상담사에게 맡길 것인가?

- 로보어드바이저를 이용할 것인가?

- 이 방식들을 혼합할 것인가?

CNBC와 미국의 투자 앱 에이콘스(Acorns)가 2019년에 공동으로 시행한 조사에 따르면, 응답자의 75%가 전문가나 온라인 서비스의 도움 없이 직접 자산을 관리한다고 답했다. 다시 말해, 미국인 네 명 중 세 명이 자산을 스스로 관리한다는 뜻이다. 대다수의 미국인이 금융 문해력 수업을 받은 적 없다는 점을 고려하면 매우 놀라운 결과다 (이 조사에서 금융 전문가와 함께한다고 답한 사람은 단 17%에 그쳤다).[48]

특히 전문가에게 맡긴 비율은 젊은층에서 더 낮았다. 25~34세는 7%, 18~24세는 고작 4%에 불과했다. 아직 상대적으로 관리할 자산이 많지 않기 때문이다. 반면, 65세 이상에서는 31%가 금융 상담사를 두고 있었다.[49]

투자를 시작하면 포트폴리오의 성과를 꾸준히 점검하고, 자신의 위험 감수 수준에 맞게 주기적으로 재조정해야 한다. 바로 이 부분에서 금융 상담사의 역할이 필요하다.

대부분의 초보 투자자는 단순히 어떤 주식을 살지 결정하면 포트폴리오 관리가 끝난다고 생각한다. 그러나 실제로는 미래 소득과 주식 매도 시점, 세금까지 고려해 계획을 세워야 한다. 만약 주변에 믿을 만한 투자 멘토가 없다면 관련 책을 꾸준히 읽고, 증권사에서 제공하는 온라인 세미나에 참석하며, 금융 상담사나 세금 전문가와 적어도 1년에 한 번은 상담하는 것이 좋다.

직접 투자의 4가지 이점

포트폴리오를 직접 관리하면 분명한 장점이 있다.

첫 번째, 통제가 가능하다. 자신의 돈을 언제 어떻게 투자할지 스스로 결정할 수 있다는 점에서 많은 투자자가 큰 만족을 느낀다.

두 번째, 투자 기회가 넓어진다. 직접 투자하면 다양한 산업과 기업을 자유롭게 탐색할 수 있다. 그래서 모험심이 강한 투자자에게 매력적이다.

세 번째, 비용이 적게 든다. 직접 관리하면 별도의 자문 비용이 들지 않기 때문에 그만큼 투자에 자금을 더 쏟을 수 있다.

네 번째, 공부할 수 있다. 직접 투자는 자연스럽게 공부로 이어진다. 투자 경험 자체가 즐거운 배움의 여정이 될 수 있다.

직접 투자의 위험

하지만 포트폴리오를 직접 관리할 때는 위험도 따른다.

가장 큰 문제는 투자 지식이 부족하거나, 돈을 관리하는 방법 자체를 배우지 못한 경우가 많다는 것이다. 이런 이유로 미국에서는 고등학교 졸업 전에 금융 문해력 수업을 의무화하는 주가 점점 늘고 있다.

지식 부족뿐 아니라, 주변 환경과 심리적 습관도 위험을 키운다. 우리는 '즉각적인 만족'의 시대를 살고 있다. 배가 고프면 곧장 음식을 주문하거나 냉동식품을 데워 먹고, 필요한 물건은 온라인으로 주문해 다음 날 받는다. 이런 생활에 익숙하다 보니 마치 돈도 '즉석 돈'처럼 언제든 생겨날 거라고 착각하기 쉽다.

언론과 소셜 미디어도 여기에 한몫한다. 주식으로 운 좋게 큰돈을 번 사람들, 암호화폐에 올인해 단숨에 백만장자가 된 사람들의 이야기를 앞다투어 전한다.

이런 사례만 듣다 보면 '신중한 장기 투자'보다 '빠른 수익'이 더 효과적이라고 오해하기 쉽다. 하지만 이는 '생존 편향'의 함정이다. 단기간에 성공한 소수의 이야기만 들으면, 같은 시도를 했다가 실패한 수많은 사례를 보지 못한다.

물론, 주도적인 투자로 단기간에 수익을 낼 수도 있다. 하지만 인내심을 갖고 장기적으로 이어가면 더 큰 성과를 얻는 것도 가능하다. 만약 단기적인 짜릿함만 원한다면 차라리 카지노 룰렛에 돈을 거는 편이 나을 것이다.

초보 투자자들이 혼자 투자할 때 흔히 다섯 가지를 간과한다.

- 자신의 재정적 목표를 달성하는 데 필요한 기간을 모른다.
- 장기 목표를 달성하려면 투자로 얼마나 수익을 내야 하는지 모른다.
- 정액 정기 매입의 이점을 활용하려면 매달 얼마나 투자해야 하는지 모른다.
- 자신이 감당할 수 있는 현실적인 위험 수준을 모른다.
- 주식을 비롯한 금융 상품과 서비스에 익숙하지 않다.

나 역시 금융 문해력을 키우기 전에는 같은 부분을 놓치곤 했다. 하지만 차근차근 지식과 경험을 쌓아가면 투자자로서 한층 성장할 수 있다. 설령 투자하다 손실을 겪더라도, 그것을 후회하기보다 수업료라고 받아들이는 편이 낫다.

직접 투자를 관리하기 위한 6가지 기준

직접 투자를 관리하고 싶다면 먼저 다음 여섯 가지 조건을 충족해야 한다.

- 최소 3~6개월 치 생활비 정도의 비상금이 있다.
- 투자금을 적어도 5~10년 동안 그대로 둘 수 있다.
- 투자 공부를 꾸준히 하려는 열정이 있다.
- 포트폴리오를 관리할 시간이 있다.
- 감정에 휘둘리지 않고 논리적으로 생각할 수 있다.
- 자신의 위험 감수 수준을 정확히 알고 있다.

이 조건들을 모두 충족한다면 직접 투자를 시작할 준비가 된 것이다. 하지만 한 가지라도 불안하다면 전문가의 도움을 받는 편이 더 현명하다. 예를 들어, 주식 공부를 할 의지가 없다면 직접 관리하는 것은 오히려 위험하다. 포트폴리오를 제대로 관리하려면 결국 많이 아는 투자자, 꾸준히 배우는 투자자가 되어야 한다.

또한 자기주도형 투자자로 성장하려면 멘토가 꼭 필요하다. 물론 훌륭한 멘토를 램프의 요정처럼 소환할 수는 없다. 하지만 주식 스터디 모임이나 세미나에 참석하거나, 투자 관련 콘텐츠를 볼 수는 있다(이때 전문 트레이딩을 다루는 것보다 기초 지식을 쌓는 콘텐츠가 더 유익하다). 또한 워런 버핏, 윌리엄 J. 오닐, 벤저민 그레이엄 같은 투자자들의 책이나 분석가들의 보고서를 읽는 것도 좋은 방법이다.

준비되지 않은 자기주도형 투자의 결말

방금 말한 조건들을 충족하지 못하면 어떤 일이 벌어질까? '조'라는 사람의 사례를 살펴보자.

2008년 초, 처음 조를 만났을 때 그는 '포트폴리오를 직접 관리하겠다'는 의지가 확고했다.

조는 은퇴 후 전업으로 직접 포트폴리오를 관리하며, 매주 35시간씩 CNBC를 시청하고, 투자 평론을 읽으며, 세미나도 빠짐없이 참석했다. 다소 극단적으로 들리기도 했지만, 한 가지는 분명했다. 그는 투자에 대한 열정이 컸다.

그러나 조는 모든 자금을 애플에만 집중시켰다. 이는 가장 치명적인 실수 중 하나였다. 우리가 만나기 전, 그는 애플 주식에 대한 확신을 갖고 2,200주를 매수했다. 한 금융 상담사가 분산 투자를 권했지만 조는 그 조언을 받아들이지 않았다.

사실 조는 자기주도형 투자자에게 필요한 조건들 중 일부는 충족한 상태였다.

- 비상금이 넉넉했다.
- 주식 시장을 배우려는 열정이 강했고, 매일 경제 뉴스를 보며 최신 정보를 습득했다.
- 포트폴리오 관리에 충분한 시간을 썼다.

하지만 그는 치명적인 부분을 충족하지 못했다. 자신의 위험 감수 수준을 몰랐고, 감정적으로 결정을 내리곤 했던 것이다.

그 약점은 2007~2009년 약세장에서 그대로 드러났다. 2007년 10월부터 2009년 3월까지, S&P500 지수는 약 57% 하락했다.[50] 애플 주식 역시 비슷한 하락세를 보였다. 그러자 조는 불안해졌다.

2008년 1월 2일, 애플은 194.84달러로 마감했다. 그날 조가 보유한 2,200주의 가치는 42만 8,648달러였다. 그러나 1년 뒤인 2009년 1월 2일, 주가는 90.75달러로 떨어졌고, 그의 포트폴리오 가치는 19만 9,650달러로 줄었다. 불과 1년 만에 22만 8,998달러가 사라진 것이다.

자산 가치가 절반 이하로 떨어지자, 조는 공황 상태에 빠졌다. 결국 그는 '손절'을 택하고 주식을 매도했다.

당시 조의 친구는 "당장 다른 데 써야 하는 자금이 아니라면 좀 더

기다려보라"고 조언했다. 하지만 불안해진 조는 그 말을 따르지 않았다.

그 결과는 참혹했다. 2010년 1월 4일, 애플 주가는 214.01달러로 올랐다. 만약 조가 계속 보유했다면 그의 투자금은 47만 822달러가 됐을 것이다. 2011년 1월 3일에는 주가가 329.57달러까지 올라, 투자금이 72만 5,054달러로 불어날 수 있었다. 게다가 2012년 1월 4일에는 411.23달러를 기록해 무려 90만 4,706달러에 이를 수 있었다. 초기 투자금보다 두 배 이상이 된 셈이다. 그 이후 주가 흐름은 말할 필요도 없다.

참고로, 이 계산에는 주식 분할과 배당을 반영하지 않았다. 애플은 2014년 6월 9일에 주식을 7 대 1로, 2020년 8월 31일에는 4 대 1로 분할했다.

만약 애플 주식을 끝까지 보유했다면 조는 막대한 수익을 거뒀을 것이다. 하지만 그는 한 종목에 올인하고, 감정에 휘둘린 탓에 실패만 맛보고 말았다. 조가 S&P500 인덱스 펀드에 분산 투자했다면, 2008년 폭락에 덜 흔들렸을 것이다. 물론 당시 지수 역시 크게 하락했지만 결국 애플처럼 회복했다.

지금도 조는 애플 주식을 판 결정을 후회한다. 하지만 여전히 위험을 감수할 자신이 없어 주식 시장에 다시 돌아가지 못하고 있다. 그저 물가 상승률도 따라가지 못하는 저축 계좌에 돈을 묶어두고 있을 뿐이다.

만약 당신이 조처럼 1년 내내 주가가 곤두박질치는 상황에 놓인다면 어떻게 할 것인가? 그래도 모든 걸 혼자 관리하겠는가, 아니면 길을 안내해줄 전문가와 함께하겠는가? 선택은 각자의 몫이다.

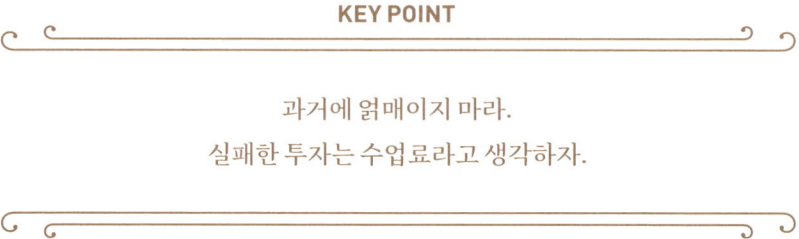

KEY POINT

과거에 얽매이지 마라.
실패한 투자는 수업료라고 생각하자.

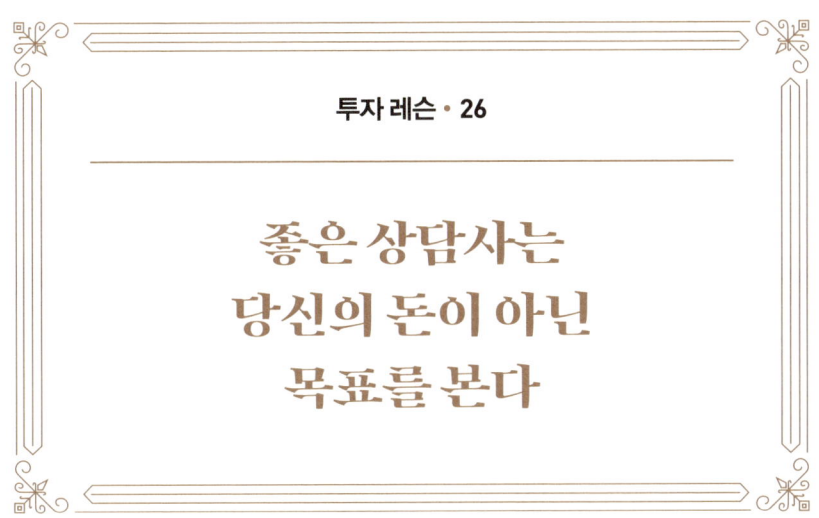

좋은 상담사는 당신의 돈이 아닌 목표를 본다

사람은 누구나
무언가를 팔면서 살아간다.

시인이자 소설가, 로버트 루이스 스티븐슨

아마 여기까지 읽으며 스스로 투자할 준비가 되어 있는지 점검해봤을 것이다. 설령 부족한 부분을 발견했더라도 걱정할 필요 없다. 믿을 만한 전문가와 함께 로드맵을 설계하고, 목표 달성 과정을 점검하면 된다.

그렇다면 어떤 상담사를 선택해야 할까? 가장 먼저 확인해야 할 기준은 '수탁 의무'다. 즉, 고객의 이익을 최우선으로 두고 조언하는 상담사인지 반드시 확인해야 한다.

상담사가 꼭 지켜야 할 의무

수탁자는 고객을 대신해 행동하며 자신보다 고객의 이익을 우선해야 하는 법적 의무를 지닌 개인 혹은 회사를 말한다. 앞서 말한 금융 상담사의 재정적 조언 역시 바로 이 수탁 의무를 전제로 한다.

미국 증권거래위원회는 금융 수탁자에게 두 가지 중요한 의무를 강조한다.[51]

첫 번째는 돌봄의 의무다. 상담사는 고객의 재무 상황을 충분히 이해하고, 이에 맞는 최선의 조언을 해야 한다. 그저 고객이 원하는 상품을 제시하는 데 그치지 않고, 더 나은 대안이 있다면 함께 설명하며 정기적으로 포트폴리오를 점검해야 한다.

두 번째는 충성의 의무다. 수탁자는 자신의 이익을 위해 고객의 이익을 희생해서는 안 된다. 예를 들어, 높은 수수료를 받을 수 있다는 이유만으로 부적합한 상품을 권하는 것은 명백한 위반이다. 또한 이해가 상충할 수 있는 상황에서는 반드시 투명하게 공개해야 한다.

미국에서는 NAPFA.org(미국 개인 금융 자문가 협회)나 증권거래위원회의 상담사 데이터베이스를 통해 금융 상담사 자격 여부를 확인할 수 있다.[52] 증권거래위원회는 수탁 의무 위반을 매우 엄격하게 다루며, 규정을 어길 경우 자격을 박탈하기도 한다. 그래서 상담사와 계약하기 전, 필요하다면 수탁 서약서에 서명을 요구할 수 있다.[53] 참고로, 한국에서도 자본시장법에 따라 고객의 자산을 대신 운용하는 금융 전문가에게 '선관 의무'와 '충실 의무'가 부과된다.

4가지 질문으로 나에게 필요한 상담사 유형 파악하기

모든 관계가 그렇듯, 금융 전문가 역시 자신과 잘 맞는 사람을 찾아야 한다. 나의 상황을 잘 이해하고, 소통하기 편하며, 설명을 쉽고 명확하게 해주는 사람이 좋다. 그리고 무엇보다 나의 이익을 위해 최선을 다한다고 믿을 수 있는 사람이어야 한다.

모두에게 잘 맞는 상담사는 없다. 따라서 처음 만난 상담사와 바로 계약하거나, 온라인으로 '내 주변의 금융 상담사'를 검색해 무작위로 고르는 일은 피해야 한다.

자신에게 맞는 전문가를 찾고 싶다면 다음 네 가지 질문에 대해 생각해보자.

① 주식, 펀드, ETF 같은 특정 상품에 대한 조언이 필요한가? 장기적인 목표 설정과 이를 달성하기 위한 계획 등 포괄적인 조언을 받고 싶은가?

두 질문에 모두 "예"라고 답했다면 재무 상담사가 적합하다. 보통 상담사는 고정 수수료, 시간당 요금, 또는 관리 자산의 일정 비율을 보수로 받는다. 이 경우 고객 이익을 우선하는 수탁 의무가 적용된다.

반면, 금융 상품 판매에 따라 수당을 추가로 받는 상담사도 있다. 이 경우에도 법적 규제를 받지만, 고객 이익을 최우선으로 고려하는 기준은 상대적으로 완화되어 있다.[54]

② 자녀 교육 자금 마련이나 상속 및 유산 관리 등 전반적인 재정 계획이 필요한가?

그렇다면 공인 재무 설계사(CFP)나 은행·증권사의 자산 관리사를 고려할 수 있다. 공인 재무 설계사는 국제 윤리 강령에 따라 고객 이익을 우선시해야 한다. 재무 설계사는 예산 수립, 은퇴 자금 마련, 투자 등 폭넓은 서비스를 제공하고, 자산 관리사는 고객의 자산 규모와 목표에 맞춰 세금 및 상속 계획까지 지원한다.

③ 주식 매매를 통한 수익 창출을 도와줄 금융 전문가가 필요한가?

그렇다면 증권사 중개인이 적합하다. 중개인은 수탁자가 아니며, 고객의 거래를 돕는 역할을 한다. 보수는 거래 수수료나 자산 관리 수수료 형태로 받는다.

이들은 자본시장법상 적합성 원칙을 지켜야 하지만, 이는 고객 이익을 최우선으로 하는 수탁 의무만큼 엄격하지는 않다.

④ 포트폴리오 구성과 관리(개별 거래 포함)를 도와줄 금융 전문가가 필요한가?

그렇다면 포트폴리오 관리자를 찾아보는 것이 좋다. 자산운용사의 포트폴리오 매니저, 공인 재무 설계사, 혹은 은행·증권사 WM센터 전문가 등이 이 역할을 맡는다. 이들은 보수를 시간당 혹은 연간 요금으로 받거나 관리 자산의 일정 비율로 받는다.[55] 또한 당연히 고객의 이익을 우선해야 한다.

상담사의 보수 체계

금융 전문가를 고려한다면 보수 체계를 반드시 확인해야 한다. 이들은 보통 다음 방식 중 하나로 보수를 받는다.

- **관리 자산 기반 수수료**: 전문가가 관리하는 자산 규모의 일정 비율을 수수료로 내야 한다.
- **고정 수수료**: 제공된 모든 서비스에 대해 분기별 혹은 연 단위로 일정액을 내야 한다.
- **건별 수수료**: 거래가 발생할 때마다 수수료를 내야 한다.
- **시간당 요금**: 상담 시간에 따라 요금을 부과한다.

일부 상담사는 특정 상품을 판매하고 그 대가로 별도의 인센티브를 받기도 한다. 이런 경우 상담의 기준이 고객의 이익보다는 판매 실적에 치우칠 수 있으므로, 반드시 구체적인 비용과 인센티브 여부를 서면으로 받아두는 것이 안전하다.

나에게 딱 맞는 전문가를 찾으려면

원하는 조건에 맞는 전문가 유형을 확인했다면 이제 직접 상담사를 찾아볼 차례다.

금융 전문가를 찾는 방법은 다양하다. 미국에서는 '팔라딘 리서치 앤드 레지스트리(Paladin Research and Registry)' 같은 데이터베이스에서 검증된 전문가를 찾아볼 수 있다.[56] 참고로, 한국에서는 이처럼 개인 전문가를 직접 검색하긴 힘들지만, 금융감독원의 FINE 시스템이나 금융투자협회를 통해 자문사나 운용사가 정식 등록된 곳인지는 확인할 수 있다. 또한 믿을 만한 지인에게 추천받는 것도 좋은 방법이다. 다만, 주변 사람에게 좋은 인상을 남겼더라도 나의 상황에 맞을지는 살펴봐야 한다.

후보를 추린 다음에는 직접 상담을 받아보라. 단, 첫 만남에서 바로 계약하지 말고, 여러 상담사를 비교한 뒤 나와 가장 잘 맞는 사람을 선택하는 것이 바람직하다.

전문가에게 물어봐야 할 체크리스트

상담 전에 질문 목록을 준비해야 한다. 다음 아홉 가지 질문을 기본으로 하되, 더 궁금한 점이 있다면 추가해도 된다. 상담 일정을 잡기 전에 이메일로 미리 답변을 받아보는 것도 좋은 방법이다.

① 전문 분야가 무엇인가요?

상담사의 전문 분야를 확인하면 지금 나에게 필요한 전문가인지 판단할 수 있다.

② 수탁 의무에 충실한가요?

상담사가 실제로 고객의 이익을 우선에 두고 있는지는 상담 방침과 운영 방식에서 드러난다. 상담사에게 수탁 의무를 어떻게 지키고 있는지 직접 물어보고, 답변이 구체적인지도 살펴보자.

③ 보수는 어떤 방식으로 받나요?

어떤 상담사는 관리 자산 비율이나 고정 수수료로 보수를 받지만, 일부는 특정 금융 상품을 판매하고 그 수당을 따로 받기도 한다.

④ 추가 비용이 발생하나요?

세무 자문 등 특정 업무에 외부 전문가가 참여할 경우 추가 비용이 발생할 수 있다.

⑤ 현재 고객 중 추천인을 소개받을 수 있나요?

기존 고객의 경험을 들어보는 것도 도움이 된다. 단, 이것만으로 판단하면 안 된다. 상담사는 좋은 후기를 말해줄 고객을 소개하기 때문이다. 실제로 역사상 최대 다단계 금융 사기를 저질렀던 버니 메이도프(Bernie Madoff) 역시 사기임이 드러나기 전까지 고객들에게 인정을 받았다.

⑥ 주 고객층은 어떤 사람들인가요?

상담사의 주 고객층은 곧 그 사람의 가장 익숙한 영역을 보여준다. 가령 은퇴를 앞두고 있다면, 은퇴 준비 고객을 많이 상담한 전문가가 적합하다.

⑦ 제 자산은 어떤 증권사를 통해 운용되나요?

미국에서는 찰스 슈왑(Charles Schwab), 퍼싱(Pershing), 피델리티 같은 결제·수탁 기관이 자산을 관리하지만, 한국에서는 대부분 상담사가 속한 증권사에서 계좌를 개설하고 운용한다. 다만, 증권사마다 거래 시스템이나 수수료 체계가 다르므로, 실제 부담할 비용과 제공받을 서비스 수준을 파악하기 위해 증권사를 정확히 확인해야 한다.

⑧ 상담사가 부재중일 때는 누구와 연락하면 되나요?

책임감이 뛰어난 전문가라면 부재 시에도 고객이 불편하지 않도록 명확한 대응 체계를 마련한다.

⑨ 미팅은 얼마나 자주, 어떤 방식으로 진행되나요?

상담사와의 만남이 정기적으로 이루어지는지, 리포트 제공이나 추가 상담도 가능한지 확인해야 한다.

한 번 더 강조하지만, 첫 만남에서 바로 상담사를 결정하면 안 된다. 최소 세 명 이상의 상담사를 만나본 다음, 가장 잘 맞는 사람을 선택하는 것이 바람직하다.

2019년 조사에 따르면 미국인 중 단 17%만이 금융 상담사에게 자산 관리를 맡기고 있었다. 하지만 직접 자산을 관리한다고 해서 그것이 곧 건강한 금융 습관을 의미하지는 않는다.

만약 바쁘거나 투자 결정을 내리기 어렵다면, 나를 대신해 더 잘해

줄 금융 전문가와 협력하는 편이 더 효율적이다. 금융 지식을 충분히 쌓은 다음에 직접 관리해도 늦지 않으니 부담 가질 필요 없다.

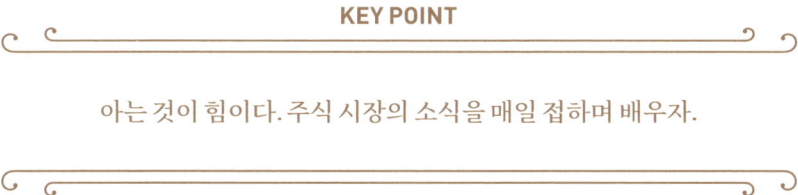

KEY POINT

아는 것이 힘이다. 주식 시장의 소식을 매일 접하며 배우자.

로보어드바이저는
저렴한 자문 비용을 원하는
투자자에게 좋은 선택지다

충분히 발달한 기술은
마법과 같다.

공상과학 작가, 아서 C. 클라크

기술이 자산 관리의 방식을 바꾸고 있다. 과거에는 투자 자문을 받으려면 반드시 사람을 만나야 했다. 하지만 이제는 인공지능과 알고리즘이 투자 결정을 도와준다.

이러한 변화의 중심에는 '로보어드바이저(로봇 상담사)'가 있다. 로보어드바이저는 자동화 기술을 기반으로 개인의 투자 성향과 목표에 맞춰 자산을 관리해주는 새로운 형태의 금융 상담 서비스다.

로보어드바이저의 탄생

로보어드바이저는 위기 속에서 탄생했다. 2008년, 금융 산업은 서브 프라임 모기지 사태와 세계 금융 위기로 큰 고통을 겪고 있었다. 실업률은 10%에 달했고, 158년 역사의 글로벌 투자은행이었던 리먼 브라더스가 파산을 신청하며 해체됐다. '망하기엔 너무 큰 기업'조차 무너진 것이다.

그 무렵, 월스트리트의 거대 금융사들과 경쟁할 새로운 방식이 등장했다. 바로, 로보어드바이저였다.[57] 로보어드바이저는 자산 운용과 포트폴리오 관리를 받길 원하지만, 인간 상담사의 개입은 최소화하고 싶은 투자자를 위해 만들어졌다. 최초의 로보어드바이저 기업은 배터먼트(Betterment.com)로, 상장 전에 이미 기업 가치 10억 달러를 넘으며 로보어드바이저 회사 중 처음으로 유니콘 기업 반열에 올랐다.[58]

로보어드바이저를 선택하기 전에 고려해야 할 것

로보어드바이저는 설문을 통해 개인의 투자 성향, 투자 목표, 기간, 위험 감수도, 현재 재정 상태, 미래 대비 사항 등을 파악하고, 그 결과를 토대로 맞춤형 포트폴리오를 구성한다.

그렇다면 로보어드바이저에게 투자 관리를 맡기면 어떤 장단점이 있을까? 돈을 맡겨야 하는 문제인 만큼 자세히 살펴보겠다.

먼저 로보어드바이저를 사용해 얻을 수 있는 장점은 다음과 같다.

- 준비가 간단하다.
- 24시간 언제든 상담할 수 있다.
- 관리 수수료가 저렴하다.
- 소액으로도 투자를 시작할 수 있다.
- 개인의 재정 상황과 투자 성향에 맞춘 맞춤형 포트폴리오가 자동으로 설계된다.
- 초기에 설정한 위험 수준과 자산 배분에 맞춰 포트폴리오가 자동으로 재조정된다.

하지만 로보어드바이저에는 단점도 분명 존재한다.

- 전문가와 직접 소통할 수 없어 투자 상황이 좋지 않을 때 위로를 받기 어렵다.
- 선택의 폭이 제한적이다. 아직은 로보어드바이저가 복잡한 투자 전략을 완전히 구현하지 못한다.
- 세금 계획이나 상속·유산 관리 서비스는 제공하지 않는다.
- 사용자가 입력한 정보에만 의존하기 때문에 운용에 한계가 있다.
- 알고리즘이 대체로 보수적으로 설계되어 있다. 그렇다 보니 간혹 저조한 성과를 내기도 한다. 큰 수익보다는 시장 평균에 가까운 수익률을 유지하는 것

이 주된 목표다.

미국에는 다양한 로보어드바이저 서비스가 있다. 대표적인 곳은 다음과 같다.

- 에이콘스(www.acorns.com)
- 얼라이 인베스트 로보 포트폴리오(www.ally.com/invest/)
- 액소스 매니지드 포트폴리오(www.axos.com)
- 배터먼트(www.betterment.com)
- E-트레이드(www.etrade.com)
- 소파이 인베스팅(www.sofi.com)
- 뱅가드 디지털 어드바이저(investor.vanguard.com)
- 웰스프론트(www.wealthfront.com)

이들 서비스는 보통 계좌 개설 시 0~3,000달러 정도의 초기 자금이 필요하며, 매달 소액의 수수료를 내거나 연간 운용 자산의 0.24~0.3% 수준의 수수료가 발생한다.

참고로, 한국에서는 주로 증권사나 자산운용사에서 로보어드바이저 서비스를 제공한다.

로보어드바이저와 전문가, 꼭 하나만 선택해야 할까?

"하나를 선택하면 다른 하나는 포기해야 한다."

한 번쯤 들어봤을 것이다. 하지만 투자에서는 꼭 그렇지 않다. 로보어드바이저와 금융 상담사는 함께 활용할 수 있다. 오히려 두 방식을 병행하는 것이 가장 현명한 선택이라는 의견도 많다. 전문가에게 깊이 있는 조언을 받고, 일상적인 투자 관리는 로보어드바이저에게 맡기는 식이다.

미국의 금융 IT 기업 임원인 도나 브리스토(Donna Bristow)에 따르면, 로보어드바이저는 투자를 처음 시작하거나, 스스로 투자 결정을 내리는 데 익숙하지 않은 사람에게 매우 유용하다.

상담사와 로보어드바이저를 병행하면 감정을 효과적으로 다스릴 수 있고, 생애 주기에 맞춰 포트폴리오를 조정할 수도 있다.[59]

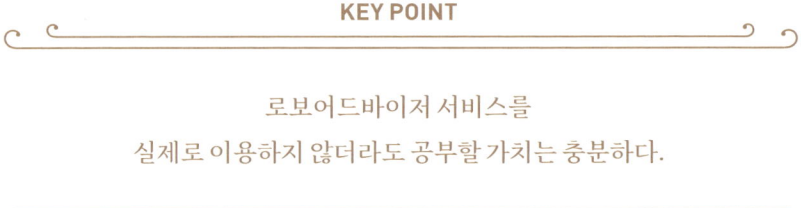

KEY POINT

로보어드바이저 서비스를
실제로 이용하지 않더라도 공부할 가치는 충분하다.

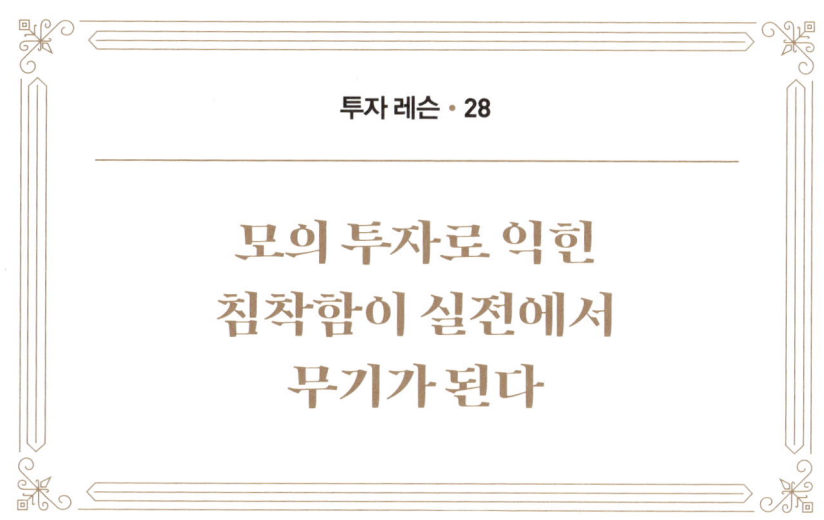

모의 투자로 익힌
침착함이 실전에서
무기가 된다

연습이 완벽을 만드는 것이 아니다.
오직 '완벽한 연습'만이 완벽을 만든다.

NFL(미국 미식축구 리그) 코치, 빈스 롬바르디

여전히 투자가 두렵다면 모의 투자로 먼저 연습해보기를 추천한다.

　모의 투자는 실제 자산을 위험에 노출하지 않고, 증권사에서 제공하는 가상 계정을 활용해 투자를 연습하는 방식을 말한다. 대부분 실시간 시장 정보를 반영하기 때문에 실제와 유사한 환경에서 연습이 가능하다. 그 덕분에 투자자는 거래 기술을 익히고 다양한 전략을 시험하며, 실전 투자에 앞서 자신감을 쌓을 수 있다.

돈 잃지 않고 배우는 투자법, 모의 투자

모의 투자는 초보 투자자에게 여러 중요한 혜택을 준다.

첫째, 힘들게 번 돈을 잃을 걱정 없이 투자와 거래 기술을 연습할 수 있다.

둘째, 비록 모의 투자지만, 실시간 시세가 반영돼 시장의 변동성을 경험할 수 있다.

셋째, 다양한 전략을 시험하며 자신감을 얻고 기술을 향상시킬 수 있다. 이 과정에서 인내심을 기르고 감정에 휘둘리지 않는 법도 연습하게 된다.

마지막으로, 모의 투자를 통해 자신에게 잘 맞는 투자 방식이나 유리한 자산 유형을 알 수 있다.

연습과 현실은 다르다

하지만 모의 투자는 분명한 한계도 있다.

먼저, 모의 투자에서는 실제 투자할 때 느끼는 심리적 압박을 체감하기 어렵다. 다시 말해, 전혀 위험하지 않으니 냉철하게 판단하기 쉽다. 하지만 실제 돈이 걸리면 이야기는 달라진다. 현실에서는 손실에 대한 두려움과 기회를 놓칠 것 같은 불안감이 비이성적인 매수와 매도로 이어지기 쉽다.

또 다른 한계는 수수료와 세금이다. 모의 투자에서는 이런 비용이 들지 않지만, 실제로는 이 비용이 수익에 영향을 미친다. 따라서 투자 성과를 평가할 때 반드시 이 부분을 고려해야 한다.

무엇보다 모의 투자는 어디까지나 연습용일 뿐이다. 모의 시장은 실제 시장만큼 빠르게 반응하지 않아 잘못된 감각이나 과도한 자신감을 심어줄 수 있다. 이로 인해 실제 투자에서 자신의 위험 감수도에 맞지 않는 결정을 내리거나 모의 투자에서 통했던 전략이 실패로 이어지기도 한다.

모의 투자는 경험을 쌓고 자신감을 얻을 수 있는 좋은 방법이다. 하지만 가상의 결과가 현실에서도 그대로 재현되리라 굳게 믿어서는 안 된다.

초보자를 위한 모의 투자 첫걸음

모의 투자를 시작하는 과정은 생각보다 간단하다.

첫 번째, 마음에 드는 모의 투자 플랫폼을 선택한다. 엑셀이나 종이에 기록하며 연습할 수도 있지만, 플랫폼을 활용하는 것이 훨씬 더 편리하다.

두 번째, 계정을 만든다. 이름, 이메일, 비밀번호 등 기본 정보를 입력하면 된다. 일부 플랫폼에서는 신원 확인 절차가 생략되기도 한다.

세 번째, 가상 계좌의 자금을 확인한다. 대부분의 플랫폼은 연습용으로 충분한 가상 자금을 제공한다.

　네 번째, 주식을 선택해 거래한다. 계정을 만들고 나면 가상 자금으로 거래를 시작할 수 있다. 모의 투자 플랫폼은 실시간 시세를 반영하므로 자신의 선택이 어떤 결과를 내는지 바로 확인할 수 있다.

해외에서 주목받는 모의 투자 플랫폼

모의 투자 플랫폼은 매우 다양하다. 그중 해외에서 높은 평가를 받는 플랫폼은 다음과 같다.

- **인터랙티브 브로커스(Interactive Brokers):** 100만 달러의 가상 자금을 제공해 실제 거래 플랫폼과 동일한 환경에서 연습할 수 있다.
- **TD 아메리트레이드(TD Ameritrade):** 자체 거래 플랫폼 'Thinkorswim'에서 모의 투자를 할 수 있다. 사용자에게 10만 달러의 가상 자금을 주며, 특정 조건에서는 고객이 아니어도 60일간 체험할 수 있다.
- **트레이드스테이션(TradeStation):** 고객 전용 서비스로, 수익 및 손실 보고서를 포함해 실제 거래와 유사한 기능을 제공한다. 사용자가 가상 자금 규모를 설정할 수 있다.
- **위불(Webull):** 이 플랫폼 역시 사용자가 가상 자금을 설정할 수 있으며, 특정 조건에서는 고객이 아니어도 이용할 수 있다.
- **인베스토피디아(Investopedia):** 이 플랫폼은 앞서 소개한 여러 기능뿐 아

니라, 암호화폐 모의 거래 기능도 지원한다.

이러한 플랫폼들은 투자를 연습할 때 분명 유용하지만, 한국 투자
자가 직접 사용하기 어려울 수 있다.

그렇더라도 걱정할 필요 없다. 한국에서는 대부분의 증권사에서
자체 모의 투자 기능을 제공한다. 이를 활용하면 실제 주식 시장과
거의 동일한 환경에서 연습할 수 있다.

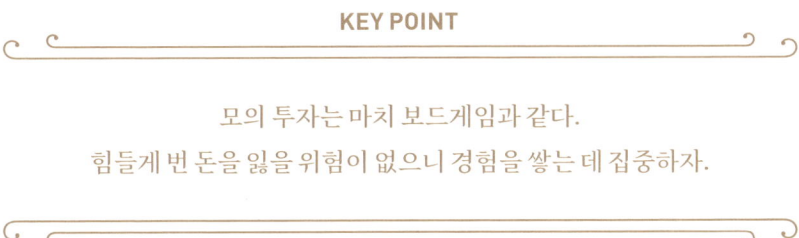

KEY POINT

모의 투자는 마치 보드게임과 같다.
힘들게 번 돈을 잃을 위험이 없으니 경험을 쌓는 데 집중하자.

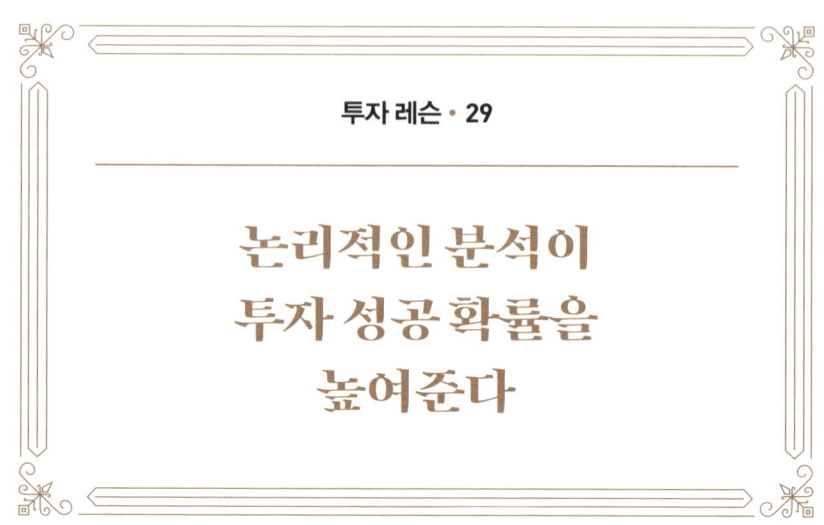

투자 레슨 • 29

논리적인 분석이
투자 성공 확률을
높여준다

자신의 감정에 휘둘리지 않고,
중심을 잡는 것이 중요하다.

월가의 영웅이자 작가, 피터 린치

어쩌면 지금 당장 주식을 사고 싶어 안달이 났을지도 모른다. 하지만 너무 서두르지 말자. 투자는 알아야 할 것이 아주 많다. 나 역시 공부를 하면 할수록 아직 배울 게 많다는 사실을 깨닫는다.

주식 투자는 감으로 해서는 안 된다. '앞으로 떠오를 것 같다'는 막연한 기대나, 타인의 추천만 믿고 매수하면 후회하기 십상이다. 따라서 사고 싶은 주식이 생기면 먼저 '왜 이 주식을 사고 싶지?'라는 이유를 점검해야 한다.

지금부터 주식을 고르는 네 가지 전략을 소개하겠다. 앞의 두 전략은 분석과는 거리가 멀고, 뒤의 두 전략은 매수 시점을 합리적으로 판단할 수 있는 방법이니 집중해서 읽기 바란다.

매수 전략 1. 포모로 인한 투자

'포모(FOMO)'는 다른 사람이 누리는 좋은 기회를 나만 놓칠까 봐 불안해하는 마음을 뜻하는 말이다.[60] 가령, 할인한다는 이유로 필요 없는 물건을 사거나, 나중에 후회하고 싶지 않아 억지로 모임에 참석하는 것도 이런 이유 때문이다.

투자자들 역시 비슷한 두려움에 휩싸여 '지금 당장 사야 한다'는 생각을 하곤 한다. 모두가 한 주식에 몰려들며 열광할 때 그 흐름에 휩쓸리지 않기란 쉽지 않다. 다른 사람들이 수익을 내고 있는데 혼자 뒤처지고 싶은 사람은 없기 때문이다.

이런 현상은 소셜 미디어에서 갑자기 주목받는 이른바 '밈 주식'에서 특히 두드러진다. 암호화폐 시장에서도 이런 현상이 눈에 띄게 나타나는데, 이는 가격이 합리적인 근거보다 감정에 따라 움직이는 경우가 많기 때문이다.

물론 다소 비이성적으로 매수했더라도, 장기적으로 보면 충분히 가치 있는 경우도 있다. 예를 들어, 젊은 핀테크 기업인 업스타트 홀딩스(UPST)는 오랫동안 변화가 필요했던 대출 승인 사업을 혁신하고 있다. 레모네이드(LMND) 역시 고객 친화적인 개선이 절실했던 보험 업계에서 비슷한 혁신을 시도하는 중이다. 두 기업 모두 2020년에 상장했는데, 초기에는 감정적인 매수로 주가가 급등했고, 이 상승에 현혹된 투자자들이 대거 몰려들었다.

하지만 초기 열기가 사그라들자 포모에 휩쓸린 매수세도 시들해졌다. 두 기업의 단기 실적과 전망은 투자자의 기대만큼 특별하지 않았고, 주가는 하락했다.

2023년 말에는 업스타트의 주가가 30달러 이하로 떨어지기도 했는데, 아마 330달러 이상 치솟았을 때 매수한 투자자들은 '차라리 안 샀으면 좋았을 텐데'라며 후회했을 것이다.

레모네이드에 투자한 사람들도 비슷한 상황을 겪었다. 2021년 2월, 164달러까지 올랐던 주가는 12달러 이하까지 떨어졌다.

그럼에도 두 기업은 여전히 강력한 제품과 기술을 보유하고 있다. 따라서 객관적인 근거에 기반해 매수한다면 장기적으로 주가 회복도 기대해 볼만하다.

반면에 AMC 엔터테인먼트 홀딩스(AMC)는 다른 길을 걸었다. 박스오피스 매출 감소로 이미 어려움을 겪던 이 기업은 코로나19 팬데믹으로 극장이 모두 문을 닫자 파산 위기에 몰렸다.

그때 일부 밀레니얼 투자자들이 움직였다. 어린 시절 즐겨 찾던 극장에 대한 향수, 기관 투자자들에게 맞서고 싶다는 마음, 그리고 공매도 세력을 역으로 노려보려는 욕구가 겹치면서 AMC는 밈 주식으로 떠올랐고, 한동안 주가가 급등했다. 이 흐름에 뒤늦게 뛰어든 투자자들도 많았다. 게임스탑(GME)의 폭등과 비슷한 양상이었다. 하지만 AMC의 근본적인 재정 문제가 해결되지 않으면서 결국 주가는 다시 폭락했다.

밈 주식은 레딧, X, 페이스북 같은 소셜 미디어에서 정보를 얻는 투자자들에게 특히 인기 있다. 하지만 소셜 미디어에 떠도는 의학 조언을 그대로 믿을 수 없듯, 투자 조언도 그대로 받아들이면 위험하다. 관심 가는 주식이 좋은 투자 대상인지, 지금이 매수 적기인지 판단하려면 반드시 객관적인 근거를 함께 분석해야 한다.

분석 결과 지금이 매수 타이밍이라고 판단되면 과감하게 투자하면 된다. 반대로, 적기가 아닌 것 같다면 그 주식은 관심 목록에 두고 나중에 다시 검토하는 편이 현명하다.

매수 전략 2: 직감에 따른 투자

꽤 많은 사람이 기업의 제품 또는 서비스가 친숙하거나 호감이 간다는 이유만으로 주식을 매수하곤 한다. 때론 '이건 왠지 사야겠는데?'라는 직감에 이끌려서 살 때도 있다. 나의 금융 스승인 앨런도 직감에 이끌려 첫 주식을 매수했다.

앨런은 뉴욕 필하모닉에서 오랫동안 활동했던 바이올리니스트였다(지금은 은퇴했다). 정식 단원이 되기 전에는 프리랜서로 연주 활동을 했는데, 22세 무렵 브루클린 미술관에서 브람스 바이올린 협주곡을 연주하며 100달러의 보수를 받았다. 오늘날 가치로 환산하면 약 1,100달러에 해당하는 금액이다.

그런 앨런에게 어느 날 동료가 "지휘자가 꽤 부자래"라고 이야기를 했다. 그 이유를 묻자 동료는 "코카콜라 주식을 많이 가지고 있대"라고 답했다.

당시 앨런은 코카콜라를 즐겨 마시지도 않았고, 주식을 분석하는 방법도 몰랐다. 하지만 누군가 코카콜라 주식으로 부자가 되었다면 자신도 가능하지 않을까 하는 기대감이 들었다.

그래서 다음 날 그는 주당 100달러였던 코카콜라 주식을 10주 매수했다. 그저 직감에 따른 결정이었다.

다행히 앨런은 투자를 처음 시작할 때부터 주식을 오래 보유해야 한다는 신념을 갖고 있었다. 덕분에 그의 즉흥적인 선택은 놀라운 결실로 이어졌다.

1958년 5월 1일, 1,000달러에 매수한 코카콜라 주식은 2022년 10월 25일 기준 338만 달러로 불어났다! 이 기간 주식 분할을 거듭하면서 처음 샀던 10주는 1만 1,520주로 늘었고, 배당도 계속 재투자해 총 5만 9,100주가 됐다. 비록 직감으로 시작한 투자였지만, 결과적으로 세계적인 음료 기업을 고른 것은 탁월한 선택이었다.

나는 직감에 의존하는 투자를 권하지 않는다. 하지만 제일 중요한 원칙, 바로 장기 투자를 한다면 직감이 때론 큰 결실을 주기도 한다.

매수 전략 3: 기초 분석

금융 뉴스 사이트 핀볼드(Finbold)의 카디 아룰라는 '기초 분석'을 다음과 같이 설명했다.

> 기초 분석은 자산이나 증권이 내재 가치에 비해 싸게 혹은 비싸게 거래되는지를 판단하는 방법이다. 궁극적인 목표는 해당 자산이 저평가 혹은 고평가되었는지 파악하는 데 있다.[61]

기초 분석은 투자자가 반드시 이해해야 할 핵심 개념이다. 이 개념을 알아야 월스트리트 분석가나 시장 전문가의 보고서도 제대로 해석할 수 있다.

기초 분석은 다음과 같은 기업의 여러 자료를 정량적으로 살피는 데서 출발한다.

- 재무제표
- 손익계산서
- 대차대조표
- 주가수익비율
- 배당금
- 기타 재무 상태 관련 자료

현명한 투자자는 기초 분석을 통해 주식이 저평가됐다고 판단되면 적극적으로 매수한다. 또한 기업의 브랜드 인지도, 특허, 독자적인 기술처럼 숫자로 표현하기 어려운 요소들까지 함께 살피며 분석의 깊이를 더하기도 한다.

기초 분석을 평생 공부하는 투자자도 많지만, 기본 개념만 익혀도 큰 도움이 된다. 만약 이 분석 방식에 대해 더 알고 싶다면, 맷 크랜츠(Matt Krantz)의《초보를 위한 기초 분석(Fundamental Analysis for Dummies)》을 읽어보길 권한다.

매수 전략 4: 기술 분석

기초 분석이 한 기업의 강점, 잠재력, 가치를 평가하는 방법이라면, 기술 분석은 주가 변동과 거래량 같은 통계를 살펴보며 투자 기회를 찾는 방법이다.

기술적인 관점에서 주식을 분석하는 일은 곧 차트 연구와 밀접하게 연결된다. 어쩌면 이미 관심 가는 주식의 차트를 들여다본 경험이 있을지도 모른다. 처음에는 주가 그래프의 선들이 무작위로 움직이는 것처럼 보일 수 있다. 하지만 기술 분석에 익숙한 사람들은 "어떤 움직임도 우연이 아니며, 패턴을 읽으면 주가의 방향을 예측할 수 있다"라고 말한다.

단기간의 가격 변동으로 이익을 얻기 위해 주식을 자주, 심지어 매일 사고파는 투자자들은 기술 분석을 활용해 매도, 매수 시점을 잡는다. 나는 잦은 거래를 선호하지 않지만, 투자 타이밍을 판단할 때 기술 분석을 유용하게 활용하고 있다.

바버라 록펠러(Barbara Rockefeller)의《초보를 위한 기술 분석(Technical Analysis for Dummies)》은 개인적으로 좋아하는 입문서다. 기술 분석이 궁금한 사람들에게 추천하고 싶다.

무엇보다 최고의 투자는 지식에 대한 투자다. 주식 시장의 움직임을 꾸준히 탐구하고 지식의 깊이를 더하다 보면, 훗날 값진 보상으로 돌아올 것이다.

KEY POINT

단순히 친숙하다는 이유로 그 기업의 주식을 사지 마라.
기초 분석이나 기술 분석으로 평가한 다음 투자하라.

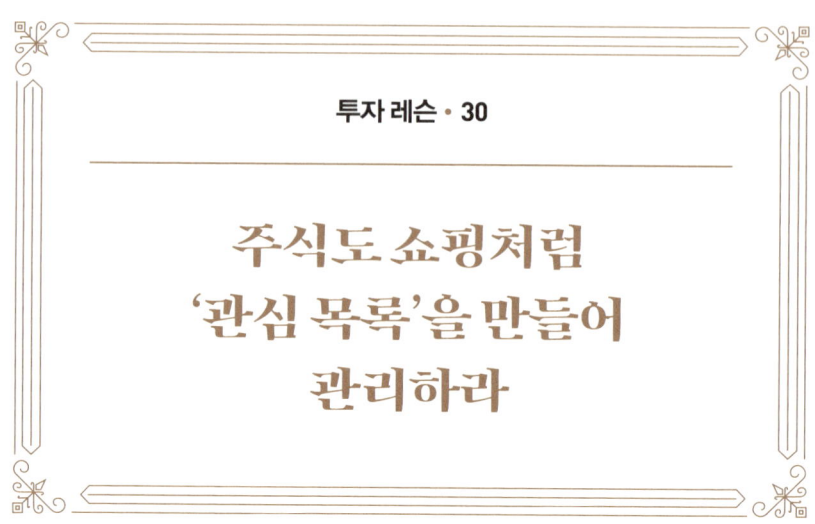

주식도 쇼핑처럼 '관심 목록'을 만들어 관리하라

중요한 것은 '계획'이 아니라,
그것을 세우는 '과정'이다.

전 미국 대통령, 드와이트 아이젠하워

주식 투자를 시작할 때 가장 먼저 마주하는 질문은 '어떤 주식을 살 것인가'다. 선택지가 너무 많아 고민된다면, 주식 장바구니를 미리 만들어두는 전략이 유용하다.

방법은 간단하다. 마트에 가기 전에 구매해야 할 것들을 적듯이, 사고 싶은 주식 목록을 적으면 된다. 그러면 충동적인 매수를 피하고 가장 관심 있는 종목에 집중할 수 있다.

무엇보다 이렇게 목록을 미리 만들어두면 투자 방향을 명확하게 파악할 수 있어서 유용하다. 또한 갖고 싶던 주식이 적절한 가격에 도달했을 때 망설이지 않고 매수할 수 있다.

'관심 목록'의 장점을 더 구체적으로 살펴보면 다음과 같다.

- 투자 목표를 구체적으로 정하고 집중할 수 있다. 특히, 초보 투자자라면 수많은 주식 중 투자하고 싶은 것들을 일부만 추려도 부담이 줄어든다.
- 감정에 휘둘리는 매수를 피할 수 있다. 베테랑 투자자도 종종 '인기 종목'의 열기에 흔들리곤 한다. 하지만 감정에 따른 투자는 잘못된 결정으로 이어지기 쉽다.
- 적절한 타이밍을 더 정확하게 포착할 수 있다. 주가는 빠르게 오르내린다. 꾸준히 주가를 추적하고, 변동 요인을 살펴보면 현명한 시점에 거래할 수 있다.

관심 목록을 만들어두면 매수하기 전에 더 능동적으로 조사하고 평가하게 된다. 또 떠도는 이야기만 믿고 섣불리 매수하는 일을 줄일 수 있다. 그러니 관심 가는 종목이 생기면 목록에 넣고 잠시 시간을 가져보자. 직접 조사해보고 장기적으로 유망하다고 판단되면 그때 매수해도 늦지 않다.

물론 전문가의 의견을 참고하는 것도 좋다. 하지만 반드시 자신의 관심 목록을 토대로, 기술 분석과 기초 분석도 직접 연습해보기를 추천한다.

어떤 주식을 장바구니에 담아야 할까?

그렇다면 수많은 주식 가운데 어떤 것을 관심 목록에 넣어야 할까? 이때 고려해야 할 기준은 크게 다섯 가지다.

① 경쟁 우위

해당 기업이 '해자', 즉 경쟁자가 쉽게 넘볼 수 없는 차별화된 강점을 가지고 있는지 살펴봐야 한다. 앞에서 말했듯, 강력한 경쟁 우위를 가진 기업은 시장 점유율을 오래 유지하며 투자자에게 안정적인 성과를 줄 수 있다.

② 안정적인 재무 상태

기업의 재무 상태는 투자처로서의 잠재력을 판단할 수 있는 중요한 지표다. 따라서 매출 성장, 수익성, 부채 수준, 현금 유동성을 꼼꼼히 살펴야 한다. 만약 향후 수익성이 없다면 수익을 낼 명확한 계획이 있는지 확인해야 한다.

③ 우수한 경영진

리더십은 기업 성과에 큰 영향을 미친다. 그러니 경험 많고 유능한 경영진이 있는 기업을 찾아보자. 그들의 경영 철학과 우선순위를 파악하는 일도 중요하다.

④ 성장 단계

해당 기업이 속한 업계의 현재 위치도 점검해야 한다. 업계가 성장 중인지, 정체기에 있는지, 쇠퇴 단계인지 살펴보고, 업계를 뒤흔들 신기술이나 신제품이 나오고 있는지 확인하자. 관심 목록에 넣고 싶은 기업이 변화의 흐름을 이끌지, 아니면 그 흐름에 밀릴지를 따져보는 것이 중요하다.

⑤ 가치에 대한 평가

그 기업의 주식이 가치만큼 정당한 가격에 거래되고 있는가? 아니면 과대평가 혹은 저평가되어 있는가? 이를 파악할 수 있는 대표적인 지표로는 주가수익비율(P/E), 주가매출비율(P/S), 주가수익성장비율(PEG) 등이 있다. 이 지표로 해당 기업이 동종 업계에서 어떤 위치에 있는지, 과거 대비 얼마나 달라졌는지를 가늠해야 한다.

유형별로 목록을 나눠라

편의점에 갈 때와 대형 마트에 갈 때의 쇼핑 목록이 다르듯, 주식도 유형에 따라 관심 목록을 다르게 구성해야 한다.

예를 들어, 흥미로운 중소형주, 최근 상장한 기업, 연구 중인 가치주, 혹은 현재 고평가됐지만 가격이 떨어지면 살 만한 성장주 등으로 나눌 수 있다. 특히 꾸준한 투자 습관을 들이는 것이 목표라면 가치주와 성장주를 중심으로 관심 목록을 만들기를 권한다.

이 방법은 초보자부터 숙련된 투자자까지 모두에게 유용한 전략이다. 나 역시 지금까지 관심 목록에 넣어둔 주식만 매수했다. 앞서 제시한 기준에 부합하는 주식으로 목록을 채운다면 점차 높은 수익을 내는 포트폴리오를 만들게 될 것이다.

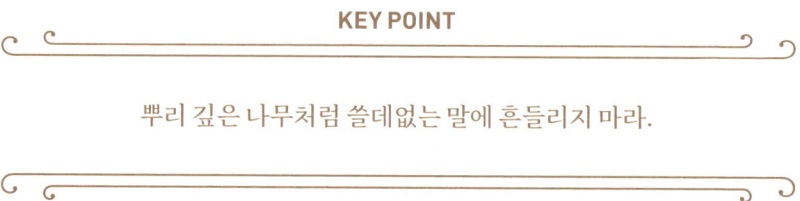

KEY POINT

뿌리 깊은 나무처럼 쓸데없는 말에 흔들리지 마라.

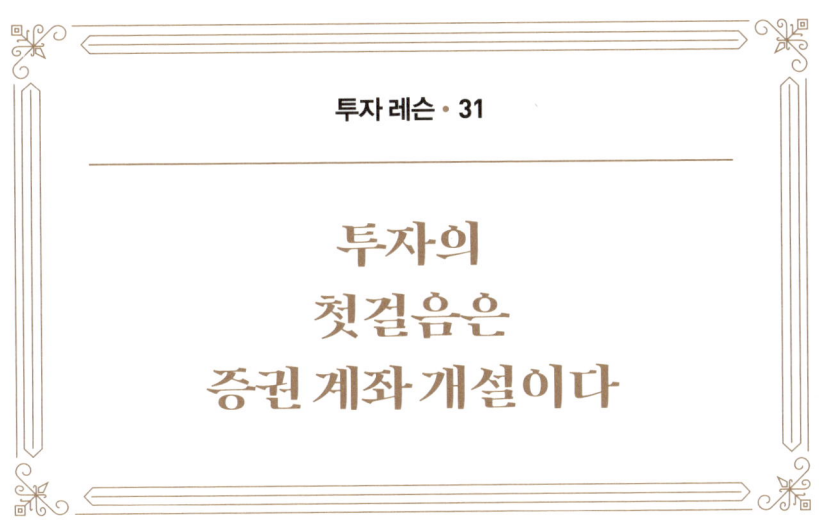

투자의
첫걸음은
증권 계좌 개설이다

인생은 단순하다.
우리가 괜히 복잡하게 만들 뿐이다.

공자

증권 계좌를 처음 만들 때 긴장했던 기억이 아직도 생생하다. 하지만 막상 해보니 일반 계좌를 개설하는 절차와 크게 다르지 않았고, 생각만큼 어려운 일도 아니었다.

만약 아직 주식 투자를 시작하지 못한 이유가 증권 계좌를 개설하는 방법을 몰라서라면 걱정하지 않아도 된다. 지금부터 그 과정을 쉽게 알려주겠다.

증권 계좌, 어떻게 골라야 할까?

증권 계좌는 주식, 채권, 펀드, 기타 금융 상품을 사고팔 수 있는 계좌를 뜻한다. 은행이 입출금 계좌나 적금 등으로 돈을 관리하듯, 증권사는 투자 자산을 증권 계좌로 관리한다.

증권 계좌를 선택하기 전에는 세 가지를 먼저 고려해야 한다.

첫 번째, 어떤 유형의 계좌를 개설할까? 가장 기본은 일반 증권 계좌다. 주식, ETF, 펀드 등의 금융 상품을 거래하기 위한 계좌로, 대부분의 증권사에서는 온라인으로 간편하게 개설할 수 있다.

만약 장기적으로 은퇴 자금을 마련할 계획이라면 세제 혜택이 있는 계좌를 개설하면 좋다. 한국에서는 연금저축 계좌와 IRP(개인형 퇴직연금)가 대표적이며, 미국의 IRA(개인 은퇴 계좌)도 비슷한 구조다. 다만, 세제 혜택 계좌는 중도 인출 시 세금이 부과된다.

두 번째, 어떤 자산에 투자할 계획인가? 대부분의 증권사는 주식, 펀드, ETF의 거래를 지원한다. 그러나 해외 주식 소수점 매매 등 일부 거래는 증권사마다 제공 범위가 다르다. 특히 암호화폐는 별도의 거래소를 이용해야 하는 경우가 많다. 따라서 계좌를 개설할 때는 내가 원하는 상품을 거래할 수 있는지 확인해야 한다.

세 번째, 투자를 얼마나 오래 유지할 것인가? 짧은 기간에 자주 사고 팔 계획이라면 거래 수수료에 유의해야 한다. 대부분의 증권사가 국내 주식이나 ETF 거래 수수료를 무료 또는 초저가로 제공한다. 하지만 파생상품이나 해외 주식 등 일부 상품에는 수수료가 붙기도 한다.

이 밖에도 계좌 개설 시 최소 예치금이 필요한지, 관리 비용이나 추가 수수료가 있는지도 확인하는 것이 좋다.

마지막으로, 이제 막 투자를 시작하는 초보자라면 고객 지원 서비스가 좋은 증권사를 선택할 것을 추천한다. 요즘 대부분 전화, 모바일 상담, 챗봇을 통해 고객 지원을 제공하고 있으니 살펴보기 바란다.

국내와 해외의 주요 증권사

한국에서는 한국투자증권, 삼성증권, 미래에셋증권, 키움증권 등 주요 증권사들이 국내 주식뿐 아니라 해외 주식 거래까지 지원한다. 또한 소수점 매매나 수수료 인하 이벤트 등을 통해 투자자의 편의성을 높이는 곳도 많으니, 두루 살펴보고 선택하자.

참고로, 미국에도 최소 예치금과 수수료가 적고, 사용이 편리한 증권사들이 있다. 대표적인 곳은 다음과 같다.

- 찰스 슈왑(Charles Schwab)

- E-트레이드(E-Trade)

- 피델리티 인베스트먼트(Fidelity Investments)

- 퍼스트레이드(Firstrade)

- 인터랙티브 브로커스(Interactive Brokers)

- 메릴 에지(Merrill Edge)

- 테이스티트레이드(Tastytrade)

- 트레이드스테이션(TradeStation)

- 뱅가드(Vanguard)

증권 계좌 개설하기

드디어 증권 계좌를 개설할 차례다. 가벼운 마음으로 차근차근 살펴보자.

① 증권사 선택하기

대부분의 증권사는 모바일 앱을 통해 비대면 계좌 개설을 지원한다. 온라인 절차가 익숙하지 않다면 가까운 영업점을 방문해도 된다. 다만, PB센터는 고액 자산가를 대상으로 운영하는 경우가 많으니 일반 영업점 이용 가능 여부를 확인하자.

② 필수 서류 준비하기

주민등록증이나 운전면허증 같은 신분증, 본인 명의의 은행 계좌, 그리고 본인 인증 수단(간편인증, 공동인증서)이 필요하다.

③ 신청서 작성하기

계좌를 개설할 때 개인정보, 투자 목적 등에 관한 질문을 한다. 이는 투자자 정보를 확인하기 위한 절차이니 정확히 입력하자.

④ 계좌에 입금하기

계좌가 개설되면 본인 명의의 은행 계좌에서 증권 계좌로 자금을 이체하면 된다.

⑤ 투자 시작하기

자금을 넣고 나면 바로 거래가 가능하다. 주식, 채권, 펀드 등 증권사가 제공하는 상품 중 원하는 것을 선택해 매수하면 된다. 단, 투자하기 전에 충분히 조사하고 신중하게 결정하자.

앞에서도 말했듯, 증권 계좌를 개설하는 과정은 일반 은행 계좌를 만드는 것과 비슷하다. 이 단계만 거치면 오늘이라도 바로 투자를 시작할 수 있다.

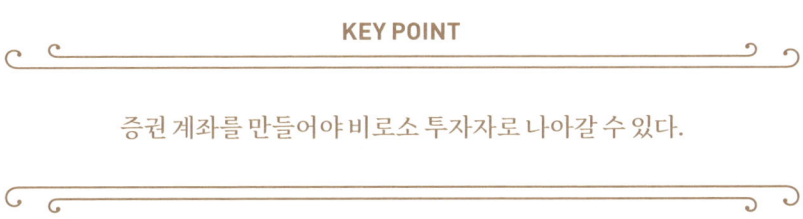

KEY POINT

증권 계좌를 만들어야 비로소 투자자로 나아갈 수 있다.

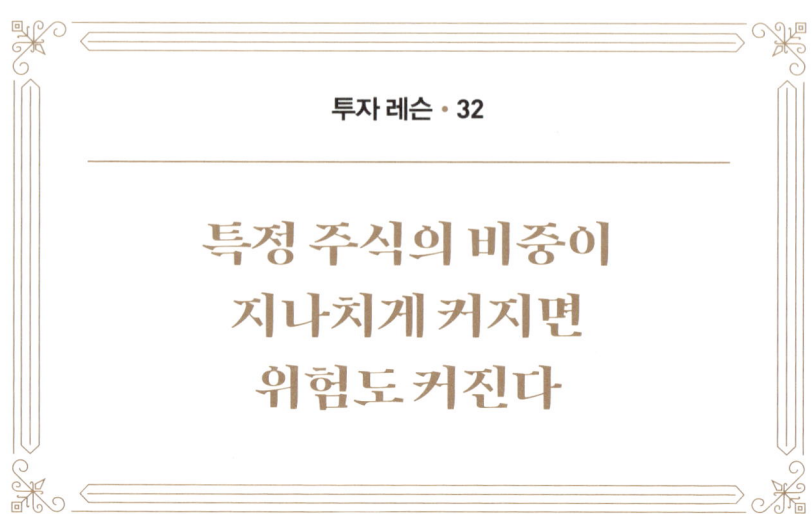

특정 주식의 비중이 지나치게 커지면 위험도 커진다

투자는 생각보다 단순하다. 몇 가지 기본 원칙만 지키고
큰 실수만 피하면 성공할 수 있다.

뱅가드의 창업자, 존 C. 보글

이제 증권 계좌를 개설했으니 본격적으로 투자를 시작할 차례다. 이번 장에서는 꼭 기억해야 할 투자 원칙 두 가지를 살펴보고, 이를 가상의 포트폴리오에 적용해보자.

베테랑 투자자들이 꼭 지키는 두 가지 원칙

성공적인 투자는 기본 원칙에서 시작된다. 베테랑 투자자들은 특히 다음 두 가지 원칙을 지킨다.

첫 번째, 주식은 최소 열 종목 이상에 분산 투자한다. 투자 금액을 정하고 나면 몇 종목을 사야 할지 고민하게 된다. 일부 전문가들은 최소 열 종목 이상에 분산 투자하기를 추천하며, 미국의 투자 전문 매체 모틀리 풀은 최소 스물다섯 종목을 권한다. 실제로《매드 머니(Mad Money)》의 진행자 짐 크레이머(Jim Cramer)는 서른 종목 이상을 보유하고 있다고 밝히기도 했다.

전문가마다 적정 개수에 대한 의견은 다르다. 그러나 분산 투자가 현명한 원칙이라는 점에는 대체로 동의한다. 나의 투자 스승 앨런 역시 다양한 산업에 걸쳐 약 열 종목 정도를 보유하는 편이다. 그는 이렇게 분산 투자하면 특정 산업에 집중할 때 발생하는 위험을 줄일 수 있다고 강조했다.

두 번째, 10%의 규칙을 지킨다. '10%의 규칙'이란 하나의 종목이 포트폴리오에서 차지하는 비중이 10%를 넘지 않도록 관리하는 원칙을 말한다.

투자를 하다 보면 어떤 종목은 잘 오르고, 어떤 종목은 부진하기 마련이다. 그 과정에서 비중이 달라지는 것 역시 당연하다. 그러나 투자를 시작할 때부터 자금을 한두 종목에 몰아넣는 것은 불필요한 위험을 키울 뿐이다.

두 가지 원칙을 지키면 정말 손해를 안 볼까?

이 원칙이 투자에서 어떤 성과를 가져오는지 가상 시나리오로 확인해보자.

먼저, 10만 달러를 투자한다고 가정해보겠다. 그중 6만 달러를 주식에 배분하고, 분산 투자와 10% 규칙을 적용해 11개 주요 산업 분야에서 각각 한 기업을 선정한다. 그리고 이 주식들을 최소 10년 이상 보유한다고 가정하자.

기업 선정 기준은 두 가지다. 첫째, 업력이 10년 이상일 것. 둘째, 지속 가능한 경쟁 우위(해자)를 갖췄을 것.

물론 자산의 60%를 개별 주식에 투자하는 전략은 위험 회피형 투자자에게는 다소 공격적으로 느껴질 수 있다. 그렇지만 여기서는 시장 변동을 버텨낼 용기가 있다고 가정하겠다.

이제 가상 시나리오의 시작점을 2013년 1월로 두고, 10년 뒤 어떤 성과가 나타났는지 살펴보자.

① 에너지-슐럼버거(Schlumberger, SLB)

2013년 첫 거래일의 종가는 71.40달러였다. 당신은 5,498달러를 투자해 77주를 매수했다. 그리고 10년 뒤인 2023년 1월 첫 거래일의 종가는 51.50달러였고, 보유 주식 가치는 3,966달러로 줄었다. 설령 배당을 재투자했더라도 이 주식의 전체 가치는 겨우 5,173달러에 불과하다. 연평균 복리 성장률은 -0.6%다.

② 소재-프리포트 맥모란(Freeport-McMoRan, FCX)

2013년 첫 거래일의 종가는 35.17달러였다. 당신은 5,487달러로 156주를 매수했다. 2023년 첫 거래일의 종가는 37.92달러였고, 보유 주식 가치는 5,916달러로 올랐다. 만약 배당을 재투자했다면 총가치는 7,182달러가 된다. 연평균 복리 성장률은 2.7%다.

③ 산업-노스롭 그루먼(Northrop Grumman, NOC)

2013년 첫 거래일의 종가는 68.17달러였다. 당신은 5,522달러로 81주를 매수했다. 2023년 첫 거래일의 종가는 540.33달러였고, 보유 주식 가치는 4만 3,767달러로 불어났다. 배당을 재투자했다면 5만 2,320달러가 된다. 연평균 복리 성장률은 25.2%다.

④ 선택 소비재-스타벅스(Starbucks, SBUX)

2013년 1월 2일의 종가는 55.37달러로, 당신은 5,537달러를 투자해 100주를 매수했다. 2023년 1월 3일의 종가는 100.83달러이며, 그 사이 2 대 1 분할도 있었다. 보유 주식 가치는 약 2만 170달러로 성장했다. 배당을 재투자했다면 총가치는 2만 4,050달러가 된다. 연평균 복리 성장률은 15.8%다.

⑤ 필수 소비재-코카콜라(Coca-Cola, KO)

2013년 첫 거래일의 종가는 37.60달러였다. 당신은 5,490달러로 146주를 매수했다. 2023년 첫 거래일의 종가는 62.95달러였고, 보유 주식 가치는 9,191달러가 됐다. 만약 배당을 재투자했다면 1만 2,590달러가 된다. 연평균 복리 성장률은 8.7%다.

⑥ 헬스케어-써모 피셔 사이언티픽(Thermo Fisher Scientific, TMO)

2013년 1월 2일의 종가는 65달러였다. 당신은 5,525달러로 85주를 매수했다. 2023년 첫 거래일의 종가는 553.18달러였고, 보유 주식 가치는 4만 7,020달러로 늘었다. 배당을 재투자했다면 4만 8,750달러가 된다. 연평균 복리 성장률은 24.3%다.

⑦ 금융-인터랙티브 브로커스 그룹(Interactive Brokers Group, IBKR)

2013년 첫 거래일의 종가는 13.89달러였다. 당신은 5,500달러를 투자해 396주를 매수했다. 2023년 첫 거래일의 종가는 71.38달러였고, 보유 주식 가치는 2만 8,266달러가 됐다. 배당을 재투자했다면 2만 9,230달러가 된다. 연평균 복리 성장률은 18.2%다.

⑧ 정보 기술-마이크로소프트(Microsoft, MSFT)

2013년 1월 첫 거래일의 종가는 27.62달러였다. 당신은 5,524달러로 200주를 매수했다. 2023년 1월 3일의 종가는 239.58달러였고, 보유 주식 가치는 4만 7,916달러가 됐다. 배당을 재투자했다면 5만 8,100달러가 된다. 연평균 복리 성장률은 26.5%다.

⑨ 통신 서비스-버라이즌(Verizon Communications, VZ)

2013년 1월 2일의 종가는 44.27달러였다. 당신은 5,534달러로 125주를 매수했다. 2023년 1월 첫 거래일의 종가는 40.12달러로 주가는 하락했다. 하지만 꾸준히 배당을 재투자했다면 보유 주식 가치는 8,094달러가 된다. 연평균 복리 성장률은 3.9%다.

⑩ 유틸리티-PG&E(PCG)

2013년 첫 거래일의 종가는 40.85달러였다. 당신은 5,515달러로 135주를 매수했다. 2023년 첫 거래일의 종가는 15.68달러였고, 보유 주식 가치는 2,117달러로 줄었다. 배당을 재투자했더라도 가치는 2,511달러에 불과하다. 연평균 복리 성장률은 -7.6%다.

⑪ 부동산-사이먼 프로퍼티 그룹(Simon Property Group, SPG)

2013년 첫 거래일의 종가는 150.33달러였다. 당신은 5,562달러로 37주를 매수했다. 2023년 첫 거래일의 종가는 117.54달러였고, 보유 주식 가치는 4,349달러가 됐다. 배당을 재투자했다면 6,351달러가 된다. 연평균 복리 성장률은 1.3%다.

이때 초기 투자금은 총 6만 694달러였다. 배당을 재투자했다고 가정하면 10년 뒤, 보유 자산 가치는 25만 4,351달러로 늘어난다. 연평균 복리 성장률은 15.4%로, S&P500에 장기 투자했을 때 기대할 수 있는 연평균 성장률인 약 10%를 크게 웃도는 성과다. 게다가 투자금은 319% 성장했으니 꽤 훌륭한 결과라고 할 수 있다.

또한 연평균 복리 성장률의 작은 차이가 장기적으로 얼마나 큰 격차를 만드는지도 확인할 수 있다. 동일한 기간에 똑같은 금액을 S&P500 인덱스 펀드에 투자했다면 연평균 복리 성장률 12.2%에 그쳐, 자산 가치는 19만 2,480달러에 머물렀을 것이다. 단 3.2%의 차이가 10년 뒤에는 약 6만 2,000달러의 격차로 벌어진 셈이다.

또 하나 눈여겨볼 점은 고위험 종목을 선택하지 않았다는 것이다. 성장주로 분류되는 종목은 스타벅스, 써모 피셔 사이언티픽, 인터랙티브 브로커스 그룹 단 세 종목뿐이었다.

반면 슐럼버거, 프리포트 맥모란, 노스롭 그루먼, 코카콜라, 버라이존, PG&E, 사이먼 프로퍼티 그룹은 가치주로 분류된다. 그리고 마이크로소프트는 성장주와 가치주의 중간 성격을 지닌다.

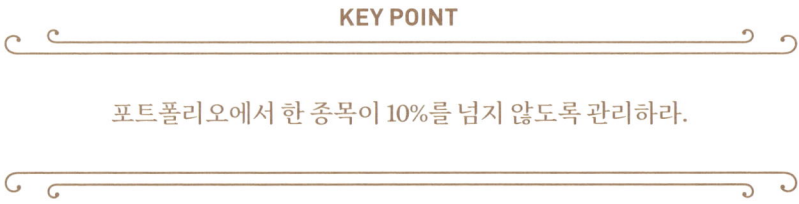

KEY POINT

포트폴리오에서 한 종목이 10%를 넘지 않도록 관리하라.

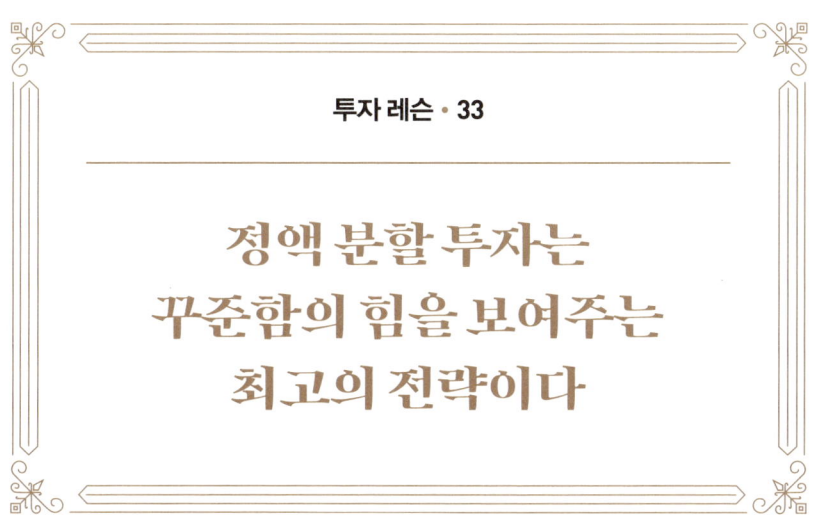

투자 레슨 · 33

정액 분할 투자는 꾸준함의 힘을 보여주는 최고의 전략이다

가진 게 적다고 시작조차 하지 않는 것이야말로
가장 큰 실수다.

작가이자 성직자, 시드니 스미스

바로 앞에서 11가지 주식에 투자한 가상 포트폴리오를 만들었다. 이처럼 모든 주식을 한 번에 매수하는 방식을 일괄 투자라고 한다.

이 방법이 누구에게나 맞는 것은 아니지만, 나는 30년 넘게 일괄 투자를 해왔다. 특히 예상치 못한 큰돈이 생겼을 때는 즉시 돈을 굴릴 수 있다는 점에서 고려해볼 만한 전략이다.

그러나 대부분의 투자자는 큰 금액을 한꺼번에 투자하기보다 자금을 나눠 점진적으로 늘려간다. 이때 사용하기 좋은 방법이 바로 '정액 분할 투자'다. 이 용어는 벤저민 그레이엄이 1949년에 펴낸《현명한 투자자》에서 처음 소개됐다.[62] 그레이엄은 이렇게 썼다.

> 정액 분할 투자란, 정해진 주기마다 일정 금액을 주식에 투자하는 걸 의미한다. 시장이 하락하면 더 많은 주식을 사고, 상승하면 덜 사게 되어 보유한 주식의 평균 가격에 만족할 수 있다.

이 방식은 '고정 금액 투자'라고도 불린다. 사실 많은 사람이 자신도 모르게 정액 분할 투자를 하고 있다. 대표적으로, 회사의 퇴직연금(DC형)이나 개인형 IRP 계좌에 매달 일정 금액이 자동으로 적립되거나, 펀드에 자동이체 투자를 설정한 경우가 그렇다.

비싸게 살 때도, 싸게 살 때도 결국 유리한 이유

그렇다면 정액 분할 투자를 했을 때 어떤 결과를 얻게 될까? 예시를 통해 확인해보자.

2022년 1월 초부터 매달 첫 거래일(마감 시점)에 마이크로소프트 주식을 1,000달러씩 매수했다고 가정해보자. (참고로 마이크로소프트는 2019년 1분기 당시, 전 세계 투자자들이 가장 많이 보유한 주식 중 하나였다.)[63] 여기에서는 편의를 위해 소수점 매매가 가능한 증권사를 이용했다고 가정하겠다.

2022년에 매달 지불한 주가는 다음과 같다.

1월 3일: $334.75

2월 1일: $308.76

3월 1일: $294.95

4월 1일: $309.42

5월 2일: $284.47

6월 1일: $272.42

7월 1일: $259.58

8월 1일: $278.01

9월 1일: $281.92

10월 1일: $260.40

11월 1일: $228.17

12월 1일: $254.69

12개월 동안의 종가를 모두 합치면 총 3,367.54달러다. 이를 12로 나누면 평균 매입 단가는 280.63달러가 되고, 총 1만 2,000달러로 42.76주를 보유하게 된다.

반면, 1월 3일에 투자금 1만 2,000달러를 일괄 투자했다면 주당 334.75달러에 35.85주만 살 수 있었을 것이다. 하지만 매수를 분산한 덕분에 평균적으로 더 낮은 가격에 더 많이 매수할 수 있었고, 단기적인 주가 변동의 영향도 줄일 수 있었다.

하지만 누군가는 이렇게 반문할 수도 있다.

"가격이 떨어질 때까지 기다렸다가 11월 1일에 일괄 투자하는 게 더 현명하지 않나요?"

이론적으로는 맞다. 하지만 그러려면 2022년 기술주가 언제 최저점을 찍을지, 마이크로소프트의 최저점이 언제일지 정확하게 알아야 한다.

만약 1년 내내 주가가 흔들리는 모습을 보며, '200달러 밑으로 떨어지면 사자'라고 다짐했다면 어땠을까? 아마 한 주도 사지 못한 채 마이크로소프트의 반등만 놓쳤을 것이다.

이번에는 같은 방식을 알파벳(GOOG)에 적용해보자. 참고로 알파벳은 2019년 1분기 당시 전 세계 투자자들이 두 번째로 많이 보유한 주식이었다. 방법은 간단하다.

① 야후 파이낸스(www.finance.yahoo.com)에 접속한다.

② 검색창에 'GOOG'를 입력한다.

③ 메뉴에서 '이력 정보(Historical Data)'를 클릭한다.

④ 연도를 선택하고 매월 첫 거래일의 종가를 확인한다.

⑤ 12개의 주가를 모두 더한다.

⑥ 총액을 12로 나누면 GOOG의 평균 매입 단가가 나온다.

일괄 투자와 분할 투자, 무엇이 나에게 더 맞을까?

정액 분할 투자의 장점은 명확하다.

- 일정 금액을 정기적으로 투자해 자연스럽게 투자 습관이 자리 잡는다.
- '더 좋은' 시점을 기다리느라 투자를 미루는 실수를 막을 수 있다.
- 감정에 휘둘리지 않는다. 주식이 최고가를 기록하든, 최저가로 떨어지든 흔들리지 않고 투자할 수 있다. 그 덕분에 잘못된 결정을 할지도 모른다는 두려움도 줄어든다.
- 한 번에 많은 금액을 넣기 부담스러운 투자자에게 좋은 대안이 된다.

이 장점들만 보면 일괄 투자가 불리해 보일 수 있다. 하지만 연구 결과를 보면 꼭 그렇지도 않다.

노스웨스턴 뮤추얼의 연구에 따르면, 100만 달러를 10년 동안 투자했을 때 일괄 투자 방식이 정액 분할 투자보다 더 높은 수익률을 기록했다.[64] 더 많은 자금을 더 빨리 투자하기 때문이다.

- 포트폴리오가 100% 주식일 경우, 일괄 투자가 75% 확률로 더 높은 수익을 냈다.
- 포트폴리오가 100% 채권일 경우, 일괄 투자가 90% 확률로 더 높은 수익을 냈다.

다만, 유념할 점이 있다.

첫째, 일괄 투자가 분할 투자보다 유리한 경우가 많지만 항상 그런 것은 아니다. 때로는 그 차이가 적을 수도 있다. 그러나 확실한 사실은 두 전략 모두 아예 투자를 하지 않는 것보다는 낫다는 점이다.

둘째, 위험 회피 성향이 강한 투자자라면 분할 투자가 더 적합할 수 있다. 시간을 두고 꾸준히 투자하는 것 역시 충분한 가치를 만든다.

어떤 전략이 더 낫다고 단정할 수는 없다. 다만, 막연히 좋은 타이밍을 기다리기보다, 매달 꾸준히 투자하는 것이 미래 재정을 스스로 설계하는 데 훨씬 도움을 준다.

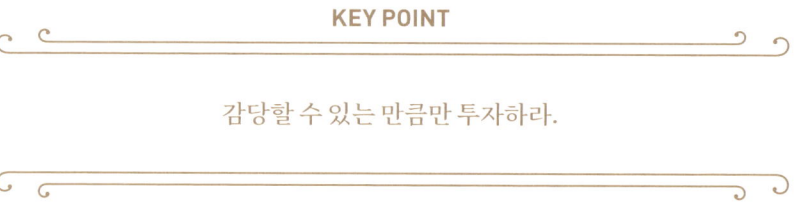

KEY POINT

감당할 수 있는 만큼만 투자하라.

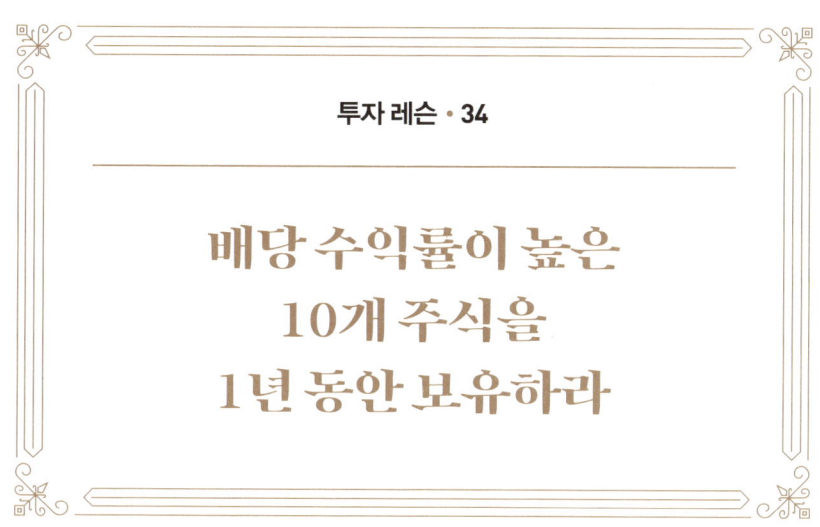

배당 수익률이 높은 10개 주식을 1년 동안 보유하라

현명한 투자자는 남들이 팔 때 사고, 살 때 판다.
그러나 대부분의 투자자는 정반대로 한다.

정통파 랍비이자 작가, 조너선 색스

직접 투자하고 싶지만 주식을 깊이 분석할 시간이나 정보가 부족하다면 어떻게 해야 할까? 나 역시 오랫동안 같은 고민을 했다. 그런 나에게 앨런이 알려준 전략이 '다우의 개들'이다. 이 전략은 1년짜리 포트폴리오를 단 한 시간 만에 만들 수 있을 만큼 쉬웠다! 지금부터 다우의 개들 전략이 무엇인지 차근차근 살펴보자.

저평가된 우량주를 공략하는 '다우의 개들' 전략

앞서 인덱스 펀드에서 다뤘듯, 다우존스 산업평균지수는 다양한 산업의 30개 대형주로 구성되어 있다. 이 기업들은 대부분 탄탄한 실적을 가진 우량주다.

'다우의 개들' 전략은 새해 첫 거래일에 '다우존스 30'에 속한 종목 중 배당 수익률이 가장 높은 10개를 골라 동일 금액으로 매수하고, 1년 동안 보유하는 투자법이다. 이때 배당 수익률이란 배당금을 현재 주가로 나눈 비율을 뜻한다.

예를 들어, 어떤 기업이 연간 주당 2달러를 배당하고 주가가 16달러라면 배당 수익률은 2÷16, 즉 12.5%다. 배당 수익률이 높은 기업은 보통 경기 순환상 하락 국면에 있어 주가가 떨어진 경우가 많다. 주가가 내려가면 분모가 작아지므로 배당 수익률이 오르게 되는 것이다.

이 전략의 핵심은 단순함이다. 매년 첫 거래일에 10개 종목을 매수해 그해 마지막 거래일까지 보유하고, 다음 해의 첫 거래일에 매도한 뒤, 새로운 10개 종목으로 다시 구성한다. 만약 일부 종목이 연속으로 선정된다면 굳이 팔았다가 다시 살 필요는 없다. 단지 각 종목의 비중을 같게 맞추기만 하면 된다.

이 전략의 이름은 배당 수익률이 높은 주식을 '개'라고 부르는 데서 유래했다. 즉, '다우의 개들'은 최근 성과가 부진한 종목들을 의미한다. 그러나 이 주식들은 일시적으로 저평가된 경우가 많아서, 시간

표 9 **2024년 배당 수익률 기준 다우의 개들**

기업명	주가	배당 수익률	작은 개인가?
월그린(WBA)	26.11	7.35%	네
버라이즌(VZ)	37.70	7.06%	네
3M(MMM)	109.32	5.49%	아니오
다우(DOW)	54.84	5.11%	네
IBM(IBM)	163.55	4.06%	아니오
셰브론(CVX)	149.16	4.05%	아니오
코카콜라(KO)	58.93	3.12%	네
암젠(AMGN)	288.02	3.12%	아니오
시스코 시스템즈(CSCO)	50.52	3.09%	네
존슨&존슨(JNJ)	156.74	3.04%	아니오

이 지나면 다른 종목보다 더 높은 수익을 낼 것이라는 전제에 기반한다. 다시 말해, 역발상 투자 원칙을 적용한 전략이다. 다른 투자자들이 부정적인 뉴스나 시장 분위기에 휘둘려 특정 주식을 외면할 때, 오히려 그 주식을 매수하는 것이다.

따라서 투자자는 상대적으로 저평가된 종목을 매수해 배당과 주가 회복이라는 두 가지 이점을 동시에 노릴 수 있다.

표 9에 2023년 12월 29일 기준, 다우의 개들 종목 10가지를 정리했다.

시기별 성과와 파생 전략

다우의 개들 전략의 성과는 전략을 적용하는 시점에 따라 달라진다.

예를 들어, 2000년부터 2007년까지는 닷컴 버블 붕괴와 회복기가 이어진 시기였다(기술주의 반등은 크지 않았다). 이 기간에 다우의 개들 전략은 연평균 3.38%의 수익률을 기록해, 다우 지수의 2.56%를 앞섰다.

반면 2013년부터 2023년까지의 결과는 달랐다. 이 기간 다우의 개들 전략은 연평균 수익률 10.02%를 냈고, 다우 지수는 11.48%로 오히려 다우 지수가 더 높은 수익률을 냈다.[65]

그러나 장기적으로 보면 또 달라진다. 1973년부터 2016년까지 다우의 개들 전략의 연평균 수익률은 10.5%였고, 다우 지수는 7.8%, S&P500은 9.7%였다.

2002년부터 2022년까지의 결과는 더욱 흥미롭다. 이 기간 다우의 개들 전략의 연평균 수익률은 10.8%였고, 다우 지수 역시 10.8%로[66] 결과가 완전히 똑같았다!

이 전략 외에도, '다우의 작은 개들'이라고 불리는 파생 전략이 두 가지 있다.

첫 번째는 마이클 오히긴스가 만든 '플라잉 파이브(Flying Five)' 전략이다. 이 전략은 배당 수익률이 가장 높은 다우 10개 종목 중 주가가 가장 낮은 5개에 투자하는 방식이다. 2002년~2022년 기준으로 보면, 이 전략의 연평균 수익률은 12.6%로 '다우의 개들'과 다우

지수를 모두 앞섰다.

두 번째는 '다우 4' 전략이다. '플라잉 파이브'와 방법은 동일하지만, 주가가 가장 낮은 4개 종목에 집중 투자한다.

표 10에 2015년부터 2019년까지 각 전략의 수익률과 주요 지수들의 수익률을 정리했다. 표를 살펴보면 알 수 있듯이, 이 기간에 다

표 10 2015~2019년까지 다우의 개들 및 여러 지수의 성과

투자	티커	2015년	2016년	2017년	2018년	2019년
다우의 개들	–	2.60%	20.80%	23.70%	0.00%	19.70%
다우의 작은 개들	–	10.30%	14.30%	12.80%	0.80%	9.70%
다우 10의 개들	–	8.10%	23.90%	23.80%	5.10%	17.30%
다우 10의 작은 개들	–	14.30%	13.40%	20.50%	14.30%	9.20%
다우존스 산업평균	–	0.20%	16.50%	28.10%	−3.50%	25.30%
S&P500	–	1.40%	12.00%	21.80%	−4.40%	31.50%
피델리티 마젤란	FMAGX	4.10%	5.20%	26.50%	−5.60%	31.20%
뱅가드 지수 500	VFINX	1.30%	11.80%	21.70%	−4.50%	31.30%

참고 1: 모든 총수익은 배당금을 재투자했다는 전제하에 계산했다.
참고 2: 건당/부가 수수료는 포함하지 않았다.
참고 3: 모든 정보는 신뢰할 만한 자료에서 발췌했다.
참고 4: 과거의 성과가 미래의 결과를 보장하지는 않는다.
참고 5: 이 표에 포함된 뮤추얼 펀드는 미국 내 최대 규모의 성장형 주식 펀드 중 하나이기 때문에 비교 대상으로 선정했다.

출처: 다우의 개들(https://www.dogsofthedow.com/dogyrs.htm)

표 11 · 2022년 다우의 개들 성과

기업(다우의 개들은 굵은 글씨)		가격 2021.12.30	배당 수익률 2021.12.30	가격 2022.12.30	배당 수익률 2022.12.30	변화 (참고1)
DOW	**다우**	56.72	4.94%	50.39	5.56%	−11.20%
VZ	**버라이즌**	51.96	4.93%	39.49	6.62%	−24.20%
IBM	**IBM**	133.66	4.91%	140.89	4.68%	5.40%
CVX	**셰브론**	117.35	4.57%	179.49	3.16%	53.00%
WBA	**월그린**	52.16	3.66%	37.36	5.14%	−28.40%
MRK	**머크 앤 코**	76.64	3.60%	110.95	2.63%	44.80%
AMGN	**암젠**	224.97	3.45%	262.64	3.24%	16.70%
MMM	**3M**	177.63	3.33%	119.92	4.97%	−32.50%
KO	**코카콜라**	59.21	2.84%	63.61	2.77%	7.40%
INTC	**인텔**	51.50	2.70%	26.43	5.52%	−48.70%
JPM	JP 모건 체이스	158.35	2.53%	134.10	2.98%	−15.30%
JNJ	존슨&존슨	171.07	2.48%	176.65	2.56%	3.30%
CSCO	시스코 시스템즈	63.37	2.34%	47.64	3.19%	−24.80%
TRV	트래블러스	156.43	2.25%	187.49	1.98%	19.90%
CAT	캐터필러	206.74	2.15%	239.56	2.00%	15.90%
PG	프록터&갬블	163.58	2.13%	151.56	2.41%	−7.30%
GS	골드만삭스	382.55	2.09%	343.38	2.91%	−10.20%
MCD	맥도날드	268.07	2.06%	263.53	2.31%	−1.70%
HON	허니웰	208.51	1.88%	214.30	1.92%	2.80%
HD	홈디포	415.01	1.59%	315.86	2.41%	−23.90%
WMT	월마트	144.69	1.52%	141.79	1.58%	−2.00%
UNH	유나이티드헬스	502.14	1.16%	530.18	1.24%	5.60%
AXP	아메리칸 익스프레스	163.60	1.05%	147.75	1.41%	−9.70%
MSFT	마이크로소프트	336.32	0.74%	239.82	1.13%	−28.70%
NKE	나이키	166.67	0.73%	117.01	1.16%	−29.80%
V	비자	216.71	0.69%	207.76	0.87%	−4.10%
AAPL	애플	177.57	0.50%	129.93	0.71%	−26.80%
BA	보잉	201.32	0.00%	190.49	0.00%	−5.40%
CRM	세일즈포스	254.13	0.00%	132.59	0.00%	−47.80%
DIS	디즈니	154.89	0.00%	86.88	0.00%	−43.90%

우의 개들과 작은 개들 전략은 모두 다우 지수를 웃도는 성과를 보였다. 그 차이를 만든 핵심 요인은 바로 배당금이었다.

그리고 표 11과 12에 2022년 다우의 개들 전략의 성과를 자세히 정리했다.[67] 그해 이 전략의 총수익률은 –1.8%였다. 언뜻 부진한 성적으로 보이지만, 다우 지수는 –8.4%를 기록했고, 심지어 작은 개들 전략의 총수익률은 –21%였다!

표 12 다우의 개들 2022년 성과 비교

지수	설명	가격 2021.12.31	배당 수익률 2021.12.31	가격 2022.12.30	배당 수익률 2022.12.30	변화 (참고 1)
다우의 개들	2021년 12월 31일, 다우 주식 중 배당 수익률이 가장 높은 종목 10개	–	3.89%	–	4.43%	–1.80%
다우의 작은 개들	2021년 12월 31일, 다우의 개들 중 주가가 가장 낮은 5개	–	3.81%	–	5.12%	–21.00%
다우 30	2021년 12월 31일, 다우 30의 주식	–	2.23%	–	2.57%	–8.40%
다우존스 산업평균	다우존스 산업지수	36,338.30	2.23%	33,147.25	2.57%	–8.80%

참고 1: 1년 변동률은 배당, 수수료, 세금 등을 포함하지 않은 수치다.
참고 2: 2021년 12월 31일의 주가는 이후 1년 동안 발생한 주가 조정(예, 주식 분할)을 반영하고 있다. 만약 조정되지 않은 2021년 12월 31일의 주가가 궁금하다면 2022년 다우의 개들 정보를 참고하라.

출처: 다우의 개들(https://www.dogsofthedow.com/dogyrs.htm)

다우의 개들 전략 6단계

이쯤이면 다우의 개들 전략을 직접 써보고 싶은 마음이 생겼을 것이다. 이 전략은 초보자도 충분히 쓸 수 있을 만큼 간단하다.

하지만 먼저 기억해야 할 것이 있다. 바로 장기적인 관점이다. 표 10에서 '다우의 개들'의 평균 수익률은 13.36%였고, '다우의 작은 개들'의 평균 수익률은 9.58%였다. 다만, 이는 5년 동안의 평균 수익률로, 장기적으로 접근했기에 얻을 수 있는 수익이었다.

그 점을 염두에 두고 다우의 개들 전략 6단계를 살펴보자.

1단계, 증권 계좌를 개설한다. 투자를 시작하려면 당연히 계좌가 필요하다. 요즘은 비대면으로도 쉽게 개설할 수 있으니 겁먹을 필요 없다. 이미 증권 계좌가 있다면 다음 단계로 넘어가자.

2단계, 계좌에 자금을 넣는다. 자신의 은행 계좌에서 증권 계좌로 투자금을 이체한다. 소액이어도 괜찮으며, 매달 일정 금액을 이체하는 것도 좋다.

3단계, 배당 수익률 상위 10개 종목을 매수한다. 다우존스 산업평균지수에 속한 종목 중 배당 수익률이 가장 높은 10개 종목을 동일한 금액으로 매수한다. 만약 작은 개들 전략을 택한다면 4~5개 종목을 매수한다. 이 전략은 새해 첫 거래일에 시작하는 것이 가장 이상적이다. 만약 미국 주식이 어렵다면 코스피200에서 배당 수익률 상위 10개 기업을 매수하는 것도 하나의 방법이다.

4단계, 1년 동안 보유한다. 이 전략의 핵심은 '1년 보유'다. 매수한 주식을 적어도 1년 동안은 매도하지 않고 그대로 유지한다. 그러면 단기 매매로 인한 수수료 부담을 줄일 수 있고, 장기 수익률을 높이는 효과도 있다.

5단계, 연말에 리밸런싱한다. 연말에 포트폴리오를 점검하고 다음 해 첫 거래일에 배당 수익률 상위 10개 종목으로 다시 구성한다. 이때 각 종목의 비중은 항상 동일하게 맞춘다.

6단계, 이 과정을 매년 반복한다. 매년 같은 절차를 반복하며 장기적으로 수익을 쌓아간다.

다우의 개들 전략은 배당 수익률이 높은 우량주 기업에 투자하는 단순하고, 직관적인 방법이다. 비록 성장주처럼 단기간에 큰 수익을 기대하기는 어렵지만, 배당과 주가 상승을 함께 노릴 수 있는 '꾸준한 수익형 전략'으로는 여전히 매력적이다.

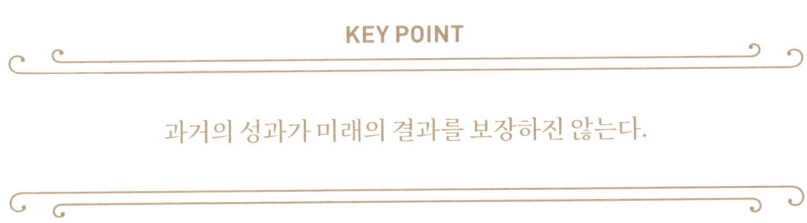

KEY POINT

과거의 성과가 미래의 결과를 보장하진 않는다.

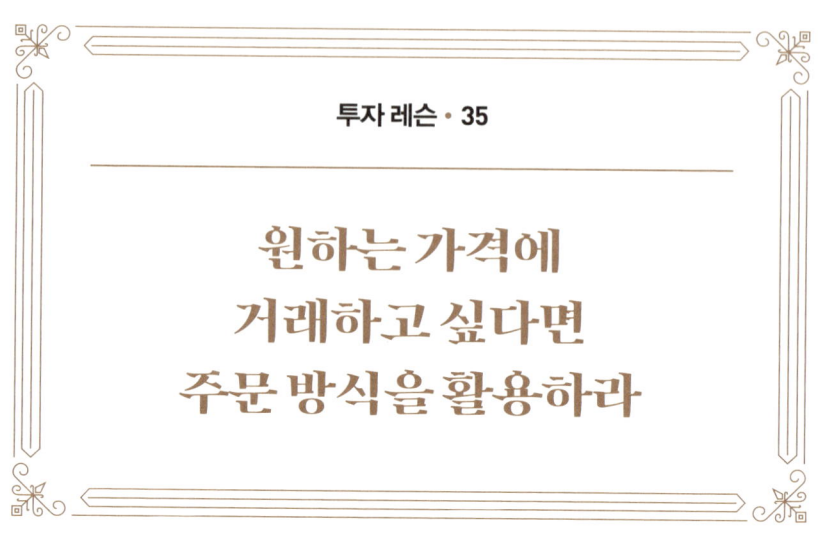

원하는 가격에 거래하고 싶다면 주문 방식을 활용하라

좋은 기업을 적당한 가격에 사는 것이
적당한 기업을 좋은 가격에 사는 것보다 낫다.

버크셔 해서웨이의 전 회장, 찰리 멍거

이제 모든 준비가 끝났다. 지금부터는 실제 거래 과정을 함께 살펴보자. 당연한 내용처럼 보여도, 끝까지 읽으면 실전에 도움이 되는 팁을 얻을 수 있을 것이다.

먼저, 가장 기본적인 매매 절차를 정리하고, 이어서 자동 주문을 설정할 때 알아두면 유용한 용어들을 살펴보겠다.

주식 매수의 기본 단계

증권사마다 앱과 웹사이트의 구성이나 용어는 조금씩 다르지만 핵심 절차는 거의 같다. 예를 들어, 1,000달러로 애플 주식을 산다고 해보자. 그럼 다음 과정을 거쳐야 한다.

1단계, 아이디와 비밀번호를 입력해 증권사 계정에 로그인한다.

2단계, '주문' 또는 '거래' 아이콘을 눌러 거래 화면으로 이동한다.

3단계, 국내 주식, 해외 주식으로 나뉘어 있다면 원하는 종목에 맞게 선택한다.

4단계, 증권 계좌가 여러 개라면 거래할 계좌를 선택한다.

5단계, 종목 코드(혹은 티커)나 종목명을 입력한다. 애플의 티커는 AAPL이다. 티커나 종목 코드를 잘못 쓰면 다른 종목을 살 수도 있으니 주의해야 한다. 실제로 2013년 트위터(TWTR)의 IPO를 앞두고, 일부 사람들이 티커를 혼동해 파산한 기업인 '트위터 홈 엔터테인먼트 그룹(TWTRQ)'의 주식을 대량 매수한 사례가 있었다.

6단계, 주식을 사야 하니 '매수'를 누른다. 반대로 팔고 싶을 때는 '매도'를 선택한다.

7단계, 매수할 주식 수량을 입력한다. 가령 애플의 주가가 200달러라면 1,000달러로 5주를 살 수 있다.

8단계, 주문 유형을 선택한다. '시장가'는 현재가로 즉시 체결되고, '지정가'는 원하는 가격을 입력해 체결을 기다리는 방식이다.

9단계, 주문 유효 기간을 설정할 수 있다면 원하는 기간을 선택한다. 대부분은 당일로 설정되어 있어 별도의 입력 칸이 없다.

　10단계, 주문 정보를 한 번 더 확인한다.

　11단계, '현금 매수'를 눌러 거래를 실행한다.

　12단계, 주문이 체결되면 '체결 내역' 또는 '주문 내역'에서 확인할 수 있다.

　축하한다! 이제 진짜 투자자가 되었다.

　매도 과정도 비슷하다. 6단계에서 '매수' 대신 '매도' 버튼만 누르면 된다. 하지만 이제 막 투자를 시작했으니 매도는 더 미뤄두자. 투자는 장기전이다!

주식을 사고파는 4가지 방법

놀랍게도 주식을 사고파는 방법은 한 가지가 아니다. 처음에는 단순히 주식을 사는 법만 익히면 된다고 생각하지만, 경험이 쌓이다 보면 보다 효율적인 주문 방식에 관심이 생긴다.

　가장 기본적인 방식은 '시장가 주문'이다. 이는 현재 시장 가격으로 즉시 거래를 체결하는 방식으로, 앞서 예로 든 애플 주식 매수가 여기에 해당한다.

　반면 '지정가 주문'은 '이 가격 이하로만 사겠다'처럼 조건을 거는 방식이다. 예를 들어, 현재 애플 주가가 200달러지만 165달러로 떨어질 것 같다면 지정가를 165달러로 설정할 수 있다. 이때 주가가 해당 가격에 도달하면 자동으로 매수된다. 마찬가지로 매도할 때 역시 지정가를 정할 수 있다.

또 다른 방식으로 '손절매 주문'도 있다. 보유한 주식이 큰 폭으로 떨어질까 봐 걱정될 때 '이 가격 밑으로 내려가면 자동 매도'라고 미리 설정하는 방식이다. 설정한 가격에 도달하면 시장가로 즉시 매도되어 손실을 줄일 수 있다.

조금 더 깊게 들어가 보면 '조건부 주문'도 있다. 이는 단순히 특정 가격이 아니라, 어떤 조건이 충족될 때만 거래되도록 설정하는 방식이다. 예를 들어, '애플 주가가 최고점 대비 10% 떨어지면 매도' 혹은 '최고점에서 35달러 떨어지면 매도'와 같은 식으로 설정할 수 있다.

이런 방식들은 대부분 당일 주문으로 설정되어 있지만, 증권사에 따라 '취소 전까지 유지'나 '90일간 유효' 등으로 기간을 선택할 수도 있다.

이 외에도 다양한 주문 옵션이 있는데, 처음 투자하는 사람이라면 당분간(어쩌면 평생) 이 정도만 알아도 충분하다.

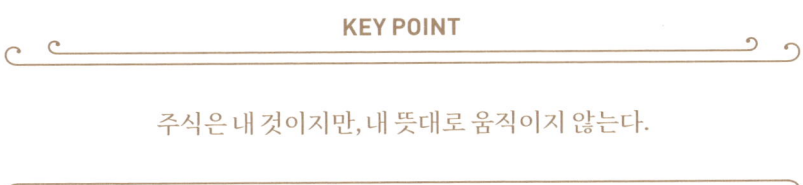

KEY POINT

주식은 내 것이지만, 내 뜻대로 움직이지 않는다.

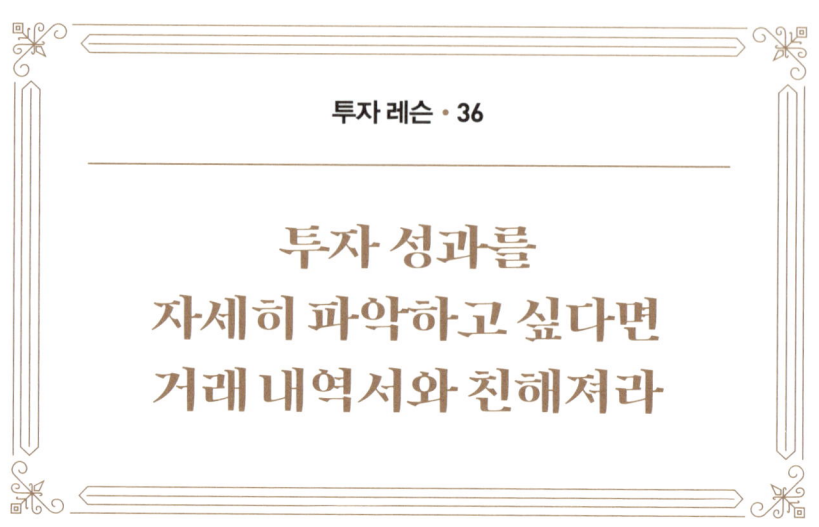

투자 레슨 · 36

투자 성과를 자세히 파악하고 싶다면 거래 내역서와 친해져라

계속 나아가자. 속도는 중요하지 않다.
비록 지금은 느껴지지 않더라도 당신은 분명히 성장하고 있다.

작가이자 타이니 부다의 창업자, 로리 데쉔느

많은 투자자들이 하루에도 몇 번씩 증권사 앱을 켜서 수익률을 보곤 한다. 물론 내 자산이 어떻게 움직이고 있는지 정기적으로 점검하는 것은 중요하다. 하지만 너무 자주 들여다보기보다 월별 혹은 연 단위로 투자 흐름을 점검하기를 추천한다.

실제로 미국에서는 매달 투자자에게 월간 명세서를 발송해 자산 흐름을 정기적으로 확인하게 돕는다.

그러나 많은 사람들이 이 기회를 제대로 활용하지 못한다. 한번은 주변 사람들에게 "명세서를 꼼꼼히 읽어본 적 있나요?"라고 물었는데 돌아온 대답은 놀라웠다.

- "명세서를 받으면 보지도 않고 서랍에 넣어요. 더 넣을 공간도 없어요!"
- "읽을 줄은 알죠. 대충요."
- "명세서뿐만 아니라, 투자 상담사가 하는 말도 도통 못 알아듣겠어요."
- "포트폴리오 관리는 전적으로 금융 상담사에게 맡겨요."

놀랍게도 힘들게 번 돈을 투자하면서도 자산의 성장을 운에 맡기거나 심지어 남에게 의지한 채 신경 쓰지 않는 사람이 많았다. 정말 안타까운 일이다. 부디 이 책을 읽는 당신만큼은 그런 어리석은 선택을 하지 않기를 바란다.

지금부터 소개할 내용은 투자자라면 반드시 살펴봐야 할 내역서 핵심 항목들이다. 어렵게 느껴질지도 모르지만 너무 걱정하지 마라. 딱 열 가지만 이해하면 된다.

그 전에 팁 하나! 거래 내역서나 투자 리포트를 종이로 모으고 있다면 바인더로 정리하기를 추천한다. 직접 해보면 알겠지만 훨씬 보기 쉽고 관리하기 편하다. 그럼 이제 항목을 하나하나 살펴보자.

① 조회 기간
언제부터 언제까지의 거래 내역인지 보여준다. 보통 한 달, 분기,

연 단위로 조회하는데, 설정 기간에 따라 수익률이 달라질 수 있다.

② 계좌 정보

계좌 번호, 계좌 유형(현금, 신용), 기준 통화(원화, 외화), 예수금 등을 확인해야 한다. 만약 계좌가 여러 개라면 계좌별로 구분해서 보라. 특히 해외 주식 계좌는 달러나 엔화처럼 통화 단위가 다르니 수익을 계산할 때 주의하자.

③ 연락 방법

궁금한 점이 생겼을 때 문의할 수 있도록 고객센터 번호나 담당 PB 연락처를 확인해두는 것이 좋다.

④ 계좌 요약

총평가금액, 평가손익, 예수금, 입출금 내역이 요약돼 있어 현재 자산 상황을 보여준다. 구체적으로는 다음과 같은 내용이 포함된다.

- 기간 시작 시점의 총평가금액
- 입금(예치금, 거래 유입), 출금(거래 유출, 수수료, 부과금), 계좌 간 이체 내역
- 해당 기간 중 자산 변동 내역
- 기간 종료 시점의 총평가금액

이때 단기 손익에 흔들리지 않는 것이 중요하다. 계좌 금액이 일시

적으로 줄었더라도 너무 초조해하지 말자. 투자는 장기전이다.

⑤ 보유 자산 현황

현재 보유 중인 주식, 채권, ETF 등이 종목별로 나온다. 보통 다음 내용들이 포함된다.

- 현재 가격
- 보유 수량
- 매수가
- 미실현 순손익(아직 매도하지 않아 실제 확정된 손익은 아니지만, 현재 가격 기준의 잠정 손익)

⑥ 거래 내역

앞서 요약된 정보의 자세한 내역으로, 주로 다음 내용들이 나온다.

- 매수 및 매도 내역, 거래 체결 날짜, 수량, 가격
- 배당금이나 이자
- 출금 혹은 이체 내역

만약 거래 내역서와 실제 체결 내역이 다르다면 즉시 고객센터에 문의해야 한다.

⑦ 비용

거래에는 항상 비용이 따른다. 매매 수수료, 증권거래세, 해외 주식의 경우 환전 수수료도 발생한다. 불필요한 수수료가 쌓이면 장기적으로 수익률에 영향을 주기 때문에 반드시 확인해야 한다.

⑧ 예수금 변동

현금성 자산 흐름에 집중하여 입출금, 배당금, 결제 대금 등으로 인한 예수금 변동 내역을 보여준다. 잔고 변동의 이유를 가장 명확히 확인할 수 있는 항목이다.

⑨ 신용이나 대출

신용 융자나 대주거래(주식을 미리 빌려서 팔고, 주가가 떨어지면 다시 사서 갚아 차익을 얻는 거래)를 하고 있다면 반드시 살펴보자.

⑩ 공지 및 유의사항

수수료 체계 변경, 결제일 변경, 용어 설명 등이 실려 있다. 사소해 보이지만 거래 조건이나 비용이 달라질 수 있으니 꼭 읽어야 한다.

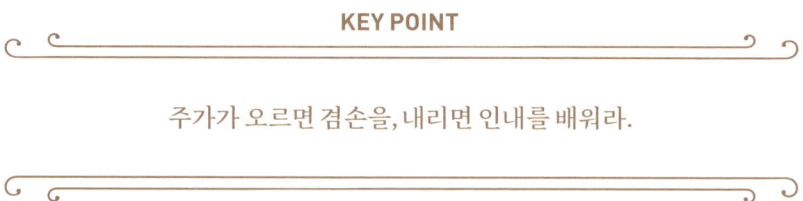

KEY POINT

주가가 오르면 겸손을, 내리면 인내를 배워라.

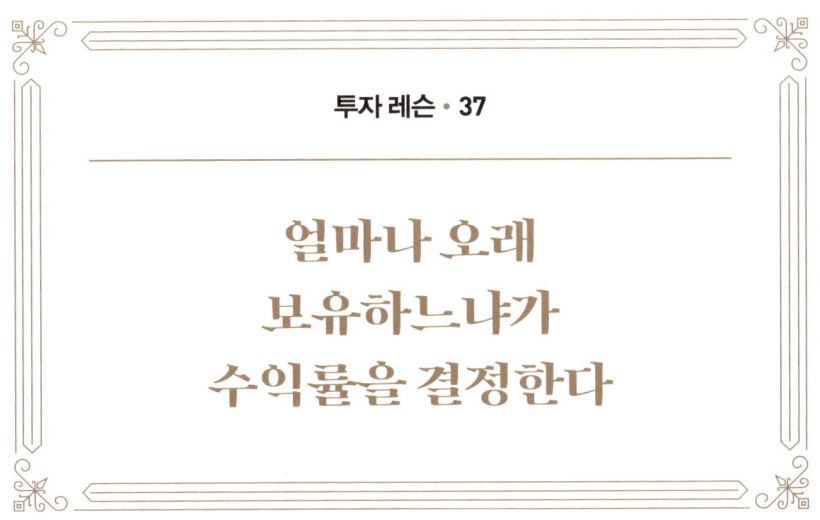

얼마나 오래
보유하느냐가
수익률을 결정한다

천재가 되려면 많은 시간이 필요하다.
아무것도 하지 않고 멍하니 앉아 있는 시간조차도.

소설가이자 미술 수집가, 거트루드 스타인

이 책에서 강조하는 핵심은 '장기 투자'다. 주식 시장은 오래 버티는 사람에게 배당과 복리의 힘을 보상으로 안겨준다.

특히 미국의 세금 구조는 장기 투자에 유리하다. 미국에서는 투자 자산을 1년 이상 보유하면 '장기 자본 이득세'가 적용되어 낮은 세율이 매겨지고, 1년도 안 돼 매도할 경우 '단기 자본 이득세'가 적용되어 일반 소득 세율만큼 세금을 내야 한다. 즉, 단기 차익을 노릴수록 세금 부담이 커지는 구조다.

이때 '자본 이득'이란 매수가보다 높은 가격에 팔아 생긴 차익을 말한다. 이는 뮤추얼 펀드, ETF, 암호화폐 등 대부분의 투자 자산에 동일하게 적용된다.

참고로, 한국의 세금 체계는 다르다. 국내 상장주식의 경우 대부분 양도세가 면제되며, 대주주나 비상장 주식, 해외 주식에만 과세된다.

비록 미국의 제도가 한국과 다르더라도, 세금 구조 자체가 장기 투자를 유리하게 만든다는 점은 시사하는 바가 크다. 장기 보유가 실제 수익 차이를 만드는 이유를 이해하기 위해 간단히 살펴보자.

미국의 장기 자본 이득세

미국에서는 투자 자산을 1년 이상 보유하면 장기 보유로 간주해 장기 자본 이득 세율을 적용한다. 표 13에 2024년 기준 소득 구간별 장기 자본 이득세율을 정리했다.[68]

표를 보면 알 수 있듯이, 소득이 낮은 투자자는 자본 이득세를 내지 않아도 된다. 2024년 기준, 소득이 4만 7,025달러 이하인 독신이나, 가구 소득이 9만 4,050달러 이하인 부부(공동 신고)는 투자 수익에 대해 세금을 내지 않아도 된다.

반면에 연간 51만 8,900달러 이상 버는 독신이나 연간 58만 3,750달러 이상 버는 부부(공동 신고)는 20%의 장기 자본 이득세율

표 13 2024년 기준, 과세 소득에 따른 장기 자본 이득세

신고 형태	세율 0%	세율 15%	세율 20%
부부 공동 신고	$94,050 이하	$94,051 ~ $583,750	$583,750 이상
부부 별도 신고	$47,025 이하	$47,026 ~ $291,850	$291,850 이상
가구주	$63,000 이하	$63,001 ~ $551,350	$551,350 이상
독신	$47,025 이하	$47,026 ~ $518,900	$518,900 이상
유산 및 신탁	$3,150 이하	$3,151 ~ $15,450	$15,450 이상

이 적용된다.

그 사이 구간의 투자자들에게는 15%의 세율이 적용된다. 다만, 일부 예외 조항과 세부 규정도 존재한다.

미국의 단기 자본 이득세

미국에서는 투자 자산을 1년 미만으로 보유하고 매도하면 단기 보유로 간주해 단기 자본 이득세를 부과한다. 단기 자본 이득은 일반 소득과 동일하게 취급되기 때문에 세율이 높다.

2024년 기준, 일반 소득세율은 22~24%이지만, 경우에 따라 최저 10%에서 최고 37%까지 적용된다.[69] 만약 중간 소득자라면 단기 매매로 얻은 이익에 대해 7~9%의 세금을 추가로 부담해야 한다. 단기

차익으로 인한 세금을 계속 내게 되면 전체 수익률에 영향을 줄 수 있다.

따라서 미국 투자자들은 다우의 개들 전략처럼 적어도 1년 이상 종목을 보유하며 세금 부담을 줄이는 장기 투자를 선호한다.

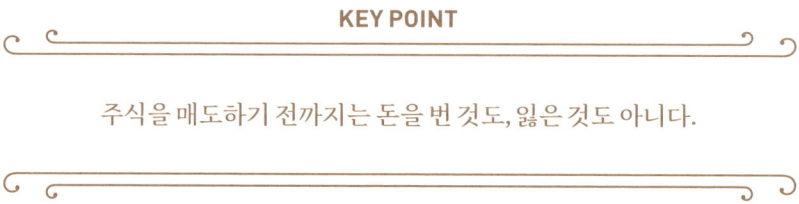

KEY POINT

주식을 매도하기 전까지는 돈을 번 것도, 잃은 것도 아니다.

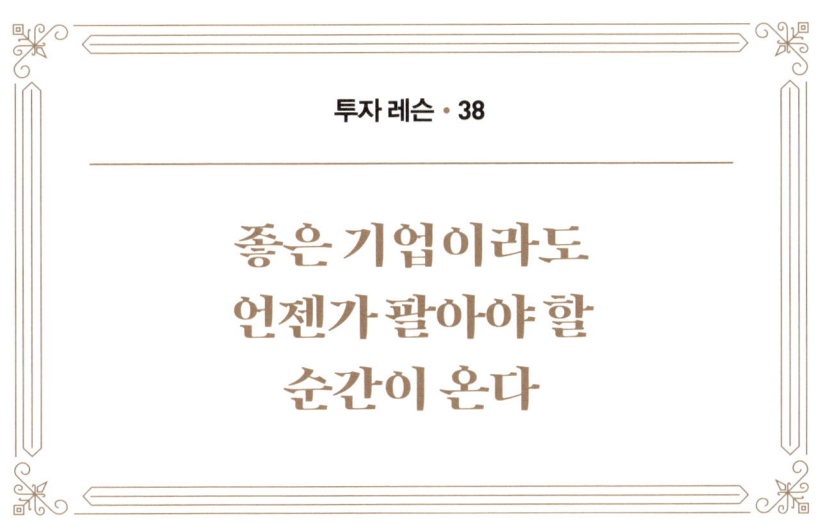

투자 레슨 · 38

좋은 기업이라도 언젠가 팔아야 할 순간이 온다

흥미로운 점은 같은 주식을 한쪽은 팔고,
다른 한쪽은 사는데도 모두 자신이 옳다고 믿는다는 것이다.

작가이자 출판인, 윌리엄 페더

'주식을 언제 팔아야 할까?' 많은 투자자가 가장 궁금해하는 질문이지만, 이 책에서 그 답을 자세히 다루지 않은 이유가 있다. 이 책의 초점은 '언제 사고팔까(매매)'가 아니라 '어떤 기준으로 오래 보유할까(투자)'에 있기 때문이다.

트레이더와 장기 투자자는 모두 시장을 분석하지만, 추구하는 목표가 다르다. 트레이더는 비교적 단기간의 주가 변동을 이용해 수익을 내려 하는 반면, 장기 투자자는 기업의 가치가 성장하는 시간을 함께 기다린다.

그렇다고 장기 투자자가 매도를 절대 하지 않는 것은 아니다. "영원히 보유하라"는 유명한 말을 남긴 워런 버핏의 포트폴리오만 봐도 알 수 있다. 버핏과 버크셔 해서웨이의 운용진은 정기적으로 일부 종목을 매도하거나 비중을 조정한다. 실제로 최근 몇 년 사이 버크셔는 버라이즌, 애브비, 브리스톨-마이어스 스큅, 로열티 파마, 스토어 캐피털, 웰스파고 등의 지분을 줄이거나 정리했다.

왜 팔았을까? 아마도 처음에 매수했던 이유가 더 이상 유효하지 않아서일 것이다. 시장 상황은 언제든 바뀌고, 소비자는 다른 선택을 하며, 경쟁 우위는 약해질 수 있다. 만약 처음에 투자했던 이유가 설득력을 잃었고, 계속 보유해야 할 이유도 없다면 매도는 합리적인 선택이다.

또한 더 유망한 기회를 발견했을 때는 매도가 하나의 전략이 될 수 있다. 물론 유행을 좇아 '뜨거운 종목'으로 갈아타라는 뜻은 아니다. 다만, 현재 보유 자산의 성장 가능성이 희미해졌고 더 확실한 기회가 생겼다면 포트폴리오를 조정하는 것이 현명하다.

미국의 일부 전문가들은 주식을 매도할 때 '투자 손실 절세 전략'을 활용하라고 조언한다. 이는 미국에서 흔히 쓰이는 절세 방법으로, 손해를 본 자산을 매도하면 그 손실을 세금 신고할 때 반영해 수익이 난 다른 자산의 자본 이득세를 줄일 수 있다.

한 해 동안 자본 이득보다 손실이 더 클 경우, 과세 소득에서 최대

3,000달러까지 공제된다.[70] 만약 순손실이 3,000달러를 넘을 경우에는 그 손실을 다음 회계연도로 이월해 향후 세금 부담을 줄이는 것도 가능하다.

때론 포트폴리오를 재조정하기 위해 매도하기도 한다. 특정 종목이 다른 종목보다 월등히 좋은 성과를 내면, 그 종목이 원래 의도보다 큰 비중을 차지하게 된다. 이때 그 주식의 일부를 매도하고 다른 종목에 투자하면 본래의 균형을 되찾을 수 있다.

물론 이는 신중하고 합리적인 전략이지만, 항상 그럴 필요는 없다. 나의 투자 스승인 앨런도 이 전략을 거의 사용하지 않았다. 그가 보유한 코카콜라 주식은 수십 년 동안 꾸준히 성장했지만, 주가 폭락에 대비해 비중을 줄이진 않았다.

워런 버핏 역시 마찬가지다. 버크셔 해서웨이의 포트폴리오에서 애플이 절반 가까이 차지하게 된 것은 의도한 결과가 아니라, 기업 성장의 결과였다. 그는 단지 처음 매수했던 이유가 여전히 유효해 비중을 줄이지 않았을 뿐이다.

모틀리 풀의 공동 창립자인 데이비드 가드너는 이렇게 말했다. "이기고 있다면 계속 달리게 하라."

때로는 그저 돈이 필요해서 주식을 팔기도 한다. 자녀 교육비, 주택 자금, 노후 자금처럼 분명한 이유가 있다면 당연히 매도하는 것이 타당하다.

끝으로 워런 버핏의 조언을 떠올려보자.

"주식을 10년 동안 보유할 생각이 아니라면, 단 10분도 보유하지 마라."

물론 이 말을 글자 그대로 따를 필요는 없다. 다만, 오래 보유할 생각으로 투자하고, 매수 이유가 사라졌을 때 매도를 고려하자.

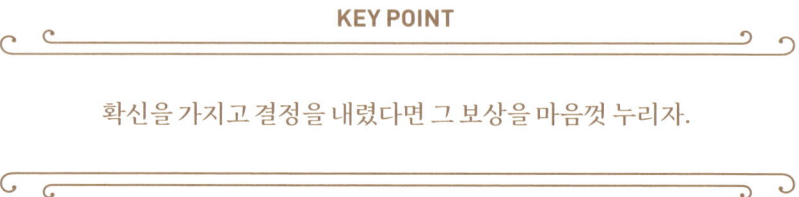

KEY POINT

확신을 가지고 결정을 내렸다면 그 보상을 마음껏 누리자.

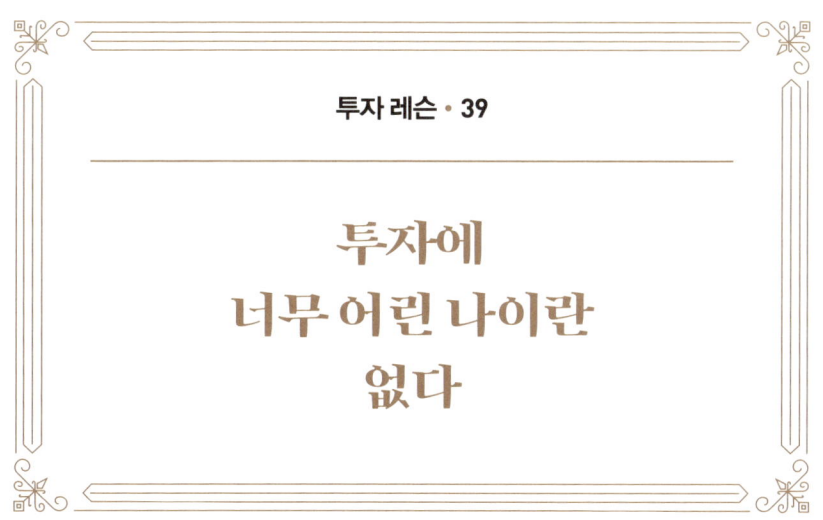

투자 레슨 · 39

투자에 너무 어린 나이란 없다

아이들은 자신과 관련된 것에
투자할 때 더 큰 관심을 보인다.

모닝스타의 투자 전문가, 수전 지우빈스키

앨런은 '그때 그랬다면 어땠을까?'라는 생각은 무의미하다고 말하지만, 나는 가끔 이십 대 때 지금의 투자 지식을 갖고 있었다면 어땠을까 상상하곤 한다.

1974년 미국에서는 퇴직연금 제도의 기반이 된 '근로자 퇴직 소득 보장법(ERISA)'이 제정됐다. 나도 서른네 살 무렵, 다니던 회사에서 퇴직연금에 가입할 기회를 얻었지만, 당시엔 월급에서 돈이 빠져나간다는 생각에 선뜻 가입하지 못했다. 그 선택이 내 인생의 '놓친 투자' 중 하나가 될 줄은 전혀 모른 채⋯⋯.

그 시절 나는 미래 준비보다 당장의 지출 관리에 더 집중했다. 주택담보대출을 조금이라도 더 빨리 갚기 위해 매달 60달러씩 추가로 상환했고, 그게 현명한 선택이라 믿었다. 하지만 지금 돌이켜보면 그때 퇴직연금의 장기 투자 효과를 알았다면 얼마나 좋았을까 싶다.

사람은 타인의 삶에서 두 가지를 배운다고 한다. 무엇을 해야 하는지, 그리고 무엇을 하지 말아야 하는지.

그래서 나는 자식들과 손주들에게 일찍이 투자를 시작하도록 가르쳤다. 특히 손녀 카탈리나와 소냐가 일곱 살과 열한 살이 되었을 때, 난 중요한 결정을 내렸다. 생일이나 크리스마스 선물로 장난감 대신 주식을 사주기로 한 것이다. 아이들의 미래에 투자하는 것만큼 뜻깊은 선물은 없다는 생각이 들었기 때문이다.

먼저, 나는 이용하던 증권사에 손녀들의 이름으로 '보호자 증권 계좌(미성년자를 대신해 관리하는 계좌)'를 개설했다. 그다음 손녀들이 알고 있으며 관심을 가질 만한 기업을 고심해 골랐다. 그리고 주식을 선물할 때마다 순은 팔찌를 같이 선물하며, 그 기업을 상징하는 장식을 팔찌에 하나씩 걸어주기로 했다. 이 특별한 선물을 처음 건넬 때 나는 아이들에게 이렇게 말했다.

"이건 너희가 좋아하는 기업의 일부를 소유하게 되었다는 뜻이란다. 이 선물은 너희가 자라도 필요할 거야. 너희와 함께 성장할 거란다."

누군가는 일곱 살 열한 살짜리 아이들이 '기업의 일부를 소유한다'는 개념을 정말로 이해할지 의문을 품을지도 모른다. 사실 나도 첫 번째 주식인 디즈니를 선물하기 전, 2주 동안 같은 고민을 했다. 하지만 전혀 걱정할 필요 없었다.

소녀는 첫 주식의 매력에 푹 빠져 그 주식이 어떻게 성장할지 분석하기 시작했다. 그리고 열한 번째 생일을 보내고 2주 뒤 아이는 신난 목소리로 이렇게 말했다.

"우리 디즈니 주식이 오르고 있어요!"

"기쁜 소식이구나. 그런데 어떻게 알았니?"

내 질문에 소녀는 자신 있게 답했다.

"어제 핼러윈이라 카탈리나랑 사탕을 받으러 다녔는데, 디즈니 옷을 입은 아이들이 정말 많았어요!"

초보 투자자의 통찰은 놀라울 만큼 정확했다.

KEY POINT

주식 투자는 한 그루의 나무를 키우는 것과 같다.
시간과 인내, 보살핌이 필요하다. 그렇게 시간이 흐르면 나무는
마침내 부의 결실을 맺는다.

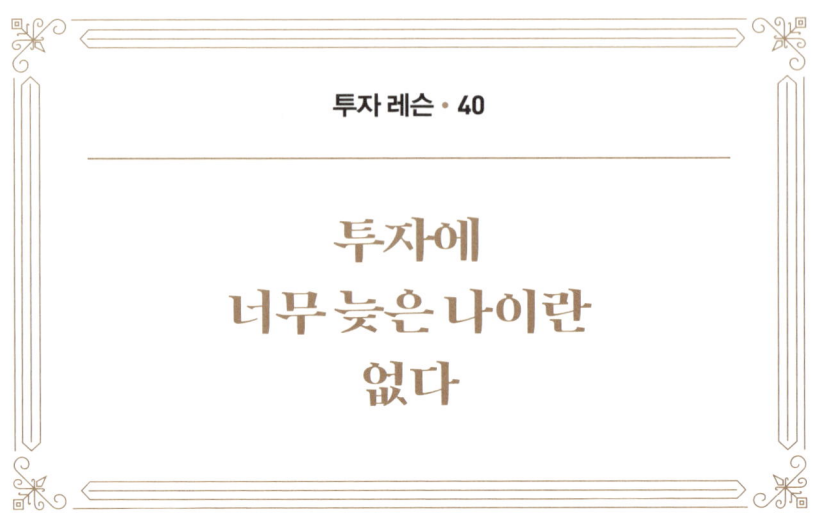

투자에
너무 늦은 나이란
없다

참을성이 쌓이면 인내가 된다.

사학자이자 수필가, 토머스 칼라일

스텔라가 아흔한 살이 되었을 때 친구가 말했다.

"요즘 아흔 살은 예순 살이나 마찬가지야."

하지만 친구의 말에도 스텔라의 걱정은 쉽게 가라앉지 않았다.

지난 50년 동안 스텔라는 돈을 오직 저축 계좌에만 두었다. 마흔살 때도 은행 이자가 물가 상승을 따라가지 못한다는 사실은 잘 알고 있었다. 하지만 여러 번 계산해본 끝에, 자산이 조금씩이라도 불어난다면 80대 중반까지는 무리 없이 지낼 수 있으리라 판단했다.

하지만 여든을 넘어서자 불안해지기 시작했다. 스텔라는 나이에 비해 건강했고 앞으로 10년, 어쩌면 15년을 더 살 수도 있었다. 문제는 그렇게 되면 그동안 모은 돈이 바닥날지도 모른다는 것이었다.

90대에 접어들며 그는 처음으로 금융 전략을 바꿔야 하는 것이 아닌지 고민했다. 마침 그 무렵 한 친구가 주식으로 지난 10년 동안 연평균 10%의 수익을 냈다는 이야기를 들었다. 스텔라는 은행에서 받는 고작 1%의 이자를 떠올렸다. 너무 큰 차이였다.

며칠을 고민하던 스텔라는 마침내 결심을 내렸다. 아흔한 살의 나이에 증권 계좌를 개설하는 법을 배우고, 저축 계좌의 4분의 1인 10만 달러를 증권 계좌로 옮긴 것이다.

주식을 한 번도 사본 적 없던 스텔라에게 친구는 꼭 기억해야 할 세 가지 투자 규칙을 알려줬다.

- **규칙 1**: 하나의 주식에 포트폴리오의 10% 이상을 투자하지 않는다.
- **규칙 2**: 다양한 주식과 산업에 분산 투자한다.
- **규칙 3**: 주식은 최소 10년 이상 보유한다.

스텔라는 이 세 가지 규칙을 가슴에 새긴 채, 2013년 10월 2일 10개 기업의 주식을 각각 1만 달러씩 매수했다.

그로부터 10년 뒤, 스텔라는 백한 살이 되었다. 스텔라의 투자 성과는 어땠을까? 표 14에 그가 2013년에 산 주식들의 매수가와 10년

표 14　스텔라의 10년 동안의 손익

기업	매수가	주식 수	10년 뒤 가격	10년 뒤 가치	손익
애플랙	$31.60	316	$76.47	$24,199	$14,199
애플	$15.26	655	$173.00	$113,368	$103,368
보잉	$100.00	100	$188.00	$18,800	$8,800
IBM	$140.00	71	$117.00	$8,357	−$1,643
CVS	$69.10	145	$44.57	$6,450	−$3,550
엑슨 모빌	$55.74	179	$116.00	$20,811	$10,811
갭	$40.86	245	$10.62	$2,599	−$7,401
마이크로소프트	$28.41	352	$321.00	$112,988	$102,988
푸르덴셜 파이낸셜	$52.48	191	$93.38	$17,793	$7,793
테슬라	$12.06	829	$251.60	$208,624	$198,624
총액				**$533,990**	**$433,990**

후의 종가, 그리고 손익을 정리했다. 단, 일부 수치는 이해를 돕기 위
해 반올림했다.

　스텔라는 10년 동안 인내심을 가지고 보유한 주식들이 성장하기
를 기다렸다. 그 결과, 7개 종목이 상승해 총 44만 6,584달러의 엄
청난 수익을 기록했다! 하지만 3개 종목의 주가는 하락해 총 1만
2,594달러의 손실도 발생했다. 그렇더라도 순수익은 43만 3,990달
러였다. 다시 말해, 초기 투자금 10만 달러가 433% 증가해 53만

3,990달러로 불어난 것이다!

　이 사례는 투자를 시작하기에 너무 늦은 나이란 없다는 사실을 명확하게 보여준다. 명심하라. 투자는 장기전이다.

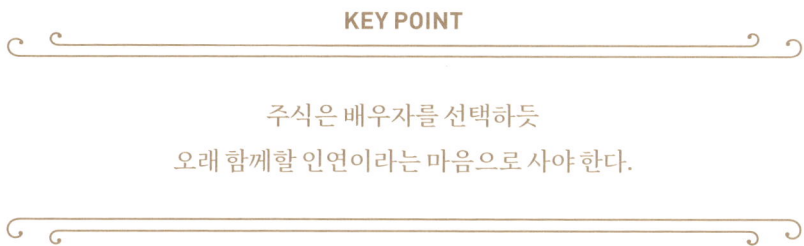

KEY POINT

주식은 배우자를 선택하듯
오래 함께할 인연이라는 마음으로 사야 한다.

투자 성과는
결국 나에게 달렸다

거지에게 생선 한 마리를 주면 하루를 살 수 있지만,
낚시를 가르치면 평생 살 수 있다.

《다이몬드 부인(MRS. DYMOND)》의 저자, 앤 이저벨라 새커리 리치

예비 투자자에서 초보 투자자로 나아갈 때 반드시 기억해야 할 원칙이
있다.

1   투자는 끝없는 배움의 여정이다. 주식이든, ETF든, 인덱스 펀드든, 어떤
    금융 상품이든 투자 결정을 내리기 전에 반드시 충분히 조사하라.

2   투자하기 전에 꼭 자신의 위험 감수도, 재정 목표, 투자 기간에 적합한지
    곰곰이 생각해보라. 이런 과정이 현명한 판단을 내리는 데 도움을 준다.

3   투자의 기본은 분산이다. 다양한 산업과 자산에 나누어 투자해야 위험을

줄이고, 시장 변동에도 흔들리지 않을 수 있다.

4   투자 방향과 목표가 일치하는지 주기적으로 점검하라. 직접 투자를 관리
     한다면 1년에 한 번씩 전문가의 객관적인 의견을 들어보는 것도 좋다.

5   감정에 휘둘리지 마라. 두려움과 탐욕은 투자의 가장 큰 적이다. 공포 때
     문에 섣불리 매도하거나, 이미 수익을 낸 주식을 고평가된 가격에 더 매수
     하지 마라.

6   투자에서 중요한 것은 타이밍이 아니라 보유 기간이다. 단기 변동에 흔들
     리지 말고, 목표 기간에 맞는 장기적 관점을 유지하라.

7   인내와 끈기는 최고의 투자 습관이다. 시장의 변동을 견디는 힘이 곧 수익
     을 만든다.

8   복리의 힘을 믿어라. 오래 갈수록 복리의 효과는 강력한 힘을 발휘한다.

이 여덟 가지 원칙을 마음에 새겼다면 이제 자신 있게 투자 여정을
시작해도 좋다.

다음 단계는 올바른 투자 전략을 실행하는 일이다. 이를 돕기 위해
'현명한 투자를 위한 18가지 투자 원칙'을 정리했다. 그 원칙들을 실
천하다 보면, 어느새 당신은 최적의 자리에서 투자 여정을 하고 있을
것이다.

만약 질문이나 의견이 있다면 언제든 questions@TheWannabe
Investor.com으로 메일을 보내도 좋다.

현명한 투자를 위한 18가지 투자 원칙

1 회사가 퇴직연금 제도를 운영한다면 회사에서 불입하는 비율에 맞춰 나의 퇴직연금 납입액을 최대한 활용하라. 회사에서 이 제도를 운영하지 않거나 추가로 노후 대비를 하고 싶다면, 개인형 퇴직연금(IRP)이나 연금저축 펀드를 활용하는 것도 좋은 방법이다.

2 투자하기 전에는 적어도 3~6개월 치 생활비에 해당하는 비상금을 마련해 놓아라.

3 투자하려는 금융 상품의 예상 수익률이 물가 상승률보다 높을지 미리 평가해보라.

4 매수하려는 주식이 성장주인지 가치주인지 구분하라.

5 투자하기 전에 해당 기업이 어떤 산업에 속했는지 분석하고, 포트폴리오가 특정 산업에 치우치지 않았는지 점검하라.

6 투자하기 전에 자신의 위험 감수 성향과 투자 대상이 맞는지 평가하라.

7 배당주에 투자한다면 배당금을 재투자하라.

8 투자하려는 회사의 사업이 잘 운영되고 있는지, 지속 가능한 경쟁력을 가졌는지, 재무 상태가 안정적인지 확인하라.

9 투자하기 전에 직접 투자할지, 전문가의 도움을 받을지, 혹은 두 방식을 병행할지 결정하라.

10 실전에 앞서 모의 투자로 연습해보라.

11 증권사를 고를 때도 투자하듯 신중하라. 증권사의 신뢰도와 수수료, 사용 편의성 등을 비교한 뒤 가장 적합한 증권사를 선택하라.

12 투자금이 생겼을 때 바로 투자할 수 있도록 미리 주식 쇼핑 리스트(관심 목록)를 만들어라.

13 투자하기 전에 '이 종목에 투자하려는 이유가 누군가의 추천 때문인지, 아니면 내 기준에 부합해서인지' 생각해보라.

14 주가가 급등하거나 급락했을 때는 기술 혹은 기초 분석을 통해 현재가가 과매수 또는 과매도 상태인지, 내가 정한 매수 구간에 있는지 점검하라.

15 주식 시장이 급락하더라도 공포 매도를 하지 마라. 단기 하락은 대부분 일시적이다. 장기 투자를 하면 시장이 회복될 때 더 큰 보상을 얻을 수 있음을 기억하라.

16 일괄 투자와 정액 분할 투자 가운데 자신에게 맞는 방식을 선택하라.

17 언제나 세금까지 고려한 실제 수익률을 계산하라.

18 자녀나 조카를 위해 아이 명의의 투자 계좌를 개설해주는 것도 좋은 방법이다. 그러면 아이와 함께 성장할 선물을 줄 수 있다.

감사의 말

나를 투자의 세계로 이끌어준 스승 앨런에게 깊이 감사드린다. 또한, 예비 투자자가 주식 시장에 발을 들이기 전에 무엇을 알아야 하는지 일깨워준 셜리 J., 훌륭한 편집자 매슈 슈워츠, 노련한 투자자의 시각으로 원고를 살펴봐준 스티브 S., 초고를 정성껏 검토해준 나의 조카 레울 시퍼라우, 출판 전에 원고를 친절하게 검토해준 폴 해거티, 원서 표지를 만들어준 하워드 그로스먼, 그리고 책의 방향을 더 명확하게 잡아준 카린 위버그와 제니 하트에게도 진심으로 감사드린다. 마지막으로, 이 책을 출간해준 출판사에도 감사의 마음을 전한다.

1   The Economist Group, "The New American Investor: Finding Confidence in Their Financial Future," 2022. While the number of Americans invested in the market fluctuates, it has hovered around 60 percent since the 1990s, and the figure includes individual stocks as well as stocks held in a mutual fund or retirement account.

2   Phil Laut, *Money Is My Friend: Eliminate Your Financial Fears—and Take Your First Steps to Financial Freedom!* Ballantine Books, 1999.

3   U.S. Bureau of Labor Statistics, Economic News Release: Table A-12. Unemployed persons by duration of unemployment, accessed 20 January 2024.

4   Erica Sandberg, "Survey: More Americans are carrying debt, and many of them don't know their APRs," Bankrate, 10 January 2023.

5   Elizabeth Gravier, "Sallie Krawcheck: Building an emergency fund before paying off your credit card debt is bad advice," CNBC, 29 December 2022.

6   Marley Jay, "Inflation is driving up consumer credit card debt by billions of dollars," NBC News, 12 September 2023.

7   National Financial Educators Council, "Financial Illiteracy Cost Americans $1,506 in 2023," accessed 8 January 2024.

8   "How many states require students to take a personal finance course

before graduating from high school?" Next Gen Personal Finance, 12 February 2020, updated 1 August 2023.

9   Jordan Rosenfeld, "Financial Literacy Around the World: Top 10 Countries and the US," Yahoo! Finance, 20 April 2022.

10 National Conference of State Legislators, "Financial Literacy 2023 Legislation," accessed 4 December 2023.

11 Liz Knueven, Rickie Houston, and Tessa Campbell, "Average stock market return over the past 10 years," *Business Insider*, 18 September 2023.

12 Adam S. Minsky, "If You Work and Have Student Loans, These New Benefits Could Help," *Forbes*, 4 January 2024.

13 Rachel Carey, "Financial Confidence in the US," Unbiased, 5 October 2023.

14 The Economist Group, *The New American Investor*.

15 "The History of 'Bull' and 'Bear' Markets," *Merriam-Webster.com Dictionary*, accessed 4 December 2023.

16 Kadi Arula, "What Is a Bear Market?" Finbold, 7 December 2021.

17 David Zeiler, "What's the Difference Between a Bear Market and a Recession?" *Money Morning*, 9 April 2020.

18 Brian Beers, "Cash Dividends vs. Stock Dividends," Investopedia, 18 January 2022.

19 Jason Hall, "How Are Dividends Taxed?" The Motley Fool, 30 November 2023.

20 Adam Hayes, "What Does Ex-Dividend Mean, and What Are the Key Dates?" Investopedia, 21 November 2023.

21 Chris Clark, "How much money do I need to live entirely off

dividends?" Moneywise, 28 September 2022.

22 Joshua Kennon, "Reinvesting Dividends vs. Not Reinvesting Dividends: A 50-Year Case Study of Coca-Cola Stock," joshuakennon.com, 28 July 2012.

23 Prakash Kolli, "Dividend Millionaire -Grace Groner," Dividend Power website, 27 September 2023.

24 James Chen, "Compound: What It Means, Calculation, Example," Investopedia, 26 April 2022.

25 Statista Research Department, "NYSE and NASDAQ monthly number of listed companies comparison 2018-2023, by domicile," Statista, 22 May 2023.

26 David Rodeck, "10 Best Material Stocks of December 2023," *Forbes*, 1 December 2023.

27 Noel Randewich, "Facebook, Alphabet Shifted in Sector Classification System," Reuters, 11 January 2018.

28 Phil Mackintosh, "Splitting Stocks Changes Them Fundamentally," Nasdaq website, 24 September 2020.

29 Street Authority, "6 Traits of a Wide-Moat Stock," Nasdaq website, 24 March 2015.

30 Location Facts, Walmart website, accessed 9 January 2024.

31 Daniel Kline, "Costco and Target Have a Huge Edge Over Walmart(It's Not Price)," TheStreet, 25 April 2022.

32 Samuel Smith, "Amazon Stock: Powerful Moat and Undervalued," TipRanks, 8 March 2022.

33 Abhinav Davuluri, "We've Upgraded Apple's Fair Value Estimate and Economic Moat," Morningstar, 24 January 2023.

34　VanEck, "Moat Stocks Take Early Lead in 2023," Seeking Alpha, 9 February 2023.

35　Harry Burman, "What Is Berkshire Hathaway's Competitive Advantage (Moat)?" Value Investors Central, accessed 9 January 2024.

36　Jeff Sommer, "Mutual Funds That Consistently Beat the Market? Not One of 2,132." *The New York Times*, 2 December 2022.

37　"How SPY Reinvented Investing: The Story of the First US ETF," State Street Global Advisors, 12 January 2023.

38　Dinah Wisenberg Brin, "Active Funds Failed to Beat Passive Peers in 2022: Morningstar," Think Advisor, 1 March 2023.

39　Matt Krantz, "More Than a Third of S&P500 Stocks Get Kicked Out in Nine Years," Investor's Business Daily, 6 September 2023.

40　S&P Dow Jones Indices, *Dow Jones Averages Methodology*, December 2023.

41　Tim Vipond, "IPO Process," Corporate Finance Institute (CFI) website, accessed 11 January 2024.

42　Luisa Beltran, "IPO outlook: After a boom and bust in recent years, 2023 may be the year unicorns Stripe, Chime, and Instacart list shares," *Fortune*, 20 December 2022.

43　Jackie Lam, "History of Credit Cards: When Were Credit Cards Invented?" SoFi, 10 May 2022.

44　"How Law Enforcement Catches Cryptocurrency Crimes," Friedman & Nemecek, LLC website, 27 February 2019.

45　"SEC Charges Genesis and Gemini for the Unregistered Offer and Sale of Crypto Asset Securities through the Gemini Earn Lending Program," US Securities and Exchange Commission press release, 12 January 2023.

46 Lyle Daly, "How Many Cryptocurrencies Are There?" The Motley Fool, 27 June 2022.

47 Nathaniel Popper, "Lost Passwords Lock Millionaires Out of Their Bitcoin Fortunes," *The New York Times*, 12 January 2021.

48 Jessica Dickler, "75 percent of Americans are winging it when it comes to their financial future," CNBC, 2 April 2019.

49 "Americans Are More Confident About Their Retirement Savings Now Versus Three Years Ago Pre-Trump, According to the Invest in You Savings Survey," CNBC news release, 1 April 2019.

50 David Zeiler, "How the 2008 Stock Market Crash Compares to 2016," *Money Morning*, 29 January 2016.

51 US Securities and Exchange Commission, "Commission Interpretation Regarding Standard of Conduct for Investment Advisers," effective 12 July 2019.

52 Check Your Investment Professional page, US Securities and Exchange Commission website.

53 Mission and Fiduciary Oath page, The National Association of Personal Financial Advisors website.

54 Kevin Voigt, "Fee-Only Financial Planner vs. Fee-Based: What's the Difference?" NerdWallet, 30 January 2023.

55 "Portfolio Management vs. Financial Planning: Know the Difference," Investopedia, 8 October 2022.

56 Lance Cothern, "13 Questions to Ask When Interviewing a Financial Advisor," Money Under 30, 14 November, 2023.

57 Ria & Qing, "The Story Behind the First Ever Robo-Advisor," Aqumon, 2 April 2019.

58 Frank Chaparro, "Betterment, the investing startup that's attracting $12 million a day, is now valued at $1 billion in private market trading," *Business Insider Nederland*, 19 October 2017.

59 James Burton, "The Dawn of the 'Bionic Advisor'," Wealth Professional, 17 May 2018.

60 Michael Torrence, "FOMO: Fear vs. Opportunity," Alpha Wealth Funds website, 28 July 2022.

61 Kadi Arula, "What Is Fundamental Analysis?" Finbold, 15 August 2022.

62 Benjamin Graham, The Intelligent Investor: *The Definitive Book on Value Investing*, Harper & Brothers, 1949.

63 Dion Rabouin, "The world's most owned stocks," Axios, 14 June 2019.

64 Carl Engelking, "Is Dollar-Cost Averaging Better Than Lump-Sum Investing?" Northwestern Mutual website, 13 July 2021.

65 Gordon Scott, "Dogs of the Dow: Definition, List of Stocks, Perform-ance," Investopedia, 31 August 2023.

66 Robert Farrington, "Dogs of the Dow: Is This Strategy a Winner?" The College Investor, 2 May 2023.

67 "2022 Dogs of the Dow Performance Tables," Dogs of the Dow website, accessed 17 January 2024, used with permission.

68 "26 CFR 601.602: Tax forms and instructions," IRS website, accessed 15 January 2024.

69 "IRS provides tax inflation adjustments for tax year 2024," IRS, 9 November 2023.

70 "Topic no. 409, Capital gains and losses," IRS website, accessed 15 January 2024.

지금부터 소개할 책들은 모두 내가 직접 읽고 많은 인사이트를 얻은 것들이다. 자주 듣는 투자 관련 팟캐스트들도 함께 정리했다. 공부하는 데 도움이 되길 바란다.

책

Abdali, Naved, *Investing Hopes, Hypes&Heartbreaks: The Game Is Rigged and Is Rigged in Your Favor*, Rosehurst Publishing, 2021.

Bogle, John C., *The Little Book of Common Sense Investing: The Only Way to Guarantee Your Fair Share of Stock Market Returns*, Wiley, 2017.

Cagan, Michele, *Investing 101: From Stocks and Bonds to ETFs and IPOs, An Essential Primer on Building a Profitable Portfolio*, Adams Media, 2016.

Carlson, Charles B., *Winning with the Dow's Losers: Beat the Market with Underdog Stocks*, Harper Business, 2003.

Collins, J L, *The Simple Path to Wealth: Your Road Map to Financial Independence and a Rich, Free Life*, CreateSpace Independent Publishing Platform, 2016.

Cramer, James J., *Jim Cramer's Get Rich Carefully*, Blue Rider Press, 2013.

Forbes, Steve; Lewis, Nathan; Ames, Elizabeth, *Inflation: What It Is, Why It's Bad, and How to Fix It*, Encounter Books, 2022.

Graham, Benjamin; Zweig, Jason, *The Intelligent Investor: The Definitive Book on Value Investing*, rev. ed., Harper Business, 2006.

Hagstrom, Robert G., *The Warren Buffett Way*, 3rd ed., Wiley, 2013.

Kiyosaki, Robert T., *Rich Dad's Guide to Investing: What the Rich Invest in, That the Poor and Middle Class Do Not!*, Plata Publishing, 2012.

Krantz, Matt, *Fundamental Analysis for Dummies*, 3rd ed., For Dummies, 2023.

Lowry, Erin, *Broke Millennial Takes On Investing: A Beginner's Guide to Leveling Up Your Money*, TarcherPerigee, 2019.

Lynch, Peter, *One Up on Wall Street: How to Use What You Already Know to Make Money in the Market*, Simon & Schuster, 2000.

Malkiel, Burton G., *A Random Walk Down Wall Street: The Time-Tested Strategy for Successful Investing*, W. W. Norton & Company, 2020.

O'Neil, William J., *How to Make Money in Stocks: A Winning System in Good Times or Bad*, McGraw Hill, 2009.

Pabrai, Mohnish, *The Dhandho Investor: The Low-Risk Value Method to High Returns*, Wiley, 2009.

Payne, Charles, *Unstoppable Prosperity*, Paradigm Direct, LLC, 2019.

Penn, A.Z, *Technical and Fundamental Analysis for Beginners*, 2 in 1 edition, self-published, 2023.

Pisani, Bob, *Shut Up & Keep Talking: Lessons on Life & Investing from the Floor of the New York Stock Exchange*, Harriman House, 2022.

Rockefeller, Barbara, *Technical Analysis for Dummies*, 4th ed., For Dummies,

2019.

Siegel, Jeremy, *Stocks for the Long Run: The Definitive Guide to Financial Market Returns and Long-Term Investment Strategies*, 6th ed., McGraw Hill, 2022.

Templeton, Lauren C.; Phillips, Scott, *Investing the Templeton Way: The Market-Beating Strategies of Value Investing's Legendary Bargain Hunter*, McGraw Hill, 2008.

Town, Phil, *Rule #1: The Simple Strategy for Successful Investing in Only 15 Minutes a Week!*, Currency, 2007.

Villermin, Luke, *On Your Mark, Get Set, INVEST: A Kid's Guide to Saving Money, Spending Wisely, and Investing in the Stock Market*, Play Later Publishing, 2023.

Villermin, Luke, *A Teenager's Guide to Investing in the Stock Market: Invest Hard Now, Play Hard Later*, Play Later Publishing, 2020.

팟캐스트

Fast Money (https://www.cnbc.com/2018/03/01/fast-moneypodcast.html). Episode releases: Weekdays. Average episode duration: 45 minutes.

Invest Like the Best (https://investorfieldguide.com/podcast/). Episode releases: Tuesdays. Average episode duration: 60 minutes.

InvestED (https://www.ruleoneinvesting.com/podcast/). Episode releases: Tuesdays. Average episode duration: 30 minutes.

Motley Fool Money (https://www.fool.com/podcasts/motley-foolmoney/). Episode releases: Daily. Average episode duration: 40 minutes.

The Rich Dad Radio Show (https://www.richdad.com/radio). Episode releases: Wednesdays. Average episode duration: 45 to 60 minutes.

Stacking Benjamins (https://www.stackingbenjamins.com/podcast). Episode releases: Every Monday, Wednesday, and Friday. Average episode duration: 60 minutes.

색인

옮긴이 **신용우**

성균관대학교 대학원에서 번역을 전공하고 영상번역과 출판번역 전문가로 활동하고 있다. 현재 출판번역에이전시 글로하나에서 경제경영, 인문 분야를 중심으로 영미서를 기획, 리뷰하면서 《워런 버핏 웨이》《생각의 속도가 부의 크기를 바꾼다》《인생이 바뀌는 시간관리의 비밀》《소크라테스 성공법칙》을 번역했다. 그 밖에도 《낭만적인 유럽 거리를 수놓다》《기네스 세계기록 2022》《실은 나도 과학이 알고 싶었어》《우리는 실패하지 않았다》《우아하게 랍스터를 먹는 법》등을 옮겼고, IPTV를 통해 방영된 해외 드라마와 영화도 70편 이상 번역했다. EBS를 통해 방영된 작품으로는 영화 《블레이드 러너》, 다큐멘터리 《나의 시, 나의 도시》《데이비드 보위: 지기 스타더스트 마지막 날들》 등이 있으며, 개봉작으로는 《랜드 오브 마인》이 있다.

워너비 투자자

1판 1쇄 인쇄 2026년 1월 2일
1판 1쇄 발행 2026년 1월 7일

지은이 앤 마리 사바스
발행인 김태웅
책임편집 박지혜 　　　　　**기획편집** 이미순, 이슬기
표지 디자인 김윤남 　　　　**본문 디자인** 호우인
마케팅 총괄 김철영 　　　　**마케팅** 서재욱, 오승수
온라인 마케팅 박예빈 　　　**인터넷 관리** 김상규
제작 현대순 　　　　　　　**총무** 윤선미, 안서현
관리 김훈희, 이국희, 김승훈, 최국호

발행처 ㈜동양북스
등록 제2014-000055호
주소 서울시 마포구 동교로22길 14(04030)
구입 문의 (02)337-1737 **팩스** (02)334-6624
내용 문의 (02)337-1763 **이메일** dymg98@naver.com

ISBN 979-11-7210-157-2 03320

THIS IS
FUKUOKA

초판 1쇄 발행 2025년 9월 1일
개정1판 1쇄 발행 2026년 1월 12일

글·사진 호밀씨, 김민정
사진 조하은

발행인 박성아
편집 김현신
디자인 & 지도 일러스트 the Cube
경영 기획·제작 총괄 홍사여리
마케팅·영업 총괄 유양현

펴낸 곳 테라(TERRA)
주소 03925 서울시 마포구 월드컵북로 400, 서울경제진흥원 2층(상암동)
전화 02 332 6976
팩스 02 332 6978
이메일 travel@terrabooks.co.kr
인스타그램 @terrabooks
등록 제2009-000244호
ISBN 979-11-92767-43-7 13980
값 17,500원

THIS IS 디스이즈후쿠오카 FUKUOKA

후쿠오카 유후인 벳푸 기타큐슈 시모노세키

글·사진 호밀씨 김민정   사진 조하은

TERRA

Contents

About <THIS IS FUKUOKA>

<디스 이즈 후쿠오카>를 소개합니다

➜ 여행 초보도 고수처럼! 걱정 없이 즐기는 완벽 일정

후쿠오카 도심은 물론 다자이후, 야나가와, 유후인, 벳푸, 구로카와 온천, 고쿠라, 모지코, 시모노세키까지, 이 책에 수록된 여행 코스는 실제 동선과 교통편, 소요 시간을 하나하나 확인해가며 구성한 완성형 일정입니다. 어디서 시작해 어떻게 이어갈지 막막한 이들을 위한 가장 실용적인 출발점입니다.

➜ 동선 중심의 쉬운 구성으로 지역 감각 200% UP!

후쿠오카는 작지만 알찬 도시입니다. 지역별로 촘촘하게 배치된 명소와 맛집, 상점들을 효율적으로 즐길 수 있도록 이동 흐름과 테마에 따라 순서를 정리했습니다. 원하는 곳만 쏙쏙 골라 나만의 동선을 만들기에도 안성맞춤입니다.

➜ 테마로 읽는 특별한 후쿠오카

정형화된 나열식 구성이 아닌, 여행자가 공감할 수 있는 주제와 감성으로 지역을 바라봤습니다. 골목·산책·전망·온천·미식·캐릭터 등 취향별 테마에 따라 각 지역의 매력을 입체적으로 소개합니다.

➜ 찰나의 감동을 담은 북규슈의 풍경들

감성적인 도시 풍경과 자연, 오래된 거리와 항구, 레트로 건물과 로컬의 일상 등 북규슈의 '사진으로 남기고 싶은 순간'을 한 컷 한 컷 엄선해 독자의 앨범을 특별하게 만들어줄 장면들로 채웠습니다.

➜ 현지인이 추천하는 '진짜' 맛집 리스트

명란젓, 라멘, 우동, 모츠나베, 미즈타키, 장어덮밥 등 로컬이 사랑하는 후쿠오카의 음식은 그 종류도 깊이도 남다릅니다. 검증된 맛집만 직접 취재해 신뢰도를 높였을 뿐 아니라 주문 요령부터 추천 메뉴까지 꼼꼼히 안내했습니다.

➜ 복잡한 교통 정보, 쉽고 똑똑하게 총정리

후쿠오카 시내의 지하철·버스부터 북규슈 지역을 잇는 JR 특급열차와 고속버스, 산큐 패스와 JR 북규슈 레일 패스 활용법까지, 초행자도 헷갈리지 않도록 역별·구간별·노선별 교통 정보를 풍부한 사진과 도표로 정리했습니다.

➜ 실전 감각을 깨워줄 2가지 특별 지도 제공

여행하며 들고 다니기 좋은 휴대용 맵북과, 본문 속에 구역별 상세 지도를 함께 구성해 어느 쪽을 펼쳐 보더라도 여행 동선을 쉽게 계획할 수 있습니다.

HOW TO USE

<디스 이즈 후쿠오카>를 효율적으로 읽는 방법

➜ 이 책에 수록된 요금, 운영 시간, 교통편 스케줄 등은 현지 사정에 따라 수시로 바뀔 수 있습니다. 여행 전 공식 홈페이지나 현지 안내를 통해 최신 정보를 꼭 확인하세요.

➜ 교통편 소요 시간과 도보 시간은 평균 기준으로, 실제 이동 시에는 차이가 날 수 있습니다.

➜ 일부 관광지와 인기 식당은 예약 없이 방문할 경우 입장이 제한되거나 대기 시간이 길어질 수 있습니다. 따라서 방문 전 예약 가능 여부를 확인하는 것이 좋습니다.

➜ 이 책은 일본어를 현지 발음에 가깝게 표기했습니다. 예를 들어, 국립국어원 외래어 표기법에 따르면 '구시다 신사'로 적어야 하지만 이 책에서는 '쿠시다 신사'로 표기했습니다. 다만 '규슈'처럼 관용적으로 쓰이는 일본어는 외래어 표기법에 따라 '큐슈' 대신 '규슈'로 적었습니다.

➜ 이 책에 표기된 나이와 요금 기준은 다음과 같습니다.
- 모든 나이는 '만 나이' 기준입니다.
- 학생 요금: 초등학생, 중학생, 고등학생에게 적용됩니다. 요금은 연령이 아닌 학생 신분을 기준으로 책정되므로, 현장에서 학생증이나 여권 제시를 요청받을 수 있습니다.
- 어린이 요금: 일반적으로 초등학생을 뜻합니다. '6~11세(초등학생)'로 표기된 경우에는 5세·12세인 초등학생도 포함됩니다. 기준은 시설마다 다를 수 있으므로 사전에 확인하는 것이 좋습니다.

➜ 북규슈 대부분 지역에서 초등학생의 교통 요금은 성인의 반값이며, 주요 관광지 입장료도 대체로 할인됩니다. 교통 요금의 반값 계산 시 1엔 단위는 올림 적용돼 10엔 단위로 책정됩니다.
예: 일반 요금 210엔 → 반값 105엔 → 어린이 요금 110엔
요금 기준과 할인 적용 여부는 회사마다 다를 수 있으니 방문 전 확인하는 것이 정확합니다.

➜ 명소, 맛집, 상점 등에는 구글맵(Google Maps)에서 검색 가능한 한국어 또는 영어 키워드를 함께 표기했습니다. 검색 키워드 앞에는 Ⓖ 표시를 붙였으며 '후쿠오카', '텐진' 등 지역명을 함께 입력하면 정확도가 높아집니다.

➜ 한국어나 영어로 검색되지 않는 장소는 구글맵에서 제공하는 '플러스 코드(Plus Codes)'를 활용했습니다. 플러스 코드는 알파벳과 숫자, '+' 기호, 도시명으로 구성돼 있습니다. 현재 위치한 도시에서 검색할 경우 도시명은 생략해도 됩니다.
예: HCR2+3P 후쿠오카

➜ **MAP ❶~⓴** 표시는 맵북(별책부록)에 해당하는 지도 번호입니다.

This is FUKUOKA

야마구치현

시모노세키

모지코
(기타큐슈)

고쿠라
(기타큐슈)

✈ 기타큐슈공항

후쿠오카현

후쿠오카 • ✈ 후쿠오카공항

• 다자이후

사가현

오이타공항 ✈

유후인 • • 벳푸

• 야나가와

구로카와 온천

오이타현

나가사키현

구마모토현

미야자키현

가고시마현

우리나라에서 후쿠오카까지 비행시간

인천 → 후쿠오카공항: 1시간 20분~
부산 → 후쿠오카공항: 1시간~

후쿠오카 福岡

공항에서 시내까지 5분 컷. 맛집, 쇼핑, 문화, 예술이 모두 모인 핫플 종합 세트. 밤이면 야타이 노점이 불을 밝히고 골목마다 축제 같은 활기가 넘친다. 지루할 틈 없이 오감이 즐거운 도시, 후쿠오카에서 규슈 여행 시작! **149p**

야나가와 柳川

930km의 물길 위, 쪽배에 몸을 싣고 유유히 떠나는 '일본의 베네치아'. 뱃사공의 구성진 가락을 들으며 강변 성하마을 풍경을 보고 있노라면 시간이 한 박자 느려진다. **312p**

벳푸 別府

마을 곳곳에서 온천 증기가 푸쉬익! 지옥 온천 투어, 지옥 찜 요리, 무료 족욕까지, 온천에서 즐길 수 있는 건 다 있는 세계 최대 온천 도시. 복고 감성 가득한 거리 풍경은 덤. **359p**

고쿠라(기타큐슈) 小倉(北九州)

늠름한 고성과 일본 최초의 아케이드 상점가, 전통시장, 강변 산책로로, 도심을 가로지르는 모노레일로 과거와 현대를 잇는 기타큐슈의 중심이자, 만화의 도시. **395p**

시모노세키 下関

활기찬 시장과 칸몬해협을 낀 항구 풍경이 여행의 엔딩을 장식한다. 부관훼리 타고 부산에서 바로 닿을 수 있는, 바닷길의 종착지이자 새로운 시작점. **425p**

다자이후 太宰府

'서쪽의 도읍'이라 불렸던 옛 도시. 학문의 신을 모신 다자이후 텐만구, 고대 유적, 매화 문양 떡, 합격 소문 가득한 골목까지, 전통과 기원이 곳곳에 흐른다. 레이와令和 연호의 발상지이기도 하다. **296p**

유후인 由布院

웅장한 유후다케 아래 펼쳐진 고요한 온천마을. 킨린 호수 반영이 아른거리는 산책길, 트렌디한 상점과 전통 공예점이 즐비한 유노츠보 거리를 사뿐사뿐 걸어보자. 힐링이 필요하다면 여기가 정답. **321p**

구로카와 온천 黒川温泉

온천 패스 들고 풍광도 효능도 좋은 노천탕을 옮겨 다니며 산중 온천을 어슬렁어슬렁. 검은 목조 건물, 흙벽, 초록 숲, 졸졸 흐르는 강이 있는 이곳에선 딱히 뭘 하지 않아도 마냥 즐겁다. **385p**

모지코(기타큐슈) 門司港(北九州)

1800년대 후반부터 1900년대 초반까지 국제무역항으로 번성했던 항구 마을. 붉은 벽돌, 스테인드글라스, 야키카레 내음, 그리고 도개교의 낭만이 깃든 레트로한 시간 여행. **411p**

후쿠오카 & 북규슈 지역

규슈는 일본 남서부에 위치한 주요 섬으로, 북부의 후쿠오카현은 인구·경제·문화 전반에서 규슈 최대 규모를 자랑하며 후쿠오카시와 기타큐슈시를 중심으로 정치·산업·교통의 핵심 거점 역할을 한다. 특히 후쿠오카시는 일본 전체 인구가 감소하는 흐름 속에서도 드물게 젊은 층을 중심으로 인구가 꾸준히 늘고 있는 도시로, 2040년까지 증가가 예측된다. 이는 2012년 '스타트업 도시' 선언 이후 창업 지원 정책과 도심 재개발로 일자리와 도시 기능이 강화되고 짧은 통근 거리와 낮은 주거·생활비, 바다와 공원 등 자연 접근성이 좋은 환경이 어우러진 결과다.
한편 규슈 동부의 오이타현은 '일본 제일의 온천 현'으로 불리며 벳푸·유후인 등 세계적인 온천 관광지를 보유하고 있다. 두 현은 각각 도시와 온천 관광을 대표하며 규슈 여행의 중심축을 이룬다.

후쿠오카·북규슈 지역 기본정보

화폐 엔화(¥, 円)

환율 100엔=940원(2025년 12월 매매기준율 기준)

인구 후쿠오카시 약 166만 명(일본 5위),
기타큐슈시 약 90만 명, 벳푸시 약 11만 명

면적 후쿠오카시 343.4km²(대전광역시와 비슷),
기타큐슈시 491.9km²(광주광역시보다 조금 넓음)
벳푸시 125.3km²(여수시보다 약간 작음),

시차 없음

국가번호 81

위치 규슈섬 북부에 위치하며 혼슈와는 칸몬해협을 사
이에 두고 마주한다. 시모노세키(혼슈)와 모지코
(규슈)는 해저터널과 교량을 통해 서로 연결된다.

전기 AC 100V/60Hz. 11자 모양의
2핀 플러그를 사용하므로 변환
플러그(돼지코)나 멀티 어댑터,
멀티 충전기 등이 필요하다.

일본의 공휴일

1월 1일	설날
1월 12일	성년의 날 ★
2월 11일	건국기념일
2월 23일	덴노 생일
3월 20일	춘분 ★
4월 29일	쇼와의 날
5월 3일	헌법기념일
5월 4일	녹색의 날
5월 5일	어린이날
5월 6일	대체 휴일 ★
7월 20일	바다의 날 ★
8월 11일	산의 날
8월 15일	오봉(보통 15일 전후 3~4일 연휴)
9월 21일	경로의 날 ★
9월 22일	국민의 휴일(징검다리 휴일) ★
9월 23일	추분 ★
10월 12일	스포츠의 날 ★
11월 3일	문화의 날
11월 23일	근로 감사의 날

★는 매년 날짜가 바뀜

*공휴일이 일요일이면 그다음 평일을 대체 휴일로 함

*매년 4월 29일~5월 5일 전후는 최대 10일간 연휴인
골든위크 기간임

후쿠오카 평균 일출·일몰 시간

후쿠오카는 우리나라보다 동쪽에 있어 해가 약 10~20분 일
찍 뜨고 일찍 진다.

월	일출 시간	일몰 시간
1월	07:20 전후	17:30 전후
2월	07:00 전후	18:00 전후
3월	06:30 전후	18:30 전후
4월	05:50 전후	18:50 전후
5월	05:20 전후	19:10 전후
6월	05:10 전후	19:30 전후
7월	05:20 전후	19:30 전후
8월	05:40 전후	19:10 전후
9월	06:00 전후	18:40 전후
10월	06:20 전후	17:45 전후
11월	06:50 전후	17:20 전후
12월	07:10 전후	17:10 전후

일본의 지폐와 동전

일본의 지폐는 1000엔, 2000엔, 5000엔, 1만엔권이 있으
며 2000엔권은 신규 발행이 중단돼 거의 사용하지 않는다.
동전은 1엔, 5엔, 10엔, 50엔, 100엔, 500엔 등 6종류로,
이중 10엔, 50엔, 100엔 동전은 버스나 자동판매기에서 자
주 사용된다.

하루 필요 경비

항공료·숙박비·쇼핑비를 제외한 하루 여행 경비는 1만엔 안팎 수준이다. 유료 관광지를 하루 1~2곳 들른다면 입장료는 1000~2500엔, 한 도시에 머물며 대중교통을 3~4회 이용할 경우 교통비는 600~1200엔 정도가 든다. 식비는 한 끼에 1000~3000엔을 기준으로 하루 3000~9000엔 선이다. 교통 패스를 활용하거나 무료 시설 위주로 입장하고 편의점, 대형마트 등에서 간단히 식사를 해결하면 예산을 더 낮출 수 있다.

후쿠오카 VS 한국 물가 비교

*100엔=940엔(2025년 12월 매매기준율)

생수(500ml)
약 110엔(약 1040원)
한국 약 1000원

스타벅스 아메리카노(Tall)
490엔 (약 4600원)
한국 4700원

맥주(350ml, 편의점 기준)
약 230엔(약 2170원)
한국 약 2500원

맥도날드 빅맥 세트
840엔(약 7900원)
한국 7400원

지하철 기본요금
후쿠오카 210엔(약 1980원)
서울 1550원(카드)

버스 기본요금
후쿠오카 150~210엔(약 1420~1980원)
서울 1500원

택시 기본요금
후쿠오카 670엔(약 6330원)
서울 4800원

후쿠오카·유후인 월평균 기온과 강수량

*2015~2024년 평균값

— 월평균 최고 기온(℃)　　— 월평균 최저 기온(℃)　　월평균 강수량(mm)

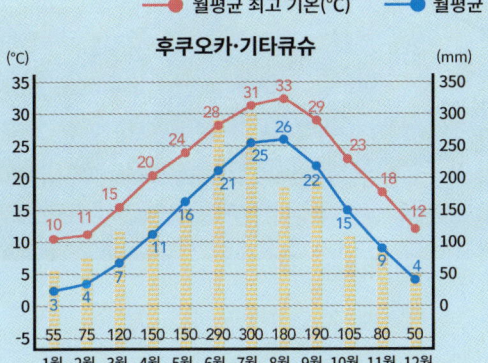

후쿠오카·기타큐슈

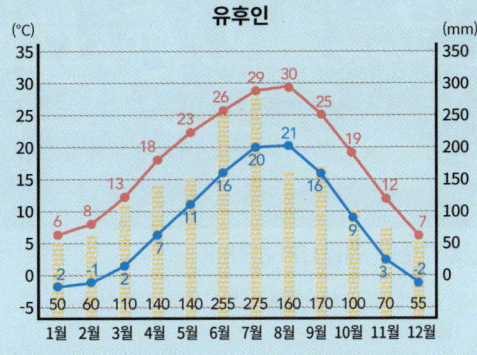

유후인

보기만 해도 떠나온 기분
후쿠오카·북규슈 여행의 눈부신 한 컷

물안개가 자욱이 깔린 새벽 호수, 몽글몽글 김이 피어오르는 온천마을 뒷골목,
바다 너머로 스치는 시원한 바람, 화려한 도시의 불빛과 아트스페이스.
여행을 시작하기 전에도, 끝난 뒤에도 자꾸만 꺼내 보게 될 장면들.

평범한 하루가 주는
감동

도시 탐험

빛, 거리, 건축, 현지인의 일상을 탐닉하는
도시 여행자의 특권

후쿠오카, 캐널시티 하카타

음악에 맞춰 춤추는 물줄기, 도심 속 시원한 분수쇼

185p

후쿠오카, 크리스마스 마켓

반짝이는 트리 불빛 아래, 로맨틱하게
피어나는 겨울 무드
039p

후쿠오카, 후쿠오카시 미술관

길 위에서 만나는 감각적인 아트스페이스
260p

후쿠오카, 스페셜티 커피

원두 향이 머무는 아늑한 공간에서
'시간 정지 버튼' 꾸욱~

후쿠오카, 팀랩 포레스트

빛과 생명이 춤추는 몰입형 숲, 상상을 현실로
바꾸는 디지털 아트 체험 **285p**

후쿠오카, 나카스 강변

강물은 출렁, 불빛은 일렁. 여기는 후쿠오카 제일의
야경 맛집입니다. **193p**

후쿠오카, 캐릭터 굿즈숍

귀여움에 항복하는 시간. 굿즈는 사는 게 아니라
구조하는 것

후쿠오카, 라라포트 후쿠오카

실물 건담부터 전시·굿즈·게임까지,
건담 세계관 입장 완료
182p

파랑주의보 발령

물빛 풍경 수집

하늘과 바람, 잔잔한 물결이 어우러진 호수와 바다.
고요함 속에서 반짝이는 여행의 낭만

후쿠오카, 시사이드 모모치

맑은 바다와 하늘 아래 선명하게 떠오른 도시 스카이라인
278p

이토시마, 후타미가우라 해중 대도리이 & 부부바위

바다 위에서 다정하게 노을 빛을 끌어안는 두 바위
293p

유후인, 킨린코

물안개에 잠긴 호수 위로 비치는 산과 나무의 초현실적인 풍광

336p

벳푸, 키타하마 앞바다

온천 김이 감도는 바다와 해풍에 일렁이는 파도 너머로 번지는
고요한 도시 풍경
366p

시모노세키, 카라토터미널

두 등대 사이로 스며든 바다빛, 어시장 사람들의 온기가 머무는 정취
430p

빈티지 감성
체크인

역사, 전통, 옛 건축물,
노포 카페와 소곤소곤 나누는
오래된 대화

모지코, 모지코 레트로

레트로 기차역과 붉은 벽돌 건물,
바닷바람 사이에 머무는
옛날 영화 같은 한 장면

414p

다자이후,
니시테츠 다자이후선

정취 가득한 선로를 따라
시간이 거꾸로 흐르는 듯한
따뜻한 오후

297p

후쿠오카·벳푸, 킷사텐

드립 커피와 클래식 음악, 빛바랜 시간이 머무는 자리

벳푸, 칸나와 거리

온천 김이 모락모락, 기분은 몽글몽글한
온천마을 일상
372p

고쿠라, 우오마치 긴텐가이

삶의 활기로 꽉 찬,
현지인의 장바구니에 담긴 오늘의 풍경
402p

뜨끈한 탕 안에 꿀잼이 넘실넘실
일본 온천 입문

일본 온천 여행은 단순히 따뜻한 물에 몸을 담그는 데 그치지 않는다.
모든 것을 내려놓고 알몸으로 자연과 마주하는 해방감부터 '먹고 눕고 또 먹는' 료칸의 가이세키 요리懷石料理까지.
인생이 유쾌해지는 일본 온천마을로 떠나보자.

규슈 온천마을 TOP 3

1 벳푸 別府
#놀고먹고또놀고 #지루할틈제로

일본에서 가장 많은 온천 용출량과 다양한 온천수 성분을 자랑하는 일본 최대 규모의 온천마을. 버라이어티한 지옥 온천 순례, 피부에 광이 나는 모래찜질, 온천 증기로 만드는 찜 요리 체험까지 즐길 거리가 가득하다. 외국인 관광객 친화적인 활기찬 도심엔 다양한 숙소가 몰려 있어 취향대로 골라잡으면 끝. 대형 온천 호텔은 대욕장, 가족탕, 온수 수영장, 뷔페 등 부대시설이 잘 갖춰져 있고 대부분 엘리베이터가 설치돼 있어 편리하다. 객실 면적이 넓은 숙소가 다른 도시보다 많은 점도 매력이다.

2 유후인 由布院
#걸을수록예쁜동네 #스냅천국

유후다케 산기슭에 자리 잡아 자연과 예술이 환상적인 조화를 이루는 예쁜 온천마을. 전원을 벗 삼은 감성적인 상점가와 카페, 작은 미술관이 어우러져 있어 어디에서 셔터를 눌러도 화보 같은 풍경이 담기고 대부분 평지라 산책하기에도 좋다. 마을 전역에 빽빽이 들어선 숙소는 호텔보다 소규모 료칸이 중심이며 별채 구조와 가족탕, 노천탕, 다다미방, 가이세키 요리 등 프라이빗하고 전통적인 공간 구성이 특징이다. 온천 용출량은 벳푸에 이어 일본 2위를 차지한다.

3 구로카와 온천 黒川温泉
#고요한행복 #숨은탕발견

산자락과 계곡을 따라 료칸이 모여 있는 조용한 온천마을. 고요한 자연속에서 힐링하고 싶다면 이만한 곳이 없다. 나무로 만든 동그란 온천 패스를 목에 걸고 마을 곳곳의 노천탕을 순례하며 다양한 온천수 성분을 체험하는 재미도 쏠쏠하다. 골목이 좁고 가파른 곳에 숙소가 많으므로 노약자와 함께라면 숙소 위치와 주변 지형을 미리 확인하는 것이 좋다.

온천 3대장 숙소 & 탕 전격 비교

구분	벳푸	유후인	구로카와 온천
숙박 스타일	• 료칸, 온천 호텔, 대형 호텔, 비즈니스호텔, 게스트하우스, 민박 등 가장 다양 • 온천 시설과 객실 타입도 고루 갖춤	• 고급 료칸부터 합리적 게스트하우스, 독채 민박까지 다양 • 대부분 료칸에서 개인탕, 노천탕, 가이세키 요리 제공	• 고급·중급 료칸 위주 • 자연 속 소규모 독립 구조로 구성 • 대부분 개인탕, 노천탕, 가이세키 요리 제공
가격대 (1인 1박 2식 기준)	• 료칸·온천 호텔 1만~4만엔 • 비즈니스호텔·게스트하우스 3000~8000엔	• 료칸 1만5000~5만엔 • 게스트하우스 3000~7000엔	• 료칸 1만8000~5만엔
당일 온천 & 공동탕	• 150곳 이상 • 공동탕 100~500엔 • 가족탕 1시간 2000~3000엔	• 약 20곳 • 료칸·공동탕 500~1500엔 • 가족탕 1시간 1500~3000엔	• 약 26곳 • 온천 패스(뉴토테가타) 1500엔으로 참여 료칸 중 3곳 선택 • 개별 입욕 시 500~1500엔
온천수 특징	• 온천 종류가 다양해 '온천 박물관'이라 불림 • 유황천·탄산수소염천·철분천 등 효능별 체험 가능	• 알칼리성 단순천 위주로 피부 미용 효과가 뛰어남 • 자극이 적어 장시간 입욕에 적합 • 피부에 닿는 감촉이 부드럽고 매끈	• 유황천과 황산염천 비중이 높아 혈액순환·피부 개선에 효과적 • 미네랄감 있고 부드러운 감촉

*일부 숙소의 경우 조식만 포함하거나 식사 불포함 플랜을 운영한다.

내 여행 스타일에 맞는 온천 고르기

◆ 훌훌 떠나온 1인 여행

◉ **구로카와 온천:** 깊은 산속 료칸의 고요하고 프라이빗한 분위기는 혼자만의 시간을 보내며 힐링하기에 최적이다.

● **유후인:** 혼자서도 편안히 머물 수 있는 감성적인 온천 마을. 예술 거리와 잡화점, 카페를 천천히 둘러본 뒤 숙소에서 개인탕에 몸을 담그며 여유로운 하루를 보낼 수 있다.

▲ **벳푸:** 단체 관광객이 즐겨 찾는 온천 도시인 만큼 다소 북적일 수 있다. 대신 식당과 편의시설을 잘 갖춰서 혼자서도 부담 없이 즐기기 좋다.

◆ 꽁냥꽁냥 커플 여행

◉ **구로카와 온천:** 프라이빗 료칸과 숲속 노천탕, 전통적인 분위기가 오붓한 시간을 만들어준다.

● **유후인:** 예쁜 거리와 카페, 한적한 풍경이 연인과 함께 산책하며 인생샷을 남기기 좋다. 프라이빗 노천탕도 많아 둘만의 온천을 즐길 수 있다.

▲ **벳푸:** 대형 호텔과 다양한 식당, 이자카야, 야경, 관광 요소가 많아 함께 즐기기 좋다. 활동적인 커플에게 추천.

◆ 오손도손 온 가족 여행

◉ **벳푸:** 동물원, 수족관, 지옥 온천, 로프웨이 등 아이와 함께할 수 있는 체험형 콘텐츠가 풍부하다. 대욕장과 가족탕도 많아 3대를 동반한 가족 여행지로도 추천.

● **유후인:** 킨린코와 수많은 산책길, 가족탕이 딸린 조용한 료칸이 있어 부모님과 함께 편안히 머물며 한적한 시간을 보내기 좋다.

▲ **구로카와 온천:** 조용하고 전통적인 분위기 속에서 가족이 함께 쉬기 좋다. 어린이용 온천 패스를 목에 걸고 온천 순례 후 기념품을 받는 소소한 재미도 있다.

◆ 찐친과 함께한 우정 여행

◉ **벳푸:** 활기찬 분위기 속에서 온천, 술, 액티비티를 만끽할 수 있다. 대욕장과 전망대 등 친구들과 함께할 수 있는 즐길 거리도 많다.

◉ **유후인:** 카페 투어, 사진 찍기, 잡화 탐방 등 감성 여행을 즐기기에 제격이다. 한적하면서도 볼거리가 많아 걷는 발걸음마다 이야기꽃이 피어난다.

▲ **구로카와 온천:** 온천과 숲길 산책을 느긋하게 즐길 수 있어 한적한 여행지를 선호하는 친구들과 가기 좋다.

유후인, 유후노사토 료소 마키바노이에

온천 료칸 1박 2일 기본 플랜

◆ 첫째 날

15:00~16:30 체크인 & 객실에서 휴식

료칸이나 온천 호텔에 도착하면 프런트에서 각종 안내를 받는다. 가족탕을 현장 예약만 받는 숙소의 경우 체크인 시 가능한 한 빨리 신청해야 원하는 시간대에 이용할 수 있다. 객실에 들어서면 실내복인 유카타浴衣로 갈아입고 짐을 푼 뒤 웰컴 서비스로 제공되는 차와 과자를 즐기며 쉰다. 유카타 차림으로 정원 등 숙소 주변을 가볍게 둘러보는 것도 좋다.

16:30~18:00 온천 입장하기

자유롭게 관내 곳곳의 온천을 이용한다. 온천 시설은 야외에 설치된 노천탕(로텐부로露天浴呂), 실내의 넓은 대욕장(다이요쿠조大浴場), 45분~1시간 단위로 대여하는 가족탕(전세탕, 카시키리貸切)으로 나뉜다. 탕으로 이동할 때는 객실에 비치된 수건을 챙길 것. 샴푸·컨디셔너·바디워시는 대부분 탕에 준비돼 있다.

18:00~19:30 저녁 식사

입욕을 마쳤다면 객실 또는 전용 식사 공간에서 저녁 식사를 즐긴다. 뷔페식인 일부 숙소를 제외하면 대부분 정통 가이세키 요리를 제공한다. 가이세키는 제철 식재료를 사용해 반찬 하나하나 정성껏 차려 나오는 일본식 코스 요리로, 섬세한 맛과 예술적인 플레이팅이 특징이다.

19:30~21:00 휴식 및 시설 이용

객실에서 쉬고, 마사지를 받거나 기념품점을 둘러본다.

21:00~22:00 야간 온천 후 취침

노천탕에서 밤하늘의 별을 바라보며 하루를 마무리한다.

◆ 둘째 날

07:00~08:00 아침 온천

상쾌한 아침 공기를 마시며 즐기는 온천은 낮과는 또 다른 재미가 있다.

08:00~09:00 아침 식사

생선구이, 된장국, 밥 등으로 정갈하게 차려진 일본 가정식으로 식사를 한다.

09:00~11:00 짐 정리 후 체크아웃

객실 휴식 및 짐 정리 후 체크아웃.

어디서 예약할까?

◆ 일본 전문 예약 사이트

● **재패니칸 JAPANiCAN** : 일본 대표 여행사 JTB에서 운영한다. 한국어 지원, 유명 온천 료칸 다수 등록.
WEB japanican.com

● **라쿠텐 트래블 Rakuten Travel** : 일본 최대 규모의 예약 사이트. 료칸·호텔 선택 폭이 넓고 리뷰가 풍부하다.
WEB travel.rakuten.co.jp

● **자란 Jalan** : 일본 현지 이용률 1위 숙박 사이트. 특가 상품이 많고 정보가 상세하다.
WEB jalan.net

◆ 글로벌 예약 사이트

● **아고다 Agoda** : 온천 호텔 검색에 강하며 한국인 리뷰가 많다.
WEB agoda.com

● **부킹닷컴 Booking.com** : 취소 정책이 유연하고 외국인 대응에 능숙한 료칸이 많다.
WEB booking.com

● **익스피디아 Expedia** : 항공·숙소를 함께 예약 시 할인폭이 커지는 경우가 많다.
WEB expedia.co.kr

◆ 국내 료칸 예약 대행사

● **료칸클럽닷컴** : 일본 료칸 전문 예약 사이트.
WEB ryokanclub.com

● **료칸플래너** : 다양한 료칸·온천 호텔을 한눈에 비교할 수 있다.
WEB ryokanplanner.com

◆ 공식 사이트 및 협회

● **구로카와 온천 관광조합** : 지역 내 전 숙소를 한눈에 확인·예약 가능.
WEB kurokawaonsen.or.jp/kr

● **각 료칸 공식 홈페이지**

> 물이 사방으로 튀지 않도록
> 꼭 앉아서 씻는다.

Step. 1
입구에서 신발을 벗어 신발장에 넣고 탈의실로 들어간다.

Step. 2
탈의실에서 옷을 벗고 옷장에 넣은 뒤 작은 수건만 들고 탕에 입장한다. 큰 수건은 욕탕에 들고 가지 않는다.

Step. 3
탕 한쪽에 마련된 샤워기에서 온수로 몸을 씻는다. 입욕 전 온수 샤워는 위생 목적도 있지만 뜨거운 온천수로부터 심장을 보호하고 급격한 혈압 상승을 방지한다.

> 긴 머리는 묶어 올리고
> 수건은 물에 닿지 않도록
> 주의한다.

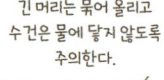

> 물이 뚝뚝 떨어지는 채로
> 나가는 일은 삼간다.

Step. 4
약 10분간 반신욕을 즐긴다. 반신욕은 혈액순환을 돕고 온천 온도에 몸이 천천히 적응할 수 있게 해준다. 장시간 입욕할 계획이라면 이 단계는 꼭 거치자.

Step. 5
전신욕을 한다. 일행이 있다면 조용히 대화하며 즐긴다.

Step. 6
입욕을 마친 후 간단히 샤워를 한다. 사용한 의자와 세숫대야는 제자리에 정리하고 탈의실로 나가기 전 작은 수건으로 몸의 물기를 충분히 닦고 탈의실에서 큰 수건을 사용한다.

- **화실**和室 : 다다미 바닥에 좌식 테이블과 방석이 놓인 일본식 객실. 이불(후톤)을 깔고 잔다.

- **양실**洋室 : 침대, 소파, 책상 등이 갖춰진 서양식 객실. 일반 호텔과 비슷한 구조.

- **화양실**和洋室 : 다다미 공간과 침대 공간을 함께 갖춘 복합형 객실. 외국인에게 인기.

- **별채 객실**離れ(하나레) : 본관과 분리된 독채 구조. 정원이나 전용 온천이 있는 고급 타입도 많다.

- **노천탕 딸린 객실**露天風呂付きの部屋 : 객실 안에 전용 노천탕이 있는 타입. 커플·가족에게 인기.

- **실내탕 딸린 객실**内風呂付きの部屋 : 실내에 전용 욕탕이 있는 객실. 온천수가 아닌 경우도 있다.

가이세키의 구성과 순서

*료칸에 따라 다를 수 있음

사키즈케 先付

전채 요리. 두부, 해산물, 야채 등을
한입 크기로 담아 아기자기하게
차려낸다.

핫슨 八寸

술과 곁들이기 좋은 모둠 요리.
보통 24cm x 24cm 크기의 접시에
지역 특산 메뉴들이 나온다.

무코즈케 向付 / **오츠쿠리** お造り

신선한 제철 생선회를 중심으로
야채나 해초를 곁들인다. 본격적인
식사의 시작을 알리는 코스다.

스이모노 吸い物 / **완모노** 椀物

제철 야채, 해산물, 두부 등을 넣은
맑은 국으로, 입안을 깔끔하게
정리해준다. 보통 뚜껑이 덮여 나온다.

야키모노 焼物

제철 생선이나 고기를 구워낸
요리. 가이세키 코스의 대표적인
메인 메뉴 중 하나다.

니모노 煮物

조림 요리. 제철 야채, 해산물,
육류 등을 간장·맛술 등의 양념에
부드럽게 졸여낸다.

아게모노 揚物

튀김 요리. 제철 야채와 해산물로
만든다. 바삭한 식감과 고소한
풍미가 코스에 변화를 준다.

스노모노 酢の物

초무침. 새콤하고 상큼한 맛으로
느끼함을 덜어주는 메뉴로,
후반부에 나온다.

식사 食事

갓 지은 밥, 된장국, 장아찌 등으로
구성된다. 포만감과 함께 코스를
마무리 짓는 역할을 한다.

미즈가시 水菓子

디저트. 제철 과일, 화과자,
아이스크림 등이 제공되며
식사를 마무리한다.

#기차감성 #페리낭만 #일상탈출
기차 & 배로 떠나는 감성 트립

창밖 풍경이 필름처럼 스쳐 지나가는 기차, 시원한 파도 소리로 마음을 씻어내는 페리.
기차와 페리는 목적지로 향하는 여정 자체를 근사한 일탈로 만들어주는 가장 멋진 여행법이다.

초록빛 숲을 달리는 환상 열차

JR 유후인노모리 ゆふいんの森

하카타와 유후인을 오가며 이용할 수 있는 JR 규슈의 대표 관광열차. 1989년 운행을 시작해 규슈 여행의 상징으로 자리 잡았다. '유후인의 숲'이라는 이름처럼 외관은 숲을 닮은 초록색으로 꾸며졌으며 내부는 은은한 나무 향이 감도는 우든 인테리어로 따뜻한 분위기를 자아낸다. 전 좌석 지정석으로 운영되며 탁 트인 대형 창과 바닥이 높은 하이데커 타입 차량 덕분에 탁월한 전망을 즐길 수 있다. 차내에서는 지역 명소 안내 방송, 승차 기념 스탬프, 기념품 판매 등 다양한 서비스와 매점(바 카운터), 유아용 좌석, 수하물 보관 공간 등의 편의 시설을 제공한다.

◆ **운행 정보**

하카타 → 유후인: 1일 3편, 약 2시간 15분 소요, 6130엔, 어린이 3060엔/
규슈넷킷푸(온라인 할인권) 구매 시 5600엔, 어린이 2800엔

WEB www.jrkyushu.co.jp/trains/yufuinnomori/

◆ 열차 구성과 예약 팁

5량 편성의 신형 3세대(1·2·5·6호)와 4량 편성의 구형 1세대(3·4호)로 운행되며 둘 중 어떤 걸 타더라도 편안하게 전망을 즐기며 이동할 수 있다. 티켓에 적힌 '1호차' '2호차'는 차량(칸) 번호를 의미하므로 열차 편성 번호(예: 유후인노모리 1호)와 혼동하지 않도록 주의한다.

예약은 탑승일 한 달 전 오전 10시에 시작되며 성수기에는 시작과 동시에 마감되는 경우가 많아 빠른 예약이 필요하다. JR 규슈 웹사이트나 주요 역 창구에서 예약 가능. 북큐슈 레일 패스 이용 시 역 창구나 지정석 발매기를 통한 현장 예약은 무료지만 온라인 예약은 1건당 1500엔의 예약비가 부과된다. 추가 요금이 부담되긴 하지만 조기 매진되는 인기 열차이니 온라인 예약을 하는 편이 안전하다.

◆ 주요 좌석과 시설

- **전망석:** 열차 양 끝 기관실 뒤 좌석은 대형 파노라마 창이 설치돼 있고 운전석이 하단에 있어 선로와 주변 풍경을 180°로 감상할 수 있다. 한 차량에 8석(맨 앞 4석, 맨 뒤 4석)뿐이라 금세 매진된다. 하카타 → 유후인 방향은 1호차 1A~D, 유후인 → 하카타 방향은 4량 열차의 경우 4호차 13A~D, 5량 열차의 경우 5호차 15A~D에 해당한다.
- **박스시트:** 가족이나 단체 여행자에게 적합한 4인용 테이블석이다. 3인 이상 예약 가능.
- **라운지:** 자유롭게 앉아 경치를 감상할 수 있는 휴게 공간.
- **바 카운터:** 도시락, 음료, 디저트 등을 판매하는 공간. 중간중간 승무원이 서빙카트를 끌고 각 칸을 이동하기도 한다.
- **살롱 스페이스:** 대형 창을 따라 바 좌석이 마련된 오픈형 자유 공간.

유후인노모리 전망석에서 바라본 풍경

◆ 차량별 구성 및 추천 좌석

➡ 유후인노모리 1·2·5·6호(5량 편성/신형 3세대)

차량(칸)	주요 특징	추천 좌석	비고
1호차	맨 앞 전망석, 일반석, 수하물 칸	1C·1D(하카타 → 유후인)	전면 풍경 감상
2호차	일반석, 화장실, 수하물 칸	창가	-
3호차	살롱 스페이스, 바 카운터, 박스시트, 일반 좌석, 휠체어석, 다목적 화장실	살롱 스페이스, 창가	자유롭게 경치 감상, 라운지·바 카운터 이용 편리
4호차	일반석, 수하물 칸, 화장실	창가	숲을 닮은 초록빛 인테리어, 넉넉한 수하물 칸, 비교적 조용
5호차	맨 뒤 전망석, 일반석, 다목적실	15A·15B(유후인 → 하카타)	전면 풍경 감상

➡ 유후인노모리 3·4호(4량 편성/구형 1세대)

차량(칸)	주요 특징	추천 좌석	비고
1호차	맨 앞 전망석, 일반석, 수하물 칸, 화장실	1C·1D(하카타 → 유후인)	전면 풍경 감상, 넉넉한 수하물 칸
2호차	바 카운터, 일반석, 박스시트, 수하물 칸	바 카운터 근처, 창가	바 카운터 이용 편리
3호차	살롱 스페이스, 일반석, 수하물 칸	살롱 스페이스, 창가	자유롭게 경치 감상
4호차	맨 뒤 전망석, 일반석, 화장실, 다목적실, 수하물 칸	13A·13B(유후인 → 하카타)	전면 풍경 감상

규슈 동부를 가로지르는 푸른 질주

특급 소닉 Sonic

하카타에서 고쿠라를 거쳐 벳푸까지 규슈를 시원하게 가로지르는 JR 특급열차. 푸른 메탈 바디의 883계와 순백의 885계가 바람을 스치듯 달리며 해안선과 산 풍경이 번갈아 펼쳐지는 파노라마가 압권이다. 최대 시속 130km의 역동적인 주행감과 세련된 디자인으로 벳푸 온천 여행에 제격이다. 자유석과 지정석이 있다.

WEB www.jrkyushu.co.jp/korean

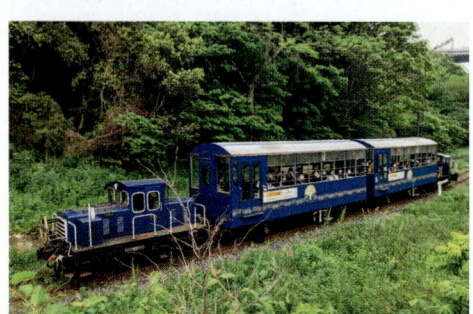

느릴수록 가까워지는 풍경들

모지코 레트로라인 시오카제호 潮風号

최고 시속 15km로 일본에서 가장 느린 관광열차. 규슈 철도기념관에서 메카리까지 2.1km 구간을 10분간 천천히 달리며 항구 도시의 햇살과 바닷바람(시오카제), 벽돌 창고를 비롯한 옛 건축물을 여유롭게 즐길 수 있다. 주말과 공휴일에만 운행(골든위크와 오봉 연휴 기간에는 매일 운행)하며 성인 500엔. **422p**

WEB retro-line.net

짧아서 더 특별한 8분의 순례길

니시테츠 관광열차 타비토 旅人

텐진에서 텐진오무타선을 타고 니시테츠후츠카이치역에 내려 다자이후까지 단 2정거장을 운행하는 5량 편성 테마 래핑 열차로, 각 차량은 매화·등나무·붓꽃 등 계절의 상징과 학업·연애 등을 주제로 꾸며져 있다. 소원을 비는 공간까지 마련돼 있어 단순한 이동이 순례의 서막이 되는 순간. 하루 10~12편 운행하며 보통 운임으로 승차 가능. 오전에는 텐진에서 직행하는 다자이후행 급행도 1~2편 있다.

WEB inf.nishitetsu.jp/train/tabito/

셰프의 요리는 제철, 뷰는 사계절

레스토랑 열차 치쿠고 The Rail Kitchen Chikugo

다자이후·야나가와·오무타 등 규슈 중부의 들녘과 마을을 따라 달리는 3량 편성 레스토랑 열차. 지역 장인의 대나무 공예와 수제 가구로 꾸며진 인테리어를 감상하며 열차 안 주방에서 정성스럽게 준비한 제철 요리를 맛볼 수 있다. 지정석제(52석)이며 온라인 또는 창구에서 예약 필수. 목~일요일과 공휴일 점심에 운행하며 계절별로 메뉴 구성과 노선이 바뀐다. 성인 1만1800엔, 3~10세 6000엔(식사 포함).

WEB railkitchen.jp

수로 따라 탐험하는 물의 도시

야나가와 뱃놀이 柳川どんこ舟

930km에 달하는 수로가 거미줄처럼 얽힌 '물의 도시' 야나가와는 평평한 목선 돈코부네를 타고 수로를 유유히 가로지르는 묘미를 선사한다. 대나무 삿대를 젓는 사공의 노래와 이야기, 수양버들 사이로 스치는 다리와 계절의 풍경으로 1시간이 특별하게 흘러간다. 봄엔 벚꽃, 여름엔 창포, 가을엔 단풍, 겨울엔 전통 난방기구가 설치된 코다츠부네こたつ舟를 즐겨보자. 출발지까지는 니시테츠야나가와역에서 도보 5~10분. 니시테츠 전철 왕복 승차권까지 포함된 세트권 종류도 다양하다. **314p**

WEB 야나가와 관광개발 yanagawakk.co.jp

섬 to 섬, 단 5분의 바다 여행

칸몬 연락선 関門連絡船

규슈의 모지코와 혼슈의 시모노세키를 잇는 가장 간편하고 상징적인 이동 수단. 특히 모지코 레트로와 카라토 시장을 연결하는 최적의 루트. 배에 오르면 눈앞에는 칸몬교, 양옆으로는 항구와 도시의 풍경이 펼쳐진다. 소요 시간은 단 5분이며 20분 간격으로 수시 운항. 산큐 패스 이용 가능. **413p**

WEB kanmon-kisen.co.jp

섬과 도심을 오가는 바다 출퇴근길

후쿠오카 시영 도선 福岡市営渡船

관광객보다 주민의 발길이 먼저 닿는 작은 배. 우미노나카미치까지 약 20분, 노코노시마까지 약 10분. 바람을 가르며 달리는 짧은 항로 위엔 후쿠오카의 또 다른 풍경이 놓여 있다. 자전거 탑재 가능, 산큐 패스 이용 가능. **286p, 290p**

WEB city.fukuoka.lg.jp/kowan/kyakusen/hakata-port/hyo.html

후쿠오카·북규슈의 사계절

벚꽃, 단풍, 불꽃놀이, 온천, 축제까지. 북규슈는 사계절 내내 다채로운 즐길 거리로 여행자를 유혹한다.

3월 중순~5월 초

봄

3월 말부터 4월 초까지는 벚꽃이 만개하는 계절이다. 후쿠오카 마이즈루 공원과 텐진 중앙공원, 니시 공원, 유후인의 오이타강 주변, 기타큐슈 고쿠라성은 흐드러진 벚꽃 아래 산책을 즐기려는 이들로 붐빈다. 4월 중순부터는 온화한 날씨 속에 신록이 짙어가고 골든위크(4월 말~5월 초)를 맞아 대형 축제가 집중된다.

후쿠오카 마이즈루 공원

추천 여행지

후쿠오카 마이즈루 공원
3월 말~4월 초

북규슈 최고의 벚꽃 명소. 1000그루 이상의 벚나무가 후쿠오카성터의 성벽과 어우러져 장관을 이룬다. 261p

후쿠오카 우미노나카미치 해변공원 & 노코노시마 아일랜드 파크
3월 말~4월 초

유채꽃, 네모필라, 벚꽃이 만개한 꽃밭과 바다의 만남이 동화 속 한 장면 같다. 288p, 291p

유후인 오이타강
3월 말~4월 초

강을 따라 늘어선 벚나무와 유후인 특유의 전원 풍경이 고요하고 아름다운 봄 풍경을 만든다. 344p

기타큐슈 카와치 후지엔
4월 말~5월 초

몽글몽글 피어난 등나무꽃이 아치형 터널을 이루는 인증샷 명소다. 408p

후쿠오카 우미노나카미치 해변공원

유후인 오이타강

기타큐슈 카와치 후지엔

하카타 돈타쿠 미나토 마츠리 ©Fukuoka City

벳푸 핫토 온천 축제 ©別府市観光協会

주요 축제

벳푸 핫토 온천 축제 別府八湯温泉まつり
4월 1~5일

벳푸 8대 온천 지역에서 열리는 봄 축제. 시내 공동탕 무료 개방, 온천수 퍼붓기 축제, 신사 제례와 불의식 등 특색 있는 행사로 구성된다.

하카타 돈타쿠 미나토 마츠리 博多どんたく港まつり
5월 3~4일

일본 최대 규모의 시민 참여형 축제로, 약 800년 전 하카타 상인들의 VIP 환영 파티인 마츠바야시松囃子에서 유래했다. 하카타역에서 텐진까지 이어지는 메이지도리明治通り 일대에서는 가면과 전통 복장 차림으로 주걱을 든 수천 명의 시민과 단체가 화려한 행렬을 선보인다. 수십 곳의 특설 무대에서는 다양한 문화 공연이 펼쳐져 온 동네가 들썩인다. 대미를 장식하는 이벤트는 지역민과 관광객이 어우러져 함께 춤추는 소오도리総踊り. 축제 기간에는 현지 음식과 기념품 판매 노점도 곳곳에 들어선다.

+MORE+

북규슈의 벚꽃 개화 시기

벚꽃 개화 시기는 보통 2월에 발표되며 북규슈의 만개 시기는 3월 말에서 4월 초 사이다. 최근에는 기후변화로 개화가 평균보다 3~5일 지연되는 경우가 잦다. 2025년에는 후쿠오카에서 3월 24일 개화해 4월 1~4일 절정을 맞았고 기타큐슈는 이보다 1~2일, 유후인은 2~3일 늦게 만개했다.

WEB 벚꽃 개화 시기: weathernews.jp/s/sakura

5월 중순이면 초록이 짙은 산책길과 공원, 도심이 인기를 끌기 시작한다. 6월 초부터 7월 초까지는 장마철로, 실내 관광지가 주목받는 시기다. 7월 초부터 8월 중순까지는 무더운 날씨가 이어지지만 곳곳에서 불꽃놀이와 야시장 등 여름 축제가 열려 밤이면 거리로 사람들이 모인다. 유후인과 구로카와 같은 고지대 온천지는 도심보다 덜 덥고 주변 관광도 함께 즐길 수 있어 여름철에도 찾는 사람이 많다.

추천 여행지

후쿠오카 모모치 해변
6월 초~8월 말

마리존과 후쿠오카 타워가 인접해 관광과 휴식 모두 즐기기 좋으며 석양과 야경도 매력적이다. 282p

주요 축제

하카타 기온 야마카사 博多祇園山笠
7월 1~15일

800년에 가까운 전통을 지닌 후쿠오카의 여름 대표 축제로, 쿠시다 신사를 중심으로 열린다. 하이라이트는 1톤이 넘는 야마카사를 어깨에 짊어진 남성들이 하카타 거리를 질주하는 오이야마追い山다. 도심 곳곳에는 정교하게 꾸민 가마(카자리야마飾り山笠)가 전시돼 시선을 사로잡는다. 강렬한 에너지와 전통 의식이 어우러진 행사로, 유네스코 무형문화유산에 등재돼 있다.

하카타 여름 축제 Hakata Summer Festival
8월 초 약 2주간

후쿠오카 하카타 출구 역 앞 광장에서 열리는 도심형 여름 축제. 슈퍼볼 건지기, 요요 낚시 같은 놀이와 포장마차, 푸드트럭이 운영된다. 매일 저녁 타이코(일본 전통 북) 공연과 라이브 콘서트가 열리며 축제의 하이라이트인 본 오도리盆踊り(여름 전통 민속춤)는 누구나 자유롭게 참여할 수 있다. 유카타 차림의 사람들로 북적이는 풍경 속에서 여름밤의 정취를 만끽할 수 있다.

하카타 기온 야마카사

기타큐슈 왓쇼이 백만 여름 축제

わっしょい百万夏まつり

8월 초 주말 2일간

고쿠라 도심에서 열리는 기타큐슈 최대 규모의 시민 축제로, 150만 명 이상이 참여한다. 퍼레이드, 불꽃놀이, 춤 공연 등으로 구성되며 거리마다 무대가 설치돼 도시 전체가 축제 분위기에 휩싸인다.

칸몬해협 불꽃놀이 대회

関門海峡花火大会

8월 13일

시모노세키와 모지 양쪽에서 동시에 열리는 대형 불꽃놀이 행사. 약 1만 5000발의 불꽃이 칸몬해협 위로 터진다. 대표 관람지는 모지코 레트로 지구와 카라토터미널이다.

9월 중순~11월 말

가을

가을은 관광 수요가 높아지는 시기지만 비교적 차분한 분위기 속에서 자연과 지역 문화를 함께 즐기기 좋다. 단풍 절정 시기는 11월 중순부터 말까지며 매년 기온 변화에 따라 1~2주 정도 앞뒤로 변경될 수 있다.

후쿠오카 노코노시마 아일랜드 파크

추천 여행지

후쿠오카 우미노나카미치 해변공원 & 노코노시마 아일랜드 파크

10월 중순~11월 초

바다를 배경으로 흐드러지게 핀 코스모스가 장관을 이룬다. 289p, 291p

유후인 전역

11월 중순~말

단풍에 물든 고풍스러운 거리와 온천 풍경이 어우러진 모습이 마치 교토를 닮았다. 321p

다자이후 텐만구 & 카마도 신사

11월 중순~12월 초

단풍잎 터널과 고요한 신사가 만들어내는 울긋불긋하고 고즈넉한 풍경. 302p, 307p

주요 축제

다자이후 텐만구 진코시키 神幸式

9월 말

스가와라 미치자네를 제신으로 하는 다자이후 최대의 제사 행사. 수백 명이 헤이안 시대 복장을 하고 거리 행진에 참여하며 전통 음악과 함께 경건한 분위기를 자아낸다.

11월 중순부터 연말까지는 후쿠오카 크리스마스 마켓을 중심으로 도심 전체가 빛의 거리로 변신한다. 1~2월은 온천 수요가 급증하는 시기로, 벳푸·유후인·구로카와 등 온천마을이 활기를 띤다. 고지대에 눈이 내려 멋진 설경을 담기 좋고 관광객이 비교적 적어 한적한 여행을 즐기기 좋은 숨은 성수기다. 후쿠오카와 기타큐슈 도심의 연평균 적설일수는 약 0.9일에 불과해 눈이 쌓이는 일은 드물며 야외 활동에 불편함이 없다. 2월 중순부터는 이른 봄을 알리는 매화가 핀다.

12월~3월 초

겨울

구로카와 온천

추천 여행지

유후인 킨린코
10월 말~2월

차가운 아침, 킨린코 수면 위로 온천수에서 피어오른 안개가 몽환적인 풍경을 만든다. 336p

유후인·구로카와 온천
1월 중순~2월 초

노천탕에 몸을 담그고 설경을 즐길 수 있는 조용한 겨울 여행지. 353p, 391p

모지코 레트로 & 시모노세키 카몬 워프
12월 중순~2월 초

맑은 하늘과 차가운 공기, 고요한 바다, 복고풍 거리가 선명하게 어우러진다. 414p, 432p

기타큐슈 사라쿠라산 전망대
12~2월

기타큐슈 시내와 바다, 공업지대의 불빛이 반짝이는 야경은 겨울 맑은 밤에 더욱 또렷하게 빛난다. 409p

모지코 레트로

사라쿠라산 전망대

후쿠오카 크리스마스 마켓
11월 중순~12월 말

2013년 시작된 일본 최대 규모의 유럽풍 겨울 축제로, 11월부터 도심을 환상적인 일루미네이션으로 물들인다. 하카타 역 출구 앞 광장, 텐진 중앙공원, 후쿠오카 시청 서쪽 광장, 다이묘 가든 시티 파크, 나카스 등지에 대형 트리와 LED 터널, 유럽식 오두막 부스가 줄지어 늘어선다. 부스에서는 오너먼트, 크리스마스 잡화, 수공예품부터 글뤼바인(따끈한 와인), 슈톨렌(독일식 크리스마스 케이크), 생강쿠키 같은 유럽식 먹거리를 판매한다. 매일 저녁 라이브 공연과 캐럴, 무대 이벤트, 어린이 체험 프로그램이 열리며 마켓 한정 컵과 오너먼트 같은 굿즈도 인기가 많다.

구로카와 온천 유아카리
湯あかり

12~3월

타노하라강을 따라 대나무 살을 구부려 만든 약 300개의 구형 등롱이 늘어서 밤마다 온천마을을 은은하게 밝히는 겨울 한정 라이트업. 389p

다자이후 텐만구 매화 축제
梅まつり

2월 25일

스가와라 미치자네의 기일에 맞춰 열리는 전통 제례. 약 6000그루 매화가 흐드러지게 핀 경내에서 신악·무용 공연과 차를 올리는 의식이 진행된다.

구로카와 온천 유아카리

후쿠오카
음식 & 쇼핑

탐구일기

—ROPPON PON—

침샘 주의! 후쿠오카 꿀맛 모음.zip

후쿠오카 먹방 지도

당신의 후쿠오카 여행을 '맛'으로 안내해줄 지도, 지금부터 공개합니다.

우엉튀김 우동

넓적하고 부들부들한 면 + 바삭한 우엉튀김
= 현지인 최고의 우동 레시피

돈코츠 라멘

극세면에 진한 돼지뼈 국물이 착붙!
후쿠오카 하면 역시 돈코츠 라멘

명란젓

촉촉하고 짜지 않은
후쿠오카식 명란젓.
밥·빵·면과도 꿀조합!

모츠나베

대창이랑 야채랑 바글바글,
밥 말아먹기 딱 좋은 전골요리

후쿠오카

후쿠오카현

야나가와

세이로무시

달콤 짭조름한 장어찜이
밥 위에 겹겹이.
찜기째 내오니 향까지 갓벽!

복어 요리

일본 최고의 복어 조리 기술로 맘껏
즐기는 회, 튀김, 전골 요리 풀 코스

기와 소바

달군 기와 위에 바삭하게 구운 소바,
소고기·달걀·파를 얹은 이색 면 요리

야키카레

치즈에 달걀까지 올려 오븐에서 노릇노릇,
카레의 화려한 재탄생

야마구치현

시모노세키
모지코(기타큐슈)
고쿠라
(기타큐슈)

누카미소다키

쌀겨와 된장 등 갖은 양념에 등푸른
생선을 뭉근히 조려낸 밥도둑

후쿠오카현

오이타현

유후인 · 벳푸

토리텐

겉은 바삭, 속은 촉촉. 간장소스에
콕 찍어 먹는 오이타식 닭튀김

지옥찜 요리

펄펄 끓는 온천 증기로 쪄낸,
자연의 맛을 듬뿍 담은 해산물과 야채

당고지루

쫀득한 수제 밀떡과 야채를
된장국에 푹~
구수하고 든든한 한 끼 영양식

가이세키 요리

료칸에서 제대로 즐기는
정갈한 계절 밥상

과거부터 현재까지 현지인과 여행자 모두를 사로잡은 마성의 로컬 간식.
이 맛 때문에 다시 후쿠오카를 찾게 될 걸요?

명란바게트
짭짤하고 고소한 명란 버터와
담백한 바게트의 만남
후쿠오카 200p, 242p

츠루노코노코
눈덩이처럼 귀엽고 동글동글한
마시멜로 아이스크림
후쿠오카 202p

키나코 타이모찌
팥앙금 잔뜩 품은 쫄깃한 붕어떡에
콩가루 솔~솔
후쿠오카 267p

아마오우 딸기 찹쌀떡 모나카
바삭한 모나카와 쫀득한 찹쌀떡에
명품 대왕 딸기 한 알이 쏙!
다자이후 300p

우메가에모찌
직화로 바싹 구운 떡 속에
부드럽게 퍼지는 팥앙금
다자이후 301p

고로케
놓치면 절대로 섭섭한
길거리 B급 간식 대표주자
유후인 333p, 339p

푸딩도라
폭신 도라야키에 꽁꽁 언 푸딩,
부드럽고 진하게 녹아드는 달콤함
유후인 335p

크림빵
백 년 빵집의 담백한 맛!
한 박스 사고도 모자랄지도
벳푸 368p

온천 달걀 & 지옥찜 푸딩
지옥 온천물로 만든 달걀과 푸딩은
오직 벳푸에서만!
벳푸 374p, 376p

오믈렛
오믈렛처럼 보들한 시트에
은은한 단맛의 크림이 가득
고쿠라(기타큐슈) 402p

어묵 카나페
바삭한 빵에 탱글한 어묵 한입,
담백하고 고소한 맛이 중독적
고쿠라(기타큐슈) 405p

바나나 소프트아이스크림
부드럽게 휘감기는 바나나 향,
옛 항구에서 맛보는 특별 간식
모지코(기타큐슈) 416p

로컬 드링크

한 잔에 담은
여행의 짜릿함

후쿠오카와 근교 도시들이 선보이는 이색 특산 음료와 주류를 공항, 기념품점, 마트 등에서 만나보자. 여행 중 수분 보충은 이걸로 문제없다.

구로카와 온천 저지 우유

서일본 최고의 저지 우유 산지에서
맛보는 신선함

목욕탕 병 우유

입욕 후 들이켜는 시원한 병 우유는
온천 여행자의 특권

야마나미 목장 요구르트

유후인 고원의 자연을 담은,
깔끔하고 고소한 유산균 음료

벳푸 라무네

유리구슬 마개가 또로록~
청량한 탄산음료로 추억 소환

모지코 사이다

새파란 병에 담긴 톡 쏘는 사이다.
모지코 감성까지 챙긴다.

아소산 천연수

규슈 지역 마트에서 물 살 땐
아소산 지하수가 정답

바나나 맥주

모지코 명물 바나나 향 맥주.
호기심에 마시기 좋은 재미템

유후인 맥주

산맥 라벨이 독특한 수제 맥주.
라거부터 흑맥까지 착착착

오이타 유즈 하이볼

상큼한 유자 향 품은 캔 하이볼로
가볍게 시작하는 첫 잔

하카타 진저 하이볼

생강 향이 은은한 하이볼은
튀김요리랑 찰떡

아마오우 딸기 리큐르

달콤한 딸기 향 과실주.
우유랑 섞어도 꿀조합

하카타 크래프트 콜라

후쿠오카가 자랑하는
화학조미료 무첨가 수제 콜라

규슈 곳곳의 과일 명산지에서 갓 딴 제철 과일이 모이는 후쿠오카. 덕분에 여행 중에도 신선한 과일 디저트와 음료를 실컷 맛볼 수 있다.

유리컵 속에 아마오우 딸기로 쌓아 올린 봄

캠벨 얼리 170p

딸기를 감싼 얇은 떡피가 입안에서 사르르

스즈카케 202p

폭신한 식빵 사이로 특품 제철 과일과 크림이 듬뿍

팡야 무츠카도 170p, 271p

빈틈없는 신선함과 비주얼 하카타역 웨이팅 1등의 주인공

후르츠 가든 신선 180p

통째 넣은 아마오우 딸기와 팥앙금은 못 참지!

텐잔 본점 300p

: WRITER'S PICK :

타베로그 食べログ

일본 최대 규모의 식당 정보 플랫폼으로, 실명 인증된 현지인 리뷰 중심이라 찐 로컬 맛집을 찾는 데 유용하다. 평점은 5점 만점에 3.0이 평균선이며 3.0~3.5점이면 무난한 수준, 3.7점 이상이면 '레전드 맛집', 4.0 이상은 극소수의 지역 대표급이라 할 수 있다.

WEB tabelog.com

+ MORE +

아마오우 あまおう

후쿠오카현에서 개발해 독점 생산하는 프리미엄 딸기 품종으로, 과육이 단단하면서도 과즙이 풍부하고 진한 단맛과 산미가 조화를 이룬다. '아카이(赤い·빨갛다)' '마루이(丸い·둥글다)' '오오키이(大きい·크다)' '우마이(うまい·맛있다)'의 머리글자를 따 이름을 붙였다.

탱글탱글 포도가 껍질째 톡!
과즙이 떡 속에 퐁당

조스이안 166p

수북이 쌓아 올린 통복숭아 한입,
여기가 무릉도원

메이 카페 203p

폭신한 마시멜로 속,
여름 귤의 상큼한 첫 맛

이시무라 만세이도 202p

고구마 위에 퓌레, 칩까지 담아 올린
완벽한 앙상블

미츠이모 타임 243p

달콤한 무화과로
성대하게 맞이하는 가을 파티

코바 카페 309p

달콤한 팥 속,
고소한 알밤의 깜짝 등장

코게츠도 402p

◆ 북규슈 제철 과일·야채 캘린더

	1월	2월	3월	4월	5월	6월	7월	8월	9월	10월	11월	12월
딸기	■	■	■	■	■							■
멜론					■	■	■					
복숭아						■	■	■				
무화과					■	■	■	■				
청포도								■	■	■		
배								■	■	■		
고구마									■	■	■	
단호박								■	■	■		
밤									■	■		
유자											■	■

편의점
간식

SNS를 뜨겁게 달구고 있는 편의점 간식들이 여기 다 모였다.
서둘러 메모하고 지금 바로 입장!

세븐일레븐

후와모찌 생 도라야키
ふわもち生どら焼 粒あん＆ホイップ

두툼하고 촉촉한 팬케이크에
산뜻한 크림, 홋카이도산 팥앙금이
그득그득

¥ 194엔

세븐 카페 스무디
セブンカフェスムージー

원하는 조합의 과일, 야채
스무디 컵을 고르면
즉석에서 신선한 스무디 완성

¥ 330~380엔

모코탄멘 나카모토
蒙古タンメン中本 辛旨味噌

세븐일레븐이 유명 라멘집과 합작한
PB 상품. 매운맛 당길 때
이거면 게임 끝.

¥ 259엔

패밀리마트

수플레 푸딩
スフレ・プリン

폭신한 수플레와 매끄러운 푸딩을
한꺼번에 맛보는 호사를 누려보자.

¥ 338엔~

파미치키
ファミチキ

패밀리마트의 상징인 뼈 없는 순살 치킨.
파미치키 번에 끼워 먹는 것이 국룰이다.

¥ 240엔~

홋카이도 멜론빵
北海道メロンパン

멜론 과즙 크림이 듬뿍 든 푹신푹신한
빵. 달콤하면서도 질리지 않는 맛이다.

¥ 135엔

로손

모찌 식감 롤
もち食感ロール

쫄깃한 찹쌀가루 시트, 홋카이도산
생크림이 만난 대표 디저트.
말차 버전도 인기.

¥ 플레인 329엔, 말차 441엔

도라모찌
どらもっち

일반 도라야키보다 훨씬 쫀득한 식감이
중독적이다. 팥앙금과 크림도 가득!

¥ 214엔

카라아게군
からあげクン

한입 크기의 바삭 촉촉한 치킨 너겟.
귀여운 패키지, 다양한 맛이 특징

¥ 259엔

24 편의점 공통

오하요 브륄레
Ohayo Brulee

달고나처럼 바삭한 캐러멜을 부수면
사르르 녹는 바닐라아이스크림이!

¥ 397엔

오하요 저지 푸딩
Ohayo ジャージープリン

일본 우유 푸딩 원톱! 진하고 고소한
맛으로 우리나라에도 진출했다.

¥ 180~210엔

주먹밥
おにぎり

명란주먹밥, 낫토 김밥, 구운 주먹밥
등 특색 있는 메뉴로 1일 1주먹밥

¥ 140~220엔

유키지루시 메그밀크 크림 & 커피젤리
雪印メグミルククリーム ＆コーヒーゼリー

진한 커피와 부드러운 크림의 조화.
1976년 출시해 오랫동안 사랑받는 명작

¥ 150엔~

아이스노미
アイスの実

과즙이 풍부한 샤베트 느낌의
구슬 아이스크림.
탄산수나 하이볼과도 꿀조합

¥ 183엔

어묵(오뎅)
おでん

찬바람 불면 등장하는 최고의 안주.
소 힘줄, 두부튀김, 무(다이콘),
한펜(폭신한 흰살 어묵)이 별미.

¥ 1개 120엔~

금쪽 같은 여행에선 아침 한 끼도 소중하다. 고소한 빵과
따뜻한 커피로 가볍게, 혹은 영양만점 가정식으로 든든하게.
어떤 선택이든 하루를 힘차게 열어주는 에너지원이다.

1 코메다 커피
コメダ珈琲店

1968년 나고야에서 시작된 전국 체인의 커피숍. 오전 7
시부터 11시까지 음료(460~800엔)를 주문하면 식빵 토스
트나 모닝빵에 삶은 달걀, 달걀 페이스트, 팥앙금 중 하나
와 버터, 딸기잼, 두유잼 중 하나를 제공해 현지인과 여행
자 모두가 좋아하는 곳이다. 따뜻한 팬케이크에 소프트아
이스크림을 얹은 시로노와르シロノワール는 인기 디저트.
편안한 좌석과 넉넉한 테이블 간격 덕분에 느긋한 아침을
보내기 좋다.

WHERE 하카타 버스터미널점(3층), 하카타역 히가시점, 롯폰마츠점,
텐진미나미점, 와타나베도리5초메점,
모모치점, 고쿠라 가츠야마공원점 등
WEB komeda.co.jp

시로노와르
860~920엔

2 산마르크 카페
サンマルクカフェ

일본 전역에 매장을 둔 토종 프랜차이즈 카페로, 매장 내
오븐에서 갓 구운 베이커리와 진한 로스팅 향에 부드러운
뒷맛이 어우러진 커피로 꾸준히 사랑받고 있다. 시그니처
메뉴는 크루아상에 진한 초콜릿 바를 통째로 넣은 초코크
로チョコクロ. 오전 11시까지 커피와 함께 550엔 모닝 세
트로 즐길 수 있어 더욱 반갑다.

WHERE 후쿠오카 텐진역점(솔라리아 스테이지 M3층),
텐진 지하가점 등
WEB www.saint-marc-hd.com/saintmarccafe/

초코크로 230엔

3 포타마
Pork Tamago/ポーたま

오키나와 사람들의 소울푸드인 스팸 달걀 주먹밥 전문점. 보존료와 색소를 넣지 않은 오키나와산 돼지고기로 만든 스팸, 도정 후 4일 이내의 고시히카리 쌀, 산란 4일 이내의 신선한 달걀을 사용해 주문 즉시 만들어 준다. 여기에 지역 식재료를 활용한 토핑 조합도 매력. 오전 10시까지는 수프 또는 음료를 곁들인 모닝 세트(600엔·700엔)를 판매한다.

WHERE 하카타 마루이점, 후쿠오카 아카사카점, 모모치하마점 등
WEB porktamago.com

4 키스이마루
博多の海鮮料理 喜水丸

신선한 해산물요리 전문점으로, 후쿠오카 시내 곳곳에 식당을 둔 요식 기업 키스이테喜水亭가 운영한다. 회 3종, 도미 오차즈케, 고등어 소금구이, 곱창전골 등 메인 요리에 밥, 명란젓, 갓절임이 무제한 제공되는 8종의 아침 정식(07:30~10:30)이 인기다. 반찬이 푸짐해 밥 두세 공기는 거뜬히 비운다. 일찍 마감되니 늦지 않게 방문하는 것이 좋다.

WHERE 하카타1번가점, 데이토스 아넥스점, 텐진점, 후쿠오카공항점, 킷테 하카타점(지하 1층) 등
WEB kisuitei.com

5 야요이켄
やよい軒

낫토, 미니 스키야키, 생선구이 등이 포함된 조식 세트를 400~500엔대에 선보이는 가정식 체인점. 런치 이후에는 생선구이, 튀김, 스테이크 등 정식 세트를 1000엔 전후에 제공한다. 밥과 된장국은 무제한 리필되며 1인석부터 넉넉한 테이블석까지 고루 갖췄다. 하카타역 치쿠시 출구점, 고후쿠마치점, 아크로스 후쿠오카점은 아침 일찍부터 영업한다.

WHERE 하카타역 치쿠시 출구점, 고후쿠마치점, 아크로스 후쿠오카점, 텐진 2초메, 타카사고점 등
WEB www.yayoiken.com

+MORE+

모닝 세트가 있는 프랜차이즈 카페

코메다, 산마르크 외에도 북규슈에는 다양한 프랜차이즈 카페가 아침 7시 전후로 문을 열고 실속 있는 모닝 메뉴를 제공한다. 도토루 커피Doutor Coffee, 툴리스 커피Tully's Coffee, 프론토Pronto, 우에시마 커피上島珈琲店 등이 대표적이다. 특히 후쿠오카에는 시애틀즈 베스트 커피Seattle's Best Coffee 매장이 눈에 띄게 많다.

: WRITER'S PICK :
식당 웨이팅 & 입장 매너

인기 식당은 웨이팅이 기본이다. 입구에서 대기표를 받거나 명단에 이름·인원수를 적고 QR코드로 순서를 확인하는 곳도 많다. 일행은 모두 함께 줄을 서며 합류나 이탈 시 점원이나 주변에 양해를 구한다. 입장 후에는 안내받은 자리에 앉고 변경이 필요하면 정중히 요청한다.

● 도중 합류 시: 스미마셍, 츠레가 오쿠레테시맛테 すみません、連れが遅れてしまって 실례합니다, 제 일행이 늦게 도착해서요
● 잠시 자리 비울 시: 스코시 데카케마스 少し出かけます 잠시 나갔다 올게요

후쿠오카 음식 탐구일기

돈코츠 라멘

豚骨(とんこつ)ラーメン

시간과 정성이 빚은 '하얀 기적'

돼지뼈(돈코츠)를 푹 고아 낸 뽀얀 국물과 가는 면발이 특징인 돈코츠 라멘은 북규슈 지역의 대표 라멘이다. 미소(된장)·쇼유(간장)·시오(소금) 라멘과 함께 일본 4대 라멘으로 꼽히며 후쿠오카에 왔다면 무조건 맛봐야 할 0순위 메뉴다.

후쿠오카는 '돈코츠력'으로 움직인다

돈코츠 라멘은 1937년, 후쿠오카현 구루메시久留米市의 작은 포장마차에서 국물을 오래 끓인 실수를 계기로 탄생했다. 이후 타이호 라멘大砲ラーメン 같은 가게들이 국물을 더 농후하고 깊은 맛으로 발전시켜 '구루메식 돈코츠'로 자리 잡았고 후쿠오카 시내에서 포장마차 문화와 결합하면서 더 간편하고 대중적인 '하카타 라멘'이 등장했다.

진한 국물과 가늘고 단단한 면발, 툭툭 끊어지는 식감이 매력인 하카타 라멘은 이치란, 잇푸도, 잇코샤 등 유명 체인의 활약과 함께 전국적인 붐을 일으켰고 후쿠오카의 상징으로 자리매김했다. 현재도 후쿠오카 시내 라멘집 360여 곳 중 압도적인 비율이 돈코츠 라멘 전문점일 정도로 골목마다 구수한 돼지뼈 육수 냄새가 솔솔 풍긴다.

라멘 먹으러 갔다가 교자에 반해버림

하카타 라멘의 단짝은 바로 하카타 교자博多餃子. 히토쿠치 교자ひとくち(一口)餃子라고도 하며 한입(히토쿠치) 크기로 작게 빚은 교자를 얇고 쫄깃한 피에 싸 바닥을 바삭하게 지져낸 것이 특징이다. 속은 돼지고기, 양배추, 양파가 중심이며 맥주나 하이볼과도 찰떡궁합. 보통 5~10개 단위로 제공된다.

1 나가하마식 돈코츠 라멘

1952년 하카타항 인근 나가하마 어시장 노동자들의 허기를 채우기 위해 탄생한 하카타식 돈코츠 라멘의 원형. 기름기가 적고 담백하면서도 깊은 국물, 단출한 토핑, 빠른 조리를 위한 극세면이 특징이다. 면이 쉽게 불어버리는 단점을 보완하고자 처음에는 면을 적게 넣고 이후 추가하는 '카에다마' 시스템도 여기서 비롯됐다.

- **육수** 맑고 담백한 돼지뼈 육수, 기름기 적고 깔끔한 맛
- **면발** 둥글고 가는 극세 스트레이트 면
- **팁** 면 익힘 정도 선택, 면 추가 가능
- **대표 가게** 간소 나가하마야元祖 長浜屋, 간소 라멘 나가하마케(269p)

2 하카타식 돈코츠 라멘

나가하마식에서 발전해 하카타 일대 포장마차 문화를 통해 대중화된 스타일. 돼지뼈를 센 불에 오랫동안 우려내 국물이 한층 진해졌으며 극세면과 면 추가 시스템을 유지하면서도 다양한 토핑과 풍미를 더해 돈코츠 라멘의 '정석'으로 자리잡았다.

- **육수** 뽀얗고 진한 국물. 콜라겐이 풍부하고 농후한 맛
- **면발** 둥글고 가는 극세 스트레이트 면
- **팁** 면 익힘 정도 선택, 면 추가 가능
- **대표 가게** 이치란(209p), 신신 라멘(178p, 244p), 라멘 지남보(178p), 하카타 잇소우(055p), 멘야가가(245p), 잇코샤一后舎

3 청탕 돈코츠 라멘

약불에서 천천히 우려낸 맑은 돼지뼈 육수가 특징인 신개념 돈코츠 라멘. 진한 국물이 부담스러운 이들이 즐겨 찾는다. 주로 소금으로 간하고 닭 육수를 더해 깔끔하면서도 깊은 맛을 내기도 한다.

- **육수** 맑고 투명한 돼지뼈 육수. 잡내 없고 깔끔한 맛
- **면발** 가느다란 스트레이트 면
- **팁** 국물부터 먼저 맛보고 쪽파·카보스(일본산 녹색 감귤)로 상큼하게 변주 가능
- **대표 가게** 부타소바 츠키야(211p)

+MORE+

라멘 메뉴판 완벽 가이드

◆ **메인 메뉴 선택(라멘 종류)**
- **기본 라멘**ラーメン 뽀얀 돈코츠 육수에 차슈 1~2장이 올라간 기본 구성
- **아지타마라멘**味玉ラーメン 간장 양념 반숙란(아지타마)이 추가된 인기 메뉴
- **차슈멘**チャーシュー麺 면이 보이지 않을 정도로 차슈를 듬뿍 올린 고기 마니아용 라멘
- **네기라멘**ネギラーメン 알싸한 파를 넉넉히 올려 느끼함을 잡은 라멘

◆ **면 익힘 정도 선택(가장 중요)**
- **코나오토시**粉落とし 거의 생면
- **하리가네**ハリガネ 덜 익혀 심지가 살아 있는 면
- **바리카타**バリカタ 단단하고 꼬들한 식감의 면
- **카타**かた 보통보다 약간 단단한 식감
- **후츠**ふつう/普通 일반적인 익힘의 보통 면
- **야와**やわ 부드럽고 말랑하게 푹 익힌 면

◆ **국물 맛 조절**
- **코이아지**濃い味 / **우스아지**薄い味 진하게 / 연하게
- **코테리**こってり / **앗사리**あっさり 기름지게 / 담백하게

◆ **토핑 선택(추가 옵션)**
- **카에다마**替え玉 면 추가
- **오오모리**大盛り 면 곱빼기
- **아지타마**味玉 / **아지츠케 타마고**味付け玉子 양념 반숙란
- **차슈**チャーシュー 양념에 절여 굽거나 삶은 돼지고기
- **네기**ネギ 파
- **키쿠라게**きくらげ 꼬들한 식감의 목이버섯
- **멘마**メンマ 오독오독한 식감의 절인 죽순
- **베니쇼가**紅しょうが 초생강(대개 무료)

◆ **수량 조절**
- **오오메**多め 많이(예: 네기 오오메 = 파 많이)
- **스쿠나메**少なめ 적게(예: 네기 스쿠나메 = 파 적게)
- **누키**抜き 빼기(예: 네기 누키 = 파 빼기)

◆ **사이드메뉴**
- **차항**チャーハン / **야키메시**焼き飯 일본식 볶음밥
- **멘타이코 고향**明太子ご飯 명란젓을 올린 밥
- **히토쿠치 교자**ひとくち餃子 한입 크기 군만두

돈코츠 라멘 5대 체인 맛집

1 이치란
一蘭

1960년 '후쿠오카 나카스 라멘'으로 출발해 하카타식 돈코츠 라멘의 전국 확산을 이끈 브랜드. 돼지뼈 육수를 진하게 우려 감칠맛을 끌어내고 얇고 탄력 있는 면과 매콤한 특제 양념장으로 독보적인 스타일을 완성했다. 삼면을 가린 1인석은 오직 맛에 집중하라는 철학을 담은 것. 면의 익힘 정도, 국물의 기름진 정도, 다대기, 토핑까지 조절할 수 있어 취향에 맞는 한 그릇을 즐길 수 있다. 위 사진은 천연 돈코츠 라멘(980엔).

WHERE 나카스 본사총본점(209p), 텐진점, 하카타점, 고쿠라점 등
WEB ichiran.com

지점 한정 라멘은 사각 또는
오각 그릇에 담겨 나온다.

+ M O R E +

일부 지점은 메뉴 다름 주의!

이치란은 '천연 돈코츠 라멘' 한 가지만 선보이지만 일부 지점은 특수 메뉴만 판매한다. 텐진 니시도리점은 간장 베이스에 불향 입힌 차슈를 얹은 카마다레 돈코츠 라멘, 캐널시티점은 돈코츠 육수에 다시마와 가다랑어포 육수를 첨가해 감칠맛을 살린 와후 돈코츠 라멘, 다자이후 참배점은 면 길이가 보통의 2배가 넘는 합격 라멘만 판다. 따라서 처음 방문이라면 기본인 천연 돈코츠 라멘을 제공하는 일반 매장을 추천한다.

반숙란 토핑 라멘
970엔

2 신신 라멘(원조 하카타 라멘 신신)
元祖博多ラーメン shinshin

이치란과 함께 후쿠오카 돈코츠 라멘 투톱. 진하게 우려낸 돼지뼈 육수에 볶은 마늘 향을 더해 깊고 깔끔한 국물이 특징이다. 얇고 탄력 있는 면발에 채 썬 파와 목이버섯 중심의 단출한 토핑이 어우러져 균형 잡힌 맛을 낸다. 현지인과 여행자 모두에게 가장 무난한 스타일로 평가받는다.

WHERE 텐진 본점(244p), 하카타 데이토스점(178p), 킷테 하카타점,
후쿠오카 파르코점, 고몬도마치점, 아뮤플라자 고쿠라점
WEB hakata-shinshin.com

3 잇푸도
一風堂

1985년 후쿠오카 다이묘에서 시작해 국내 146개, 해외 140여 개 매장을 운영하는 글로벌 돈코츠 라멘 브랜드. 잡내 없이 부드럽고 크리미한 국물이 특징이며 이치란보다 정제되고 세련된 맛을 지향한다. 대표 메뉴는 기본 스타일의 시로마루 모토아지白丸元味, 마늘 향미유와 매운 타레를 더한 아카마루 신아지赤丸新味로, 초심자도 즐기기 쉽다.

WHERE 다이묘 본점,
하카타역점(아뮤플라자 10층)
WEB ippudo.com

4 간소 라멘 나가하마케
元祖ラーメン 長浜家

하카타 라멘의 시조격인 간소 나가하마야元祖長浜屋 직원들이 독립해 연 나가하마식 돈코츠 라멘 전문점. 맑고 담백한 돼지뼈 국물과 극세면이 특징이며, 면을 찬물에 헹구지 않고 바로 담아내 대부분 '카타(단단한)'로 주문한다. 면 추가 시스템, 합리적인 가격, 빠른 회전율, 합석 문화까지 어시장 특유의 서민적 분위기와 진한 국물 맛으로 원조보다 높은 평가를 받는다.

WHERE 나가하마 본점(269p)

5 하카타 잇소우
博多一双

강한 화력과 개성 있는 조리법으로 완성한 국물 위로 솜처럼 부드럽고 뽀얗게 올라오는 거품이 시그니처. 푹 고아 낸 돼지뼈 국물은 걸쭉하면서도 뒷맛이 깔끔하다. 하카타식 가는 스트레이트 면과 큼직한 차슈도 매력. 돼지뼈 특유의 쿰쿰한 향이 강해 호불호가 갈리지만 깊은 풍미를 즐기는 이들에게는 '아와케이泡系(거품 계열)' 돈코츠 국물의 대표주자로 꼽힌다.

WHERE 하타카역 히가시 본점, 나카스점,
기온점
WEB www.hakata-issou.com

라멘 900엔

원조 하카타
돈코츠 라멘 500엔(본점)

엑스트라 토핑을 더한
키와미 시로마루 모토아지 1290엔

비非돈코츠계 인기 라멘집

1 원조 토마토 라멘 333 산미
元祖トマトラーメン333三味

이탈리안 레시피를 접목한 토마토 라멘 전문점. 단맛과 산미가 조화로운 토마토 베이스 국물과 중간 굵기의 스트레이트 면이 특징이다. 맵기 정도를 조절할 수 있는 매운맛 라멘, 치즈 토핑, 남은 국물로 리조토를 만들어주는 것도 인기. 토마토 국물을 활용한 모츠나베도 개성 넘치는 단골 메뉴다.

WHERE 텐진 다이묘 본점(246p), 텐진 다이묘 중심점,
하카타역 히가시점

2 멘야 카네토라
麺や兼虎

후쿠오카에서는 드문 츠케멘つけ麺 전문점. 면을 진한 국물에 찍어 먹는 츠케멘을 '호쾌하고 거칠며 남자다운 한 그릇'이라는 컨셉으로 선보인다. 굵고 탄력 있는 면을 어향 가득한 국물에 찍어 먹는데, 두툼하게 그을린 차슈, 향미유, 산미 있는 양념이 어우러져 츠케멘의 매력을 극대화한다.

WHERE 텐진 본점(245p), 후쿠오카 파르코점,
하카타 데이토스점(178p)

원조 토마토 라멘
680엔

농후 츠케멘 1300엔
+반숙란 150엔

우동 うどん

후루룩 짭짭, 소화행 한 그릇

후쿠오카의 면 요리라면 돈코츠 라멘부터 떠오르지만, 알고 보면 이 도시에는 라멘집보다 우동집이 더 많다는 사실. 우동·소바의 발상지인 후쿠오카에서 우동은 현지인의 진정한 소울푸드다.

후쿠오카식 우동, '이것'이 다르다!

1 목구멍으로 술~술 넘어가는 면발

후쿠오카 우동은 씹는 맛이 거의 느껴지지 않을 정도로 부드럽고 폭신한 면발, 이른바 야와멘やわ麺이 특징이다. 바쁜 하카타 상인들에게 빠르게 우동을 내기 위해 미리 삶아둔 면을 사용한 데서 유래했다. 쫄깃한 식감에 익숙한 이들에겐 어색하겠지만 입안에서 사르르 녹듯이 부드럽고 소화가 잘돼 현지인들에게 꾸준히 사랑받는다. 칼국수처럼 넓적한 면을 쓰는 곳도 있다.

2 감칠맛 제대로 나는 맑은 육수

멸치, 가다랑어포, 고등어포, 다시마 등 각종 건어물로 뽑아낸 맑고 감칠맛 깊은 육수(다시)도 후쿠오카식 우동의 특징이다. 이 때문에 뜨끈한 국물에 면을 푹 담가 먹는 카케 우동かけうどん이 일반적이다. 테이블에 유즈코쇼柚子胡椒(유자껍질과 고추로 만든 페이스트)가 놓여 있다면 소량 더해 유자의 상큼함과 고추의 알싸함을 곁들이는 것이 맛의 킥. 여름철에는 차가운 면에 진한 쯔유를 비벼 먹는 붓카케 우동ぶっかけうどん도 인기다.

유즈코쇼

후쿠오카 사람들이 가장 즐겨 찾는 우동은 소고기와 우엉튀김을 올린 니쿠고보텐肉ごぼう天 우동이다. 간장 베이스로 달콤짭조름하게 조린 얇은 소고기와 쫄깃하고 바삭한 우엉튀김은 부드러운 면발과 담백한 국물을 주인공으로 빛나게 해주는 명품 조연이다. 가게마다 우엉튀김의 크기와 형태가 달라 취향이 갈리는 것도 흥미롭다. 잘게 썬 새우와 야채를 섞어 동그랗게 튀긴 카키아게かき揚げ도 우엉튀김의 뒤를 잇는 인기 토핑이지만 어떤 튀김을 고르든 소고기 토핑은 기본이다.

면이 부드럽고 양이 적은 후쿠오카 우동의 특성상 카시와메시(카시와오니기리)는 든든한 한 끼를 완성해주는 최고의 사이드메뉴다. '카시와'는 규슈 방언으로 닭고기를 뜻하며 간장과 설탕으로 달짝지근하게 양념한 닭고기에 표고버섯, 우엉, 당근, 미림 등을 넣어 볶아낸 밥(메시)을 주먹밥으로 내거나 밥그릇에 수북이 담아낸다.

+MORE+

후쿠오카 우동 메뉴 완전 정복

◆ **기본 우동**

- **카케 우동**かけうどん: 가장 기본형. 삶은 우동면에 뜨거운 육수를 면이 잠길 정도로 붓는다.
- **붓카케 우동**ぶっかけうどん: 진한 쯔유를 자작하게 부어 비벼 먹는 우동. 차갑게 또는 따뜻하게 즐길 수 있다.
- **자루 우동/히야시 우동**ざるうどん/ひやしうどん: 면과 육수를 따로 내는 냉우동. 여름 메뉴로 특히 인기 있다.
- **카마아게 우동**釜揚げうどん: 갓 데친 면을 삶은 물과 함께 담아 쯔유에 찍어 먹는다.

◆ **사이드메뉴**

- **이나리**いなり: 유부초밥
- **오니기리**おにぎり: 주먹밥
- **카시와메시**かしわ飯: 닭고기볶음밥
- **카시와오니기리**かしわおにぎり: 카시와메시 주먹밥
- **텐푸라 모리아와세**天ぷら盛り合わせ: 모둠튀김

◆ **고명/토핑 우동**

- **니쿠 우동**肉うどん: 단짠하게 졸인 소고기를 올린 우동
- **고보텐 우동**ごぼう天うどん: 잘게 썬 우엉튀김을 올린 우동
- **니쿠고보텐 우동**肉ごぼう天うどん: 소고기와 우엉튀김을 함께 올린 우동
- **에비텐 우동**海老天うどん: 큼직한 새우튀김을 올린 우동
- **카키아게 우동**かき揚げうどん: 잘게 썬 새우와 야채를 튀겨 올린 우동
- **치쿠와텐 우동**ちくわ天うどん: 가운데가 뚫린 원통형 어묵(치쿠와) 튀김을 통째로 올린 우동
- **키츠네 우동**きつねうどん: 달콤하게 조린 유부를 올린 우동. 큼직한 유부 한 장이 통째로 올라가는 경우가 많다.
- **와카메 우동**わかめうどん: 미역을 올린 우동
- **야마카케 우동**山かけうどん: 간 참마(토로로)를 올린 우동

모츠나베 もつ鍋

밥과 술이 술술 넘어가는 전골요리

여행 중 뜨끈한 국물이 생각날 때 모츠나베는 단연 먹킷리스트 1순위. 진한 국물에 푹 익힌 야채와 고소한 대창은 온몸에 에너지가 차오르는 영양식이자 술이 절로 당기는 최고의 안줏거리다.

모츠나베, 그게 뭔데?

일제강점기 후쿠오카 탄광촌에 강제로 끌려온 조선인들이 버려진 내장(모츠)을 끓여 허기를 달래던 전골에서 유래한 것으로, 현재는 돈코츠 라멘·명란젓과 함께 후쿠오카 3대 음식으로 꼽힌다. 주로 소 대창이나 소창을 양배추, 부추, 두부, 우엉채 등과 함께 익혀 먹으며 육수는 닭뼈, 다시마, 가다랑어포 등을 우려내 깊은 맛을 낸다. 저녁 식사 겸 술안주로 즐겨 찾는 음식이라 간이 다소 센 편이다.

한국의 곱창전골과 뭐가 다를까?

고추장이나 고춧가루로 얼큰하게 끓이는 곱창전골과 달리, 모츠나베는 간장·된장·소금으로 간한 묽고 담백한 국물이 기본이다. 깨끗이 손질한 소 대창을 중불에서 짧게 익혀 탄력 있는 식감을 살리기 때문에 처음엔 다소 질기게 느껴지지만 두꺼운 기름층에서 고소한 풍미가 우러나 국물에 깊이를 더한다. 일부 고급 식당에서는 지방이 적고 식감이 부드러운 소창을 쓰기도 한다.

+MORE+

모츠나베와 함께 즐기기 좋은 안주

후쿠오카에서는 모츠나베를 저녁 식사 겸 술안주로 즐기는 문화가 자리 잡고 있어 이에 어울리는 안주가 발달했다. 대표적인 메뉴는 다음과 같다.

- **스모츠**酢もつ: 쫄깃한 소곱창을 새콤한 폰즈 소스에 무쳐 냈다. 모츠나베의 기름진 맛을 산뜻하게 잡아준다.
- **바사시**馬刺し: 말 사육과 소비량 모두 일본 1위인 구마모토에서 공수한 신선한 말고기 회. 담백한 저지방 고단백 부위로, 헤비한 모츠나베와도 의외로 균형이 좋다.
- **고마사바**ごま鯖: 선도 높은 고등어회를 참깨소스에 무친 요리. 전골이 끓기 전 식욕을 깨우는 에피타이저로 제격이다.
- **멘타이코**明太子/めんたいこ: 명란젓. 생명란의 감칠맛도 좋지만 겉만 살짝 익힌 야키 멘타이코나 명란 오믈렛은 맥주 안주로 특히 잘 어울린다.

모츠나베 입문자를 위한 가이드

1 예약은 필수

유명 체인점은 대부분 온라인 예약이 가능하다. 줄 서느라 시간과 체력을 낭비하지 않으려면 예약 가능 여부를 꼭 확인하자. 당일 예약이 되는 곳도 많다.

2 주문 요령

□ 메뉴 선택

여행자가 많이 찾는 모츠나베 가게는 한국어·영어 표기와 사진 메뉴가 잘 되어 있어 주문이 어렵지 않다. 모츠나베는 보통 2인분부터 주문 가능한데, 모츠 양이 1인분당 100g 내외로 적은 편이니 곱창을 추가하거나 처음부터 코스 메뉴를 선택하거나 단품에 사이드메뉴를 곁들이는 것이 좋은 방법이다. 점심엔 저렴한 런치 세트, 저녁엔 술과 함께 즐기는 코스 메뉴가 인기. 단, 저녁에는 자릿세(오토시)가 추가된다.

- **1인 전골 세트**: 모츠나베+간단한 사이드 메뉴+시메(마무리 단계 면이나 죽)
- **2인 이상 코스**: 모츠나베+말고기회 등 다양한 사이드메뉴+시메
- **노미호다이**飲み放題: 음료 무제한 코스. 시간 제한 있음
- **타베호다이**食べ放題: 모츠나베 외에 시메, 튀김류, 음료 등 무제한 코스. 시간·인원 제한 있음

□ 국물 선택

- **쇼유(간장)**: 기본형. 단짠과 감칠맛이 어우러져 국물 맛을 즐기는 이들에게 인기
- **미소(된장)**: 가장 대중적. 진하고 부드러우면서 감칠맛이 강해 초심자에게 적합
- **시오(소금)**: 담백하고 깔끔한 맛
- **카라미소(매운된장)**: 한국보다 덜 맵고 짠맛이 강한 편

3 먹는 방법 꿀팁

직접 테이블에서 끓여 먹는 방식이 일반적이지만 미리 익혀 나오는 경우에는 약불로 데운 뒤 바로 먹기도 한다. 종업원이 안내하지 않는다면 조리 방법을 물어보자. 넉넉하게 담긴 야채는 끓는 동안 자연스럽게 숨이 죽고 국물에 단맛이 배며 모츠의 기름진 풍미를 부드럽게 잡아준다. 너무 오래 끓이면 모츠가 질겨지니 야채가 익고 국물이 어우러졌을 때 먹어야 가장 맛있다. 국물이 줄면 육수(무료 또는 유료)나 물을 추가해 농도를 조절하자.

유즈코쇼, 폰즈(간장에 감귤즙을 섞은 새콤짭짤한 소스), 라유(고추기름) 등 소스를 곁들이면 느끼함을 줄이고 풍미가 살아난다. 테이블에 없으면 직원에게 요청한다.

4 면 또는 죽으로 마무리하는 시메〆

모츠나베는 남은 국물에 면이나 죽을 넣어 마무리하는 시메가 정석. 모츠와 야채가 진하게 우러난 국물을 끝까지 즐길 수 있다.

- **짬뽕면** ちゃんぽん麵: 가장 기본적인 시메. 굵고 쫄깃한 면이 진한 국물과 잘 어울린다.
- **라멘면** ラーメン麵: 짬뽕보다 얇고 부드러워 가볍게 마무리할 때 적합
- **하프 & 하프** ハーフ&ハーフ: 짬뽕면과 라멘면 반반 구성
- **죽 세트**(조스이 세트) 雑炊セット / **밥+달걀**: 양이 애매할 때나 담백하게 마무리하고 싶을 때 추천

1 하카타 모츠나베 오오야마
博多もつ鍋 おおやま

한국인이 가장 좋아하는 모츠나베 체인. 1인부터 주문 가능한 알찬 메뉴에 저렴한 런치 정식(고젠), 아늑한 좌석, 친절한 서비스, 뛰어난 접근성까지 두루 갖췄다. 대표 맛은 미소(된장)로, 간이 센 편이라 육수를 추가하거나 물을 부어 조절한다. 곱창은 초벌 조리된 상태로 제공된다. 참깨소스 고등어회, 말고기회, 곱창 초절임 등 안주 메뉴도 다양하다. 킷테 하카타점(런치 평판 좋음), 미야코 호텔 하카타점 등이 추천 매장. 예약은 공식 홈페이지 또는 구글에서 가능하다.

WHERE 본점, 미야코 호텔 하카타점, 킷테 하카타점, 파르코점, 원 빌딩점, 텐진 벳테이점, 하카타1번가점 등 후쿠오카 시내 11개
WEB motu-ooyama.com

➜ **대표 메뉴**(지점에 따라 가격·구성 차이 있음)
- **런치 한정 모츠나베 고젠** 1848~2178엔(모츠나베+일품요리 2종+밥 또는 짬뽕면)
- **런치 한정 오오야마 고젠** 2508엔(모츠나베+말고기회+곱창 초절임+명란젓+우뭇가사리묵+밥 또는 면)
- **단품 모츠나베** 2178엔   • **코스 요리** 4000엔부터

2 간소 모츠나베 라쿠텐치
元祖もつ鍋 楽天地

'맛있게, 푸짐하게, 싸게'를 모토로 하는 모츠나베 체인. 약 50년 전 간장 맛 모츠나베 하나로 시장을 선점한 뒤 메뉴 단순화·운영 효율화·시내 중심지 밀집 출점 전략으로 후쿠오카 최대 규모의 체인 브랜드로 성장했다. 육수는 간장 베이스 하나로, 야채가 듬뿍 들어가 짜지 않고 깔끔한 맛이 특징. 1인분 단품은 저렴하지만 모츠 양이 적고 자투리 부위 위주라 결국 추가 주문하게 되니 처음부터 코스를 선택하는 편이 낫다. 코스 주문 시 짬뽕면은 무제한 제공된다. 대부분 방바닥에 앉는 좌식 구조이며 일부 지점은 위생 관련 불만도 있다. 하카타 모츠나베 라쿠텐치博多もつ鍋楽天地라는 상호를 쓰는 지점도 있다. 구글 예약 가능.

WHERE 텐진 이마이즈미 총본점, 텐진 총본점, 요도바시 하카타점, 후쿠오카 공항 국제선 터미널 푸드코트 등 후쿠오카 시내 17개
WEB rakutenti.com

➜ **대표 메뉴**(지점에 따라 가격·구성 차이 있음)
- **단품 모츠나베** 1771엔/1인분부터 주문 가능
- **만족 코스** 3399엔(모츠나베 1.5인분+곱창 초절임·김치·명란 중 택1+두부+짬뽕면 무제한)/인원수대로 주문 필수

3 하카타 모츠나베 야마나카
博多もつ鍋やま中

1984년 창업, 미소(된장) 모츠나베의 원조로 알려진 고급 전문점. 규슈산 된장을 블렌딩해 간장과 미림을 더한 된장 육수의 진하고 짭조름한 맛이 특징이다. 소창만 사용한 모츠는 조리되어 나오며 약불에 살짝 끓이면 부드럽고 탱탱한 식감을 즐길 수 있다. 곱창 초절임, 명란젓, 천엽せんまい, 소 볼살 조림牛ほほ肉の甘煮 등 사이드메뉴도 다양하다. 아카사카점은 세련된 분위기가, 하카타점은 뛰어난 접근성이 강점. 2인분부터 주문 가능하지만 하카타점은 런치 한정으로 1인 주문(1.5인분)도 받는다. 타베로그, 테이블 체크 등에서 예약 필수. 본점은 후쿠오카 남쪽 오하시大橋에 있다.

WHERE 하카타점, 아카사카점 등 후쿠오카 시내 2곳
WEB motsunabe-yamanaka.com

➜ **대표 메뉴**
- **일품 모츠나베** 1인당 2380엔/2인분부터 주문 가능(하카타점 런치 한정 1.5인분 3300엔)
- **프리미엄 코스** 4980엔(모츠나베·일품요리·디저트 포함)

4 하카타 모츠나베 마에다야
博多もつ鍋前田屋

현지인들이 최고로 꼽는 모츠나베 전문점. 규슈산 된장을 블렌딩한 국물은 진하면서도 깔끔한 감칠맛과 부드러운 단맛이 어우러지며, 잡내 없이 부드러운 와규 소창만 사용해 풍미를 살린다. 유즈코쇼, 고춧가루, 다진 마늘 등으로 입맛에 맞게 조절할 수 있고 중간에 야채도 추가로 제공한다. 사이드메뉴로는 고마사바가 유명하며 마무리는 국물을 잘 흡수하는 꼬불면의 주문율이 높다. 공식 홈페이지나 구글, 타베로그에서 예약 필수. 하카타 총본점은 가장 넓고 분위기도 좋아 쾌적하게 즐기기 좋다. 예약이 어려울 땐 워크인만 가능한 리버사이드 나카스점이 대안이지만 긴 대기는 감수해야 한다.

WHERE 총본점(하카타역 동쪽), 하카타점(하카타역 서쪽), 리버사이드 나카스점, 니시나카스점, 이마이즈점, 다이묘점 등 후쿠오카 시내 6곳
WEB motsunabe-maedaya.com

➜ **대표 메뉴**
- **단품 모츠나베** 미소·간장맛 1인당 1958엔, 매운맛 1인당 2178엔/2인분부터 주문 가능
- **평일 한정 코스** 5280엔~(음료 무제한)

: WRITER'S PICK :
자릿세 개념의 오토시お通し

오토시는 이자카야에서 자릿세를 받는 대신 제공하는 기본 안주. 모츠나베 집을 비롯해 술과 안주를 판매하는 곳이라면 적어도 저녁 시간대(주로 16:00 이후)에는 대개 오토시가 포함된다. 가격은 보통 1인당 300~500엔이며 계산서에 별도 항목으로 추가된다.

미즈타키 水炊き

씹고 맛보고 즐기는 닭고기 한 상

그저 평범한 닭 한 마리가 아니다. 깊은 맛의 육수부터 부드러운 살코기, 다양한 밑반찬과 디저트까지, 정갈하고 고급스러운 후쿠오카식 닭 전골 요리 풀 코스를 체험해보자.

품격 있게, 천천히 즐기는 미즈타키

미즈타키는 후쿠오카 지역의 백탕 닭 전골 요리다. 뽀얗게 우러난 깊은 닭 육수를 먼저 음미한 뒤 부위별로 정교하게 손질한 닭고기와 야채를 순서대로 즐기고 마지막에는 면이나 죽으로 마무리하는 것이 정석이다. 한국의 닭 한 마리 요리와 비슷해 보이지만 대부분 코스로 제공돼 가격대가 높고 2시간가량 여유를 두고 천천히 맛봐야 진가를 느낄 수 있다는 점이 다르다. 1인 주문은 드물고 전통 있는 식당일수록 회전이 느려 예약이 필수다.

미즈타키 먹는 순서

가장 먼저 진하게 우러난 닭 육수의 순수한 맛을 음미한다.

큼직한 닭고기와 닭완자를 넣어 익힌 뒤 폰즈에 찍어 먹는다. 유즈코쇼, 쪽파 등을 곁들이면 향과 감칠맛이 살아난다.

야채와 두부를 넣어 익혀 먹는다.

깊고 풍부해진 국물에 밥이나 면을 넣어 마무리한다.

1 하카타 하나미도리
博多華味鳥

가장 유명한 미즈타키 전문점. 닭고기 유통·사육 기업이 자사 브랜드 닭 하나미도리華味鳥로 만든 미즈타키를 합리적인 가격에 선보인다. 오랜 시간 뼈째 끓여낸 백탕 수프가 특징이며 참깨소스 잿방어회와 밑반찬, 밥, 닭튀김 등이 포함된 런치 세트(2480엔~)의 가성비가 좋다. 2인분 이상 주문 가능하며 점심 메뉴 운영 여부는 지점마다 다르다. 예약은 홈페이지, 타베로그, 구글 등에서 한다. 지점마다 분위기 차이가 큰데, 세련된 분위기의 나카스 본점을 가장 추천한다. 일부 지점은 칸막이 좌석이 있다.

WHERE 나카스 본점, 하카타역 앞점, 하카타 치쿠시 출구점, 텐진점, 기온점, 킷테 하카타점 등 후쿠오카 시내 11개
WEB hanamidori.net

2 하카타 미즈타키 하마다야
博多水たき 濱田屋

품격 있는 분위기와 서비스로 호평받는 곳이다. 신선한 닭뼈와 향미 야채를 고온에서 단시간 끓여낸 국물이 깊고 깔끔하다. 부드럽고 쫄깃한 닭고기는 달큰한 양배추 등과 함께 먹으면 풍미가 더해지고 유즈코쇼나 고추 양념을 더하면 감칠맛이 살아난다. 특제 오렌지 향 간장(橙酢しょうゆ, 다이다이즈쇼유)은 미즈타키와 뛰어난 궁합을 자랑한다. 1인분 주문이 가능한 것도 장점. 추천 지점은 JR 하카타 시티 쿠텐점(177p)으로, 전망이 좋고 저렴한 런치 세트를 제공한다. 캐널시티 인근 본점은 최근 리모델링을 마쳐 깔끔하다. 런치를 제외하고 온라인 예약 가능.

WHERE 하마다야 본점, 텐야마치점, 쿠텐점 등 후쿠오카 시내 3개
WEB mizutaki-hamadaya.jp

➡ **대표 메뉴**
- **아지**味 **코스** 4000엔(밑반찬, 닭 사시미와 닭 숯불구이, 죽 또는 짬뽕면, 명란 갓 포함)
- **하나**華 **코스** 5000엔(밑반찬, 전채 3종, 닭 사시미와 닭 숯불구이, 스페셜 메뉴, 죽 또는 짬뽕면, 명란 갓, 디저트 포함)

➡ **대표 메뉴**
- **런치 정식(하마다야 본점·쿠텐점 제공)** 2800엔(밑반찬, 장아찌, 닭튀김, 일품요리, 밥, 디저트 포함)
- **하카타 미즈타키 코스** 4800엔(전채 3종, 이토시마산 돼지고기 샤부샤부, 닭튀김, 야채, 닭완자, 짬뽕면 또는 죽, 디저트 포함)

*키즈 메뉴 있음

해산물 요리

海鮮料理

싱싱한 맛의 바다에 풍덩

하카타만을 끼고 번성한 항구 도시 후쿠오카는 에도 시대부터 해외 무역을 통해 다양한 외국 문화를 수용하며 신선한 해산물을 활용한 요리 문화가 발전했다. 간사이, 간토, 홋카이도와는 또 다른 후쿠오카 해산물 요리만의 매력을 살펴보자.

회刺身 & 초밥寿司 & 해산물덮밥海鮮丼

후쿠오카의 해산물 요리는 강한 자극이나 시각적인 화려함보다 전체적인 밸런스와 은은한 여운을 중시하는 지역적 성향이 반영돼 있다. 먹을수록 깊어지는 맛, 입안에 오래 남는 깊이 있는 맛이 바로 후쿠오카 스타일의 핵심이다.

1 초밥보다 회, 참치보다 고등어

후쿠오카에서는 참돔, 방어, 고등어, 전갱이 같이 근해에서 잡히는 흰살과 푸른살 생선을 즐겨 먹는다. 붉은살 생선, 특히 먼바다에서 주로 잡히는 참치 비중은 비교적 낮은 편이다. 풍부한 어획 환경 덕분에 초밥보다 활고등어를 비롯한 회 요리가 더 발달했고 생선을 간장이나 폰즈에 절여 풍미를 더하고 보존력을 높이는 즈케(절임회)를 즐긴다.

2 덮밥은 절제된 밸런스가 생명

성게, 연어알, 가리비, 게 등 고급 해산물을 아낌없이 올리는 화려한 비주얼의 홋카이도 스타일과 달리, 후쿠오카식 덮밥은 절제되고 균형 잡힌 풍미를 지향한다. 즈케나 깨소스로 무친 생선을 밥 위에 얹고, 김가루나 참기름 대신 폰즈, 유즈코쇼(유자 고추 페이스트), 고마다레 같은 산뜻하고 부드러운 양념으로 섬세하게 맛의 균형을 맞춘다.

3 초밥은 생선 맛이 포인트

샤리シャリ(초밥용 밥)는 간이 약하고 식초를 많이 넣지 않는다. 밥알은 단단하게 쥐지 않고 입안에서 부드럽게 풀리도록 해 생선 본연의 풍미를 살리는 데 집중한다.

4 비법 참깨소스, 고마다레

후쿠오카 생선 요리엔 참깨소스인 고마다레ごまだれ가 빠지지 않는다. 특히 참돔에 고마다레를 얹은 타이노 고마다레鯛のごまだれ가 초밥이나 해산물덮밥에 자주 사용된다.

고마사바 ごまさば

후쿠오카의 향토요리로, 신선한 고등어회를 간장 베이스의 참깨소스에 버무린 것이다. 비린내 없이 쫄깃하고 고소해 반찬이나 안주로 인기가 높다. 고등어는 부패가 빨라 날것으로 먹기 어렵지만 인근 나가사키에서 잡은 직후 피를 빼고 급속 냉각해 유통할 수 있게 되면서 생식 문화가 발달했다. 연중 즐길 수 있으나 10~2월이 제철이며 신선도가 극히 높아야 하므로 모든 식당에서 맛볼 수 있는 것은 아니다. 고등어 외에도 참돔·잿방어·방어 등을 참깨소스에 무친 메뉴가 자주 등장한다.

오차즈케 お茶漬け

후쿠오카 사람들은 밥 위에 생선회를 올려 먹다가 오차즈케로 마무리하는 식사 방식을 즐긴다. 먼저 고마다레, 폰즈, 유즈코쇼 등을 곁들인 생선회를 밥과 함께 한두 입 맛본 뒤 가다랑어포나 닭뼈로 우린 따뜻한 육수에 와사비, 깨, 김가루 등을 넣고 말아 먹는다. 부드러워진 회와 따뜻한 밥, 육수가 어우러지면 남은 재료까지 깔끔하게 먹을 수 있으며 특히 양념한 회와 만나면 감칠맛이 한층 깊어진다.

+MORE+

후쿠오카 인기 생선 리스트

- **고등어** サバ(사바): 구이·조림·회 등 활용 폭이 넓으며 참깨소스에 무친 회 고마사바가 특히 유명하다. 제철은 10~2월.
- **방어** ブリ(부리): 겨울철 후쿠오카 사람들이 즐겨 찾는 생선으로, 조림이나 샤브샤브로 많이 먹는다. 제철은 12~2월.
- **전갱이** アジ(아지): 튀김(아지후라이)이나 회로 즐기며 후쿠오카 정식 메뉴에 빠지지 않는다. 제철은 5~8월.
- **오징어** イカ(이카): 인근 요부코항에서 직송된 투명한 오징어회가 명물로 꼽힌다. 회와 다리 튀김으로 즐기며 제철은 여름~초가을.
- **넙치** ヒラメ(히라메): 부드러운 식감과 은은한 단맛으로 고급 어종으로 친다. 제철은 11~3월.
- **복어** フグ(후구): 시모노세키와 인접해 신선한 복어를 비교적 합리적인 가격에 맛볼 수 있다. 제철은 11~2월.
- **연어** シャケ(샤케): 구이나 덮밥, 초밥 등으로 활용도가 높다. 제철은 9~11월.
- **도미** タイ(타이): 후쿠오카는 천연 도미 어획량이 일본 내 상위권으로, 참돔 마다이マダイ가 가장 대중적이다. 제철은 봄·가을.

알아두면 유용한 식당 용어

- **회** 刺身(사시미) / お造り(오츠쿠리)
- **모둠회** 刺身盛り合わせ(사시미 모리아와세) / お造り盛り合わせ(오츠쿠리 모리아와세)
- **해산물덮밥** 海鮮丼(카이센동)
- **초밥** 寿司(스시)
- **구이** 焼き(야키)−소금구이塩焼き(시오야키), 미림간장구이 みりん焼き(미린야키)
- **조림** 煮付け(니츠케)−된장조림 味噌煮(미소니), 간장조림 醤油煮(쇼유니)
- **절임** 漬け(즈케)−된장절임 味噌漬け(미소즈케)
- **튀김** 揚げ(아게)
- **겉만 익힘** 炙り(아부리)
- **오늘의 생선** 本日のお魚(혼지츠노 오사카나)
- **활어** 活(이키)

장어덮밥

밥 알 한 톨 까 지 남 김 없 이 싹 싹

일본 여행에서 장어덮밥은 빠질 수 없는 메뉴지만 후쿠오카에서는 더 특별하다. 야나가와에서 유래해 규슈 곳곳에서 사랑받는 세이로무시, 기름진 장어에 짭짤한 명란젓을 더한 명란장어덮밥은 후쿠오카 미식 여행의 정점을 찍는 든든한 한 상이다.

우나동うな丼 & 우나주うな重

같은 장어덮밥이라도 둥근 그릇에 담으면 우나동, 사각 찬합에 담으면 우나주라 부른다. 우나주는 그릇 특성상 장어를 더 넉넉히 담을 수 있어 우나동보다 가격이 높고 고급스럽게 보인다. 0.5장부터 2장 이상(특상)까지 장어 양에 따라 가격이 달라지며 가쓰오부시 육수에 장어의 간을 넣어 끓인 맑은 국 키모스이肝吸い와 장아찌가 함께 나온다.

세이로무시せいろ蒸し

야나가와식 장어 찜 요리인 세이로무시는 규슈 전역에서 맛볼 수 있다. 간장 양념을 섞은 밥 위에 장어구이와 달걀지단을 얹고 찜통에 쪄내는 방식으로, 장어를 한 번 더 쪄내는 덕에 매우 부드럽고 촉촉하다. 장어만 숯불에 구워 낸 일반 장어덮밥과 달리 밥에도 장어 향이 깊게 배어 있어 더욱 진한 풍미를 느낄 수 있다.

히츠마부시ひつまぶし

나고야식 장어덮밥으로, 일본 전역에서 인기 있는 메뉴다. 간장 양념으로 구운 장어를 잘게 썰어 밥 위에 얹은 뒤 나무 그릇에 담아낸다. ❶ 장어와 밥만 먼저 맛본 뒤 ❷ 김·파·와사비 등 고명을 곁들여 먹고 ❸ 뜨거운 차나 육수를 부어 오차즈케로 마무리한다. 후쿠오카에선 유즈코쇼, 명란젓 등이 곁들여져 감칠맛을 더한다.

+MORE+

자주 등장하는 사이드메뉴

- **우자쿠**うざく: 장어구이와 오이를 식초에 무친 새콤한 안주. 기름진 장어덮밥을 끝까지 깔끔하게 즐기게 해준다.
- **우마키**う巻き: 장어구이를 넣은 달걀말이
- **멘타이우마키**明太う巻き: 명란젓을 넣은 우마키. 장어 없이 명란만 넣은 경우도 있다.
- **키모야키**肝焼き: 장어 간을 간장 양념에 구운 요리. 안주로 인기다.
- **키모스이**肝吸い: 싱싱한 장어 간을 넣은 맑은 장국. 입안을 개운하게 해준다.
- **호네센베이**骨せんべい: 장어 뼈를 바삭하게 튀긴 안주. 맥주와 잘 어울린다.

후쿠오카에서 명란젓(멘타이코)은 단순한 밥반찬이 아닌 요리의 주재료다. 짠맛과 매운맛의 균형, 톡톡 터지는 식감이 특징인 후쿠오카 명란젓은 품질이 뛰어나기로 유명하다. 현지 대표 브랜드와 한국인에게 인기 있는 제품들을 살펴보자.

명란젓 明太子

밥상의 명란한 주인공

명란젓의 무한 변신

일본의 명란젓은 1949년경 후쿠오카의 작은 상점 후쿠야에서 처음 등장했다. 당시 한국식 명란젓은 저장과 발효를 위해 염도가 높고 양념이 강했으나 후쿠야는 이를 일본인의 입맛에 맞춰 담백한 양념액에 숙성시키는 방식으로 상품화했고, 이것이 오늘날 일본식 명란젓의 출발점이 됐다. 현재 후쿠오카는 약 80곳의 명란젓 전문점을 보유해 생산과 소비 모두 일본 1위를 차지한다. 매운맛의 강도, 무색소·저염 여부, 냉동 여부 등 브랜드별 개성이 뚜렷해 후쿠오카 사람들 사이에서도 각자의 최애 명란 브랜드가 있을 만큼 선택의 폭이 넓다.

카라시 멘타이코辛子明太子 vs 타라코たらこ

후쿠오카 명란젓은 고춧가루와 조미액으로 맛을 낸 매운 명란젓, 즉 카라시 멘타이코를 가리키며 소금에만 절인 순한 맛은 타라코라 부른다. 카라시 멘타이코는 매콤하고 감칠맛이 강해 밥반찬이나 안주는 물론 달걀말이, 빵, 파스타, 감자샐러드, 교자 등 다양한 요리에 두루 쓰이며 술안주로도 인기 많다. 일부 식당에선 명란젓을 통째로 올린 정식을 선보이기도 한다.

+MORE+

후쿠오카에서 꼭 먹어봐야 할 명란 요리 6선

- **명란 달걀말이** 明太だし巻き卵(멘타이 다시마키 타마고): 육수를 머금은 달걀말이에 명란을 더한 인기 안주.
- **명란주먹밥** 明太おにぎり(멘타이코 오니기리): 삼각 주먹밥 속에 명란젓을 넣은 간식.
- **명란밥** 明太重(멘타이주): 따끈한 밥 위에 명란젓과 김을 올리고 특제 소스를 더한 후쿠오카식 덮밥.
- **명란바게트** 明太フランスパン(멘타이 프랑스): 마요네즈와 섞은 명란젓을 발라 구운 바게트.
- **명란 오징어 젓갈** 明太いか塩辛(멘타이 이카 시오카라): 명란과 오징어 살을 버무린 젓갈.
- **명란 오차즈케** 明太茶漬け(멘타이 오차즈케): 밥 위에 명란을 올리고 따뜻한 차나 육수를 부어 말아 먹는 마무리 메뉴.

명란젓 대표 브랜드 TOP 4

1 후쿠야 ふくや

일본 최초의 명란젓 브랜드. 부산에서 태어난 창업자 가와하라 토시오가 어린 시절 맛본 기억을 되살려 명란젓을 개발했다. 화학조미료와 인공색소를 쓰지 않는 전통 제조 방식, 은은한 짠맛과 고급스러운 매운맛이 난다.

WHERE 나카스 본점, 하카타역 지하가, 하카타 데이토스 등

아지노 멘타이 마요네즈
味の明太マヨネーズ

명란젓의 감칠맛과 매콤함이 조화를 이루는 마요네즈 타입 조미료. 샐러드, 파스타, 토스트 등에 어울린다.

¥ 220g 540엔

츠부 튜브 플레인
ツブチューブ プレーン

튜브 형태의 명란젓. 마요네즈와 섞어 디핑 소스로 활용하기 좋다.

¥ 100g 918엔~

멘츠나 캉캉 めんツナかんかん

고급 참치와 매콤한 명란젓을 조합한 통조림.

¥ 90g 370엔~

2 후쿠타로 福太郎

명란 전병을 최초로 개발한 브랜드. 명란젓의 감칠맛과 탱글한 식감을 바탕으로 바질, 유자, 참기름 등 다양한 풍미를 더한 제품을 선보인다. 일부 직영점은 명란 덮밥, 오므라이스 등 식사 메뉴를 갖춘 카페를 겸한다.

WHERE 후쿠오카공항, 하카타역, 텐진 미츠코시, 마리노아시티 등

멘베이 めんべい

명란젓, 오징어, 문어를 넣어 바삭하게 구운 센베이(전병). 매콤하고 감칠맛이 뛰어난 인기 기념품이다.

¥ 2개입 2봉지 세트 180엔~

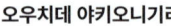

오우치데 야키오니기리
おうちで焼きおにぎり

다이이후점 명물 구운 명란주먹밥. 상온 보관 가능하며 프라이팬이나 전자레인지 조리 가능.

¥ 80g 378엔

후쿠야 나카스 본점 ふくや 中洲本店

1948년 나카스에 연 작은 식료품점에서 시작된 후쿠야의 출발점. 한국어 메뉴판이 있어 고르기 편하고 시식도 자유롭다. 홋카이도산 최고급 명란으로 만든 본점 한정 명란젓을 비롯해 명란 전병, 튜브형 명란 등을 판매한다. **MAP ④-A**

Ⓖ 후쿠야 본점
OPEN 09:00~22:00(공휴일 09:30~18:00)

후쿠타로 프리미엄 멘베이 Fukutaro Premium MENBEI

하카타 한큐 한정 프리미엄 멘베이 전문점. 치즈, 토마토 바질, 성게알(우니), 파슬리 향 새우(에비), 레몬 허브 등 고급 재료의 독창적 풍미가 특징이다. 시식과 선물용 포장도 가능. 하카타 한큐 지하 1층 인포메이션 데스크 옆 출구로 나가 오른쪽에 있다. **MAP ❸-B**

Ⓖ fukutaro premium menbei
OPEN 10:00~20:00

3 시마모토 島本

1976년 창업한 브랜드. 유통량 10% 이하에 불과한 고품질 일본산 명란만 사용해 만든 오리지널 명란젓이 대표 상품이다. 불필요한 양념을 배제하고 조미액에 단시간 담가 명란 본연의 섬세한 입자와 매끄러운 식감, 깔끔한 풍미를 살린 것이 특징이다.

WHERE 하카타역 앞점, 하카타 한큐점

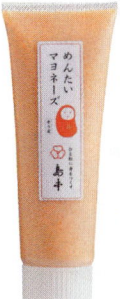

멘타이 마요네즈 明太マヨネーズ
산미를 줄인 부드러운 마요네즈에 구운 카라시 멘타이코를 넣어 감칠맛을 더했다.

¥ 중 500엔

시마모토 하카타역 앞점 島本 博多駅前店
시마모토의 플래그십 스토어. 고급스러운 인테리어와 차분한 분위기 속에 공항에서 보기 힘든 다양한 선물용 제품과 시즌 한정·수제 명란젓을 폭넓게 갖추고 있다. 지하철 기온역 1번 출구 바로 앞에 위치. **MAP ④-A**

Ⓖ 시마모토 하카타역앞점
OPEN 09:00~21:00/오봉·설날 휴무

4 야마야 やまや

전국에 체인을 둔 가장 대중적이고 접근성이 뛰어난 명란젓 브랜드 중 하나. 짭조름하고 매운맛이 강한 명란젓은 술안주로 인기 있고 파스타소스, 드레싱, 건조 간식 등 가공품도 다양하다. 공항, 기차역, 편의점 등에서 쉽게 구할 수 있다.

하카타노고항 博多のごはん
주먹밥 속이나 볶음밥에 바로 넣어 쓰기 좋은 튜브형. 사케(연어), 카라시(매운맛), 이와노리(돌김) 3종류.

¥ 90g 756엔

야마야 드라이 멘타이코
やまやドライ明太子
숙성한 명란젓을 저온에서 천천히 건조해 어란처럼 만든 제품. 씹을수록 진한 감칠맛이 살아난다.

¥ 43g 1458엔

+MORE+

슈퍼마켓 & 쇼핑몰에서 명란젓 찾기

JR 하카타역 직결 쇼핑몰 마잉구(166p)에는 총 16개 브랜드가 모인 전국 최대 규모의 명란젓 특화 코너가 있다. 이 외에도 할로데이 등 지역 슈퍼마켓의 명란젓 코너에서 흠집이 난 명란젓을 잘게 썰어 저렴하게 판매하는 경우가 많아 숙소에서 도시락이나 주먹밥과 함께 먹기 좋다.

: WRITER'S PICK :
간소 하카타 멘타이주
元祖博多めんたい重

명란젓을 밥 위에 통째로 올린 멘타이주めんたい重로 후쿠오카의 명란 요리를 식사 형태로 정착시킨 선구적 식당. 다시마에 싸서 은은한 감칠맛을 살린 명란젓과 특제 간장소스를 곁들인 덮밥은 시소(일본 깻잎), 실고추, 김, 깨 등과 어우러져 단출하지만 깊은 맛을 낸다. 고급스러운 인테리어와 한국어 안내로 관광객도 이용이 편하다. 가성비 면에서는 호불호가 있지만 전용 용기와 연출을 포함한 '경험'으로 보는 이도 많다. 텐진 중앙공원 옆에 본점이 있으며 하카타역에는 테이크아웃 전문점도 있다. **MAP ⑤-B**

멘타이주
1980엔

Ⓖ 간소 하카타 멘타이쥬
OPEN 본점: 07:00~22:30 | 하카타역점: 09:00~21:00
WEB mentaiju.com

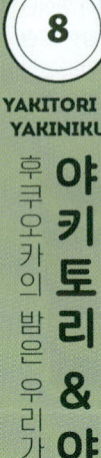

야
키
토
리
&
야
키
니
쿠

焼き鳥 & 焼肉

후쿠오카의 밤은 우리가 접수!

후쿠오카 밤거리의 활기를 책임지는 주역은 단연 야키토리와 야키니쿠. 현지인에겐 퇴근 후 일상이자 힐링, 여행자에겐 '진짜 후쿠오카'를 만나는 입구다.

야키토리

가볍게 한잔 곁들이기 좋은 야키토리는 후쿠오카 저녁 식사의 정석. 인구 10만 명당 야키토리집 수가 전국 최고일 만큼 시내 곳곳에서 만날 수 있다.

1 안 먹으면 '후쿠오카 경험치' 0점, 닭껍질 꼬치

닭 목 껍질을 꼬치에 빙빙 감아 구운 토리카와とり皮는 후쿠오카 야키토리의 시그니처다. 3~7일간 간장 소스에 재우기와 굽기를 반복해 기름기를 쏙 빼고 바삭하면서도 쫀득한 식감에 단짠 소스와 고소한 육즙이 어우러진다. 쟁반 가득 수북이 쌓인 비주얼도 후쿠오카만의 특징. 크기가 작아 10개쯤은 금세 사라지며 가게마다 맛과 스타일이 달라 비교해보는 재미도 있다.

2 후쿠오카 사람들의 찐 사랑, 삼겹살 꼬치

후쿠오카에서 닭껍질 못지않게, 아니 그 이상으로 사랑받는 게 바로 삼겹살 꼬치인 부타바라豚バラ다. 바삭한 식감과 고소한 풍미로 입맛을 사로잡는 후쿠오카 꼬치 문화의 상징이다.

3 후쿠오카 야키토리집, 무엇이 다를까?

후쿠오카에서는 꼬치와 함께 양배추와 식초·간장 베이스 소스인 스다레酢ダレ를 무료 제공해 느끼함을 잡고 소화를 돕는다. 꼬치는 소금(시오)과 간장(타레) 양념이 기본이며 혼술도 부담 없는 바 형식의 소규모 매장이 많다.

+MORE+

야키토리 인기 메뉴

◆ **닭고기**
- **토리카와**とり皮: 닭껍질
- **츠쿠네**つくね: 닭다짐육 완자
- **모모**もも: 닭다리살
- **네기마**ねぎま: 파+닭다리살
- **세세리**せせり: 닭목살
- **사사미**ささみ: 닭안심
- **하츠**ハツ: 염통(심장)
- **난코츠**なんこつ: 가슴 연골
- **테바사키**手羽先: 닭날개구이

◆ **그 외 재료**
- **부타바라**豚バラ: 삼겹살
- **타마네기**玉ねぎ: 양파
- **시이타케**しいたけ: 표고버섯
- **닌니쿠**にんにく: 마늘
- **나스**茄子: 가지
- **아스파라거스**アスパラガス
- **토마토 베이컨**トマトベーコン

야키니쿠

후쿠오카의 야키니쿠집에서는 규슈 각지의 명품 와규를 한자리에서 맛볼 수 있다. 담백한 육향과 균형 잡힌 마블링의 분고규豊後牛(오이타현), 전국 품평회에서 여러 차례 1위를 차지한 촉촉하고 부드러운 미야자키규宮崎牛(미야자키현), 섬세한 육결과 지방결의 사가규佐賀牛(사가현), 강한 감칠맛과 진한 풍미의 쿠로게와규黒毛和牛(가고시마현) 등이 각기 다른 매력을 선사한다.

1 야키니쿠 식당 이용법

유명 야키니쿠집 대부분 한국어 메뉴판이 있어 주문이 어렵지 않다. 고민될 땐 다양한 부위를 맛볼 수 있는 모둠 메뉴가 정답이다. 온라인 예약이 가능한 곳이 많고 가성비 좋은 런치 세트도 인기. 약 2000엔을 추가하면 특정 시간대에 음료 무제한 플랜도 이용할 수 있다.

2 와규 고르는 팁

일본 소고기는 '양(A·B·C)'과 '질(1~5)' 등급을 조합해 표기하며 양(A)과 질(5)이 모두 만점인 A5가 최고 등급이다. 와규는 지방의 풍미를 중시해 마블링이 풍부하고 깊은 맛이 나는 대신 느끼할 수 있는데, 쫄깃하고 담백한 우설을 곁들이면 균형 잡힌 맛을 즐길 수 있다.

추천 야키니쿠 전문점

◆ 사이린 彩凜

규슈산 흑모 와규 고급 부위(등심·안심 등) 코스 중심에 전 좌석 프라이빗 룸, 차분한 분위기와 세심한 서비스가 어우러진 하이엔드 야키니쿠 식당. 코스는 7000~1만엔대, 2시간 음료 무제한 2500엔, 와규 뷔페+음료 무제한 코스는 1만2000엔(90분)이다. 예약 필수. **MAP ③-B**

Ⓖ 야키니쿠 사이린
WEB yakiniku-sairin.jp

◆ 야키니쿠 카쿠라 焼肉かくら

A4~A5급 흑모 와규와 사가규를 합리적인 가격에 맛볼 수 있는 정육점 직영 식당. 작고 얇은 불판에서 빠르게 구워 육즙이 잘 유지되며 전통 간장 타레와의 궁합도 뛰어나다. 런치 세트(1628~1848엔대)와 프리미엄 코스(9900엔)가 인기이며 전 좌석 칸막이석이다. **MAP ④-B**

Ⓖ 야키니쿠 카쿠라 기온마치점
WEB yakiniku-kakura.jp

◆ 니쿠이치 肉一

다양한 산지의 고품질 흑모 와규를 부위별로 선별해 제공하는 정육점 직영 식당. 추천 메뉴는 특선 7종 모둠(2~3인분, 1인당 5478엔), 2시간 음료 무제한은 2200엔. SNS에 자주 노출돼 한국인 방문자가 많은 편이다. 예약 필수. **MAP ③-B & ⑦**

Ⓖ nikuichi(하카타점) I 니쿠이치 야쿠인
WEB yakiniku-nikuichi.com

◆ 다이토엔 大東園

1970년 창업한 야키니쿠 명가. 가족 모임이나 접대에 적합한 정갈한 분위기다. 돌솥비빔밥, 해물전, 곰탕 등 한국식 사이드메뉴가 다양하고 주문 즉시 반죽해 뽑는 수제 냉면도 인기. 2시간 음료 무제한은 1980엔, 모둠 점심 정식(2860~4300엔)도 추천한다. **MAP ④-A**

Ⓖ 다이토엔 본점 I 대동원 기온점
WEB ssl.daitoen.com

이자카야

居酒屋

후쿠오카 밤마실 완벽 가이드

전국에서 손꼽히는 니혼슈와 규슈산 소주, 신선한 해산물과 지역 재료로 만든 안주가 함께하는 이자카야 문화는 후쿠오카 여행의 또 하나의 즐거움이다.

이자카야 이용법 STEP 3

Step. 1 입장하기

입구에 들어서면 스태프가 "난메이 사마데스카?(몇 분이세요?)"라고 묻는다. 손가락으로 인원수를 표시하면 자리를 안내해준다. 2020년 4월 이전에 창업한 소규모 이자카야는 흡연이 가능한 경우도 많아 입장 전 확인하는 것이 좋다.

Step. 2 주문하기

이자카야에선 음료를 먼저 주문하는 문화가 자리 잡고 있다. 안주를 정했다면 함께 주문해도 된다. 후쿠오카 사람들은 술자리 마지막 코스를 면 요리로 마무리하는 '시메〆' 문화가 있어, 일부 이자카야에서는 시메 소면이나 라멘을 팔기도 한다.

Step. 3 계산하기

테이블 위 계산서를 기준으로 정산한다. 자릿세 개념으로 제공되는 기본 안주 '오토시お通し' 요금이 추가되며 전체 예산은 보통 1인 2000엔 이상이다. 계산은 카운터에서 하는 경우가 많지만 테이블에서 바로 결제하는 곳도 있다.

+MORE+

주문할 때 알아두면 좋은 일본어

◆ 일본어 메뉴만 있을 경우 "오스스메 오네가이시마스(추천 부탁해요)" 또는 번역 앱 활용
◆ 추가 주문 호출 버튼을 누르거나 "스미마셍(실례합니다)"
◆ 같은 음료를 다시 주문할 경우 "오카와리 오네가이시마스(추가로 주세요)"

후쿠오카 인기 안주 셀렉션

◆ **해산물**
• 참깨소스 고등어회 ごま鯖(고마사바)
• 모둠회 刺身盛り合わせ(사시미 모리아와세)
• 바지락술찜 あさり酒蒸し(아사리 사카무시)

◆ **육류**
• 닭껍질 꼬치 とり皮(토리카와)
• 닭다리살 소금구이 もも塩焼き(모모시오야키)
• 소힘줄조림 牛すじ煮込み(규스지 니코미)

◆ **야채**
• 가지된장구이 茄子田楽(나스덴가쿠)
• 가지튀김 ナス揚げ(나스아게)
• 오이절임 きゅうり漬け(큐리즈케)

◆ **오뎅**
• 무 大根(다이콘)
• 삶은 달걀 玉子(타마고)
• 곤약 こんにゃく(콘냐쿠)
• 튀김 어묵 さつま揚げ(사츠마아게)

◆ **후쿠오카 특선**
• 명란주먹밥 明太子おにぎり(멘타이코 오니기리)
• 명란구이 明太焼き(멘타이야키)
• 명란 달걀말이 明太だし巻き卵
  (멘타이 다시마키 타마고)
• 한입 교자 ひとくち餃子
  (히토쿠치 교자)

스탠딩 바 즐기기

의자 없이 서서 술을 마시는 '타치노미立ち飲み'는 일본의 독특한 주점 문화로, 퇴근길 직장인들이 가볍게 한잔하거나 2차 장소로 즐겨 찾는 곳이다. 스시 바, 사케 바 등 다양한 형태가 있으며 캐주얼한 분위기가 특징이다. 특히 후쿠오카에는 주류 판매점 내 간이 바에서 서서 마시는 '카쿠우치角打ち' 문화가 있다. 기타큐슈 지역 노동자들로부터 시작된 이 문화는, 일반 주점에서는 보기 힘든 희귀한 니혼슈나 소주를 저렴한 안주와 함께 가볍게 즐길 수 있다. 이러한 스탠딩 바는 공간이 협소한 경우가 많아 큰 짐은 피하고 장시간 머무르는 일은 삼가는 것이 좋다. 대부분 현금 결제만 가능하며 한국어나 영어 메뉴판이 없는 곳도 많다.

혼술하기 좋은 스탠딩 바 체인

1 오사케노 비주츠칸 お酒の美術館

교토에서 시작한 스탠딩 위스키 바 체인. 단종된 올드 보틀과 세계 각국의 빈티지 위스키를 진열한 인테리어가 독특한 분위기를 만든다. 자릿세 없이 1천 500엔부터 시작하는 가성비가 최대 강점이며 진·럼·브랜디 등 주류 구성도 폭넓다. 일찍 문 여는 지점이 많아 낮술을 즐기기에 좋으며 영어 메뉴가 있고 카드 결제도 가능하다. 하카타역 앞점처럼 편의점이 병설된 지점은 편의점 안주 반입이 허용돼 더욱 실속 있다.

WHERE 하카타역 앞점, 텐진점 등
WEB osakeno-museum.com

2 메구스타 MEGUSTA

후쿠오카에서 시작해 현지 트렌드로 자리 잡은 스페인 스타일의 스탠딩 바. 퇴근길 직장인부터 외국인 여행자까지 모여 와인과 핀초스를 즐기는 힙한 분위기가 매력이다. 하우스·내추럴 와인에 감바스, 생햄 등 안주 구성도 탄탄하며 시그니처 메뉴인 훈제 고등어(사바노쿤세이)는 꼭 맛볼 만하다. 시내 곳곳에 네오메구스타 NEOMEGUSTA 등 개성 있는 자매점을 운영하며 한국어·영어 메뉴가 있어 혼술도 부담 없다.

WHERE 케고점, 이마이즈미점 등
WEB souptruck-megusta.com

후쿠오카 이자카야에서 가성비 좋은 니혼슈(사케)를 찾는다면 깔끔한 맛의 혼조조本醸造와 쌀 본연의 풍미를 살린 준마이純米 등급이 무난하다. 글라스 또는 도쿠리로 가볍게 즐기는 하우스 사케는 400엔대부터, 브랜드 사케는 700엔대부터 시작하는 편이다. 메뉴판에 적힌 '오스스메おすすめ(추천)'나 '지자케地酒(지역술)' 표기를 참고하면 실패할 확률이 낮다. 직원에게 "오스스메노 니혼슈와 난데스카?(추천 니혼슈는 무엇인가요?)"라고 물어보면 취향에 맞게 안내해준다.

◆ 추천 브랜드
후쿠오카 지역술: 타나카로쿠고田中六五, 시게마스繁桝, 키타야喜多屋, 니와노우구이스庭のうぐいす
전국구 인기 브랜드: 쿠보타센주久保田千寿, 핫카이산八海山, 닷사이獺祭

야타이 屋台

밤의 포차로 떠나는 로드트립

후쿠오카의 밤을 밝히는 주역은 해 질 무렵 도심 도로변과 강변에 하나 둘 모습을 드러내는 포장마차, 야타이다. 작은 포장마차에 둘러앉아 맛있는 술과 음식을 나누고 처음 만난 사람과도 자연스럽게 어울리는 분위기는 후쿠오카 특유의 정취로 손꼽힌다.

후쿠오카 밤거리의 필수 코스, 야타이

야타이는 전후 경제 회복기에 생겨난 독특한 거리 문화로, 당시에는 생계 수단이자 지역 주민의 소통 공간이었다. 지금도 가족이 대를 이어 운영하는 곳이 많아 단골 중심의 정겨운 분위기가 이어진다. 현재 후쿠오카에서는 100여 곳의 야타이가 운영 중이며 정식 허가를 받은 야타이 수로만 따지면 전국의 약 90%가 후쿠오카에 집중돼 있다. 연간 이용객 또한 약 120만 명에 달해 관광 자원으로서의 위상도 높다. 대부분 외국어 메뉴판을 갖추고 있어 여행자에게 진입장벽이 낮다. 일부는 매일 자리를 옮기는 이동식 형태로 운영돼 거리 풍경을 바꾸는 재미도 있다.

1 언제 가면 좋을까?

저녁 6~7시경 문을 열어 자정~새벽 4시까지 영업한다. 한산한 분위기를 원한다면 8~11시의 피크타임은 피하는 것이 좋다. 휴무일은 사전 확인 필수.

2 어떤 곳을 골라야 할까?

라멘, 모츠나베, 어묵 등 일식은 물론 커피바나 위스키바처럼 다양한 컨셉이 있어 가게 앞 메뉴판을 참고해 고르면 된다.

3 주문과 결제는 어떻게 할까?

기본은 1인 1음료·1메뉴 이상 주문. 요리 수준이 높아 가격이 저렴하지는 않고 자릿세를 받는 곳도 있다. 카드나 QR 결제는 일부만 가능하니 현금을 준비하는 것이 좋다.

야타이 이용 매너 & 팁

좌석이 10석 내외로 작고 회전이 빠른 편이라 가볍게 즐기고 자리를 비워주는 게 예의다. 주문은 한 번에 모아 하는 것이 좋고 4인 이상 단체 방문은 지양하는 분위기다. 큰 짐은 숙소나 코인로커에 맡기고 방문할 것.

야타이의 진짜 매력은 음식 너머에 있다. 옆자리 손님이나 점주와 나누는 짧은 대화 속에서 후쿠오카의 밤이 깊어진다. 혼자라도 부담 갖지 말고 인사부터 건네보자. 아이와 함께해도 괜찮지만 붐비는 시간대는 피하는 것이 좋다.

하카타 리버레인 by 타카시마야

🚇 나카스카와바타역

이온 쇼퍼스 ·
미나 텐진 ·
야타이바 에비짱

쇼와도리 구역 ❷

· 후쿠오카시 아카렌가 문화관
텐진 중앙공원 ·
❶ 나카강 구역

🚇 구시다진자마에역

야타이 겐카이 ·
텐진역 🚇
· 아크로스 후쿠오카

파르코 ·
· 원 후쿠오카 빌딩
· 텐진 중앙공원
· 캐널시티

솔라리아 스테이지 ·
야타이 라멘 신류

이와타야 ·
· 사츠마야

니시테츠후쿠오카(텐진)역 🚉
· 다이마루

니시테츠 텐진 고속버스터미널 🚉
🚇 **텐진미나미역**

· 케고 신사

텐진·와타나베도리 구역 ❸

Area 1
야경 한잔, 술 한잔
나카강 구역 那珂川通り

후쿠오카를 대표하는 야타이 밀집 구역. 특히 나카강 변을 따라 줄지어 선 포장마차의 불빛이 운치를 더한다. 야키토리, 라멘, 어묵 등 정통 메뉴 중심으로 구성된 클래식한 분위기다.

◆ 야타이 라멘 신류 中洲屋台 伸龍

1987년부터 자리를 지켜온 나카스 대표 노포. 경쾌한 음악과 친절한 분위기가 돋보이며 오픈 직후 만석이 된다. 진한 국물의 돈코츠 라멘과 팬에 볶아 국물 없이 내는 야키 라멘이 창업 당시부터 이어온 간판 메뉴. 어묵 6종 모둠도 곁들이기 좋다. **MAP ❹-A**

 야타이 라멘 신류
OPEN 18:00~01:00/목 휴무

돈코츠 라멘 800엔. 테이블의 마늘과 향신료를 추가하면 풍미가 배가된다.

교자 600엔+치즈 추가 200엔

명란 닭날개구이 1개 800엔

Area. 2

텐진·나카스의 또 다른 야타이 성지

쇼와도리 구역 昭和通り

텐진역에서 나카스까지 이어지는 쇼와도리 대로변에는 인기 야타이들이 줄지어 있다. 주변에 쇼핑 스폿과 가성비 좋은 호텔이 많고 교통의 요지라 접근성이 뛰어나다.

◆ 야타이바 에비짱 屋台バーえびちゃん

부부가 대를 이어 운영하는 칵테일·위스키 전문 야타이바. 주류와 안주 모두 수준이 높으며 취향에 맞춘 칵테일도 추천해준다. 재즈가 흐르는 세련된 분위기로 인기가 높고 QR코드로 영어 메뉴 주문 가능. **MAP ⑤-B**

Ⓖ 야타이바 에비짱
OPEN 19:00~24:00
(금·토·공휴일 ~01:00)

오토시로 제공하는
기본 안주, 땅콩과 감 500엔

요거트 오렌지
990엔

고레와 우마이 990엔~

◆ 야타이 겐카이 玄海

1952년 창업한 튀김 전문 노포로, 80대 노부부와 아들이 함께 운영한다. 총 17종의 야채·생선을 깨끗한 식용유에 주문 즉시 바삭하게 튀겨낸다. 한국어 주문지에 원하는 튀김과 수량을 체크해 주인에게 건넨다. **MAP ⑤-A**

Ⓖ 야타이 겐카이
OPEN 18:30~23:00/일·공휴일 휴무

튀김 1개 150~200엔,
8종 튀김 모둠 1200엔

Area. 3

텐진 심장부를 파고드는 맛

텐진·와타나베도리 구역 天神·渡辺通り

지하철 텐진역과 와타나베도리역 사이, 거리 양옆으로 야타이가 늘어선 활기찬 구역. 교통이 편리하고 쇼핑 중심지와 가까워 접근성이 뛰어나며 전통과 현대를 아우르는 다양한 야타이를 경험할 수 있다.

◆ 사츠마야 博多屋台さつまや

부부가 운영하는 숯불구이 전문 야타이. 라멘, 야키토리, 어묵, 스테이크까지 메뉴 폭이 넓고 맛도 정평이 나 있다. 여성 혼술 손님도 많은 편안한 분위기다. **MAP ⑤-B**

Ⓖ satsumaya hakata
OPEN 18:30~02:00/일 휴무

오뎅 1개
200엔~

초보자도 걱정 없는 일본 식당 예약법

맛집 앞에 길게 늘어선 대기줄은 후쿠오카에서 흔히 볼 수 있는 풍경이지만 최근에는 예약 가능한 식당이 많아져 원하는 시간에 여유롭게 식사할 수 있는 곳이 늘어났다. 구글, 타베로그, 테이블체크, 구루나비, 핫페퍼 등 다양한 플랫폼이 사용되며 대부분은 구글맵 식당 정보 페이지의 '예약' 버튼을 통해 간편하게 예약할 수 있다. 플랫폼마다 차이는 있으나 한국어 번역 기능을 활용하면 문제없이 예약할 수 있고 일부 플랫폼은 영어 또는 한국어 안내도 지원한다. 구글·애플 계정을 통해 회원가입과 예약이 가능한 경우도 있다. 대부분 무료 예약·취소가 가능하지만 일부는 신용카드 선결제가 필요하다.

1 예약 방법

□ 구글 예약

구글맵 식당 정보 페이지에서 상단에 '예약하기' 버튼이 있다면 구글 예약이 가능한 곳이다. 버튼을 눌러 인원과 시간을 선택하면 즉시 예약이 확정된다.

□ 기타 예약 플랫폼

구글맵 식당 정보 페이지 하단의 '예약하기' 버튼을 누르면 외부 예약 플랫폼 목록이 나타난다. 원하는 플랫폼을 선택해 예약을 진행하면 된다. 방식은 플랫폼마다 다르지만 대부분 절차는 간단하다.

2 주의사항

□ 식당과 플랫폼마다 예약 조건이 다르므로 신용카드 필요 여부, 취소 규정, 언어 지원 여부를 사전에 확인한다.

□ 음식값을 선결제한 경우 식사 후 중복 결제가 발생하지 않도록 선결제 사실을 미리 알리고 다시 확인한다. 노쇼 방지를 위한 보증금을 결제했다면 취소 또는 환불이 정상 처리됐는지도 반드시 점검한다. 체크카드는 환불 처리에 시간이 걸릴 수 있어 신용카드가 안전하다.

□ 인기 식당은 예약 경쟁이 치열하므로 최소 2~3주 전에 예약하는 것을 권장한다.

3 식당 예약 주요 플랫폼

- **구글 예약** Reserve with Google
  WEB google.com/maps/reserve

- **타베로그** Tabelog
  WEB tabelog.com

- **테이블체크** TableCheck
  WEB tablecheck.com/ko/Japan

- **핫페퍼** Hot Pepper
  WEB hotpepper.jp

구글 예약 버튼

외부 예약 플랫폼 링크

후쿠오카 쇼핑 탐구일기

쇼핑 카트 끌고 득템 순례

슈퍼마켓 & 돈키호테 & 식품 전문점

일본 여행의 화룡점정은 역시 슈퍼마켓과 대형 마트, 식품 전문점, 돈키호테에서 즐기는 먹거리 쇼핑이다. 슈퍼마켓은 대체로 면세 혜택이 없지만 가격이 저렴하고, 대형 마트나 돈키호테에서는 면세 혜택까지 누리며 알뜰하게 쇼핑할 수 있다.

현지인처럼 장보기
슈퍼마켓 & 마트

로피아 ロピア

맥스밸류 MaxValu

'로우 프라이스의 유토피아'를 뜻하는 이름처럼 초저가 판매 전략으로 유명한 슈퍼마켓 체인. 가격은 저렴하지만 현금만 사용 가능하고 면세는 불가능하다. 계산대가 늘 혼잡하니 시간 여유를 두고 방문하는 것이 좋다.

WHERE 요도바시카메라 멀티미디어 하카타(168p), 리버워크 기타큐슈(402p)

대형 유통기업 이온이 운영하는 슈퍼마켓 & 마트 체인. 후쿠오카 시내에는 소형 매장인 맥스밸류 익스프레스가 많다. 일부 매장은 24시간 운영되며 오후 5시 이후부터 할인하는 즉석 도시락과 반찬 코너가 인기다.

WHERE 후쿠오카 기온(199p), 다이묘, 오호리 등

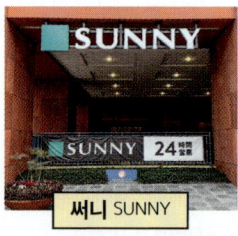

써니 SUNNY

할로데이 HalloDay

이온 AEON

24시간 운영하는 후쿠오카의 대표 로컬 슈퍼마켓 체인. 관광지 주변에 지점이 많고 도시락, 튀김, 반찬 등 간편식 구성도 알차다. 생선회 코너는 신선도와 가성비로 호평받는다.

WHERE 후쿠오카 고후쿠마치(199p), 와타나베도리, 나가하마, 케고 등

북규슈 대표 생활 밀착형 슈퍼마켓 체인. 직원 만족도를 중시하는 운영 철학 덕분에 매장 분위기가 밝고 친절하다. 신선식품에 강하고 자사 프리미엄 도시락과 간편식, 과자와 음료도 다양하다.

WHERE 마크 이즈 후쿠오카 모모치, 시모노세키 카이쿄 유메 타워, 기타큐슈 모지코 등

이온몰, 이온 쇼퍼즈 등으로 운영되는 대형 쇼핑몰 체인. 지하 식품관에서 즉석식품, 디저트, 일상 식재료 전반을 다루며 베이커리 코너도 인기 있다. 일부 매장은 면세와 외국인 할인이 가능하다.

WHERE 이온 쇼퍼즈 후쿠오카(225p), 유후인(324p), 아웃렛 기타큐슈(408p) 등

여행자의 쇼핑 유니버스

돈키호테 ドン・キホーテ

도쿄에서 시작해 전국에 퍼진 24시간 복합 할인 매장. 미로 같은 통로를 누비며 과자, 음료, 가공식품, PB 상품, 주류, 뷰티, 잡화, 가전, 명품까지 장르 불문 핫템 쇼핑을 한 방에 끝낼 수 있고 면세도 가능하다. 온라인 할인쿠폰과 카드사 이벤트를 활용하면 더욱 저렴하게 구매할 수 있다. 늦은 저녁이나 주말은 혼잡하니 피하는 게 좋다.

WHERE 후쿠오카 텐진(224p)·나카스(198p), 벳푸, 고쿠라 우오마치 등
WEB donki.com

세계의 식료품 보물창고

칼디 커피 팜 Kaldi Coffee Farm

세계 각국의 커피, 조미료, 과자류를 엄선한 체인형 식품 편집숍. 태국·인도 커리 재료, 트러플 감자칩, 유럽산 초콜릿, 허브소금, 오리지널 드립커피, 콜드브루 원액까지 감각적인 구성이 돋보인다. 우리나라에서 보기 드문 식재료와 시즌 한정 상품을 합리적인 가격에 판매해 여행자들이 즐겨 찾는다. 하카타 마루이점은 면세 가능.

WHERE 하카타 마루이, 마잉구, 텐진 지하가, 라라포트 후쿠오카, 고쿠라 우오마치 상점가 등
WEB kaldi.co.jp

프리미엄 식품 편집숍

키타노 에이스 北野エース

국내외 고급 식재료와 주류를 폭넓게 큐레이션한 식품 셀렉트숍. 고급 잼과 드레싱, 유럽산 과자, 일본 각지의 특산품과 수입 식재료까지 풍부하게 다룬다. 특히 파르코점은 100종 이상의 레토르트 카레를 진열한 '카레의 책장'으로 유명하다. 오리지널 상품, 전통 간장, 지역 맥주와 사케 등도 인기. 면세는 안 되지만 보는 재미와 고르는 즐거움이 확실한 곳이다.

WHERE 파르코 후쿠오카점, 하카타 한큐, 미츠코시 후쿠오카점
WEB ace-group.co.jp

일본 미식 집합소

백화점 식품관

후쿠오카 명물 도시락부터 전국 제과 명점의 디저트, 니혼슈와 차 선물, 반찬까지 품질 높은 먹거리를 한자리에서 만날 수 있으며 고급스러운 패키지 덕분에 선물용으로도 제격이다. 오후 5~6시 이후에는 도시락, 튀김 등 간편식을 할인 판매한다. 유통기한이 짧고 당일 섭취를 전제로 하는 식품류는 면세 및 외국인 전용 할인 쿠폰 적용 대상에서 제외된다.

WHERE 하카타 한큐, 이와타야 본점, 다이마루 후쿠오카 텐진, 고쿠라 이즈츠야 등

명란 자카리코 & 명란 프링글스
じゃがりこ 明太子味 & Pringles 明太子味

규슈 한정으로 만날 수 있는 명란 맛 과자.
늘 사랑받는 스테디셀러다.

¥ 명란 자가리코 8봉지 1080엔
명란 프링글스 53g x 3캔 831엔

유즈코쇼
柚子胡椒

유자 껍질, 고추, 소금을 갈아 만든 매콤하고 향긋한
규슈 특산 페이스트. 찌개, 전골, 튀김 등 한식과도
잘 어울리며 다양한 브랜드가 있다.

¥ S&B 유즈코쇼 40g 154엔, 80g 250엔

고보텐 & 에비텐
ごぼう天 & えび天

후쿠오카 우동의 필수템인 우엉튀김, 새우튀김을 간편하게
즐길 수 있는 사쿠라미소식품サクラみそ食品의 건조 튀김.

¥ 2개입 150엔~

타카나
高菜

짭조름한 감칠맛으로 밥반찬에 딱인 규슈 대표 갓절임.
기본, 매운맛, 유즈코쇼, 명란 등 다양한 맛과 브랜드가 있다.

¥ 130g 228엔

마일드 칼디 드립 커피
Mild KALDI Drip Coffee

칼디 커피 팜의 대표 블렌드로, 부드럽고 균형 잡힌
맛이 특징. 드립백 타입으로 숙소에서 즐기기 좋고
선물용으로도 부담 없다.

¥ 10개입 734엔

카레 맛,
명란 맛도 인기!

멜론빵 스프레드
ぬって焼いたらメロンパン

칼디 커피 팜의 SNS 품절 대란템.
멜론빵 특유의 달콤함과 향을 그대로 담아,
빵이나 크래커에 발라 먹으면 꿀맛이다.

¥ 110g 354엔

레토르트 카레
Retort Curry
키타노 에이스의 인기 상품. 일본 각지의 개성 있는
고급 즉석 카레를 한곳에서 만날 수 있다.

¥ 1봉 324~2000엔

신신 라멘 컵라면 & 봉지라면
博多純情らーめんShinShin
돈코츠 라멘 맛집 신신 라멘에서 출시한 인스턴트 라멘들.
꼬들한 면발과 진한 돈코츠 풍미를 재현했다.

¥ 컵라면 258엔, 봉지라면(3봉 1팩) 431엔

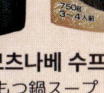

모츠나베 수프
もつ鍋スープ
모츠나베 육수를 간편하게 즐길 수 있는 인스턴트 수프.
미소 맛, 간장 맛 등 다양한 맛과 브랜드가 있다.

¥ 3~4인분 340엔

: WRITER'S PICK :
면세 혜택 가이드

일본에서 'Tax Free' 또는
'免税' 표시가 있는 상점에
서는 구매 금액의 8~10%
를 차지하는 소비세를 면제받을 수 있다. 공항뿐만 아
니라 대형 백화점, 쇼핑몰, 아웃렛, 가전 양판점, 돈키
호테, 드러그스토어, 마트, 일부 소형 상점 등 다양한 곳
에서 면세를 받을 수 있다. 단, 면세는 일본 내에서 소
비하지 않고 국외로 반출할 목적으로 구매해야 적용
된다. 출국 시 면세품을 소지하지 않으면 세관에서 소
비세를 징수할 수 있다.

◆ 일본 면세 조건
일반 물품
➡ 가전, 가방, 신발, 시계, 보석, 의류, 공예품 등
➡ 면세 기준: 세금 제외 5000엔 이상 구매
➡ 주의 사항: 일본 내에서 사용되지 않도록 포장할 경
  우 소모품과 일반 물품을 합산해 면세가 가능하다.
  이때는 전체 물품에 대해 소모품과 동일한 기준이
  적용된다.

소모품
➡ 술, 음료, 향수, 담배, 화장품, 식품 등
➡ 면세 기준: 세금 제외 5000엔 이상~50만엔 이하
➡ 주의 사항: 일본 내에서 사용되지 않도록 밀봉 포장
  해야 하며 개봉 시 출국할 때 과세될 수 있다.

◆ 면세 받는 방법
같은 날 동일 매장 또는 같은 쇼핑몰·백화점에서 구매
한 물품만 면세가 가능하며 수속 시 여권을 반드시 제
시해야 한다. 중소형 상점은 일반 카운터에서 소비세
를 제외한 금액으로 바로 결제할 수 있지만 백화점이
나 쇼핑몰 같은 대형 매장은 면세 카운터에서 소비세
를 일괄 처리하는 방식이 일반적이다. 백화점·쇼핑몰
의 면세 절차는 091p, 귀국 시 면세품 한도와 추가 면
세 범위는 100p 참고.
현재 일본의 면세 제도는 2026년 10월까지 적용되며
2026년 11월부터는 출국 시 공항에서 환급받는 '리
펀드 방식'으로 바뀔 예정이다.

드
럭
스
토
어

실속과 효율, 둘 다 챙기는

시내 어디서든 '뿅' 하고 나타나는 드럭스토어는 발길 닿는 대로 들어가 구경하는 재미가 쏠쏠하다. 소문난 화장품, 의약품, 간식들이 진열대를 가득 메우고 있어 여행자의 시간과 동선을 아껴준다. 관광지에 있는 대부분의 지점은 면세도 가능하다.

드럭스토어 쇼핑 추천템

캔메이크 시크릿 뷰티 파우더
Canmake Secret Beauty Powder

가성비 좋은 캔메이크의 핫템. 24시간 사용 가능하고 크기가 작아 휴대도 편하다.

¥ 1개 935엔

스킨아쿠아 히알루론산 세럼 UV
スキンアクアヒアルロンセラムUV

냄새나 끈적임 없이 산뜻한 자외선차단제. 알코올 무첨가라 자극이 적고 비누로 쉽게 지워진다.

¥ 70g 990엔

멜라노 CC 딥클리어
メラノcc ディープクリア

로토 제약의 인기 클렌징품. 비타민C가 함유된 효소 세안제로, 모공 속까지 깨끗하게 닦아낸다.

¥ 130g 715엔

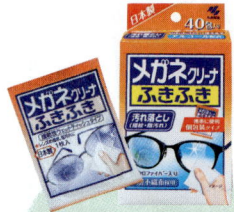

메가네 클리너 후키후키
メガネクリーナー ふきふき

안경 렌즈 전용 일회용 티슈. 렌즈나 휴대폰 액정에 묻은 지문, 유분, 먼지를 깔끔하게 닦아내 여행 중 유용하다.

¥ 40매 580엔

레몬, 사과, 민트 등 다양한 향이 있다.

오쿠치
オクチ

화제의 휴대용 무알코올 가글. 1포씩 입에 넣고 헹구면 입속 찌꺼기가 상쾌하게 빠져나온다.

¥ 5포 264엔

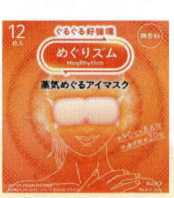

메구리즘 아이마스크
めぐりズム アイマスク

피로한 눈에 효과적인 마스크. 약 40℃의 증기가 10분간 눈을 따뜻하게 마사지한다.

¥ 12매 1306엔

로토 리세
ロートリセ

건조하고 충혈된 눈을 촉촉하고 맑게 가꿔주는 안약. 일반용과 콘택트렌즈용이 있다.

¥ 8ml 660엔

사롱 파스 Ae
サロンパス Ae

피부 자극을 억제해 염증과 통증을 완화하는 파스. 혈액순환에도 효과적이다.

¥ 140매 1500엔~

코이스루 오시리
恋するおしり

일명 '엉덩이 비누'. 하트 모양 비누로 엉덩이를 문질러 씻으면 묵은 각질이 매끄럽게 정돈된다. 상큼한 복숭아 향.

¥ 1개 600~700엔

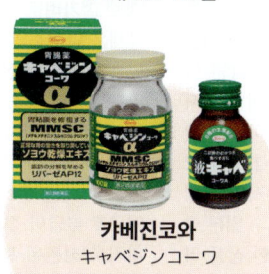

캬베진코와
キャベジンコーワ

과식, 소화불량, 속쓰림에 좋은 위장약. 소화에 좋은 양배추 성분이 들어 있다. 작은 병에 담긴 액상 타입은 여행 중 호로록 마시기 좋다.

¥ 100정 1298엔, 1병 470엔

오타이산
太田胃散

캬베진코와와 함께 일본 대표 위장약. 낱개 포장 형태로 휴대가 편리하다.

¥ 16포 700엔

한정판 패키지를 노려보자!

무히
ムヒ

여행 중 벌레에게 물렸을 때 효과적인 즉효 약. 크림, 액체, 아기용 등 종류도 다양하다.

¥ 50ml, 858엔, 베이비 40ml 763엔

다이코쿠 드럭
ダイコクドラッグ

타 드럭스토어 체인보다 특가 상품이 많고 면세·추가 할인까지 챙기면 더욱 경제적이다. 텐진·하카타역 주변에 매장이 집중돼 있다.

마츠모토키요시
マツモトキヨシ

웰시아와 함께 일본 드럭스토어의 양대산맥. 도심형 매장이 많고 화장품과 의약품 비중이 높다.

코코카라파인
ココカラファイン

건강·미용 관련 상품 중심의 체인. 현지인들이 자주 이용하며 마츠모토키요시와 같은 그룹에 속한다.

웰시아
Welcia

이온 그룹 계열의 일본 최대 드럭스토어 체인. 주로 외곽 주거지에 대형 매장으로 운영한다.

아인즈앤톨페
アインズ＆トルペ

화장품·뷰티 특화 셀렉트숍으로, 자체 화장품 브랜드 'Ainz Tulpe'가 유명하다. 대표 매장은 하카타 마루이점과 텐진 니시도리점.

일상을 반짝이게 할 심쿵템

실속 잡화 &라이프스타일 브랜드

1000엔 이하의 소확행 아이템부터 감각적인 생활잡화까지, 저가 잡화점과 라이프스타일숍에서 나만의 취향을 발견해보자.

슬기로운 저가 잡화 브랜드

다이소
DAISO

일본 가성비 쇼핑의 기본이자 기준점. 대부분 제품이 세금 포함 110엔 균일가로, 주방·욕실·수납·문구·펫 용품 등 생활 전반을 아우른다. 신상품과 인기 캐릭터 콜라보 제품을 유심히 살펴보자.

WHERE 후쿠오카 요도바시카메라·카와바타 상점가·미츠코시·이온 쇼퍼즈, 벳푸 유메 타운, 유후인 이온 마트, 고쿠라 아뮤플라자·리버워크, 시모노세키 산리브 카라토·시몰 등
WEB daiso-sangyo.co.jp

스탠다드 프로덕트
Standard Products

'기본에 충실한 생활용품'을 지향하는 다이소의 프리미엄 라인. 우드·세라믹·리넨 등 소재를 강조한 절제된 디자인과 차분한 색감이 특징이다. 가격대는 330~1100엔으로 다이소보다 높지만 완성도와 사용감이 좋다. 일본 각지의 장인과 협업한 상품 라인도 화제를 모은다.

WHERE 후쿠오카 하카타 버스터미널·미츠코시 등
WEB standardproducts.jp

쓰리피
THREEPPY

'예쁘고 가벼운 생활 소품'을 앞세운 다이소의 감성 라인. 파스텔 톤과 곡선 디자인이 많고 인테리어 소품, 주방 잡화, 수납용품처럼 집 분위기를 바꾸는 아이템이 중심이다. 가격대는 주로 330~770엔으로 부담이 적고 매장 분위기도 정돈된 편이라 선물 고르기에도 쉽다.

WHERE 후쿠오카 하카타 버스터미널·미츠코시·이온 쇼퍼즈, 고쿠라 우오마치 등
WEB threeppy.jp

깜찍한 산리오 캐릭터 칫솔꽂이

일본 전통 직물인 반슈오리播州織로 만든 손수건

세계적 칼의 도시 세키関에서 온 장인 식칼

산뜻한 색감의 여행용 압축팩

디즈니 콜라보 스테인리스 텀블러 (덤보)

: WRITER'S PICK :
**다이소 3형제,
한 방에 쇼핑하는 꿀팁**

다이소, 쓰리피, 스탠다드 프로덕트를 한꺼번에 둘러볼 수 있는 복합 매장이 점점 늘고 있다. 하카타 버스터미널 5층과 텐진 미츠코시 9층, 시모노세키 시몰 2층에는 세 브랜드가 모두 입점해 있으며 이온 쇼퍼즈 후쿠오카에는 다이소와 쓰리피가 함께 있다.

Seria 세리아
Seria

'예쁜 다이소'라 불리는 감각적인 100엔숍(세금 포함 110엔). 기본 생활용품부터 포장재, 문구, 수납 제품까지 디자인이 뛰어나 특히 여성들에게 인기다. 시즌 한정 상품도 다양하다.

WHERE 후쿠오카 마루이·하카타 리버레인·미나 텐진, 벳푸 키타하마,
고쿠라 리버워크·세인트시티 등
WEB seria-group.com

귀여운 미니어처
소꿉놀이 장난감

땡큐 마트
Thank You Mart

390엔 균일가(세금 포함 429엔)를 내세운 잡화 체인점. 키치한 감성의 소품, 복고풍 캐릭터 굿즈, 유니크한 패션잡화를 주로 다룬다. 인기 캐릭터와의 콜라보 제품도 풍부하다.

WHERE 후쿠오카 캐널시티·신텐초 상점가, 고쿠라 세인트시티 등
WEB thankyoumart.jp

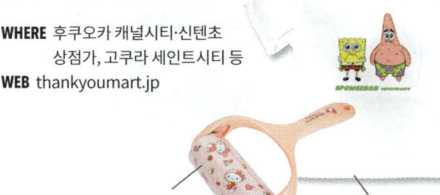

산리오 캐릭터 돌돌이

스폰지밥
티셔츠

감각 천재 라이프스타일 브랜드

무인양품
無印良品

실용성과 절제를 미학으로 삼는 일본 대표 라이프스타일 브랜드. 내수 전용 화장품 라인, 품질 좋은 가공식품과 문구류를 추천한다. 우리나라에 없는 제품을 공략하고 면세 혜택까지 챙기면 더욱 이득이다.

WHERE 후쿠오카 아뮤플라자·캐널시티·솔라리아 플라자·다이마루·
이온 쇼퍼즈·라라포트, 벳푸 토키와, 고쿠라 세인트시티 등
WEB muji.com/jp

겨울철 인기템,
유탄포
온수팩 세트

바움쿠헨. 추천 맛은
바나나, 말차, 홍차

로프트
Loft

문구, 뷰티, 키친, 여행, 인테리어 용품 등 젊은 층을 겨냥한 트렌디한 잡화를 한자리에 모은 대형 편집숍. 시즌 한정 굿즈와 일본 특유의 감성이 담긴 아이템이 가득해 해외 여행객 필수 코스로 손꼽힌다. 232p

WHERE 후쿠오카 미나 텐진·라라포트,
벳푸 토키와 등
WEB loft.co.jp

로프트 쇼핑 필수템으로
손꼽히는 도시락통

일본 특유의 빈티지 감성이
살아 있는 소쿠료야초
測量野帳 미니 노트

니토리
ニトリ

일본을 대표하는 가구·생활용품 전문점으로, 실용적인 소형 잡화가 많다. 쿠션, 타월, 수납 바구니 등이 인기이며 여러 지점 중 캐널시티점의 품목이 가장 다양하다.

WHERE 후쿠오카 하카타 버스터미널·캐널시티·미나 텐진,
마크 이즈 후쿠오카 모모치, 고쿠라 세인트시티 등
WEB shop.nitori-net.jp/nitori/

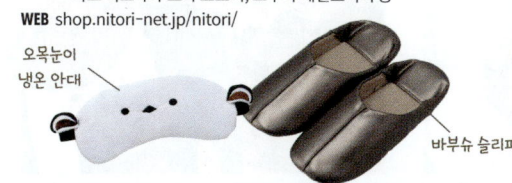

오목눈이
냉온 안대

바부슈 슬리퍼

핸즈
Hands

DIY, 수예, 건강, 아웃도어, 취미 등 아이디어와 기능성이 돋보이는 잡화로 유명한 대형 편집숍. 남성 고객을 겨냥한 아이템도 많고 제품 설명과 체험 공간이 잘 갖춰져 있다. JR 하카타역과 직결된 아뮤플라자 1~5층에 입점해 있다. 164p

WHERE 후쿠오카 아뮤플라자
WEB hands.net

세계 유일의 우산 소믈리에와 콜라보한
핸즈+의 바람막이 우산

요즘 잘 나가는 브랜드 총정리

후쿠오카 패션 쇼핑

후쿠오카에서만 만날 수 있는 일본 한정 컬렉션부터 도쿄 못지않은 스트리트 신, 트렌디한 편집숍까지, 지금 후쿠오카에서 꼭 가봐야 할 패션숍과 브랜드를 정리했다.

일본 패션의 교과서
편집숍 4대 천왕

빔즈
Beams

1976년 시작된 일본 편집숍의 원조 브랜드로, 오리지널과 해외 브랜드를 아우른다. 스트리트, 트래디셔널, 스포츠, 아웃도어 등 다양한 테마로 연령과 취향에 맞춘 세분화한 라인업이 강점. 최신 트렌드와 감각 있는 아이템을 균형 있게 제안한다.

WHERE 파르코 후쿠오카점 신관, 아뮤플라자 하카타

어반 리서치
Urban Research

도심 라이프스타일을 반영한 실용적이고 세련된 캐주얼 웨어 브랜드. 심플하고 정제된 디자인, 다양한 자체 브랜드와 활발한 협업으로 과하지 않게 일상에 자연스럽게 어울리는 스타일을 지향한다.

WHERE 파르코 후쿠오카점, 아뮤플라자 하카타, 고쿠라 이즈츠야

저널 스탠다드
Journal Standard

자체 기획 상품과 국내외 브랜드를 함께 구성한 편집숍. 트렌디한 캐주얼을 중심으로 의류·소품을 제안하며 실용적이고 감각적인 큐레이션이 특징이다. 남녀공용 컬렉션도 많아 커플 쇼핑 장소로도 좋다.

WHERE 아뮤플라자 하카타, 파르코 후쿠오카점

유나이티드 애로우스
United Arrows

클래식한 실루엣에 현대적 감각을 더한 자체 브랜드와 해외 셀렉션을 조화롭게 구성한 편집숍. 절제된 디자인과 높은 품질의 포멀·비즈니스 캐주얼을 중심으로 세련된 일상복을 찾는 이들에게 적합하다.

WHERE 아뮤플라자 하카타, 텐진 VIORO

힙한 무드에 통통 튀는 개성
유니크 스트리트 패션

휴먼 메이드
Human Made

베이프 창립자이자 일본 스트리트 패션의 전설, 니고가 만든 브랜드. 빈티지와 스트리트 감성이 공존하는 디자인이 특징이다. 후쿠오카 다이묘에 규슈 유일의 공식 스토어가 있다.

WHERE 다이묘

히스테릭 글래머
Hysteric Glamour

록 무드와 Y2K 감성이 섞인 독보적인 스타일로 마니아층을 보유. 타이트한 실루엣, 대담한 그래픽, 빈티지 가공이 특징이며 매 시즌 강렬한 룩북과 한정 아이템으로 주목받는다.

WHERE 아뮤플라자 하카타, 다이묘

타임리스 패션

비숍
Bshop

프렌치·유럽 워크웨어와 전통 아메리칸 브랜드 중심의 편집숍. 미니멀하고 견고한 디자인이 특징이며 단톤, 오르시발, 라벤햄 등 클래식 브랜드를 안정감 있게 구성한다.

WHERE 아뮤플라자 하카타, 원 후쿠오카 빌딩

래그태그
RAGTAG

디자이너 브랜드 전문 중고 리세일숍. 꼼데가르송, 메종 마르지엘라, 이세이 미야케 등 인기 브랜드의 상태 좋은 제품을 합리적인 가격에 득템할 수 있다.

WHERE 파르코 후쿠오카점, 다이묘

단톤
Danton

프랑스 철도청 작업복에서 출발한 워크웨어 브랜드로, 일본 라이선스로 전개 중이다. 단정한 실루엣과 견고한 마감, 절제된 색감이 특징이며 비숍·빔즈 등 편집숍에서도 취급한다.

WHERE 아뮤플라자 하카타

가방·액세서리 셀렉션

포터
Porter

뛰어난 기능성과 내구성으로 사랑받는 일본 대표 가방 브랜드. 디자인이 깔끔하고 마감이 뛰어나 직장인과 여행자 모두에게 인기가 높다. 다양한 라인업으로 용도에 맞는 가방을 고르기 쉽다.

WHERE 텐진 지하가, 라라포트 후쿠오카, 후쿠오카공항 국제선 터미널 면세 구역

쿠츠시타야
靴下屋

일본 양말 브랜드 타비오Tabio가 운영하는 전문 매장. 기본부터 트렌디한 디자인까지 폭넓은 구성을 갖췄다. 착용감이 뛰어난 타비오 스포츠 라인은 여행 중에도 신기 좋다.

WHERE 아뮤플라자 하카타, 아뮤에스트, 텐진 지하가, 라라포트 후쿠오카, 고쿠라 아뮤플라자

츄츄안나
Tutuanna

여성용 양말과 이너웨어 중심 브랜드. 귀엽고 사랑스러운 디자인이 젊은 여성에게 인기다. 시스루 레이스 양말이 베스트셀러이며 시즌 한정 디자인도 다양하다.

WHERE 파르코 후쿠오카, 솔라리아 스테이지, 아뮤에스트, 벳푸 유메 타운, 고쿠라 세인트시티

지름길로 가는 쇼핑의 기술

후쿠오카 쇼핑 루트 완전 정복

최신 트렌드를 살필 수 있는 백화점, 쇼핑몰부터 지하상가와 로드숍까지, 이 중 나의 쇼핑 스타일은 어디일까? 짧은 동선에 최대 효율을 누릴 수 있는 5가지 쇼핑 스타일별 루트를 따라가보자.

ROUTE ❶ 시간 절약! 하카타 쇼핑 동선 최강 조합

한큐 × 아뮤플라자 × 마루이 × 하카타 버스터미널

브랜드 감도와 실속을 모두 챙길 수 있는 하카타 중심 4대 쇼핑몰. 고급 백화점부터 감각적인 편집숍, 실속 잡화숍, 캐릭터숍까지 한 번에 둘러볼 수 있다. 명품은 한큐, 편집숍은 아뮤플라자, 실속형 매장은 마루이와 하카타 버스터미널에 집중돼 있다. JR·지하철과 연결돼 동선이 짧고 접근성이 뛰어나 초행자에게도 이상적이다.

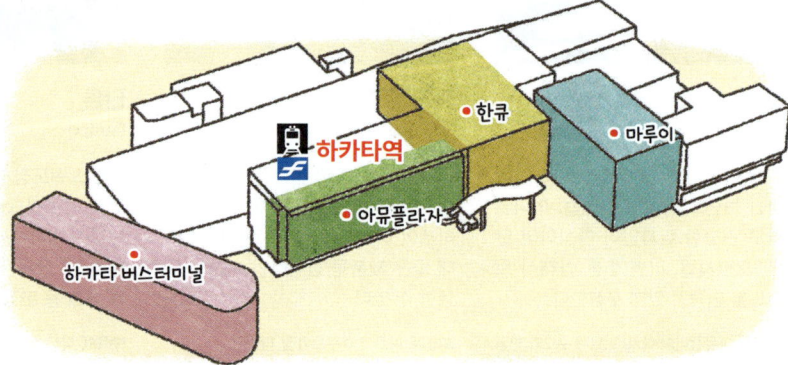

럭셔리 브랜드

루이비통, 구찌, 에르메스, 셀린느,
바오바오 이세이 미야케

➡ 한큐

패션·편집숍 브랜드

빔즈, 비숍, 단톤, 어반 리서치,
유나이티드 애로우스

➡ 아뮤플라자

캐릭터·서브컬처 굿즈숍

포켓몬 센터, 라신반

➡ 마루이

닌텐도, 디즈니 스토어,
포폰뎃타

➡ 아뮤플라자

SPA·라이프스타일·식료품 편집숍

유니클로, 칼디 커피 팜, 세리아, 아인즈앤토페

➡ 마루이

다이소, 쓰리피, 스탠다드 프로덕트

➡ 하카타 버스터미널

핸즈, 무인양품

➡ 아뮤플라자

캐널시티 × 파르코 × 마루이 × 아뮤플라자

구경만 해도 하루가 모자란 굿즈 덕후의 지상낙원. 캐널시티·파르코·마루이를 묶으면 캐릭터 콘텐츠가 폭발한다. 각종 콜라보 굿즈, 한정판 피규어, 게임 센터, 포토존까지, 구경만 해도 눈이 즐거워 테마파크처럼 즐길 수 있다.

공식 IP 콘텐츠숍

건담, 점프, 산리오, 디즈니, 반다이 남코, 동구리 공화국, 울트라맨, 크레용 신짱, 시나모롤 카페 ➡ 캐널시티

원피스, 크레용 신짱 ➡ 파르코

포켓몬 센터 ➡ 마루이

닌텐도 ➡ 아뮤플라자

캐릭터 굿즈·잡화숍

애니메이트, 키디랜드, 스누피, 치이카와, 리락쿠마, 빌리지뱅가드 ➡ 파르코

키라키라 돈키 ➡ 마루이

서브컬처 굿즈숍

애니메이트 ➡ 파르코

라신반, 스루가야 ➡ 마루이

이와타야 × 다이마루

후쿠오카를 대표하는 노포 백화점 투톱. 다양한 브랜드 구색은 물론 공간의 품격과 세심한 서비스로 일본 하이엔드 쇼핑의 진수를 보여준다.

일본 디자이너 브랜드

이세이 미야케, 바오바오, 플리츠 플리즈, 꼼데가르송, 블랙 꼼데, 요지 야마모토, 준야 와타나베 ➡ 이와타야

유럽 하이엔드 브랜드

디올, 생로랑, 셀린느, 발렌티노, 보테가 베네타, 프라다, 발렌시아가, 메종 마르지엘라, 에르메스 ➡ 이와타야

루이비통, 구찌, 톰 포드, 페라가모, 버버리 ➡ 다이마루

컨템포러리 & 기타 해외 브랜드

폴로 랄프로렌, 몽클레르 ➡ 이와타야·다이마루

ROUTE ④ 비가 와도 더워도, 지하로 통하는 실속 쇼핑

텐진 지하가 × 원 후쿠오카 빌딩 × 미나 텐진 × 이온 쇼퍼즈 × 미츠코시

가성비 높은 브랜드로 캐리어를 채우기 좋은 실속 쇼핑 루트. 대중적인 라이프스타일 브랜드부터 세련된 감성 잡화까지 고루 분포돼 있다. 텐진 지하가를 중심으로 동선이 짧고 세일도 잦아 시간과 비용을 절약할 수 있다.

니시테츠후쿠오카(텐진)역 연결

고속버스터미널 연결

지하철

렌진 지하가

SPA·라이프스타일·식료품 편집숍

유니클로, GU, 무인양품, 다이소, 로프트, 세리아
➡ 미나 텐진·이온 쇼퍼즈
스탠다드 프로덕트, 쓰리피 ➡ 미츠코시
칼디 커피 팜, 러쉬, 포터 ➡ 텐진 지하가

전통 잡화·문구숍

나카가와 마사시치 상점, 이토야, 아코메야 도쿄
➡ 원 후쿠오카 빌딩

ROUTE ⑤ 구석구석 걷고 쇼핑하는 힙스터들의 성지

다이묘 로드숍 거리

도쿄 하라주쿠 못지않은 밀도와 감도를 자랑하는 후쿠오카 패션의 심장. 글로벌 브랜드부터 일본 스트리트 패션, 디자이너 브랜드, 독립 편집숍, 빈티지숍까지 다양하게 모여 있어 패션에 진심인 여행자라면 꼭 들러야 할 쇼핑 거리다.

스트리트 패션·디자이너 브랜드

히스테릭 글래머, 나나미카,
휴먼 메이드, 크롬하츠, 칼하트,
슈프림, 스투시, 베이프, Y-3

편집숍·빈티지숍

CABaN, 론 허먼, 다이스앤다이스,
잼, 래그태그

글로벌 브랜드

아디다스, 노스페이스, 리바이스,
뉴발란스, H&M, 자라, 애플

백화점 & 쇼핑몰 면세·할인 A to Z

일본에 6개월 미만 체류 중인 외국인은 동일 백화점이나 쇼핑몰 내 여러 매장에서 구매한 당일 합산 금액이 세금 제외 5000엔 이상일 경우 면세 혜택을 받을 수 있다. 이와타야, 하카타 한큐, 캐널시티, 원 후쿠오카 빌딩, 아뮤플라자 하카타 등에서는 합산 처리가 가능하며, 이중 이와타야·하카타 한큐는 단기 체류 외국인 전용 할인 쿠폰도 제공해 면세와 중복 사용할 수 있다.

1 면세 절차부터 환급 수수료까지, 실전 가이드

□ 준비물

본인 여권(사본 불가), 영수증, 구매 상품, 결제에 사용한 카드 또는 앱(여권 명의와 일치해야 함)

□ 신청 장소

각 백화점·쇼핑몰 면세 카운터에서 신청하며 마감 시간이 매장 영업시간보다 빠를 수 있으니 미리 확인한다. 특히 주말이나 연휴에는 대기 시간이 길어질 수 있으므로 쇼핑을 마치자마자 면세 카운터에 가는 것이 좋다.

□ 면세 절차

여권, 영수증, 신용카드(카드 결제 시), 구매 상품 제시 → 신청서 작성 또는 서명(백화점·쇼핑몰에 따라 생략 가능) → 여권에 면세 기록 부착(백화점·쇼핑몰에 따라 생략 가능)

□ 환급 방식

• **현금 환급**: 즉시 환불
• **신용카드 환급**: 환급 대행업체의 환전 수수료 (3~5%) 발생, 약 1주일 소요
• **환급 수수료**: 구매 금액의 약 1.5% (캐널시티 1.5%, 이와타야·하카타 한큐 각 1.55%)

□ 결제 주의사항

카드 2장으로 나눠 결제하면 면세가 적용되지 않는다. 전액을 현금 또는 동일 카드 1장으로 결제한다. 현금과 카드의 복합 결제는 가능하다.

□ 그밖에 알아둘 점

면세는 당일 구매한 상품에만 적용되며 처리 후에는 반품·교환이 불가능하다. 일부 브랜드나 상품은 면세 대상에서 제외되거나 매장에서 직접 면세를 진행해 합산이 불가능한 경우도 있다.

2 후쿠오카 양대 백화점 외국인 할인 혜택 총정리

	이와타야 게스트 카드	하카타 한큐 게스트 쿠폰
발급처	신관 7층 면세 카운터 (미츠코시 지하 2층 면세 카운터에서도 발급)	1층 인포메이션 데스크
혜택	5% 할인(게스트 카드 적용) + 면세 10% 추가 적용	5% 할인(게스트 쿠폰 적용) + 면세 10% 추가 적용
혜택 제외 브랜드	에르메스, 까르띠에, 티파니앤코, 파텍필립, 롤렉스, 불가리, 반클리프&아펠, 미키모토 등	에르메스, 샤넬, 루이비통, 롤렉스, 불가리, 까르띠에, 티파니앤코, 미키모토 등
혜택 제외 품목	세금 제외 3000엔 미만 상품, 세일 상품, 식품, 레스토랑·카페, 서비스, 상품권 등	세금 포함 1100엔 미만 상품, 세일 상품, 식품, 레스토랑·카페, 럭키백, 상품권 등
유효기간	3년 (면세 카운터에서 연장 가능)	발행일로부터 일주일 이내 (쿠폰에 찍힌 유효기간 확인)

인기 기념품 과자

캐리어에 꾹꾹 눌러 담는 맛

일본 여행의 아쉬움을 달래줄 최고의 아이템은 시내 또는 공항에서 만날 수 있는 기념품 과자.
고급스러운 패키지에 낱개 포장돼 있어 선물용으로도 안성맞춤이다.

하카타 토오리몬
博多通りもん

후쿠오카의 명과자점 메이게츠도明月堂의
간판 만주. 흰앙금에 버터, 생크림, 연유 등을
넣어 입안에서 살살 녹는 식감이 예술이다.
후쿠오카 대표 기념품으로, 현 내에서만
구매할 수 있다.

¥ 8개입 1350엔

멘베이
めんべい

명란젓 전문 기업 후쿠타로의 명란 전병. 명란,
오징어, 문어를 반죽해 감칠맛이 뛰어나고
바삭하다. 플레인 외에 명란이 어우러진
마요네즈·명란버터 맛도 별미. 디즈니 패키지
등 캐릭터 콜라보 한정판도 선물용으로 좋다.

¥ 플레인 2개입 16봉 1200엔

히요코
ひよこ

귀여운 병아리 모양의 화과자.
흰강낭콩에 달걀노른자를 더한 앙금이 노랗고
달콤하다. 후쿠오카에서 시작한 100년 전통
화과자점에서 만든다.
시내 매장에는 한정판 상품도 다양하다.

¥ 10개입 1620엔

아만베리
Aman Berry

후쿠오카산 프리미엄 딸기 아마오우로 만든
고급 디저트. 얇고 바삭한 과자에 화이트
초콜릿 크림과 냉동 건조 딸기 조각을 올려
새콤달콤하고 부드럽다. 하카타 한큐 식품관
히트작으로, 후쿠오카공항에서도 판매한다.

¥ 12개입 1944엔

하카타 파이오
博多ぱいおう

아마오우 디저트로 유명한 제과 브랜드
이토킹伊藤キング의 대표 과자. 바삭한 딸기 파이에
딸기 크림이 샌드돼 있다.

¥ 16개입 1188엔

이모켄피
芋けんぴ

텐진 지하가 이모야 킨지로芋屋金次郎에서 판매하는
고구마튀김 스틱. 손에 달라붙지 않고 오독오독 씹히는 식감이
중독성이 있다. 지퍼백 포장 제품은 유통기한도 넉넉하다.

¥ 120g 600엔

갸또 러스크 구떼 데 루아
Gateau Rusk GOUTER de ROI

얇게 썬 바게트를 두 번 구워 고급
버터를 입힌 프리미엄 러스크.
경쾌하게 부서지는 식감이 특징이다.
후쿠오카에서는 하카타 한큐에서만
판매한다.

¥ 2개입 8봉 864엔

로이스
Royce'

홋카이도산 생크림을 듬뿍 넣어
부드럽고 촉촉한 생초콜릿.
대표 제품인 오레 맛 외에 말차, 샴페인
등 다양한 맛이 있다. 냉장 보관 제품으로,
여름철에는 보냉팩(100엔) 구매 권장.

¥ 20개입 1125엔

후쿠사야 카스텔라
福砂屋カステラ

나가사키 3대 카스텔라 중 하나로,
깊은 풍미와 고급스러운 포장 덕분에
어르신 선물로 제격이다.
작고 귀여운 정육면체 상자에
2조각씩 담은 큐브형 제품도 있다.

¥ 큐브 1개 324엔

슈가 버터 샌드 트리
シュガーバターサンドの木

진한 버터 풍미가 일품인 파삭한
곡물 쿠키 사이에 부드러운 크림을
채워 넣었다. 도쿄 바나나 회사가
선보인 자매 브랜드.

¥ 14개입 1274엔

뉴욕 퍼펙트 치즈
Newyork Perfect Cheese

도쿄역 오픈런의 전설. 크리스피한
랑그드샤에 초콜릿을 통째로 넣고
부드러운 치즈 크림을 채운 담백한
단맛. 이제 후쿠오카공항에서도 만난다.

¥ 12개입 1800엔

시로이 코이비토
白い恋人

얇고 바삭한 랑그드샤 쿠키와
부드러운 화이트 초콜릿이 절묘한
조화를 이룬다. 유통기한도 넉넉한,
일본 여행 기념품의 정석.

¥ 12개입 1036엔

두고두고 만족하는 잡화 기념품

장인의 혼＋귀염뽀짝 한정판

장인의 손길 깃든 예술품부터 오직 후쿠오카에서만 만날 수 있는 한정판 잡화까지, 소장 가치 200% '인생템'이 여기 있다.

니와카 시리즈
にわかシリーズ

제1·2회 규슈·후쿠오카 기념품 그랑프리 잡화 부문 1위. 후쿠오카 전통 희극에서 쓰는 니와카 가면을 본떠 하카타오리博多織로 제작한 유니크한 파우치.

WHERE 마잉구, 핸즈(아뮤플라자 하카타), 하카타 전통공예관, 하카타 향토관, 라라포트 후쿠오카 등
PRICE 동전지갑 1650엔, 파우치 4180엔

나카가와 마사시치 상점
中川正七商店

300년 전통 공예품점에서 만나는 후쿠오카 한정품. 니와카 가면과 명란젓 입술이 유머러스한 세라믹 오뚜기 안에는 후쿠오카 사투리로 적힌 운세 쪽지까지 들었다.

WHERE 원 후쿠오카 빌딩 3층(233p), 아뮤플라자 하카타 1층
PRICE 세라믹 오뚜기 550엔, 하카타 전통 일러스트 손수건 550엔

오뚜기＋
손수건 세트

케이스티파이 스튜디오
CASETiFY STUDiO

인기 캐릭터와의 콜라보 폰 케이스부터 하카타점 한정 폰 케이스까지 폭넓게 다룬다. 면세 가능.

WHERE 아뮤플라자 하카타 1층
PRICE 케이스 8000엔~

하카타
한정 상품!

RETAIL
EXCLUSIVE
店舗限定

하이타이드
HIGHTIDE

펜코로 유명한 후쿠오카 문구 회사 하이타이드의 굿즈들. 우리나라보다 저렴하거나 구하기 어려운 제품이 많고 면세도 가능.

WHERE 하이타이드 스토어(273p)
PRICE 후쿠오카 한정 키링 550엔, 펜코 보울 펜 990엔

유후인노모리 굿즈
ゆふいんの森

후쿠오카와 유후인을 잇는 관광특급열차 유후인노모리에 탑승하면 레트로한 디자인의 굿즈를 만날 수 있다. 문구부터 장난감까지 종류도 가지각색.

WHERE JR 유후인노모리 내
PRICE 마스킹 테이프 440엔, 키링(키 홀더) 1100엔

캡슐토이

일본 감성의 귀엽고 특별한 소품을 좋아하는 여행자라면 못 참는 캡슐토이, 가챠가챠ガチャガチャ. 시즌마다 핫템이 쏟아져 나온다.

WHERE 캐널시티 지하 1층, 요도바시카메라 지하 1층,
#C-pla 후쿠오카 텐진 니시도리점 외 시내 곳곳, 공항 등
PRICE 300~600엔

후지호로 X 미피
캐릭터 시리즈

일본 버스 하차 버튼 마그넷.
'띵동' 벨소리는 물론
실제 안내 멘트까지 나온다.

대나무 공예품

왕대나무의 일본 최대 산지인 오이타현의 벳푸, 유후인에서는 자연미가 돋보이는 대나무 공예품을 만날 수 있다. 가볍고 품질이 뛰어나 기념품으로 딱이다.

WHERE 유후인 카기야(341p) 외 벳푸·유후인 기념품점
PRICE 버터 나이프 590엔, 도시락통 2400엔

단톤
Danton

프렌치 워크웨어 감성의 에코백, 모자, 가방 등 소소한 잡화 쇼핑에 제격이다.

WHERE 아뮤플라자 하카타 4층,
후쿠오카 시내 편집숍(빔스, 비숍 등)
PRICE 캡 7000엔~, 숄더백 8000엔~

스미스
Smith

도쿄 디자인 문구 회사 델포닉스의 직영점. 오리지널 노트 브랜드 롤반의 인기가 높다.

WHERE 아뮤플라자 하카타 1층
PRICE 롤반 후쿠오카 한정판 아마오우
노트 935엔,
하카타 기온 야마카사 노트 935엔

더 플레이버 디자인
The Flavor Design®

DIY 패브릭 미스트가 인기 만점. 공병 디자인, 라벨, 미스트의 색상까지 모두 커스터마이징할 수 있다. 예약 필수.

WHERE 더 플레이버 디자인(237p)
PRICE 향수 15ml 4400엔

쓰리 비 포터스
B·B·B POTTERS

후쿠오카를 대표하는 라이프스타일 편집숍. 후쿠오카 특산 코이시와라 도자기를 비롯해 미니멀한 생활용품이 가득하다.

WHERE 야쿠인(271p)
PRICE 오리지널 토트백 1980엔,
하우스 머그 3300엔

술

일본 리큐어로 홈바 도전!

이자카야에서 기울이는 한 잔, 숙소에서 꿀잠을 부르는 한 모금이 후쿠오카의 밤을 더욱 풍요롭게 만든다. 맥주, 위스키, 니혼슈 등 일본이 빚어낸 다채로운 액체 유산들을 즐겨보자.

맥주

편의점, 마트, 돈키호테 등에서 만날 수 있는 일본 맥주들은 국내에 수입되지 않은 제품이나 한정판이 다양하고 가격도 저렴해 매력적이다.

산토리 프리미엄 몰츠
プレミアムモルツ

풍부한 거품과 깊은 몰트 향이 특징. 기념품용 패키지나 한정판을 주목하자. 후쿠오카공항 면세점 인기 품목.

삿포로 맥주 에비스
ヱビス

풍미가 진하고 깊어 고급 맥주로 손꼽힌다. 국내에서 보기 힘든 흑맥주 에비스 프리미엄 블랙이 인기다.

기린 이치방시보리
一番搾り

첫 맥즙만을 사용해 깔끔하고 균형 잡힌 맛이 특징. 계절·지역 한정 라벨과 캔 디자인 제품이 특히 잘 팔린다.

니혼슈[사케] 日本酒

우리가 흔히 '사케'라고 부르는 니혼슈는 일본산 쌀, 누룩, 물로 빚은 전통 발효주(양조주)를 말한다. 도수는 보통 13~16도로 부드럽고 달콤하며 향이 풍부한 제품이 많다. 유통기한이 짧고 특히 생사케는 냉장 보관이 필요하므로 여행 막판에 구매하는 것이 좋다.

나베시마 鍋島 : 사가현

2011년 IWC 챔피언 사케로 주목받았다. 풍부한 향과 단맛, 감칠맛의 균형이 뛰어나며 준마이다이긴조, 뉴문 등이 인기다. 주류 전문점이나 공항 면세점에서 취급하지만 수량이 적어 자주 품절된다.

닷사이 獺祭 : 야마구치현

한국인에게 특히 사랑받는 프리미엄 니혼슈. 부드럽고 향긋하며 깔끔한 단맛이 특징이다. 39, 23, 스파클링 등 라인업이 다양하고 고급스러운 나무 상자 포장 제품은 선물용으로 선호된다.

쿠보타 久保田 : 니가타현

드라이하면서 깔끔한 맛, 고급스러운 향으로 중장년층에게 특히 인기가 많다. 숙성도에 따라 만주萬寿, 센주千寿 등 다양한 라인업이 있다.

소주 焼酎

일본의 대표 증류주로, 규슈가 본고장이다. 도수는 보통 20~25도로 후쿠오카에서 유명한 보리소주麦焼酎는 담백하고 부드러운 맛으로 한국인에게 가장 익숙하다. 고구마소주芋焼酎는 향이 강하고 묵직해 마니아층이 선호한다.

이이치코 いいちこ : **오이타현**

부드럽고 깔끔한 맛이 특징인 대표 보리소주로, 일상용으로 즐기기 좋다. 고급스러운 디자인의 프리미엄 라인은 선물용으로도 적합하다.

쿠로키 혼텐 黒木本店 : **미야자키현**

장인정신이 깃든 양조장. 프리미엄 보리소주 백년의 고독百年の孤独, 고구마소주 키로쿠㐂六 등은 깊고 풍부한 향으로 높은 평가를 받는다.

키리시마 霧島 : **미야자키현 / 시라나미** 白波 : **가고시마현**

일본 '국민 소주'로 불리는 규슈산 고구마소주 브랜드의 투톱. 흑누룩을 사용한 쿠로키리시마黒霧島가 특히 유명하다.

일본 위스키 & 하이볼 ハイボール/Highball

섬세한 맛과 희소성으로 사랑받는 일본 위스키. 그중 산토리의 야마자키·하쿠슈·히비키는 한국에서 일본 3대 위스키로 불린다. 상점마다 한정 수량으로 판매되는 경우가 많으며 편의점·마트·면세점에서는 위스키에 탄산수를 더한 하이볼 캔 제품도 다양하게 판매된다. 하이볼의 도수는 7~9도 안팎으로, 시원하고 청량한 맛 덕분에 일본에서 가장 대중적인 위스키 소비 방식으로 자리 잡았다. 고급 위스키를 베이스로 한 프리미엄 하이볼도 주목할 만하다.

야마자키 山崎

산토리의 프리미엄 싱글 몰트 위스키. 과일 향과 부드러운 목넘김으로 유명하다. 베스트셀러는 야마자키 12년.

하쿠슈 白州

산토리의 또 다른 대표 싱글 몰트로, 야마자키보다 산뜻한 향과 은은한 스모키 풍미를 지녔다. 위스키 초심자에게 추천.

히비키 響

블렌디드 위스키의 대표 브랜드. 하모니, 17년 등이 유명하다. 병 디자인이 예뻐서 선물용으로도 인기가 높다.

카쿠빈 角瓶

일본 하이볼 문화의 아이콘. 가벼운 바디감과 드라이한 끝 맛으로 하이볼에 최적이고 가격도 저렴해 여행자 필수템으로 꼽힌다.

프리미엄 하이볼 캔

향과 밸런스가 뛰어난 야마자키·하쿠슈 베이스의 하이볼 캔. 백화점·면세점·일부 편의점에서 한정 수량으로 판매한다.

스미요시 슈한
住吉酒販

1914년 창업한 전통 주류상. 규슈 소주부터 전국 니혼슈, 일본산 와인, 크래프트 맥주, 과일주까지 폭넓게 다룬다. 소규모 양조장 제품이 강세이며 큐레이션 감각도 뛰어나다. 캐널시티 근처 본점은 면세 불가. 하카타역점은 데이토스 1층에 있어 면세 가능하며 접근성도 좋다. 하카타역점과 롯폰마츠 421점(262p)에는 매장에서 구매한 술과 안주를 즐길 수 있는 카쿠우치角打ち 코너가 있다.

Ⓖ 본점: 스미요시 슈한
   하카타역점: sumiyoshi liquor hakata deitosu shop
OPEN 본점: 09:30~18:00/일 휴무, 하카타역점: 09:00~20:30
WEB sumiyoshi-sake.jp

토모조에 본점
友添本店

텐진미나미역 인근 주택가에 있는 100년 전통 노포 주류상으로, 잔술을 즐기거나 시음 후 구매할 수 있다. 2023년 매장을 2배로 확장해 1·2층에 걸쳐 1000종 이상의 술을 구비하고 있으며 후쿠오카현 내 70개 양조장 제품까지 폭넓게 취급한다. 깔끔한 진열과 친절한 서비스가 돋보이며 면세도 가능하다.

Ⓖ 토모조에 본점
OPEN 11:00~21:00/수 휴무
WEB tomozoe-honten.co.jp

샴 뒤 뱅
Charme du Vin

고급 주류의 보물창고로 소문난 곳. 프랑스 와인과 스코틀랜드 위스키를 중심으로 다양한 주류를 취급한다. 주류에 정통한 직원이 취향에 맞는 술을 추천해주며 일부 니혼슈는 시음도 가능하다. 선물용 포장과 면세 혜택이 있어 여행자들에게 인기다. 캐널시티 근처에 있다.

Ⓖ 샴 드 뱅
OPEN 10:00~20:00/일·공휴일 휴무
WEB charme-du-vin.com

카브 드 르 셉
Cave de LE CEP

샴페인·와인 전문 매장으로, 철저한 품질 관리와 소믈리에의 세심한 서비스가 돋보인다. 프랑스·이탈리아 와인을 중심으로 캐주얼부터 프리미엄 와인까지 다루며 고급 위스키와 일본 와인도 취급한다. 일부 제품은 시음 가능하고 면세 혜택도 제공한다. 지하철 사쿠라자카역과 야쿠인 오도리역 사이, 케고 지역에 있다.

Ⓖ 카브 드 르 셰프
OPEN 12:00~20:00

야마야 다이묘점

やまや 大名店

규슈 최대급 주류 체인 야마야의 대형 매장으로, 미니어처 술과 안주·식료품 쇼핑에 특히 강한 지점이다. 위스키·니혼슈·소주·와인·맥주를 폭넓게 갖추고, 규슈 소주와 오키나와 아와모리까지 선택지가 많다. 텐진 다이묘 중심에 있어 접근성이 좋고 면세 이용도 가능하다.

Ⓖ 야마야 다이묘점
OPEN 10:00~22:00
WEB yamaya.jp

빅카메라 텐진 1·2호관

ビックカメラ 天神1·2号館

뛰어난 접근성을 자랑하며 산토리 카쿠빈, 아오, 발렌타인 등 인기 위스키를 합리적인 가격에 판매한다. 신용카드 결제와 면세 모두 가능하며 미니어처나 소용량 제품도 다양해 기념품용으로 좋다. 1호관은 텐진미나미역 근처, 2호관은 다이묘에 위치한다. 225p 참고.

Ⓖ 빅카메라 텐진1호점, 빅카메라 텐진2호점
OPEN 10:00~21:00
WEB biccamera.com

후쿠오카공항 국제선 터미널 면세점

2025년 대대적인 리뉴얼을 통해 주류 코너가 한층 넓어졌다. '고르기 쉽고 사기 쉬운 매장'을 컨셉으로 일본 위스키·니혼슈·소주부터 글로벌 브랜드와 프리미엄 주류까지 다양한 라인업을 갖췄다. 성수기나 여행객이 많은 시간대에는 일부 인기 상품의 재고가 빠르게 소진될 수 있으니 후쿠오카공항 온라인 면세점을 통한 사전 주문이 안전하다.

OPEN 07:00~최종편 출발
WEB dfree.fukuoka-airport.jp

이시쿠라 주조 石蔵酒造 (하카타 햐쿠넨구라 博多百年蔵)

150년 이상의 역사를 지닌 하카타 유일의 현역 사케 양조장. 1870년에 세워진 흰 흙벽과 벽돌 굴뚝이 인상적이며 일본 유형등록문화재로 지정돼 있다. 내부 직판장에서는 저온 발효한 명주 준마이다이긴조 햐쿠넨구라純米大吟醸 百年蔵를 비롯해 스파클링 사케 아와유라あわゆら, 냉장 탱크에서 바로 병입한 생사케 시보리타테 준마이주博多百年蔵 しぼりたて 純米酒, 은은한 향과 깔끔한 뒷맛의 긴조 조스이吟醸如水 등 다양한 니혼슈를 시음하고 구매할 수 있다.

이 가운데 햐쿠넨구라는 사케용 최고급 쌀 야마다니시키 100%를 사용해 정미율 40%를 구현한 대표 품목이다. 프루티한 향과 그윽한 단맛, 깊은 감칠맛이 특징으로, 2023년 후쿠오카현 주류 감평회 최고상, 2024·2025년 금상을 수상했다. 모든 제품은 선물용 포장이 가능하지만 면세는 불가하며 양조장 투어는 진행하지 않는다.

Ⓖ 사케 양조장 햐쿠넨구라
ADD 1-30-1 Katakasu, Hakata Ward
OPEN 11:00~17:00(연회가 있는 날은 ~18:30)/ 화요일, 1월 1~3일, 8월 13~15일 휴무
WALK 기온역에서 12분
BUS 하카타 버스터미널 1층 1번 승강장에서 유메 타운 하카타행 버스를 타고 약 8분, 후쿠코마에福高前 정류장 하차 후 도보 1분
WEB ishikura-shuzou.co.jp

시음 코너

귀국할 때 면세점 쇼핑 가이드

1 후쿠오카공항 국제선 면세점

2025년 11월, 후쿠오카공항 국제선 3층 면세점(보안 구역)이 대규모 리뉴얼을 마치고 확대 오픈했다. 핵심은 55·56번 게이트 사이의 과자·식품 구역으로, 규모를 약 3배로 넓혀 브랜드와 취급 상품이 부쩍 늘어났다. 히요코 병아리 만주, 후쿠사야 나가사키 카스텔라, 칸노야 조미료, 야마야 명란 등 규슈 대표 먹거리를 한자리에서 고를 수 있고 전국구 인기 과자도 골고루 갖췄다.

식품뿐 아니라 패션·잡화 매장도 강화됐다. 한국인에게 인기 있는 포터·오니츠카 타이거에 더해 노포 문구점 이토야와 유니클로까지 입점해 기념품 쇼핑의 폭이 커졌다.

또 하나의 장점은 면세품 온라인 예약 서비스가 재개된 것. 출국 전날 12:00까지 주문하면 과자·식품 구역 내 수취 카운터에서 바로 받아 쇼핑 시간을 크게 줄일 수 있다.

WEB 온라인 면세점: dfree.fukuoka-airport.jp

전국 인기 과자가 총집합한 과자·식품 구역

후쿠오카 로컬과 함께한 공항 한정 UT

이토야의 후쿠오카공항 한정 상품

2 인천공항 입국장 면세점

인천공항 출국장 면세점 대신 입국장 면세점을 이용하면 여행 내내 물건을 들고 다닐 필요 없이 귀국 후에 면세품을 구매할 수 있다. 제1터미널은 1층 수하물 수취대 6·7번, 16·17번 부근, 제2터미널은 1층 수하물 수취대 6번 부근에 면세점이 있어 짐 찾으러 가는 길에 들르기에도 편리한 동선이다. 단, 주류·담배·식품(초콜릿·홍삼 등) 위주라 원하는 제품이 없는 경우가 많고 해외에서 산 물품과 출국장·시내 면세·입국장 구매액을 합산해 기본 한도(미화 $800)가 적용된다는 점은 유의하자.

3 면세품·휴대품 한도

귀국 시 면세가 적용되는 쇼핑 금액은 국내 면세점 및 일본 현지 구매품을 포함해 1인당 미화 $800까지다. 이를 초과하면 세관에 자진 신고 후 세금을 내야 한다. 자진 신고 시 관세액의 30%(최대 20만 원)를 감면받을 수 있다.

4 추가 면세 범위

아래 품목은 미화 $800 한도와 별도로 추가 면세가 적용된다. 단, 19세 미만은 주류·담배 면세 혜택을 받을 수 없다.

- □ 향수: 총 용량 100mL(개수 제한 없음)
- □ 담배: 200개비(1보루), 전자담배 니코틴용액 20ml(니코틴 함량 1% 미만)
- □ 주류: 총 용량 2L 이하(병수 제한 없음), 총 가격 미화 $400 이하

*자세한 면세 규정과 면세 범위 초과 물품 예상 세액 조회는 인천본부세관 홈페이지(www.customs.go.kr/incheon/)에서 확인

후쿠오카

여행법

추천 일정

후쿠오카는 도시가 콤팩트하고 교통이 잘 연결돼 있어 짧은 시간에도 여러 지역을 효율적으로 둘러보기 좋다. 아래 소개하는 14개 테마별 모델 코스의 소요 시간은 각각 2~4시간 정도로, 일정과 취향에 따라 원하는 시간대에 맞춰 유연하게 활용할 수 있도록 짜여져 있다.

짧게, 가볍게, 딱 맞게 즐기는

후쿠오카 테마별 모델 코스

10 시사이드 모모치

도진마치
唐人町

7 오호리 공원과
성터

오호리공원
大濠公園

지하철 공항선

니시진
西新

후지사키
藤崎

8 케야키 거리·
롯폰마츠

지하철
나나쿠마선

롯폰마츠
六本松

Cafe

베후
別府

차야마
茶山

⑬ 우미노나카미치·
하카타항

하카타항 국제터미널
博多港国際ターミナル

JR 하카타역
博多駅

⑫ 나가하마
선어시장

③ 카와바타·
하카타 리버레인

고후쿠마치
呉服町

② 기온·
카와바타

나카스카와바타
中洲川端

기온
祇園

하카타
버스터미널

① 하카타역과
그 주변

하카타역
博多駅
JR

지하철
하코자키선

텐진
天神

구시다진자마에
櫛田神社前

④ 캐널시티·
나카스

아카사카
赤坂

니시테츠 텐진
고속버스터미널(3F)

니시테츠후쿠오카
(텐진)역(2F)
西鉄福岡(天神)

텐진미나미
天神南

⑥ 다이묘·
이마이즈미

⑤ 텐진·와타나베도리
쇼핑 스트리트

와타나베도리
渡辺通

⑪ 하루요시·
스미요시

야쿠인오도리
薬院大通

야쿠인
薬院

사쿠라자카
桜坂

⑨ 야쿠인·시로가네·
히라오

히라오
平尾

타카미야
高宮

⑭ 라라포트
후쿠오카

103

④ 캐널시티·나카스   ⑤ 텐진·와타나베도리

① 시작과 끝, 둘 다 되는 만능 코스
하카타역과 그 주변

후쿠오카공항에서 지하철로 5분이면 도착하는 하카타역은 후쿠오카 여행의 시작이자 끝이다. 대형 쇼핑몰, 옥상 전망대, 맛집까지 알차게 갖추고 있다. 161p

⏰ 아침부터 늦은 밤까지 문을 여는 식당과 쇼핑몰이 많아 여행 첫날 도착 직후나 귀국 날 일정으로 방문하기 좋다.

② 도심 속 여유만끽, 옛길 산책 코스
기온·카와바타

고풍스러운 사찰과 신사, 거리 분위기가 남다른 풍취를 자랑한다. 기온역 → 하카타 천년문 → 하카타 구시가(조텐지·토초지) → 하카타 향토관 → 쿠시다 신사 → 카와바타 상점가 코스 추천. 184p

⏰ 오전 9~11시 사이에 방문하면 한산하게 둘러볼 수 있다.

③ 아이랑 도란도란, 가족 여행 코스
카와바타·하카타 리버레인

호빵맨 어린이 박물관, 아시아 미술관, 아케이드 상가인 카와바타 상점가가 있어 아이와 함께 쾌적하게 즐기기 좋은 지역이다. 190p, 192p

⏰ 호빵맨 박물관은 오후 2시 이후가 덜 붐빈다. 공연이나 이벤트 시간표를 미리 확인해두자.

④ 눈과 입이 바빠지는 야경 & 야식 코스
캐널시티·나카스

쇼핑과 분수쇼가 있는 캐널시티, 포장마차와 강변 야경이 멋진 나카스를 잇는 야경 지구다. 캐널시티 → 나카스 포장마차 거리 → 하루요시교 → 나카스 리버크루즈(마지막편 21:00) 코스 추천. 185p

⏰ 낮에 캐널시티에서 쇼핑과 분수쇼를 즐긴 뒤 어스름한 시간에 나카스로 넘어가면 야경 감상 & 식사 동선이 자연스럽게 연결된다.

⑤ 효율 끝판왕! 쇼핑 & 맛집 올인원 코스
텐진·와타나베도리 쇼핑 스트리트

대형 쇼핑몰과 백화점, 지하상가, 맛집이 몰려 있는 대표 상업지역. 계획적으로 동선을 짜는 것이 관건이다. 214p

⏰ 쇼핑몰·백화점은 오전 10시부터 오후 8~9시까지 문을 연다. 솔라리아 스테이지, 원 후쿠오카 빌딩 지하 식당가는 이른 아침부터 늦은 밤까지 연장 운영한다.

⑥ 관광객 티 안 나게, 로컬 쇼핑 & 맛집 코스
다이묘·이마이즈미

후쿠오카 힙스터 감성의 본진. 돈키호테, 대형 드럭스토어도 곳곳에 있다. 핫한 이자카야도 속속 들어서 밤에도 인기가 식을 줄 모른다. 214p

⏰ 오전 11시부터 오후 7시경까지가 가장 활기찬 시간대다. 밤에는 24시간 운영하는 돈키호테로 걸음을 옮겨보자.

⑦ 도심에서 느긋하게, 물멍 & 숲멍 코스
오호리 공원과 성터

호수와 고성터가 어우러진 힐링 스폿. 카페, 맛집들이 여유롭게 흩어져 있어 여행 중 쉼표를 찍기에 안성맞춤이다. 257p

⏰ 이른 아침엔 현지인들과 산책과 러닝을 즐기고, 오후엔 석양을 감상하기 좋다.

⑧ 현지인에게도 로망, 동네 산책 코스
케야키 거리·롯폰마츠

느티나무 가로수 아래 실력 있는 카페와 식당이 이어지는 조용한 거리. 서민적 정취와 트렌디한 감성이 조화를 이룬다. 262p, 263p

⏰ 시간이 없다면 케야키 거리(오호리 공원 남쪽부터 다이묘)만이라도 꼭 걸어보자. 11~3월 오후 6시경부터는 가로수길에 조명이 켜져 더욱 낭만적이다.

⑩ 시사이드 모모치   ⑬ 마린 월드 우미노나카미치

⑨ 로컬들의 보물찾기, 골목 탐방 코스

야쿠인·시로가네·히라오

예쁜 카페, 빵집, 잡화점이 숨어 있는 주택가 산책 코스. 지역 주민의 일상을 엿보며 실력 있는 작은 가게를 발견하는 재미가 있다. 270p

🕐 소규모 상점들은 오전 11시부터 오후 4~5시까지 영업하고 주 2일 이상 쉬는 곳도 있으니 방문 전 영업시간을 확인하는 것이 좋다.

⑩ 하루가 순삭, 오션뷰 & 엔터테인먼트 코스

시사이드 모모치

하카타만을 따라 전망 타워, 해변공원, 팀랩 포레스트, 미즈호 페이페이 돔 등 볼거리와 즐길 거리가 모인 해안 지역. 현대적인 건축물과 바다가 어우러져 가족, 연인, 1인 여행자 모두가 반해버릴 곳이다. 278p

🕐 실내 명소부터 둘러본 뒤 일몰 무렵에 석양과 야경을 감상하는 일정을 추천.

⑪ 아침형 인간의 조식 맛집 & 힐링 코스

하루요시·스미요시

호텔과 조식 식당, 시장이 모인 하루요시에서 하루를 시작해 스미요시 신사와 라쿠스이엔이 있는 정돈된 주택가인 스미요시를 지나 캐널시티까지 걷거나, 야쿠인·시로가네 쪽에서 카페 타임을 즐기는 코스가 자연스럽다. 185p

🕐 야나기바시 시장과 조식 맛집은 오전 8~10시경 가장 활기차다. 스미요시 신사와 라쿠이스엔도 아침 식사 후 한가롭게 산책하기 좋다.

⑫ 활어 사냥꾼의 어시장 출근 코스

나가하마 선어시장

1000엔 안팎의 회·초밥·생선구이를 즐길 수 있다. 식사 후 오호리 공원이나 텐진·다이묘 방면으로 이동해 하루를 시작해보자. 263p, 269p

🕐 식당가 영업시간은 오전 8~9시부터 오후 2시 전후까지이며 일요일은 쉰다.

⑬ 페리 타고 한 바퀴, 해안 순환 코스

우미노나카미치·하카타항

후쿠오카 최대의 녹지, 수족관, 바다 전망을 한 번에 즐길 수 있는 해안 순환 코스. 마린 월드 우미노나카미치 → 우미노나카미치 해변공원 → 페리(20분) → 하카타항(베이사이드 플레이스) 코스 추천. 286p

🕐 우미노나카미치를 둘러본 후에 페리를 타고 시사이드 모모치 지역으로 이동해 후쿠오카 타워 전망대에서 노을과 야경을 감상하는 코스도 좋다.

⑭ 비가 와도, 더워도 OK, 가족 여행 꿀 코스

라라포트 후쿠오카

가전·패션·잡화·푸드까지 총망라, 실물 크기의 건담 조형물과 키자니아, 장난감 미술관 등 즐길 거리가 다양하다. 하카타역과 후쿠오카공항 사이에 있어 후쿠오카 도착 직후나 귀국 직전에 들르기에도 좋은 위치. 182p

🕐 키자니아, 장난감 미술관 등은 현장체험학습을 나온 학생들로 붐빌 수 있어 평일 점심 이후 방문하는 것이 여유롭다. 저녁엔 건담 쇼(19:00~21:00)가 하이라이트다.

---

*이후에 소개하는 '후쿠오카·북규슈 베스트 코스 10'에서는 후쿠오카 시내를 ❶부터 ⑭까지의 구역으로 표기했다. 각 구역의 특징과 추천 코스는 이 페이지의 설명을 함께 참고하면 동선 파악에 더욱 도움이 된다.

후쿠오카 초행자들의 입문 코스

후쿠오카·다자이후 2박 3일

짧은 시간 안에 도심 산책, 쇼핑, 미식, 전통 문화까지 몽땅 경험하는 인기 코스다.
후쿠오카 여행 초심자라면 일단 여기부터 찍고 가보자.

DAY 1 후쿠오카공항(IN)
→ 후쿠오카 시내

- **11:00** 후쿠오카공항 도착
  숙소에 짐 맡기기
- **12:30** ⑤ 텐진·
  와타나베도리
  쇼핑 스트리트
  (점심 식사)
- **15:00** ⑥ 다이묘·
  이마이즈미
- **17:00** ③ 캐널시티·나카스
  (저녁 식사)
  숙소 체크인 후
  휴식

DAY 2 후쿠오카 →
다자이후 →
후쿠오카

- **08:30** 텐진에서 열차 25분
  or
  하카타에서 버스
  40분
- **09:00** 다자이후 산책
  (점심 식사)
  열차 25~30분
  야쿠인역 하차
- **13:30** ⑨ 야쿠인·시로가네·
  히라오
- **16:00** ⑩ 시사이드 모모치
- **19:00** 시내 이자카야
  (저녁 식사)
  숙소에서 휴식

DAY 3 후쿠오카 시내 →
후쿠오카공항
(OUT)

- **08:00** 숙소 체크아웃 &
  짐 맡기기
- **08:30** ⑫ 나가하마 선어시장
  (아침 식사)
- **09:30** ⑦ 오호리 공원과
  성터
  짐 찾아서 하카타역
  코인로커에 다시
  맡기기
- **12:00** ① 하카타역과
  그 주변(점심 식사)
  후쿠오카공항으로
  출발

Tip. 출국 시간이 늦다면
라라포트 후쿠오카를 마지막
일정에 추가해도 좋다.

다자이후 텐만구

대도시+소도시, 완벽한 여행 밸런스

후쿠오카·야나가와·다자이후 2박 3일

고즈넉한 전통 마을에서 마음을 달래고 활기찬 도심 골목에서 발걸음 가볍게,
과거와 현재를 물 흐르듯 오가는 일정이다. 취향이 서로 다른 단체 여행객들에게도 제격이다.

DAY 1
후쿠오카공항[IN] →
후쿠오카 시내

11:00 후쿠오카공항 도착

공항에서 숙소까지
짐 부치기

12:00 ❶ 하카타역과 그 주변
(점심 식사)

14:30 ❷ 기온·카와바타

17:00 ❹ 캐널시티·나카스
(저녁 식사)

숙소 체크인 후 휴식

DAY 2
후쿠오카 → 야나가와 →
다자이후 → 후쿠오카

08:30 텐진에서 열차 45분

09:40 야나가와 뱃놀이(점심 식사)

열차 45분
(다자이후 & 야나가와 관광 티켓)

14:00 다자이후 산책+디저트 타임

열차 25분
+후쿠오카 시내버스 15~20분

18:00 ❿ 시사이드 모모치

20:30 시내 이자카야(저녁 식사)

숙소에서 휴식

Tip. 야나가와 뱃놀이는 비교적
이른 시간에 종료되므로 오전에 들른
후 다자이후로 가는 것이 효율적이다.

DAY 3
후쿠오카 시내 →
후쿠오카공항[OUT]

08:00 숙소 체크아웃 & 짐 맡기기

08:30 ❼ 오호리 공원과 성터
(아침 식사)

10:00 ❽ 케야키 거리·롯폰마츠

12:00 ❻ 다이묘·이마이즈미
(점심 식사)

14:00 ❺ 텐진·와타나베도리
쇼핑 스트리트

짐 찾은 후
후쿠오카공항으로 출발

야나가와 영주 타치바나 저택 오하나

훅~ 떠나서 푹~ 쉬는 온천 로드
후쿠오카·유후인 2박 3일

도심 감성과 온천 휴식을 한 번에 즐기는 2박 3일 미니 여행. 짧은 일정이지만
후쿠오카와 유후인에서 각각 하루를 온전히 보내며 두 곳의 분위기를 만끽할 수 있다.

DAY 1 후쿠오카공항(IN) → 후쿠오카 시내

- **11:00** 후쿠오카공항 도착
  숙소에 짐 맡기기
- **12:30** ⑤ 텐진·와타나베도리
  쇼핑 스트리트
  (점심 식사)
- **15:30** ⑥ 다이묘·이마이즈미
- **18:00** ④ 캐널시티·나카스
  (저녁 식사)
  숙소 체크인 후 휴식

DAY 2 후쿠오카 → 유후인

- **07:30** 숙소 체크아웃 & 짐 맡기기
- **08:00** ⑫ 나가하마 선어시장
  (아침 식사)
- **09:00** ⑦ 오호리 공원과 성터
  짐 찾아서 하카타역
  코인로커에 다시 맡기기
- **12:00** ① 하카타역과 그 주변
  (점심 식사)
- **14:40** 하카타역에서
  JR 유후인노모리
  2시간 10분
- **16:50** 유후인 도착 후 숙소 체크인
  온천 & 저녁 식사

Tip. JR 유후인노모리는 지정석제로 예약이
필수다. 주말이나 성수기에는 조기 매진되기
쉬우니 1개월 전에 예약하는 것이 안전하다.

DAY 3 유후인 → 후쿠오카공항(OUT)

- **09:00** 온천 & 아침 식사 후
  체크아웃
  숙소 or 역 근처
  코인로커에 짐 맡기기
- **10:00** 유노츠보 거리·
  킨린코 산책
  (점심 식사)
- **14:00** 짐 찾은 후 고속버스 2시간
- **16:00** 후쿠오카공항 도착

유후인, 바이엔 가든 리조트

북규슈의 핵심만 담은 알짜 코스

후쿠오카·유후인·다자이후 3박 4일

온천과 도시 감성, 근교 소도시의 매력을 두루 담은 코스. 유후인 1박, 후쿠오카 2박으로
숙소 이동을 최소화하면서 쇼핑과 미식까지 챙길 수 있다.

 후쿠오카공항(IN) → 유후인

11:00	후쿠오카공항 도착
12:10	고속버스 1시간 40분
13:50	유후인 도착
	숙소 or 역 근처 코인로커에 짐 맡기기
14:00	유노츠보 거리·킨린코 산책 (점심 식사)
17:00	숙소 체크인
	온천 & 저녁 식사

 유후인 → 후쿠오카

09:00	온천 & 아침 식사 후 체크아웃
	숙소 or 역 근처 코인로커에 짐 맡기기
10:00	유후인 남쪽 또는 북쪽 고지대 산책 (점심 식사)
14:00	짐 찾은 후 고속버스 1시간 10~25분
15:20	후쿠오카 도착, 숙소 체크인
17:00	④ 캐널시티·나카스 (저녁 식사)
	숙소에서 휴식

 후쿠오카

08:30	⑪ 하루요시·스미요시 (아침 식사)
10:00	⑨ 야쿠인·시로가네·히라오
11:30	⑥ 다이묘·이마이즈미 (점심 식사)
13:30	⑧ 케야키 거리·롯폰마츠
15:00	⑦ 오호리 공원과 성터
17:00	⑩ 시사이드 모모치
19:30	시내 이자카야 (저녁 식사)
	숙소에서 휴식

Tip. 오호리 공원에서 시사이드 모모치까지는 택시(약 1000엔)를 이용하면 체력을 아낄 수 있다.

 후쿠오카 → 다자이후 → 후쿠오카 → 후쿠오카공항(OUT)

08:00	숙소 체크아웃 & 짐 맡기기
08:30	텐진에서 열차 25분 or 하카타에서 버스 40분
09:00	다자이후 산책+디저트 타임 열차 25분 or 버스 40분
12:30	후쿠오카 시내 복귀
13:00	⑤ 텐진·와타나베도리 쇼핑 스트리트(점심 식사) 또는 ① 하카타역과 그 주변 (점심 식사)
	짐 찾은 후 후쿠오카공항으로 출발

Tip. 출국 시간이 이르면 다자이후에서 공항으로 바로 이동한다.

후쿠오카, 텐진 중앙공원

노곤노곤 온천 여행의 정석
후쿠오카·유후인·벳푸·다자이후 3박 4일

지옥 온천과 전통 온천 시설을 두루 체험하며 온천의 진수를 맛보는 코스.
도심, 자연, 전통이 한데 버무려진 클래식 코스다.

DAY 1 후쿠오카공항(IN) → 후쿠오카 시내

- **11:00** 후쿠오카공항 도착
  숙소에 짐 맡기기
- **12:30** ⑤ 텐진·와타나베도리
  쇼핑 스트리트(점심 식사)
- **14:30** ⑥ 다이묘·이마이즈미
- **17:00** ⑩ 시사이드 모모치
- **19:30** 시내 이자카야(저녁 식사)
  숙소 체크인 후 휴식

DAY 2 후쿠오카 → 유후인

- **08:30** 숙소 체크아웃
- **09:00** 텐진·하카타에서
  고속버스 2시간~2시간 20분
- **11:20** 유후인 도착
  숙소 or 역 근처
  코인로커에 짐 맡기기
- **11:30** 유노츠보 거리·
  킨린코 산책(점심 식사)
- **16:00** 숙소 체크인
  온천 & 저녁 식사

Tip. 칸나와는 짐 보관 시설이 적어
주말이나 연휴에는 벳푸역에 짐을
맡기고 칸나와를 왕복하는 편이
간편하다. 이 경우 산큐 패스 북큐슈
2일권을 이용하면 경제적이다.

DAY 3 유후인 → 벳푸 → 후쿠오카

- **09:00** 온천 & 아침 식사 후
  체크아웃
- **10:00** 유후인역 앞 버스센터에서
  유후린 버스
  45분(토·일·공휴일) 또는
  노선버스 1시간 10~30분
- **11:30** 칸나와 도착
  칸나와 버스터미널 or
  지옥 온천 뮤지엄에
  짐 맡기기
- **12:00** 지옥찜 공방 칸나와
  (점심 식사)
- **13:00** 지옥 온천 순례
- **15:50** 칸나와② 정류장에서
  고속버스 2시간 30분
- **18:20** 후쿠오카 도착, 숙소 체크인
- **19:00** ④ 캐널시티·나카스
  (저녁 식사)
  숙소에서 휴식

DAY 4 후쿠오카 → 다자이후 → 후쿠오카 → 후쿠오카공항(OUT)

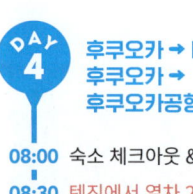

- **08:00** 숙소 체크아웃 & 짐 맡기기
- **08:30** 텐진에서 열차 25분 or
  하카타에서 버스 40분
- **09:00** 다자이후 산책+디저트 타임
  열차 25분 or 버스 40분
- **12:30** 후쿠오카 시내 복귀
  짐 찾아서 하카타역
  코인로커에 다시 맡기기
- **13:00** ❶ 하카타역과 그 주변
  (점심 식사)
  후쿠오카공항으로 출발

Tip. 출국 시간이 이르면
다자이후에서 공항으로 바로 이동한다.

벳푸, 바다 지옥

부모님과 함께 떠나는 슬로 트립

후쿠오카·다자이후·유후인·구로카와 온천 3박 4일

부모님을 모시고 떠나는 조용한 온천 여행.
유후인과 구로카와 온천을 차례로 경험하며 깊은 휴식을 누리기에 더없이 좋은 코스다.

DAY 1
**후쿠오카공항[IN] →
다자이후 →
후쿠오카 시내**

11:00 후쿠오카공항 도착
공항에서 숙소까지 짐 부치기
12:15 버스 25분
12:40 다자이후 산책(점심 식사)
16:00 텐진까지 열차 25분 or
하카타까지 버스 40분
숙소 체크인 후 휴식
18:00 ❹ 캐널시티·나카스(저녁 식사)
숙소에서 휴식

DAY 2
**후쿠오카 →
유후인**

08:00 숙소 체크아웃 & 짐 맡기기
09:00 ❼ 오호리 공원과 성터
11:30 ❷ 기온·카와바타
(점심 식사)
짐 찾아서 하카타역 이동
13:30 ❶ 하카타역과 그 주변
(기념품 쇼핑)
14:40 하카타역에서
JR 유후인노모리 2시간 10분
16:50 유후인 도착, 숙소 체크인
온천 & 가이세키 저녁 식사

Tip. JR 유후인노모리는 1개월 전
예약 권장.

DAY 3
**유후인 →
구로카와 온천**

09:00 아침 식사 후 체크아웃
숙소 or 역 근처 코인로커에
짐 맡기기
10:00 유노츠보 거리·킨린코 산책
(점심 식사)
13:50 규슈횡단버스 1시간 35분
15:25 구로카와 온천 도착
숙소 체크인 후 휴식
가이세키 저녁 식사 & 온천

DAY 4
**구로카와 온천 →
후쿠오카공항[OUT]**

10:00 온천 & 아침 식사 후 체크아웃
11:00 고속버스 2시간 15분
13:15 후쿠오카공항 도착

구로카와 온천

111

세대 초월! 북규슈 온가족 행복 투어
후쿠오카·벳푸 3박 4일

아프리칸 사파리부터 지옥 온천과 특급열차까지,
체험과 즐거움이 가득한 가족 맞춤형 여행 코스.

DAY 1 · 후쿠오카공항(IN) → 후쿠오카 시내

11:00 후쿠오카공항 도착

공항에서 숙소까지 짐 부치기

12:00 ❶ 하카타역과 그 주변
(점심 식사)

13:20 하카타역에서 JR 30분

14:50 우미노나카미치역 도착

14:00 ⑬ 우미노나카미치·하카타항
(마린 월드 → 해변공원)

17:30 하카타만 내항로 페리 20분

17:50 ❿ 시사이드 모모치
(저녁 식사)

숙소 체크인 후 휴식

DAY 2 · 후쿠오카 → 벳푸

08:30 숙소 체크아웃

09:20 하카타역에서 JR 소닉 2시간 10분

11:30 벳푸 도착

숙소에 짐 맡기기

12:00 벳푸역에서 노선버스 20분

12:30 지옥찜 공방 칸나와
(점심 식사)

13:30 지옥 온천 순례

15:30 당일 온천 즐기기

노선버스 20분

숙소 체크인 후 저녁 식사

DAY 3 · 벳푸 → 후쿠오카

09:00 숙소 체크아웃

벳푸역 코인로커에 짐 맡기기

10:00 벳푸역에서 노선버스 45분

10:45 아프리칸 사파리 도착
정글 버스 타고 동물 먹이주기(점심 식사)

14:55 노선버스 45분

15:40 벳푸역 도착

벳푸역 주변 상점가 탐방

16:50 벳푸역에서 JR 소닉 2시간

18:50 후쿠오카 도착

숙소 체크인 후 저녁 식사

후쿠오카, 마린 월드 우미노나카미치

DAY 4 · 후쿠오카 시내 → 후쿠오카공항(OUT)

09:00 숙소 체크아웃 & 짐 맡기기

10:00 ❸ 카와바타·하카타 리버레인

12:00 ❹ 캐널시티·나카스
(점심 식사)

짐 찾은 후 노선버스 이용

14:00 ⑭ 라라포트 후쿠오카

후쿠오카공항으로 출발

도시 탐험가를 위한 1+1 시티 투어

후쿠오카·기타큐슈 전역 3박 4일

후쿠오카의 생동감과 기타큐슈의 세련된 고요함을 함께 담은 도심 여행.
JR 패스가 없어도 교통비 부담이 크지 않다.

 DAY 1 후쿠오카공항(IN) ➔ 후쿠오카 시내

- **11:00** 후쿠오카공항 도착
  숙소에 짐 맡기기
- **12:30** ⑤ 텐진·와타나베도리
  쇼핑 스트리트(점심 식사)
- **14:30** ⑥ 다이묘·이마이즈미
- **17:00** ④ 캐널시티·나카스(저녁 식사)
  숙소 체크인 후 휴식

 **DAY 2** 후쿠오카 ➔ 고쿠라 ➔ 사라쿠라산 전망대 ➔ 고쿠라

- **08:00** 숙소 체크아웃 & 짐 맡기기
- **09:00** ⑧ 케야키 거리·롯폰마츠
  (아침 식사)
- **10:00** ⑦ 오호리 공원과 성터
  짐 찾아서 하카타역
  코인로커에 다시 맡기기
- **12:30** ① 하카타역과 그 주변
  (점심 식사)
- **15:00** 하카타역에서 JR 소닉 40분
- **15:40** 고쿠라 도착, 숙소 체크인
- **16:00** 고쿠라역 근처 상점가 산책
- **17:25** 고쿠라역 앞에서 직행버스
  20분(금~일·공휴일 한정) or
  JR 야하타역까지 15분
  +무료 셔틀버스 10분
- **17:45** 산로쿠역 도착
  케이블카+슬로프카 10분
- **18:00** 사라쿠라산 전망대 일몰 감상
- **20:00** 고쿠라 복귀
  저녁 식사 후 숙소에서 휴식

Tip. 사라쿠라산 전망대는 일몰
시간에 맞춰 올라가야 가장 아름다운
풍경을 볼 수 있다.

 DAY 3 고쿠라 ➔ 모지코 ➔ 고쿠라

- **09:05** 고쿠라역에서 JR 15분
- **09:20** 모지코 도착, 레트로 거리 산책
- **11:00** 야키카레(점심 식사)
- **12:00** 레트로라인 시오카제호 10분
  or 노선버스 15분
- **12:10** 메카리 신사·메카리 공원 산책
- **13:40** 열차 10분 or 버스 15분
- **14:00** 규슈 철도기념관 관람
- **16:00** 모지코역에서 JR 15분
- **16:15** 고쿠라 도착
- **16:30** 리버워크 기타큐슈 쇼핑
- **18:00** 고쿠라성 야경 감상
  저녁 식사 후 숙소에서 휴식

 **DAY 4** 고쿠라 ➔ 기타큐슈 시립미술관 ➔ 고쿠라 ➔ 기타큐슈공항(OUT)

- **09:00** 숙소 체크아웃 & 짐 맡기기
- **09:30** 고쿠라역 앞에서
  노선버스 30분
- **10:00** 기타큐슈 시립미술관
  건축 & 근현대 미술 관람
  노선버스 30분
- **12:00** 탄가 시장 구경(점심 식사)
- **13:00** 고쿠라성 산책
- **14:00** 세인트시티 쇼핑
- **16:30** 짐 찾은 후 공항버스 40분
- **17:10** 기타큐슈공항 도착

고쿠라, 고쿠라성

Tip. 4월 말~5월 초에는 기타큐슈
시립미술관 대신 카와치 후지엔
꽃놀이를 추천(예약 필수). 기타큐슈공항
저녁 출발편 운휴일이거나 인천·청주
외 공항 이용자라면 후쿠오카공항에서
출국한다(약 1시간 소요).

아이와 함께 칙칙폭폭 시간 여행

후쿠오카·고쿠라·모지코 3박 4일

모지코 레트로 거리와 만화박물관, 철도기념관, 자연사박물관, 칸몬터널 인도까지.
시간 여행을 떠난 듯한 감성 체험에 수족관까지 더한, 아이와 함께 즐기는 도심 속 테마 여행.

후쿠오카공항[IN] → 후쿠오카 시내

11:00	후쿠오카공항 도착
	공항에서 숙소까지 짐 부치기
12:00	① 하카타역과 그 주변 (점심 식사)
13:20	하카타역에서 JR 30분
13:50	우미노나카미치역 도착
14:00	⑬ 우미노나카미치·하카타항 (마린 월드 → 해변공원)
17:30	하카타만 내항로 페리 20분
17:50	⑩ 시사이드 모모치 (저녁 식사)
	숙소 체크인 후 휴식

후쿠오카

10:00	⑭ 라라포트 후쿠오카
13:00	③ 카와바타·하카타 리버레인 (점심 식사)
16:00	④ 캐널시티·나카스 (저녁 식사)
	숙소에서 휴식

후쿠오카 → 모지코 → 시모노세키 → 모지코

08:00	숙소 체크아웃
09:00	하카타역에서 JR 소닉 1시간
10:00	모지코 도착
	모지코역에서 기념 촬영
	숙소에 짐 맡기기
11:10	모지코항에서 칸몬 연락선 5분
11:15	시모노세키 카라토터미널 도착
11:20	카몬 워프 산책
11:40	카라토 시장(점심 식사)
	노선버스 4분
13:00	칸몬터널 인도 건너기
13:20	메카리 신사 & 해안 산책
	레트로라인 시오카제호 (주말·공휴일 한정) or 노선버스 10분
15:00	규슈 철도기념관 관람
16:30	모지코 레트로 거리 산책
18:00	야키카레 맛집(저녁 식사)
	숙소 체크인 후 휴식

Tip. 시모노세키 카라토 시장은 초밥 시장이 열리는 금·토·일·공휴일에 방문하면 더욱 재미있다.

 모지코 → 고쿠라 → 스페이스월드역 일대 → 고쿠라 → 기타큐슈공항[OUT]

08:00	숙소 체크아웃
08:35	모지코역에서 JR 15분
08:50	고쿠라 도착
	고쿠라역 코인로커에 짐 맡기기
09:30	고쿠라역에서 JR 15분
09:45	스페이스월드역 하차
10:00	기타큐슈시립 이노치노타비 박물관 공룡 관람
11:30	아웃렛 기타큐슈 (점심 식사)
14:05	스페이스월드역에서 JR 15분
14:20	고쿠라 복귀
14:30	기타큐슈 만화박물관에서 만화 그리기 체험
16:30	짐 찾은 후 공항버스 40분
17:10	기타큐슈공항 도착

Tip. 기타큐슈공항 저녁 출발편 운휴일이거나 인천·청주 외 공항 이용자라면 후쿠오카공항에서 출국한다(약 1시간 소요).

고쿠라, 강물에 물든 리버워크 기타큐슈

JR 북큐슈 레일 패스로 본전 뽑기 풀코스

후쿠오카·유후인·벳푸·모지코·시모노세키 4박 5일

JR 북큐슈 레일 패스 3일권을 활용해 특급열차로 북규슈 전역을 누비는 5간의 여정.
개별 발권과 큰 금액 차이는 없지만 시간 활용이 자유로워 전체 일정이 훨씬 유연해진다.

 후쿠오카공항(IN) →
후쿠오카 시내

11:00 후쿠오카공항 도착
숙소에 짐 맡기기

12:30 ❼ 오호리 공원과 성터
(점심 식사)

14:30 ❽ 케야키 거리·롯폰마츠

16:00 ❻ 다이묘·이마이즈미

18:00 ❹ 캐널시티·나카스
(저녁 식사)

숙소 체크인 후 휴식

 후쿠오카 →
유후인

08:30 숙소 체크아웃

09:15 하카타역에서
JR 유후인노모리 2시간 15분
(패스 이용)

11:30 유후인 도착
숙소 or 역 근처 코인로커에
짐 맡기기

12:00 유노츠보 거리·킨린코 산책
(점심 식사)

16:00 숙소 체크인
온천 & 저녁 식사

Tip. JR 유후인노모리는 예약 필수.

유후인 →
벳푸

09:00 온천 & 아침 식사 후
체크아웃

10:00 유후인역에서
JR 특급 1시간(패스 이용)

11:00 벳푸 도착
숙소에 짐 맡기기

11:35 벳푸역에서
노선버스 25분
(패스 이용 불가)

12:00 지옥찜 공방 칸나와
(점심 식사)

13:00 지옥 온천 순례

15:00 당일 온천 즐기기

17:00 노선버스 20분
(패스 이용 불가)

17:30 숙소 체크인 후 저녁식사

후쿠오카, 다이묘·이마이즈미-코모에스 이마이즈미

모지코, 규슈 철도기념관

후쿠오카, 라라포트 후쿠오카

DAY 4

벳푸 ➡ 모지코 ➡
시모노세키 ➡ 모지코 ➡
후쿠오카

08:30 숙소 체크아웃

09:20 벳푸역에서 JR 특급
1시간 40분(패스 이용)

11:00 모지코 도착
코인로커에 짐 맡기기,
클로버 티켓 구매

11:30 모지코항에서
칸몬 연락선 5분
(클로버 티켓 이용)

11:35 시모노세키
카라토터미널 도착

11:40 칸몬 워프 산책

12:00 카라토 시장(점심 식사)
노선버스 4분(클로버 티켓 이용)

13:30 칸몬터널 인도 건너기

13:50 메카리 신사 & 해안 산책
레트로라인 시오카제호
(주말·공휴일 한정) or
노선버스 10분(클로버 티켓
이용)

15:00 규슈 철도기념관 관람

16:30 모지코 레트로 거리 산책

18:00 야키카레 맛집(저녁 식사)

19:10 모지코역에서 JR 특급
1시간 20분(패스 이용)

20:30 후쿠오카 도착
숙소 체크인 후 휴식

Tip. 시모노세키 카라토 시장은
초밥 시장이 열리는 금·토·일·공휴일에
방문하면 더욱 재미있다.

DAY 5

후쿠오카 시내 ➡
후쿠오카공항(OUT)

08:00 숙소 체크아웃 & 짐 맡기기

09:00 ❿ 시사이드 모모치
짐 찾아서 하카타역
코인로커에 다시 맡기기

12:00 ❶ 하카타역과 그 주변
(점심 식사)

14:00 ⓮ 라라포트 후쿠오카
후쿠오카공항으로 출발

후쿠오카·기타큐슈·벳푸 IN & OUT

후쿠오카, 기타큐슈, 벳푸(오이타공항)로 갈 땐 항공편과 선박편 둘 다 편리하다.
비행기는 빠르지만 성수기엔 요금 변동이 커 최대한 일찍 예약하는 것이 좋으며, 페리는 저렴하고 짐 제한이
적은 것이 장점이다. 이동 시간과 예산, 짐의 양, 출발지 등을 고려해 자신에게 맞는 교통수단을 선택하자.

비행기로 IN

인천국제공항에서 규슈 북부의 주요 공항인 후쿠오카공항(FUK), 기타큐슈공항(KKJ), 오이타공항(OIT)까지 국내외 항공사가 직항편을 운항하고 있다. 이 중 후쿠오카공항은 서울(인천), 부산(김해), 대구, 제주, 청주 등 다양한 국내 공항에서 출발해 접근성이 가장 높다. 운항 스케줄은 여름·겨울 시즌과 성수기·항공사 사정에 따라 변동되며 보통 출발 3~6개월 전에 확정된다.

Step. 1 항공권 예약하기

후쿠오카공항 인아웃이 가장 일반적이지만 고쿠라나 모지코가 일정에 포함된다면 기타큐슈공항을, 온천 여행이 중심이라면 오이타공항을 고려해볼 만하다. 마지막 날 쇼핑과 이동 편의를 생각한다면 귀국편은 후쿠오카공항을 이용하는 것이 좋다.

➔ 후쿠오카공항행

인천공항에서 06:30~18:40경 사이에 7개 항공사가 매일 20편 이상 운항한다. 비행시간은 1시간 20~35분. 김해공항에서는 에어부산·제주항공 등 5개 항공사가 매일 10편 이상 운항하며 약 1시간 걸린다. 대구공항과 청주공항은 티웨이항공이 매일 2편씩 운항하며 약 1시간 20분 걸린다. 후쿠오카공항은 주말이나 성수기에 매우 혼잡하므로 귀국할 때는 시간 여유를 두고 공항에 도착하자.

WEB fukuoka-airport.jp/ko/

후쿠오카공항 국제선 터미널 입국장

➔ 기타큐슈공항행

진에어가 인천-기타큐슈 노선을 매일 1~2편 운항하며 대한항공과의 공동운항도 이뤄진다. 비행시간은 약 1시간 25분. 청주-기타큐슈 노선은 에어로케이항공이 주 3회(화·목·토) 운항한다. 기타큐슈공항의 국제선은 한국 왕복 노선만 운영돼 공항이 한산하고 입국 수속도 빠른 편이다.

WEB korea.kitakyu-air.jp

+ M O R E +

국내 취항 항공사 웹사이트

대한항공 koreanair.com
아시아나항공 flyasiana.com
에어부산 airbusan.com
에어서울 flyairseoul.com
제주항공 jejuair.net
진에어 jinair.com
티웨이항공 twayair.com
이스타항공 eastarjet.com
에어로케이항공 aerok.com

항공권 가격 비교 웹사이트

스카이스캐너 skyscanner.co.kr
네이버 항공권 flight.naver.com
익스피디아 expedia.co.kr

다구간 또는 혼합 항공사 예약을 활용하자

출국편과 귀국편의 항공사를 다르게 하거나 출발지와 도착지를 달리 설정하면 일정 구성이 유연해지고 도시간 이동 시간과 교통비도 있다. 혼합 항공사 예약은 항공권 가격 비교 사이트에서, 동일 항공사의 다구간 예약은 각 항공사 홈페이지에서도 할 수 있다.

➤ 오이타공항행

벳푸와 가까운 오이타공항으로 제주항공이 인천-오이타 노선을 주 2~3회 운항한다. 비행시간은 약 2시간 5분. 후쿠오카 노선에 비해 가격 경쟁력이 떨어져, 후쿠오카에서 벳푸까지 버스나 기차 왕복 비용을 감안하더라도 항공권이 비싸고 운항 일정도 애매해 활용도가 낮다.

WEB oita-airport.jp/kr/

Step. 2 비지트 재팬 웹 등록하기

출국일이 확정되면 비지트 재팬 웹Visit Japan Web에 접속해 계정을 만들고 입국 및 세관 정보를 등록한다. 필수는 아니지만 종이로 된 입국신고서와 세관신고서를 작성하는 대신 QR코드를 제시해 입국할 수 있어 편리하다. 단, 페리 이용 시 하카타항 입국자는 입국신고만 비지트 재팬 웹으로 등록 가능하고 세관신고는 종이 서류로 수기 작성해야 한다. 시모노세키항 입국자는 입국 및 세관신고 모두 종이 서류로만 가능하다.

WEB services.digital.go.jp/ko/visit-japan-web/

➤ 등록 방법 및 유의사항

❶ **등록에 필요한 준비물 체크:** 이메일 주소, 여권(본인 및 동반가족), 항공편(또는 선박편) 정보, 일본 내 숙소 주소 및 전화번호

❷ **계정 생성 후 여권 정보 등록:** 가족 여행 시 대표자 계정의 '동반가족 정보' 메뉴를 통해 동반가족을 최대 10명까지 등록할 수 있다.

❸ **입국·귀국 예정 등록:** 무비자 여행자(90일까지 가능) 또는 신규 등록자는 VISA 정보 입력 단계에서 '인용하지 않고 등록 진행'을 선택한다.

❹ **입국심사·세관신고 등록:** 등록한 '입국·귀국 예정'을 선택해 입국심사와 세관신고를 완료하면 QR코드가 발급된다(캡처 가능). 대표자 계정에서 등록한 동반가족도 각각 QR코드가 생성된다.

Step. 3 모바일 체크인 & 출국하기

모바일 체크인을 지원하는 항공사라면 출국 48~24시간 전부터 1시간 전까지(항공사별 상이) 좌석을 지정하고 모바일 탑승권을 발급받을 수 있다.

Step. 4 입국하기

후쿠오카공항에 도착하면 입국심사를 받는다. 입국심사 사전 등록 키오스크에서 비지트 재팬 웹 QR코드를 제시하고 여권 스캔, 지문 인식, 얼굴 촬영을 마친 뒤 입국심사대로 이동해 심사를 받는다. 기타큐슈·오이타공항은 키오스크 없이 심사대로 직행하며 향후 운영 방식이 변경될 수 있다.
이후 수하물을 찾고 세관 검사대로 이동한다. 세관신고는 종이 신고서 제출 또는 비지트 재팬 웹 QR코드 스캔 중 선택하며 최근에는 스캔을 생략하고 전용 창구 직원의 확인만으로 통과되기도 한다. 가족 여행자는 각자의 QR코드로 개별 입국심사를 진행하며 세관신고는 대표자 1명만 수행한다.

+ M O R E +

출국 전 수하물 규정 확인 필수!

항공사마다 크기, 무게, 요금 등 수하물 규정이 다르므로 해당 항공사 또는 항공안전 호루라기 홈페이지에서 미리 확인하자. 특히 액체류(기내 반입 시 100ml 이하)와 보조배터리(반드시 기내 소지) 규정을 준수해야 한다.

항공안전 호루라기
WEB www.whistle.or.kr

스마트패스 또는 바이오 정보 등록하기

인천공항은 스마트패스 앱에서 여권·안면 정보·탑승권을 사전 등록하면 얼굴 인증만으로 출국장을 통과할 수 있다. 김포·김해·제주공항은 공항 내 셀프 등록대에서 여권 정보와 정맥 정보를 등록해 전용 통로를 이용한다. 청주공항은 금융기관에서 정맥 등록 후 공항 사용 신청서를 제출한다.

WEB airport.kr(원하는 공항 선택)

: WRITER'S PICK :
후쿠오카공항 분실물 문의 서비스

후쿠오카공항은 분실물 AI 상담 서비스 'Find Chat'을 운영한다. 한국어가 지원되고 기내와 터미널 내 분실물이 구분돼 있어 편리하게 이용할 수 있다.

OPEN 09:00~22:00(접수는 24시간)
WEB fukuoka-airport.jp/find.html

출발 당일, 국제선 터미널 내 항공사 카운터에서 체크인하고 탑승권을 받은 뒤 위탁 수하물이 있을 경우 짐을 맡긴다. 이후 보안검색대를 지나 출국심사를 마치고 지정된 탑승 게이트에서 비행기에 탑승한다. 일부 항공사에서 제공하는 모바일 체크인 서비스를 이용하면 모바일 탑승권을 미리 발급받아 빠르게 출국 절차를 마칠 수 있다.

면세 한도를 초과하는 물품이 있다면 탑승 전 기내에서 승무원이 나눠주는 여행자 휴대품 신고서(세관신고서)를 작성해 한국 도착 후 세관에 제출한다. 해당 품목이 없다면 작성하지 않아도 된다. '여행자 세관신고 앱'을 통해 사전에 모바일 세관신고를 완료하면 한국 도착 후 별도 작성 없이 QR코드 스캔으로 통과할 수 있다.

후쿠오카공항 국제선 터미널 출국장

페리는 비행기에 비해 소요 시간이 길지만 요금이 저렴하고 야간에만 운항해 숙박을 겸한 이동 수단으로 적합하다. 부산에서 출발하는 페리를 이용하면 후쿠오카 하카타항 또는 시모노세키항에 도착할 수 있다. 부산항 국제여객터미널은 지하철 1호선 초량역 6번 출구에서 도보 약 20분, KTX 부산역에서는 도보 약 10분 거리다.

➡ 후쿠오카로 들어가기

고려훼리·카멜리아라인의 야간 정기선 뉴카멜리아호만 운항 중이며 고속선 퀸비틀은 2024년에 운항을 종료했다.

● 뉴카멜리아호

운항 구간	부산항 국제여객터미널 → 하카타항 국제터미널
운항 시간	매일 22:30 출발 → 다음 날 07:30 도착
소요 시간	약 9시간
요금(편도)	2등실 일반 기준 5만원~
객실 등급	2등실(일반·침대)/1등실(2~4인)/특등실(1~3인)

➡ 시모노세키로 들어가기

시모노세키행 항로는 1905년 개설돼 한반도와 일본 본토를 잇는 첫 국제 여객 노선으로 시작된 긴 역사를 지닌다. 후쿠오카행보다 이용률은 낮지만 칸몬해협 여행에 유용하며 JR 시모노세키역과 가까워 모지코·고쿠라·하카타 방면으로 이동하기에도 편하다.

● 부관훼리

운항 구간	부산항 국제여객터미널 → 시모노세키항 국제터미널
운항 시간	매일 21:00 출발 → 다음 날 08:00 도착
소요 시간	약 11시간
요금(편도)	2등실 기준 9만5000원~
객실 등급	2등실/1등실/디럭스/스위트

+MORE+

페리 여행 웹사이트

고려훼리(카멜리아라인) koreaferry.kr
부관훼리 pukwan.co.kr
하카타항 국제터미널 hakataport.com
시모노세키항 국제터미널
shimonoseki-port.com/6444.html

부산과 하카타항을 오가는 뉴카멜리아호

시모노세키항 국제터미널

(Step.1) 탑승 수속 및 출국 절차

항공편과 마찬가지로 체크인 및 승선권 수령, 보안 검사, 출국심사 절차를 거친다. 배편의 세관신고서와 입국신고서는 비지트 재팬 웹이 아닌 현장에서 수기로 작성한다. 탑승 수속은 부산항 국제여객터미널 3층 출국장의 각 선박회사 카운터에서 이뤄지며 출항 2시간 30분~3시간 30분 전까지 마쳐야 한다. 여객선사별로 수속 마감 시간이 다르니 사전에 꼭 확인하자.

인화성 물질이나 날카로운 도구 같은 위험물은 선내 반입이 제한되지만 액체류를 비롯해 선내에서 먹을 음식물과 주류는 반입 가능하다. 세관신고 대상 품목은 별도로 신고해야 하며 면세점은 출국장 보안 구역과 선내에서 각각 운영된다. 자세한 반입 제한 품목은 부산항보안공사 홈페이지(bpsc.co.kr)에서 확인할 수 있다.

(Step.2) 입국하기

입국 카운터에서 여권을 제시하고 입국신고서와 세관신고서를 제출한다. 질문은 간단히 이뤄지며 관광 목적임을 밝히면 무리 없이 통과할 수 있다. 입국 수속 시간은 하카타항이 비교적 빠른 편으로 약 30분~1시간, 시모노세키는 좀 더 걸릴 수 있다. 입국 수속이 끝나면 수하물 수취 구역에서 위탁 수하물을 찾은 뒤 터미널 밖으로 나간다.

(Step.3) 항구에서 이동하기

하카타항 국제터미널 도착 시 터미널 앞에서 버스를 타고 시내로 이동한다. 시모노세키 국제터미널은 JR 시모노세키역까지 도보 약 8분 거리다. 자세한 내용은 각 도시의 교통편 참고.

페리로 OUT

하카타항 국제터미널과 시모노세키 국제터미널의 출국 절차는 기본적으로 같다. 체크인 카운터에서 여권과 승선권을 제시하고 위탁 수하물을 맡긴 뒤 수하물 태그와 승선권을 받는다. 수속을 마치면 안내에 따라 출국장으로 이동해 수하물 보안 검색대를 통과, 선내 반입 금지 품목 여부를 확인받은 뒤 여권을 제시하고 출국심사를 받는다. 심사가 끝나면 탑승구에서 대기하다 안내 방송에 따라 페리에 탑승한다.

하카타항 국제터미널 옥상 전망대에서 바라본 후쿠오카 풍경

시모노세키항 국제터미널 출국장

북규슈 내 이동 수단

북규슈의 후쿠오카현과 오이타현을 합한 면적은 경기도보다 조금 넓으며 도시 간 이동 거리가 짧아 이동이 편리하다.
구로카와 온천은 구마모토현에 속하지만 유후인, 벳푸가 속한 오이타현과 인접해 있어 함께 묶어 여행하기 좋다.
열차와 고속버스 등 다양한 교통수단과 외국인 전용 패스가 마련돼 있어 효율적으로 다닐 수 있다.

JR

JR 열차는 빠르고 정확해 가장 신뢰받는 교통수단이다. 하카타역을 중심으로 북규슈 주요 도시까지 촘촘히 연결돼 있어 지역 간 이동이 수월하다. 고속열차인 산요신칸센은 하카타에서 기타큐슈, 시모노세키 방면으로 이어지며 규슈신칸센은 구마모토와 가고시마까지 운행한다. 산요신칸센을 제외한 주요 노선은 대부분 JR 북규슈 레일 패스로 저렴하게 이용할 수 있다. 초등학생은 성인 요금의 반값이며, 5세 이하는 보호자 1인당 2명까지 무료다. 단, 지정석 열차에서 5세 이하 어린이가 보호자와 함께 앉지 않고 별도의 좌석을 차지할 경우 초등학생 요금이 적용된다.

→ JR 열차 노선

- 일반 노선
- 신칸센

+MORE+

JR 규슈 검색·예약 웹사이트

공식 웹사이트 www.jrkyushu.co.jp
한국어 예약
train.yoyaku.jrkyushu.co.jp/inbound/
일본어 예약
train.yoyaku.jrkyushu.co.jp/stop/index.html
JR 규슈 레일 패스 예약
kyushurailpass.jrkyushu.co.jp/reserve

→ 주요 도시 간 열차 정보 (특급은 보통차 기준)

구간	소요 시간	요금(자유석 / 지정석 / 니마이킷푸)	운행횟수
하카타~유후인	2시간~2시간 10분	특급 유후 5100엔 / 5630엔 / - 특급 유후인노모리 - / 6130엔 / -	1일 6편
하카타~벳푸	약 2시간	특급 6380엔 / 6910엔 / 7600엔(2인)	1시간 2편
하카타~고쿠라	약 40분	특급 2110엔 / 2640엔 / 3400엔(2인)	1시간 2~3편
하카타~모지코	1시간~1시간 20분	특급+보통 2330엔 / 2860엔 / 3620엔(2인)	1시간 1~2편
하카타~시모노세키	1시간 5~25분	특급 2330엔 / 2860엔 / 3400엔(하카타~고쿠라 니마이킷푸/2인)+340엔(고쿠라~시모노세키 편도권)	1시간 2~3편
벳푸~고쿠라	1시간 10~30분	특급 4660엔 / 5190엔 / 7600엔(2인)	1시간 2편
벳푸~모지코	1시간 30~50분	특급+보통 4660엔 / 5190엔 / 7600엔(2인)	1시간 2편
벳푸~유후인	약 1시간	특급 2300엔 / 2830엔 / -	1시간 2~3편
고쿠라~모지코	12~15분	보통 340엔 / - / -	10~15분 간격
고쿠라~시모노세키	약 15분	보통 340엔 / - / -	1시간 2~4편
모지코~시모노세키	약 30분	보통 340엔 / - / -	1시간 2~3편

➡️ 승차권 구매 방법

JR 열차를 이용할 때는 기본 승차권(운임권)이 필요하며 열차 종류와 좌석에 따라 자유석 특급권, 지정석 특급권, 그린권 등이 추가된다. 예를 들어 특급열차 보통차 지정석을 이용할 경우 기본 승차권과 지정석 특급권(지정석권)이 필요하다. 개찰구에는 승차권만 투입하고, 특급권·그린권은 따로 소지해 좌석 확인이나 승무원 요청 시 제시한다. JR 역 창구와 자동발매기는 현금, 신용·체크카드, IC 카드 결제를 지원한다.

- **역 창구**(매표소) : 각종 티켓과 할인권 구매·예약 가능. 여권 제시 시 외국인용 패스 안내도 받을 수 있다.

- **자동발매기** : 승차권, 특급권, 할인권 등을 판매하며 한국어 지원 기능이 있다.

- **온라인** : 신칸센, 특급·관광열차는 JR 규슈 공식 예약 사이트에서 예약할 수 있다. 예약번호와 여권을 지참해 창구·전용 발매기에서 실물 티켓을 수령한다. 할인권은 QR 티켓 선택 시 스마트폰으로 바로 이용 가능.

- **컨택리스 카드** : 가고시마본선(구루메~하카타~고쿠라~모지코)과 큐다이본선·닛포본선(유후인~벳푸) 등 JR 북규슈 일부 구간에서는 국내에서 발급한 컨택리스 카드를 그대로 개찰기에 터치해 승하차할 수 있다. 단, 특급·지정석·신칸센은 별도 티켓이 필요하다.

컨택리스 카드를 사용할 수 있는 JR 역 검색
WEB www.jrkyushu.co.jp/railway/touch/

역 창구 이용 시 「표 사는 곳」(녹색 창구)을 찾는다.

컨택리스 카드는 전용 단말기에 터치한다.

자동발매기. 한국어가 지원돼 편리하다.

➡️ 열차의 종류

- **보통**普通/**각역정차**各駅停車 : 모든 역에 정차하는 열차. 모두 자유석으로 기본 승차권, 교통계 IC 카드(141p 참고), 컨택리스 카드(일부 구간)로 이용 가능하다.

- **쾌속**快速 : 일부 역만 정차해 보통보다 이동이 빠르다. 전 좌석 자유석이며 이용 조건은 보통과 같다.

- **특급**特急 : 후쿠오카, 고쿠라, 벳푸 등을 빠르게 연결하는 중장거리 열차. 기본 승차권 외 특급권이 필요하다.

- **관광특급**(디자인 열차) : 외관과 내부 인테리어가 돋보이는 열차로, 대부분 지정석제로 운영되므로 승차권+지정석 특급권(지정석권)이 필요하다.

- **신칸센**新幹線 : 장거리 이동에 적합한 고속철도. 요금이 비싸고 하카타~고쿠라~시모노세키 구간은 JR 북큐슈 레일 패스를 이용할 수 없다.

➡️ 좌석의 종류

지정석을 이용하려면 좌석을 예약해야 하며 유후인노모리처럼 지정석제인 특급열차는 예약이 필수다. 예약은 이용일 1개월 전부터 JR 역 창구, 자동발매기, 온라인에서 할 수 있다. JR 북큐슈 레일 패스 소지자도 지정석을 이용할 경우 별도 예약이 필요하다. 플랫폼의 전광판은 물론 바닥 표시를 통해 차량 정보를 확인한 후 줄을 선다.

- **자유석**自由席 : 예약 없이 자유석 차량(칸)의 빈자리에 앉는 방식. 요금이 상대적으로 저렴해 단거리나 비성수기에 적합하지만 만석 시 서서 이동해야 할 수 있다.

- **지정석**指定席 : 대부분의 특급열차, 신칸센, 관광열차에서 운영되는 보통차 지정석(2등석). 좌석이 보장돼 성수기나 장거리 이동에 유리하다. 기본 승차권 또는 패스 외에 지정석권을 추가로 구매한다.

- **그린석**グリーン車 : 좌석 간격이 넓고 쾌적한 1등석 차량. 지정석보다 높은 요금의 그린권을 별도로 구매해 이용한다.

특급 소닉 6호차
特急 ソニック
Ltd Exp. Sonic
Car No. 6号車

소닉 하카타행 6·7량 편성 5호차 자유석
ソニック博多行き
6·7両編成
5号車
自由席

➜ 특급열차 저렴하게 탑승하는 법

❶ 현장 할인

◆ 니마이킷푸 2枚きっぷ

특급열차를 20~40% 저렴하게 이용할 수 있는 묶음 회수권. 동일 구간의 지정석·자유석 승차권 2장이 한 세트로 구성돼 혼자 같은 구간을 왕복하거나 둘이서 편도로 이동할 때 유용하다. 구매일로부터 1개월간 유효하므로 출발지와 행선지만 확인하고 구매하면 된다. JR 규슈 역 창구 또는 자동발매기(한국어 화면에서 '2장 티켓' 선택)에서 판매한다.

WEB 자유석 구간 및 요금 www.jrkyushu-kippu.jp/fare/ticket/16
지정석·자유석 구간 및 요금 www.jrkyushu-kippu.jp/fare/ticket/17

- **하카타~기타큐슈 구간** : 자유석만 이용 가능한 오픈 티켓으로 판매된다. 지정석은 역 창구 또는 자동발매기에서 추가 요금을 내고 별도로 예약해야 한다.

- **하카타·기타큐슈~벳푸·오이타 구간** : 지정석·자유석 모두 이용 가능하지만 지정석은 별도의 지정석권을 발급받아야 한다.

- **피크 기간** : 평소에는 지정석이 무료인 구간도 피크 기간에는 지정석권 요금이 별도로 부과된다. 피크 기간은 대체로 다음과 같다(자세한 일정은 위의 홈페이지 참고).
  - ➜ 3월 중순~말 약 1주, 4월 말~5월 초 약 2주, 7월 중순~8월 말, 10~11월, 연말연시

- 이용 도중 역에서 승하차한 경우 미사용 구간에 대해서는 환불되지 않는다. 지정석권을 발급받았으나 열차를 놓친 경우 해당일 내 자유석에만 탑승할 수 있다.

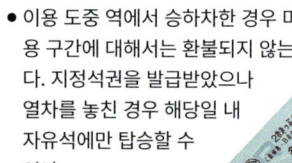

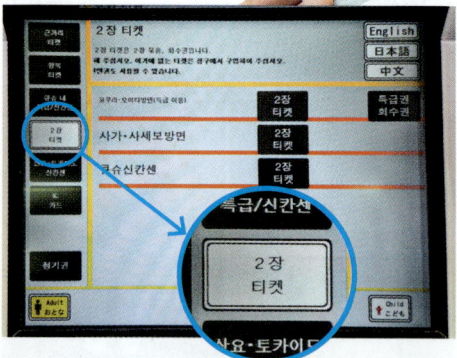

❷ 온라인 할인

JR 규슈 공식 사이트에서는 다양한 특급열차 할인 티켓을 신용카드로 구매할 수 있다. 일본어 페이지에서 회원가입 후 구매 가능하므로 브라우저 번역 기능을 활용하는 것이 좋다. 예약 시점이 빠를수록 할인율이 높고 인기 노선은 조기 매진되기 쉬우니 미리 확인한다. QR 승차권을 선택하면 실물 티켓 교환 없이 바로 탑승할 수 있으며 실물 티켓 발급 후에는 변경·취소·환불 조건이 까다로우므로 예약 전 규정을 꼼꼼히 확인해야 한다.

◆ 규슈넷킷푸 [규슈넷티켓] 九州ネットきっぷ

규슈 신칸센과 특급열차 자유석·지정석을 10~50% 할인된 가격으로 이용할 수 있는 특가 편도 티켓. 승차일 기준 1개월 전 10:00부터 열차 출발 6분 전까지 구매할 수 있으며 출발 직전까지 예약 변경이 자유롭다.

WEB www.jrkyushu-kippu.jp/fare/ticket/123

◆ 규슈넷하야특3 九州ネット早得3

승차일 기준 3일 전까지 구매하면 특급열차 지정석(자유석·신칸센 제외)을 규슈넷킷푸보다 약 500엔 더 저렴하게 이용할 수 있는 초특가 편도 티켓. 단, 예약 변경은 출발 3일 전 23:00까지만 가능하고 취소 시 수수료 조건이 까다우니 여행 일정이 확정된 경우 구매한다.

WEB www.jrkyushu-kippu.jp/fare/ticket/1

: WRITER'S PICK :

슈퍼 마리오 × JR 규슈 컬래버레이션

JR 규슈와 닌텐도가 손잡고 2025년 11월 말부터 2026년 6월까지 규슈 전역에 '슈퍼 마리오 랩핑 열차'가 운행한다. 특급 소닉(하카타 ↔ 고쿠라·벳푸·오이타/885계), 특급 키라메키(하카타 ↔ 고쿠라·모지코/885계), 니시큐슈·규슈 신칸센 등 일부 편성이 시기별로 마리오 디자인으로 꾸며져 운행하며 별도 요금 없이 일반 승차권과 특급권만으로 탑승할 수 있다. 단, 모든 열차가 랩핑 차량은 아니므로 스케줄 확인은 필수. 2026년 5월 30~31일에는 하카타 출구 역 앞 광장(162p)에서 피날레 이벤트 '슈퍼 마리오 페스타 in 규슈'가 열리며 체험형 게임, 지역 한정 클리어 카드와 오리지널 음료, 포토존 등이 마련된다.

WEB www.jrkyushu.co.jp/train/mario/event/

➡️ 초보도 척척, JR 규슈 열차 예매 가이드

JR 규슈 공식 사이트에서 티켓을 예매할 수 있다. 특히 특급 유후와 관광특급 유후인노모리는 성수기나 주말에 조기 매진되기 쉬우므로 예약이 필수다. 승차일 1개월 전 같은 날짜 오전 10시부터 예약할 수 있고 해당 월에 그 날짜가 없으면 말일 기준으로 적용된다(예: 7월 31일 승차권은 6월 30일에 예약 가능).

❶ 한국어 사이트에서 예매하기

JR 규슈 한국어 예약 사이트에서는 별도의 회원가입 없이 예약할 수 있다. 단, 출발지와 도착지를 영어로 입력해야 한다. 할인 티켓이 없고 좌석은 랜덤 배정되며 예약 가능 시간은 05:30~23:00으로 제한된다. 예매 후에는 예약번호와 결제에 사용한 신용카드를 지참해 현지 역 창구나 지정 자동발매기에서 실물 티켓을 발급받아야 한다.

JR 북큐슈 레일 패스 소지자라면 자유석은 별도 절차 없이 탑승할 수 있지만 지정석은 예약이 필요하다. JR 규슈 레일 패스 예약 사이트(한국어)에서 '등록' 메뉴를 선택한 뒤 패스 구매 시 받은 KRP(Kyushu Rail Pass) 예약번호와 신용카드 정보를 입력하면 예약할 수 있다. 단, 쾌속·특급·신칸센은 1건당 1000엔, 관광특급은 1건당 1500엔의 온라인 예약 수수료가 부과되며(어린이는 반값) 탑승 전에 실물 패스를 지참하고 역 창구 또는 자동발매기에서 지정석권을 받아야 한다. 온라인이 아닌 현지 역에서 지정석을 예약한다면 최대 6회까지 예약 수수료 무료.

WEB train.yoyaku.jrkyushu.co.jp/inbound/
JR 규슈 레일 패스 예약 kyushurailpass.jrkyushu.co.jp/reserve

◆ 주요 역의 영어 표기

- 하카타 ➡ Hakata
- 고쿠라 ➡ Kokura
- 모지코 ➡ Mojiko
- 시모노세키 ➡ Shimonoseki
- 벳푸 ➡ Beppu
- 유후인 ➡ Yufuin

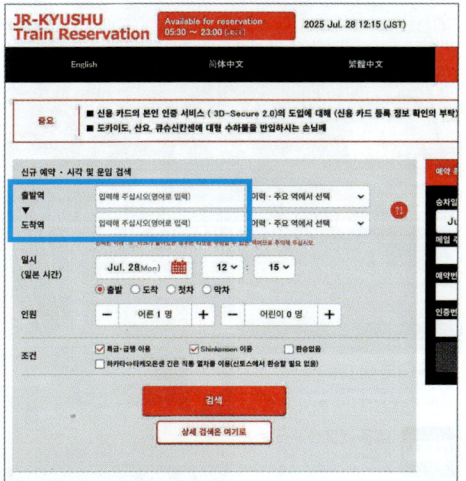

❷ 일본어 사이트에서 예매하기

JR 규슈 일본어 사이트를 이용하면 웹회원 전용 할인 티켓인 규슈넷킷푸나 규슈넷하야특3을 구매할 수 있다. 하단의 회원가입 방법을 참고하면 전체 예약 과정을 무리 없이 진행할 수 있다. 규슈넷킷푸의 경우 사이트 접속일 기준 1개월 이후부터 1주일간은 사전 예약 신청만 가능하며 이 기간은 캘린더에 파란색으로 표시된다.

WEB train.yoyaku.jrkyushu.co.jp

◆ JR 규슈 일본어 사이트 회원가입 방법

❶ 브라우저 번역 기능을 켠 뒤 화면 오른쪽 상단의 '신규 회원 등록'을 클릭하고 이메일 인증을 완료한다.

❷ 브라우저 번역 기능을 켠 상태에서 성과 이름을 각각 한자와 가타카나로 입력한다. 가타카나는 '한글 이름 가타카나 변환기' 등의 웹사이트를 이용해 전각 문자 형식으로 변환한 후 복사해 붙여 넣는다.

❹ 숙소의 우편번호와 일본어 주소는 구글맵이나 숙소 공식 홈페이지에서 복사해 붙여넣는다.

（예: 그랜드 하얏트 후쿠오카 → 〒812-0018(우편번호) 福岡県(도도부현) 福岡市博多区住吉1丁目2-82(주소)
*아파트 이름 등은 생략 가능)

❺ 전화번호(한국 휴대폰 번호 가능)와 비밀번호를 입력한 뒤 확인 화면으로 이동하면 회원가입이 완료된다.

니시테츠 전철 西鉄電車

다자이후, 야나가와 등 후쿠오카 근교의 주요 관광지는 JR이 아닌 사철 니시테츠 전철이 연결한다. 니시테츠후쿠오카 (텐진)역을 기점으로 다자이후, 구루메, 야나가와, 오무타까지 이어지며 JR보다 요금이 저렴하고 역 위치도 관광지에 가까워 여행자에게 유용하다. 정식 명칭은 서일본철도西日本鉄道로, 총 74.8km 구간을 특급 기준 약 64분에 주파한다. JR과는 별도 시스템으로 운영돼 승차권을 따로 구매해야 하며 교통계 IC 카드와 컨택리스 카드 모두 사용 가능하다. 초등학생은 성인 요금의 반값이며 5세 이하는 보호자 1인당 2명까지 무료다. 구글맵에서 역 이름을 검색할 경우 '니시테츠'를 '니시테쓰'로 바꿔 입력하면 정확도가 높아진다(예: 니시테츠후쿠오카역 → 니시테쓰후쿠오카역).

WEB nishitetsu.jp/kr | **스케줄·요금 검색** nishitetsu.jp(출발지와 목적지는 영어로 입력 가능)

➡ 주요 도시 간 열차 정보

구간	소요 시간	요금	운행횟수
후쿠오카~다자이후	25~30분	420엔	10~20분 간격(특급·급행 기준)
후쿠오카~야나가와	약 50분	870엔	30분 간격(특급 기준)
다자이후~야나가와	약 45분	690엔	30분 간격(특급 기준)

*2026년 4월부터 평균 11% 요금 인상 예정(후쿠오카~다자이후 480엔/후쿠오카~야나가와 960엔/다자이후~야나가와 780엔)

후쿠오카의 주요 역

후쿠오카 시내에는 JR 하카타역과 니시테츠후쿠오카(텐진)역 2개의 중심 역이 있다. 두 역은 약 2km 떨어져 있으며 각각 버스터미널과 지하철역이 인접해 시내 교통의 핵심 거점 역할을 한다.

➡ JR 하카타역 博多駅

혼슈에서 연결되는 신칸센과 규슈 전역을 잇는 JR 열차는 물론 지하철과 버스의 기점이 되는 교통 중심지. '하카타'라는 역명은 이 지역의 옛 지명에서 유래한 것으로, '후쿠오카역'이라는 이름의 역은 없다.

❶ 출구 정보

서쪽의 하카타 출구博多口와 동쪽의 치쿠시 출구筑紫口 2곳뿐인 단순한 구조라 길 찾기도 쉽다. 하카타 출구 쪽에는 하카타 버스터미널과 대형 쇼핑몰, 캐널시티 등 주요 명소가 밀집해 있고 동쪽의 치쿠시 출구 쪽에는 공항버스 정류장이 있다. 라라포트 후쿠오카행 버스나 공항행 택시는 치쿠시 출구 쪽에서 탑승하는 것이 가장 가깝다. JR 패스 교환 카운터와 '표 사는 곳'(녹색 창구)은 하카타 출구와 치쿠시 출구 사이, 중앙 개찰구 옆에 있다.

❷ 수하물 보관 및 배송 서비스

하카타 출구 근처에 짐을 맡기거나 호텔로 배송하는 서비스를 제공하는 접수처가 있다. 배송 의뢰한 짐은 오후 6시까지 도착한다.

OPEN 10:30~18:30
PRICE 1일 보관 1000엔, 후쿠오카 시내 호텔 배송 1개당 1500엔

JR 하카타역의 상징, 하카타 출구 앞

Hakata Station (Chikush
하카타역(지쿠시 출입구) 博多

博多口方面（西）
for Hakata Gate（West）
하카타 출입구 방면(서쪽) 博多口方向（西）

博多バスターミナル
Hakata Bus Terminal
하카타 버스터미널 博多汽车总站

수하물 보관 및 배송 접수 센터

❸ 코인로커

치쿠시 출구 안팎에 가장 많이 몰려 있고 지하 1층과 아뮤플라자 9·10층(164p 참고) 등에도 설치돼 있다. 요금은 당일 기준으로 부과되며 자정을 넘기면 하루치 요금이 추가된다.

멀티 에큐브

하카타 출구 쪽 한큐 연결 통로에는 신용카드 결제가 가능한 일반 로커와 예약 가능한 로커 '멀티 에큐브'가 각각 설치돼 있다. 멀티 에큐브는 전용 웹사이트(multiecube.com, 한국어 지원)에서 1개월 전부터 당일 09:30까지 예약할 수 있으며 냉장 로커도 마련돼 있다. QR코드로 문을 열고 결제는 신용카드·간편결제로 진행된다.

PRICE 소형 300~400엔, 중형 500~600엔, 대형 700~800엔, 특대형 최대 1000엔/1일 기준
멀티 에큐브: 일반 소형 500엔, 대형 1000엔/냉장 소형 600엔/예약 시 500엔 추가

❹ 종합안내소

한국어 통역이 가능한 직원이 상시 근무하며 규슈 교통·JR·역 시설·숙박·렌터카 등에 대한 안내와 팸플릿을 제공한다. 단, 티켓 발권이나 패스 수령은 취급하지 않는다. 위치는 하카타 출구와 치쿠시 출구 사이 통로 중앙.

OPEN 08:00~19:00
WEB gofukuoka.jp/ko

➜ 니시테츠후쿠오카(텐진)역 西鉄福岡(天神)駅

니시테츠 텐진오무타선의 기점으로, 다자이후, 구루메, 오무타 등 규슈 남부행 전철이 이곳에서 출발한다. 지하철 공항선·나나쿠마선 지하철역도 인접해 시내와 외곽을 잇는 환승 거점으로 활용된다. 솔라리아 스테이지·솔라리아 플라자·미츠코시 등 주요 쇼핑몰과 실내로 연결되며 같은 건물 3층에 니시테츠 텐진 고속버스터미널이 있다.

❶ 층별 안내와 출구 정보

철로와 플랫폼이 2층에 있는 고가 구조의 역. 출구는 총 3곳으로, 2층 북 출구北口, 1층 남 출구南口, 3층 미츠코시 출구三越口가 있다.
북 출구는 솔라리아 스테이지 2층과 연결되는데, 여기서 지하 2층으로 내려가 텐진 지하가를 통하면 지하철 공항선 텐진역까지 도보 3분 거리다. 남 출구는 다이마루 백화점과 가까우며 지하철 나나쿠마선 텐진미나미역까지 도보 약 2분 거리다.

❷ 여행자를 위한 꿀팁

후쿠오카 투어리스트 시티 패스, 후쿠오카 시내 1일 자유 승차권, 다자이후·야나가와 관광 티켓 등은 북 출구 개찰구 오른쪽에 있는 역무원실, 미츠코시 출구와 남 출구 개찰구 옆 정산소에서도 각각 구매할 수 있다.

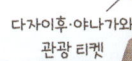

다자이후·야나가와 관광 티켓

남 출구

북 출구 개찰기 옆 역무원실

고속·시외버스

규슈 각 도시를 연결하는 고속버스 노선은 다양한 회사가 촘촘하게 운영하고 있다. 기차에 비해 운행횟수가 많거나 요금이 저렴한 편이고 소요 시간도 비슷해 실용적이다. 대부분의 버스터미널이 주요 철도역과 가까워 접근성이 뛰어나며 후쿠오카에서는 하카타역과 텐진역, 공항에서 모두 이용할 수 있어 한층 편리하다.

➜ 주요 도시 간 버스 정보

구간	소요 시간	요금	운행횟수
후쿠오카~다자이후	하카타 약 40분, 후쿠오카공항 약 25분	하카타 700엔, 후쿠오카공항 600엔	1일 28~36편
후쿠오카~유후인	텐진 2시간 20분~, 하카타 2시간~, 후쿠오카공항 1시간 40분~	3250엔, 웹 조기 할인 7 2880엔	1일 14편(예약 필수)
후쿠오카~벳푸(키타하마)	하카타 약 2시간 45분, 텐진 약 2시간 25분, 후쿠오카공항 약 2시간	3250엔, 웹 회수권 4장 1만엔	1일 10편(예약 필수)
후쿠오카~칸나와(벳푸)	하카타 약 2시간 30분, 텐진 약 2시간 10분, 후쿠오카공항 약 1시간 45분	3250엔, 웹 회수권 4장 1만엔	1일 10편(예약 필수)
후쿠오카~구로카와 온천	텐진 약 3시간, 하카타 약 2시간 35분, 후쿠오카공항 약 2시간 15분	4000엔	1일 3편(예약 필수)
후쿠오카~고쿠라	약 1시간 35분	1350엔	5~20분 간격
후쿠오카~시모노세키	하카타 약 2시간, 텐진 약 1시간 40분	1700엔	하카타 1일 4편, 텐진 1일 12편
유후인~벳푸(키타하마)	노선버스 약 50분	1100엔	1시간 1~3편
유후인~칸나와(벳푸)	관광쾌속버스(유후린) 약 45분, 노선버스 1시간 5~25분(1회 환승)	1100엔	관광쾌속버스 평일 1편, 주말 6편 / 노선버스 1시간 1~3편
유후인~구로카와 온천	약 1시간 35분	2700엔	1일 3편(예약 필수)
벳푸~구로카와 온천	벳푸 시내 약 2시간 35분, 칸나와 약 2시간 5분	벳푸 시내 4000엔, 칸나와 3700엔	1일 1편(예약 필수)
벳푸~기타큐슈공항	약 1시간 30분	2500엔	1일 1편
고쿠라~모지코	40~45분	440엔	수시 운행

니시테츠 고속버스

+MORE+

고속버스 검색·예약 웹사이트

고속버스 통합 검색·예약 사이트
highwaybus.com
atbus-de.com
니시테츠 버스 nishitetsu.jp/bus
오이타 교통 oitakotsu.co.jp
카메노이 버스 kamenoibus.com
히타 버스 hitabus.com
규슈횡단버스 sankobus.jp/bus/oudan/

➜ 고속버스 저렴하게 탑승하는 법

❶ 웹 조기 할인권 Web무割

JR, 니시테츠, 난카이 등 일본 교통 회사들이 운영하는 온라인 예약 할인권. 회사마다 승차일 기준 3일 전 (Web무割3), 7일 전(Web무割7), 14일 전(Web무割14)까지 예약·결제하면 할인 혜택이 적용된다. 예약 화면에 '무割' 표시가 뜨면 할인이 가능한 날이지만 수량이 적어 조기 매진될 수 있다. 고속버스 통합 검색·예약 사이트에서 구매할 수 있다.

❷ 웹 회수권 Web回数券

조기 할인과 별도로 일부 노선에서 편도 4장 단위로 구매 시 할인이 적용되는 회원 전용 할인권으로, 2인 왕복 또는 4인 편도 여행에 유용하다. 스마트폰용 2장 (왕복) 회수권도 있지만 이용할 수 있는 노선은 매우 제한적이다.

❸ 현장 구매

현장 구매 시 일부 노선에 한해 편도 4장 묶음 할인권이나 왕복 할인권을 구매할 수 있다.

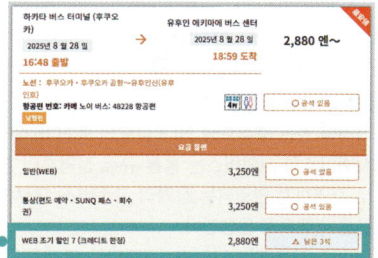

> 웹 조기 할인 7
> 선택 화면

➜ 고속버스 예약하기

예약제 또는 지정석제 버스를 이용하거나 주말, 성수기에 방문할 예정이라면 온라인 예매가 필수다. 특히 유후인행 버스는 경쟁이 치열해 비수기에도 인기 시간대는 최소 2주 전에는 예약하는 것이 좋으며 주말이나 오전 출발편은 더 일찍 매진되는 경우가 많다. 고속버스는 보통 탑승일 기준 한 달 전부터 예매할 수 있으며 좌석 지정도 가능하다.

❶ 하이웨이버스 highwaybus.com

일본의 대표 고속버스 예약 사이트다. 브라우저 번역 기능을 활용하면 회원가입(비회원 예약 가능)부터 예약·결제까지 어렵지 않게 진행할 수 있다. 회원 예약 시 확인·취소 등 관리가 편리하며 가입 단계에서 영문 성명과 가타카나 변환 성명을 함께 입력한다.

'선예약 후결제' 방식이므로 결제 기한 전까지는 예약을 취소해도 수수료(1장당 100~110엔)가 부과되지 않는다. 따라서 원하는 시간대 좌석이 매진되기 전에 일단 예약만 해두고 일정이 확정된 뒤 온라인 결제하거나 탑승 당일 버스터미널 매표소에서 결제하면 일정 변경에도 유연하게 대응할 수 있다. 온라인에서 신용카드 결제를 완료하면 웹 승차권(출력 필요) 또는 QR 승차권(탑승 시 인터넷 연결 필요) 중 하나를 선택해 이메일로 받을 수 있다. 결제 전에는 결제 기한, 예약 변경·취소·환불 규정을 잘 확인하자.

산큐 패스 소지자는 결제 단계에서 '창구 또는 버스 차량 내에서 지불'을 선택해 예약한 뒤 버스터미널 발권 창구에서 예약 내역과 패스를 제시하고 실물 승차권을 발급받는다.

❷ 현장 구매

온라인 예약을 하지 못했다면 터미널 내 매표소나 자동발매기에서 티켓을 구매해 탑승할 수 있다. 성수기나 주말에는 매표소가 혼잡하니 시간을 넉넉히 두고 방문하는 것이 좋다. 버스터미널 내 매표소와 자동발매기 모두 신용카드 결제가 가능하다.

하카타 버스터미널 매표소

니시테츠 텐진 고속버스터미널 매표소

후쿠오카의 주요 고속버스터미널은 JR 하카타역 북쪽에 있는 하카타 버스터미널과 시내 중심부 텐진에 위치한 니시테츠 텐진 고속버스터미널 2곳이다. 규슈 전역은 물론 혼슈 일부 도시까지 연결되는 고속버스 대부분은 하카타 버스터미널을 중심으로 여러 회사가 노선을 운영하며 배차 간격도 짧은 편이다. 단, 일부 노선은 텐진 고속버스터미널에서만 출발·도착하므로 예약 전 행선지와 승차 위치를 꼭 확인해야 한다.

→ 하카타 버스터미널 博多バスターミナル

JR 하카타역 치쿠시 출구로 나와 오른쪽, 도보 2분 거리에 있는 후쿠오카 최대 규모의 종합 버스터미널. 시내버스와 시외버스는 물론 규슈 전역부터 혼슈 일부 지역까지 연결되는 장거리 고속버스 대부분이 이곳을 기점으로 운행한다.
터미널 건물에는 다이소, 스탠다드 프로덕트, 쓰리피, 니토리, 드럭스토어, 편의점, 카페 등 다양한 매장이 입점해 있어 이동 중 가볍게 들르기 좋다. 시내버스 승차장 정보는 156p 참고.

WEB h-bt.jp

JR 하카타역과 연결된 하카타 버스터미널

● 층별 안내와 승차장

승차장은 층별로 구분돼 있다. 매표소, 자동발매기, 코인로커, 안내소 등 주요 편의 시설은 1·3층에 있다.

- **1층:** 후쿠오카 시내버스, 다자이후행 직행버스 등 단거리 노선
- **2층:** 고속버스 도착 전용 승차장
- **3층:** 유후인, 벳푸, 구로카와 온천, 기타큐슈, 시모노세키, 구마모토 등 규슈 각지 및 일부 혼슈 노선을 운행하는 장거리 고속버스

● 주요 행선지별 승차장

승차장	주요 행선지	버스 회사
1층 11번	다자이후	니시테츠 버스
3층 31번	시모노세키	니시테츠 버스
3층 32번	이토시마	쇼와 버스
3층 34번	유후인	니시테츠 버스, 히타 버스, 카메노이 버스
	벳푸	니시테츠 버스, 카메노이 버스
	오이타	니시테츠 버스, 오이타 버스, 오이타 교통
	구로카와 온천	히타 버스, 규슈산교 버스

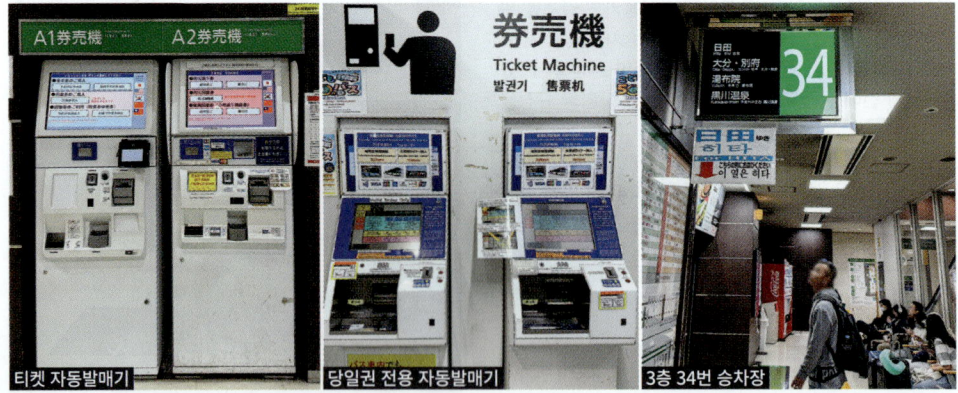
티켓 자동발매기　　당일권 전용 자동발매기　　3층 34번 승차장

● 하카타 버스터미널 3층 고속버스 승차장

38 **37** **36** **35**

코인로커

티켓 발매기 · 니모카 충전 & 포인트 교환기

공중전화

정기권 니모카 정기권
매표소 · 매표소 자동발매기

대합실

34 **33** **32** **31**

➜ 니시테츠 텐진 고속버스터미널 西鉄天神高速バスターミナル

'텐진 고속버스터미널' 또는 '니시 테츠 고속버스터미널'로도 불리 며 니시테츠후쿠오카(텐진)역이 있는 솔라리아 터미널 빌딩 3층 에 위치한다. 니시테츠 계열 노선 을 중심으로 운행하며 후쿠오카 남부 지역(구루메, 야나가 등)과 사가, 나가사키, 구마모토, 오이타 등 규슈 각지를 연결한다.

미츠코시 백화점, 솔라리아 스테이지와 연결돼 편리하지만 와타나베도리를 따라 건물 곳곳에 표지판이 있어 초행자는 헷갈릴 수 있다. 가장 찾기 쉬운 입 구는 와타나베도리의 솔라리아 터미널 빌딩 앞, 1A·1B 버스 정류장 사이에 위 치한 유리 벽면의 출입구다. 흰색의 큰 버스 그림이 그려져 있어 눈에 잘 띄며 이곳에서 에스컬레이터를 타면 3층 터미널로 연결된다.

WEB nishitetsu.jp/bus/highwaybus/bus_terminal/

● 승차장

승차장은 총 6곳으로 하차장과 완전히 분리돼 있다. 자동발매기와 유인 매표소가 함께 설치돼 있으며 발매기는 한국어 화면이 지원되므로 쉽게 이용할 수 있고 신 용카드 결제도 가능하다. 기타큐슈 방면은 파란색 발매기, 유후인·벳푸·구로카와 온천 방면은 노란색 발매기를 이용한다.

티켓 자동발매기

승차장

＋ M O R E ＋

당일치기 버스 투어

규슈 북부의 주요 명소를 짧은 시 간 안에 한꺼번에 둘러보고 싶다 면 당일치기 버스 투어가 유용하 다. 대표 루트는 후쿠오카에서 출 발해 유후인, 벳푸 지옥 온천, 다 자이후를 돌아 후쿠오카로 복귀 하는 코스로, 벳푸 지옥 순례 입 장권까지 포함된 구성이 5만~7만 원대여서 교통비 수준의 저렴한 비용으로 다녀올 수 있다. 유후인 에서 1박 후 다른 지역으로 이동 하는 1.5일 코스도 같은 가격대다 (숙박비 별도). 한국어 가이드가 동 행하는 한국인 전용 차량인 데다 명소 설명과 맛집 정보까지 제공 돼 언어 스트레스 없이 여행할 수 있다는 점도 장점이다. 단, 짧은 일정인 만큼 각 여행지의 분위기 를 충분히 느끼기엔 다소 아쉬움 이 남을 수 있다.

131

시내버스·BRT 이용법

후쿠오카, 벳푸, 유후인, 기타큐슈 등 규슈 지역 대부분의 시내버스와 BRT는 구간에 따라 요금이 달라지는 정액제(거리 비례제)를 적용한다. 시내버스는 뒷문으로 승차하고 앞문으로 하차하는 방식이 일반적이며 BRT는 뒷문 또는 중간문에서 승차한다.

현금 또는 산큐 패스 이용 시

 Step. 1 버스 번호를 확인한다.

버스 번호

Step. 2 뒷문 또는 중간문으로 탑승한다.

일반버스는 뒷문으로 탑승한다.

BRT는 뒷문 또는 중간문으로 탑승한다.

Step. 3 뒷문에 설치된 정리권 발권기에서 정리권(번호표)을 뽑는다.

Step. 4 운전석 위 전면 운임 모니터에 내려야 할 정류장이 표시되면 하차 버튼을 누른다.

Step. 5 운임 모니터에 표시된 번호와 내가 뽑은 정리권 번호를 대조해 해당 요금 또는 산큐 패스를 준비한다.

Step. 6 현금과 정리권은 운전석 옆 요금함에 넣고, 패스는 운전기사에게 보여주고 앞문으로 내린다.

➡ 우리나라와 달리 잔돈을 거슬러주지 않으므로 하차 전 요금함 옆 동전 교환기로 미리 정확한 금액을 준비해야 한다. 교환기는 50엔·100엔·500엔 동전과 1000엔 지폐만 사용 가능하다.

➡ BRT는 현금 승차가 불가하며 IC·컨택리스 카드만 사용 가능하다.

❸ 정리권 발권기 ❹❺ 운임 모니터와 정리권

❻ 요금함 & 동전·지폐 교환기

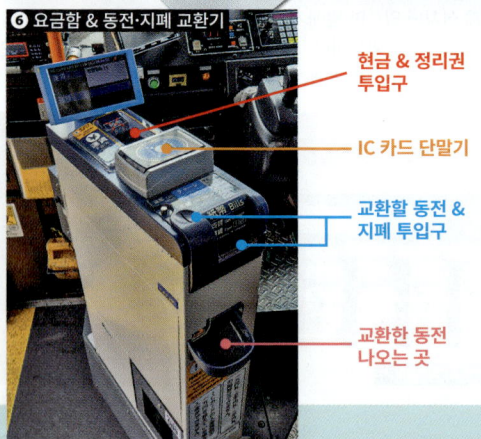

현금 & 정리권 투입구

IC 카드 단말기

교환할 동전 & 지폐 투입구

교환한 동전 나오는 곳

IC·컨택리스 카드 이용 시

 Step. 3 정리권을 뽑을 필요 없이 승차 시 뒷문에 설치된 전용 단말기에 카드를 터치하고 탑승한다.

 Step. 4 앞문 요금함에 설치된 단말기에 다시 한번 터치한 후 내린다.

→ 승차와 하차 시 사용하는 단말기가 각각 다르며 요금은 자동으로 계산된다.

→ IC 카드 1장으로 2인 이상 결제하려면 승차 전 운전기사에게 미리 알려야 한다.

→ 대부분의 버스에서는 운전기사에게 요청해 IC 카드를 충전할 수 있다. 1회 충전 한도는 1000엔권 5장 또는 1만엔권 1장까지다.

→ 컨택리스 카드로 BRT를 이용할 때는 IC 카드와는 다른 전용 단말기에 터치해야 한다.

일반버스 뒷문에 설치된 IC 카드 단말기

컨택리스 카드 단말기

IC 카드 단말기

일반버스 앞문 요금함에 설치된 IC 카드 단말기

BRT 뒷문·중간문에 설치된 IC·컨택리스 카드 단말기

모바일 패스 이용 시

국내 온라인 여행 플랫폼이나 my route 앱 등에서 구매한 모바일 패스(예: 후쿠오카 시내 1일 자유 승차권)를 이용할 경우 뒷문으로 승차하며 정리권을 뽑는다. 하차할 때는 패스 화면을 활성화해 운전기사에게 보여주고 정리권은 요금함에 넣는다.

→ 반드시 데이터 연결이 원활한 상태에서 활성화해야 하며 캡처가 아닌 실시간으로 시간이 표시되는 화면을 운전기사에게 보여줘야 한다.

버스 이용 시 유의사항

→ 하차할 정류장이 가까워지면 버스 내부 방송이나 차량 전면 모니터에 목적지가 안내된다. 하차 버튼은 좌석 근처나 기둥 등에 설치돼 있으며 정류장이 가까워질 때쯤 누른다.

→ 후쿠오카를 포함해 일본 대부분 지역의 버스는 평일과 주말·공휴일의 운행 시간표가 다르므로 탑승 전 버스 정류장에 안내된 요일별 시간표를 확인한다.

+MORE+

택시 호출 앱 이용하기

후쿠오카에서도 우리나라처럼 카카오T, 우버 등 택시 호출 앱을 이용할 수 있다. 한글로 목적지를 입력하고 운전자의 실시간 위치와 예상 도착 시간을 알 수 있어 일본어 소통이 어려워도 문제없다. 픽업 장소는 도로변보다는 호텔, 택시 승강장 등 정확한 위치를 지정하는 것이 좋으며 택시가 도착하면 기사와 상호 확인한 뒤 탑승한다. 카카오T의 경우 기사에게 탑승 확인 번호를 보여주고 탑승한다. 택시 호출 앱을 사용하려면 한국에서 앱을 실행해 회원가입을 완료하고 해외 결제가 가능한 신용카드 정보를 미리 등록해야 한다. 이용 요금은 별도의 호출 수수료(100~400엔)와 합산돼 등록된 신용카드에서 자동 결제된다. 신규 고객 할인 쿠폰과 프로모션 등을 활용하면 더 저렴하게 이용할 수 있다.

후쿠오카 교통 패스 총정리

후쿠오카를 포함한 북규슈 지역에는 여행자용 교통 패스가 다양하게 마련돼 있다.
JR, 사철, 지하철, 버스 등 어떤 패스를 골라야 알차게 돌아볼 수 있을지 살펴보자.

북규슈에서 유용한 패스

➜ 기차 타고 멀리멀리, 북규슈 레일 패스 JR Northern Kyushu Area Pass

후쿠오카를 기점으로 유후인, 벳푸, 모지코, 구마모토, 나가사키, 사세보 등 규슈 북부 지역의 JR 열차를 3일 또는 5일
간 자유롭게 승하차할 수 있는 교통 패스다. 하루 한 번 이상 장거리 특급열차를 이용한다면 가장 효율적인 선택이다.
단, 이동 횟수가 적거나 특정 구간만 이용할 경우에는 규슈넷킷푸(124p)와 같은 할인 티켓이 더 유리할 수 있다.

사용 지역 & 교통수단	JR 규슈 노선의 보통·쾌속·특급열차, 유후인노모리 관광특급열차, 규슈신칸센(하카타~구마모토), 니시큐슈신칸센(타케오온센~나가사키)
종류 & 가격	▶ 3일권(개시일 포함 3일간 연속 사용) 1만5000엔, 어린이 7500엔 ▶ 5일권(개시일 포함 5일간 연속 사용) 1만7000엔, 어린이 8500엔
추가 혜택	제휴 식당·쇼핑·관광시설 할인

사용법	▶ 한국에서 온라인으로 구매한 바우처와 여권을 지참해 현지 교환처에서 실물 패스를 수령한다.
	▶ 자유석은 예약 없이 탑승 가능하다.
	▶ 지정석 예약
	  -JR 규슈 레일 패스 예약 사이트(한국어), 현지 역 창구 및 전용 자동발매기에서 가능.
	  -현지 예약: 최대 6회까지 무료, 7회째부터는 특급권 구매 필요.
	  -온라인 예약: 예약 횟수 제한 없음, 유료(유후인노모리 1500엔 / 쾌속·특급·신칸센 1000엔 / 어린이는 반값)
	  -온라인 예약 시 실물 패스 지참 후 역 창구 또는 자동발매기에서 지정석권 수령.
	▶ 패스는 개찰기에 넣은 뒤 다시 회수하며 지정석권(좌석표)은 개찰기에 넣지 말고 그대로 들고 탑승한다.

판매처	온라인 여행 플랫폼(마이리얼트립, 클룩, 케이케이데이, 와그 등), JR 규슈 레일 패스 공식 사이트, 하카타역·고쿠라역·모지코역·벳푸역 등 JR 주요 역 '표 사는 곳'(녹색 창구)
패스 교환처	후쿠오카공항 JR 규슈 레일 패스 교환 카운터(09:00~17:00), JR 주요 역 '표 사는 곳'(녹색 창구)
홈페이지	jrkyushu.co.jp/korean/kyushurailpass/
비고	▶ 산요신칸센(하카타~고쿠라 구간)은 JR 서일본 관할로, 이용할 수 없다. ▶ 지하철, 버스, 사철 등 JR 이외의 교통수단은 이용할 수 없다.

(이미지 설명: 북규슈 레일 패스, 지정석권(좌석표))

◆ 3일권 본전 뽑기 코스 예시
- **1일차:** 후쿠오카 ⇄ 유후인 당일치기 /
  유후인노모리 특급열차 왕복 1만2260엔
- **2일차:** 후쿠오카 ⇄ 벳푸 당일치기 /
  특급 소닉 왕복 니마이킷푸 7600엔
- **3일차:** 후쿠오카 ⇄ 모지코 당일치기 /
  특급 소닉+보통열차 왕복 니마이킷푸 3620엔

합계: 2만3480엔 → 패스 이용 시 8480엔 절약
➜ 유후인노모리 왕복 온라인 예약 수수료(1500엔X2) 적
  용 시 5480엔 절약

◆ 3일권 여유형 코스 예시
- **1일차:** 후쿠오카 → 유후인 /
  유후인노모리 특급열차 6130엔
- **2일차:** 유후인 → 벳푸 / 특급 유후 2830엔
- **3일차:** 벳푸 → 모지코 / 특급 소닉+보통열차 5190엔,
  모지코 → 후쿠오카 / 보통열차+특급 소닉 2860엔

합계: 1만7010엔 → 패스 이용 시 2010엔 절약
➜ 유후인노모리 온라인 예약 수수료(1500엔) 적용 시
  510엔 절약

버스로 북규슈 한 바퀴, 산큐 패스 SUNQパス

규슈 지역의 거의 모든 고속버스, 일반 노선버스, 일부 페리를 유효기간 내 자유롭게 승하차할 수 있는 패스. 짧은 기간 최대한 부지런히 돌아다녀야 본전을 뽑을 수 있지만 버스를 잘못 탔더라도 다시 탑승할 수 있고 일일이 발권하는 번거로움이 없어 매력적이다.

지역과 루트에 따라 총 5가지 패스가 있으며 이 책에서는 그중 북규슈 전역과 시모노세키를 포함하는 북규슈 산큐 패스 2·3일권을 소개한다. 유후인, 벳푸처럼 예약이 필수인 고속버스는 패스를 소지했더라도 온라인 또는 현지 창구에서 예약 후 탑승해야 하며 성수기에는 조기 매진에 유의해야 한다.

탑승 전 버스 앞면에
'SUNQ PASS' 스티커가
부착돼 있는지 확인한다.

구분	모바일 패스	실물 패스
사용 지역 & 교통수단	후쿠오카, 유후인, 벳푸, 구마모토, 나가사키, 사가 등 북규슈 지역 및 시모노세키의 고속버스, 일반 노선버스, 일부 페리 노선	
종류 & 가격	▶ 2일권(개시일부터 3일 중 2일을 선택해 비연속 이용) 8000엔	▶ 2일권(개시일부터 3일 중 2일을 선택해 비연속 이용) 8000엔
	▶ 3일권(개시일부터 5일 중 3일을 선택해 비연속 이용) 1만엔	▶ 3일권(개시일부터 3일간 연속 사용) 1만2000엔
추가 혜택	제휴 식당·쇼핑·관광시설 할인	
사용법 (일반버스)	▶ 뒷문으로 승차해 정리권을 뽑은 뒤 온라인 구매 시 받은 바우처 내 링크를 열어 '이용 개시'를 터치한다.	▶ 뒷문으로 승차해 정리권을 뽑는다.
	▶ 하차 시 기사에게 모바일 화면을 보여주고 정리권은 요금함에 넣는다.	▶ 하차 시 정리권을 요금함에 넣은 뒤 패스 앞면을 기사에게 보여준다.
사용법 (고속버스)	▶ 고속버스 예약 사이트(www.highwaybus.com) 또는 창구에서 예약한다.	
	▶ 탑승 당일 터미널 창구에서 예약번호와 패스를 제시하고 승차권을 수령해 탑승한다.	
판매처	my route 앱, 온라인 여행 플랫폼, 산큐 패스 공식 사이트	후쿠오카공항, 하카타 버스터미널, 니시테츠 텐진 고속버스터미널, 주요 버스회사 창구, 일부 호텔 등
홈페이지	www.sunqpass.jp/kr/	
비고	▶ 일부 특별 노선, 페리, JR 열차 및 버스는 이용할 수 없다(상세 내용은 홈페이지에서 확인).	
	▶ 1일 유효기간은 이용 개시일의 새벽 03:00부터 다음날 02:59까지다. 24:00~02:59 사이 승하차한 경우 해당일이 아닌 전날 이용으로 간주된다.	

◆ 2일권 본전 뽑기 코스 예시

● **1일차:** 후쿠오카 → 유후인 → 벳푸 → 후쿠오카 당일치기 /
고속버스+일반버스 왕복 7600엔
● **2일차:** 후쿠오카 ⇄ 다자이후 /
다자이후 라이너버스 타비토 왕복 1400엔
합계: 9000엔 → 패스 사용 시 1000엔 절약

: WRITER'S PICK :
디지털 승차권 앱 활용하기

my route(마이루트), RYDE PASS(라이드패스) 등 일본의 디지털 승차권 앱을 설치하고 회원가입을 하면 다양한 교통수단의 모바일 패스를 신용카드로 구매할 수 있다. 탑승 시 인터넷 연결이 원활한 상태에서 티켓 화면을 활성화해 보여주거나 QR 코드 인식기에 스캔해 이용한다. 모바일 패스는 개시 시점부터 시간이 계산되므로 버스의 경우 하차 직전에 개시해야 최대한 오래 사용할 수 있다.

WEB my route: ko.top.myroute.fun
RYDE PASS: pass.ryde-go.com

➡ 후쿠오카+근교 무제한, JR 규슈 모바일 패스[후쿠오카 와이드 패스] JR Kyushu Mobile Pass

2일간 후쿠오카를 중심으로 고쿠라, 모지코, 구루메 등 근교 지역의 JR 규슈 노선 보통·쾌속·특급열차 자유석을 무제한 승하차할 수 있는 방일 외국인 전용 패스. 후쿠오카에서 특급 소닉으로 고쿠라나 모지코 중 1곳만 왕복해도 이득이며 실물 티켓 교환이 필요 없는 모바일 패스라 편리하다

사용 지역 & 교통수단	하카타~고쿠라~모지코 / 유쿠하시(특급 소닉), 하카타~토스(특급 릴레이 카모메·미도리·하우스텐보스·카사사기), 하카타~구루메(특급 유유) 구간의 JR 규슈 보통·쾌속·특급 자유석 열차
종류 & 가격	2일권(개시일 포함 2일간 연속 사용) 3500엔, 어린이 1750엔
추가 혜택	없음
사용법	▶ 온라인 구매 시 받은 바우처 내 링크를 열어 '이용 개시'를 터치, 활성화한 화면을 개찰구 옆 역무원에게 보여주고 탑승한다(여권 소지 필수).
판매처	my route 앱, 온라인 여행 플랫폼, JR 규슈 레일 패스 공식 사이트
홈페이지	www.jrkyushu.co.jp/korean/railpass/mobilepass.html
비고	▶ 특급열차 보통차 지정석 이용 시 지정석권을 별도 구매해야 한다(그린석은 이용 불가). ▶ 규슈신칸센(하카타~구루메), 산요신칸센(하카타~고쿠라), 유후인노모리는 이용할 수 없다.

후쿠오카에서 유용한 패스

➡ 버스 1일 무제한, 후쿠오카 시내 1일 자유 승차권[그린 패스] 福岡市内1日フリー乗車券

후쿠오카는 지하철보다 버스 중심의 교통망이 잘 갖춰져 있어 지하철이 닿지 않는 곳도 대부분 니시테츠 버스로 이동할 수 있다. 이 패스를 이용하면 공항 및 후쿠오카 도심을 유효시간 내에 자유롭게 돌아볼 수 있다. 버스 요금은 구간별로 달라 이동 경로에 따라 실익을 따져본 뒤 구매하는 것이 좋다. 성인 1명당 어린이 1명 무료 혜택도 있어 가족 여행에 유리하다.

구분	모바일 패스	실물 패스
사용 지역 & 교통수단	후쿠오카 시내 노선버스(공항버스 포함) / 고속버스, 일부 특급버스 제외	
종류 & 가격	▶ 6시간권(개시 후 6시간 이용) 700엔, 어린이 350엔 ▶ 24시간권(개시 후 24시간 이용) 1100엔, 어린이 550엔	▶ 1일권(개시일 첫차부터 막차까지 이용) 1200엔, 어린이 600엔
추가 혜택	주요 관광시설 입장료 할인, 성인 1명당 어린이 1명 무료	
사용법	승차 시 정리권을 뽑고, 앱에서 '이용 개시'를 눌러 활성화한 화면을 하차 시 기사에게 보여준다. 정리권은 요금함에 넣는다.	이용일을 동전 등으로 긁어 표시하는 스크래치식 패스로, 승차 시 정리권을 뽑고 하차할 때 요금함에 넣은 뒤 패스 앞면을 기사에게 보여준다.
판매처	my route 앱, 온라인 여행 플랫폼	온라인 여행 플랫폼, 니시테츠 텐진 고속버스터미널, 하카타 버스터미널, 후쿠오카공항 버스터미널, 정기권 매표소, 니시테츠 버스 영업소 등
홈페이지	nishitetsu.jp/bus/sumanori/	nishitetsu.jp/bus/jyousha/cityfree/

➜ 지하철 1일 무제한, 후쿠오카시 지하철 1일 승차권 福岡市1日乗車券

후쿠오카 시영 지하철 전 노선을 구매일 첫차부터 막차까지 자유롭게 승하차할 수 있다.
어린이·가족 동반 할인 등 다양한 종류가 있으며 기본요금(210엔) 구간 기준 하루 4회 이상
이용하면 이득이다. 가족 동반 할인권은 모바일 패스로도 구매할 수 있다.

구분	기본 1일 승차권	패밀리 티켓
사용 지역 & 교통수단	후쿠오카 시영 지하철 전 노선	

종류 &
가격
	▶ 640엔, 어린이 320엔
	▶ 초등학생 100엔 패스: 토·일·공휴일 및 방학 기간 100엔
	  (자동발매기에서만 구매 가능)
		▶ 패밀리 페어 티켓(성인 1명+어린이 1명) 800엔
		▶ 패밀리 치카 티켓(성인 2명+어린이 무제한)
		  1000엔

추가 혜택	주요 관광시설 입장료 할인	
사용법	개찰기에 직접 투입한다.	역무원에게 실물 또는 모바일 티켓을 보여주고 탑승한다.
판매처	지하철역 자동발매기, 고객 서비스 센터(정기권 발매소), 텐진·하카타역·하카타항 국제터미널·후쿠오카공항 관광안내소	my route 앱, 각 지하철역 유인 창구
홈페이지	subway.city.fukuoka.lg.jp/fare/card/	
비고	성인의 경우 컨택리스 카드로 결제한 1일 이용 요금이 640엔을 초과하면 초과분은 자동 면제되므로 1일 승차권을 구매할 필요가 없다.	성인 1명+어린이 1명이라면 토·일·공휴일 및 방학 기간에는 기본 패스+초등학생 100엔 패스가 더 이득이다.

➜ 버스+지하철 1일 무제한, 후쿠오카 투어리스트 시티 패스 Fukuoka Tourist City Pass

후쿠오카 시내버스, 지하철, JR, 니시테츠 전철, 페리 등을 하루 동안 자유롭게 승하차할 수 있는 방일 외국인 전용 패스.
가격대가 있는 편이라 본전을 뽑으려면 교통수단을 자주 이용하고 입장료 할인 혜택도 적극 활용하는 것이 좋다. 우미노
나카미치, 노코노시마 등 페리로 이동하는 섬 여행에 특히 유용하다. 현지 구매 또는 교환 시 여권 제시 필수.

구분	모바일 패스	실물 패스
사용 지역 & 교통수단	후쿠오카 시내(공항 포함)의 니시테츠 버스, 쇼와 버스, 시영 지하철, JR(시내 일부 구간), 니시테츠 전철, 시영 페리 / 웨스트 코스트 라이너, 다자이후 라이너버스 타비토 제외	
종류 & 가격	후쿠오카 시내: 2500엔, 어린이 1250엔 후쿠오카 시내+다자이후(니시테츠 전철): 2800엔, 어린이 1400엔 (모두 개시일 첫차부터 막차까지 이용)	
추가 혜택	주요 관광시설 입장료 할인	

사용법	▶ my route 앱에서 '이용 개시' 버튼을 눌러 화면을
	  활성화한다.
	▶ 버스는 하차 시 기사에게, 전철·지하철은 개찰기
	  근처 역무원에게 화면을 보여준다.
	▶ 페리는 매표소 창구에서 패스를 보여주고 승선
	  확인증을 발급받는다.
		▶ 온라인 여행 플랫폼에서 구매한 경우 후쿠오카공항 국제선
		  터미널 1층 지정 교환처에서 실물 패스를 수령해야 한다.
		▶ 이용일을 동전 등으로 긁어 사용하는 스크래치식이며
		  사용법은 모바일 패스와 동일하다.

판매처	my route 앱	온라인 여행 플랫폼, 니시테츠 텐진 고속버스터미널, 하카타 버스터미널, 니시테츠후쿠오카(텐진)역, 후쿠오카시 지하철 고객 서비스 센터, 텐진·하카타역·하카타 항 국제터미널·후쿠오카공항 관광안내소 등
홈페이지	gofukuoka.jp/ko/citypass.html	

➡ 버스 타고 타임슬립, 후쿠오카 시내+다자이후 라이너버스 타비토旅人 24시간 패스

후쿠오카 시내버스와 다자이후행 타비토 버스를 24시간 동안 자유롭게 탈 수 있는 무제한 패스. 후쿠오카 시내 1일 자유 승차권(1100~1200엔)과 타비토 왕복권(1400엔)을 따로 사는 것보다 저렴하며, 출발지가 하카타역 근처라면 니시테츠 전철보다 효율적이다. 성인 1명당 어린이 1명 무료 혜택도 있어 가족 여행에 유용하다.

구분	모바일 패스	실물 패스
사용 지역 & 교통수단	후쿠오카 시내 전역 니시테츠 노선버스(공항버스 포함), 다자이후 라이너버스 타비토(하카타 버스터미널·후쿠오카공항 국제선 터미널~다자이후)	
종류 & 가격	24시간권(개시 후 24시간 유효) 2000엔, 어린이 1000엔	1일권(개시 후 24시간 유효) 2100엔, 어린이 1050엔
추가 혜택	관광시설 입장료 할인, 성인 1명당 어린이 1명 무료	
사용법	▶ 승차 시 정리권을 뽑고 하차 시 앱에서 '이용 개시'를 눌러 활성화한 화면을 기사에게 보여준다. ▶ 정리권은 요금함에 넣는다.	이용일을 동전 등으로 긁어 사용하는 스크래치식 패스다. 승차 시 정리권을 뽑고, 하차 시 정리권을 요금함에 넣은 뒤 패스 앞면을 기사에게 보여준다.
판매처	온라인 여행 플랫폼, my route 앱	온라인 여행 플랫폼, 니시테츠 텐진 고속 버스터미널, 하카타 버스터미널, 후쿠오카공항 버스터미널, 각 정기권 발매소, 니시테츠 버스 영업소 등
홈페이지	nishitetsu.jp/bus/sumanori/	nishitetsu.jp/bus/jyousha/cityfree_tabito/

➡ 역사 산책에 뱃놀이까지, 다자이후·야나가와 관광 티켓

니시테츠 전철 왕복권, 야나가와 뱃놀이 승선권으로 구성된 실속형 패스. 다자이후에 들르지 않더라도 후쿠오카~야나가와 왕복 전철 요금과 뱃놀이 비용만으로도 본전을 충분히 뽑으며 관광시설 입장료 할인 혜택도 알차다. 관광 티켓 외에 우메가에모찌 1개 교환권이 추가된 만끽 티켓도 있다.

구분	모바일 패스	실물 패스
사용 지역 & 교통수단	후쿠오카~다자이후~야나가와~후쿠오카 니시테츠 전철(왕복), 야나가와 관광개발 돈코부네	
종류 & 가격	2일권(개시일 포함 2일간 유효) 3210엔, 어린이 1610엔	2일권(개시일 포함 2일간 유효) 3340엔, 1680엔 *만끽 티켓 3380엔, 어린이 1780엔
추가 혜택	제휴 식당·쇼핑·관광시설 할인	
사용법	QR코드 화면을 활성화해 개찰구 옆 역무원에게 보여주고 탑승한다.	온라인 여행 플랫폼에서 구매 시 후쿠오카 공항 국제선 터미널 HIS 카운터, 니시테츠후쿠오카(텐진)역·야쿠인역 역무원실·정산소 등에서 실물 패스를 수령해야 한다. 개찰구 옆 역무원에게 패스를 보여주고 탑승한다.
판매처	my route 앱	온라인 여행 플랫폼, 니시테츠후쿠오카(텐진)역, 야쿠인역 *만끽 티켓은 실물 패스 전용이며 온라인 여행 플랫폼 한정 판매
홈페이지	ko.top.myroute.fun	www.ensen24.jp/kippu/kr/dazaifu-yanagawa/
비고	❶ 니시테츠후쿠오카(텐진)역 또는 야쿠인역 → 다자이후역 → 야나가와역 → 니시테츠후쿠오카(텐진)역 또는 야쿠인역, ❷ 니시테츠후쿠오카(텐진)역 또는 야쿠인역 → 야나가와역 → 다자이후역 → 니시테츠 후쿠오카(텐진)역 또는 야쿠인역, 2가지 순서 중 하나로만 이동할 수 있으며 중간에 출발역으로 되돌아 가거나 이 목록에 없는 역에서 도중 하차할 경우 티켓의 효력이 정지된다.	

➜ 전철도 타고 떡도 먹고, 다자이후 산책 티켓 大宰府散策きっぷ

후쿠오카~다자이후 왕복 니시테츠 전철 승차권, 우메가에모찌 2개 교환권, 관광시설 할인 혜택이 포함된 실속형 패스. 교통비와 우메가에모찌 가격만 따져도 본전 이상의 가치가 있다. 니시테츠후쿠오카(텐진)역 역무원실이나 출구 정산소에서 실물 티켓을 구매한 뒤 개찰구 옆 역무원에게 제시하고 탑승한다. 지정 역 외 도중 하차 시 효력이 정지되므로 주의.

PRICE 성인 1060엔, 어린이 680엔/이용 개시일 포함 2일간 유효 **WEB** www.ensen24.jp/kippu/2

벳푸·유후인에서 유용한 패스

➜ 가뿐하게 돌아보는 온천마을, 마이 벳푸 프리 패스 My Beppu Free Pass

벳푸·유후인 지역을 운행하는 카메노이 버스를 1~2일간 자유롭게 이용할 수 있는 교통 패스. 한국에서는 '벳푸 카메노이 버스 미니 & 와이드 1일 패스'라는 이름으로 판매된다.

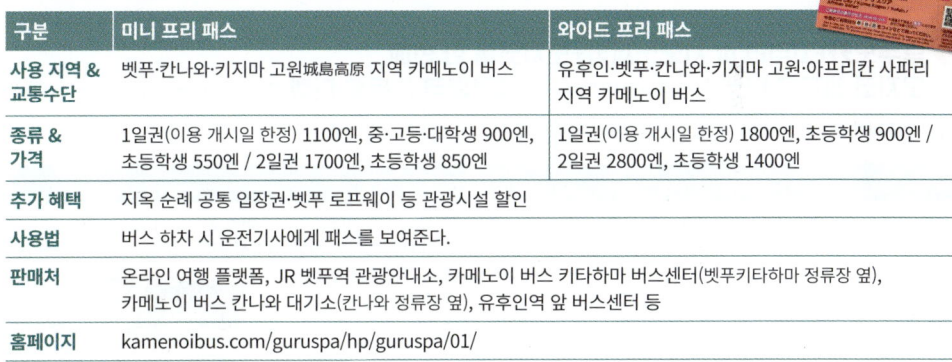

구분	미니 프리 패스	와이드 프리 패스
사용 지역 & 교통수단	벳푸·칸나와·키지마 고원城島高原 지역 카메노이 버스	유후인·벳푸·칸나와·키지마 고원·아프리칸 사파리 지역 카메노이 버스
종류 & 가격	1일권(이용 개시일 한정) 1100엔, 중·고등·대학생 900엔, 초등학생 550엔 / 2일권 1700엔, 초등학생 850엔	1일권(이용 개시일 한정) 1800엔, 초등학생 900엔 / 2일권 2800엔, 초등학생 1400엔
추가 혜택	지옥 순례 공통 입장권·벳푸 로프웨이 등 관광시설 할인	
사용법	버스 하차 시 운전기사에게 패스를 보여준다.	
판매처	온라인 여행 플랫폼, JR 벳푸역 관광안내소, 카메노이 버스 키타하마 버스센터(벳푸키타하마 정류장 옆), 카메노이 버스 칸나와 대기소(칸나와 정류장 옆), 유후인역 앞 버스센터 등	
홈페이지	kamenoibus.com/guruspa/hp/guruspa/01/	

고쿠라·모지코·시모노세키에서 유용한 패스

➜ 기타큐슈 구석구석 1일 탐방, 기타큐슈 1일 승차권 北九州都市圏1日フリー乗車券

고쿠라, 모지코, 사라쿠라산 등을 하루에 둘러볼 계획이라면 교통비를 크게 절약할 수 있다. 고속·특급버스는 이용 불가, 기타큐슈공항 이동은 쿠사미~공항선(51번)만 가능. 성인 1명당 어린이 1명 무료. 모바일 패스는 48시간권도 있다.

구분	모바일 패스	실물 패스
사용 지역 & 교통수단	기타큐슈 도시권 니시테츠 일반 노선버스	
종류 & 가격	24시간권 1000엔, 어린이 500엔	1일권(이용 개시일 한정) 1200엔, 어린이 600엔
사용법	앱에서 '이용 개시'를 눌러 활성화한 화면을 하차 시 기사에게 보여준다.	이용일을 동전 등으로 긁어내고 사용하는 스크래치식 패스다. 패스 앞면을 기사에게 보여주고 내린다.
판매처	my route 앱	니시테츠 역 또는 니시테츠 버스 각 창구
홈페이지	nishitetsu-ktq.jp/otokuna_zyousyaken/oneday_free.html	

➜ 모지코+시모노세키 당일 여행에 최적, 클로버 티켓 Clover Ticket

모지코~시모노세키 주요 교통수단을 편도 1회씩 이용 가능한 패스. 할인율이 낮아 전 구간 이용해야 본전이다.

구분	모바일 패스	실물 패스
사용 지역 & 교통수단	모지코~메카리 공원 미니기차 시오카제호 또는 니시테츠 버스, 모지코~시모노세키 칸몬 연락선, 카라토~칸몬터널 입구 선덴 버스	
종류 & 가격	1일권(이용 개시일 한정) 800엔, 어린이 400엔	
추가 혜택	제휴 식당·관광시설 할인	-
사용법	앱에서 활성화한 패스 화면을 기사에게 보여준다.	승차 또는 하차 시 해당 티켓을 잘라서 낸다.
판매처	RYDE PASS 앱 (디지털 버전 '간몬 해협 클로버 티켓' 선택)	모지코역 관광안내소, 칸몬 연락선 매표소, 규슈철도기념관, 칸몬해협메카리역, 시모노세키역 앞 버스 매표소 등
홈페이지	retro-line.net/value_tickets/clover_tickets	

➜ 후쿠오카+고쿠라 or 시모노세키+모지코를 한 번에, 모지코 레트로 티켓 門司港レトロきっぷ / 후쿠후쿠 레트로 티켓 ふくふくレトロきっぷ

당일치기나 1박 2일 여행에 적합한 구성. 예약 없이 현장에서 실물 패스를 바로 구매해 사용할 수 있다.

구분	모지코 레트로 티켓	후쿠후쿠 레트로 티켓
사용 지역 & 교통수단	후쿠오카~고쿠라 고속버스(왕복), 고쿠라~모지코 레트로 노선버스(왕복)	후쿠오카~시모노세키·기타큐슈 고속버스(왕복), 시모노세키역~카라토 선덴 버스, 카라토~모지항 칸몬 연락선(편도), 모지코 레트로~스낫츠(고쿠라 동쪽) 니시테츠 노선버스
종류 & 가격	2일권 2680엔(어린이용 없음)	2일권 3140엔(어린이용 없음)
추가 혜택	제휴 식당·쇼핑·관광시설 할인	
사용법	승차 또는 하차 시 해당 티켓을 잘라서 낸다.	
판매처	니시테츠 텐진 고속버스터미널	니시테츠 텐진 고속버스터미널, 하카타 버스터미널
홈페이지	nishitetsu.jp/bus/highwaybus/jousha/	

➜ 고쿠라+모지코 알뜰 여행에 최적, 기타큐슈 주유 패스 北九州周遊パス

1~2일간 기타큐슈 지역 대상 구간의 JR 열차 무제한 이용 및 관광시설 무료 입장 혜택이 포함된 온라인 전용 패스. 모바일 앱 또는 웹페이지에서 패스를 구매할 때 등록한 컨택리스 카드 한 장으로 열차와 각 시설을 이용하는 방식으로, 별도의 QR코드를 제시할 필요가 없어 편리하다.

사용 지역 & 교통수단	JR 가고시마 본선 모지코~야하타 구간 보통·쾌속 자유석 열차
종류 & 가격	1일권(이용 개시일 한정) 2000엔 / 2일권(연속 사용) 3000엔(6세 이하 미취학 아동 무료) ※ 구매일 기준 90일 이내 사용, 유효기간 마지막 날 25시까지 이용 가능
추가 혜택	고쿠라성, 모지코 레트로 전망대, 칸몬해협 뮤지엄, 사라쿠라산 전망대 케이블카 등 13개 관광시설 무료 입장 및 쇼핑·식당 할인
사용법	해당 구간 내 JR 역 개찰기에 패스 결제 시 사용한 컨택리스 카드를 터치하고 승차한다. 관광시설 입장 시에는 전용 단말기에 카드를 터치하면 된다.
판매처	Pass Case 앱 또는 웹사이트('북큐슈 순환 패스~터치 큐슈~' 선택)
홈페이지	kitakyushu-tourpass.com

일본판 티머니, 교통계 IC 카드 사용하기

후쿠오카를 포함한 규슈 전역에서는 일본에서 발행된 10여 종의 충전식 교통계 IC 카드를 사용할 수 있다. 지하철과 버스는 물론 카드 로고가 붙은 편의점이나 식당, 백화점에서도 전자 화폐처럼 간편하게 결제할 수 있어 잔돈 걱정도 없다. 일본 전역에서 통용되기 때문에 한 장만 발급해두면 어디서든 오래도록 유용하게 쓸 수 있다.

후쿠오카 IC 카드 TOP 3

후쿠오카에서 발급 가능한 대표 IC 카드는 스고카, 니모카, 하야카켄 3가지로, 모두 일본 전국의 지하철, JR, 사철, 버스, 택시 등 교통수단에서 사용할 수 있다. 성인용 카드는 대부분 역 자동발매기에서 구매할 수 있고 어린이용 카드는 여권을 지참해 유인 창구에서 기명 등록 후 신청해야 한다. 모든 IC 카드는 현금 구매·충전만 가능하다.

일본 IC 카드 로고

	스고카 SUGOCA	니모카 nimoca	하야카켄 Hayakaken
발급비	2000엔 (보증금 500엔+충전금 1500엔)	2000엔 (보증금 500엔+충전금 1500엔)	1000엔·2000엔·3000엔·4000엔·1만엔 (모두 보증금 500엔 포함)
발행처	JR 규슈	니시테츠	후쿠오카시 교통국
판매처	JR 규슈 역 자동발매기 & '표 사는 곳'(녹색 창구)	후쿠오카공항 국제선 버스 카운터, 하카타 버스터미널, 니시테츠 텐진 고속버스터미널, 니시테츠 버스 영업소(일부 제외) 등	후쿠오카시 지하철역 자동발매기 & 창구
홈페이지	jrkyushu.co.jp/sugoca	nimoca.jp/language/ko	subway.city.fukuoka.lg.jp/eng/fare/one/

*니모카 카드 이용 시 후쿠오카 니시테츠 버스, 기타큐슈 시영 버스, 벳푸·유후인 지역은 오이타 교통, 오이타 버스, 카메노이 버스에서 환승 할인 혜택을 받을 수 있다. 하차 후 60분 이내, 같은 정류장에서 다음 버스를 탑승하면 1회 환승 시 최대 90엔까지 요금이 할인된다(100엔 이하 균일 요금 구간은 제외). 환승 횟수에는 제한이 없고 환승 조건을 만족하면 할인은 계속 적용된다.

그 밖의 IC & 모바일 카드

스이카Suica, 파스모PASMO, 이코카 ICOCA 등 일본 다른 지역에서 발행된 IC 카드도 규슈에서 사용할 수 있다. 또한 아이폰 사용자라면 애플페이를 통해 실물 카드 없이도 스이카, 파스모, 이코카를 '지갑' 앱에 모바일 IC 카드 형태로 등록해 사용할 수 있다. 애플페이 등록에 관한 자세한 사항은 홈페이지(support.apple.com/ko-kr/HT207154) 참고.

충전 & 잔액 확인하기

IC 카드 로고가 붙은 역 내 티켓 자동발매기, 충전기, 정산기, 편의점, 세븐뱅크 ATM 등의 기계에서 충전과 잔액 확인이 가능하다. 잔액 확인이 가능한 앱을 설치해두면 더욱 편리하다. 기계 충전은 현금만 가능하며(최대 잔액 2만엔) 편의점에서는 직원에게 "차지 오네가이시마스チャージお願いします"라고 부탁하거나 셀프 단말기를 이용해 충전하면 된다. 애플페이 사용자는 앱을 이용해 원하는 금액만큼 충전할 수 있다.

환불하기

스고카는 JR 규슈 주요 역 '표 사는 곳'(녹색 창구), 니모카는 하카타 버스터미널 3층 창구(일요일 휴무) 및 니시테츠 텐진 고속버스터미널, 하야카켄은 후쿠오카 지하철역 사무실에서 카드를 반납하고 환불받을 수 있다. 환불 시 카드 잔액에서 수수료 220엔을 제한 금액과 보증금 500엔이 함께 반환된다. 잔액이 220엔 이하일 경우 보증금만 환불되므로 잔액을 모두 소진하고 환불받는 것이 유리하다.

환전 & 현지 결제 노하우

후쿠오카도 이제 '현금만' 시대가 저물어가고 있다. 교통카드, 신용카드, 간편 결제까지 상황에 맞게 활용하면
동전을 챙기거나 계산하는 번거로움 없이 쾌적하게 여행할 수 있다.

환전 & 현금 준비하기

신용카드와 간편 결제가 보편화됐지만 규슈 지역은 아직
일본 내에서도 현금 사용 비중이 높은 편이다. 소형 매장
이나 일부 음식점은 물론 교통계 IC 카드 충전, 코인로커
이용, 캡슐토이 구매 등 일상적인 상황에서도 현금이 필
요한 때가 적지 않다. 따라서 기차·고속버스·숙소 요금과
대형 쇼핑몰·백화점 이용을 제외한 나머지 여행 경비의
40~50% 정도는 현금으로 준비하는 것이 좋다.
출국 당일 공항에서 환전하면 시중 은행보다 비싼 환율이
적용되므로 되도록 주거래 은행의 홈페이지나 앱을 통해
미리 환전해둔다. 이 경우 최대 90%까지 환율 우대를 받
을 수 있으며 지정한 날짜에 원하는 지점에서 수령할 수
있다. 환전은 지폐만 가능하며 1000엔, 2000엔, 5000엔,
1만엔권 중 선택할 수 있다.

신용카드·체크카드 사용 시 주의사항

해외 결제가 가능한 'VISA', 'Master' 등의 신용카드나 체
크카드를 준비하고 오류에 대비해 서로 다른 브랜드의 카
드를 함께 챙겨두는 것이 안전하다. 해외 결제 시 '해외
원화 결제 차단 서비스'를 미리 신청해두면 원화 결제로
인한 이중 환전 수수료(약 2%)를 피할 수 있다.
대부분의 가맹점에서는 본인 확인 없이 카드 결제가 가능
하지만 만일을 대비해 몇 가지를 점검해두자.

❶ 카드 뒷면에 서명을 해두고, 종이 영수증 서명 시 일치
  여부 확인
❷ 여권과 카드의 영문 이름이 동일한지 확인
❸ 카드에 'International' 표기가 있는지 체크

> 2024년 지폐 신권이 발행돼
> 구권과 같이 사용되고 있다.

상점에 비치된
컨택리스 카드 단말기

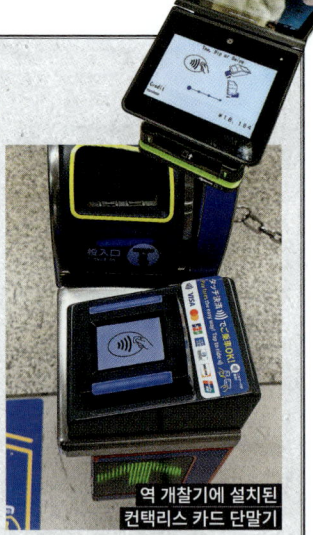

: WRITER'S PICK :

내 카드가 컨택리스 카드인지 확인하기

컨택리스 카드Contactless Card는 단말기에 카드를 가까이 대기만 해
도 결제가 이뤄지는 비접촉식 신용·체크카드다. 일본에서는 상점이
나 음식점에서도 단말기에 꽂는 방식보다 더 자주 사용된다.
후쿠오카 시내 지하철, BRT, 공항버스, JR 등 규슈 지역 일부 교통수단에서는
한국에서 발급된 컨택리스 카드(일부 제외)로도 탑승이 가능하다. 특히 지하철
에는 1일 요금 상한제가 자동 적용돼 1일 패스 효과를 누릴 수 있다.
컨택리스 카드 결제 단말기에는 와이파이 모양의 로고가 있다. 만약 카드에 이
표시가 없다면 일반 카드일 가능성이 있으므로 확인이 필요하다.

컨택리스 카드 사용 가능 교통수단 안내(규슈 지역)
WEB q-move.info/region/kyushu/

이 모양의 마크가 있다면
컨택리스 카드로 결제된다는 뜻이다.

역 개찰기에 설치된
컨택리스 카드 단말기

수수료 0원, 선불 충전 체크카드

실시간 환율로 언제 어디서나 엔화를 충전하고 결제할 수 있는 체크카드를 이용하면 여행이 훨씬 편리해진다. 환전 수수료, ATM 수수료, 해외 결제 수수료 모두 무료이며 각 은행에서는 다양한 혜택을 더한 상품을 앞다퉈 출시 중이다. 대표적으로 트래블월렛(오픈뱅킹), 하나머니 트래블로그, KB국민 트래블러스, 신한 SOL트래블, NH트래블리, 우리은행 위비트래블 등이 있다.

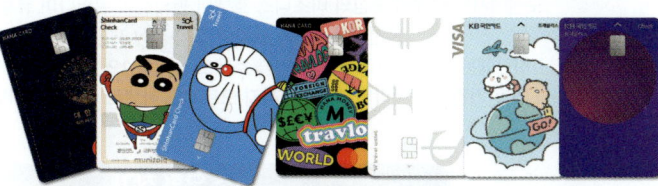

➡ 환전 수수료 무료

실시간 매매 기준 환율로 엔화를 충전할 수 있으며 별도의 환전 수수료는 부과되지 않는다.

➡ ATM 수수료 무료

공항, 편의점, 지하철역 등에 설치된 이온뱅크 또는 세븐뱅크 ATM(카드에 따라 다름)에서 수수료 없이 엔화를 인출할 수 있다.

➡ 결제 수수료 무료

해외 가맹점 결제 시 부과되는 수수료가 면제되거나 우대된다. 일부 카드의 경우 특정 가맹점에서 추가 할인 또는 캐시백 혜택도 제공된다.

스마트폰으로 쓱, QR·바코드 간편 결제

카카오페이와 네이버페이는 페이페이, 알리페이, 유니온페이 등 해외 간편 결제 서비스와 제휴해 일본에서도 한국에서 쓰던 방식 그대로 결제가 가능하다. 환전 시 실시간 매매 기준 환율이 적용돼 은행 환전 수수료 부담이 없고 결제 수수료도 신용카드보다 저렴하다. 편의점, 드러그스토어, 백화점, 공항, 식음료점, 자동발매기 등에서 사용할 수 있고 이벤트 참여 매장에서는 추가 혜택도 받을 수 있다.
카카오페이는 카카오 계정, 네이버페이는 네이버 계정으로 연동해 사용하며 첫 사용 전 은행 계좌를 연결해 포인트나 머니를 충전해야 한다. 이후에는 자동 충전 설정도 가능하다. 앱은 최신 버전으로 업데이트해두자.

ATM 사용법

구글맵에서 '세븐일레븐', 'seven bank atm' 또는 'aeon bank atm'으로 검색하면 대부분의 위치가 표시된다. 단, 이온뱅크는 일본어로 검색해야 표시되는 경우도 있다.

➡ 세븐 뱅크 セブン銀行 SEVEN Bank

세븐일레븐을 비롯해 주요 공항, 역, 쇼핑몰 등에 설치된 세븐뱅크 ATM. 카드를 넣으면 '한국어' 선택 화면이 표시된다. 출금 계좌 선택 화면에서 '건너뛰기'를 누르고 비밀번호 4자리 외의 남은 자리는 0으로 채워 입력한다.

➡ 이온 뱅크 イオン銀行 AEON Bank

미니스톱, 이온몰, 주요 공항과 역 등에 설치된 이온뱅크 ATM. 한국어 또는 영어를 지원한다. 출금 계좌는 '보통 예금 계좌'(영문 화면에서는 'International Cards')를 선택하고 비밀번호 4자리 외의 남은 자리는 0으로 채워 입력한다.

숙소 예약하기

후쿠오카와 북규슈 지역에서는 일정, 예산, 이동 동선에 따라 다양한 숙소 유형을 선택할 수 있다.
도심에서는 역세권 중심의 비즈니스 호텔이 편의성이 뛰어나며 유후인, 벳푸, 구로카와 등
온천마을에서는 료칸의 조식·석식 포함 플랜이 인기다.
최근에는 디자인 감각을 살린 캡슐 호텔도 늘어나 1인 여행자에게 좋은 선택지가 된다.
주말이나 연휴 기간에는 숙박비가 2~3배까지 오르기도 하므로 최소 2~3개월 전 예약하는 것이 유리하다.

숙소 유형 찾기

▶ 가성비의 정석, 비즈니스 호텔

후쿠오카, 고쿠라, 시모노세키 등 도심 중심부에 숙소가 몰려 있으며 역에서 도보 5분 이내인 곳이 많다. 1인 기준 1박 5000~1만 엔 선으로 가격이 합리적이고 체크인이 간편하며 인근에 편의점이나 식당이 많아 짧은 일정의 여행자나 교통 중심지에 머물려는 이들에게 적합하다. 최근에는 비대면 체크인 기기를 갖춘 곳도 많아졌다.

▶ 이 감성은 오로지 일본에서만, 료칸

유후인, 벳푸, 구로카와 등 온천마을에 집중돼 있으며 대부분 조식·석식 포함 1박 1인 1만5000엔 이상이다. 다다미 객실, 대욕장, 노천탕 등으로 구성돼 있고 일본 특유의 세심한 환대 문화인 오모테나시おもてなし를 체험할 수 있어 숙박 자체가 여행의 하이라이트가 된다. 인기 료칸은 조기 예약이 필수이며 숙소에 따라 영어 응대가 제한될 수 있다.

▶ 품격 있는 휴식, 중급 호텔 & 리조트

후쿠오카, 벳푸, 모지코 등에서는 항구 전망이나 자연 풍경을 즐길 수 있는 중급 호텔과 리조트도 좋은 선택지다. 객실이 넓고 부대시설이 잘 갖춰져 있어 가족 단위 여행에 적합하다. 고급 료칸보다 현대적인 분위기와 합리적인 가격으로 온천을 경험하고 싶을 때 온천 리조트를 대안으로 삼을 수 있다.

+ M O R E +

유용한 숙소 예약 플랫폼

간편한 예약 시스템과 신뢰할 만한 리뷰를 비교해보고 결정할 수 있는 것이 온라인 숙소 예약 플랫폼의 장점. 특급호텔부터 호스텔, 게스트하우스, 민박, 료칸까지 가격대별로 검색할 수 있다. 같은 숙소라도 사이트마다 할인 프로모션의 내용이 다르므로 여러 곳에서 비교 후 예약하자.

부킹닷컴 booking.com
아고다 agoda.com
익스피디아 expedia.com
에어비앤비 airbnb.co.kr

미즈호 페이페이 돔 옆 오션뷰 호텔,
힐튼 후쿠오카 씨호크

🔶 집 같은 편안함, 단독 주택 & 아파트먼트

간이주방과 세탁기 등이 잘 갖춰져 있어 가족 단위 여행자나 장기 체류자에게 적합하다. 대부분 무인 운영 방식으로, 도어락 비밀번호를 미리 안내받아 셀프 체크인·체크아웃한다. 짐 보관 서비스 제공 여부, 주변 환경이나 방음 상태, 엘리베이터 유무 등을 참고해 선택하면 좋다. 바닥 난방은 대부분 없다.

🔶 알뜰족의 현명한 선택, 호스텔·게스트하우스 & 민박

1박 3000~6000엔 수준의 저렴한 숙소가 많아 예산이 제한된 여행자나 장기 체류자에게 적합하다. 도미토리형부터 개인실까지 다양하지만 방음이나 프라이버시가 부족할 수 있다.

🔶 도심 속 나만의 소우주, 캡슐 호텔

후쿠오카, 고쿠라 등지에는 세련된 캡슐 호텔이 속속 등장하고 있다. 개별 커튼과 TV, 고급 침구, 여성 전용층, 사우나 등을 갖춘 고급형도 많고 교통 중심지에 있어 단기 체류자나 1인 여행자에게 쾌적한 선택이 된다. 일반형은 1박 3000~5000엔, 고급형은 5000~8000엔 선이다.

단독 아파트먼트형 숙소

위베이스 하카타 호스텔 앞의 고양이 조형물 'Ship's Cat'. 현대미술가 야노베 켄지의 작품으로, 여행의 행운과 안전을 기원한다.

후회 없는 숙소 선택을 위한 체크리스트

🔶 내 여행 스타일 고려하기

숙소를 고를 땐 여행 목적, 동반자, 이동 수단과 동선을 함께 생각하면 만족도가 훨씬 높아진다. 관광 위주라면 하카타역이나 유후인역처럼 교통이 편한 곳이 좋고, 조용히 쉬고 싶다면 유후인·벳푸 외곽의 온천 료칸이나 모지코항 근처의 레트로 감성 호텔도 매력적이다. 맛집 탐방이나 야경 감상 위주라면 텐진, 다이묘, 고쿠라역 주변처럼 밤까지 활기찬 지역이 제격이다. 혼자라면 시설 좋은 캡슐 호텔, 둘 이상이면 객실 구조와 욕실 유무를 꼼꼼히 체크하자. 렌터카 이용 시 주차 가능 여부 확인은 필수다.

🔶 숙소 예약 시 유의사항

- **무료 취소 가능 여부:** 일정이 바뀔 수 있는 여행자라면 반드시 확인해야 할 조건. 대개 체크인 2~3일 전까지 취소 가능한 옵션이 많다.
- **체크인·체크아웃 시간:** 비행기 도착·출발 시간을 고려해 조기 체크인이나 짐 보관 가능 여부도 함께 확인한다.
- **조식 포함 여부:** 일정이 빠듯하거나 주변에 조식 장소가 적은 지역일수록 조식 제공 여부가 여행의 질을 좌우한다. 가격 대비 퀄리티도 체크하자.
- **욕실 형태(공동/개별):** 게스트하우스나 저가 숙소는 공동 샤워실만 갖춘 곳도 많다. 동반자와의 관계나 프라이버시 중요도에 따라 반드시 체크해야 할 부분이다.
- **한국어·영어 응대 가능 여부:** 시골 료칸이나 개인 운영 숙소 등 일본어 응대만 가능한 곳은 문제 발생 시 해결이 어려울 수 있으니 후기를 통해 확인한다.
- **이용 후기 평점과 실제 투숙객 사진:** 시설 상태, 청결도, 소음, 환기, 뷰 등은 사진보다 최근 후기, 특히 낮은 평점의 이유를 보면 정확하다.

+MORE+

일본의 숙박세

후쿠오카시와 기타큐슈시는 별도의 숙박세를 1인 1박당 부과하며 대부분 예약 요금에 포함되지 않아 현지에서 따로 결제해야 한다. 그 외 지역도 지자체 조례에 따라 부과 여부가 달라지므로 예약 시 숙소 안내를 반드시 확인해야 한다.

●후쿠오카시
1인 1박당 숙박비 2만 엔 미만: 200엔
1인 1박당 숙박비 2만 엔 이상: 500엔

●기타큐슈시
숙박비에 관계없이 1인 1박당 200엔

후쿠오카 구역별 숙소 선택 가이드

후쿠오카 시내 여행에서 숙소 위치는 여행의 흐름을 좌우하는 핵심 포인트다.
역 근처의 알짜 호텔부터 조용한 골목 속 감성 숙소까지,
내 여행 스타일에 딱 맞고 동선까지 착착 맞는 곳을 고른다면 여행이 훨씬 더 부드럽고 여유로워진다.

 동선 스트레스 0%
하카타 vs 텐진·다이묘

하카타와 텐진은 후쿠오카 여행의 양대 거점으로, 숙소 유형과 가격대가 매우 다양하다. 규슈 다른 지역까지의 이동이
잦거나 일정이 짧다면 하카타, 도보 중심의 여유로운 여행이나 쇼핑이 목적이라면 텐진이 더 적합하다.

➡ JR 하카타역 주변

후쿠오카의 교통 허브로, JR·지하철·고속버스 노선이 집
중돼 있으며 공항에서도 가장 빠르게 접근할 수 있다. 규
슈 각지를 오가거나 도착·출국일 전후 1박이 필요한 경우
특히 유리하다. 역과 버스터미널이 연결돼 있어 장거리
이동 시 거점으로 삼기 좋으며, 비즈니스 호텔부터 중급
호텔까지 선택지가 다양하고 대형 상업시설이 밀집해 있
어 식사와 쇼핑도 편리하다.

➡ 텐진·다이묘 주변

후쿠오카 최대의 번화가로, 쇼핑·식음·문화시설이 밀집해
있다. 이마이즈미, 케고, 야쿠인 등 개성 있는 골목이 가
까워 도보로 도시의 감성을 느끼기에 좋다. 관광보다는
체류 자체를 즐기거나 카페·편집숍 투어처럼 여유 있는
일정에 어울리는 지역이다. 다자이후나 야나가와를 당일
치기로 다녀올 때도 동선이 효율적이다.

시사이드
모모치

도진마치
唐人町

오호리공원
大濠公園

오호리 공원

지하철 공항선

니시진
西新

후지사키
藤崎

롯폰마츠
六本松

사쿠라가
桜坂

146

옛 것이 주는 편안함
기온

후쿠오카의 역사와 문화를 느낄 수 있는 명소가 밀집한 지역이다. 하카타역, 나카스, 캐널시티, 카와바타 상점가 등 주요 관광지가 도보권이며 지하철은 물론 시내버스 노선도 잘 연결돼 있다. 관광지와 가까우면서도 비교적 조용해 도심에 머무르되 번잡함을 피하고 싶은 여행자에게 적합하다. 비즈니스 호텔과 합리적인 가격대의 숙소가 많고 늦게까지 문을 여는 대형 슈퍼마켓도 여러 곳 있다.

 강물은 잔잔, 분위기는 후끈!
나카스

후쿠오카를 대표하는 유흥가로, 야타이 노점과 강변 야경이 어우러진 밤시간을 즐기는 사람에게 추천하는 지역이다. 나카스카와바타역을 중심으로 텐진과 하카타 사이에 위치해 두 지역 모두 접근성이 좋고 캐널시티와도 가깝다. 단, 유흥가 특성상 숙소에 따라 주변 환경이 시끄러울 수 있어 위치 선택에 주의가 필요하다.

 도심의 활기와 주택가의 여유
하루요시·와타나베도리

나카스·캐널시티와 텐진 사이에 위치한 주거·상업 혼합 지역이다. 북쪽은 가성비 호텔이 밀집해 비교적 활기찬 분위기인 반면 남쪽은 주택가 위주라 조용한 숙소를 찾는 이에게 적합하다. 최근 고급 호텔과 디자이너스 호텔이 잇따라 들어서며 분위기가 세련돼지고 있으며 나카스·텐진·캐널시티까지 도보권이라 시내 접근성도 뛰어나다.

 공연이냐 산책이냐
기타 지역

시사이드 모모치의 미즈호 페이페이 돔 주변 숙소는 공연이나 경기 일정에 맞춰 방문하는 경우, 오호리 공원 인근은 도심 속 여유를 원하는 여행자에게 잘 맞는다. 전체 일정의 흐름과 밤 시간대의 활동 범위를 고려해 위치를 선택하면 만족도가 높다.

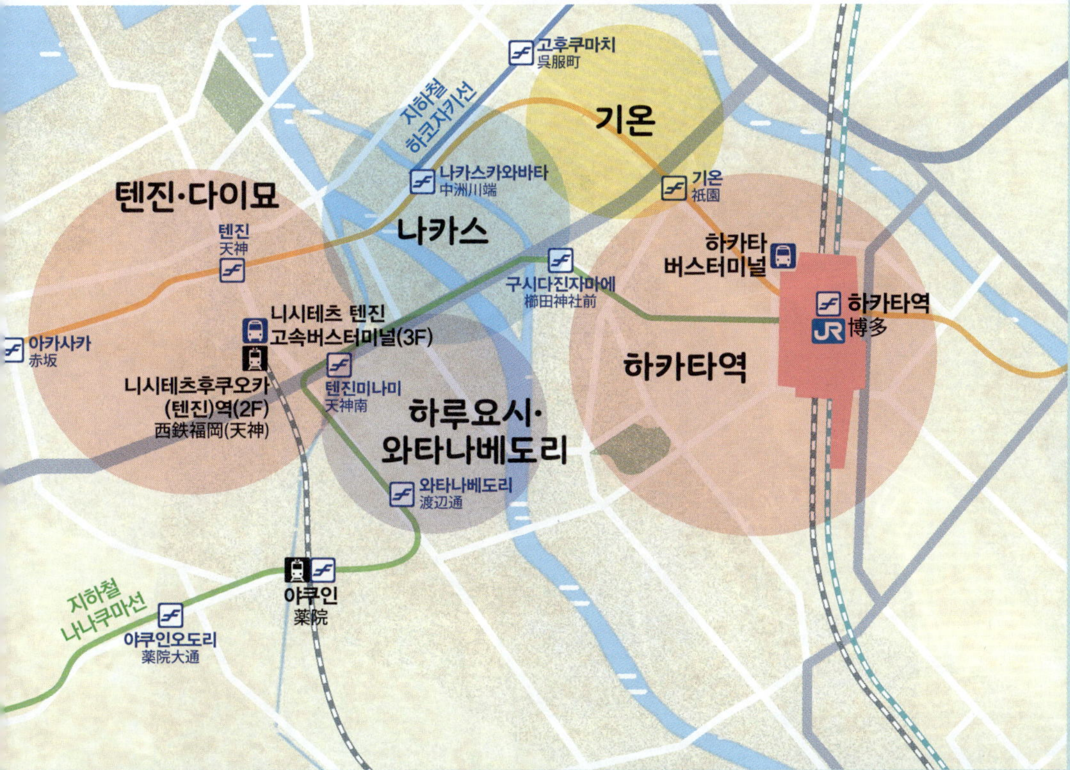

福岡
후쿠오카

일본에서 드물게 젊은 인구가 증가하고 있는 도시. 생활비가 저렴하고 대학이 많아 젊은 창업가와 프리랜서들이 자연스레 모여들며 도시 전체가 기발한 아이디어와 활기찬 에너지로 가득하다. 공항에서 지하철로 단 5분만 이동하면 젊은 셰프들이 선보이는 창작 요리, 고소한 빵과 커피, 세련된 편집숍과 잡화점이 도쿄 못지않은 풍요로움을 선사하는 곳. 낮동안 이곳저곳을 누비다 보면 어느새 불빛 반짝이는 강변 포장마차에서 야키토리에 생맥주 한잔을 기울이는 밤의 낭만이 찾아온다.

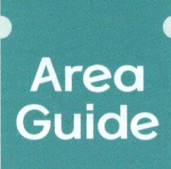

Area Guide

바다와 강, 공원이 도심과 자연스럽게 어우러져 있고
도시 곳곳에 풍부한 녹음과 공공 휴식 공간이 마련돼
있어 여유롭고 편안한 분위기를 즐길 수 있다. 날씨는 부산과
비슷하지만 겨울 기온은 좀 더 온화하고 눈도 거의 내리지
않는다. 여름에는 덥고 습한 날씨가 이어지며 6월 초부터 7월
초까지는 장마가, 9월에는 태풍의 영향이 있을 수 있어 우산을 꼭
챙기고 실내 활동 위주로 일정을 짜는 것이 좋다.
후쿠오카는 아직 현금 결제만 가능한 곳이 많아서 엔화를 넉넉히 챙겨가야 한다.
각종 교통 패스들을 잘 활용하면 한결 알뜰하고 편하게 여행을 즐길 수 있다.

후쿠오카 가는 법

후쿠오카는 공항에서 시내까지 지하철로 5분이면 갈 수 있는 초근접 공항 도시다. 지하철 외에도 버스, 택시 등 교통편
도 다양해 시내 이동이 매우 편리하다. 부산에서 출발한 카멜리아라인이 도착하는 하카타항에서도 버스로 15~20분이
면 시내 중심까지 갈 수 있다.

● 후쿠오카공항 → 후쿠오카 시내

비행기에서 내려 입국심사를 받은 뒤 한 층 아래로 내려가 수하물을 찾고 나오면 1층 도착 로비다. 후쿠오카 시내 및 규
슈 각지로 향하는 버스와 택시는 이곳에서 탑승하며 지하철은 셔틀버스를 타고 국내선 터미널로 가서 이용한다.

WEB www.fukuoka-airport.jp

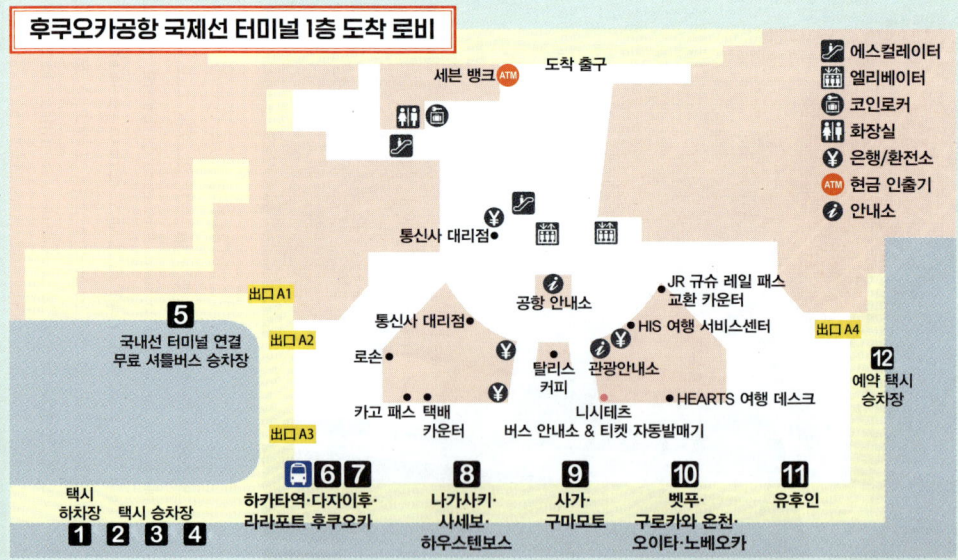

❶ 시내 주요 지역까지 가장 빠르게, 지하철

후쿠오카의 3개 지하철 노선 중 공항선은 여행자들이 자주 찾는 하카타역(5분·2정거장), 텐진(11분·5정거장), 오호리 공원(14분·7정거장) 등을 가장 저렴하고 빠르게 연결한다. 하카타역에서 나나쿠마선으로 갈아타면 텐진미나미·야쿠인 방향으로의 이동도 수월하다.

지하철을 이용하려면 '국내선 연결 버스(지하철)' 표지판을 따라 오른쪽 끝 A2 출구로 나가 보라색 무료 셔틀버스를 타고 국내선 터미널로 이동해야 한다(약 15분 소요, 5~6분 간격 운행). 버스에서 내리면 바로 앞에 지하철 입구가 있으며 이곳에서 공항선을 타고 시내로 갈 수 있다. 티켓은 자동발매기에서 구매할 수 있고 IC 카드나 컨택리스 카드를 이용해 탑승해도 된다.

TIME 05:43~24:00/3~10분 간격
PRICE 하카타~아카사카 260엔, 오호리 공원 300엔

 매우 빠르고 정시 운행한다. 출퇴근 시간 외에는 비교적 쾌적하며 하카타역에서 나나쿠마선으로 갈아타기도 쉽다.

 국내선 터미널까지 셔틀버스를 타고 이동해야 하며 계단이나 에스컬레이터가 많아 짐을 들고 이동하기 불편하다.

 도착 당일 지하철을 4회 이상 이용할 계획이라면 지하철 1일권(137p) 또는 컨택리스 카드 이용이 더 유리하다. 컨택리스 카드는 하루 누적 요금이 지하철 1일권 요금을 초과하지 않도록 자동 정산된다. 5세 이하는 보호자 1인당 2명까지 무료다.

국제선과 국내선 터미널을 연결하는 무료 셔틀버스(연락버스)

❷ 하카타역까지 한 번에, 공항버스

지하철보다 이용자 수는 적지만 하카타역까지 중간 정차나 환승 없이 곧장 갈 수 있어 편리하다. 1층 도착 로비 6·7번 승차장에서 탑승해 JR 하카타역 치쿠시 출구 앞 큰길가(로손 편의점 앞)에 도착한다. 티켓은 1층 버스 매표소나 자동발매기(한국어 지원)에서 현금 또는 신용카드로 구매할 수 있으며 IC 카드나 컨택리스 카드를 이용해 탑승해도 된다.

TIME 08:00~20:55/20~30분 간격
PRICE 310엔/산큐 패스 이용 가능

하카타까지 환승 없이 빠르게 이동할 수 있다.

지하철보다 배차 간격이 길고 러시아워에는 정체될 수 있다. 하카타가 최종 목적지가 아니라면 버스나 지하철로 환승하는 데 시간이 오래 걸릴 수 있다.

 도착 당일 버스를 자주 이용할 예정이라면 이동 경로에 따라 후쿠오카 시내 1일 자유 승차권(136p) 구매를 고려해보자. 5세 이하는 보호자 1인당 2명까지 무료다.

공항버스는 컨택리스 카드 사용 가능!

: WRITER'S PICK :
공항버스 탑승 방법

공항버스는 굴절버스와 일반 버스 2종이 운행되며 요금은 같다. 컨택리스 카드와 교통계 IC 카드를 사용할 수 있으며 기사에게 인원수를 말하면 다인 결제도 가능하다. 1일권이나 산큐 패스는 승하차 시 기사에게 제시한다. 차량 내 현금 결제는 불가하므로 현금 이용 시 도착 로비에서 미리 티켓을 사야 한다. 하카타역 출발은 카드 결제만 가능하다.

❸ 숙소 앞까지 가장 편하게, 택시

3인 이상 함께 이동하거나 노약자를 동반한 여행 시 이용할 만하다. 우버 등 택시 호출 앱을 이용할 수 있으며 하카타역까지 약 10분, 텐진역까지 약 20분 걸린다. 택시는 1층 도착 로비에서 오른쪽 끝 A3 출구로 나가 2~4번 승차장에서, 예약 택시는 왼쪽 끝 출구를 나가자마자 보이는 승차장에서 탑승한다. 최대 4명까지 이용 가능. 12세 미만 어린이 1.5명은 성인 1명으로 계산해 성인 2명과 어린이 3명까지 함께 탈 수 있다.

PRICE 하카타역까지 약 1500엔
(22:00~05:00 약 1700엔),
텐진역까지 약 2350엔
(22:00~05:00 2750엔)/
보통차 기준/미터제 운행

 시간 제약 없이 숙소 앞까지 편안하게 이동할 수 있고 짐 때문에 고생할 일이 없다.

 거리와 정체 시간에 따라 요금이 올라가는 미터기 방식이므로 교통 체증이 심할 경우 요금 부담이 커질 수 있다. 일반 택시는 트렁크 공간이 제한적이어서 대형 캐리어 2개 이상은 싣기 어렵다.

 택시 예약은 우버, 카카오T, 일본 앱 GO Taxi를 통해 가능하다.

: WRITER'S PICK :

당일 짐 배송 서비스 이용하기

도착 즉시 두 손 가볍게 움직이고 싶다면 공항·숙소 간 당일 짐 배송 서비스(유료)를 활용해보자. 대표 업체인 카고 패스Cargo Pass는 국제선 터미널 1층 전용 카운터(7·8번 버스 승차장 근처, 로손 편의점 바로 옆)에서 14:00까지 접수하면 당일 18:00 이후 후쿠오카 시내의 약 200개 지정 숙소로 짐을 보내준다. 리스트에 없는 숙소 숙박객의 경우 JR 하카타역 2층 신칸센 히카리 광장 개찰구 근처의 크로스타Crosta 또는 텐진 다이마루 백화점 본관 지하 1층 면세 카운터 옆에서 20:00까지 짐을 찾을 수 있다. 공항에는 이 외에도 다양한 배송 업체가 입점해 있어 호텔 외 숙소까지 배송해주는 서비스도 제공하니 일정에 맞춰 적절히 활용할 수 있다.

카고 패스
OPEN 07:30~19:30
PRICE 캐리어: 20인치 기내용 550엔, 중형 1100엔, 대형 1650엔/
보스턴백: 무게에 따라 550~1650엔/골프백·서핑보드 등 특수 수하물: 별도 요금(1100엔) 적용/
접수 시 호텔 예약 바우처(영어 또는 일본어) 제시 필수
WEB cargopass.jp

● 하카타항 국제터미널 → 후쿠오카 시내

하카타항 국제터미널에서 시내로 가려면 버스를 타야 한다. 터미널 밖 왼쪽 정류장에서 11·19·50번 또는 BRT(하카타역 방향)를 타면 하카타역 앞까지 약 20분, 151·152번 또는 BRT(텐진 방향)를 타면 텐진까지 약 15분 소요된다. 굴절버스인 BRT는 하카타항 국제터미널을 기점으로 양방향 순환 운행하므로 진행 방향을 확인하지 않고 탑승하면 시간이 지체될 수 있다. 자세한 BRT 탑승 방법은 132p 참고.
일반 버스는 현금과 IC 카드 모두 이용 가능하지만 BRT는 IC 카드 또는 컨택리스 카드만 사용할 수 있다. 귀국할 때는 하카타역 앞 F 정류장에서 88번 또는 BRT(중앙부두中央埠頭 방향), 텐진 솔라리아 스테이지 앞 2A 정류장에서 80번 및 BRT(중앙부두 방향)를 이용한다.

PRICE 하카타역 260엔, 텐진 210엔

1층 관광안내소.
니모카 및 각종 패스를 판매한다.

터미널 앞 버스 정류장

후쿠오카 시내 교통

후쿠오카는 지하철과 버스, 페리 등 다양한 교통수단이 잘 갖춰져 있어 여행하기 편리한 도시다. 지하철은 주요 지역을 빠르게 연결하고 시내버스는 편수와 노선이 지하철보다 촘촘해 시사이드 모모치, 하카타항 등 하카타만 북쪽 지역까지도 쉽게 이동할 수 있다. JR, 버스, 페리 등을 조합하면 우미노나카미치, 노코노시마 같은 외곽 지역도 무리 없이 다녀올 수 있다.

● 지하철

공항을 포함한 시내 주요 지역을 20분 이내에 이동할 수 있어 매우 효율적이다. 노선은 공항선(쿠코선), 나나쿠마선, 하코자키선 3개뿐이라 초행자도 이용하기 쉽다. IC 카드와 컨택리스 카드 모두 사용 가능. 컨택리스 카드로 탑승할 경우 하루 누적 요금이 지하철 1일권 요금인 640엔을 넘으면 초과분은 자동으로 면제된다.

K01 공항선 空港線: 후쿠오카공항역~하카타역~텐진역~오호리공원역~메이노하마역를 연결하며 주요 관광지와 교통 거점이 몰려 있어 이용 빈도가 가장 높다.

N01 나나쿠마선 七隈線: 하카타역~텐진미나미역~와타나베도리역~하시모토역을 운행한다. 텐진역과 텐진미나미역은 바로 연결돼 있지 않아 개찰구 밖으로 나와서 이동해야 한다.

H01 하코자키선 箱崎線: 나카스카와바타역에서 가이즈카역까지 동서로 이어지는 노선으로, 여행자가 이용할 일은 드물다. 일부 열차는 시간대에 따라 공항선과 직통 운행하므로 행선지를 확인하고 타야 한다.

TIME 05:30~24:00/노선과 역에 따라 다름
PRICE 210~380엔/구간에 따라 다름/ 초등학생은 반값, 5세 이하는 보호자 1인당 2명까지 무료
WEB subway.city.fukuoka.lg.jp

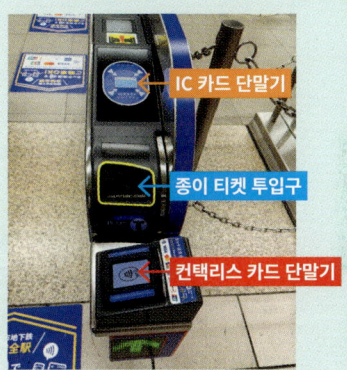

IC 카드 단말기
종이 티켓 투입구
컨택리스 카드 단말기

후쿠오카 지하철 노선도

JR 하카타역에서 지하철역 찾기

하카타역은 구조가 복잡해 지하철역 위치를 미리 파악해두면 시간을 아낄 수 있다. 공항선 개찰구는 지하 1층, 승강장은 지하 3층에 있으며 하카타·치쿠시 출구 양쪽 어디서든 지하철 표지판을 따라 내려가면 된다. 나나쿠마선 개찰구는 지하 4층, 승강장은 지하 5층에 있으며 하카타 출구 쪽이 가깝고 치쿠시 출구에서 접근하면 시간이 오래 걸린다. 지하철로 하카타역에 도착했다면 복잡한 지하 통로에서 헤매기보다 눈에 띄는 에스컬레이터나 엘리베이터로 먼저 지상으로 나와 구글맵을 보며 이동하는 편이 훨씬 수월하다.

● 지하철 하카타역 층별 안내

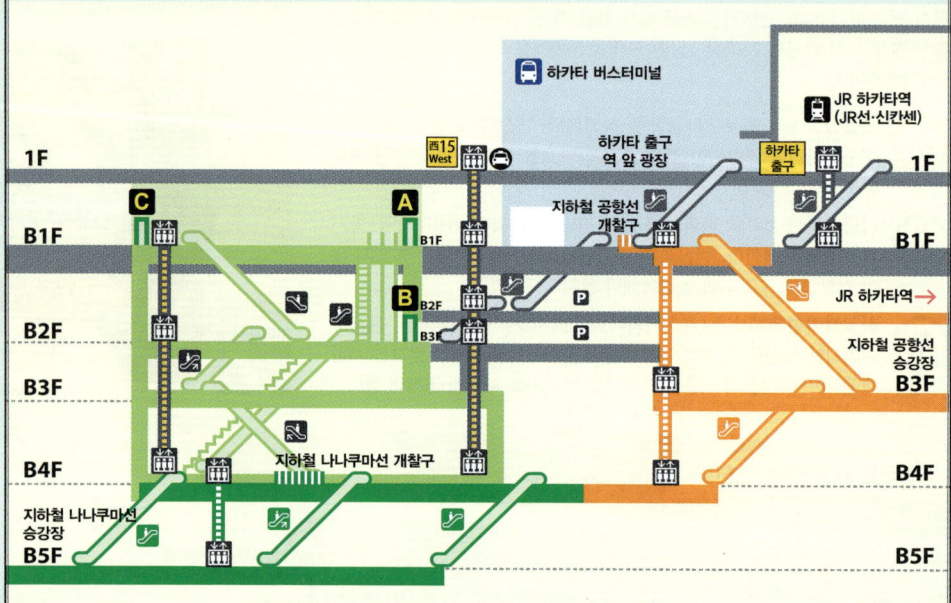

● 노선버스

후쿠오카 도심의 대부분 버스는 니시테츠西鉄(Nishitetsu)가 운영한다. 정류장마다 운행 시간표가 마련돼 있고 구글맵도 이를 기준으로 안내하지만 도로 상황에 따라 실제 도착 시각은 유동적이다. 요금은 현금 또는 IC 카드로 지불할 수 있고 컨택리스 카드는 현재 사용할 수 없다. 하카타·텐진·야쿠인 등 도심 핵심 구간에는 150엔 균일 요금제가 적용돼 지하철보다 저렴하게 이동할 수 있다.

버스는 정차하는 정류장 수와 운행 거리에 따라 보통普通·쾌속快速·특별쾌속特快·급행急行으로 구분된다. 보통은 모든 정류장에 서지만 나머지는 일부 정류장을 무정차 통과하므로 탑승 전 정차 여부를 꼭 확인해야 한다. 같은 노선 번호라도 보통과 쾌속 등 운행 방식이 다를 수 있으니 주의한다. 자세한 탑승 방법은 132p 참고.

TIME 05:30~24:00경/노선마다 다름
PRICE 도심 핵심 구간 150엔/그 외 구간은 210엔부터 거리별 요금제 적용(하카타역~후쿠오카 타워 260엔, 하카타역~우미노나카미치 680엔)/초등학생은 반값, 5세 이하는 보호자 1인당 2명까지 무료
WEB nishitetsu.jp/bus/

● BRT(Bus Rapid Transit)

니시테츠에서 운영하는 130인승 2량 굴절버스로, 현지에서는 연절버스連節バス라 부른다. 하카타항 국제터미널과 텐진·하카타역을 일반 노선버스와 같은 요금으로 더 빠르게 연결해 효율적이다. 단, 순환 노선이므로 탑승 전 진행 방향을 반드시 확인해야 한다. 반대 방향으로 가는 버스를 타면 한 바퀴를 돌아가야 해 시간이 훨씬 더 걸릴 수 있다.

요금은 IC 카드와 컨택리스 카드로 결제할 수 있다(현금 사용 불가). 승차는 가운데문 또는 뒷문, 하차는 앞문으로 하며 1일 승차권이나 산큐 패스 등은 하차 시 기사에게 제시한다. 자세한 탑승 방법은 132p 참고.

TIME 15~20분 간격 운행
WEB nishitetsu.jp/bus/brtbus/

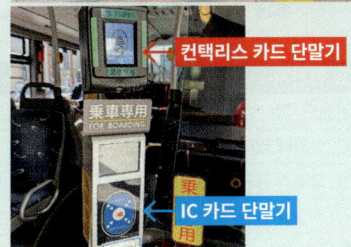

컨택리스 카드 단말기

IC 카드 단말기

JR 하카타역 앞 시내버스·BRT 정류장

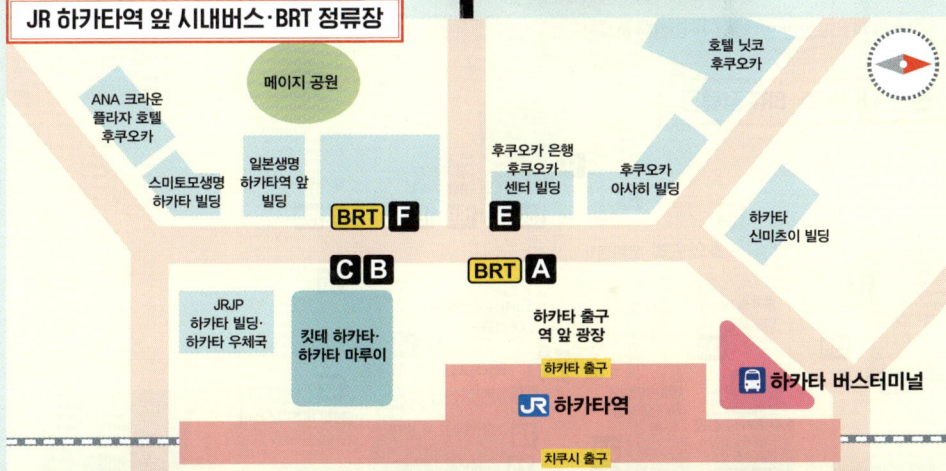

정류장 번호	주요 행선지	버스 번호
A	텐진	6, 6-1, 300, 301, 302, 304, 305, 307, BRT
	캐널시티 하카타	6, 6-1
	후쿠오카 타워	302, 305, 307
	후쿠오카시 박물관	300, 301, 302
	미즈호 페이페이 돔	300, 301, 305
	노코노시마(메이노하마 선착장)	300, 301, 302, 304
B	야쿠인역	9, 10, 11, 15, 16, 17, 19, 50, 58, 214, 58-1
	롯폰마츠	9, 10, 11, 15, 16, 17, 19, 214
C	라라포트 후쿠오카	46, 46L
F	하카타항 국제터미널(중앙부두)	88, BRT
	베이 사이드 플레이스 하카타, 하카타 부두	99
	후쿠오카 현립미술관	46

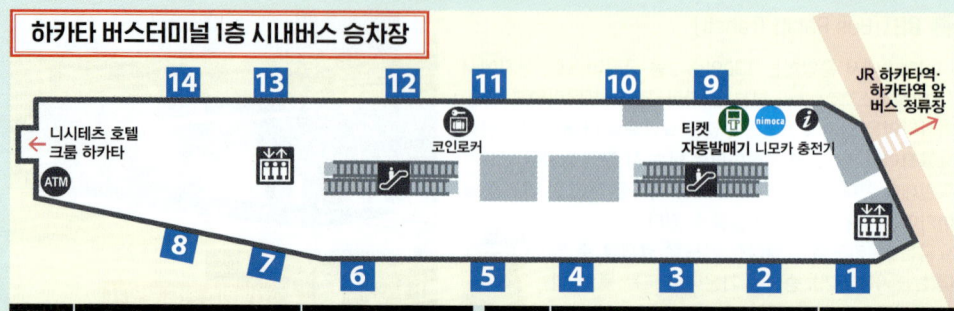

하카타 버스터미널 1층 시내버스 승차장

JR 하카타역·
하카타역 앞
버스 정류장

니시테츠 호텔
크룸 하카타

14 13 12 11 10 9

코인로커
티켓 자동발매기 니모카 충전기

ATM

8 7 6 5 4 3 2 1

정류장	주요 행선지	버스 번호	정류장	주요 행선지	버스 번호
1	아일랜드시티	29, 29I, 29N	6	후쿠오카 타워, 미즈호 페이페이 돔, 후쿠오카시 박물관	306
2	텐진, 하카타 리버레인	모든 버스	11	다자이후	다자이후 라이너 버스 타비토
3	텐진, 오호리 공원	모든 버스	13	라라포트 후쿠오카	44, 45, 40L, L
4	텐진, 캐널시티 하카타	모든 버스	14	후쿠오카공항 국내선 터미널	37, 37-1, 38, 39
	롯폰마츠	113, 200~205, 208			

*가장 빠른 버스 노선만 안내함 / 7~10번은 하차장

텐진 시내버스·BRT 정류장

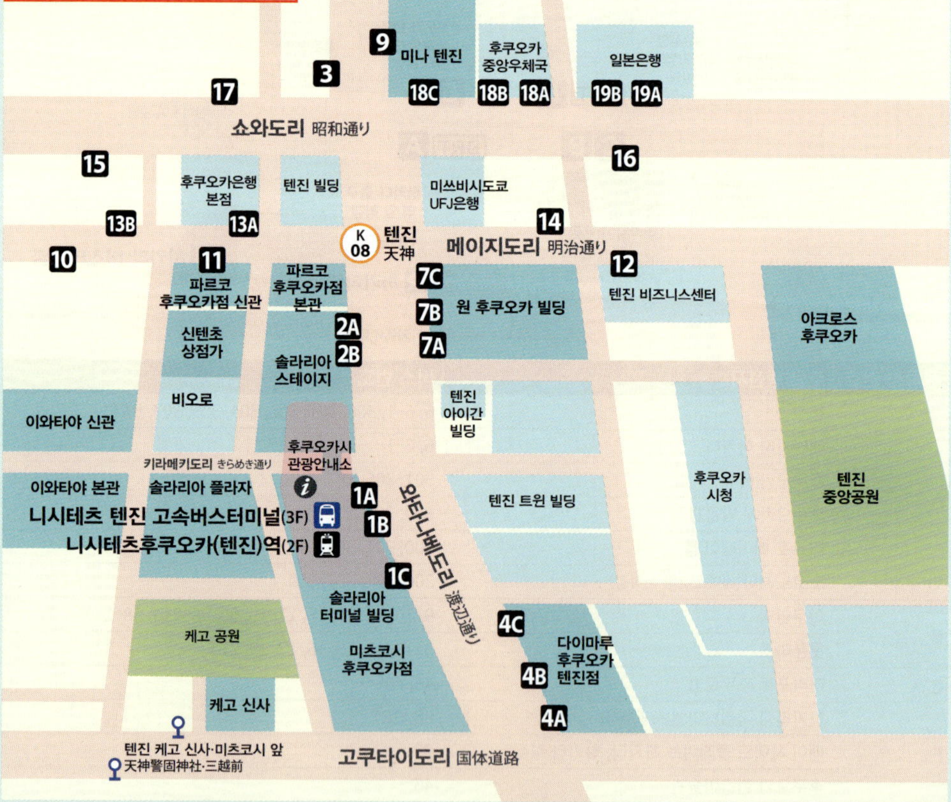

9

미나 텐진

후쿠오카 중앙우체국

일본은행

3

17

18C

18B 18A

19B 19A

쇼와도리 昭和通り

15

후쿠오카은행 본점

텐진 빌딩

미쓰비시도쿄 UFJ은행

16

13B

13A

K 08 텐진 天神

메이지도리 明治通り

14

12

10

11

파르코 후쿠오카점 신관

파르코 후쿠오카점 본관

7C

원 후쿠오카 빌딩

텐진 비즈니스센터

아크로스 후쿠오카

신텐초 상점가

2A

7B

솔라리아 스테이지

2B

7A

비오로

텐진 아이간 빌딩

이와타야 신관

후쿠오카시 관광안내소

텐진 트윈 빌딩

후쿠오카 시청

텐진 중앙공원

이와타야 본관

솔라리아 플라자

1A

니시테츠 텐진 고속버스터미널(3F)

1B

니시테츠후쿠오카(텐진)역(2F)

와타나베도리 渡辺通り

1C

솔라리아 터미널 빌딩

4C

케고 공원

미츠코시 후쿠오카점

다이마루 후쿠오카 텐진점

케고 신사

4B

텐진 케고 신사·미츠코시 앞
天神警固神社·三越前

4A

고쿠타이도리 国体道路

정류장 번호	정류장명	주요 행선지	버스 번호
1A	텐진 고속버스터미널·미츠코시 앞 天神高速バスターミナル·三越前	후쿠오카 타워	302, W1(쾌속), W2
		후쿠오카시 박물관	300, 301, 302, W1, W2
		미즈호 페이페이 돔	300, 301, W1(쾌속)
		노코노시마(메이노하마 선착장)	300, 301, 302, 304
2A	텐진 솔라리아 스테이지 앞 天神ソラリアステージ前	하카타항 국제터미널(중앙부두)	80, BRT
		후쿠오카 부두, 베이사이드 플레이스 하카타	90
		후쿠오카 현립미술관	20, 80, 90, BRT
3	텐진키타 天神北	1A 정류장과 같음	1A 정류장과 같음
4A	텐진 고속버스터미널·텐진 다이마루 앞 天神高速バスターミナル·天神大丸前	캐널시티 하카타, 하카타역, 라라포트 후쿠오카	68, 46, 46L
7A	텐진 원 빌딩 앞 天神ワンビル前	롯폰마츠, 후쿠오카시 과학관	7, 203~206, 208
7B	텐진 원 빌딩 앞 天神ワンビル前	하카타역	5, 44, L
		라라포트 후쿠오카	44, L
7C	텐진 원 빌딩 앞 天神ワンビル前	하카타역	BRT
9	텐진키타 天神北	라라포트 후쿠오카	46L
10	텐진 쿄와 빌딩 앞 天神協和ビル前	후쿠오카시 미술관	13, 140
11	텐진 신텐초 입구 天神新天町入口	오호리 공원	3, 71
13A	텐진 후쿠오카은행 본점 앞 天神福銀本店前	하카타역	모든 버스
14	텐진 다이와증권 앞 天神大和証券前	하카타 리버레인	모든 버스
18A	텐진 중앙우체국 앞 天神中央郵便局前	마린 월드, 우미노나카미치 해변공원	25A, 25B, 25I
		아일랜드시티 중앙공원	21B, 25A
18B	텐진 중앙우체국 앞 天神中央郵便局前	아일랜드시티 중앙공원	22B, 22N

● 후쿠오카 오픈탑 버스

지붕 없는 2층 좌석에서 도심 풍경을 즐길 수 있는 시티 투어 버스로, 시사이드 모모치·하카타 도심(각 60분), 야경 (80분) 3가지 코스가 있다. 텐진 후쿠오카 시청 앞에서 출발하며 중도 하차는 불가하다. 탑승권 소지자는 150엔 균일요금 구간의 노선버스가 무료다. 전날까지 홈페이지에서 예약하고 출발 20분 전까지 시청 내 카운터에서 승차권을 수령한다(공석이 있으면 당일 현장 구매도 가능). 한국어 음성 가이드는 출발 10분 전까지 신청.

TIME 시사이드 모모치 코스 10:00, 12:00, 14:30/
하카타 도심 코스 16:30/후쿠오카 야경 코스 18:30/
평일 기준, 토·일·공휴일 증편 운행
PRICE 2000엔, 4세~초등학생 1000엔/3세 이하 탑승 불가
WEB fukuokaopentopbus.jp

● 택시

길거리에서 손을 들어 택시를 직접 잡을 수 있다. 앞유리에 '空車'라고 쓰여 있거나 지붕 표시등에 빨간 불이 켜져 있으면 빈 차라는 뜻. 가장 확실한 방법은 주요 역, 호텔, 쇼핑몰 등의 택시 승강장에서 타는 것이며 우버·카카오T 등 택시 호출 앱을 이용해도 된다.

일본에서 택시를 탈 때는 조수석이 아닌 뒷좌석에 앉는다. 뒷좌석 문은 기사가 버튼을 눌러 여닫는 자동문이므로 직접 열거나 닫지 않도록 주의한다.

PRICE 기본요금 1064m까지 670엔,
268m마다 또는 시속 10km 미만 주행 시 1분 40초마다 80엔/
22:00~다음날 05:00 심야 할증 20%/예약·호출 시 300엔 추가/
도심을 제외한 후쿠오카현 전역과 기타큐슈 지역의 요금제는
조금씩 다름

후쿠오카 광역도

아이노시마

신구항 선착장

0   2km

홋코다이마에
福工大前

하카타항·우미노나카미치 286p

우미노나카미치
海ノ中道

우미노
나카미치

아일랜드
시티

카시이
香椎

이토시마 292p

노코노시마 290p

사이토자키
西戸崎

이토시마

노코노시마

하카타항 국제터미널
博多港国際ターミナル

후쿠오카공항
福岡空港

메이노하마
선착장

모모치
선착장

하카타항
博多港

후쿠오카공항
국제선 터미널

시사이드
모모치

규다이갓켄토시
九大学研都市

今宿

下山門

메이노하마
姪浜

니시테츠후쿠오카(텐진)역
西鉄福岡(天神)駅

하카타역
博多駅

라라포트
후쿠오카

오호리 공원·롯폰마츠 256p

니시 공원

시사이드 모모치 278p

모모치 선착장
ももち

미즈호 페이페이 돔
후쿠오카

시사이드 모모치
해변공원

보스 이조 후쿠오카

나노츠도리 那の津通り

후쿠오카 타워

메이지도리 明治通り

쇼와도리

도진마치
唐人町

오호리공원
大濠公園

후쿠오카시 박물관

오호리 공원

마이즈루 공원

후쿠오카시
미술관

니시진
西新

후지사키
藤崎

벳푸비시도리 別府駅通り

롯폰마츠
六本松

롯폰마츠 421

0   200m

베후
別府

하코자키미야마에
箱崎宮前

마이다시큐다이보인마에
馬出九大病院前

요시즈카역
吉塚駅 JR

지요켄초구치
千代県庁口

하카타항 국제터미널
博多港国際ターミナル
마린 멧세 후쿠오카

하카타항
博多港

하카타 포트 타워
베이사이드
플레이스 하카타

하카타역과 그 주변 160p

이시쿠라 주조
(하카타 하쿠빈구라)

캐널시티·나카스·기온 184p

고후쿠마치
呉服町

후쿠오카 현립미술관

커넥트 커피

하카타 리버레인
by 타카시마야

나카스카와바타
中洲川端

기온
祇園

하카타
천년문

나가하마
선어시장

후쿠오카시
아카렌가 문화관

나카스
中洲

카와바타
상점가

쿠시다 신사

텐진·다이묘·이마이즈미 214p

미나 텐진

텐진
天神

텐진
중앙공원

하루요시교

구시다진자마에
櫛田神社前

하카타 버스터미널

공항버스
정류장

원 후쿠오카 빌딩

나카스
포장마차 거리

캐널시티
하카타

하카타역
JR

하카타 출구

치쿠시 출구

이와타야

텐진 지하가

쇼와도리
昭和通り

아카사카
赤坂

메이지도리

텐진미나미
天神南

니시테츠 텐진
고속버스터미널

케고
신사

니시테츠후쿠오카(텐진)역

야나기바시
시장

스미요시 신사

케야키 거리

돈키호테
후쿠오카 텐진 본점

와타나베도리
渡辺通り

스미요시도리

야쿠인·시로가네·히라오 270p

시내버스 150엔 균일요금 구간

쓰리 비 포터스

야쿠인
薬院

카브 드 르 셉

야쿠인오도리
薬院大通

하이타이드 스토어

사쿠라자카
桜坂

니키강

니시테츠히라오
西鉄平尾

만리 커피

159

이시쿠라 주조
(하카타 하쿠넨구라)

미카사강
御笠川

조텐지도리

14 조텐지

토초지

13 하카타 천년문

기온
祇園

조텐지도리

承天寺通り

바소키야(8F)
다이소·스탠다드 프로덕트·쓰리피(5F)
코메다 커피(3F)
모츠나베 타슈(1F)
키와미야(1F)
마키노 우동(B1F)

불랑주
후쿠오카 오하카타 빌딩점

조스이안 본점

하카타 미즈타키 하마다야(10F)
멘타이료리 하카타 쇼보안(9F)
캠벨 얼리(9F)
짱야 무츠카도 카페(5F)
핸즈(1~5F)

호텔 닛코 후쿠오카

다이치노 우동
하카타역 지하점

키와미야
하카타역
지하가점

10 하카타
버스터미널

하카타 멘카이도(2F)

5 마잉구

6 데이토스

데이토스 어넥스

마구로토 고향 쿠로다한
하카타점

푸글렌 후쿠오카

라멘 지남보 본점

3 아뮤플라자 하카타

하카타1번가

카페 미엘
리틀 허니
하카타
에키마에점

하카타역 출구
博多駅
하카타역
옥상 전망대

공항버스
정류장

하카타역
博多駅
JR

하카타 출구
역 앞 광장

치쿠시 출구
筑紫口

하카타 하나미도리
하카타 치쿠시 출구점

오사케노 미술관
하카타역 앞점

캐널시티 하카타

7 잇핀 거리

8 아뮤에스트

야요이켄

돈카츠 와카바
치쿠시 출구점

하카타 모츠나베 마에다야
하카타점

2 하카타 한큐(한큐 백화점)

4 하카타 한큐

호라쿠만주 하카타 한큐점(B1F)

하카타 모츠나베
야마나카 하카타점

9 킷테 하카타 &
하카타 마루이

후쿠타로 프리미엄 멘베이(B1F)

코메다 커피

메이지
공원

일본생명
하카타역 앞
빌딩

11 요도바시카메라
멀티미디어 하카타

하카타 하나미도리
하카타역 앞점

12 로피아
하카타 요도바시점

하카타 모츠나베
마에다야 총본점

스미토모생명
하카타 빌딩

JRJP 하카타 빌딩

ANA 크라운 플라자
호텔 후쿠오카

모츠나베 나가마사
치쿠시 출구점

사이린

하카타 잇소우 본점

스미요시도리
住吉通り

니쿠이치
하카타점

하가쿠레 우동

#Walk

여행 시작부터 즐거움이 무한대
하카타역과 그 주변

쇼핑, 맛집, 관광, 숙박 시설이 한자리에 모인 하카타역 일대는 교통은 기본, 상상을 초월하는 재미를 보장한다. 특히 대형 쇼핑몰과 백화점이 한데 모인 복합상업시설 JR 하카타시티는 여행의 시작과 끝을 책임지는 흥미진진한 구역이다. 하카타 출구 쪽 2층 외벽에 설치된 보행자용 공중 데크를 이용하면 버스터미널과 주요 쇼핑몰 간 이동이 편리하고 지하철 하카타역, 하카타 버스터미널, 기온역까지 지하로로 연결돼 있어 비 오는 날에도 쾌적하게 이동할 수 있다.

JR 하카타역 1층 구내도

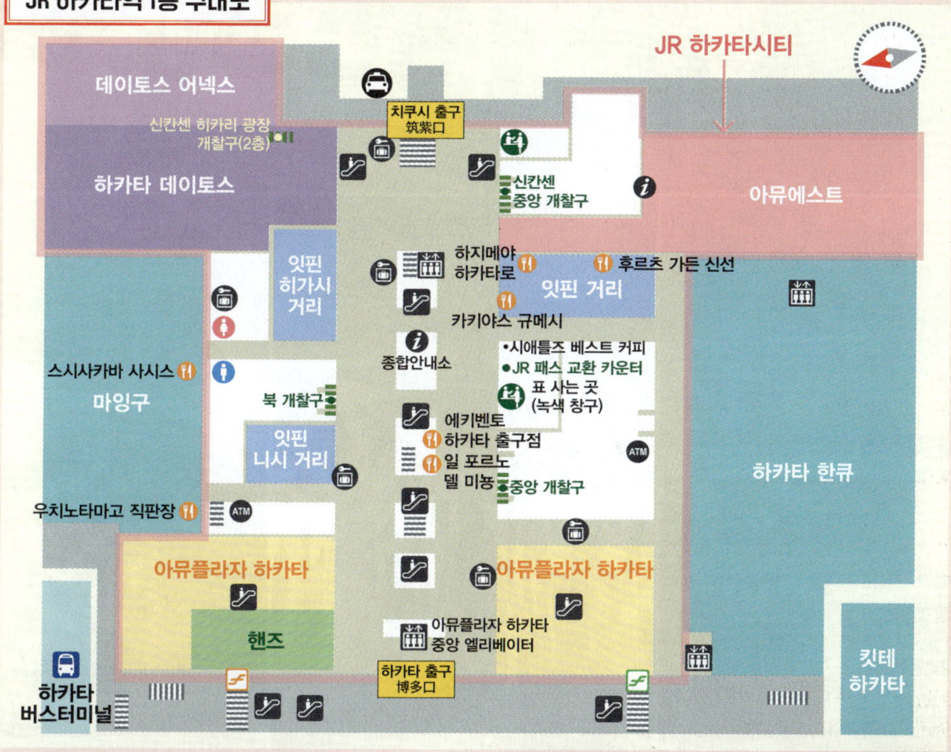

JR 하카타시티

데이토스 어넥스
신칸센 히카리 광장
개찰구(2층)
하카타 데이토스

치쿠시 출구
筑紫口

신칸센
중앙 개찰구

아뮤에스트

잇핀
히가시
거리

하지메야
하카타로

잇핀 거리

후르츠 가든 신선

스시사카바 사시스
마잉구

북 개찰구

종합안내소

카키야스 규메시

• 시애틀즈 베스트 커피
• JR 패스 교환 카운터
표 사는 곳
(녹색 창구)

하카타 한큐

잇핀
니시 거리

에키벤토
하카타 출구점
일 포르노
델 미뇽

중앙 개찰구

ATM

우치노타마고 직판장

ATM

아뮤플라자 하카타

아뮤플라자 하카타

핸즈

아뮤플라자 하카타
중앙 엘리베이터

킷테
하카타

하카타
버스터미널

하카타 출구
博多口

161

쇼핑·교통 시설과 대형 호텔이 밀집한
JR 하카타역의 서쪽, 하카타 출구

비즈니스 호텔과 실속 있는 상점·식당이 모인
JR 하카타역의 동쪽, 치쿠시 출구

크리스마스 마켓

대형 지붕 아래 행사장

① 낭만과 활력이 넘실대는 아지트

하카타 출구 역 앞 광장 (하카타구치에키마에 광장)

博多口駅前広場

JR 하카타역 하카타 출구를 나서면 곧바로 펼쳐지는 넓은 광장. 유리벽이 부드럽게 휘감듯 이어지는 역사 정면이 도시적인 인상을 더하고 파도 모양의 대형 지붕 아래에서는 날씨에 상관없이 다채로운 행사가 정기적으로 열려 활기가 넘친다. 가장 반짝이는 순간은 매년 11월 중순 시작되는 크리스마스 마켓. 유럽풍 부스와 조명, 대형 트리, 따뜻한 글뤼바인(향신료와 과일을 넣어 데운 레드 와인)과 먹거리, 라이브 공연이 어우러져 겨울밤을 낭만으로 물들인다. **MAP ❸-B**

G 하카타 에키마에 광장
WALK JR 하카타역 하카타 출구 바로 앞

② 철도 덕후와 아이들의 감성 충전소
하카타역 옥상 전망대
(츠바메노모리 히로바)
つばめの杜ひろば

아뮤플라자와 하카타 한큐 옥상에 조성된 전망 스폿. 지상 약 60m 높이에서 후쿠오카 거리와 하카타만을 파노라마로 조망할 수 있다. 하카타역 플랫폼을 오가는 열차가 보여 철도 마니아들도 즐겨 찾는다. 철도 신사, 무료 세발자전거, 미니 증기 기관차(3세 이상 1회 200엔/2025년 12월 현재 임시 운휴 중) 등이 있으며 연말연시 일루미네이션 이벤트를 비롯해 각종 행사가 열린다.

MAP ③-B

Ⓖ 아뮤플라자 하카타
ADD 아뮤플라자 & 하카타 한큐 옥상
OPEN 10:00~22:00
WALK 아뮤플라자 10층에서 옥상 연결 에스컬레이터 또는 하카타 한큐 각 층에서 엘리베이터 이용
WEB jrhakatacity.com

③ 일본 감성 브랜드와 잡화 천국
아뮤플라자 하카타
AMU Hakata アミュプラザ博多

실용성과 스타일을 겸비한 다양한 브랜드가 모인 대형 쇼핑몰. 단톤, 어번 리서치, 빔즈, 쉽스, 투모로랜드, 오쉬맨즈 등 트렌디한 브랜드와 편집숍이 어우러져 감각적인 쇼핑 공간을 이룬다. 1~5층 일부를 차지한 핸즈와 6층 무인양품은 창의적인 생활잡화로 볼거리를 더하고 5층에는 디즈니 스토어, 8층에는 닌텐도와 포폰뎃타, 캡슐토이 매장 등 취미·잡화숍과 대형 서점이 있다. 9~10층에는 일본 최대급 식당가 시티 다이닝 쿠텐이, 지하 1층은 후쿠오카 명물과 일본 각지의 음식을 모은 하카타1번가(176p)로 연결된다. **MAP ③-B**

ⓖ 아뮤플라자 하카타
OPEN 10:00~20:00/
시티 다이닝 쿠텐 11:00~22:00(식당마다 다름)
WALK JR 하카타시티 지하 1층~지상 10층
WEB jrhakatacity.com

2025년 11월 오픈한 규슈 최초의 닌텐도 공식 스토어(8층)

후쿠오카 유일의 단톤 단독 매장(4층)

디즈니 스토어
(5층)

복고풍 감성과 세련미가 어우러진 라이프스타일숍, 더블데이(7층)

실용적이고 유쾌한 생활잡화가 가득한 핸즈Hands(1~5층)

④ 스타일과 미식, 그 사이의 품격
하카타 한큐 (한큐 백화점)
博多阪急

후쿠오카에서 가장 핫한 디저트와 한정판 기념품이 모여 있고 외국인 할인 혜택도 쏠쏠한 하카타역 쇼핑의 랜드마크. 루이비통, 구찌, 프라다, 에르메스, 셀린느, 펜디, 바오바오 이세이미야케 등 명품 브랜드를 비롯해 화장품·패션·식품까지 120개 이상 매장이 지하 1층부터 지상 8층까지 들어서 있다. 특히 지하 1층 식품관 우마치카うまちか는 규슈 각지의 명물 과자와 술을 한자리에 모은 미식 천국. 여행 막바지 선물 쇼핑은 여기서 끝내도 될 정도다. 1층에는 손수건과 양산, 7층에는 리빙 용품이 잘 갖춰져 있어 어르신을 위한 고급 선물을 고르기에도 좋다.
1층 구찌 매장 옆 인포메이션 데스크에서 여권을 제시하면 명품 일부 매장과 지하 1층 전 매장을 제외하고 사용할 수 있는 외국인 전용 5% 할인 게스트 쿠폰을 즉시 발급해 준다. 여기에 세금 환급까지 더하면 가격 이득이 크다. 면세 카운터는 M3층(3층과 4층 사이)에 있으며 조리식품과 신선식품을 제외하면 매장 간 면세 합산도 가능. 2~8층은 아뮤플라자와 바로 이어진다. **MAP ❸-B**

다양한 술을 갖춘 지하 1층 주류 코너

G 하카타 한큐
OPEN 10:00~20:00
WALK JR 하카타역 지하 1층~지상 8층
WEB hankyu-dept.co.jp/hakata/

+MORE+

하카타 한큐 식품관 필수 쇼핑 리스트 (면세 합산 가능)

하카타 한큐 한정으로 화제를 모으고 후쿠오카공항에도 입성한 갓성비 디저트, 아만베리Amanberry

슈가 버터 트리シュガーバターの木의 하카타 한큐·후쿠오카공항 한정 아마오우 딸기 버터 맛

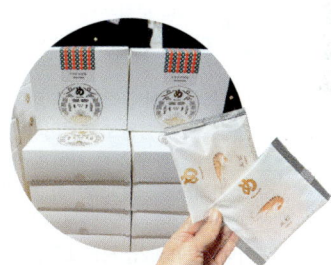

프리미엄 재료로 완성한 독창적 풍미는 오직 이곳에서만. 후쿠타로 프리미엄 멘베이(068p 참고)

프랑스산 고급 발효 버터로 만든 사브리나Sabrina의 꽃 모양 파이, 사브리나

갸또 페스타 하라다의 베스트셀러, 갸또 러스크 구떼 데 루아 Gâteau Rusk GOUTER de ROI

규슈 한정 아마오우 딸기 맛

공항에는 없는 히요코 혼포의
시내 한정 상품

메이게츠도 明月堂

⑤ 마잉구 マイング Ming
후쿠오카 특산 먹거리 '찐템' 모음

걷다 보면 자연스레 이어지는 데이토스와 함께 후쿠오카 기념품 쇼핑의 성지로 꼽힌다. 식품·명란·화과자·술 관련 매장이 90여 곳 들어서 있으며 명란 전문점만 10곳에 달해 일본 최대 규모의 명란 쇼핑 스폿으로도 유명하다. 단, 면세 적용 매장이 거의 없어 히요코, 하카타 토오리몬 같은 대표 과자는 공항 면세점이 더 저렴한 편. 시내 한정 맛이나 특별 패키지를 중심으로 고르는 전략이 좋다. **MAP ❸-B**

Ⓖ 마잉구
OPEN 09:00~21:00/식당가 07:00~23:00(매장마다 다름)
WALK JR 하카타역 1층
WEB ming.or.jp

+ M O R E +

조스이안 如水庵
과일 품은 말랑말랑 떡 한입

후쿠오카의 100년 전통 화과자 명가. 딸기(겨울~봄), 포도(여름) 등 제철 과일을 통으로 넣은 찹쌀떡이 여행자들 사이에서 인기다. 스테디셀러는 쫀득쫀득한 떡에 콩가루와 흑당 시럽을 곁들인 츠쿠시모찌筑紫もち. 마잉구와 데이토스에 총 3개 매장이 있으며 본점은 하카타역에서 지하철 기온역 방면으로 도보 10분 거리에 있다.

Ⓖ josuian hakata station
본점: 죠스이안 하카타 에키마에 본점
OPEN 마잉구 1·2호점 09:00~21:00,
데이토스점 08:00~21:00
WEB corp.josuian.jp

신선한 딸기와 부드러운 앙금이
잘 어울리는 찹쌀떡 이치고 다이후쿠
1개 692엔(기간 한정 아마우우 810엔)

⑥ 데이토스 Deitos
하카타 로컬푸드 스테이션

마잉구와 비슷한 컨셉의 1층 미야게몬 시장みやげもん市場을 중심으로 구성된 쇼핑몰이다(일부 매장은 면세 가능). 같은 층에는 술과 안주를 가볍게 즐길 수 있는 하카타 호로요이 거리博多ほろよい通り가 자리한다. 2층에는 신신 라멘, 멘야 카네토라 등 12곳의 유명 라멘집을 모은 하카타 멘카이도(178p)가, 지하 1층에는 최근 리뉴얼을 거쳐 한층 깔끔해진 식당가가 들어서 있다. **MAP ❸-B**

Ⓖ 미야게몬 시장
OPEN 08:00~21:00(매장마다 다름)
WALK JR 하카타시티 내 치쿠시 출구 쪽 지하 1층~지상 2층
WEB jrhakatacity.com

⑦ 잇핀 거리 いっぴん通り
도시락에 정성껏 담은 일본의 맛

제대로 된 일본식 도시락을 선보이는 상점가. 하카타역 종합안내소를 등지고 시애틀즈 베스트 커피 왼쪽으로 이어지는 좁은 골목 2줄에 늘어서 있다. 맛에 대한 자부심이 남다른 식당들이 정성껏 만든 도시락들은 대량 생산하는 제품과는 확연히 다른 품질을 자랑한다. 가격대는 다소 높은 편. **MAP ❸-B**

Ⓖ 시로야 잇핀도리점
OPEN 도시락·반찬 07:00~21:00, 과자 08:00~21:00(매장마다 다름)
WALK JR 하카타역 구내 1층
WEB jrhakatacity.com

⑧ 하카타역 소형 쇼핑 스트리트
아뮤에스트
AMU EST

유니클로, 러쉬, 쓰리코인즈, 쿠츠시타야, ABC마트, 츄츄안나, 빌리지 뱅가드 등 젊은 층을 겨냥한 패션·잡화 중심의 쇼핑 존. 지하상가처럼 아기자기한 분위기라 부담 없이 둘러보기 좋고 여행 중 급히 필요한 물건을 살 때도 요긴하다. 하카타역 치쿠시 출구 쪽에 있다. **MAP ❸-B**

ⓖ 아뮤 에스트
OPEN 10:00~20:00
WALK JR 하카타시티 지하 1층~지상 1층
WEB jrhakatacity.com

신제품과 시즌 한정 상품이 빠르게 입고되며 상품 구색이 뛰어난 러쉬 매장

⑨ 쇼핑과 덕질이 공존하는 핫플
킷테 하카타 & 하카타 마루이
KITTE Hakata & Hakata Marui(0101)

하카타역 바로 옆에 자리한 지하 1층~지상 11층 규모의 대형 복합상업시설. 1~7층은 트렌디한 잡화와 캐주얼 브랜드가 풍부한 쇼핑몰 하카타 마루이(0101), 8층에는 하카타 최대 규모의 유니클로 매장이 들어서 있어 트렌드세터들이 즐겨 찾는다. 지하 1층은 신신 라멘, 모츠나베 오오야마·라쿠텐치, 스시사카바 사시스, 텐진 호르몬, 키스이마루 등 후쿠오카 대표 맛집이 모인 푸드코트 감각의 식사 공간. 아침부터 밤늦게까지 이용 가능해 조식이나 가벼운 한 잔에도 적합하다. 9~10층은 전망 좋은 창가석을 갖춘 규슈발 인기 체인 중심의 식당가로 꾸며져 있다.
일부 매장을 제외하고 면세 이용이 가능하며 면세 카운터는 3층 EPOS 카드 센터에 있다. 일본 우체국이 운영하는 시설답게 1층 광장에는 천사 하트 모양 우체통이 놓여 있다. **MAP ❸-B**

ⓖ 킷테 하카타
ADD 9-1 Hakataekichuogai, Hakata Ward
OPEN 하카타 마루이 10:00~21:00/그 외는 매장마다 다름
WALK JR 하카타역 하카타 출구에서 1분(2층 보행자 데크 및 하카타역 지하가와 연결)
WEB 킷테 하카타: hakata.jp-kitte.jp | 하카타 마루이: 0101.co.jp/090/

렉 커피Rec Coffee(6층). 전망을 즐기며 스페셜티 커피와 다양한 에스프레소를 맛볼 수 있다.

+ MORE +

하카타 마루이 주요 매장

◆ **포켓몬 센터**(2층) 2025년 6월 리뉴얼 오픈. 굿즈 코너, 이벤트 스페이스, 카드 배틀을 즐길 수 있는 카드 스테이션을 갖췄다.

◆ **칼디 커피 팜**(2층) 식품 편집숍. 면세가 가능해 여행자들에게 인기다.

◆ **도코레**(2층) 후쿠오카현 내 특산품을 엄선해 소개하는 안테나숍.

◆ **키라키라 돈키**(3층) 인스타 감성의 포토존이 가득한 신형 돈키호테 매장.

◆ **세리아**(4층) 다양한 생활잡화를 갖춘 100엔숍.

◆ **스루가야·라신반**(6~7층) 애니·게임·아이돌 굿즈와 중고 상품이 가득한 서브컬처 전문 구역.

포켓몬 센터

키라키라 돈키

쓰리피·스탠다드 프로덕트와 함께 다양한 상품을
한곳에서 볼 수 있는 후쿠오카 최대 규모의 다이소 매장

스노우피크·온러닝·파타고니아·살로몬·몬츄라 등
인기 브랜드를 폭넓게 갖춘 이시이 스포츠

10 교통 허브, 그 이상의 즐거움
하카타 버스터미널
博多バスターミナル

후쿠오카 최대급 다이소와 약 1000대의 캡슐토이를 갖
춘 버스터미널 겸 복합상업시설. 5층 전체를 사용하는 다
이소에는 쓰리피·스탠다드 프로덕트도 입점해 있어서 생
활잡화부터 간식 쇼핑까지 한 번에 해결할 수 있다. 7층
에는 대형 게임센터 남코와 캡슐토이, 셀프 포토 부스가
모여 있고 8층과 지하 1층은 가성비 좋은 식당가로 구성
돼 있다. 3층에는 오전 7시부터 문을 여는 코메다 커피
대형 매장, 1층에는 인기 체인이 모인 식당가가 있다.
MAP ❸-B

ⓖ 하카타 버스터미널
ADD 2-1 Hakataekichuogai, Hakata Ward
OPEN 10:00~22:00/매장마다 다름
WALK JR 하카타역 하카타 출구로 나와 오른쪽으로 2분(2층 보행자
데크로 연결)/지하철 하카타역과 연결
WEB h-bt.jp

11 가전부터 취미까지 올인원 매장
요도바시카메라 멀티미디어 하카타
ヨドバシカメラ マルチメディア

하카타역 치쿠시 출구 근처에 위치한 대형 종합 매장. 최
신 전자제품부터 화장품, 문구, 장난감까지 폭넓게 다루
며 면세 수속과 영어·한국어 안내가 가능해 여행자에게
편리하다. 지하 1층에는 수백 대의 캡슐토이와 피규어,
프라모델, 레고, 캐릭터 굿즈 등 취미용품이 가득하고 3
층에는 아웃도어 브랜드 편집숍 이시이 스포츠, 러닝·
트레일 전문점 아트 스포츠, 유니클로의 트렌디·저가형
SPA 브랜드 GU가 입점해 있다. **MAP ❸-B**

ⓖ 요도바시카메라 하카타
ADD 6-12 Hakataekichuogai, Hakata Ward
OPEN 09:30~22:00
WALK JR 하카타역 치쿠시 출구로 나와 오른쪽으로 2분
WEB yodobashi.com/ec/store/0088/

편리한 한국어 지원
셀프 계산대

12 가성비 끝판왕 식료품 마트
로피아 하카타 요도바시점
ロピア

요도바시카메라와 4층에서 연결되는 대형 슈퍼마켓 체
인. 면세가 안 되고 현금만 받는 대신 일반 마트나 돈키호
테보다 가격이 저렴하다. 정육점으로 출발한 브랜드답게
고품질 육류를 합리적인 가격에 판매하는 것으로 유명하
며 신선식품은 물론 도시락·초밥·장어덮밥 등 간편식과
과자류도 다양하다. 취사 가능한 숙소에 묵는다면 가성비
좋은 로피아 오리지널 소 브랜드 미나모토와규みなもと和
牛를 사서 구워 먹어보기를 추천한다. 같은 층의 다이소와
함께 둘러보면 더욱 효율적이다. **MAP ❸-B**

ⓖ 로피아 하카타 요도바시점
OPEN 10:00~20:00
WALK 요도바시카메라 멀티미디어 하카타 4층
WEB lopia.jp/shops/hakatayodobashi

13 옛 정취 물씬 풍기는 포토존
하카타 천년문
博多千年門

하카타 구시가의 현관 자리에 2014년 세운 중후한 목조 문. 하카타의 입구이
자 다자이후로 가는 길목에 있던 츠지노도구치몬辻堂口門를 모티브로 삼았다.
천년문에서 조텐지까지 이어지는 조텐지도리承天寺通り는 돌길과 나무, 자연
석이 어우러진 산책 명소이자 포토 포인트로 꼽는다. **MAP ❸-A**

ⓖ 하카타 천년문
OPEN 24시간
WALK JR 하카타역 하카타 출구에서 10분/
지하철 기온역에서 4분

14 하카타 시민의 역사·문화 중심지
조텐지
承天寺

하카타의 발전에 크게 기여한 쇼이치聖一 국사가 1242년 창건한 사찰. 분식
문화와 하카타 기온 야마카사 축제의 발상지로, 정문 안쪽에 쇼이치 국사가
중국에서 우동·소바·만주를 전래한 공을 기리는 기념비와 축제의 기원을 알리
는 기념비가 함께 세워져 있다. 본당 주변에는 쇼이치 국사의 사당인 카이잔
도開山堂와, 돌과 모래로 산수를 표현한 정원 센토테이洗濤庭가 자리한다. 두
곳 모두 특별 행사 때만 공개되며 평소에는 중문 밖에서 센토테이를 감상할
수 있다. **MAP ❸-A**

우동·소바 발상지饂飩蕎麦発祥之地 기념비.
정문을 지나자마자 왼쪽에 있다.

ⓖ 조텐지
ADD 1-29-9 Hakata Ekimae, Hakata Ward
OPEN 08:30~16:30
PRICE 무료
WALK 하카타 천년문에서 1분

169

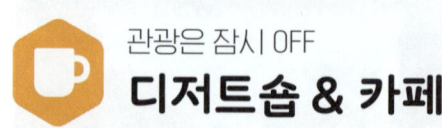

디저트숍 & 카페

여행의 리듬을 잠시 멈추고 달콤한 숨을 고를 시간. 과즙이 폭발하는 과일샌드위치와 파르페, 갓 구운 토스트와 커피의 여운이 머무는 디저트숍과 카페에서 여행 에너지를 재충전하자.

결 고운 식빵 속에 과일이 반짝

팡야 무츠카도 카페 아뮤플라자 하카타점
パン屋むつか堂 CAFE

후쿠오카에서 가장 맛있는 식빵으로 소문난 팡야 무츠카도(271p)에서 운영한다. 100% 후쿠오카산 밀가루로 달걀과 방부제 없이 구운 식빵은 테두리까지 부드러워 그대로 먹어도 맛있다. 달걀샌드위치, 명란 토스트, 크로크무슈 등 식빵을 활용한 메뉴가 다양하지만 단연 최고 인기 메뉴는 생크림과 제철 과일을 듬뿍 채운 과일샌드위치(후르츠산도). 식빵 모양 라테 아트가 귀여운 무츠카도 라테와 함께 즐기면 비주얼도 완성된다. 일부 메뉴는 테이크아웃 가능. **MAP ❸-A**

ⓖ 무츠카도 카페
OPEN 10:00~20:00
WALK 아뮤플라자 5층
WEB mutsukado.jp

카페라테 구92엔

담백 크림X제철 과일 톡톡,
과일샌드위치 1080엔

제철 과일 듬뿍, 눈 호강 파르페

캠벨 얼리 하카타점
Cambell Early

과일 파르페로 입소문을 탄 디저트 카페. 90년 전통 청과물점 남국후르츠가 운영한다. 제철 특산 과일을 아낌없이 올린 메뉴가 인기로, 봄엔 아마오우 딸기, 여름엔 망고·멜론·복숭아, 가을엔 무화과·샤인머스캣·감, 겨울엔 감귤류와 딸기 등이 사용된다. 전면 유리창 너머로 하카타 시내가 내려다보여 티타임을 즐기기에도 좋은 장소다. 파르페나 팬케이크 주문 시 커피나 홍차는 440엔. **MAP ❸-A**

ⓖ 캠벨얼리
OPEN 11:00~22:00(L.O.21:30)
WALK 아뮤플라자 9층 시티 다이닝 쿠텐
WEB nangoku-f.co.jp

아마오우 딸기를 수북이 올린
3~4월 한정 일본식 파르페 2700엔

북유럽 감성의 커피 아지트
푸글렌 후쿠오카
Fuglen

노르웨이에서 온 로스터리 카페. 약배전으로 섬세한 향미를 살린 북유럽식 커피를 맛볼 수 있다. 도쿄 아사쿠사점에 이어 일본에서 2번째로 큰 규모이며 조도를 낮춘 조명과 북유럽 빈티지 가구, 소품들이 포근한 분위기를 연출한다. 추천 커피는 우유 맛이 진하게 느껴지는 카페라테. 짭조름한 노르웨이산 브라운 치즈를 넣은 브라운Brunost 토스트와 잘 어울린다. 저녁에는 수제 맥주, 와인, 칵테일 등 주류도 판매하는데, 푸글렌 김릿, 스칸디나비안 네그로니 같은 시그니처 칵테일이 인기다. **MAP ❸-B**

Ⓖ 후글렌 후쿠오카
ADD 1-18-33 Hakataekihigashi, Hakata Ward
OPEN 08:00~20:00(금·토·일·공휴일 ~22:00)
WALK JR 하카타역 치쿠시 출구에서 5분
WEB fuglen.no

카페라테 S 580엔
브라운 토스트 900엔

크루아상+아이스크림은 진리
불랑주 후쿠오카 오하카타 빌딩점
Boul'ange

도쿄 시부야에서 온 인기 베이커리. 고급 일본산 버터와 오리지널 블렌드 밀가루로 구운 9겹 크루아상이 시그니처로, 한 입 베어 물면 '파사삭' 소리가 날 만큼 바삭한 식감과 진한 버터 풍미가 살아 있다. 우유 맛이 진한 소프트아이스크림을 올린 크루아상 소프트크림, 라즈베리·피스타치오 크림을 채워 고깔 모양으로 말아 올린 크루아상 코로네도 조기 품절이 잦은 인기 메뉴다. 매장에서 먹을 경우 자리를 먼저 확보한 뒤 주문한다. 텐진 지하가에도 소규모 지점이 있다. **MAP ❸-A**

Ⓖ 불랑주 후쿠오카 오하카타 빌딩점
ADD 2-20-1 Hakata Ekimae, Hakata Ward
OPEN 07:30~21:00(토·일·공휴일 08:00~20:00)
WALK JR 하카타역 하카타 출구에서 7분/
지하철 기온역에서 4분
WEB flavorworks.co.jp/boulange

마지막 한 입까지 바삭한
크루아상 소프트크림 540엔

한잔 한잔 시음하는 최상급 커피

리틀 허니 하카타에키마에점
リトルハニー

드립 커피와 신선한 원두, 드립백을 판매하는 테이크아웃 전문 커피 스탠드. 2001년 처음으로 하카타에 스페셜티 커피를 소개한 후쿠오카 커피계의 일인자, 허니 커피 직영점이다. 커피 서버에 들어 있는 12종의 커피를 작은 컵에 따라 시음해보며 커피를 고를 수 있는 점이 큰 매력이다. 본점은 라라포트 후쿠오카 근처에 있으며 텐진 미츠코시 백화점 등에 지점이 있다. **MAP ❸-B**

ⓖ ritoruhanihakataekimaeten
ADD 2-2-1, Hakata Ekimae, Hakata Ward
(후쿠오카 센터 빌딩 지하 2층)
OPEN 10:00~19:00(토·일·공휴일 ~18:00)
WALK 하카타역 지하가 서西18번 출구 방향으로 가다 선플라자 SUNPLAZA로 들어서면 오른쪽에 바로 보인다. 이치란 건너편/하카타 출구 앞 큰길 건너 오른쪽에 보이는 빌딩 지하로 내려간다.
WEB honeycoffee.com

커피 600엔~

킷사텐과 허니 커피의 환상 콜라보

카페 미엘
カフェ・ミエル

50년 전통의 하카타역 지하 킷사텐이 허니 커피와 만나 이루어낸 달콤한 마법. 아늑하고 편안한 분위기 속에서 허니 커피가 엄선해 로스팅한 12종의 원두(싱글 오리진/블렌드)를 프렌치프레스, 사이폰, 핸드드립, 클레버드립 등 다양한 추출 방식으로 취향에 맞게 즐길 수 있다. 카운터에 앉으면 차분하고 정교한 바리스타의 손길로 커피가 완성되는 모습을 눈앞에서 감상할 수 있어 작은 공연을 보는 듯한 즐거움이 느껴진다. 티라미수, 아포가토 등 디저트도 수준급. 식빵에 깜찍한 꿀벌 모양 불도장을 찍어주는 핫샌드 토스트는 식사 메뉴로 인기가 많다. **MAP ❸-B**

ⓖ 카페 미엘
ADD 2-2-1, Hakata Ekimae, Hakata Ward
(후쿠오카 센터 빌딩 지하 2층)
OPEN 09:00~19:00(토·일·공휴일 ~18:00)
WALK 리틀 허니와 같은 층. 이치란 옆
WEB honeycoffee.com

커피 1000엔~

가볍고 묽은 텍스처 속에
진한 단맛이 은근히 배어든
티라미수 950엔

인생이 노잼일 땐 우동을 먹어요

우동

라멘집보다 우동집이 더 많은 후쿠오카를 여행하면서 우동을 빼놓으면 안 될 일이다.
입안에 후루룩 들어가는 부드러운 면발과 맑은 국물의 하카타 우동은 아무리 먹어도 질리지 않는다.

후쿠오카현 내 우동 맛집 원톱

하가쿠레 우동

葉隠うどん

1986년 창업한 후쿠오카 우동의 대표 주자. 2014년 미슐랭 가
이드 후쿠오카 특별판에서 우동집 중 유일하게 빕구르망에 선
정되며 최고의 맛집으로 자리매김했다. 전통 방식으로 반죽한
얇고 넓적한 면발은 하카타 우동 특유의 부드러운 식감을 살리
면서도 은은한 탄력을 더해 한층 완성도를 높였다. 다시마와 가
다랑어포로 우려낸 맑고 감칠맛 나는 국물, 바삭하고 향긋한 우
엉튀김과의 조화도 훌륭하다. 가격이 저렴한 대신 양이 적은 편
이라 카시와고항(닭고기 밥)이나 유부초밥을 곁들이는 경우가
많다. 주문이 들어가면 주방에서 "하이, 우동!" 하고 외치는 구
호가 활기찬 분위기를 더한다. **MAP ❸-B**

ⓖ 하가쿠레우동
ADD 2-3-32 Hakataekiminami, Hakata Ward
OPEN 11:00~15:00, 17:00~21:00/일·공휴일 휴무
WALK JR 하카타역 치쿠시 출구에서 15분

새우 우엉 우동 650엔.
우엉튀김과 보리새우튀김을 함께 올려낸다.

비주얼로 압도하는 대왕 튀김 우동

다이치노 우동 하카타역 지하점

大地のうどん

우동집인지 튀김집인지 헷갈릴 만큼 그릇 가득 얹은 커다란 우
엉튀김이 강한 비주얼을 자랑하는 가성비 맛집. 3일간 숙성한
반투명한 면과 깔끔한 육수가 튀김과 절묘한 균형을 이룬다. 바
삭한 각종 튀김을 산처럼 올려 국물에 적셔가며 즐기는 식감 변
화도 매력적이다. 튀김의 바삭함을 끝까지 유지하고 싶다면 붓
카케 우동을 추천. 허름한 공간이지만 인기가 많아 식사 시간대
에는 웨이팅과 합석을 감수해야 한다. **MAP ❸-B**

ⓖ 다이치노 우동
ADD 2-1-1, Hakata Ekimae, Hakata Ward(아사히 빌딩朝日ビル 지하 2층)
OPEN 10:00~15:30, 17:00~21:00/연말연시 휴무
WALK JR 하카타역 하카타 출구에서 2분(세븐일레븐 옆 계단 이용)/
하카타역 지하 서西12번 출구 방향으로 가다 보면 'GOURMET &
SHOPPING'이라 적힌 지하 식당가 끝 왼쪽에 있다.
WEB daichinoudon.com

21번 고기 우엉튀김 우동 800엔

하카타역 주변 인기 밥집

설렘을 안고 하카타역에 첫 발을 내딛은 여행자들을 위한, 잊지 못할 한 끼.

지글지글 햄버그 굽기 챌린지
키와미야 하카타역 지하가점
極味や

겉만 살짝 익힌 햄버그를 돌판에 지글지글 구워 먹는 재미가 있는 곳. 흑모 와규와 일반 소고기를 배합하고 달걀, 빵가루, 양파는 최소화해 스테이크처럼 육즙 가득한 식감을 살렸다. 간장·양파·폰즈 등 9가지 양념 중 골라 찍어 먹으면 쌀밥과도 찰떡궁합. 입안에서 살살 녹는 최고급 살치살과 함께 즐기는 반반 세트도 인기 메뉴다. 돌판은 식을 경우 2~3회까지 교체해주며 사이드메뉴 추가 시 밥·된장국·샐러드·소프트아이스크림이 무제한 리필된다. 하카타점(버스터미널 1층), 텐진 파르코점도 있지만 최근 문을 연 이곳이 가장 넓고 쾌적하다. 고기 굽는 시간이 길어 식사 시간을 피해 방문하는 것이 좋고 특히 점심에는 대기 시간이 길다. 전 지점 예약은 받지 않는다.

MAP ❸-B

Ⓖ 키와미야 하카타역 지하가점
ADD 2-11 Hakataekichuogai, Hakata Ward
OPEN 11:00~22:00
WALK 하카타역 지하가 서쪽4번 출구 부근(유니클로에서 2칸 옆)
WEB kiwamiya.com/shoplist/hakataeki

햄버그스테이크 M(160g) 1518엔 +
달걀반숙볶음 토핑 필수! 150엔

햄버그스테이크 S(120g) +
특선 이마리 소 스테이크(60g) 2376엔

사이드메뉴
(밥+된장국+샐러드+
소프트아이스크림)
495엔

참치 뱃살 김말이 1078엔

새우 육회 1188엔

연어알이 올라간
감자샐러드 495엔

요즘 제일 핫한 초밥 선술집

스시사카바 사시스 마잉구점
すし酒場 さしす

초밥과 술이 술술 넘어가는 왁자지껄한 컨셉의 초밥 체인점. 이름부터 '초밥 술집(스시사카바)'이다. 1접시 165엔부터 시작되는 합리적인 가격에 신선한 재료, 맛은 기본. SNS에 올리고 싶어지는 예쁜 플레이팅과 특색 있는 창작요리를 선보이며 오사카를 중심으로 선풍적인 인기를 끌고 있다. 긴 줄이 늘어서는 식사 시간대는 피해서 방문하는 게 좋다. 예약 불가. 킷테 하카타(지하 1층), 원 후쿠오카 빌딩(지하 1층), 이마이즈미(텐진미나미역 근처)에도 지점이 있다. MAP 161p

Ⓖ 스시사카바 사시스 마잉구점
OPEN 11:00~22:00
WALK JR 하카타역 구내 마잉구 요코초 내
(트란도르Trandor 베이커리 오른쪽 통로 안)
WEB joujou.co.jp/shop/sashisu_hakatameng/

특상 혼마구로동
3950엔

참다랑어 부위 총출동! 푸짐한 한 그릇

마구로토 고항 쿠로다한 하카타점
マグロとご飯 黒田飯

그릇 밖으로 넘칠 듯 참치를 쌓아 올린 비주얼과 높은 신선도로 급부상한 참치 덮밥집. 대표 메뉴는 최고급 참다랑어(혼마구로)의 핵심 부위(적신·중뱃살·대뱃살)를 아낌없이 올린 특상 혼마구로동特上本マグロ丼과 연어·연어알·가리비·날치알까지 더한 쿠로다한 특모리동黒田飯特盛丼. 고급 스시집에서 쓰는 적초로 간한 밥이 참치의 기름진 풍미를 산뜻하게 잡아준다. 본점은 텐진에 있으나 최근 문을 연 하카타역점이 넓고 깔끔해 특히 인기다. 온라인 예약 필수. MAP ❸-A

Ⓖ 마구로토 고항 쿠로다한 하카타점
OPEN 11:00~20:30/화요일 휴무
WALK JR 하카타역 치쿠시 출구에서 4분
WEB kurodahanhakata.owst.jp

명란은 기본, 도미회도 접수
멘타이료리 하카타 쇼보안 めんたい料理 博多 椒房庵

명란 브랜드 쇼보안의 유일한 직영 식당. 솥밥에 명란(날것과 익힌 것 중 선택)과 도미회를 얹어 히츠마부시(나고야식 장어덮밥) 방식으로 즐기는 하카타 멘타이마부시로 맛집 반열에 올랐다. 먹는 방법은 3단계로, 먼저 레몬즙을 뿌려 간단히 맛본 뒤 달걀노른자와 육수가 들어간 참마즙을 더해 감칠맛을 즐기고 마지막엔 육수를 부어 오차즈케로 마무리한다. 고급스러운 분위기, 친절한 서비스, 잘 갖춰진 한국어 안내도 큰 장점. 구글 예약 필수. **MAP ❸-A**

하카타 멘타이마부시 3300엔

Ⓖ 멘타이요리 하카타 쇼보안   **WALK** 아뮤플라자 9층 시티 다이닝 쿠텐
OPEN 11:00~16:00, 17:00~22:00   **WEB** kubara.jp/shoplist/shobouan/

달걀 하나만으로 풍성한 식탁
우치노타마고 직판장 うちのたまご 直売所

후쿠오카현 자연 속에서 자란 건강한 닭이 낳은 신선한 달걀 맛으로 승부하는 식당. 간판 메뉴인 간장계란밥(타마고카케고항たまごかけごはん)은 진한 유정란에 갓 지은 밥과 가볍고 부드러운 전용 간장이 어우러져 달걀 본연의 깊고 정직한 맛을 즐길 수 있다. 밥 양은 보통普通과 소량少なめ 중 선택 가능하며 달걀 1개, 밥 1공기까지 무료 리필된다. 식사 후에는 에그타르트나 푸딩 같은 디저트도 추천할 만하다. 매장이 작아 식사 시간엔 줄이 길지만 회전은 빠른 편이다. **MAP 161p**

달걀의 신선함이 생명인
간장계란밥 650엔 + 명란 1/2개 110엔

Ⓖ 우치노타마고 초쿠바이쇼   **WALK** 마잉구 1층(하카타 출구 쪽 마잉구 입구 근처)
OPEN 08:00~21:00   **WEB** jrfs.co.jp/uchinotamago

이른 아침에 문 여는 지하 식당가
하카타1번가 博多1番街

이른 아침부터 문을 여는 가게가 많은 하카타역 서쪽 지하의 캐주얼 식당가. 총 14곳 중 6곳이 오전 7~8시에 영업을 시작해 기차 탑승 전 가볍게 식사하기 좋으며 대부분의 가게 앞에 큰 짐을 둘 공간이 마련돼 있어 여행자에게 특히 편하다. 추천은 두툼한 우설 구이를 아침 세트로 즐길 수 있는 탄야 하카타たんやHAKATA, 명란·갓절임을 아침 시간대 무제한 제공하는 키스이마루喜水丸. 오전 11시 이후에는 텐진 호르몬, 모츠나베 오오야마 등 인기 로컬 체인도 차례로 영업을 시작한다.

MAP ❸-B

탄야 하카타의
규탄 아침 정식
790엔

Ⓖ 하카타1번가 | 탄야 하카타 | 키스이마루 하카타점
OPEN 탄야 하카타: 07:00~22:00(조식 ~10:00)
키스이마루 하카타점: 07:30~23:00(조식 ~10:00)
WALK JR 하카타역 지하철 서쪽1번 출구 부근/
JR 하카타역 하카타 출구로 나가기 전 지하철 연결 계단으로 내려가면 바로 오른쪽/
JR 하카타역 하카타 출구 앞 중앙 엘리베이터 이용
WEB hakata-1bangai.com

깔끔한 국물 맛이 매력적인
시오솔 모츠나베
2인분 3630엔

고마사바
1180엔

분위기, 양, 맛, 모두 칭찬 일색
모츠나베 나가마사
치쿠시 출구점
もつ鍋 ながまさ

정통 하카타식 모츠나베를 세련된 공간에서 여유롭게 즐기고 싶은 이들에게 어울리는 맛집. 짜지 않고 감칠맛이 살아 있는 시오(소금) 육수에 마늘과 양배추가 어우러져 깔끔하면서도 깊은 맛을 낸다. 하얗고 통통한 소창과 식감 좋은 대창을 함께 사용해 고소함과 쫄깃함을 동시에 살린 점도 특징이다. 고마사바(참깨소스 고등어회)와 오징어회도 신선도가 뛰어나 술 한잔 곁들이기 좋다. 직원이 불 조절과 먹기 좋은 타이밍을 안내하며 QR 주문 방식과 테이블 칸막이로 비교적 프라이빗한 분위기를 유지한다. 캐널시티 근처 본점은 분위기가 다소 평범한 편. 자릿세 별도, 타베로그 예약 가능. **MAP ❸-B**

🇬 motsunabe nagamasa chikushiguchi branch
ADD 2-7-27 Hakataekihigashi, Hakata Ward
OPEN 17:00~23:00
WALK JR 하카타역 치쿠시 출구에서 7분
WEB nagamasa-hakata.com

직접 끓여 먹는 런치 한정
쿠텐 고젠 2800엔(1인분)

정갈한 분위기 속 미즈타키 런치
하카타 미즈타키 하마다야
쿠텐점
博多水たき 濱田屋

담백하면서도 깊은 황금빛 닭육수가 일품인 미즈타키 전문점 하마다야(063p)의 인기 지점. 미즈타키 코스를 1인부터 주문할 수 있고 가성비 좋은 런치 한정 세트(11:00~15:00)도 제공한다. 예약은 오후 16:00 이후 시간대에 한해 공식 홈페이지 또는 세이버재팬을 통해 가능하다. **MAP ❸-A**

🇬 미즈타키 하마다야 쿠우텐
OPEN 11:00~22:00
WALK 아뮤플라자 10층 시티 다이닝 쿠텐
WEB mizutaki-hamadaya.jp

하카타역 면슐랭 가이드
하카타 멘카이도 博多めん街道

후쿠오카 라멘 맛집을 한 층에 모아 둔 하카타역의 '라멘 어벤져스' 거리. 신신 라멘(244p), 멘야 카네토라(245p), 하카타 잇코샤 등 유명 라멘집 12곳을 한자리에서 즐길 수 있어 본점을 찾아다니는 수고를 덜어준다. 실내 대기가 가능하고 회전율도 본점보다 빠른 편. 맛 차이도 거의 없고 연중무휴에 신용카드 결제가 가능한 점 역시 편리하다.

위치는 하카타역 치쿠시 출구 쪽 데이토스 2층. 데이토스 1층 입구 오른쪽 계단을 올라가면 신칸센 히카리 광장 개찰구와 멘카이도 입구가 바로 나온다. 1층 미야게몬 시장(기념품 구역) 안쪽 중앙 에스컬레이터를 이용해도 된다.

MAP 3-A

ⓖ 하카타 멘카이도
WEB jrhakatacity.com

이치란과 함께 후쿠오카 돈코츠 라멘 양대산맥으로 꼽히는 신신 라멘. 11:00~23:00 (토·일·공휴일 10:00~, L.O.22:30)

진한 츠케멘으로 유명한 멘야 카네토라. 바처럼 어둡고 세련된 분위기에 전체 카운터석이라 혼밥도 부담 없다. 10:00~22:00(L.O.)

특제 라멘 한차항 세트
特製ラーメン 半チャーハンセット
1350엔

반숙란 라멘
煮玉子らーめん
1050엔

후쿠오카 미소 라멘의 자부심
하카타 카와바타 도산코 데이토스점
博多川端どさんこ

돈코츠 일색인 후쿠오카에서는 보기 드물게 50년 넘게 사랑받아온 미소 라멘 전문점. 진한 된장 육수에 쫄깃한 꼬불면, 아삭한 숙주, 두툼한 차슈가 어우러진 미소 라멘은 구수하고 깊은 맛이 특징으로, 버터(100엔)를 추가하면 육수가 한층 부드러워진다. 반인분 볶음밥이 함께 나오는 한차항 세트는 단골들이 추천하는 조합. 본점은 카와바타 상점가에 있다.

ⓖ 하카타 카와바타 도산코 데이토스점
OPEN 11:00~22:30

순한 맛의 깔끔한 돈코츠 라멘
라멘 지남보 데이토스점
らーめん二男坊

돈코츠 특유의 쿰쿰한 냄새나 기름기가 부담스럽다면 추천할 만한 곳. 걸쭉한 국물은 진하면서도 깔끔하고 차슈도 돼지 냄새가 거의 나지 않아 처음 돈코츠 라멘을 접하는 사람도 무난하게 즐길 수 있다. 신신 라멘 줄이 너무 길거나 색다른 돈코츠 라멘을 원할 때 좋은 대안이다. 면의 익힘 정도 선택 필수.

ⓖ 라멘 지남보 하카타 데이토스점
OPEN 11:00~23:30
(토 10:00~, 일·공휴일 10:00~22:30)

하카타 로컬 × 전국 맛집 정거장
하카타 버스터미널

우동·라멘부터 모츠나베, 야키토리, 오코노미야키까지 일본에서 꼭 한 번 맛보고 싶은 메뉴를 단숨에 즐기고 싶다면
여기. 하카타 로컬 맛집부터 전국 인기 체인까지 한 건물에 모인 하카타 버스터미널은 말 그대로 '먹거리 정거장'이다.
선택 폭이 넓고 가격도 부담 없으며 늦게까지 영업해 버스 탑승 전후 든든하게 배를 채우기 좋다. MAP ❸-A

ⓖ 하카타 버스터미널　　**WEB** h-bt.jp/gourmet/

먹어도 줄지 않는 무한 증식 우동
마키노 우동 하카타 버스터미널점
牧のうどん

면이 국물을 빨아들여 시간이 지날수록 굵어지는 우동으
로 유명하다. 뜨끈하게 삶은 면에 육수를 조금씩 부어가
며 맛보며 테이블에 비치된 대파를 듬뿍 넣으면 풍미가
살아난다. 한국인 인기 메뉴는 니쿠 고보텐 우동(고기 우
엉튀김 우동)肉ごぼう天うどん으로, 멸치·다시마 베이스의
국물에 달짝지근한 고기 맛이 배어들어 한층 진하게 느껴
진다. 면의 익힘 정도를 선택할 수 있으며 쫄깃한 식감을
원한다면 '카타(약간 단단)'가 적합하다.

ⓖ 마키노우동 하카타버스터미널점
WHERE 지하 1층(하카타역 지하가와 연결)　**OPEN** 10:00~23:00

니쿠 고보텐 우동 790엔

과자처럼 바삭한 철판 야키소바
바소키야 하카타 버스터미널점
バソキ屋

철판 위에서 생면을 꾹꾹 눌러 튀기듯이 바싹 굽는 오이
타현 히타식 야키소바 전문점. 현지인들에게는 원조 소
후렌(211p)보다 높은 평가를 받는다. 대표 메뉴는 넉넉
한 쪽파와 달걀프라이를 올린 네기타마 야키소바ネギ玉焼
そば로, 크리스피한 면발과 아삭한 숙주의 조합이 중독성
강하다. 노른자를 터뜨려 비비면 짭조름한 소스 맛이 부
드럽게 중화되고 맥주와도 잘 맞는다. 뒤집으면 '야키소
바'가 되는 가게 이름이 위트 있다.

ⓖ basokiya kasuga
WHERE 8층　**OPEN** 11:00~22:00

네기타마 야키소바 950엔.
명란 맛 고춧가루를 더하면 매콤함이 확 살아난다.

두툼 토스트와 커피로 즐기는 휴식
코메다 커피
하카타 버스터미널점
コメダ珈琲店

오전 11시까지 음료를 주문하면 토
스트가 따라온다. 버스 타기 전 조식
장소로 인기가 높다. 050p 참고.

ⓖ 코메다커피 하카타버스터미널점
WHERE 3층
OPEN 07:00~23:00

매콤한 국물이 주는 쾌감
모츠나베 타슈 하카타점
もつ鍋 田しゅう

예약 안 하면 먹기 어려운, 입에서 살
살 녹는 매운맛 소창 전골. 본점엔 없
는 1인분 세트(2310엔)도 주문 가능.
구글 예약 가능. 254p 참고.

ⓖ 모츠나베 타슈 하카타점
WHERE 1층(입구는 건물 밖)
OPEN 11:00~16:00, 17:00~23:00

'쉬이익' 귀로 맛보는 철판 햄버그
키와미야 하카타점
極味や

돌판에 올려 입맛대로 구워 먹는 햄
버그. 웨이팅 지옥인데도 손님이 끊
이질 않는다. 식사 후 온몸에 스며드
는 고기 향은 덤. 174p 참고.

ⓖ 키와미야 함바그 하카타점
WHERE 1층(입구는 건물 밖)
OPEN 11:00~20:30

효율과 맛, 모두 다 잡는

하카타역 테이크아웃 간식

전국의 일본인과 외국인 여행자가 바삐 오가는 하카타역. 굳이 본점까지 가지 않고도
규슈의 전통 화과자부터 줄 서는 빵까지 빠르고 쉽게 맛볼 수 있는 행운이 기다리고 있다.

하카타역 구내 간식 에이스
일 포르노 델 미뇽
하카타점
il Forno del Mignon

하카타역 중앙 통로에 진동하는 고소한 냄새의 주범. 하나하나 손으로 접어 고온에서 빠르게 구워낸 크루아상은 겉은 바삭하고 속은 촉촉한 결이 제대로 살아 있다. 버터 풍미의 플레인, 달콤한 고구마, 진한 판초콜릿을 넣은 초코 등 3가지 맛 미니 크루아상은 앙증맞은 크기에 가격도 저렴해 한 번에 모두 맛보는 사람이 많다. 미니 크루아상은 오른쪽, 신메뉴와 한정 상품은 왼쪽 매대에서 판매한다. **MAP 161p**

ⓖ 일 포르노 델 미뇽
OPEN 07:00~23:00
WALK JR 하카타역 구내 1층. 중앙 통로 중간 지점
WEB mignon-mini-croissant.com

샌드위치로 위장한 생과일
후르츠 가든 신선
잇핀 거리점
Fruits Garden 新Sun

하카타역에서 가장 줄이 길게 늘어서는 후르츠산도(과일샌드위치) 전문점. 사가현의 유명 과일 상점 직영으로 과일 퀄리티부터 확연히 다르다. 딸기·샤인머스캣·복숭아·귤 등 당도 높은 제철 과일을 듬뿍 넣어 크림보다 과일의 존재감이 먼저 느껴지며 넉넉히 채운 생크림도 가볍고 깔끔하다. 여름 한정 멜론산도는 경쟁이 특히 치열해 오픈 30분 전 대기가 필수다. 다른 메뉴들도 이른 오후부터 완판되기 일쑤다. **MAP 161p**

ⓖ 후르츠 가든 신선
OPEN 08:00~20:00(완판 시 조기 종료)
WALK JR 하카타역 구내 1층 잇핀 거리
WEB shinsun.co.jp

입안에서 '팥팥' 터지는 만주
호라쿠만주
하카타 한큐점
蜂楽饅頭

1955년 창업, 후쿠오카 니시진西新에 본점을 둔 만주 명가. 부드럽고 깊은 풍미의 홋카이도산 팥 또는 흰강낭콩에 계약 양봉장의 꿀을 더해 은은한 단맛과 촉촉한 식감이 일품이다. 시로앙(흰콩앙금)과 쿠로앙(팥앙금) 2가지 맛이 있으며 갓 구운 상태라 더욱 맛있다. **MAP ❸-B**

ⓖ 호라쿠만주 하카타한큐점
OPEN 10:00~20:00
WALK 하카타 한큐 지하 1층 인포메이션 데스크 옆 출구를 나서면 바로 오른쪽/ JR 하카타역 하카타 출구로 나가기 전 지하철 연결 계단으로 내려가 왼쪽(하카타 한큐쪽)으로 이동
WEB houraku.co.jp

미니 크루아상.
무게를 재서 계산한다.
100g당(약 4개) 226엔~

후르츠산도
400~900엔대

얇은 피가 터질 듯이
팥앙금이 듬뿍,
120엔

기차 여행보다 기대되는 맛
하카타역 도시락 맛집

각 지역의 맛과 멋을 한 상자에 담아 철도역에서 판매하는 도시락, 에키벤駅弁은 일본 기차 여행의 꽃이다.
규슈의 관문 하카타역에서도 지역 특산 재료와 정성을 담은 에키벤이 여행길의 설렘을 더한다.

규슈 에키벤 집합소
에키벤토
하카타 출구점

駅弁当

JR 규슈에서 운영하는 도시락 전문점. 각지 명물과 제철 식재료를 활용한 50종 이상의 도시락을 판매한다. 인기 순위 표시와 샘플 진열이 잘돼 있어 고르기 편한데, 이왕이면 규슈산 흑우 분고豊後牛, 가고시마산 흑돼지, 명란, 해산물 등 지역 식재료를 활용한 도시락을 골라보자. 닭고기 영양밥 카시와메시かしわめし처럼 후쿠오카 향토요리를 담은 도시락도 있다. 신칸센 출구와 치쿠시 출구에도 지점이 있지만 이곳이 가장 규모가 크다. **MAP 161p**

Ⓖ 에키벤또 하카타구치점
OPEN 07:00~22:00
WALK JR 하카타역 구내 일 포르노 델 미뇽 옆

와규덮밥의 하이엔드
카키야스 규메시
잇핀 거리점

柿安牛めし

1871년 창업한 전국 규모의 고기·식품 브랜드 카키야스柿安가 선보이는 고급 도시락 전문점. 대표 메뉴인 흑모 와규 규메시黒毛和牛 牛めし와 흑모 와규 스키야키주黒毛和牛 すき焼重는 엄선된 흑모 와규를 특제 간장 소스로 부드럽게 조리해 차갑게 식어도 기름이 굳지 않고 깔끔한 풍미가 유지된다. 간편한 덮밥 형태지만 품질이 뛰어나 늦은 시간엔 품절되는 경우도 많다. 고급 도시락의 진수를 맛보고 싶다면 추천. **MAP 161p**

Ⓖ HCRC+29 후쿠오카
OPEN 07:00~21:00
WALK JR 하카타역 구내 1층 잇핀 거리
WEB www.kakiyasuhonten.co.jp

와사비로 정돈한 달달함
하지메야 하카타로
잇핀 거리점

初屋はかたろう

두툼하고 촉촉한 달걀말이를 꽉 채운 김초밥, 하쿠교쿠 테마키博玉手巻로 유명하다. 일본식 달걀말이는 다시 육수와 미림이 들어가 단맛이 강한 편인데, 여기에 와사비 마요네즈로 상큼함을 더한 와사비마요わさびマヨ 버전을 추천한다. 이 밖에도 두툼한 달걀말이와 명란 마요네즈가 어우러진 멘타이 하쿠교쿠 샌드위치明太博玉サンド, 기본 달걀샌드위치博玉サンド 등 다양한 도시락 메뉴가 준비돼 있다. **MAP 161p**

Ⓖ 하지메야 하카타로
OPEN 07:00~21:00
WALK JR 하카타역 구내 1층 잇핀 거리
WEB hajimeya-hakataro.jp

가격은 800~1500엔대로 다양하다.

딱 알맞게 간이 밴 흑모 와규 규메시 1601엔

와사비마요 달걀김밥 4개입 580엔, 8개입 900엔

급이 다른 초대형 복합문화공간
라라포트 후쿠오카
LaLaport Fukuoka

후쿠오카 시내 근교에 2022년 개장한 대형 쇼핑몰 라라포트 후쿠오카는 하루 종일 시간을 보내도 아깝지 않을 만큼 다채로운 시설을 뽐낸다. 하카타역이나 후쿠오카공항에서 접근성이 좋으니 반나절 정도 시간을 내어 즐겨보자.

◆ 라라포트 후쿠오카는 어떤 곳?

우리나라의 스타필드와 같은 곳으로, 무인양품, 유니클로, GU, 로프트 등 대중적인 브랜드를 포함해 패션·잡화·식품·가전 등 230여 개 매장이 입점했다. 면세 가능한 매장도 많으니 여권 지참 필수. 면세는 Pie VAT 앱으로 여러 매장의 구매 금액을 합산해 신청한 뒤 1층 면세 카운터에서 환급받는 방식이며 유니클로, 클로크룸 바이 포터 등 일부 브랜드는 매장별로 자체 진행한다. 쇼핑뿐 아니라 규슈 최대 규모의 푸드코트 등 먹거리 공간도 풍부하고 장난감 미술관, 건담 파크, 키자니아 등 즐길 거리도 많다. 분수와 인공잔디를 갖춘 2층 구조의 타원형 공원 오벌 파크Oval Park는 휴식 장소로 제격. 주말이나 공휴일에는 많이 붐비므로 시간 여유를 두고 방문하는 것이 좋다. **MAP ①**

ⓖ 라라포트 후쿠오카
ADD 6-23-1 Naka, Hakata Ward
OPEN 10:00~21:00, 레스토랑·푸드코트 11:00~22:00/ 매장마다 다름
WEB mitsui-shopping-park.com/lalaport/fukuoka/

Pie VAT 앱

면세 카운터

◆ 라라포트 후쿠오카 가는 법

● **하카타 출발**
하카타 버스터미널 1층 13번 승차장, 치쿠시 출구 앞 정류장 → 40L·44·45·L번 탑승, 25분 소요

JR 하카타역 하카타 출구 앞 C 정류장 → 46L번 탑승, 25분 소요

● **텐진 출발**
텐진 다이마루 앞 정류장 → 46L번 탑승, 35분 소요

● **후쿠오카공항 출발**
국제선 터미널 4번 승차장 → 라라포트 후쿠오카행 버스 탑승, 20분 소요

◆ 층별 주요 매장

● **1층** 마켓 351, 쓰리코인즈 플러스, 니코앤드 등 생활잡화점, 무인양품, 면세 카운터, 후쿠오카 장난감 미술관

● **2층** 클로크룸 바이 포터, 유니클로, GU, 자라 등 패션숍, 로프트, 키자니아, 토이저러스

● **3층** 푸드코트, 무라사키 스포츠 등 패션숍, 점프숍, 아카짱혼포, ABC마트, 다이소, 악기점

● **4층** 건담 파크, 게임센터 남코, 동물 카페, 영화관

● **5층** 풋살 코트

GUNDAM SIDE-F FUKUOKA

② ④

③ ⑤

❶ 건담 입상

라라포트 정문 앞 광장에 우뚝 선 높이 24.8m의 실물 크기 뉴건담은 라라포트 후쿠오카의 상징이다. 머리와 팔이 움직이는 건담 쇼가 하이라이트인데, 저녁 7시 이후에는 화려한 레이져 쇼와 벽면 영상이 더해진다. 10:00~18:00는 매시 정각, 19:00~21:00는 30분 간격 연출.

*쇼는 날씨에 따라 예고 없이 변동·취소될 수 있음

❷ 건담 파크 Gundam Park

건담 팬이라면 놓칠 수 없는 공간. 대형 건담 시리즈 전시 구역, 한정판 굿즈 판매에 특화된 '건담 사이드-F', 건담 게임을 즐길 수 있는 게임센터 남코, 건담을 테마로 한 다양한 게임이 준비된 'VS PARK WITH G' 등으로 꾸며져 있다. 건담 사이드-F는 구매 조건이 까다로우니 방문 전 미리 확인하고 가는 게 좋다.

❸ 마켓 351 Market 351

전통시장처럼 활기찬 분위기가 매력인 식료품 코너. 야채·과일·정육·수산물 등 신선식품 위주로 구성돼 있으며 반찬·도시락·디저트류와 지역 특산품에 주목할 만하다. 칼디 커피 팜도 입점해 있다. 마켓 이름은 과거 이 자리에 있던 농수산물 시장의 주소(나카 6-351)에서 따왔다.

❹ 니코앤드 Niko And …

일본의 인기 라이프스타일 편집숍. 의류, 인테리어 소품, 문구, 주방용품, 식품, 가구에 이르기까지 센스 있는 제품만 엄선했다. 병설 카페에서는 핫도그 빵 안에 각종 재료를 넣어 맛을 낸 니코빵을 추천.

❺ 후쿠오카 장난감 미술관 福岡おもちゃ美術館

나무를 중심으로 한 다양한 소재의 장난감을 가지고 놀 수 있는 체험 공간. 규슈산 목재로 만든 대형 장난감과 따뜻한 분위기의 공간 연출도 인상적이다.

OPEN 10:00~18:00
PRICE 중학생 이상 1700엔, 6개월~초등학생 1300엔/
1시간 이용 또는 16:00 이후 입장 시 전 연령대 1100엔

❻ 키자니아 キッザニア

어린이를 위한 직업 체험 테마파크. 소방관, 승무원, 의사 등 약 70여 개 직업을 생생하게 체험할 수 있으며 전용 화폐 '키조'를 벌고 사용하는 재미도 더해진다. 일본어를 못해도 대부분 문제없이 참여 가능하다. 예약 권장.

OPEN 09:00~17:00(토·일·공휴일 09:00~14:30, 15:30~20:00)
PRICE 3~15세 3300엔, 보호자 2000엔/평일 13:00~17:00/
4시간 이용 기준/요일과 시간에 따라 다름
WEB kidzania.jp/fukuoka/

고후쿠마치
呉服町 　　🚇 써니 고후쿠마치점

이시무라 만세이도 본점

하카타 모츠나베
오오야마 본점

네펜테스 하카타

토키네리(1F)
토카도 커피(B2F)
하카타 리버레인
by 타카시마야 ④

후쿠오카
아시아 미술관 ⑥

하카타 미즈타키
하마다야 텐야마치점
쇼쿠도 오완

오층탑

토초지 ⑩

후쿠오카 호빵맨
어린이 박물관 ⑤

스즈카케 본점

모치키치 하카타 본점

기온
祇園

시마모토
하카타역 앞점

하카타 하나미도리
나카스 본점

바쿠레

판델솔

하카타 아카초코비

🚇 기온
祇園

돈키호테
나카스점

하카타탄
사카나야고로

카와바타 젠자이 히로바

하카타 향토관 ⑨ 　신슈소바 무라차

다이토엔
기온점

카와야
기온

푸드웨이
나카스시키코마치점

이치란
본사총본점

카와바타
도산코 본점

카레혼포 본점

●정문

쿠시다 신사 ③

다이토엔 본점

하카타 하나미도리
기온점

나카스
中洲

메이게츠도 본점
(카와바타점)

카와바타 ②
상점가

하카타 모츠나베 마에다야

리버사이드 나카스점

우나기도코로
야나가와야 본점

요시즈카
우나기야

하카타 시푸드
우오덴

후쿠야
나카스 본점

맥스밸류 익스프레스
하카타기온점

빵토 에스프레소토
하카타토

나카강 ⑧

후쿠후쿠
만남 다리

나카스
리버크루즈 ⑧

부타소바
츠키야 본점

구시다진자마에
櫛田神社前

이쿠라
하카타점

아크로스
후쿠오카

하카타 시푸드
우오덴

나카스 포장마차 거리 ⑦

모츠나베 이치타카
하카타에키마에도리점

야키니쿠 카쿠라
기온마치점(2F)
풀풀 하카타(1F)

JR 하카타역 ➡

텐진
중앙공원

니시나카스
西中洲

●하루요시교

그랜드 하얏트
후쿠오카

●분수쇼
캐널 아쿠아 파노라마

소후렌
하카타에키마에점

야타이 라멘 신류

캐널시티 하카타 ①

모츠나베 나가마사
하카타 본점

소후렌
와타나베도리점

이토오카시

하루요시
春吉

하카타 미즈타키 하마다야 본점(2F)
우나기도코로 야나가와야 하카타점(1F)
야키토리노 하치베이 벳칸(1F)

오사카나토 소멘
이자카야 신

라멘 나오토

토모조에 본점

쇼쿠도
니자카나 쇼넨

라쿠스이엔 ⑫

메이 카페

스미요시 신사 ⑪

와타나베도리
渡辺通

스탠다드 매뉴얼

스미요시 슈한

스미요시도리 (住吉通り)

🚇 와타나베도리
渡辺通

메구스타 파이브

타베고로 하쿠슈칸
와타나베도리점

이나다야 선

쇼쿠도 미츠

킷사 베니스

야나기바시
시장 ⑬

0　　100m

스미요시도리 住吉通

🚇 써니 와타나베도리점

184

가장 다이내믹한 후쿠오카
캐널시티·나카스·기온

각기 다른 매력을 지닌 이 지역은 후쿠오카의 에너지가 꿈틀대는 심장부다. 낮에는 인공운하를 따라 현대적인 쇼핑과 예술이 어우러진 캐널시티에서 시간을 보내고, 밤에는 후쿠오카 최대 유흥가인 나카스中洲의 활기찬 밤거리를 누벼보자. 하카타의 역사와 전통을 품은 기온祇園의 사찰과 오래된 상점들이 이어진 카와바타 상점가를 걷다 보면 과거와 현재가 어우러진 후쿠오카의 매력에 흠뻑 빠지게 된다. 나카가와 건너 하루요시春吉·와타나베도리渡辺通에는 가성비 숙소와 이자카야, 재래시장과 로컬 맛집이 모여 있어 여행의 다채로움을 더한다.

흥 폭발! 후쿠오카 필수 코스
캐널시티 하카타
Canal City Hakata

후쿠오카의 즐길거리가 한데 모인 복합 쇼핑몰. 총길이 180m에 이르는 인공운하가 독특한 양식의 건축물들 사이로 흐르는 자연친화적 구조로, 다이내믹한 분수 쇼까지 어우러져 후쿠오카의 랜드마크이자 대표 관광지로 손꼽힌다. 사우스 빌딩, 센터 워크, 노스 빌딩, 비즈니스 센터, 그랜드 빌딩 등 5개 구역으로 나뉘며 1층처럼 보이는 지하 1층부터 지상 5층까지 280여 개의 매장이 현지인과 여행자의 쇼핑과 식사를 책임진다. 대부분 매장이 후쿠오카 최대 규모이며 대중적인 브랜드와 포토존을 갖춘 캐릭터 굿즈숍도 많아 여행 중 딱 한 곳에서 쇼핑한다면 이곳이 정답. 식당마다 키즈 메뉴도 다양하고 유모차 대여 서비스나 실내 키즈 라운지도 잘 갖췄다. 2025년 11월에는 센터워크 1~2층 일부를 차지한 패션·라이프스타일 전문관 캐널시티 OPA가 '뉴 카와이' 컨셉으로 재단장해 젊은 감성의 쇼핑 분위기를 한층 강화했다. **MAP ➍-B**

ⓖ 캐널시티 하카타
ADD 1-2 Sumiyoshi, Hakata Ward
OPEN 10:00~21:00/매장마다 다름
WALK 지하철 구시다진자마에역에서 2분/JR 하카타역 하카타 출구에서 12분
WEB canalcity.co.jp

캐널시티 공략하기

◆ 지하 1층 구조도

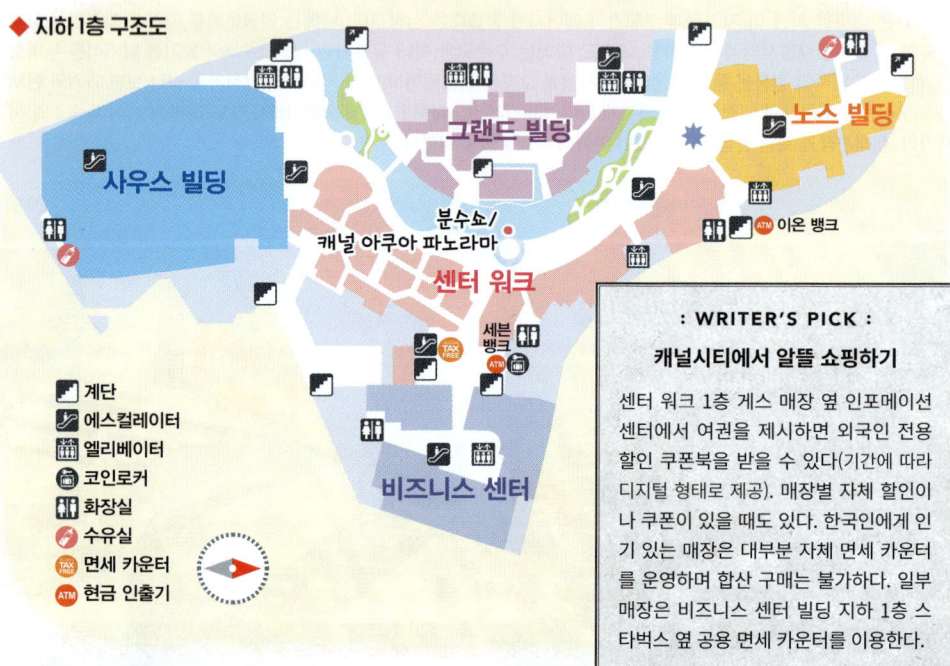

노스 빌딩

그랜드 빌딩

사우스 빌딩

분수쇼/
캐널 아쿠아 파노라마

센터 워크

ATM 이온 뱅크

세븐
뱅크

비즈니스 센터

범례
- 🔼 계단
- 🔼 에스컬레이터
- 🛗 엘리베이터
- 🔒 코인로커
- 🚻 화장실
- 수유실
- TAX FREE 면세 카운터
- ATM 현금 인출기

: WRITER'S PICK :

캐널시티에서 알뜰 쇼핑하기

센터 워크 1층 게스 매장 옆 인포메이션 센터에서 여권을 제시하면 외국인 전용 할인 쿠폰북을 받을 수 있다(기간에 따라 디지털 형태로 제공). 매장별 자체 할인이나 쿠폰이 있을 때도 있다. 한국인에게 인기 있는 매장은 대부분 자체 면세 카운터를 운영하며 합산 구매는 불가하다. 일부 매장은 비즈니스 센터 빌딩 지하 1층 스타벅스 옆 공용 면세 카운터를 이용한다.

◆ 층별 주요 매장

층	사우스 빌딩	센터 워크	노스 빌딩	비즈니스 센터	그랜드 빌딩
5F	-	라멘 스타디움	-	-	-
4F	니토리	타이토 스테이션 하카타 텐푸라 타카오	무인양품	-	그랜드 하얏트 호텔
3F	알펜	ABC마트 노스페이스 플러스 무라사키 스포츠	무인양품 카페 무지	기타	
2F	알펜	아식스, 리바이스 디즈니 스토어	오니츠카 타이거 위고	기타	
1F	알펜 건담 베이스 갭/갭 키즈	캘빈 클라인 디젤 아디다스 오리지널숍	마츠모토키요시 레스토랑 기타 서비스	탈리스 커피 약국	울프강 스테이크하우스 더 마켓 F
지하 1층	반다이 남코	동구리 공화국, 점프숍 산리오 갤러리 울트라맨 월드 M78 크레용 신짱 시네마 퍼레이드, 시나모롤 카페 세븐 뱅크	식당가 (피에트로, 이치란, 비프 타이겐 등) 이온 뱅크	마츠모토키요시 식당가 키즈가든	야키우오 이시카와 하카타 피츠 바 시티 베이커리

Spot. 1 분수쇼/캐널 아쿠아 파노라마

웅장한 음악과 조명, 시원한 물줄기가 어우러지는 캐널시티의 하이라이트. 낮에는 화려한 분수쇼 '댄싱 워터', 저녁에는 박진감 넘치는 건담 음악 분수쇼와 함께 벽면과 유리면에 3D 영상과 워터 스크린이 연출되는 '캐널 아쿠아 파노라마'가 펼쳐진다. 지하 1층부터 지상 4층까지 어느 각도에서 봐도 환상적이다.

TIME 10:00~22:00/매시 정각부터 30분 간격
WHERE 지하 1층 선플라자 스테이지

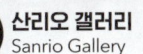

Spot. 2 산리오 갤러리
Sanrio Gallery

후쿠오카 최대급 산리오 굿즈숍. 캐릭터별로 보기 쉽게 진열돼 있고 캐릭터 조형물이 놓인 포토존을 갖췄다. 우리나라에선 보기 드문 고퀄리티 굿즈와 한정 아이템을 찾아보자. 포장도 센스 있다.

WHERE 센터 워크 지하1층

Spot. 3 디즈니 스토어
Disney Store

'공주의 성'을 테마로 한 사랑스러운 인테리어가 마음을 사로잡는다. 시즌 한정 아이템을 가장 먼저 선보이는 곳 중 하나로, 캐릭터별로 구역이 나뉘어 있어 둘러보기도 편하다.

WHERE 센터 워크 2층

Spot. 4 동구리 공화국
どんぐり共和国

지브리 굿즈를 폭넓게 갖춘 공식 매장. 인형부터 식기, 문구, 의류, 에코백까지 가득한 이곳은 영화 속 따뜻한 감성을 그대로 옮겨 놓은 듯한 분위기다. 캐널시티 한정 아이템이 소량 입고된다.

WHERE 센터 워크 지하 1층

점프숍
Jump Shop

원피스, 도쿄 리벤저스, 귀멸의 칼날, 슬램덩크 등 <주간 소년 점프>의 인기 작 굿즈가 한자리에 모였다. 신간 발매에 맞춰 선보이는 굿즈를 공략해보자. 상품 회전이 빠르고 한정 상품 입고도 잦은 편이다.

WHERE 센터 워크 지하 1층

울트라맨 월드 M78
Ultraman World M78

후쿠오카에서 유일한 울트라맨 굿즈 전문점. 피규어는 물론 의류, 액세서리, 식기, 과자류에 이르기까지 울트라맨 시리즈의 최신 상품과 캐널시티 한정 상품을 판매한다.

WHERE 센터 워크 지하 1층

크레용 신짱 시네마 퍼레이드
Crayon Shin-chan Cinema Parade

역대 극장판에 등장한 캐릭터와 아이템을 테마로 한 한정판 굿즈를 모아둔 공식 스토어. 영화별 명장면을 살린 인테리어와 상품들이 즐거움을 더한다.

WHERE 센터 워크 지하 1층

시나모롤 카페
Cinnamoroll Cafe

하늘색 공간에서 시나모롤을 모티프로 한 메뉴와 디저트를 즐길 수 있는 규슈 첫 상설점. 다양한 굿즈도 함께 판매하며 특별 좌석은 온라인 예약 필수다(예약비 1000엔 별도).

WHERE 센터 워크 지하 1층

건담 베이스
The Gundam Base Fukuoka

건담들의 박스 아트 전시와 다양한 건프라 액세서리, 공구, 후쿠오카 한정 상품, 건프라 조립 공간(회원 전용) 등이 있다. 1인당 구매 제한이 있으니 매장에서 규정을 잘 살피고 이용한다.

WHERE 사우스 빌딩 1층

반다이 남코 크로스스토어
Bandai Namco Cross Store

반다이 남코의 굿즈와 1700대의 캡슐토이를 만나볼 수 있는 대형 매장. 13개 공식 캐릭터숍을 둘러보며 사진도 찍고 기간 한정 이벤트도 즐겨보자.

WHERE 사우스 빌딩 지하1층

©Cinnamoroll Cafe

 Spot. 11 노스페이스 플러스
The North Face+

노스페이스의 도심형 프리미엄 컨셉스토어. 캠핑·등산용품 외에도 다양한 일상 아이템을 포함해 내수 전용 라인과 계절 한정 컬렉션을 선보인다. 기본 라인 외에 어반 익스플로레이션, 퍼플 라벨도 취급한다.

WHERE 센터 워크 3층

 Spot. 12 알펜
Alpen

요즘 일본에서 가장 주목받는 스포츠·아웃도어 전문 매장. 후쿠오카점은 서일본 최대 규모의 플래그십 스토어로, 골프, 러닝·풋웨어, 아웃도어, 캠핑 등 인기 분야의 브랜드가 총집합해 있다. 노스 빌딩 1~3층에 걸쳐 약 280개 브랜드, 5만 점 이상의 상품을 취급하며 스노우피크, 파타고니아, 컬럼비아, 살로몬 등 주요 아웃도어 브랜드는 전문 매장에 버금가는 구색을 자랑한다.

WHERE 사우스 빌딩 1~3층

 Spot. 13 라멘 스타디움
ラーメンスタジアム

후쿠오카와 규슈 각지의 인기 라멘집 8곳이 모인 미식 구역. 지금까지 90여 개 점포가 거쳐간 라멘 격전지로, 리뉴얼 공사 후 2026년 봄 재개장 예정이다. 여러 가게의 맛을 비교해 볼 수 있도록 소소 또는 하프ハーフ 사이즈 라멘을 판매해 부담 없이 즐길 수 있다.

OPEN 11:00~23:00
WHERE 센터 워크 5F

+ M O R E +

**쇼핑 중 허기질 때!
이동 없이 즐기는 캐널시티 맛집**

◆ **피에트로**ピエトロ(노스 빌딩 지하 1층) 후쿠오카 토종 이탈리안 체인. 파스타, 피자, 도리아 등 메뉴가 다양해 아이 동반 가족에게 추천. 시그니처 샐러드 드레싱은 따로 구매해 갈 정도로 인기다.

◆ **비프 타이겐**ビーフ泰元(노스 빌딩 지하 1층) 합리적 가격으로 빠르게 식사할 수 있는 목장 직영 스테이크 전문점. 두툼한 고기는 육질이 부드러워 어르신도 아이도 먹기 편하다.

◆ **이치란**一蘭(노스 빌딩 지하 1층) 일반 돈코츠 라멘에 일본식 다시를 더한 지점 한정 메뉴 '와후 돈코츠'를 제공한다. 진하면서도 깔끔한 맛과 사각 찬합(주바코)의 독특한 비주얼 덕분에 일부러 찾는 이가 많다.

◆ **하카타 텐푸라 타카오**博多天ぷらたかお(센터 워크 4층) 갓 튀긴 텐푸라를 하나씩 내는 오마카세 스타일의 즉석 튀김 체인. 다시마 명란젓과 아삭한 채소 절임을 무제한 제공하는 것이 포인트.

◆ **야키우오 이시카와 하카타**焼うおいし川 博多(그랜드 빌딩 지하 1층) 최고급 생선회를 소고기처럼 불판에 살짝 구워 먹는 '야키우오(구운 생선)' 전문점. 해산물 덮밥도 수준급이다.

❷ 하카타의 어제와 오늘을 잇는 길
카와바타 상점가
川端通商店街

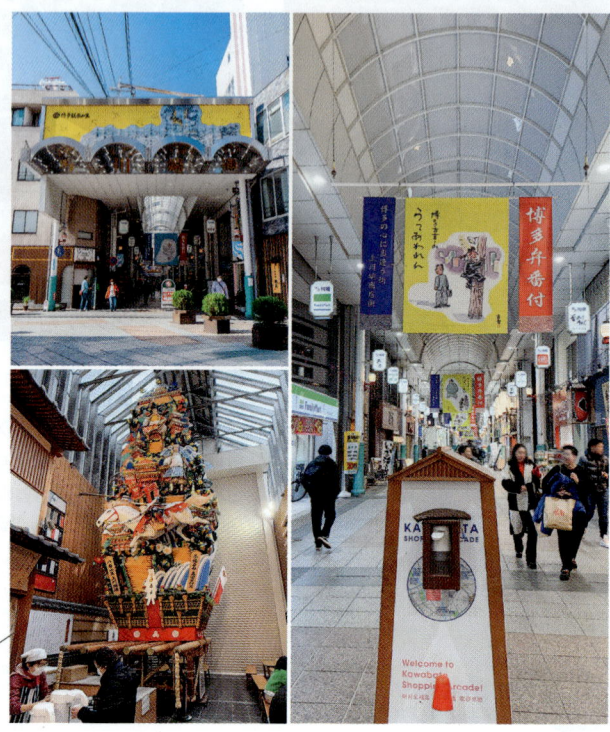

지하철 나카스카와바타역에서 캐널시티 근처까지 약 400m 이어지는, 후쿠오카에서 가장 오래된 아케이드 상점가다. 현재는 130여 개 상점이 깔끔하게 늘어서 있어 비 오는 날에도 편하게 쇼핑과 산책을 즐길 수 있다. 하카타 최대 축제인 기온 야마카사의 출발점 중 하나여서 7월이 되면 상점가 전체가 축제 분위기로 들끓는다. MAP ❹-A

Ⓖ 카와바타 상점가
ADD 6-135 Kamikawabatamachi, Hakata Ward
OPEN 가게마다 다름
WALK 지하철 나카스카와바타역 5번 출구에서 바로/구시다진자마에역에서 2분
WEB kawabatadori.com

> 기온 야마카사 축제 때 쓰이는 화려한 가마가 전시된 카와바타 젠자이 히로바

+MORE+

카와바타 상점가 스타 3인방

◆ 카와바타 젠자이 히로바
川端ぜんざい広場

상점가와 오랜 역사를 함께해온 젠자이(단팥죽) 노포. 홋카이도산 팥으로 쑨 단팥죽에 구운 떡 2개를 올린 젠자이는 창업 이래 지금까지 '일본에서 가장 달콤한 젠자이'로 불려왔다. 여름엔 냉단팥죽도 판매한다.

Ⓖ 가와바타 젠자이 히로바
OPEN 금·토·일·공휴일 11:00~18:00

◆ 메이게츠도 본점(카와바타점)
明月堂

1929년 창업해 1934년 지금의 위치에서 영업을 이어온 노포 과자점. 후쿠오카 대표 선물인 하카타 토오리몬을 낱개 구매할 수 있고 시식도 가능하다. 본점 한정 카와바타 젠자이 단팥죽 레토르트 파우치도 특별하다.

Ⓖ 명월당 카와바타
OPEN 09:30~19:00

◆ 카레혼포 본점
伽哩本舗

후쿠오카에 모지코 명물 야키카레 붐을 이끈 주역. 요코하마 카레 뮤지엄 전당에 오를 만큼 맛을 인정받았다. 우리나라 여행자들 사이에선 돈카츠 야키카레가 특히 인기 있다. 구글 예약 가능.

Ⓖ 카레혼포 하카타 본점
OPEN 11:00~16:00/목 휴무

③ 후쿠오카에서 가장 중요한 신사
쿠시다 신사
櫛田神社

오랜 역사를 지닌 도심 속 쉼터. 후쿠오카 시민들 사이에서는 '쿠시다 씨'라는 애칭으로 불린다. 757년 창건해 여러 차례 재건됐으며 현재의 본전은 1587년 도요토미 히데요시의 명으로 지어졌다. 매년 7월 1~15일 열리는 하카타 기온 야마카사의 중심지로, 신사 옆에는 축제 장식물을 전시한 하카타 역사관(유료)도 있다.

역사관에는 명성 황후 시해에 사용된 칼 히젠도肥前刀가 비공개로 보관돼 있다. 이 칼은 시해에 가담한 자객 중 한 명이 저주를 피하기 위해 관음상과 함께 바친 것으로 전해지며 우리나라에서 환수 및 처분 문제를 꾸준히 제기하고 있다. 정문(로몬楼門)은 기온역 방향 동쪽에 있고 카와바타 상점가 쪽에도 출입구(난신몬南神門)가 있다. **MAP ④-A**

Ⓖ 구시다 신사
ADD 1-41 Kamikawabatamachi, Hakata Ward
OPEN 09:00~17:00(하카타 역사관 10:00~)
PRICE 경내 무료, 하카타 역사관 300엔
WALK 지하철 구시다진자마에역에서 2분/
카와바타 상점가 동쪽 입구에서 1분

일본에서 가장 큰 전통 탈 오타후쿠 가면お多福面. 매년 1~2월 입춘 전후에 정문에 설치되며 입안을 통과하면 행운이 온다고 전해진다.

④ 갤러리 같은 고품격 쇼핑 플레이스
하카타 리버레인 by 타카시마야
博多リバレイン by TAKASHIMAYA

하카타강 강변에 자리한 복합상업시설. 규슈 유일의 타카시마야 백화점을 중심으로 아시아 미술관, 호빵맨 박물관, 연극 공연장 하카타자博多座 등 쇼핑과 엔터테인먼트를 한곳에서 즐길 수 있는 공간이다. 백화점은 브랜드별 매장을 칸막이식 소형 부스로 구성해 료칸처럼 프라이빗한 분위기를 연출했으며 목재와 자연 채광을 활용한 따뜻한 공간에 토종 브랜드, 아늑한 카페, 정갈한 일식당이 어우러져 어르신과 함께 방문하기에도 좋다. 지하 2층엔 100엔숍 세리아가 있고 백화점 정문 앞 큰길을 건너면 바로 카와바타 상점가로 이어진다. **MAP ④-A**

Ⓖ 하카타 리버레인
ADD 3-1 Shimokawabatamachi, Hakata Ward
OPEN 10:00~19:00/매장마다 다름
WALK 지하철 나카스카와바타역 6번 출구에서 바로
WEB hakata-riverainmall.jp

⑤ 귀여움 한도 초과! 호빵맨 놀이동산

후쿠오카 호빵맨 어린이 박물관
福岡アンパンマンこどもミュージアムinモール

호빵맨을 테마로 아기자기하게 꾸민 대형 실내 키즈파크. 미취학 아동을 타깃으로 한 호빵맨 놀이 공간, 미니 증기 기관차, 캐릭터 스테이지 쇼, 계절별 이벤트 등 다양한 프로그램이 마련돼 있다. 호빵맨 모양의 빵과 햄버거, 키즈 세트 등 먹거리도 잘 갖췄고 굿즈숍은 한정 상품이 많아서 인기 최고. 날씨 영향을 받지 않아 가족 여행객이 즐겨 찾으며 당일에 한해 재입장 가능하다. 알차게 관람하려면 홈페이지에서 티켓을 예매하고 쇼 스케줄을 파악해두는 것이 좋다. 오후 2시 이후 입장하면 오전보다 여유롭게 즐길 수 있다. **MAP ④-A**

ⓖ 후쿠오카 호빵맨 어린이 박물관
OPEN 10:00~17:00/폐장 1시간 전까지 입장/
1월 1일·12월 31일·일부 기간 휴무(홈페이지 확인)
PRICE 1세 이상 평일 2000엔, 토·일·공휴일 2200엔
WALK 하카타 리버레인 5~6층(하카타 리버레인 정면을 바라보고 왼쪽 전용 엘리베이터 이용)
WEB fukuoka-anpanman.jp

⑥ 아시아 현대미술의 성지

후쿠오카 아시아 미술관
福岡アジア美術館

아시아의 근현대 작품을 전문으로 수집·보존·전시하는 세계 유일의 미술관. 아시아 23개국, 2900여 점의 작품을 소장·전시하며 관람료가 저렴하고 무료 전시도 많아 부담 없이 들를 수 있다. 병설된 아트 카페와 뮤지엄 카페 이에나 커피lena Coffee는 입장권 없이 이용 가능하며 예술·책·커피·디저트를 함께 즐길 수 있는 감각적인 공간과 탁 트인 뷰가 어우러져 느긋한 시간을 보내기 좋다. 무료 휴식 공간과 어린이 코너도 알차게 마련돼 있다. **MAP ④-A**

ⓖ 후쿠오카 아시아 미술관
OPEN 09:30~18:00(금·토 ~20:00)/폐장 30분 전까지 입장/
수요일(공휴일인 경우 그다음 평일)·연말연시 휴무(아트 카페, 이에나 커피는 연중무휴)/2026년 3월까지 보수공사로 휴무
PRICE 200엔, 고등·대학생 150엔, 중학생 이하 무료/
일부 특별전 진행 시 요금 추가
WALK 하카타 리버레인 7~8층(하카타 리버레인 정면을 바라보고 오른쪽 전용 엘리베이터 또는 에스컬레이터 이용)
WEB faam.city.fukuoka.lg.jp

하루요시교에서 만나는 포장마차 거리와
캐널시티의 반짝이는 야경

❼ 강변 따라 왁자지껄 야식 삼매경
나카스 포장마차 거리 中津屋台通り

해 질 녘 나카스강 변을 따라 늘어선 포장마차의 활기는 후쿠오카 여행의 묘미다. 나카스섬 서쪽의 후쿠하쿠 만남 다리福博であい橋에서 하루요시교春吉橋를 지나 세이류 공원清流公園까지 이어지는 이 구간은 텐진 와타나베도리, 쇼와도리와 함께 '후쿠오카 3대 포장마차 거리'로 꼽힌다. 카와바타 상점가, 캐널시티와 연계해 야경 감상 산책 코스로도 좋다. 대부분의 포장마차는 저녁 6시 이후 문을 열고 자정 넘어까지 운영된다. **MAP ❹-A**

ⓖ 나카스 포장마차 거리   **WALK** 지하철 구시다진자마에역에서 5분/캐널시티에서 2분

❽ 밤의 나카스를 즐기는 법
나카강 & 나카스 리버크루즈 那珂川 & 中洲リバークルーズ

후쿠오카 번화가 중심부를 흐르는 나카강 야경은 여행자의 밤을 한층 로맨틱하게 만든다. 수면에 반짝이는 색색의 네온사인은 나카스를 대표하는 포토 포인트. 나카스 리버크루즈는 강 건너 텐진 중앙공원 동쪽, 후쿠하쿠 만남 다리 아래 선착장에서 출발해 나카스 포장마차 거리, 캐널시티, 하카타항 등을 30분간 오간다.
MAP ❹-A

ⓖ 나카스 크루즈
ADD 6-29 Nishinakasu, Chuo Ward
TIME 데이 코스 11:00~16:00, 나이트 코스 17:00~21:00/매시 정각 출발 (후쿠하쿠 만남 다리 선착장 기준)/출항 15분 전까지 입장
PRICE 데이 코스 1000엔(금·토·일·공휴일 1500엔), 6~11세 500엔(금·토·일·공휴일 800엔)/나이트 코스 1500엔, 6~11세 800엔/주말·성수기 예약 권장
WALK 지하철 나카스카와바타역에서 5분
WEB river-cruise.jp

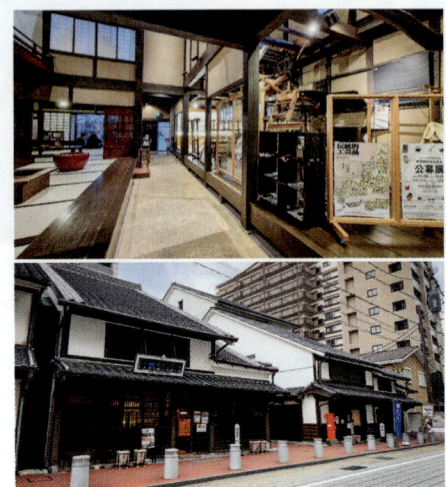

9 옛 하카타로 떠나는 시간 탐험

하카타 향토관(하카타 마치야 후루사토칸)
博多町家ふるさと館

1900년대를 중심으로 하카타의 역사와 문화를 각종 모형과 영상, 자료로 소개하는 공간. 쿠시다 신사와 가까우며 안마당에 자판기와 벤치가 있어 잠시 쉬어 가기 좋다. 하카타오리(후쿠오카 전통 직물) 장인의 고택을 이축한 마치야町家동, 하카타 인형과 하카타오리 등 전통 공예를 시연하고 공예품을 전시하는 전시동, 기념품점 등 3개 동으로 구성돼 있다. **MAP ④-A**

 하카타 향토관
ADD 6-10 Reisenmachi, Hakata Ward
OPEN 10:00~18:00/폐장 30분 전까지 입장/
매월 넷째 월요일(공휴일인 경우 그다음 평일) 휴무
PRICE 마치야동·기념품점 무료, 전시동 200엔, 20세 이하 150엔
WALK 쿠시다 신사 정문에서 1분
WEB hakatamachiya.com

---

10 천년 고찰의 고요한 울림

토초지
東長寺

806년, 헤이안 시대 고승 쿠카이空海가 중국에서 돌아와 창건한 사찰. 커다란 왕벚나무와 주홍빛 오층탑이 시선을 사로잡는다. 높이 10.8m에 이르는 일본 최대급 목조 좌상 '후쿠오카 대불'로도 유명하며 대불 아래 '지옥·극락 순례' 코스를 따라가다 보면 지옥을 무시무시하게 묘사한 벽화를 마주하게 된다. **MAP ④-A**

 토초지
ADD 2-4 Gokushomachi, Hakata Ward
OPEN 09:00~17:00(대불전 ~16:45)
PRICE 무료
WALK 지하철 기온역에서 1분
WEB tochoji.net

11 의외의 볼거리가 숨어있는

스미요시 신사
住吉神社

항해의 안전을 기원하는 세 신을 모신 신사로, 1200년 넘는 역사를 간직하고 있다. 현재의 건물은 1623년에 재건됐다. 신사 입구에서 본전까지는 키 큰 수목이 늘어선 참배로가 곧게 이어져 고요하고 신성한 분위기를 자아낸다. 경내에는 본전을 중심으로 노 무대와 6개의 작은 신사가 자리하고 스모의 신으로 불리는 고대 역사力士 동상, 일본의 칠복신 중 하나인 에비스恵比寿 신상, 일본인들에게 파워 스폿으로 통하는 엿보기 이나리のぞき稲荷 등 흥미로운 볼거리가 많다. **MAP ④-B**

 스미요시 신사
ADD 3-1-51 Sumiyoshi, Hakata Ward
OPEN 09:00~17:00
PRICE 무료
WALK 캐널시티 사우스 빌딩에서 8분/ JR 하카타역 하카타 출구에서 13분
WEB nihondaiichisumiyoshigu.jp

고대 역사 동상. '力' 자가 새겨진 손바닥에 손을 맞대면 운이 트인다 하여 한 번씩 만져본다.

엿보기 이나리. 구멍 속 거울에 얼굴을 비추고 소원을 빌면 이루어진다고.

12 말차 한 모금의 휴식

라쿠스이엔
楽水園

도심 고층 건물 사이에 은밀하게 숨어 있는 작은 일본식 정원이다. 스미요시 신사에서 도보 2분 거리에 위치하며 정원을 마주한 다다미방(다실)에 앉아 말차 한 잔과 계절 과자를 즐길 수 있다(말차 세트 300엔). 돌길을 따라 한 바퀴 도는 데 5분이면 족하지만 그 짧은 여정이 뜻밖의 평온을 안겨준다. **MAP ④-B**

Ⓖ 라쿠스이엔
ADD 2-10-7 Sumiyoshi, Hakata Ward
OPEN 09:00~17:00/화요일(공휴일인 경우 그 다음 평일)·12월 29일~1월 1일 휴무
PRICE 100엔, 어린이 50엔
WALK 스미요시 신사에서 2분
WEB rakusuien.fukuoka-teien.com

13 본격! 로컬 재래시장 속으로

야나기바시 시장
柳橋連合市場

100년 넘는 역사를 지닌 전통시장. 100m 남짓한 거리에 신선한 해산물과 식재료 전문점들이 단정하게 늘어섰다. 관광지와 떨어져 있어 로컬분위기를 고스란히 느낄 수 있는 곳. 해산물덮밥으로 유명한 쇼쿠도 미츠(207p) 앞에는 아침부터 긴 줄이 이어지고 전통 화과자 전문점 타코쇼게츠鮹松月, 문어·우엉·토란·까망베르치즈 등 이색 오뎅 전문점 타카마츠노 가마보코高松の蒲鉾도 눈에 띈다. 가장 활기찬 시간은 오전이다.

MAP ④-B

Ⓖ 야나기바시 시장
ADD 1-5 Haruyoshi, Chuo Ward
OPEN 09:00~17:00/가게마다 다름/일 휴무
WALK 지하철 와타나베도리역에서 5분/스미요시 신사 정문에서 8분
WEB yanagibashi-rengo.net

타카마츠노 가마보코.
일명 '정준하 오뎅'으로 유명하다.

오래오래 집안에 두고 싶은
일본 감성 패션·생활잡화

매일 써도 질리지 않으면서 일상을 특별하게 만들어줄 패션·생활잡화를 찾으러 떠나는 여행.
실용성에 일본 감성 한 스푼을 첨가한 라이프스타일 아이템들이 여기 있다.

후쿠오카만의 프리미엄 잡화
토키네리
トキネリ

쓰임새 좋은 일본 전통 생활잡화를 엄선한 라이프스타일 편집숍. 100년 넘은 도자기·유리·
나무·금속 공예 브랜드의 모던한 디자인이 시선을 멈추게 한다. 수공예 도자기(코이시와라
포타리小石原ポタリー), 편백나무 용기(하카타 마게모노博多曲物), 감각적인 얇은 유리잔(쇼토
쿠 글라스松德硝子) 등 일본 공예 애호가들 사이에서 잘 알려진 브랜드도 많다. 규슈산 전통
공예품 비중이 높아 후쿠오카다운 기념품을 찾는 이에게 추천. 전통 문양이 새겨진 고급스
러운 포장도 작은 감동을 준다. **MAP ❹-A**

G 토키네리
OPEN 10:00~19:00
WALK 하카타 리버레인 1층
WEB tokineri.com

당신이 찾던 바로 그 스탠다드
스탠다드 매뉴얼
The Standard Manual

기본에 충실한 디자인과 실용적인 기능성을 갖춘 제품을 선보이는 라이프스타일 편집숍. 에코백(2200엔~), 오리지널 티셔츠(2900엔~)를 비롯해 문구류, 머그컵, 소형 생활용품 등 일상에 유용한 아이템을 합리적인 가격에 판매한다. 도쿄발 업사이클링 브랜드 푸에브코PUEBCO는 인더스트리얼한 느낌의 독특한 디자인으로 우리나라 여행자들 사이에서도 인기가 높다. 규모는 작지만 동선이 효율적으로 구성돼 있어 구경하는 재미가 있다. **MAP ④-B**

G 스탠더드 매뉴얼
ADD 3-9-20 Sumiyoshi, Hakata Ward
OPEN 12:30~19:00
WALK 스미요시 신사 정문에서 4분/야나기바시 시장에서 6분
WEB standardmanual.com

개성 뚜렷한 스타일 실험실
네펜테스 하카타
Nepenthes

지하철 고후쿠마치역 인근 조용한 골목에 자리한 2층 규모의 패션 편집숍. 뉴욕과 도쿄를 거점으로 유니크한 브랜드를 선보이는 패션 레이블 네펜테스의 직영점으로, 견고한 디자인의 엔지니어드 가먼츠Engineered Garments, 독특한 실루엣이 돋보이는 니들스Needles, 업사이클링 라인 리빌드 바이 니들스Rebuild By Needles, 아웃도어 감성의 사우스투 웨스트에잇South2 West8 등 네펜테스 산하 브랜드를 한자리에서 만날 수 있다. **MAP ④-A**

G 네펜데스 하카타
ADD 2-28 Tenyamachi, Hakata Ward
OPEN 11:30~20:00
WALK 지하철 고후쿠마치역에서 3분/쿠시다 신사 정문에서 6분
WEB nepenthes.co.jp

마트 & 슈퍼마켓

24시간 쇼핑꽃이 활짝

가성비 숙소가 밀집한 나카스 지역에는 여행자가 들르기 좋은 마트와 슈퍼마켓이 곳곳에 자리한다.
24시간 운영하는 곳도 많으니 쇼핑 시간이 부족하다는 걱정은 넣어두자.

후쿠오카 쇼핑의 시작과 끝
돈키호테 나카스점
ドン·キホーテ

나카스 중심부에 자리한 돈키호테 지점. 텐진 본점보다 규모는 작지만 주요 인기 상품은 대부분 갖췄고 한국어 안내도 잘돼 있다. 1층에는 뷰티·캐릭터 제품이, 2층에는 의약품·식품·주류 등 인기 여행 기념품이 모여 있다. 1층과 2층이 내부 계단 없이 분리돼 있어 면세 절차가 조금 번거로운데, 1층에서 고른 물건을 직원에게 맡기고 보관증을 받은 뒤 2층 면세 카운터에서 결제하면 면세 절차까지 한 번에 마칠 수 있다. 지하 1층 슈퍼마켓 푸드웨이와 가격을 비교해보는 것도 요령이다. **MAP ❹-A**

Ⓖ 돈키호테 나카스점
ADD 3-7-24 Nakasu, Hakata Ward
OPEN 24시간
WALK 지하철 나카스카와바타역 4번 출구에서 바로/
하카타 리버레인에서 1분
WEB donki.com/store/

돈키호테 등잔 밑이 어둡다더니
푸드웨이 나카스시키코마치점
フードウェイ

돈키호테 건물 지하 1층에 있는 슈퍼마켓. 신선한 회, 달걀말이를 비롯해 매장에서 직접 만든 다양한 반찬과 도시락이 강세를 띤다. 할인 폭이 큰 저녁 시간대를 활용하면 더욱 실속 있다. 돈키호테와 가격을 비교할 땐 면세가 안 되고 할인 쿠폰이 없다는 점을 고려하자. **MAP ❹-A**

Ⓖ 푸드웨이 나카스시키코마치점
OPEN 09:00~다음 날 02:00
WALK 돈키호테 나카스점과 같은 건물 지하 1층
WEB foodway.co.jp

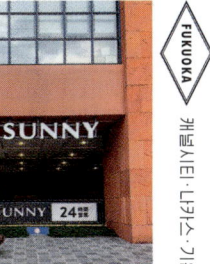

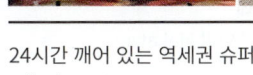

캐널시티가 바로 코앞
맥스밸류 익스프레스 하카타기온점
MaxValu Express

일본 최대 유통 기업 이온이 운영하는 대형 슈퍼마켓 맥스밸류의 축소판. 캐널시티와 카와바타 상점가 중간이라는 탁월한 위치가 핵심 경쟁력이다. 빵이 매우 저렴하고 저녁엔 도시락·반찬류의 할인 폭도 큰 편이지만 7시 무렵이면 대부분 품절되니 주의. 관광객이 적은 낮 시간대에 들르면 여유롭게 쇼핑할 수 있다. 이온 그룹 계열의 드럭스토어 웰시아Welcia가 함께 있다. **MAP ④-A**

Ⓖ 맥스밸류 익스프레스 하카타기온점
ADD 7-20 Gionmachi, Hakata Ward(지하1층)
OPEN 24시간
WALK 지하철 구시다진자마에역 3번 출구에서 바로
WEB aeonkyushu-maxvalu.info

24시간 깨어 있는 역세권 슈퍼
써니 고후쿠마치점
SUNNY

규슈 지역을 기반으로 한 지역 밀착형 슈퍼마켓. 지하철 고후쿠마치역과 바로 연결되고 24간 운영하면서도 편의점보다 가격이 저렴하다는 것이 큰 장점이다. 신선식품과 생활용품은 물론 반찬과 도시락 등 간편식도 깔끔하게 정돈돼 있어 쾌적하게 쇼핑할 수 있다. 저녁에는 일부 식품에 할인 스티커가 붙어 더 싸게 살 수 있지만 퇴근 시간과 겹쳐 혼잡할 수 있다. **MAP ④-A**

Ⓖ 써니 고후쿠마치점
ADD 10-10, Kamigofukumachi, Hakata Ward(지하1층)
OPEN 24시간
WALK 지하철 고후쿠마치역 5번 출구에서 바로
WEB sunny.izumi.jp/tenpo/gofukumachi

셰프들의 식료품 보물창고
타베고로 햐쿠슌칸 와타나베도리점
たべごろ百旬館

품질 좋은 농수산물과 가공식품을 다양하게 갖춘 전문가용 프리미엄 식자재 전문점. 타베로그 선정 '후쿠오카 슈퍼마켓 1위'에 오르기도 했다. 당일 어시장에서 들어온 해산물을 직접 손질해 판매하는 해산물 코너가 인기이며 1층 안쪽의 커피 코너에서 내려주는 블렌드 커피(200엔~)도 만족도가 높다. 특히 도시락·반찬 코너 'KITCHEN'에서는 식당 수준의 다양한 메뉴를 즐길 수 있고 매장 내 전자레인지로 데운 뒤 숙소로 가져가 먹기에도 좋다. 후쿠오카공항 인근 지점은 2층에 취식 공간이 있다. **MAP ④-B**

Ⓖ hyaku shun kan
ADD 1-11-16 Watanabedori, Chuo Ward
OPEN 08:00~21:00(매월 말일 ~20:00)/연말연시 휴무
WALK 지하철 와타나베도리역 2번 출구에서 바로/
야나기바시 시장에서 5분
WEB 100shunkan.com

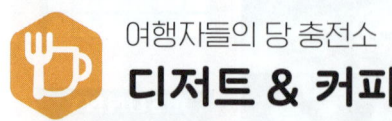

여행자들의 당 충전소
디저트 & 커피

하루 2만 보는 기본인 여행자들에게 필요한 건 달콤한 디저트와 커피로 피로를 날리는 일!
칼로리보다 행복이 더 쌓이는 특별한 공간으로 안내한다.

명란바게트는 이집이 다했네
풀풀 하카타 The Full Full Hakata

후쿠오카 명물인 명란바게트의 원조로, 언제나 긴 줄이 이어지는 초인기 베이커리. 대표 메뉴인 명란바게트(명란 프랑스)는 바삭하고 촉촉한 바게트에 고급 버터와 엄선한 명란젓을 짜지 않게 절묘한 비율로 발라 완성한다. 매일 소량씩 여러 차례 갓 구워내며, 따뜻한 빵 속에 녹아든 명란 버터의 고소하고 짭쪼름한 풍미가 입안을 가득 채운다. 명란바게트 외에도 100가지가 넘는 다양한 빵을 만나볼 수 있어 고르는 재미도 쏠쏠하다. 캐널시티 인근에 위치하며 좌석이 부족한 편이라 대부분 테이크아웃한다. **MAP ④-B**

Ⓖ 풀풀 하카타
ADD 9-3 Gionmachi, Hakata Ward
OPEN 10:00~19:00/화 휴무
WALK 캐널시티 또는 지하철 구시다진자마에역에서 2분
WEB full-full.jp

먹기 좋은 크기로 잘라 제공하는
명란바게트 480엔
(매장 내 취식 488엔).

빵 순례자들의 핫플로 두둥실
판델솔 Pan Del Sol

2024년 카와바타 상점가 한복판에 돋보이는 세련된 외관으로 등장한 베이커리 카페. 빵 하나하나에 섬세한 색감과 디테일이 어우러져 인스타 감성 빵집으로 빠르게 자리 잡았다. 50~60종의 다양한 빵 중 추천 메뉴는 생햄, 새우, 제철 식재료 등을 듬뿍 올린 7~8종의 오픈 샌드위치. 신선한 과일과 크림 치즈를 얹은 데니시류도 빼놓을 수 없다. 주말에는 브런치 카페로 변신하는데, 맛있는 프렌치 토스트(1540엔~) 덕분에 브런치 맛집으로도 유명하다. **MAP ④-A**

Ⓖ 판델솔
ADD 9-29 Kamikawabatamachi, Hakata Ward
OPEN 11:00~18:00(토·일 09:00~16:00)/월 휴무
WALK 카와바타 상점가 내 카와바타 젠자이 히로바 바로 앞
WEB instagram.com/pandelsol.fukuoka

블루베리 레어치즈 520엔.
일본산 버터로 만든
18겹 파이다.

버터 식빵에 명란 꿀조합

빵토 에스프레소토 하카타토

パンとエスプレッソと博多っと

도쿄 오모테산도에서 시작된 인기 베이커리 카페의 규슈 첫 지점. 하카타 명란을 사용한 빵과 세트 메뉴가 특징이다. 추천 메뉴는 시그니처 식빵 '무ムー'에 명란과 명란 스프레드를 듬뿍 올린 하카타 한정 멘타이코 토스트 세트. 진한 버터 풍미와 폭신하면서도 쫄깃한 식감이 매력이다. 철판에 구운 식빵에 버터의 고소함이 스며들어 입안에서 사르르 녹는 프렌치 토스트도 인기 메뉴 중 하나. 호텔 1층에 있어 아침에는 모닝 세트(토스트 또는 베이글)를 즐기려는 손님들로 붐빈다. MAP ❹-A

Ⓖ 빵토 에스프레소토 하카타토
ADD 2-8-12 Hakata Ekimae, Hakata Ward (호텔 더 블로섬 하카타 프리미어 1층)
OPEN 08:00~19:00(모닝 ~11:00)
WALK JR 하카타역 하카타 출구에서 10분/ 캐널시티에서 5분
WEB bread-espresso.jp/shop/hakata.html

멘타이코 토스트 드링크 세트 2000엔

핫 커피 550엔

세계 챔피언이 내리는 한 잔의 정수

토카도 커피 하카타 리버레인몰점

Tokado Coffee

2013년 월드 커피 로스팅 챔피언십 우승자 고토 나오키가 운영하는 핸드드립 전문점. 매일 마셔도 질리지 않는 균형 잡힌 맛을 추구한다. 매월 바뀌는 원두 9종은 메뉴판에 적힌 산지와 로스팅 정도를 살펴보고 직접 고르거나 직원에게 추천받을 수 있다. 모든 자리가 카운터석이라 원두를 갈고 추출하는 과정을 눈앞에서 지켜볼 수 있으며 커피 성격에 따라 컵 디자인이 달라지는 것도 재미있다. 본점은 후쿠오카 남쪽 시라키바루白木原에, 텐진 원 후쿠오카 빌딩 지하 2층에는 테이크아웃 커피·소프트아이스크림 전문점이 있다. MAP ❹-A

Ⓖ 토카도 커피 하카타리버레인몰점
OPEN 10:00~19:00
WALK 하카타 리버레인 지하 2층
WEB tokado-coffee.com

원두와 드립백, 다양한 커피 용품도 판매한다.

스즈노 파르페 1080엔

츠루노코노코 750엔

후쿠오카 화과자의 자존심

스즈카케 본점 鈴懸

1923년 창업한 후쿠오카 No.1 화과자점 겸 카페. 딸기모찌로 명성이 자자하며 선물용 고급 화과자도 다양하다. 아늑한 카페 공간에는 푹신한 소파가 마련돼 있어 런치 세트(11:00~14:00), 팥앙금 토스트, 돈카츠 샌드위치, 디저트를 즐기며 여유를 누릴 수 있다. 특히 시그니처인 종 모양 모나카(스즈노 모나카)를 중심으로 제철 과일, 휘핑 크림, 아이스크림 3종(바닐라·캐러멜·말차·검은깨 중 택 3)을 풍성하게 올린 스즈노 파르페는 눈과 입이 모두 즐거운 메뉴. 단맛을 절제한 몽블랑 케이크는 함께 제공되는 따뜻한 차와 잘 어울린다. **MAP ④-A**

Ⓖ 스즈카케 본점
ADD 12-20 Kamikawabatamachi, Hakata Ward
OPEN 09:00~19:00(카페 11:00~)
WALK 지하철 나카스카와바타역 5번 출구에서 바로
WEB suzukake.co.jp

화이트데이를 탄생시킨 명가

이시무라 만세이도 본점 石村萬盛堂

1905년 문을 연 유서 깊은 화과자점. 왕실에 납품한 대표 상품 츠루노코鶴乃子는 하얗고 푹신한 마시멜로 속에 팥 앙금, 딸기잼, 말차 등을 넣은 달콤한 디저트로, 쌉싸래한 차와 잘 어울린다. 1978년 남성이 여성에게 마시멜로를 주는 '마시멜로 데이' 이벤트를 했는데, 이것이 오늘날 화이트데이 문화의 시초가 됐다. 본점 한정 디저트 츠루노코노코つるのこのこ는 눈덩이처럼 올린 마시멜로 아래 바닐라아이스크림과 머랭이 층층이 깔려 있어 식감이 다채롭다. 겨울철에는 스모어, 6~11월에는 레몬에이드 위에 마시멜로를 띄운 음료도 즐길 수 있다. **MAP ④-A**

Ⓖ 이시무라 만세이도 본점
ADD 2-1 Susakimachi, Hakata Ward
OPEN 10:00~19:00/매월 셋째 수요일 휴무
WALK 지하철 나카스카와바타역에서 4분
WEB ishimura.co.jp

딸기모찌 346엔

츠루노코 4개입 400엔~

과일 디저트에 진심인 편
메이 카페 Mei Café

하루요시 지역에 자리한 모던 라이프스타일 호텔 메이Hotel Mei 1층의 라운지 카페. 소파 중심의 로우 테이블과 높은 천장, 잔잔한 음악이 어우러진 공간에서 신선한 과일 디저트를 즐길 수 있다. 과일샌드위치로 유명한 유통 기업 다이와슈퍼가 감수한 10여 종의 후르츠산도를 규슈에서 맛볼 수 있는 유일한 곳으로 알려졌으며 여름 한정 복숭아빙수와 연초~봄 한정 스트로베리 플라워 크레페도 인기다. 호텔 투숙객을 위해 일찍 열고 늦게 닫는다. **MAP ④-B**

ⓖ 메이 카페
ADD 2-16-19 Haruyoshi, Chuo Ward
OPEN 모닝 07:30~10:00, 카페 10:00~18:00(L.O.17:30), 야간 17:00~24:00(L.O.23:30)
WALK 지하철 와타나베도리역에서 5분/야나기바시 시장에서 6분
WEB instagram.com/_mei_cafe

스트로베리 플라워
크레페 2400엔

과일샌드위치(후르츠산도) 540엔~,
오늘의 커피 600엔

쌀과자 사러 갔다가 아이스크림 픽힘
모치키치 하카타 본점 もち吉

1929년 후쿠오카에서 시작된 쌀과자 노포로, 전국 최고 수준의 판매량을 자랑한다. 간판 상품 모찌노 오마츠리餠のおまつり는 샐러드, 간장, 매실, 우엉, 새우 등 다양한 맛과 개별 포장 패키지 덕분에 선물용으로도 사랑받는다. 프리미엄 말차 젤라토, 진한 소프트아이스크림, 쫄깃한 찹쌀떡 엔모찌えん餠 등 디저트류도 호평. 매장 내에는 10석 규모의 취식 공간도 마련돼 있다. **MAP ④-A**

ⓖ 모치키치
ADD 2-3 Gokushomachi, Hakata Ward
OPEN 09:00~19:00
WALK 지하철 기온역 1번 출구에서 바로
WEB mochikichi.co.jp

프리미엄 말차
아이스바 1구0엔
(미니 사이즈)

할아버지의 중후한 사이폰 커피
킷사 베니스 喫茶ベニス

야나기바시 시장 근처, 친절한 노부부가 운영하는 복고풍 킷사텐. 주문 즉시 원두를 갈아 사이폰 방식으로 추출한 후 부드러운 생크림과 설탕을 곁들여 내는데, 산미가 적고 진한 다크 로스팅을 선호한다면 마음에 쏙 들 맛이다. 커피젤리, 커피플로트, 크림소다 등 정통 킷사텐 메뉴가 다양하고 가벼운 식사 메뉴도 갖췄다. 일찍 문을 닫고 흡연 가능한 점을 감안해 방문한다. **MAP ④-B**

ⓖ 킷사 베니스
ADD 1-1-2 Haruyoshi, Chuo Ward
OPEN 08:30~13:00
WALK 야나기바시 시장에서 1분(시장 밖 큰길 가에 입구가 있다)

스페셜 아이스커피 800엔

내 돈 내고 찐 감동한
인생 맛집

365일 언제나 관광객으로 북적이는 캐널시티를 비롯해 나카스·카와바타 일대는 후쿠오카를 대표하는 맛집들이 치열하게 경쟁하는 핫플레이스다. 100년 넘은 노포부터 SNS를 강타한 슈퍼스타까지, 놓쳐선 안 될 맛집들을 소개한다.

이 한 그릇을 위해 비행기를 탔다
하카타 시푸드 우오뎬
博多シーフードうお田

비주얼과 맛 모두 압도적인 해산물 전문점. 촉촉하고 두툼한 달걀말이를 밥 위에 요처럼 깔고 큼직한 규슈산 장어를 아낌없이 올린 우나타마주うなたま重는 첫 입부터 강렬한 감탄을 자아낸다. 명란의 감칠맛, 연어알의 톡톡 터지는 식감, 달걀말이의 부드러움이 완벽하게 어우러진 멘타이 이쿠라 타마고야키동明太いくら玉子焼丼은 폭발적인 인기를 끄는 SNS 대세 메뉴. 맛과 예쁜 플레이팅은 물론 서비스도 친절하며 추가 반찬과 장국이 셀프로 제공되는 점도 매력적이다. 대기가 길지만 아침과 저녁 식사는 홈페이지(영어)에서 예약할 수 있고 예약 없이 방문한 경우엔 웨이팅 태블릿(한국어)에서 번호표를 뽑아 대기하면 직원이 호출해준다.

MAP ❹-A

Ⓖ 우오뎬
ADD 4-17 Nishinakasu, Chuo Ward
OPEN 모닝 07:00~10:00,
런치 11:00~16:00, 디너 17:00~23:00
WALK 지하철 나카스역에서 4분(텐진 중앙 공원 나카스 리버크루즈 선착장 근처)
WEB uoden092.com

우나타마주 특상 6380엔(위)
멘타이 이쿠라 타마고야키동 2530엔(아래)

셀프 바

햄버그 오므라이스+블랙커리소스 1600엔

햄버그카레 1020엔+새우튀김 500엔

SNS 조회수 폭발한 그 집

이쿠라 하카타점 いくら博多店

2023년 틱톡 트렌드 대상에 노미네이트된 화제의 핫플. 이자카야 점심 메뉴로 인기를 끌며 이곳(2호점)을 열고 도쿄까지 진출했다. 대표 메뉴는 와규 햄버그와 생크림 반숙 오믈렛을 버터밥 위에 얹은 오무버그(오므라이스+햄버그)로, 포크로 가른 오믈렛이 밥을 감싸는 비주얼이 압권이다. 오무버그, 햄버그 오므라이스 등 총 4가지 메뉴가 있으며 소스는 3~4가지 중 선택. 2층 입구부터 건물 밖까지 줄이 길게 늘어서고 주문 마감도 빠른 데다 예약도 불가해 오픈런이 필수다. 본점인 텐진 이마이즈미점은 점심에만 오무버그 등 식사 메뉴를 판매한다. **MAP ④-A**

Ⓖ 이쿠라 하카타점
ADD 2-8-12, Hakata Ekimae, Hakata Ward(2층)
OPEN 11:30~15:00(L.O.14:00), 17:00~21:00(L.O.20:00)
WALK 지하철 구시다진자마에역에서 3분/캐널시티에서 5분
WEB instagram.com/omurice_ikura_official

오무버그+명란크림소스 1600엔
수프+샐러드 세트 추가 300엔
오믈렛을 가르는 순간,
달걀이 좌르르 흘러내리며
밥을 감싼다.

소문의 '한카레'를 찾아서

바쿠레(버클리) バークレー

1970년 카와바타 상점가에 문을 연 노포 양식 레스토랑. 테이블 간격이 좁아 다닥다닥 붙어 앉아야 하는 비좁은 공간이지만 현지인 위주의 빈티지한 분위기가 향수를 자극한다. 소고기뼈, 닭뼈, 야채를 오랜 시간 끓여낸 진한 풍미의 카레 소스는 일본 카레의 정석. 두툼한 수제 햄버그를 얹은 햄버그카레는 '한카레'라는 애칭이 있을 만큼 카레와 찰떡궁합을 자랑하는 이곳의 대표 메뉴. 새우튀김, 돈카츠, 치킨카츠 등 토핑을 추가하면 더욱 푸짐하게 즐길 수 있다. **MAP ④-A**

Ⓖ 바쿠레
ADD 11-8, Kamikawabatamachi, Hakata Ward
OPEN 11:00~19:00
WALK 하카타 리버레인에서 1분. 카와바타 상점가 내

햄버그스테이크 세트
1250엔

장어덮밥 만렙, 150년 노포
요시즈카 우나기야
博多名代 吉塚うなぎ屋

변함없는 장인 정신으로 사랑받는 장어덮밥집. 숯불 위에서 굽는 과정에서 쇠꼬챙이로 장어를 여러 번 두드리고 주물러 살결을 부드럽게 해 겉은 바삭하고 속은 찐 듯이 부드러운 식감을 만든다. 1873년 창업 이래 지켜온 깊고 달콤한 비법 소스도 감칠맛을 더한다. 일반 장어덮밥인 우나기동うなぎ丼과 2단 찬합에 밥과 장어구이를 각각 담은 우나주うな重가 있으며 장어 조각 수에 따라 가격이 달라진다. 장국은 순한 백탕과 깊은 맛의 된장국 중 선택. 붐빌 때는 2층 입구에서 번호표를 뽑고 대기한다. **MAP ❹-A**

Ⓖ 요시즈카 우나기야
ADD 2-8-27 Nakasu, Hakata Ward
OPEN 10:30~21:00/수요일, 둘째·넷째 화요일, 오봉, 연말연시 휴무
WALK 지하철 구시다진자마에역에서 3분/캐널시티에서 5분/카와바타 상점가 동쪽 입구에서 2분
WEB yoshizukaunagi.com

상급(上) 우나주(5조각) 4280엔

이 집도 장어를 잘합니다
우나기도코로 야나가와야 하카타점
うなぎ処 柳川屋

캐널시티 뒤편 신축 아파트 1층에 자리한 깔끔한 장어요리 전문점. 1960년 나카스에서 문을 열고 야나가와식 장어덮밥 '우나기메시'에 '세이로무시'라는 이름을 처음 붙여 널리 퍼뜨린 곳으로 알려져 있다. 지금도 미야자키·가고시마산 장어만 쓰고 5가지 야채 절임도 직접 담근다(리필 가능). 대표 메뉴인 세이로무시(찜기에 쪄낸 장어덮밥)는 달콤짭짤한 간장 양념에 탱글한 밥알과 바삭한 장어가 어우러져 첫입부터 강한 인상을 남긴다. 본연의 맛을 즐긴 뒤 산초 가루로 향을 더하고 밥이 눅눅해지기 전에 먹는 것이 포인트. 나카스 본점을 포함한 4개 매장 중 이곳의 평점이 가장 높다. 타베로그 예약 가능. **MAP ❹-B**

Ⓖ 우나기도코로 야나가와야 하카타점
ADD 1-1-9 Sumiyoshi, Hakata Ward
OPEN 11:00~21:30(L.O. 21:00)
WALK 캐널시티에서 3분
WEB yanagawaya.co.jp/tempo/hakata.html

세이로무시
한 마리(One Eel) 5430엔

세이로무시 반 마리(Half an Eel) 3120엔

싱싱함에 사활을 걸었다
쇼쿠도 미츠
食堂 光

갓 잡은 활어회 5~7종을 올린 해산물덮밥, 달걀찜, 반찬, 된장국으로 구성된 저렴한 점심 세트(10:00~14:00)로 야나기바시 시장에서 인기몰이 중인 대세 맛집. 신선한 해산물을 맛보려는 손님들로 오전 9시 전부터 가게 앞에 줄이 생긴다. 점심엔 밥 곱빼기 무료이고, 요청하면 오차즈케용 따뜻한 차도 제공된다. 식후엔 100엔짜리 수제 푸딩도 꼭 맛볼 것. 2022년 오픈해 전통시장 내 식당답지 않게 깔끔하고 쾌적한 공간도 매력이다. **MAP ④-B**

특상(구종) 2200엔.
새우와 연어알 등
고급 어종이 추가된다.

ⓖ **쇼쿠도 미츠**
ADD 1-6-1 Haruyoshi, Chuo Ward, Haruyoshi
OPEN 10:00~14:00, 17:30~21:00/
수·일·공휴일 휴무
WALK 야나기바시 시장 내
WEB instagram.com/shokudou_mitsu

생선이랑 안 친해도 한 마리 순삭
쇼쿠도 니자카나 쇼넨
食堂煮魚少年

'생선조림 소년'이란 재미난 이름의 가정식 식당. 이틀간 푹 조려내 뼈째 먹어도 부드럽고 비린내 없는 고등어조림 정식이 일품이다. 고등어조림은 간장맛·된장맛 각 1조각, 밥, 닭고기 된장국이 포함된 기본 A 세트에 반찬(달걀말이, 명란젓 등 8종 중 택1)을 추가하면 B 세트, 요리(닭다리튀김, 새우튀김, 돈카츠 중 택1)를 추가하면 W 세트가 된다. 1회 셀프 리필되는 밥을 남은 양념에 비벼 먹으면 별미다. 휴무일이 잦으니 홈페이지 확인 후 방문할 것.
MAP ④-B

새우튀김을 추가한 W세트 1440엔

ⓖ **니자카나쇼넨**
ADD 2-6-32 Sumiyoshi, Hakata Ward
OPEN 11:30~15:30, 17:00~22:00/
매주 이틀(홈페이지 확인), 연말연시 휴무
WALK 캐널시티 사우스 빌딩에서 5분/
스미요시 신사 정문에서 2분
WEB nizakanasyounen.com

시선 강탈하는 사시미 정찬

이토오카시
魚卜肴 いとおかし

후쿠오카 조식 맛집 중 빼놓지 않고 손꼽히는
해산물 이자카야. 호텔이 밀집한 하루요시 지
역에 자리해 근처 투숙객들에게 인기가 높고
입소문을 타고 일부러 찾아오는 손님도 적지
않다. 회·구이·덮밥으로 구성된 8종의 아침 메
뉴 중에서도 고등어구이, 회 4종, 계절 반찬 4
종, 밥, 된장국으로 호화롭게 차려낸 이토오카
시 고젠いとおかし御膳이 단연 인기다. 1층은 활
기찬 오픈 키친과 카운터석, 2층은 테이블석이
며 점심시간에는 영업하지 않고 저녁에는 자릿
세를 받는 이자카야로 운영된다. **MAP ④-B**

ⓖ 이토오카시
ADD 3-25-27 Haruyoshi, Chuo Ward
OPEN 07:00~12:00(L.O.11:30),
17:30~23:00(L.O.22:00/음료 ~22:30)/수 오전 휴무
WALK 지하철 텐진미나미역에서 6분/
캐널시티 사우스 빌딩에서 8분
WEB instagram.com/itookashi0407

이토오카시 고젠 3000엔

부타마니아동.
소(900엔), 보통(950엔),
대(1050엔),
특대(1150엔)

고기덮밥 유목민 다 모여!

이나다야 선
豚マニア丼 稲田屋 SUN

야나기바시 시장 인근에 자리한 부타동(돼지고
기덮밥) 맛집. 전국 덮밥 그랑프리 수상 경력과
현지 맛집 랭킹 상위권에 오르며 주목받고 있
다. 대표 메뉴는 쇼가야키(간장 생강 양념구이)
풍 삼겹살과 두툼한 숯불구이 삼겹살을 한 그
릇에 담아 다양한 식감과 풍미를 즐길 수 있는
부타마니아동豚マニア丼. 처음엔 그대로 맛보고
달걀노른자·후추·매운 된장으로 변화를 준 뒤
마지막엔 날치 육수(아고다시飛魚出汁)를 부어
풍미를 더한다. **MAP ④-B**

ⓖ 부타 매니아동 이나다야 선
ADD 1-1-1 Watanabedori, Chuo Ward(선세루코SUN
SELCO 빌딩 지하 1층)
OPEN 11:00~15:00/재료 소진 시 종료/토·일·공휴일 휴무
WALK 야나기바시 시장에서 2분
WEB inadaya-sun.com

좌석은 모두 카운터석이다.

면치기 장인들이 우글우글
라멘·우동·소바

후쿠오카 최대 유흥가 나카스와 숙소가 밀집한 와타나베도리. 술꾼들의 발길이 잦은 만큼 가벼운 애피타이저부터 해장용으로 술술 넘어가는 면 요리 맛집이 곳곳에 포진해 있다. 밤거리만큼이나 면발도 끝없이 이어지는 곳.

천연 돈코츠 라멘 세트 1620엔(단품 980엔)
이치란 오리지널 티 250엔

특제 닭과 오리 쇼유 라멘 1200엔
+삶은 달걀 150엔

카운터석 7개뿐인 작은 가게다.

수많은 라멘 러버의 원픽
이치란 본사총본점 一蘭

두 말하면 입 아픈 후쿠오카 돈코츠 라멘의 대명사. 돼지뼈 맛이 응축된 진하고 하얀 국물이 중독성 강해 재방문을 부른다. 국물의 기름진 정도, 면의 익힘 정도, 다대기, 토핑(마늘, 파, 차슈 등)을 세세히 조절할 수 있는 것이 장점으로, 대기 시 받은 한국어 주문지에 원하는 옵션을 체크하면 된다. 가장 무난한 선택은 '기본', 돈코츠 향에 민감하다면 '담백'을 추천. 키오스크 결제 후 입장, 자리에 앉아 주문지를 직원에게 건네는 방식이며 회전이 빨라 줄이 길어도 금방 입장할 수 있다. 캐리어 보관 공간도 마련돼 있다. 매일 오후 8시경 건물 앞에서 작은 이벤트가 열려 볼거리를 더해준다(날씨나 상황에 따라 예고 없이 변경되거나 중지될 수 있음). **MAP ❹-A**

🇬 이치란 본사총본점
ADD 5-3-2 Nakasu, Hakata Ward
OPEN 24시간
WALK 지하철 나카스카와바타역 2번 출구에서 1분
WEB ichiran.com/shop/kyushu/sohonten/

말차 아몬드 푸딩
390엔

입안에서 춤추는 감칠맛
라멘 나오토 らぁ麺 なお人

돈코츠 대신 담백한 라멘이 생각날 때 찾기 좋은 곳. 추천 메뉴인 특제 닭과 오리 쇼유 라멘特製鶏と鴨の醤油らぁ麺은 하카타산 토종닭과 오리 뼈를 아낌없이 사용해 오랜 시간 고아낸 맑고 진한 육수가 특징이다. 닭과 오리의 깊은 풍미와 은은한 단맛이 어우러져 감칠맛이 극대화되며 '극상의 육수'로 불린다. 탄력 있는 면발과 저온조리 차슈, 부드러운 멘마까지 재료 하나하나의 완성도가 높다. **MAP ❹-B**

🇬 라멘 나오토
ADD 5-10-28 Watanabedori, Chuo Ward
OPEN 11:00~15:00(금·토·일 18:00~21:00 추가 영업)/수·목 휴무
WALK 지하철 텐진미나미역에서 4분
WEB instagram.com/tokyo_ramen_stand

모츠 즈보라 우동 980엔, 우엉튀김 380엔

원조 키마카레 우동 980엔, 날달걀 120엔

특상 튀김 고기 소바上天ぷら旨辛肉そば 3100엔. 새우튀김 2개와 제철야채튀김 4종이 함께 나온다.

새우튀김 자루소바(냉)海老天ざる(冷) 2000엔

우동 한 주전자 쭉 들이켜볼까?

하카타 아카초코베 博多あかちょこべ

주전자 안에 담긴 뜨거운 우동을 덜어 쯔유에 찍어 먹는 주전자 우동(즈보라 우동ずぼらうどん)으로 유명한 노포 우동 이자카야. 대표 메뉴인 모츠 즈보라 우동은 쫄깃한 면발과 고소한 대창의 조화가 일품이며, 물기 없이 다진 고기와 야채를 얹은 키마카레 우동의 원조로도 잘 알려져 있다. 오뎅, 튀김 등 안주류에 하이볼이나 일본주를 곁들이면 술자리로도 즐기기 좋다. 1층은 다소 협소하지만 2층 다다미 좌석은 비교적 쾌적한 편. 테이블에서 QR코드 주문이 가능하고 자릿세가 없다는 점도 장점이다. 평일 점심은 저녁보다 가격이 저렴하며 저녁은 타베로그에서 예약(공휴일 제외)할 수 있다. **MAP ④-A**

Ⓖ 하카타 아카쵸코베
ADD 7-10 Reisenmachi, Hakata Ward
OPEN 11:30~14:00, 18:00~23:30/일 휴무
WALK 쿠시다 신사 정문에서 2분
WEB instagram.com/akachokobehakata

메밀면의 퀄리티, 이렇게 중요합니다

신슈소바 무라타 信州そば むらた

현지인들이 최고로 꼽는 정통 수타 소바 전문점. 돌절구로 메밀을 직접 갈고 손으로 반죽해 뽑아내는 전통 방식 덕분에 메밀 향과 식감, 쫄깃함이 살아 있다. 기본은 메밀과 밀가루가 8:2 비율이며 150엔을 추가하면 100% 메밀면이나 껍질째 갈아낸 시골 면으로 변경 가능하다(수량 한정). 대표 메뉴인 고기 소바는 고기와 야채를 듬뿍 올리고 고추기름으로 입맛을 돋운다. 소바가 나오기 전 간단한 술과 안주를 곁들이는 소바마에蕎麦 문화를 후쿠오카에 처음 소개한 곳으로, 좋은 니혼슈와 함께 천천히 즐기는 식사 스타일을 제안한다. 다양한 좌석 구성과 모던한 인테리어도 이 집의 또 다른 매력. 케야키 거리에 아카사카 지점이 있다. **MAP ④-A**

Ⓖ 신슈소바 무라타
ADD 2-9-1 Reisenmachi, Hakata Ward
OPEN 11:30~21:00/월 휴무
WALK 지하철 기온역에서 3분

맑고 깊은 풍미, 세련된 청탕 돈코츠
부타소바 츠키야 본점
豚そば 月や

심플한 구성 속 깊은 맛으로 청탕 돈코츠의 진가를 보여
주는 집. 돼지뼈를 약한 불로 오래 우려내고 거품과 불순
물을 정성스럽게 걷어낸 육수는 맑고 투명하면서도 잡내
없이 깔끔하며 깊은 감칠맛까지 담겨 있어 진한 라멘을
선호하는 이들도 만족할 만하다. 얇게 썬 차슈와 카보스
(일본산 녹색 감귤), 쪽파가 어우러진 정제된 한 그릇은 가
벼운 야식으로도 인기가 많아 밤이 깊을수록 손님이 늘어
난다. 양이 적은 편이어서 곱창에 유즈코쇼를 곁들인 잡
내 없는 유데모츠, 가리(초생강)토마토 같은 개성 있는 사
이드메뉴와 함께 즐기는 것이 정석. 라멘집답지 않은 스
타일리시한 인테리어도 인상적이다. 진한 쇼유 라멘으로
이름난 시나소바 츠키야支那そば 月や의 세컨드 브랜드로,
다이묘점에서도 청탕 돈코츠를 맛볼 수 있다. **MAP ❹-A**

Ⓖ 츠키야 후쿠오카
ADD 2-5-2 Nakasu, Hakata Ward
OPEN 월~목 19:00~02:30(L.O. 02:00),
금·토 18:00~03:00(L.O. 02:30)/일 휴무
WALK 지하철 구시다진자마에역에서 5분/카와바타 상점가에서 3분
WEB tsuki-ya.net

부타소바豚そば **800엔,**
가리토마토がりトマト **600엔, 슈마이**シュウマイ **500엔**

파 야키소바 보통(+날달걀) 1200엔
야키만두 390엔

겉바속쫀, 토핑 가득 철판 야키소바
소후렌
하카타에키마에점·와타나베도리점
焼そばの想夫恋

굵은 생면을 철판에 바싹 구워 겉은 바삭하고 속은 쫄깃한
식감이 특징인 히타 야키소바日田焼きそば의 원조. 오이타현
히타시에 60년 전통의 본점이 있다. 자체 생산 생면, 두툼
한 돼지고기, 신선한 숙주, 물리지 않는 담백한 비법 소스가
맛의 비결이다. 야키소바 주문 시 밥, 국, 날달걀, 달걀프라
이 중 1개 무료 제공. 날달걀을 더하면 바삭한 면과 어우러
져 풍미가 한층 깊어진다. 츠케 야키소바는 따로 내는 날달
걀에 찍어 먹는 방식이다. **MAP ❹-B**

Ⓖ 소후렌 하카타에키마에점 l 소후렌 와타나베도리점
ADD 하카타에키마에점: 3-16-2 Hakata Ekimae Hakata Ward
와타나베도리점: 5-1-22 Watanabedori, Chuo Ward,
OPEN 하카타에미카에점: 11:00~21:30/목 휴무
와타나베도리점: 09:00~다음 날 02:30/부정기 휴무
WALK 하카타에키마에점: 캐널시티에서 5분
와타나베도리점: 지하철 텐진미나미역에서 2분
WEB sofuren.com/Fukuoka/

후쿠오카 술꾼들의 낙원
이자카야

캐널시티 주변과 나카스·카와바타 지역은 현지 단골들의 발길이 끊이지 않는 이자카야들이 즐비하다.
신선한 재료와 뛰어난 맛은 기본, 가게마다 독특한 분위기와 세심한 서비스로 색다른 즐거움을 안겨준다.

후쿠오카 닭껍질 꼬치의 원조
카와야 기온점
かわ屋

후쿠오카 명물 닭껍질 꼬치인 토리카와とりかわ를 널리
퍼뜨린 야키토리 명가. 닭 목 껍질을 실처럼 말아 6일 동
안 매일 굽고 숙성하는 과정을 반복해 기름기를 쏙 뺀 '겉
바속쫄' 닭껍질 꼬치는 진한 간장 베이스 양념이 깊숙이
배어 한입 깨무는 순간 고소함과 감칠맛이 폭발한다. 가
격도 저렴하고 크기가 작아 보통 5개 단위로 주문한다.
양배추는 기본 제공되며 식사 후에는 닭껍질과 뼈를 우려
낸 곰탕 스타일의 진한 육수가 나온다. 본점은 야쿠인에
있으며 텐진 인근 케고점을 포함해 분위기와 개성이 다른
자매점도 여럿 있다. 자릿세 별도. MAP ④-A

ⓖ 카와야 기온
ADD 2-8 Gionmachi, Hakata Ward
OPEN 17:00~01:00
WALK 지하철 기온역에서 3분

스모츠酢もつ
(곱창 초절임)
330엔

닭껍질 꼬치
143엔

삼겹살 꼬치 1개 143엔

오오테바大手羽(닭날개)
1개 418엔

세련된 오픈 키친에서 즐기는 미식 야키토리
야키토리노 하치베이 벳칸
焼とりの八兵衛 Bekkan

높은 천장과 모던한 인테리어, 애피타이저부터 식사까지
코스로 즐기는 듯한 다이닝으로 후쿠오카 야키토리의 상
식을 뒤엎은 야키토리노 하치베이의 플래그십 스토어.
반드시 맛봐야 할 메뉴는 완두콩 페이스트를 튀긴 엔도마
메노 쿠시아게えんどう豆の串揚げ. 겉은 바삭하고 속은 슈
크림처럼 부드럽게 녹아내려 오직 이 맛을 즐기러 일부러
찾는 사람도 많다. 두부와 크림치즈를 섞어 굳힌 치즈 두
부는 스타터로, 쫀득한 식감이 살아 있는 갓 만든 미백 두
부는 마무리로 잘 어울린다. 양배추가 기본 제공되며 자
릿세 별도, 온라인 예약 가능. 본점은 이토시마에 있다.
MAP ④-B

ⓖ 야키토리노 하치베이 벳칸
ADD 1-1-9 Sumiyoshi, Hakata Ward
OPEN 17:00~23:00/연말연시 휴무
WALK 캐널시티에서 3분
WEB hachibei.com

바삭하게 구운 바게트가
함께 나오는
치즈 두부 630엔

원조 와규
스키야키 꼬치 650엔

엔도마메노 쿠시아게 310엔

주류 1잔 450엔~

고등어 미림구이 880엔
모둠회 1200엔

짚불구이 포크
스테이크 1760엔

해장 국수 말아주는 심야식당

오사카나토 소멘 이자카야 신
お魚と素麺居酒屋 新

현지 직장인들이 퇴근길에 술 한잔 걸치러 오는 아지트. 금연 매장에 직원 응대도 친절해 외국인도 부담 없이 이용할 수 있다. 정갈한 플레이팅의 안주들은 맛 또한 탄탄하며 고등어 미림구이, 모둠회, 장어구이 등 생선 요리의 만족도가 높다. 마무리용 해장용 소면이 이 집의 포인트로, 특히 레몬 소면은 속을 깔끔하게 정리해준다. 자릿세 별도, 인스타그램 예약 가능. MAP ➍-B

ⓖ 오사카나토 소멘 이자카야 신
ADD 3-19-14 Hakata Ekimae, Hakata Ward
OPEN 11:30~13:30, 17:00~22:00 (토요일은 저녁만 오픈)/수 휴무
WALK 지하철 구시다진자마에역에서 6분
WEB instagram.com/osakanatosomen.shin

시원한 레몬 소면
580엔

한 번 가면 무조건 입덕

하카탄 사카나야고로
博多ん肴屋 五六桜

카와바타 상점가 하카타강 변에 자리한 카운터 중심의 소규모 이자카야. 보통 2인분부터 주문 가능한 모츠나베와 미즈타키를 1인분씩 제공해 혼자서도 이용하기 좋다. 고마사바를 비롯한 후쿠오카 대표 요리와 신선한 회까지 전 메뉴가 칭찬 일색이다. 매장 한편에서 짚불로 돼지고기·소고기·생선을 굽는 짚불구이 퍼포먼스도 볼거리. 점심에는 가성비 좋은 정식 메뉴를 선보인다. MAP ➍-A

ⓖ 하카탄사카나야고로
ADD 10-15 Kamikawabatamachi, Hakata Ward
OPEN 11:30~14:00, 18:00~23:00/ 수·토 점심 및 화 종일 휴무
WALK 지하철 나카스카와바타역에서 2분. 카와바타 상점가 내

쫀득한 식감이 일품!
두부 550엔

진한 모츠나베의 세련된 변주

모츠나베 이치타카 하카타에키마에도리점
博多もつ鍋 いちたか

진한 된장(미소) 모츠나베로 이름난 이치후지一藤의 세컨드 브랜드. 이치후지 특유의 크리미한 미소 베이스를 계승하되 된장 본연의 감칠맛을 살린 깔끔한 육수와 넓고 모던한 공간이 강점이다. 이곳만의 특화 메뉴인 매운 미소 모츠나베와 오징어회(수급 한정)가 유명하며 스모츠(곱창 초절임), 고마 칸파치(참깨소스 잿방어회), 말고기회 등 이치후지의 인기 메뉴를 그대로 즐길 수 있다. 한국어 QR 주문 지원. 1인 1음료 필수, 자릿세 별도, 온라인 예약 가능. MAP ➍-A

ⓖ 모츠나베 이치타카 하카타에키마에도리점
ADD 8-13, Gionmachi, Hakata Ward(2층)

매운 된장 모츠나베 1인분 1958엔 (17:30~20:30엔 인원수대로 주문 필수), 스모츠 748엔

OPEN 17:00~23:00(금·토 ~23:30, 토·일 15:00~)
WALK 지하철 구시다진자마에역에서 1분/캐널시티에서 2분
WEB ichitaka-f.jp/hakataekimae/

#Walk

후쿠오카 최대 트렌드 발신지
텐진·다이묘·이마이즈미

텐진天神은 에도 시대부터 후쿠오카의 정치와 행정의 중심지 역할을 해온 곳이다. 전후 재건 과정에서 백화점과 쇼핑몰, 지하상가가 하나둘 들어서며 규슈 최대의 상업지구로 성장했다. 지금의 텐진은 교통, 쇼핑, 업무가 어우러진 도심의 핵심 축. 니시테츠선 종점과 고속버스터미널, 지하철 3개 노선이 이곳을 지나며 도시 안팎을 잇는 관문 역할도 톡톡히 해낸다. 서쪽으로는 브랜드숍과 편집숍, 빈티지숍이 골목마다 이어지는 다이묘大名가 펼쳐지고, 그 아래 이마이즈미今泉에는 감각적인 카페와 소규모 음식점들이 촘촘히 들어서 있다. 최근에는 케고警固와 아카사카赤坂까지 상권이 자연스럽게 뻗어가며 외연을 넓히는 중. 대형 상업시설과 골목 상점가가 나란히 공존하는 이 지역은, 후쿠오카의 오늘을 가장 입체적으로 보여주는 무대다.

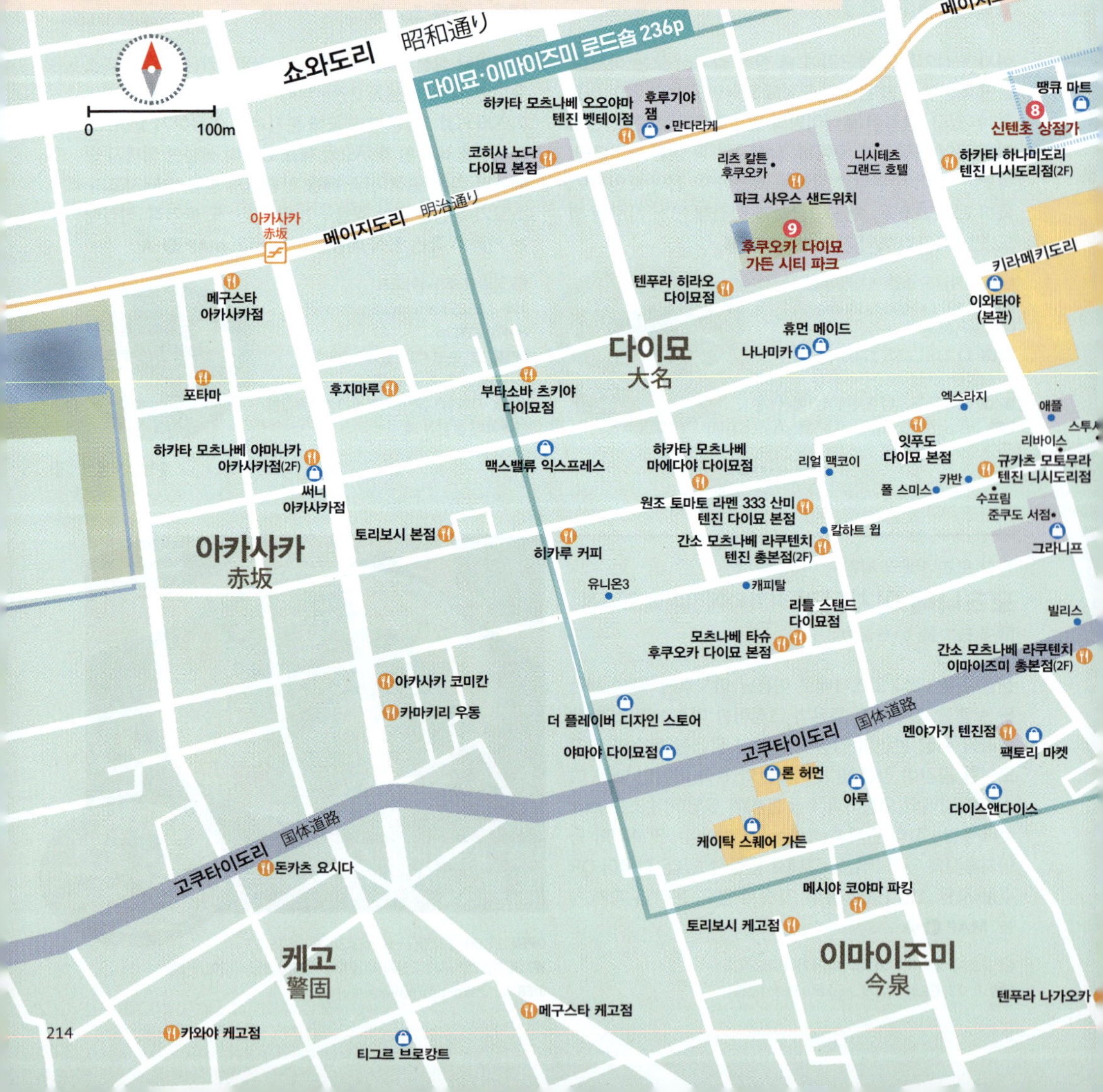

신신 라멘
텐진 본점

야요이켄

야타이 겐카이

쇼와도리 昭和通り

다이묘·이마이즈미 로드숍 236p

메이지도리 明治通り

뗑큐 마트

(8) 신텐초 상점가

하카타 모츠나베 오오야마
텐진 벳테이점

후루기야
잼 · 만다라케

코히샤 노다
다이묘 본점

리츠 칼튼
후쿠오카

니시테츠
그랜드 호텔

하카타 하나미도리
텐진 니시도리점(2F)

파크 사우스 샌드위치

아카사카 赤坂

메이지도리 明治通り

키라메키도리

텐푸라 히라오
다이묘점

**(9) 후쿠오카 다이묘
가든 시티 파크**

이와타야
(본관)

메구스타
아카사카점

휴먼 메이드
나나미카

다이묘
大名

포타마

후지마루

부타소바 츠키야
다이묘점

엑스라지

애플

하카타 모츠나베 야마나카
아카사카점(2F)

써니
아카사카점

맥스밸류 익스프레스

하카타 모츠나베
마에다야 다이묘점

리얼 맥코이

잇푸도
다이묘 본점

리바이스

스투시

규카츠 모토무라
텐진 니시도리점

폴 스미스

카반

수프림

토리보시 본점

히카루 커피

원조 토마토 라멘 333 산미
텐진 다이묘 본점

간소 모츠나베 라쿠텐치
텐진 총본점(2F)

준쿠도 서점

칼하트 윕

그라니프

아카사카
赤坂

유니온3

캐피탈

리틀 스탠드
다이묘점

빌리스

아카사카 코미칸

카마키리 우동

더 플레이버 디자인 스토어

모츠나베 타슈
후쿠오카 다이묘 본점

간소 모츠나베 라쿠텐치
이마이즈미 총본점(2F)

야마야 다이묘점

고쿠타이도리 国体道路

멘야가가 텐진점

팩토리 마켓

론 허먼

아루

다이스앤다이스

케이탁 스퀘어 가든

고쿠타이도리 国体道路

돈카츠 요시다

메시야 코야마 파킹

토리보시 케고점

케고
警固

이마이즈미
今泉

텐푸라 나가오카

메구스타 케고점

카와야 케고점

티그르 브로칸트

0 ——— 100m

214

① 도심 속 연둣빛 보석
텐진 중앙공원
天神中央公園

아크로스 후쿠오카 스텝 가든에서
내려다본 공원 전경

고층 빌딩이 즐비한 후쿠오카 중심부에서 잠시 벗어나 푸른 숲과 여유로운 휴식을 만끽하고 싶다면 텐진 중앙공원을 찾아가보자. 1989년 옛 후쿠오카현청 터에 조성된 이 공원은 도심 속에서 자연을 느낄 수 있는 아늑한 쉼터다. 넓게 펼쳐진 잔디광장과 분수광장은 시민들의 사랑을 받는 휴식 공간이며 나카강을 따라 이어지는 벚꽃 터널은 봄철 최고의 꽃놀이 명소로 손꼽힌다. 연말이 되면 이곳은 화려한 크리스마스 마켓으로 변신해 또 다른 매력을 선사한다.

공원은 작은 다리를 사이에 두고 서쪽의 텐진과 동쪽의 니시나카스西中洲로 나뉜다. 텐진 쪽은 아크로스 후쿠오카가 코앞이라 함께 묶어서 들르기 좋다. 니시나카스 쪽에는 1910년 지어진 르네상스 양식 목조 건축물이자 중요문화재인 구 후쿠오카현 공회당 귀빈관을 비롯해 포토 포인트, 나카스 리버크루즈 선착장, 빵 스톡 텐진점 (242p)이 있다. **MAP ⑤-B**

ⓖ 텐진중앙공원
WALK 지하철 텐진미나미역에서 2분/ 나카스카와바타역에서 4분
WEB tenjin-central-park.jp

◆ 구 후쿠오카현 공회당 귀빈관
旧福岡県公会堂貴賓館

OPEN 전시실 & 카페 09:00~18:00/ 월요일(공휴일인 경우 그다음 평일), 12월 29일~1월 3일 휴무
PRICE 200엔, 14세 이하 100엔
WEB fukuokaken-kihinkan.jp

전시실 겸 카페로 운영되는
구 후쿠오카현 공회당 귀빈관

② 후쿠오카 문화 & 자연 충전소
아크로스 후쿠오카
アクロス福岡

텐진 중앙공원에서 바라본
아크로스 후쿠오카 전경

자연과의 공생을 테마로 한 친환경 복합문화시설. 지하 2층~지상 3층은 상업시설, 4~14층은 국제회의장과 심포니홀 등으로 구성돼 있다. 1층에는 규슈 각지의 전통 공예품을 전시·판매하는 타쿠미匠 갤러리와 규슈산 식재료를 주제로 한 카페 겸 마켓 앤드로컬스& Locals가 함께 있어 다양한 로컬 문화를 한자리에서 체험할 수 있다. 지하 2층에는 텐푸라 히라오, 아지노 마사후쿠 등 유명 맛집들이 들어선 뜻밖의 미식 공간이 있다. 이곳의 하이라이트는 계단식 정원인 스텝 가든이다. 아르헨티나 건축가 에밀리오 암바스가 설계한 이 정원에는 200종, 약 5만 그루의 식물이 건물 한 면을 뒤덮고 있어 멀리서 보면 산처럼 보일 정도다. 2층부터 14층까지 서쪽(405개) 또는 동쪽(404개) 계단을 지그재그로 쉬엄쉬엄 오르다 보면 도심과 나카강이 한눈에 내려다보이는 옥상 전망대에 닿는다. 평일엔 전망대를 운영하지 않지만 계단 정원 산책만으로도 충분히 즐겁다. 단, 여름엔 모기 기피제를 챙기는 것이 좋다. 왕복 소요 시간은 약 30분. **MAP ⑤-B**

G 아크로스 후쿠오카
ADD 1-1-1 Tenjin, Chuo Ward
OPEN 스텝 가든: 09:00~18:00 (11~2월 ~17:00, 연말연시·우천 시 폐쇄)/옥상 전망대: 토·일·공휴일 10:00~16:00/그 외 상점마다 다름
WALK 텐진 중앙공원 1분/지하철 텐진역 16번 출구와 직결 (지하 2층)
WEB acros.or.jp

구석구석 미니 공원처럼 꾸며진 초록 계단

앤드로컬스의 시그니처, 달걀말이 정식 1590엔(11:30부터 제공)

217

③ 텐진, 그 이름의 시작
스이쿄 텐만구
水鏡天満宮

학문의 신으로 추앙받는 스가와라노 미치자네를 모시는 신사. 901년, 미치자네가 다자이후로 유배되던 도중 이곳 연못에 비친 자신의 모습을 보고 덧없음을 느꼈다는 일화에서 '수경水鏡'이라는 이름이 붙었다. 이후 미치자네가 신격화돼 '천신(텐진)天神'이라 불리면서 그를 모신 이 신사 주변은 텐진이라는 지명으로 불리게 됐다. 현재는 입시와 학업 성취를 기원하는 이들로 늘 붐빈다.
신사 동쪽 담장 너머로는 하카타 명물 우마카몬 거리博多名物うまかもん通り가 이어진다. 직장인 단골 식당과 선술집이 다닥다닥 붙어 있는 좁다란 골목으로, 평일 점심시간이면 특히 활기가 넘친다.
MAP ❺-B

ⓖ 스이쿄 텐만구
ADD 1-15-4 Tenjin, Chuo Ward
OPEN 09:00~18:00
WALK 아크로스 후쿠오카 또는 후쿠오카시 아카렌카 문화관에서 1분

우마카몬 거리

④ 100년 넘은 텐진의 얼굴
후쿠오카시 아카렌가 문화관
福岡市赤煉瓦文化館

붉은색과 흰색의 대비가 선명한 외벽이 두드러지는 영국식 건축물. 나카스에서 니시나카시마교西中島橋를 건너면 가장 먼저 만나게 되는 텐진의 랜드마크다. 1909년 구 일본생명 규슈 지점 사옥으로 지어진 중요문화재로, 도쿄역, 한국은행 본관 등을 지은 타츠노 킨고가 설계에 참여했다. 대리석 벽난로와 조명기구, 커튼 등을 옛 모습 그대로 복원해둔 것이 볼거리. 1층에 병설된 복고풍 카페에서 잠시 쉬어 가도 좋다. **MAP ❺-B**

ⓖ 후쿠오카시 아카렌가 문화관
ADD 1-15-30 Tenjin, Chuo Ward
OPEN 09:00~22:00/매월 마지막 월요일(공휴일인 경우 그다음 평일), 연말연시 휴무
PRICE 무료 **WALK** 아크로스 후쿠오카에서 3분 **WEB** bunkazai.city.fukuoka.lg.jp

⑤ 후쿠오카 미술의 현재
후쿠오카 현립미술관
福岡県立美術館

후쿠오카현 출신의 저명 예술가들을 중심으로 회화·조각·공예 등 다양한 장르의 국내외 컬렉션을 소장한 미술관이다. 공원 안에 위치해 미술 감상과 산책을 함께 즐길 수 있으며 미술 도서실과 1층 병설 카페도 조용한 휴식처가 된다. 2029년에는 오호리 공원 남쪽으로 이전해 한층 업그레이드된 문화예술 거점으로 거듭날 예정. 설계는 일본 대표 건축가 쿠마 켄고가 맡았다. **MAP ❷**

ⓖ 후쿠오카현립미술관
ADD 5-2-1 Tenjin, Chuo Ward
OPEN 전시: 10:00~18:00(폐장 30분 전까지 입장)/미술 도서실: 09:00~ 12:00, 13:00~17:30/월요일(공휴일인 경우 그다음 평일), 12월 28일~1월 4일, 부정기 휴무
WALK 후쿠오카시 아카렌가 문화관에서 8분
WEB fukuoka-kenbi.jp

6 역과 상업시설을 잇는 중심 거점

솔라리아 터미널 빌딩
ソラリアターミナルビル

텐진 쇼핑·교통의 중심축이자 와타나베도리를 상징하는 지하 3층, 지상 9층 규모의 복합상업시설. 3층에는 니시테츠 텐진 고속버스터미널, 2층에는 니시테츠후쿠오카(텐진)역이 있으며 나머지 건물 절반 가까이는 미츠코시 백화점이 사용하고 있다. 철도역과 버스터미널을 거쳐 솔라리아 스테이지로 자연스럽게 이어지고 솔라리아 스테이지는 다시 파르코와 연결돼 와타나베도리 서쪽의 주요 쇼핑몰과 백화점이 모두 하나로 이어진다. 1층 개방형 통로에 자리한 라이온 광장은 사자 동상으로 유명한 만남의 명소. 광장 한쪽에는 휴식 공간과 한국어 브로셔를 갖춘 관광안내소도 마련돼 있다. **MAP ⑤-B**

G 솔라리아 터미널 빌딩
ADD 2-1-1 Tenjin, Chuo Ward
WALK 니시테츠후쿠오카(텐진)역 직결/텐진 지하가 서西7~12번 통로 이용

라이온 광장

7 커피와 함께 떠나는 시간 유람

케고 신사
警固神社

약 1700년 전에 지은 것으로 추정되는 오랜 역사를 지닌 장소. 케고 공원이 인접해 있어 현지인의 참배 장소이자 도심 속 힐링 명소로 사랑받는다. 경내에는 수령 300년이 넘는 녹나무가 자라고 2024년 문을 연 블루 보틀 커피 규슈 1호점이 마치 신사의 일부처럼 경내에 자리해 전통과 현대가 조화를 이룬다. 도리이가 세워진 서쪽 정문 외에도 북쪽과 남쪽에도 출입구가 있어 접근성이 뛰어나다. **MAP ⑤-D**

G 케고 신사
ADD 2-2-20 Tenjin, Chuo Ward
OPEN 06:30~18:00
WALK 지하철 텐진미나미역에서 3분/니시테츠후쿠오카(텐진)역 남 출구에서 1분
WEB kegojinja.or.jp

미니멀한 인테리어와 신사 풍경이 어우러진 블루 보틀 커피(08:00~20:00)

뜨거운 커피는 가고시마산 도자기 컵에 센스 있게 담아준다(소진 시 종이컵으로 대체).

219

8 정시마다 자동 인형이 짜잔~

신텐초 상점가

新天町商店街

1946년 문을 연 후쿠오카 최초의 아케이드 상점가. 부모·자식·손자 3대가 찾는 노포부터 도토루·툴리스·프론토·우에시마 커피점 같은 프랜차이즈 카페, 캔두·땡큐마트 등 저가 잡화점이 많아 현지인과 여행자가 묘하게 뒤섞인다. 눈여겨볼 맛집은 서서 먹는 스시집, 스시 쇼군すし将軍. 상점가는 약 180m 길이의 주 통로를 중심으로 북상가北通り와 남상가南通り로 나뉘며 중앙 광장의 대형 자동 인형 시계, 메르헨 차임이 길 찾기 포인트다. 정시마다 오르골 연주와 인형 퍼포먼스가 펼쳐진다. **MAP ⑤-A**

메르헨 차임

Ⓖ 신텐쵸상점가
ADD 2-9 Tenjin, Chuo Ward
WALK 지하철 텐진역 또는 니시테츠후쿠오카(텐진)역 북쪽 출구에서 3분
WEB shintencho.or.jp

9 일 년 내내 초록빛 휴식

후쿠오카 다이묘 가든 시티 파크

Fukuoka Daimyo Garden City Park

1929년 초등학교 운동장이던 자리에 조성된 인조잔디 광장. 사계절 내내 피크닉과 야외 행사가 이어져 텐진 한복판에서 여유를 즐기기 좋다. 광장 북쪽 리츠칼튼 호텔 1~2층에 길게 늘어선 맛집 테라스석에서 공원 풍경을 바라보며 식사할 수 있다. 정통 나폴리 피자 전문 피제리아 다 가에타노Pizzeria Da Gaetano, 아침부터 줄이 서는 파크 사우스 샌드위치(252p), 철판 프렌치 토스트로 유명한 크래프트 앤 그릴The CRAFT Bar and Grill이 대표적. 해가 지면 수제 맥주와 와인이 어우러지는 트렌디한 분위기로 바뀐다. **MAP ⑤-A**

Ⓖ 후쿠오카 다이묘 가든 시티 파크
ADD 2-6-50 Daimyo, Chuo Ward
OPEN 공원 24시간, 상점 11:00~20:00, 레스토랑·카페 11:00~23:00/매장마다 다름
WALK 지하철 텐진역에서 3분
WEB fukuoka-dgc.jp/park/

헤어나올 수 없는 쇼핑의 우주
쇼핑몰 & 드럭스토어

일반 쇼핑몰은 물론 빅카메라, 돈키호테, 대형 드럭스토어까지! 규슈 제일의 번화가 텐진에는
각기 다른 매력과 규모의 쇼핑 시설이 끊임없이 이어져 하루 종일 둘러봐도 질릴 틈이 없다.
최근 원 후쿠오카 빌딩까지 가세하며 텐진의 쇼핑 열기는 나날이 뜨거워지는 중이다.

> 원 후쿠오카 빌딩 옆, 마인크래프트 스타일 조형물
> '픽셀 트리'가 포토존으로 사랑받는다.

텐진의 새로운 랜드마크 탄생
원 후쿠오카 빌딩 One Fukuoka Bldg.

'경계를 넘나드는 복합 경험 플랫폼'을 표방하며 2025년 4월 문을 연 복합상업시설.
지하 2층~지상 6층의 상업시설과 호텔·라운지 레스토랑으로 구성돼 있다. 입점한
126개 매장은 하나같이 핫한 것뿐. 특히 규슈 첫 진출 브랜드들이 두드러진다. 지하
1~2층 식당가를 중심으로 한 식음료 공간의 좌석 수는 텐진 최대 규모다.
사면이 통유리로 돼 있어 개방감이 뛰어나고 테라스나 도심 뷰를 갖춘 카페와 숍이
많아 잠시 머무는 것만으로도 기분 전환이 된다. 널찍한 츠타야 서점, 텐진 도심 풍
경을 내려다볼 수 있는 6층 스카이 로비, 총 180석 규모의 무료 휴식 공간, 벽화·회
화·조각 등 국내외 아티스트 작품 126점이 어우러져 쇼핑을 넘어선 미학적인 라이
프스타일 공간으로 주목받고 있다. 면세는 대부분 매장에서 합산 가능하며 3층에 면
세 카운터가 마련돼 있다.
최상층(18~19층)에는 원 후쿠오카 호텔One Fukuoka Hotel이 자리하며 공간·건축·아트
를 통합한 설계로 '호텔 전체가 하나의 작품'이라는 평가를 받는다. 2025 월드 럭셔
리 호텔 어워드에서 글로벌 수상도 거뒀다. **MAP ⑤-B**

ⓖ 원 후쿠오카 빌딩
ADD 1-11-1 Tenjin, Chuo Ward
OPEN 상점 11:00~20:00
(토·일·공휴일 10:00~),
레스토랑·카페 11:00~23:00
(토·일·공휴일 10:00~)/
매장마다 다름
WALK 지하철 텐진역·텐진 지하가 직결
(지하 2층)
WEB onefukuoka-building.jp

원 후쿠오카 빌딩 Top 13

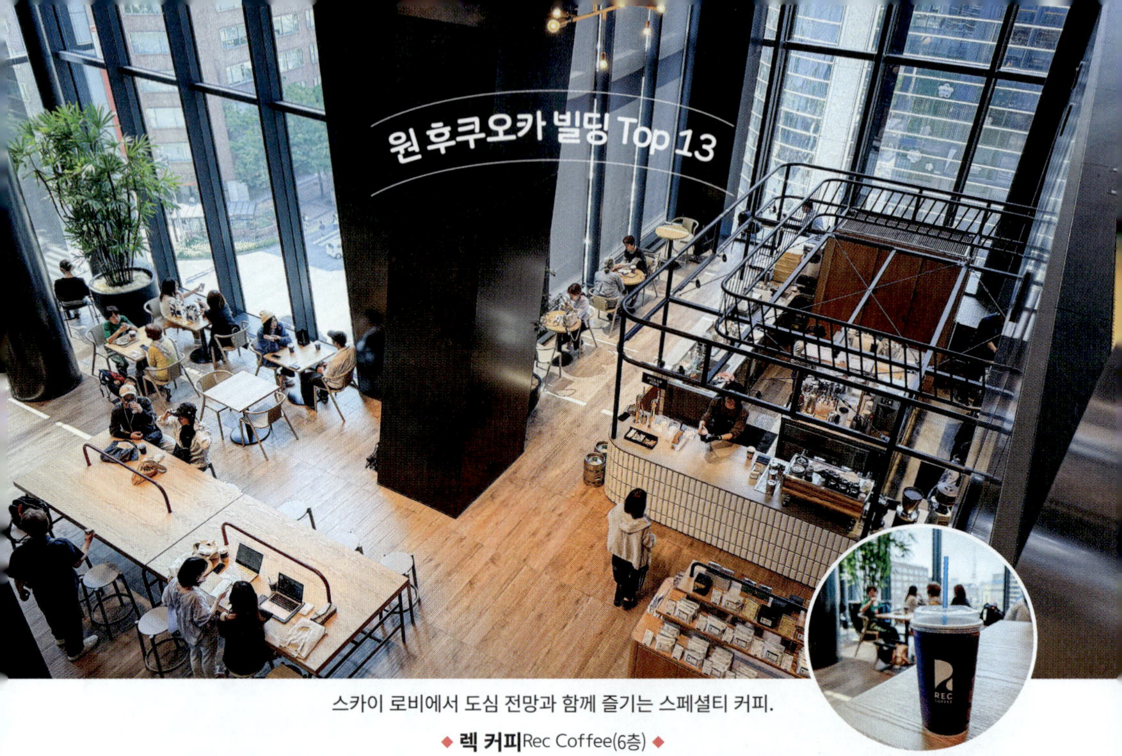

스카이 로비에서 도심 전망과 함께 즐기는 스페셜티 커피.

◆ **렉 커피**Rec Coffee(6층) ◆

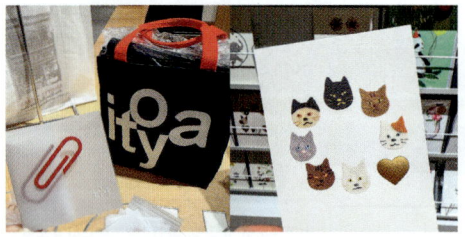

100년 전통을 자랑하는 도쿄 긴자 발 고급 문구 편집숍.
펜·노트·엽서·카드 등 선물용 문구 쇼핑에 최적.

◆ **이토야**Itoya(4층) ◆

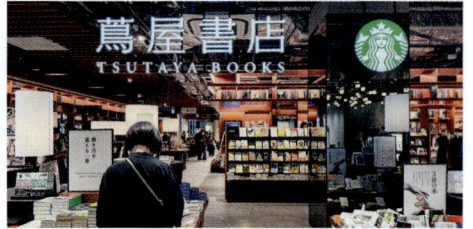

라운지·카페가 결합된 대형 북스토어.
여행 중 책·잡지·문구를 한 번에 보기 좋은 곳.

◆ **츠타야 서점**蔦屋書店(4층) ◆

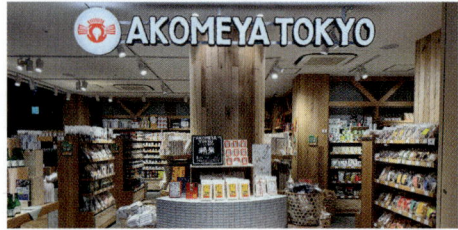

쌀·조미료·간장·과자 등 일본 전역 식재료와 식탁잡화를
모은 프리미엄 그로서리. 선물 쇼핑 스폿.

◆ **아코메야 도쿄**Akomeya Tokyo(지하 2층) ◆

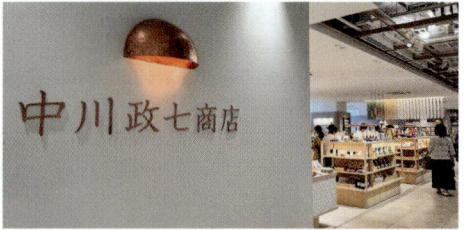

전통 공예를 바탕으로 한 생활잡화 브랜드.
키친·패브릭·소품 등 일본스러운 기념품을 고르기 좋다.

◆ **나카가와 마사시치 상점**中川政七商店(3층) ◆

숍×카페×갤러리가 결합된 복합 공간.

◆ **스파이럴 가든**Spiral Garden(3층) ◆

다이묘에서 이전해 규모를 키운 플래그십 스토어.

◆ **나이키**Nike(2층) ◆

테라스를 갖춘, 파리와 도쿄 감성의 패션 브랜드 겸 카페.

◆ **메종 키츠네 & 카페 키츠네**
Maison Kitsuné & Café Kitsuné(2층) ◆

싱글오리진 커피와 말차 음료·디저트, 테라스를 갖춘
도토루의 하이엔드 카페.

◆ **칸노 커피**神乃珈琲(4층) ◆

유기농·무첨가 식재료와 고급 조미료, 사케와 와인 등을
큐레이션한 프리미엄 내추럴 푸드 마켓.

◆ **비오랄라**b!olala(지하 2층) ◆

말차와 호지차, 진한 말차 디저트가
어우러져 초록빛을 자아내는 찻집.

◆ **사료 이토엔**茶寮伊藤園(지하 2층) ◆

샐러드, 육류 요리, 비스트로 메뉴를 모은 세련된 푸드홀.
480석의 탁 트인 공간, 여럿이 나눠 먹기 제격이다.

◆ **이토 텐진**iiTo TENJIN(지하 1층) ◆

현지 인기 이자카야와 전국 맛집이 모인 주점가.
빌딩 안의 야타이 거리 느낌.

◆ **텐진 노렌가이**天神のれん街(지하 1층) ◆

인기템, 여기 다 모였네!

미나 텐진
mina Tenjin

유니클로·GU·PLST·띠어리 등 유니클로 계열 SPA 브랜드의 대형 매장을 중심으로 로프트(232p), 쓰리코인즈 플러스(233p), 세리아, 니토리 등이 지하 1층부터 지상 8층까지 들어선 쇼핑몰이다. 특히 1층은 유니클로의 지역 상생과 지속가능성을 담은 공간으로, 후쿠오카 노포·로컬 기업과의 협업 굿즈를 소개하는 로컬 콜라보 존과 헌 옷을 수선·리메이크하는 RE.UNIQLO 스튜디오가 마련돼 기성품과는 다른 감성을 전한다. 7층에는 게임센터와 북오프 대형점이, 지하 1층에는 카페와 드러그스토어가 입점해 있다. 이온 쇼퍼즈와 지하 및 지상 3층에서 자연스럽게 연결돼 있어 두 곳만 둘러봐도 웬만한 쇼핑은 다 해결된다.

MAP ❺-B

Ⓖ 미나텐진
ADD 4-3-8 Tenjin, Chuo Ward
OPEN 10:00~20:00, 지하 1층 07:00~22:00/ 매장마다 다름
WALK 지하철 텐진역에서 3분
WEB mina-tenjin.com

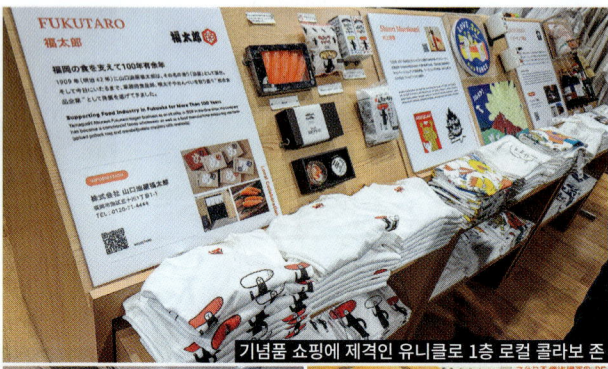
기념품 쇼핑에 제격인 유니클로 1층 로컬 콜라보 존

RE.UNIQLO 스튜디오

세리아

펫 푸드 코너(1층)

밀키 출시 70주년을 기념한 후지야 전문 매장(1층)

미나 텐진과 연결된 핫플

이온 쇼퍼즈 후쿠오카
イオンショッパーズ福岡店

미나 텐진과 함께 둘러보기 좋은 쇼핑몰. 현지인들 사이에서는 '텐진 쇼퍼즈 후쿠오카'라는 애칭으로 더 잘 알려져 있다. 8층 중 지하 1층부터 지상 4층까지가 상업시설이며 무인양품이 한 층 전체를 쓰는 2층과 다이소·쓰리피 제품을 넓게 둘러볼 수 있는 4층이 특히 인기다. 지하 1층 식품관에는 신선한 회와 초밥 등 다양한 먹거리가 모여 있다. 반려동물이 있다면 1층의 펫 푸드 코너를, 구체관절인형이나 피규어에 관심 있다면 4층 복스를 눈여겨보자.

MAP ❺-B

Ⓖ 이온 쇼퍼즈 후쿠오카
ADD 4-4-11 Tenjin, Chuo Ward
OPEN 09:00~22:00/매장마다 다름
WALK 지하철 텐진역에서 5분/미나 텐진과 연결
WEB tenpo.aeon-kyushu.info/aeon/detail/shoppers-fukuoka/

콩닥콩닥 24시간 쇼핑 테마파크
돈키호테 후쿠오카 텐진 본점
ドン・キホーテ

온갖 장르의 물건이 한데 모인 대형 잡화
점. 좁은 통로와 천장까지 빼곡히 쌓인 상
품들로 얼핏 무질서해 보이지만 실은 철
저히 계산된 동선이다. 미로 같은 매장을
누비며 보물찾기하듯 의외의 물건을 발
견하는 경험은 쇼핑을 일종의 놀이처럼
느끼게 만든다. 특히 텐진 본점은 뛰어난
입지와 지하 1층부터 지상 5층까지 이어
지는 거대한 규모가 압도적이다. 외국인
관광객을 겨냥한 여행용품, 의약품, 저가
뷰티 제품을 강화했으며 신상품 입고도
빠른 편. 평일 저녁 7시 이후와 주말·공휴
일은 면세 계산대에 긴 줄이 생기고 인기
제품이 빠르게 품절되므로 여유롭게 쇼
핑하려면 평일 오전이나 낮 시간대에 방
문하는 것이 좋다. 면세 카운터는 5층에
있다. **MAP ⑤-D**

Ⓖ 돈키호테 후쿠오카 텐진 본점
ADD 1-20-17 Imaizumi, Chuo Ward
OPEN 24시간
WALK 지하철 텐진미나미역에서 6분/
케고 신사에서 3분
WEB donki.com

쇼핑 욕구 부르는 특가 명당
다이코쿠드럭 텐진미나미점
ダイコクドラッグ

돈키호테와 함께 여행자가 많이 찾는 드럭스토어. 외국인 관광객에 특화된
2층 규모의 대형 매장으로, 특가 상품이 많고 돈키호테보다 비교적 여유롭
게 쇼핑할 수 있다. 1층은 면세점 분위기의 기념품 과자 코너로 구성돼 있
고 여행자의 주요 쇼핑 품목인 의약품, 뷰티, 생활잡화, 식료품은 대부분 2
층에 모여 있다. 2층 계산대 전체를 면세 카운터로 운영해 면세 절차도 편
리하다. **MAP ⑤-D**

Ⓖ 다이코쿠드럭 텐진미나미점
ADD 1-23-11 Imaizumi, Chuo Ward
OPEN 10:05~23:50
WALK 지하철 텐진미나미역에서 3분/
케고 신사 남쪽 입구 건너편
WEB daikokudrug.com/store/tenjin_
minami/

225

주류 득템하러 렛츠고!

빅카메라 텐진 1·2호관
Bic Camera

PC, 카메라, 가전을 중심으로 완구, 취미용품, 주류까지 골고루 갖춘 쇼핑몰. 1호관과 2호관은 도보 약 4분 거리에 위치하며 취급 품목이 조금씩 다르다. 1호관은 고가철도 아래 공간을 활용해 A·B·C 블록으로 나뉘며 가장 안쪽 C 블록 주류 코너에서 프리미엄 위스키를 폭넓게 다룬다. 케고 신사 옆의 2호관은 1~7층 규모이며 2층에 주류 코너, 6~7층에 장난감과 캡슐토이 코너가 있다. 카드사나 핀테크 기업 할인쿠폰을 활용하면 더욱 유리하다. 면세 가능. **MAP ⑤-D**

ⓖ 빅카메라 텐진1호점
빅카메라 텐진2호점
ADD 1호관: 1-25-1, Imaizumi, Chuo Ward
2호점: 2-4-5 Tenjin, Chuo Ward
OPEN 10:00~21:00
WALK 1호관: 니시테츠후쿠오카(텐진)역 남출구에서 1분/지하철 텐진미나미역에서 3분
2호관: 케고 신사 정문 도리이 바로 앞
WEB biccamera.com

쇼핑, 식사, 교통까지 다 해결

솔라리아 스테이지
Solaria Stage

니시테츠후쿠오카(텐진)역·고속버스터미널·파르코가 바로 연결되는 복합몰. 특히 잡화관 인큐브INCUBE 4층 문구 코너는 규모와 구성 모두 텐진 최고 수준으로, 필기구부터 수입 문구, 아이디어 잡화까지 선택지가 압도적이다. 몬치치 인형을 다양하게 취급하는 후쿠오카 대표 매장으로도 잘 알려져 있다.

지하 1층에는 텐진 최대 규모의 슈퍼마켓 레가넷 텐진이, 지하 2층 식당가에는 효탄 스시, 모츠나베 라쿠텐치, 텐진 호르몬, 키스이마루 등 인기 식당이 모여 있어 이른 아침부터 밤늦게까지 활용하기 좋다. **MAP ⑤-B**

ⓖ 솔라리아 스테이지
ADD 2-11-3 Tenjin, Chuo Ward
OPEN 상점 10:00~20:30, 식당 07:30~22:30, 레가넷 텐진 08:00~23:00(토·일·공휴일 ~22:00)/매장마다 다름
WALK 니시테츠후쿠오카(텐진)역 직결
WEB www.solariastage.com

오늘도 계속 업그레이드 중

솔라리아 플라자
Solaria Plaza

솔라리아 스테이지 뒤편 케고 공원에 자리한 지하 2층~지상 7층 규모의 복합몰. 2025년 봄 리뉴얼을 거쳐 일본 한정 상품과 개성 있는 아이템을 선보이는 부티크·편집숍이 대거 입점하며 트렌디한 쇼핑 스폿으로 자리 잡았다. 로맨틱 빈티지 무드의 액시즈 팜axes femme, 스트리트 감각의 아트모스 핑크atmos pink, 인기 로컬 브랜드 어반 리서치 도어스 Urban Research Doors, 무인양품의 고급 라인 무지 라보MUJI Labo 등 한국에서는 보기 힘든 제품을 만나는 재미가 있다. 다수 매장에서 자체 면세 서비스를 제공한다. **MAP ⑤-B**

ⓖ 솔라리아 플라자
ADD 2-2-43 Tenjin, Chuo Ward
OPEN 11:00~20:00(토·일·공휴일 10:00~, 식당·카페 ~22:00)
WALK 니시테츠후쿠오카(텐진)역 직결/케고 공원 바로 북쪽
WEB solariaplaza.com

텐진 1호관
텐진 2호관

몬치치 등 캐릭터 굿즈가 가득한 인큐브 4층

무지 라보

솔라리아 플라자
솔라리아 터미널 빌딩(후면)
케고 공원

골목 감성을 담은 라이프스타일숍
케이탁 스퀘어 가든
Caitac Square Garden

이마이즈미에 자리한 4층 규모 복합몰. 여행자에겐 비교적 덜 알려졌지만 개방적인 구조에 로드숍처럼 독립된 매장이 이어져 있어 여유롭게 둘러보기 좋다. 추천 매장은 1층의 화이트 아틀리에 바이 컨버스White atelier BY CONVERSE. 화이트 올스타에 원하는 패턴과 이니셜, 액세서리를 더해 '나만의 컨버스'를 만들 수 있는 커스터마이즈 전문 숍이다. 일본 한정판과 고급 소재의 메이드 인 재팬 라인도 있어 감성과 개성을 담은 특별한 쇼핑이 가능하다. 그 외 플라잉 타이거, 야누크YANUK, 푸마 스토어 등도 입점해 있다. MAP ⑤-C

ⓖ 케이탁 스퀘어 가든
ADD 1-15-38 Kego, Chuo Ward
OPEN 화이트 아틀리에 바이 컨버스 11:00~19:30/그 외는 매장마다 다름
WALK 돈키호테 텐진 본점에서 5분
WEB caitacsquaregarden.com

곰돌이 보러 갔다 양손 가득
몽벨 후쿠오카 텐진점
Montbell

1975년 일본에서 설립된 브랜드로, 현지에서는 '아웃도어계의 유니클로'라 불릴 만큼 뛰어난 품질과 합리적인 가격을 자랑한다. 규슈 지역 최대 매장인 텐진점은 고기능성 의류부터 배낭, 캠핑 장비, 키즈 라인까지 풀 라인업을 갖춰 사이즈와 색상 선택 폭이 넓다. 한국보다 저렴한 가격으로 쇼핑할 수 있고 초경량 우산, 위크론 티셔츠, 경량 패딩 등 인기 아이템의 재고도 비교적 넉넉한 편이다. 다만 인기 사이즈는 빠르게 소진되므로 여행 초반 방문을 권한다. 면세 불가. MAP ⑤-D

ⓖ 몽벨 다이묘
ADD 2-4-38 Tenjin, Chuo Ward
OPEN 10:30~21:00
WALK 케고 신사 정문 도리이에서 1분

지갑 열리는 '입는 미술관'
그라니프 후쿠오카 텐진점
graniph

'티셔츠를 캔버스 삼아 예술을 입는다'는 독창적인 컨셉의 브랜드 그라니프의 플래그십 스토어. 그림책, 명화, 애니메이션 등 장르를 넘나드는 아트워크 티셔츠를 중심으로 잡화·키즈·리빙까지 구성 폭이 넓고 컨트롤 베어와 뷰티풀 섀도우 같은 자체 캐릭터도 마니아층이 두텁다. 특히 니와카 센페이, 명란 등 후쿠오카 명물과 협업한 한정판 굿즈는 기념품으로 제격이다. 신상품 회전이 빨라 갈 때마다 새로운 디자인을 고르는 재미가 있고 가격대도 합리적이다. 면세 가능. 매장 내 카페에서는 렉 커피와 캐릭터 라테 아트를 즐길 수 있다. MAP ⑤-C

ⓖ 그라니프 후쿠오카 텐진점
ADD 1-15-1 Daimyo, Chuo Ward
OPEN 10:00~21:00
WALK 케고 신사 정문 도리이에서 2분
WEB graniph.com

세상에 하나뿐인 스니커즈, 화이트 아틀리에 바이 컨버스

쇼핑백 무게만큼 행복도 가득

텐진의 4대 백화점

매출 1위 이와타야, 우아한 분위기의 다이마루, 지역 색이 짙은 미츠코시, 젊고 트렌디한 감성의 파르코까지.
쇼퍼홀릭의 심장을 뛰게 하는 개성 있는 대형 백화점 4곳을 소개한다.

여기는 쇼핑 종합선물세트

이와타야
岩田屋

매년 후쿠오카 백화점 매출 1위를 기록하는 90년 전통의 노포 백화점. 넓고 쾌적한 공간에 한국인이 선호하는 브랜드가 고루 입점해 있다. 본관은 명품·화장품·전통 공예 브랜드와 식품관 중심, 신관은 젊은 층을 겨냥한 패션과 생활잡화로 구성됐다. 꼼데가르송 거의 전 라인을 만날 수 있는 곳으로도 유명하다. 본관 지하 2층 식품관에는 종 모양 화과자와 딸기 모찌로 알려진 스즈카케, 40년 넘은 110엔 앙금빵 노포 호라쿠만주, 닷사이 전 라인을 갖춘 닷사이 스토어 등이 들어서 있으며 저녁 시간대에는 도시락과 반찬 할인도 진행된다. **MAP ⑤-B**

🅖 이와타야 본점
ADD 2-5-35 Tenjin, Chuo Ward
OPEN 10:00~20:00
WALK 지하철 텐진역에서 5분/케고 신사에서 3분/니시테츠후쿠오카(텐진)역에서 3분
WEB iwataya-mitsukoshi.mistore.jp/iwataya.html

: WRITER'S PICK :
이와타야에서 알뜰 쇼핑하기

신관 7층 면세 카운터에서 여권을 제시하면 3000엔 이상 구매 시 5% 할인을 받을 수 있는 게스트 카드를 발급해준다(일부 품목 제외). 같은 계열인 미츠코시 후쿠오카점에서도 사용 가능. 면세 수속도 이곳에서 진행된다(일부 매장은 합산 또는 면세 불가, 081p 참고).

전통과 품격을 갖춘 백화점

다이마루 후쿠오카 텐진점
Daimaru

1953년 문을 연 노포 백화점. 파사주 광장을 사이에 두고 본관과 동관으로 나뉘며 루이비통, 구찌, 톰 포드 등 명품부터 전통 공예품까지 폭넓은 라인업을 갖췄다. 외국인 할인 쿠폰은 제공하지 않지만 텐진 지하가와 연결된 뛰어난 접근성과 지역색 짙은 본관 지하 2층 식품관 덕분에 여행자 발길도 잦다. 동관 지하 1층 전체를 차지한 약 600평 규모의 무인양품 매장에는 무료 테이블과 합리적인 가격의 카페가 마련돼 있다. 무인양품은 자체 면세 서비스를 제공하며 백화점 전체 면세 카운터는 본관 지하 1층에 있다.

MAP ⑤-B

🅖 다이마루 후쿠오카
ADD 1-4-1 Tenjin, Chuo Ward
OPEN 10:00~20:00(본관 B2~1층·동관 B2~2층~20:00, 동관 6층 식당가 11:00~22:00)
WALK 지하철 텐진미나미역 2·3번 출구 바로 앞, 동관은 4번 출구와 바로 연결
WEB daimaru-fukuoka.jp

오니츠카 타이거

세련된 생활잡화점, 프랑프랑

지금 제일 힙한 '인싸템' 찾기
파르코 후쿠오카점
福岡 PARCO

일본의 팝 문화를 몽땅 모아둔 트렌디한 백화점. 본관과 신관에 애니메이션, 캐릭터, 문구, 생활잡화, 스트리트 패션까지 핫한 감성의 제품이 가득하다. 본관 8층 텐진 캐릭터 파크에는 스누피 타운 숍, 리락쿠마 스토어, 키디 랜드가 모여 있어 굿즈 쇼핑의 성지로 통하며 5층에는 후쿠오카 도심 유일의 프랑프랑 대형 매장이, 지하 1층에는 멘야 카네토라, 신신 라멘, 키와미야, 모츠나베 오오야마, 규카츠 모토무라 등 한국인 취향 저격 맛집이 총출동했다. 신관은 본관과 4층, 6층, 지하 1층에서 곧장 연결되며 1~2층에는 후쿠오카 최대 규모의 빔즈 매장이 자리한다. 외국인 할인 쿠폰이나 면세 카운터는 없으며 면세 처리는 각 매장에서 가능하다.
MAP ⑤-B

Ⓖ 후쿠오카 파르코
ADD 2-11-1 Tenjin, Chuo Ward
OPEN 10:00~20:30(식당가 11:00~23:00)/ 매장마다 다름
WALK 지하철 텐진역 7번 출구와 바로 연결
WEB fukuoka.parco.jp

오며 가며 쇼핑하기 좋아요
미츠코시 후쿠오카점
福岡三越

니시테츠후쿠오카(텐진)역과 고속터미널이 같은 건물에 있어 바로 접근할 수 있는 뛰어난 입지가 강점인 백화점이다. 같은 계열의 이와타야가 트렌디한 고급 브랜드 위주라면 이곳은 유행을 타지 않는 차분한 로컬 브랜드 중심이다. 9층과 지하 1층은 '라시크LACHIC'라는 이름의 라이프스타일숍으로 운영되며 특히 9층 절반을 차지한 다이소·스탠다드 프로덕트·쓰리피는 규모와 구성이 모두 기대 이상이다. 지하 2층 식품관에는 규슈산 특산물과 다양한 먹거리, 대형 슈퍼마켓이 있다. 면세 카운터가 있는 지하 2층은 텐진 지하가와 바로 연결된다. **MAP ⑤-D**

Ⓖ 미츠코시 후쿠오카점
ADD 2-1-1 Tenjin, Chuo Ward(솔라리아 터미널 빌딩)
OPEN 10:00~20:00
WALK 니시테츠후쿠오카(텐진)역 직결/지하철 텐진미나미역에서 2분
WEB iwataya-mitsukoshi.mistore.jp/mitsukoshi.html

CHIIKAWA LAND

귀여운 건 못 참는 여행자들의 천국, 파르코 본관. 한정 굿즈와 콜라보 상품이 많아 레어템을 노려볼 수 있고 매장마다 포토존처럼 꾸며져 있어 둘러보는 것만으로도 즐겁다.

디즈니 스토어, 빌리지 뱅가드, 애니메이트를 제외한 대부분의 굿즈숍은 면세가 되지 않는다.

귀여운 치이카와(먼작귀) 굿즈를 한자리에 모은 매장은 규슈에서 여기뿐. 키디 랜드 안에 있다.

◆ **치이카와 랜드**(8층) ◆

라멘과 딸기를 모티프로 한 하카타 한정 디자인을 중심으로
문구·인형·생활 잡화 등 스누피 굿즈가 가득.
대형 스누피 인형과 포토월은 단연 시선 집중.

◆ 스누피 타운 숍 (8층) ◆

명란젓, 하카타 오이란, 야마카사 축제 의상 등
후쿠오카 한정 상품이 인기.
대형 리락쿠마 인형이 놓인 포토존은 인증샷 명소다.

◆ 리락쿠마 스토어 (8층) ◆

산리오, 디즈니, 지브리, 픽사 등
캐릭터별 미니존으로 구성.
시즌마다 테마가 바뀌어 갈 때마다 새롭다.

◆ 키디 랜드 (8층) ◆

시즌 한정, 파르코점 한정 굿즈를 중심으로 살펴보자.
캐릭터 테마 소품과 생활 잡화 비중이 높고
대형 포토존도 곳곳에 준비돼 있다.

◆ 크레용 신짱 공식 숍 액션 백화점 (7층) ◆

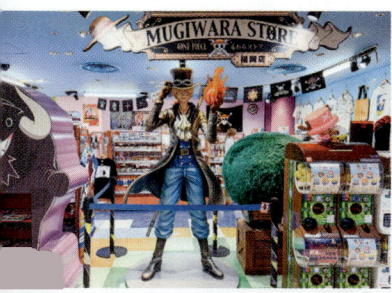

규슈에서 하나뿐인 공식 원피스 숍.
후쿠오카 한정 및 시즌 한정 상품이
눈길을 끈다.

◆ 원피스 무기와라 스토어 (7층) ◆

키치 감성의 서적과 만화, 캐릭터 굿즈,
캡슐토이, 피규어, 재밌는 간식이
천장까지 빼곡히 진열된 이색 편집숍.

◆ 빌리지 뱅가드 (6층) ◆

텐진 지하가와 가장 가까운 캐릭터
굿즈숍. 규모가 작아 대표 상품을
가볍게 훑어보기에 좋다.

◆ 디즈니 스토어 (지하 1층) ◆

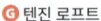

설렘을 쇼핑해요
텐진 문구·잡화 투어

멋이 흐르는 전통 문구, 트렌디한 잡화, 힙한 일상 아이템까지.
문구 덕후와 생활잡화 러버들의 쇼핑 레이더를 분주하게 작동시키는 장소 컬렉션.

1020들의 잡화 쇼핑 아지트
로프트 텐진점 Loft

여성 고객과 젊은 층을 겨냥한 대형 잡화 체인. 미나 텐진 4층을 통째로 사용해 문구, 캐릭터 굿즈, 화장품, 인테리어, 주방용품 등 최신 일본 감성 잡화를 발빠르게 입고한다. 특히 인기 캐릭터와의 콜라보로 출시되는 로프트 한정 상품은 놓치지 말 것. 후쿠오카에는 이곳과 라라포트 후쿠오카에 매장이 있으며 자체 면세 카운터도 운영한다. **MAP 5-B**

G 텐진 로프트
OPEN 10:00~20:00(면세 카운터 ~19:30)
WALK 미나 텐진 4층
WEB loft.co.jp

로프트 한정
스누피 굿즈

귀여운 거 옆에 또 귀여운 거, 텐진 문구 놀이터

오늘은 편지 쓰고 싶은 날
줄리엣츠 레터 Juliet's Letters

손편지의 따뜻한 감성을 전하는 세련된 문구 편집숍. 영화 <레터스 투 줄리엣>에서 영감을 받아 한 장만 써도 특별함이 느껴지는 고급 편지지와 유럽풍 엽서, 입체 카드, 스티커, 스탬프, 캘린더, 노트 등 다양한 종이 문구를 선보인다. 고급 잉크펜과 만년필 브랜드도 잘 갖춰져 있으며 만년필 구매 시 필기 테스트와 잉크 컬러 선택도 가능하다. 선물 포장도 센스 만점이다. 면세 가능. 아크로스 후쿠오카 1층 스이쿄 텐만구 쪽에 있다.
MAP 5-B

G juliets letters
OPEN 10:30~19:00
WALK 아크로스 후쿠오카 1층
WEB juliet.co.jp

100년 전통의 일본 감성 숍

토지
とうじ

1918년 하카타에 문을 연 노포 상점에서 출발한 문구 편집숍. 일본 아티스트들이 디자인한 메모지, 카드, 편지지 등 수제 문구를 비롯해 가죽 키링, 핸드메이드 가방과 파우치까지, 전통미와 현대적 감각이 어우러진 아이템들이 대량생산품과는 다른 특별함을 전한다. 마치 다른 세계에 들어온 듯 아늑하고 조용한 매장 분위기도 인상적이다.
MAP ⑤-B

Ⓖ tohji
OPEN 10:30~19:00
WALK 키라메키도리きらめき通り 지하 2층/지하철 텐진역 16번 출구에서 1분(텐진 지하가 서西7 출구 부근)
WEB www.tohji.co.jp

가심비 좋은 기념품 쇼핑

쓰리코인즈 플러스 미나 텐진점
3COINS+plus

300엔 균일가 생활잡화로 유명한 쓰리코인즈의 확장형 매장으로, 일반점보다 규모가 크고 디자인과 기능성을 강화한 상품을 전개한다. 기본 300엔 제품은 물론 1000~1500엔대의 소형 가구, 가전, 식품까지 갖추고 있으며 시즌마다 인기 캐릭터와의 콜라보 굿즈도 다양하게 출시한다. 라라포트 후쿠오카에도 플러스 매장이 있고 하카타역 아뮤에스트와 마크 이즈 후쿠오카 모모치에는 일반 쓰리코인즈 매장이 있다. **MAP ⑤-B**

Ⓖ 3coins plus 미나텐진
OPEN 10:00~21:00
WALK 미나 텐진 지하 1층
WEB palcloset.jp/3coins/

시간을 담은 아름다운 소품들

나카가와 마사시치 상점 후쿠오카 텐진점 中川政七商店

나라에서 시작해 300년 넘는 전통을 이어온 노포 생활잡화 편집숍. 원 후쿠오카 빌딩에 입점한 후쿠오카 텐진점은 나라 본점, 시부야점에 이은 최대 규모를 자랑한다. '규슈의 직물, 일본의 생활'을 테마로 지역 식재료와 그릇 등 리빙 라인에 힘을 준 구성이 특징. 시그니처인 마직물 시리즈를 비롯해 각종 공예품과 한정 상품도 만나볼 수 있다. 하카타역 아뮤플라자에도 소규모 지점이 있다. **MAP ⑤-B**

Ⓖ 나카가와마사시치 후쿠오카텐진점
OPEN 11:00~20:00
(토·일·공휴일 10:00~)
WALK 원 후쿠오카 빌딩 3층
WEB nakagawa-masashichi.jp

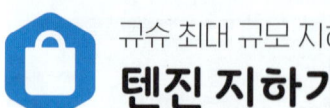

규슈 최대 규모 지하 탐험

텐진 지하가 天神地下街

텐진의 주요 역과 버스터미널, 상업시설을 원스톱으로 연결하는 지하 세계.
날씨와 상관없이 편리한 이동이 가능한 것은 물론 다양한 숍과 먹거리가 즐비해 미로찾기하듯 돌아다니는 재미가 있다.

- 미나 텐진
- 내추럴 키친 앤드
- 텐진역 東3b   · 원 후쿠오카 빌딩
- 트러플 베이커리
- 산리오 비비틱스   西3b
  · 베이크 치즈타르트   東5
- 파르코 ·   西5
- 솔라리아 스테이지

🚄 니시테츠후쿠오카(텐진)역 연결
🚌 고속버스 터미널 연결
🚇 지하철

- 다이마루   · 텐진미나미역
- 쿠라 치카 by 포터 ·
- 이모야 킨지로   東12a   · 불랑수
  西9
- 솔라리아 터미널, 미츠코시   西12a

◆ 텐진 지하가는 어떤 곳?

길이 약 600m, 규슈 최대 규모를 자랑하는 지하상가. 19세기 유럽풍 아치형 천장과 석조 벽, 가스등을 본뜬 조명이 어우러져 고풍스러운 분위기를 자아낸다. 150개가 넘는 매장이 남북으로 길게 이어진 통로 양쪽에 늘어서 있으며 북쪽에서 남쪽 방향으로 1번가부터 12번가까지 번호가 매겨져 있다. 미나 텐진, 미츠코시 후쿠오카점, 솔라리아 스테이지, 다이마루 백화점, 원 후쿠오카 빌딩 등 주요 상업시설과 바로 연결된다. **MAP ⑤-B**

Ⓖ 텐진 지하가   **OPEN** 10:00~20:00/매장마다 다름
WALK 지하철 텐진역·텐진미나미역 바로 연결   **WEB** tenchika.com

● 내추럴 키친 앤드 Natural Kitchen &

오사카발 저가 생활잡화 편집숍. 나무, 면, 유리 등 자연 소재를 살린 따뜻한 감성의 주방용품이 중심이다. 후쿠오카 도심 내 유일한 매장이다.

Ⓖ 내추럴 키친 텐진지하가점   **OPEN** 10:00~20:00

● 산리오 비비틱스 Sanrio Vivitix

후쿠오카 내 유일한 산리오 비비틱스 매장. 일반 숍보다 트렌디하고 패셔너블한 아이템이 많으며 1020 감성을 겨냥한 잡화, 굿즈, 한정판 아이템도 있다. 규모는 작은 편.

Ⓖ sanrio vivitix tenjin   **OPEN** 10:00~20:00

● **트러플 베이커리** Truffle Bakery

도쿄에서 히트를 치고 후쿠오카에 상륙
한 트러플 소금빵 전문점. 자세한 정보는
242p 참고.

타르트 250엔~

● **베이크 치즈타르트** Bake Cheese Tart

홋카이도에서 탄생한 풍미 진한 치즈 타르트 전문점. 타르트뿐 아니라
각종 치즈과자도 함께 취급한다.

Ⓖ 베이크 치즈타르트 텐진지하점　**OPEN** 09:00~21:00

● **쿠라 치카 by 포터** KURA CHIKA by PORTER

포터 창업자인 요시다 요시쿠라와 아내 치카의 이름을 딴 컨셉 스토어.
후쿠오카 도심에서 하나뿐인 포터 직영점인 만큼 인기 시리즈인 탱커 라
인을 비롯한 다양한 포터 제품을 만나볼 수 있다.

Ⓖ kura chika by porter fukuoka　**OPEN** 10:00~20:00

● **불랑주** Boul'ange

9겹 크루아상으로 유명한 도쿄발 베이커
리. 자세한 정보는 171p 참고.

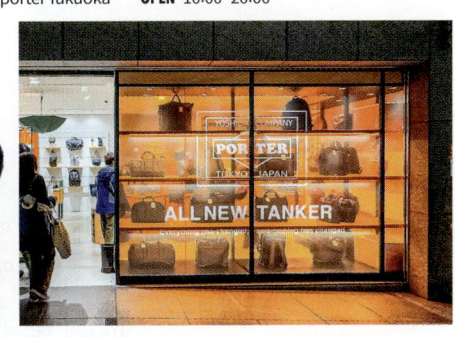

● **이모야 킨지로** 芋屋金次郎

당일 제조한 고구마 튀김 스틱 이모켄피
芋けんぴ가 명물. 전분이 풍부해 고구마
소주에 주로 사용하는 품종 코가네센간黄
金千貫을 기름과 설탕만으로 심플하게 튀
겨낸다. 시식 가능. 120g 500엔.

Ⓖ 이모야킨지로
OPEN 10:00~20:00

235

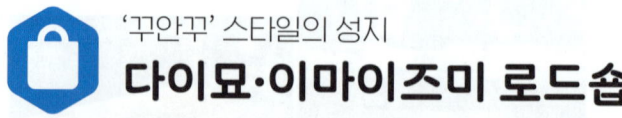

'꾸안꾸' 스타일의 성지
다이묘·이마이즈미 로드숍

골목마다 스타일리시한 로드숍이 반짝이는 다이묘·이마이즈미는 후쿠오카 트렌드의 최전선!
당신의 스타일 지수를 높여줄 패션 로드로 함께 떠나보자. 숍마다 휴무일이 다르니 방문 전 확인은 필수.
MAP ⑤-A·C

- ● 브랜드숍
- ● 편집숍
- ● 중고숍

텐진역

아카사카역

만다라케
후루기야 잼

파르코

후쿠오카시 주오구청

리츠 칼튼 후쿠오카
니시테츠 그랜드 호텔

신텐초 상점가

후쿠오카 다이묘
가든 시티 파크

이와타야(신관)

휴먼 메이드
노스페이스
나나미카 ● ∕ ● 브링

이와타야(본관)

솔라리아 플라자

Y-3 ● A.P.C. 애플
리얼 맥코이 엑스라지
베이프
폴 스미스
칼하트 윕
크롬하츠 카반
히스테릭 래그태그 슈프림
글래머
그라니프

리바이스
스투시
아디다스 아디다스
오리지널 숍 브랜드 코어
스토어
몽벨

케고 공원

빅카메라 텐진 2호관
케고 신사

유니온3

캐피탈

더 플레이버 디자인 스토어

빌리스

론 허먼
티그르 브로캉트
아루

돈키호테 후쿠오카
텐진 본점

팩토리 마켓
케이탁 스퀘어 가든
다이스앤다이스

236

● 캐피탈 KAPITAL

데님으로 유명한 일본 패션 브랜드 캐피탈의 규슈 단독 매장. 갤러리를 연상케 하는 독특하고 예술적인 공간 연출이 눈길을 끈다.

G kapital 다이묘
OPEN 11:00~20:00

● 애플 Apple

규슈 유일의 애플 직영점. 일본 전통 건축미를 살린 개방적인 인테리어가 시선을 강탈한다. 점내에는 대나무와 이끼를 이용한 일본 정원도 있다. 맞은편 골목에서 바라본 뷰가 인생샷 포인트!

G 애플 후쿠오카 텐진 **OPEN** 10:00~21:00

● 티그르 브로캉트 Tigre Brocante

1998년 후쿠오카에서 시작된 브랜드. 천연 염료와 전통 염색 기법에 현대적 감각을 더한 미니멀하고 세련된 스타일을 추구한다.

G 티그르 브로캉트 **OPEN** 12:00~19:00

● 더 플레이버 디자인 스토어

The Flavor Design® Store

오사카에 본점을 둔 향수 전문점. 원하는 향으로 제작하는 패브릭 미스트(100ml) 서비스가 젊은 층 사이에서 화제다. 소요 시간 30~40분, 홈페이지에서 예약 필수.

G the flavor design fukuoka
OPEN 11:00~20:00
WEB theflavordesign.com/store/fukuoka/

● 아루 アール福岡

빈티지 감성과 모던한 스타일을 접목한 남성 편집숍. 아나토미카, 빅얀크, 알든 등 편안하면서도 고급스러운 의류와 슈즈가 한자리에 모였다.

G 아나토미카 후쿠오카
OPEN 13:00~20:00/
화 휴무

● 폴 스미스 Paul Smith

백화점 매장보다 넓은 규모에 로드숍 특유의 개성이 살아 있다. 폭넓은 라인업이 강점.

G paul smith fukuoka
OPEN 11:00~20:00

● 칼하트 윕 Carhartt WIP

칼하트의 워크웨어 헤리티지에 스트리트 감성을 더한 유럽 기반 브랜드. 실용적인 디테일과 세련된 디자인의 의류와 액세서리를 선보인다.

Ⓖ 칼하트 윕 후쿠오카
(Bape 다이모 옆) **OPEN** 11:00~20:00

● 엑스라지 XLARGE®

고릴라 로고로 유명한 LA 스트리트 브랜드의 후쿠오카 단독 대형 매장. 다양한 한정 컬렉션을 선보이며 일본 로컬 라인도 별도로 운영해 현지 팬층이 두텁다.

Ⓖ 엑스라지 후쿠오카
OPEN 11:00~20:00

● 리얼 맥코이 The Real McCoy's

1940~50년대 아메리칸 캐주얼과 빈티지 밀리터리를 바탕으로 하는 일본 브랜드. 정교한 복각 기술과 완성도 높은 나일론 소재 의류로 탄탄한 마니아층을 보유하고 있다.

Ⓖ 나일론 리얼맥코이 후쿠오카점
OPEN 12:00~20:00/수 휴무

● 휴먼 메이드 Human Made

일본 스트리트 패션의 거장 니고가 론칭한 브랜드의 규슈 첫 직영점. 아티스트 전시장처럼 구성된 감각적인 디스플레이가 인상 깊다.

Ⓖ 휴먼 메이드 후쿠오카
OPEN 11:00~19:00

● 빌리스 BILLY'S

한국에선 보기 드문 한정판과 빌리스 감각으로 재해석한 단독 별주 모델이 가득한 스니커즈 숍. 리셀보다 스타일, 평범함보다 희소성을 고른다면 그냥 지나치기 어렵다.

Ⓖ billys fukuoka **OPEN** 11:00~20:00

● 론 허먼 Ron Herman

LA에서 시작된 패션 스토어의 규슈 단독 매장. 패션은 물론 라이프스타일 전반에 걸친 고급 제품을 폭넓게 다룬다. 소파가 놓인 밝고 편안한 분위기도 매력적이며 테라스가 딸린 감각적인 브런치 카페도 함께 운영한다.

Ⓖ 론 허먼 후쿠오카점 **OPEN** 11:00~19:30

● **나나미카** nanamica

고품질 소재를 바탕으로 기능성과 디자인을 겸비한 일본 브랜드. 노스페이스 퍼플 라벨의 기획·디자인·생산을 도맡고 있어 인근 노스페이스 매장보다 퍼플 라벨 상품 구성이 훨씬 다양하다.

Ⓖ nanamica fukuoka
OPEN 11:00~19:00

● **카반** CABaN

'일상 속의 럭셔리'를 추구하는 편집숍 투머로랜드가 2025년 오픈한 컨셉 스토어. 탁 트인 2층 공간에 카반 레이블 컬렉션과 국내외 브랜드 제품을 진열했으며 카페도 갖췄다.

Ⓖ caban fukuoka　　**OPEN** 11:00~20:00

● **다이스앤다이스** Dice&Dice

30년 이상의 역사를 지닌 독립 편집숍. 의류 외에도 향수, 그릇, 인테리어 소품까지 아우른다. 예술과 문화를 접목한 전시와 이벤트도 꾸준히 개최한다.

Ⓖ dice&dice　　**OPEN** 13:00~18:00

● **팩토리 마켓** Factory Market

2층 규모의 미국 웨어하우스풍 건물을 통째로 사용하는 남성 편집숍. 딕키즈, 뉴발란스, 아크네 스튜디오 등 다양한 브랜드를 취급하며 미하라 야스히로 운동화는 전용 코너도 마련돼 있다.

Ⓖ factory market fukuoka
OPEN 12:00~19:30

● **후루기야 잼** Furugiya JAM

일본 최대 규모의 빈티지 패션 체인 중 하나로, 대중적인 브랜드부터 개성 있는 패턴의 중고 의류와 잡화까지 폭넓게 다룬다. 가격대도 다양해 부담 없이 쇼핑을 즐길 수 있다.

Ⓖ furugiya jam fukuoka
OPEN 11:00~20:00

● **유니온3** UNION3

규슈를 대표하는 중고 편집숍 중 하나. 고가의 스트리트 패션 아이템을 중심으로 한정판과 희귀판을 두루 갖췄다. 중고 매입도 가능하다.

Ⓖ 유니온3 후쿠오카
OPEN 10:00~22:00

인생샷과 커피 맛집
취향 저격 카페 컬렉션

아날로그 감성이 물씬 풍기는 노포 킷사텐의 깊고 진한 커피에 취해보고,
라테아트 장인의 섬세한 손길에 마음을 송두리째 빼앗기는 곳. 그곳이 바로 텐진·다이묘·이마이즈미다.

노다 블렌드 850엔

푸딩(수량 한정) 850엔

레트로한 무드의 정점
코히샤 노다 다이묘 본점
珈琲舎のだ

1966년부터 후쿠오카의 커피 문화를 지켜온 킷사텐. 마호가니 가구와 앤티크 소품이 어우러진 고전적인 공간에 조용히 머물다 가는 단골들의 모습이 긴 세월을 말해준다. 본점에서만 만날 수 있는 말굽형 카운터에 앉아 마스터의 사이폰 커피 추출 과정을 지켜보는 순간도 특별하다. 10종의 블렌드 커피는 고소하고 쌉싸름한 뒷맛이 일품이며 규슈산 우유로 만든 휘핑크림을 얼음 그릇에 담아 따뜻한 커피와 함께 내는 연출은 이 집만의 시그니처. 본점 한정 푸딩과 롤케이크, 가벼운 식사류도 수준급이다. **MAP ⑤-A**

Ⓖ 코히샤 노다 본점
ADD 2-10 Daimyo, Chuo Ward(샹보르다이묘 A동 1층)
OPEN 10:00~19:00(L.O.18:30)/수요일, 연말연시 휴무
WALK 지하철 아카사카역에서 3분
WEB coffee-sya-noda.com

기대 이상의 초콜릿 판타지
그린 빈투바 초콜릿
후쿠오카점

green bean to bar CHOCOLATE

카카오 농가와 직거래한 생두를 매장에서 직접 로스팅하고 성형까지 진행하는 빈투바 초콜릿 전문점. 제작 과정을 유리창 너머로 볼 수 있는 넓은 병설 카페도 갖췄다. 대표 메뉴는 단맛을 절제한 초콜릿 드링크(아이스/핫). 부드럽고 균형 잡힌 스탠다드, 알싸한 향신료가 어우러진 스파이시, 산미가 은은한 오리지널 3가지 맛 중에 선택할 수 있다. 2020년 국제 초콜릿 어워드를 수상한 호지차 밀크 바를 비롯해 전통 일본 종이로 포장된 초콜릿 바는 선물용으로도 손색이 없다. **MAP ⑤-D**

Ⓖ 빈투바 후쿠오카
ADD 1-19-22 Imaizumi, Chuo Ward
OPEN 11:00~21:00
WALK 돈키호테 텐진 본점에서 1분 (소니 스토어 뒤)
WEB greenchocolate.jp

초콜릿 드링크 666엔

인기 No.1 디저트
에클레어 803엔

라테아트 1열 직관

커넥트 커피 Connect Coffee

수많은 트로피를 보유한 일본 라테아트 챔
피언이 로스팅부터 브루잉까지 전 과정을
책임진다. 카운터석에 앉아 섬세하고 화려
한 라테아트를 눈앞에서 감상하는 특권을
누려보자. 시즌마다 다양한 컨셉의 라테가
등장하며 커피와의 페어링을 중시해 단맛을
절제한 디저트도 호평받는다. 커피에 집중
할 수 있도록 어둡고 조용한 분위기로 유지
하는 것도 매력. 후쿠오카 현립미술관 근처,
텐진 북쪽 주택가에 고즈넉하게 자리 잡고
있다. MAP ❷

시즌 한정 말차라테
750엔

카페라테 590엔
리치 쵸코 치즈케이크 580엔

Ⓖ 커넥트 커피
ADD 5-6-13 Tenjin, Chuo Ward
OPEN 12:00~20:00(일·공휴일 11:00~18:00)/화 휴무
WALK 지하철 텐진역에서 8분/
후쿠오카 현립미술관에서 4분

커피잔에 담은 진심 한잔

히카루 커피 光珈琲

다이묘의 조용한 숨은 골목에 자리한 분위기 좋은 커피 스
탠드. 카운터석 3~4개뿐인 아담한 공간에서 정성스레 내
려주는 드립커피는 물론 와인잔에 담아 내는 아이스 라테
의 영롱한 그라데이션이 시선을 사로잡는다. 7년 반 동안
후쿠오카 경찰로 근무했던 바리스타 점주의 투철한 서비
스 정신과 한국어·영어를 섞은 입담이 유쾌하다. 일찍 문
을 열고 일찍 닫는다. MAP ❺-C

Ⓖ hikaru coffee
ADD 1-10-18 Daimyo, Chuo Ward
OPEN 07:00~18:00/월 휴무
WALK 지하철 롯폰마츠역에서 4분
WEB instagram.com/hikarucoffee.japan

아이스 카페라테 600엔

작지만 강렬한 힙스터 카페

리틀 스탠드 다이묘점 Little Stand

프렌치 프레스, 에스프레소, 콜드브루 등 다양한 커피에
크림(150엔)을 토핑한 비주얼이 예뻐서 SNS에 곧잘 등장
하는 인디 카페. 입술에 닿는 순간 부드럽게 퍼지는 진한
크림은 일반 휘핑보다 고소하면서도 부담스럽지 않다. 홍
차에 우유·설탕·마살라를 넣고 끓여낸 인도식 차이도 명
물. 여기에 버터 캐러멜이나 소금 캐러멜을 추가하면 한
층 깊은 단맛을 즐길 수 있다. 가게 앞에 작은 테이블과
의자가 몇 개 놓여 있다. MAP ❺-C

Ⓖ 리틀 스탠드 다이묘점
ADD 1-3-5 Daimyo, Chuo Ward(ARKCUBE101)
OPEN 10:00~18:30/월 휴무
WALK 돈키호테 텐진 본점에서 5분

코르타도+크림 토핑 700엔

241

빵 & 디저트

'텅장'은 달콤함으로 채워요

텐진의 거대한 쇼핑 블랙홀에서 빠져나올 수 있는 유일한 해법은 달콤한 휴식.
후쿠오카 최고의 빵집으로 갈까, 따끈따끈한 신상 디저트 가게로 갈까? 행복한 고민이 시작된다.

오래 쟁여두고 먹어도 처음 맛 그대로

빵 스톡 텐진점
Pain Stock

후쿠오카에서 절대 빼놓을 수 없는 대표 빵집. 수분 함량을 높이고 장시간 숙성한 반죽으로 오래 두고 먹어도 쫄깃하고 촉촉한 식감을 고수한다. 인기 빵은 빠르게 품절돼 오픈 30~40분 전부터 줄을 서기 시작하고 명물인 명란바게트(멘타이 프랑스빵)는 굽자마자 완판되는 경우가 많아 계산대에서 직접 주문해야 한다. 아침에는 창가석에서 즐기는 푸짐한 모닝 플레이트도 인기. 병설 카페 커피 카운티 이용 시 1인 1음료 주문이 필수다. 본점은 하코자키箱崎에 있으며 텐진점은 2019년에 문을 연 2호점이다. MAP ❺-B

ⓖ 빵 스톡 텐진점
ADD 6-17 Nishinakasu, Chuo Ward
OPEN 08:00~19:00/월·화 휴무
WALK 지하철 나카스카와바타역에서 4분
WEB stockonlineshop.com

명란바게트 1개 594엔,
1/2개 302엔

궁금한 그 맛, 트러플 소금빵

트러플 베이커리 텐진 지하가점
TruffleBAKERY

도쿄발 트러플 전문 베이커리. 트러플 버터를 넣어 구운 빵에 트러플 오일과 소금을 더한 소금빵은 주문 즉시 데워 줘 풍미가 진하다. 블랙 트러플 달걀샌드위치와 트러플 슈가 생도넛도 대표 메뉴. 생화로 꾸민 세련된 카페는 조식 장소로도 좋고 콘센트도 갖췄다. 솔라리아 스테이지 2층에 있는 같은 계열의 테이크아웃 전문점, 밀스 바이 트러플 베이커리mills by TruffleBAKERY는 핫도그번에 명란을 바른 콧페빵으로 유명하다.

MAP ❺-B

ⓖ 트러플 베이커리 텐진지하가점
ADD 2-3 Tenjin, Chuo Ward
OPEN 08:00~22:00
WALK 텐진 지하가 西3a 출구 근처
WEB tenchika.com/shop/truffebakery

기무라 타쿠야의 최애 빵으로 알려진
트러플 베이커리의 부동의 1위 메뉴,
화이트 트러플 소금빵 248엔

1개 242엔~

후쿠오카발 생도넛 열풍의 주역

아임 도넛?

I'm donut?

'도넛인 듯 도넛 아닌' 독특한 식감으로 후쿠오카에서 대세로 떠오른 생도넛 전문점. 단호박을 넣어 반죽한 브리오슈 도넛 위에 크림이 봉긋하게 올라간 시그니처는 한입베어 물면 공기처럼 폭신하면서도 쫄깃한 식감이 퍼진다. 수량 한정 판매라 오픈 전부터 줄이 길게 서고 오리지널, 피스타치오, 커스터드, 우유 생크림 같은 인기 도넛은 오전에 품절되기 일쑤다. 1인당 최대 6개까지 테이크아웃만 가능. 롯폰마츠의 유명 베이커리 아맘 다코탄(268p)이 2022년 텐진미나미역 근처에 1호점을 연 뒤 도쿄, 뉴욕, 서울 성수까지 진출했다. **MAP ⑤-D**

Ⓖ 아임도넛 후쿠오카
ADD 5-24-30 Watanabedori, Chuo Ward
OPEN 10:00~20:00(소진 시 종료)
WALK 지하철 텐진미나미역에서 1분
WEB instagram.com/i.m.donut

간판엔 물음표 하나뿐,
'이게 정말 도넛이야?'라는 반전의 시작

고구마 칩
1팩 480엔

고구마 간식은 여기가 최고구마

미츠이모 타임 야쿠인점

ミツイモタイム

'꿀고구마 타임'이란 이름처럼 고구마 디저트가 꿀맛이라 지점을 빠르게 늘려가는 중이다. 규슈산 고당도 고급 품종 고구마로 만든 간식은 군고구마, 타르트, 칩, 맛탕 등 종류도 다양하다. 특히 고구마칩과 맛탕, 고구마 아이스크림을 조합한 고구마 파르페는 비주얼도 맛도 역대급. 매장 입구에 간단히 앉아 먹을 수 있는 의자가 4개 마련돼 있다. **MAP ⑤-D**

Ⓖ mitsuimo time yakuin store
ADD 1-16-13 Yakuin, Chuo Ward
OPEN 11:00~19:00
WALK 돈키호테 텐진 본점에서 6분/지하철 야쿠인역에서 3분
WEB instagram.com/honeypotato_mitsuimotime

고구마 파르페 950엔

영혼을 채우는 한 그릇
라멘·우동

현지인과 관광객이 밤낮으로 몰려드는 텐진 일대는 그야말로 면 요리 격전지. 빠르고 간편하게 후루룩 즐기는
라멘과 우동이지만 낯선 길을 걷는 여행자에게는 면발보다 길고 따뜻한 여운을 남긴다.

잡내 없는 진한 국물, 후쿠오카 라멘의 순정
신신 라멘(원조 하카타 라멘 신신) 텐진 본점
元祖博多ラーメン shinshin

삶은 달걀 토핑 라멘煮玉子入りらーめん 1030엔
교자(8개) 590엔
하프 사이즈 볶음밥 420엔

깔끔하고 구수한 국물 맛으로 현지인과 여행자를 사로잡은 후쿠오카 2대 라멘집.
돈코츠 육수에 닭뼈와 규슈산 야채를 더해 매일 아침 지하수로 고아내며 불순물을
걷어내는 과정을 반복해 깊고 산뜻한 맛을 끌어낸다. 하카타식 초극세 스트레이트
면은 삶는 시간에 따라 식감을 조절할 수 있고 테이블 위 참깨, 마늘, 초생강, 수제
고추기름 등을 더해 입맛에 맞게 즐길 수 있다. 불맛과 식감이 살아 있는 볶음밥과
교자 역시 빠지지 않는 메뉴. 전국 각지에서 너도나도 찾아오는 곳이라 웨이팅이
길지만 회전이 빠른 편이다. MAP ⑤-A

G 신신라멘 텐진본점
ADD 3-2-19 Tenjin, Chuo Ward
OPEN 11:00~03:00/수요일, 매월 셋째
화요일 휴무(공휴일인 경우 변경 있음)
WALK 지하철 텐진역에서 5분
WEB hakata-shinshin.com

츠케멘 한입에 여행의 질 상승

멘야 카네토라 텐진 본점
麺や兼虎

돼지뼈·닭뼈·야채에 멸치와 말린 생선을 듬뿍 넣고 진하게 우려낸 해산물 베이스 육수의 강렬한 맛으로 후쿠오카를 강타한 츠케멘 맛집. 걸쭉한 국물은 굵고 탱탱한 면발과 완벽한 조화를 이룬다. 메뉴는 기본형인 농후 츠케멘과 매운 츠케멘으로 나뉘며 매운 츠케멘은 신라면 수준의 1단계부터 핵불닭 수준의 4단계까지 선택 가능하다. 단계가 높을수록 짠맛과 풍미가 강해지므로 1단계나 일반 츠케멘을 고른 뒤 테이블 위 매운 가루를 더해가며 조절하는 방법을 추천한다. 식사 후에는 가다랑어포 육수를 넣어 국물까지 비우는 것이 정석. 기본 면 양은 200g이며 식권을 건넬 때 직원에게 요청하면 300g까지 무료로 늘릴 수 있다. 키오스크에서는 400g(150엔 추가)만 선택 가능. 대기가 많으니 붐비는 시간대는 피하자. **MAP ⑤-D**

반숙란 농후 츠케멘 1450엔

테이블마다 놓인 매콤한 향신료

Ⓖ 멘야 카네토라 텐진 l 멘야 카네토라 파르코점
ADD 본점: 4-9-18 Watanabedori, Chuo Ward
파르코점: 파르코 백화점 본관 지하 1층
OPEN 본점: 10:00~22:00(L.O.)/수 휴무 l 파르코점: 11:00~22:00
WALK 본점: 지하철 텐진미나미역에서 3분
WEB kanetora.co.jp

라멘 900엔+반숙란 150엔

이치란의 정신을 계승하다

멘야가가 텐진점
麺屋我ガ

이치란 창업주의 손자가 운영하는 것으로 알려진 돈코츠 라멘 전문점. 대나무 장식과 태양 로고가 인상적인 외관, 고급스러운 인테리어, 키즈 세트와 프라이빗 테이블석 등 가족 친화적인 구성까지 차별화된 컨셉을 갖췄다. 고춧가루 베이스 다대기는 이치란과 유사하지만 더 순한 편이며 국물 맵기는 0~10단계로 조절 가능하다. 무난한 수준은 5단계, 매운맛에 강하다면 10단계도 도전해볼 만하다. 요청하면 테스트용 국물이나 매운 향신료를 따로 받을 수 있다. 갓잎으로 감싼 미니 주먹밥, 딤섬 장인이 개발한 특제 교자도 인기. 본점은 이치란의 발상지인 오고리시 小郡市에 있다. **MAP ⑤-C**

Ⓖ 멘야가가 텐진점
ADD 2-5-6 Imaizumi, Chuo Ward
OPEN 11:00~24:00
WALK 돈키호테 텐진 본점에서 3분. 건물 왼쪽 통로 안에 위치
WEB menya-gaga.com

토마토 베이스의 이탈리안풍 라멘

원조 토마토 라멘 333 산미
텐진 다이묘 본점
元祖トマトラーメン333三味

토마토와 향채, 돼지뼈로 푹 끓여낸 깊고 걸쭉한 토마토 육수로 후쿠오카 라멘 시장에 신선한 바람을 불러왔다. 쫄깃한 면에 다진 생토마토를 올린 원조 토마토 라멘, 맵기 정도를 5단계까지 고를 수 있는 매운 라멘이 간판 메뉴이며 치즈 토핑(100엔)도 인기가 많다. 국물을 1/4쯤 남긴 뒤 치즈 리조토(300엔)로 마무리하는 방식은 이곳의 시그니처 스타일. 토마토 육수를 활용한 1인용 모츠나베 (1480엔)도 즐겨 찾는 메뉴다. 도보 5분 거리의 다이묘 중심점과 나란히 24시간 문을 열어 야식이나 술안주로도 제격이다. **MAP ⑤-C**

Ⓖ 산미(333) 텐진다이묘본점
ADD 1-11-27 Daimyo, Chuo Ward(IL MONDO 大名TWO 건물 안)
OPEN 24시간
WALK 돈키호테 텐진 본점에서 6분

토마토 라멘 680엔 + 중간 매운맛 50엔
토마토 슬라이스 330엔

스다치 카케우동 935엔.
청량함이 남다른 여름철 인기 메뉴다.

상큼한 청귤이 동동

카마키리 우동
釜喜利うどん

우동의 상식을 살짝 비틀어 미슐랭 플레이트에 이름을 올린 수타 우동 전문점. 사누키 우동의 쫄깃함과 하카타 우동의 부드러움을 담은 수타면에, 가다랑어포·다시마·표고버섯으로 진하게 우려낸 차가운 국물이 어우러지며 감칠맛이 선명하게 살아나는 의외의 조화가 이 집의 매력이다. 우동 종류부터 덮밥, 이자카야식 안주류까지 다양해 식사는 물론 가벼운 한잔에도 잘 어울린다. 대표 메뉴는 시원한 국물 위에 얇게 썬 청귤을 띄운 스다치 카케우동. 후쿠오카공항 국제선 터미널 면세 구역에도 입점해 있다. **MAP ⑤-C**

Ⓖ 카마키리 우동
ADD 1-7-8 Daimyo, Chuo Ward
OPEN 11:30~22:00(L.O.21:30)
WALK 지하철 아카사카역에서 6분

달콤짭짤하게 조린 소고기와
온천 달걀이 올라간
카이뿟꽃 스페셜 우동(냉우동)
1210엔

뱃속도 마음도 따뜻
밥집의 정석

후쿠오카의 트렌드를 이끄는 텐진·다이묘·이마이즈미에는 밥 한 끼에도 개성과 철학이 깃들어 있다.
튀김 정식, 생선구이, 달걀말이, 초밥 등 언뜻 평범해 보이는 메뉴에서도 '신의 한 수'를 발견할 수 있다.

상큼한 유자 식초가 포인트!
텐푸라 히라오 다이묘점·텐진 아크로스점
天麩羅処ひらお

후쿠오카식 튀김 정식의 상징. 주문 즉시 눈앞에서 하나씩 튀겨내 따끈한 상태로 트레이에 올려주는 덕분에 마지막 한 점까지 바삭함이 살아있다. 새우·생선·야채 등 천연 재료로 구성한 푸짐한 정식 메뉴는 대부분 1000엔 정도로 가격도 저렴하다. 테이블에 비치된 유자 풍미의 특제 간장과 유자 식초는 튀김의 느끼함을 잡아주는 포인트로, 얼음물에 타 마셔도 입안이 한결 개운해진다. 무한 제공되는 유자 오징어젓갈 또한 이집의 중독성 강한 시그니처다. 줄은 길지만 회전이 빠른 편이며 텐진 아크로스점은 실내 대기가 가능해 궂은 날 방문하기 좋다. **MAP ⑤-A·B**

Ⓖ 텐푸라 히라오 다이묘점 I 텐푸라 히라오 아크로스
ADD 다이묘점: 2-6-20 Daimyo, Chuo Ward
텐진 아크로스점: 1-1-1 Tenjin, Chuo Ward(지하 2층)
OPEN 10:30~20:00/부정기 휴무(주로 연말연시)
WALK 다이묘점: 지하철 아카사카역에서 3분
텐진 아크로스점: 지하철 텐진역에서 3분
WEB hirao-foods.net/shop/

보통의 정식 いつもの定食 1090엔

은대구 미림 정식 2000엔   味の正福

반찬 하나하나 장인의 손길
아지노 마사후쿠
味の正福

메인 요리부터 밑반찬까지 어느 하나 빠지지 않는 해산물 노포 이자카야. 시그니처는 두툼한 은대구(긴다라銀だら)를 간장과 미림에 하룻밤 재운 뒤 '겉바속촉'으로 구운 은대구 미림 정식. 고등어 소금구이 정식도 입에서 살살 녹고 가지 된장볶음(나스미소なすみそ), 달걀말이(타마고야키玉子焼き) 역시 반찬이 아닌 요리 그 자체다. **MAP ⑤-B**

Ⓖ 아지노 마사후쿠
OPEN 11:00~21:00(L.O.20:00)/목 휴무
WALK 아크로스 후쿠오카 지하 2층 식당가 내
WEB masafuku.com

후쿠오카 맛잘알들의 특급 기지

우오추

田中田式海鮮食堂 魚忠

후쿠오카 남쪽 키요카와清川에 있는 고급 일식당 타나카다田中田 본점 출신 셰프들이 선보이는 하이엔드 해산물 정식 전문점. 합리적인 가격으로 고급 일식의 디테일과 압도적 비주얼을 즐길 수 있다. 대표 메뉴는 특제 해산물덮밥 우오추동, 5종 모둠덮밥, 카츠동, 도미차즈케, 런치 정식. 특히 평일에만 제공되는 런치 정식(1880엔)은 15:00까지 200엔 할인되며 메인 1종 선택에 달걀말이, 사시미 참깨 간장소스, 장아찌, 밥, 국이 곁들여져 웨이팅이 생길 정도로 인기가 높다. 창가 카운터석과 테이블석 모두 아늑하고 키즈 메뉴도 갖춰 혼밥은 물론 가족 방문까지 두루 만족. 태블릿(한국어) 주문. **MAP ⑤-D**

Ⓖ 우오츄
ADD 1-18-26 Imaizumi, Chuo Ward
OPEN 11:30~21:30(런치 ~15:00)(L.O.21:00)/
수요일(공휴일인 경우 그다음 평일) 휴무
WALK 돈키호테 텐진 본점에서 2분
WEB uochuu.net

오늘의 생선조림
780엔

우오추동(기본 사이즈) 3680엔

음악, 커피, 요리로 물든 공간

코모에스 이마이즈미

como es imaizumi

입구부터 퍼지는 카레 향과 재즈 선율에 마음을 빼앗기는 곳. LP와 아기자기한 소품으로 꾸민 감각적인 2층 공간은 곳곳이 포토존이며 다양한 컨셉의 좌석과 빈티지 스피커, 정성스러운 요리가 어우러져 오감을 만족시킨다. 대표 메뉴는 자극 없이 부드러운 하야시라이스와 그린 카레. 특히 바질향이 은은한 수프 스타일의 그린 카레는 우리나라에서는 접하기 어려운 특별한 맛으로 강력 추천. **MAP ⑤-D**

Ⓖ como es imaizumi
ADD 2-1-75 Imaizumi, Chuo Ward
OPEN 11:00~18:00(토·일·공휴일 ~19:00)/화 휴무
WALK 돈키호테 텐진 본점에서 6분
WEB instagram.com/como_es_imaizumi

하야시라이스 1050엔
그린 카레 1000엔

카세트테이프 대표표, 이 집 센스 무엇?

요리장 추천 스시 9pc
3630엔

'추릅추릅' 흡입하는 마성의 초밥
효탄 스시 ひょうたん寿司

저렴하고 신선한 초밥으로 60년 넘게 사랑받아온 후쿠오카 초밥 대가. 2~3층을 사용하는 제법 큰 규모지만 붐비는 시간엔 1층 밖까지 줄이 이어진다. 긴 기다림 끝에 장인이 정성껏 쥔 윤기 나는 초밥을 마주하면 흑백요리사 최강록 셰프가 '인생 스시집'으로 꼽은 이유를 단박에 알아채게 된다. 초밥 9~10개 구성의 세트 메뉴가 인기이며 우니, 전복, 새우 등 프리미엄 재료를 아낌없이 담은 요리장 추천 스시는 가성비가 뛰어나다. 바로 옆 솔라리아 스테이지 지하 2층 자매점은 접시 색상별 균일가(154~638엔) 초밥을 중심으로 운영된다. **MAP ⑤-B**

ⓖ 본점: 효탄 스시 I 자매점: hyotan no kaiten sushi
ADD 2-11-3 Tenjin, Chuo Ward
OPEN 본점: 11:30~14:30, 17:00~20:30 I 자매점: 11:00~20:00
WALK 솔라리아 스테이지와 니시테츠 터미널 빌딩 사이 도로를 따라 다이묘 방향으로 한 블록 이동하면 오른쪽에 있다.
WEB www.solariastage.com/shops/hyotan/

이 가격에 이 맛은 놀라울 따름
후지마루 廻転寿司 冨士丸

긴 줄 없이도 퀄리티 좋은 초밥을 합리적인 가격에 즐길 수 있는 회전초밥 전문점. 접시당 140~300엔대의 초밥은 재료가 신선하고 종류도 다양해 골라 먹는 재미가 있다. 컨베이어 벨트 위에 원하는 초밥이 없을 경우 직원에게 직접 주문하면 된다. 입안에서 사르르 녹는 달걀찜, 두툼한 잿방어 살이 3점이나 들어간 된장국은 초밥과 함께 꼭 곁들이는 사이드메뉴. 마무리로 부드러운 푸딩까지 곁들이면 완벽하다. **MAP ⑤-C**

ⓖ 카이텐스시 후지마루
ADD 2-3-3 Daimyo, Chuo Ward
OPEN 11:00~22:00/수 휴무
WALK 지하철 아카사카역에서 3분

이 명란밥은 오직 이곳에서만
카쿠우치 후쿠타로 カクウチ FUKUTARO

50년 전통의 명란 명가 후쿠타로가 운영하는 식당. 점심(14:00 주문 마감)에만 선보이는 명란 정식은 가성비와 맛을 모두 갖춰 현지인과 여행자 모두에게 뜨거운 반응을 얻고 있다. 우리 입맛에도 잘 맞는 명란 2종과 푸딩처럼 부드러운 달걀찜, 정갈한 반찬, 된장국이 곁들여진 카쿠우치 점심 정식カクウチ昼の膳이 단돈 1000엔. 밥은 무료로 리필된다. 점심은 예약 불가. **MAP ⑤-B**

ⓖ 카쿠우치 후쿠타로
ADD 5-25-18 Watanabedori, Chuo Ward(후쿠타로 상점 2층)
OPEN 12:00~22:00/월 휴무
WALK 지하철 텐진미나미역에서 1분
WEB tenjinterra.com/kakuuchi.html

카쿠우치 점심 정식 1000엔
모둠회 980엔
전갱이튀김 390엔

고기愛 빠지다
육즙 가득 고기 맛집

후쿠오카의 고기 요리 맛집에서 여행 에너지를 가득 채워보자. 입안 가득 퍼지는 풍부한 육즙과 씹을수록 진해지는 고소한 풍미가 지친 미각에 확실한 활력을 불어넣는다.

등심 돈카츠 정식 1900엔

안심 & 새우튀김 정식
(안심 2장+새우튀김) 2400엔

후쿠오카 돈카츠 레이스 선봉
돈카츠 와카바 본점
とんかつ わか葉

'하얀 돈카츠'로 유명한 후쿠오카 대표 돈카츠 맛집. 저온에서 지긋이 튀겨내 하얀 튀김옷과 핑크빛 속살이 어우러져 식욕을 자극한다. 후쿠오카 최고의 식빵집 무츠카도의 빵가루가 산뜻한 식감을 더하고 규슈산 돼지고기의 풍부한 육즙과 부드러운 식감이 어우러져 최상의 밸런스를 이룬다. '슴슴파'라면 안심 돈카츠, '고소미파'라면 1/5가량 비계가 포함된 등심 돈카츠를 추천. 단, 조리 시간이 20~30분 걸리므로 피크 타임은 피하는 게 좋다. 1층은 카운터석, 2층은 예약 손님 전용 테이블석이며 이마이즈미와 하카타역 근처에 지점이 있다. **MAP ⑤-B**

Ⓖ 돈카츠 와카바(텐진)
ADD 1-15-36 Tenjin, Chuo Ward
OPEN 10:30~14:30, 17:00~20:45(일 ~19:45)
WALK 지하철 텐진역에서 5분(스이쿄 텐만구 근처)
WEB instagram.com/wakaba506

저온 조리 돈카츠 도장 깨기
돈카츠 요시다
とんかつよしだ

돈카츠 와카바처럼 저온에서 장시간 튀겨 돼지고기의 촉촉함과 부드러움을 극대화한 곳. 와카바보다 비계 비율이 비교적 낮아 담백하며 기복 없이 안정적인 완성도가 강점이다. 밥은 백미 또는 잡곡 중 선택 가능하고 밥, 된장국, 샐러드는 1회 무료 리필. 식사 후에는 상큼한 파인애플 주스로 깔끔하게 마무리할 수 있다. 같은 메뉴라도 점심에는 저녁보다 100~200엔 저렴하다. **MAP ⑤-C**

Ⓖ 돈카츠 요시다
ADD 2-18-13 Kego, Chuo Ward
OPEN 11:30~14:30, 18:00~20:00/
화·수 휴무
WALK 지하철·아카사카역에서 8분/
마이즈루 공원 남쪽에서 케야키 거리를
따라 10분
WEB instagram.com/tonkatsuyoshida

일본 와서 규카츠 안 먹으면 스튜핏!

규카츠 모토무라
텐진 니시도리점·파르코점

牛かつもと村

맛, 비주얼, 재미까지 사로잡은 초인기 맛집. 주방에서 미디엄 레어로 튀겨 낸 부드러운 규카츠(소고기카츠)를 개인 화로에 지글지글 구워 먹는 방식이 오감을 만족시킨다. 2~3종의 소스와 반찬, 보리밥, 된장국, 디저트까지 한 세트로 제공되며 널찍한 테이블석이 마련되어 있어 가족 단위 여행자에게도 적합하다. 메뉴는 규카츠 정식 하나뿐이며 고기 양에 따라 1장(130g)·1.5장(195g)·2장(260g)으로 나뉜다. 밥은 1회 무료 리필 가능. 두 지점 모두 오픈런을 추천한다.

MAP ⑤-C

Ⓖ 모토무라 규카츠 후쿠오카
ADD 텐진 니시도리점: 1-14-5 Daimyo, Chuo Ward
OPEN 11:00·22:00(L.O.21:00)
WALK 텐진 니시도리점: 돈키호테 텐진 본점에서 4분(CABaN 옆 건물)
파르코점: 파르코 후쿠오카점 신관 지하 2층
WEB www.gyukatsu-motomura.com

규카츠 정식 1장 2110엔

곱창 vs 스테이크? 정답은 둘 다

텐진 호르몬 총본점
(구 솔라리아 스테이지점)

鉄板焼天神ホルモン

눈앞 철판에서 지글지글 구워내는 곱창(호르몬)과 와규 스테이크, 거기에 고슬고슬한 밥까지 더해지는 완벽한 한 끼. 카운터석 11개뿐인 작고 허름한 가게지만 맛은 유명 맛집 못지않다. 바싹 구운 곱창과 육즙 가득한 스테이크가 반반으로 나오는 정식은 김치·밥·된장국 포함. 곱창 마니아부터 고기러버까지 다 잡는 인기 메뉴. 숙주나물, 파프리카, 피망을 볶어 듬뿍 얹어주는 것도 매력 포인트. 하카타1번가와 하카타 버스터미널 1층에도 지점이 있다.

MAP ⑤-B

Ⓖ 텐진호르몬 솔라리아스테이지점
OPEN 11:00~22:00(토·일 10:00~)
WALK 솔라리아 스테이지 지하 2층
WEB tenhoru.jp

달걀은 프라이 또는
날달걀 중 선택

대창&토시살 정식 2380엔

갓 구운 고기, 갓 지은 밥

히키니쿠토 코메
이마이즈미점

挽肉と米

양파 없이 오직 100% 소고기만을 즉석에서 치대어 만든 숯불 함박스테이크와 갓 지은 가마솥밥으로 서울까지 진출한 핫플. 오픈 키친을 감싸는 타원형 카운터석에서 조리 과정을 생생히 지켜볼 수 있어 기대감이 커진다. 첫 고기는 밥과 함께, 두 번째는 수제 폰즈와 간 무, 세 번째는 청고추와 레몬절임 등 7가지 양념으로 맛의 변화를 즐긴다. 밥은 리필 가능. 온라인 예약 또는 당일 번호표 확보는 필수다. 온라인 예약은 테이블체크를 통해 전액 선결제로 진행되며 7일 이상 전에 예약하면 1인당 수수료 1000엔, 7일 이내 예약은 수수료 무료다. **MAP ⑤-D**

Ⓖ 히키니쿠토코메 이마이즈미
ADD 1-4-11 Imaizumi, Chuo Ward
OPEN 11:00~15:00, 17:00~21:00/수 휴무
WALK 돈키호테 텐진 본점에서 5분/지하철·니시테츠 전철 야쿠인역에서 5분
WEB hikinikutocome.com/ko

히키니쿠토 코메 정식 1820엔

빵 사이에 담긴 럭셔리 스테이크

파크 사우스 샌드위치 후쿠오카
Park South Sandwich

다이묘 가든 시티 파크에서 즐기는 스테이크급 규카츠 샌드위치. 갓 튀겨낸 바삭한 튀김옷 속에 선홍빛 미디엄 레어로 마무리한 규카츠를 한입 베어 물면 스테이크를 손으로 들고 먹는 기분이 든다. 히로시마에서 출발한 브랜드로, 후쿠오카의 힙한 분위기와 맞물려 빠르게 입소문을 탔다. 산미가 또렷한 스페셜티 커피와의 조합도 좋아 테이크아웃해 잔디밭으로 향하는 사람이 많다. 평일 08:00~11:00에 운영하는 모닝 세트(880엔~)는 10가지 샌드위치 중 1개와 요거트·커피를 함께 제공해 아침부터 실속 있는 한 끼를 찾는 이들로 북적인다. **MAP ⑤-A**

Ⓖ 파크 사우스 샌드위치 후쿠오카
OPEN 08:00~21:00
WALK 후쿠오카 다이묘 가든 시티 파크 비오스퀘어BioSquare 2층/
지하철 텐진역 2번 출구에서 3분
WEB instagram.com/park_south_sandwich_fukuoka

규카츠 샌드위치 2580엔
아이스 밀크커피 540엔(스몰)

고기에 진심, 냉면엔 본심

보우야 후쿠오카 원 빌딩점
房家

도쿄 야키니쿠 격전지 닛포리에서 출발해 A5 등급 흑모와규 암소 한 마리 통매입으로 이름난 집으로, 도쿄 밖 첫 지점이 후쿠오카에 들어서며 화제를 모았다. 희소 부위를 합리적인 가격에 즐길 수 있고 고기 퀄리티도 안정적이다. 육회 같은 스타터부터 두툼한 우설, 와규 한 마리 통매입의 강점을 느낄 수 있는 모둠, 식사 메뉴까지 구성도 탄탄하다. 하이라이트는 주문 즉시 뽑는 모리오카 냉면. 두툼하고 거친 면발이 쫄깃하게 씹히며 진한 육수와 얼음 슬러시가 어우러져 식사의 마무리까지 확실히 책임진다. 새로 문을 연 매장답게 공간도 깔끔해 옷에 냄새가 배일 걱정이 적다. **MAP ⑤-B**

Ⓖ 원 후쿠오카 빌딩
OPEN 11:00~15:00, 17:00~23:00
WALK 원 후쿠오카 빌딩 지하 1층
WEB bou-ya.com

모리오카 냉면 618엔.
양배추 김치가 곁들여 나온다.

보우야 와규 한마리 4종 모둠 6580엔

한밤의 이자카야

뭘 시켜도 상상 초월

후쿠오카 사람들의 소울푸드 닭꼬치부터 오마카세 코스 안주, 전통과 현대를 버무린 창작 요리까지.
술자리를 미식으로 끌어올린 밤의 후쿠오카 맛집들이 진짜 여행의 후반전을 책임진다.

모둠회刺身もりあわせ 1인분 2200엔(사진은 2인분)

코울슬로コールスロー 800엔

레몬사와 680엔
크래프트 콜라 750엔

와규와 성게에 생와사비를
곁들인 요리

현지인 보증! 이자카야 최종 보스

아카사카 코미칸
赤坂こみかん

셰프가 눈앞에서 완성하는 오마카세급 제철 요리를 이자카야의 활기와 합리적인 가격으로 풀어내 미식가들이 아끼는 곳이다. ㄷ자형 오픈 키친에서 셰프의 손놀림을 가까이서 지켜볼 수 있다. 제철 회와 튀김을 기본으로, 반숙 달걀노른자를 숨긴 시그니처 코울슬로와 뚜껑을 여는 순간 탄성이 터지는 명란 솥밥이 필수 메뉴다. 직접 짠 귤과 니혼슈로 만든 칵테일 미칸みかん도 이름값을 한다. 자릿세 별도, 전화 예약 필수. **MAP ⑤-C**

Ⓖ 아카사카 코미깡
ADD 1-7-10 Daimyo, Chuo Ward
TEL +81 92 734 3090
OPEN 17:00~23:00/부정기 휴무
WALK 지하철 아카사카역에서 6분

간판 없는 은신처, 요즘 대세 맛집

메시야 코야마 파킹
めしや コヤマパーキング

주차장을 개조한 힙한 감성과 독창적인 안주로 연일 붐비는 컨템퍼러리 창작 이자카야. 후쿠오카 유명 이자카야 로바타 햐쿠시키炉端百式의 자매점으로, U자형 카운터 너머에서 셰프의 조리 과정을 그대로 마주하는 극장형 오픈 키친이 백미다. 안주는 1인분씩 소량으로 제공돼 제철 요리를 다양하게 즐기기 좋고 13종으로 구성된 오마카세 코스(6500엔)도 가성비가 뛰어나다. 인기가 많아 테이블 체크를 통한 선결제 예약이 필수다. **MAP ⑤-C**

Ⓖ 메시야 코야마 파킹
ADD 1-6-4 Kego, Chuo Ward
OPEN 13:00~22:00(마지막 예약 20:00)
WALK 돈키호테 텐진 본점에서 6분
WEB instagram.com/koyama_parking

특별한 여행, 맛있는 사치
모츠나베 타슈
후쿠오카 다이묘 본점
もつ鍋 田しゅう

다이묘 쇼핑가 한복판, 모던하고 고급스러운 분위기와 넓고 쾌적한 공간으로 주목받는 모츠나베 전문점. 매운맛 국물 선택, 한국어 터치패드 주문, 치즈 리조토나 라면·짬뽕면(반반 가능)으로 마무리하는 구성 덕분에 예약 필수일 정도로 인기가 많다. 진하고 깊은 감칠맛의 육수는 유즈코쇼(유자 고추 페이스트)를 곁들이면 느끼함이 잡히고 입맛이 살아난다. 3인 이상은 칸막이 테이블을 이용할 수 있으나 2인석은 협소하니 참고. 자릿세 별도, 2인분 이상 주문 가능, 구글 예약 가능. 하카타 버스터미널 1층 지점(179p)은 규모는 작지만 1인분 세트 메뉴를 제공한다.

MAP ⑤-C

Ⓖ 모츠나베 타슈 다이묘
ADD 1-3-6 Daimyo, Chuo Ward
OPEN 월~목 17:00~23:00(L.O.22:30),
금~일·공휴일 17:00~24:00(L.O.23:30)
WALK 돈키호테 텐진 본점에서 5분
WEB tashu-daimyou.foodre.jp

타슈 나베(매운 미소) 단품+야채 세트 추가 1인분 1936엔(사진은 2인분)

시그니처 레몬사와 600엔
(리필 400엔)

텐푸라 먹킷리스트 달성
텐푸라 나가오카
博多天ぷら ながおか

갓 튀긴 텐푸라와 창의적인 오마카세 요리를 선보이는 텐푸라 이자카야. 정준하와 마츠다상이 다녀가며 유명해졌고 깔끔한 분위기와 친절한 응대로 현지에서도 호평받는다. 텐푸라 7종 및 와규 텐푸라, 생선회, 밥, 국, 디저트 등 15가지 안팎의 메뉴가 포함된 오마카세(4500엔)는 가성비 면에서도 만족도가 높다. 물은 유료, 자릿세 별도(오마카세 주문 시 면제), 테이블체크 선결제 예약 필수. **MAP ⑤-C**

Ⓖ 텐푸라 나가오카
ADD 2-4-11 Imaizumi, Chuo Ward
OPEN 17:00~23:00(L.O.22:30)/화·수 휴무
WALK 지하철 야쿠인오도리역에서 5분/돈키호테 텐진 본점에서 8분
WEB instagram.com/tempura.nagaoka_fukuoka

닭고기모둠 2인분 2200엔

제철 생과일사와 660엔~
생맥주(한 입 맥주) 385엔

마무리로 좋은
잔멸치덮밥 660엔

꼬치구이의 스타일리시한 변신

토리보시 케고점

焼く鶏酒場 トリボシ

깔끔한 외관과 창의적인 안주, 생과일사와로 소문난 닭 요리점. 매일 아침 잡은 신선한 아리타 닭을 숯불화로에 구워 먹는데, 육즙이 풍부하고 탄력 있는 식감에 닭의 감칠맛이 어우러져 진한 여운을 남긴다. 프랑스빵 아히요, 생햄 샐러드, 크림치즈 두부, 티라미수 등 트렌디한 메뉴에 일본산 고급 위스키, 사케, 와인까지 주류 구성도 훌륭하다. 1층 카운터석과 2층 테이블석으로 나뉘며 1인 1음료 필수, 자릿세(550엔) 별도. 다이묘 본점 포함 구글 예약 가능. MAP ⑤-C

ⓖ 야키토리 토리보시
ADD 1-6-10 Kego, Chuo Ward
OPEN 17:00~24:00(L.O.23:30)/
화요일(공휴일인 경우 그다음 평일) 휴무
WALK 돈키호테 텐진 본점에서 7분
WEB instagram.com/toriboshi_kego

오징어 버터구이 1380엔

명란 떡 몬자 1780엔+치즈 토핑 250엔

눈앞에서 완성되는 몬자야키 한 판

츠키시마 몬자 타마토야 텐진

月島もんじゃ たまとや

몬자야키 성지, 도쿄 츠키시마를 대표하는 모헤지もへじ의 직영점. 후쿠오카에서도 본고장의 몬자를 그대로 맛볼 수 있어 현지인과 여행객의 발길이 꾸준히 이어진다. 눈앞에서 펼쳐지는 철판 퍼포먼스가 분위기를 살리고 해산물 베이스의 진한 육수가 깊은 감칠맛을 내 술안주로도 잘 어울린다. 통명란과 떡을 얹은 명란 떡 몬자가 시그니처로, 치즈를 추가하면 고소한 풍미가 살아나고 철판에 노릇하게 눌어붙은 식감까지 즐길 수 있다. 하프 사이즈로 여러 메뉴를 골고루 맛보기 좋으며 오코노미야키와 제철 해산물 철판구이를 함께 곁들여도 좋다. MAP ⑤-B

ⓖ tsukishima monja tamatoya tenjin
OPEN 11:00~23:00
WALK 원 후쿠오카 빌딩 지하 1층 텐진 노렌가이 내(스시스카바 사시스 바로 옆)
WEB instagram.com/tamatoya_monja

255

- 니시 공원 중앙 전망 광장

③ 니시 공원
테루모 신사

⑦ 나가하마 선어시장
나가하마 선어시장
식당가

나노츠도리 那の津通り

간소 라멘 나가하마케

파티스리 자크
오호리점

푹 커피 파크

오호리 공원
大濠公園

오호리공원
大濠公園

쇼와도리 昭和通り

쇼와도리 昭和通り

메이지도리 明治通り

메이지도리 明治通り

아카사카
赤坂

노가쿠도

로열 가든 카페
오호리 공원

보트하우스

부견당
(우키미도)

시모노하시 고몬

스타벅스
오호리 공원점

후쿠오카성
무카시 탐방관

아카사카
赤坂

① 오호리 공원

코로칸 역사박물관

警固交差点

후쿠오카시 미술관 동쪽 출구
福岡市美術館東口

② 마이즈루 공원

천수대

케고
警固

〈윈드 스컬프쳐(SG)Ⅱ〉

〈호박〉

고쿠타이도리 国体道路

⑥ 케야키 거리

앤드로컬스
오호리 공원점

후쿠오카시
미술관

코히 비미

오호리 테라스

일본 정원

赤坂3丁目交差点

고쿠타이도리 国体道路

히이라기

코메다 커피

롯폰마츠
六本松

④ 롯폰마츠 421
⑤ 후쿠오카시 과학관

아맘 다코탄
롯폰마츠점(본점)

사쿠라자카
桜坂

우동 비요리

롯폰
마츠빵

커피맨

0   200m

256

#Walk

슬로 모션처럼 흐르는 시간

오호리 공원·롯폰마츠

후쿠오카 시내에서 어슬렁거리며 세상 편한 시간을 보내고 싶다면 이 지역으로 발길을 옮겨보자. 잔잔한 인공 호수를 중심으로 산책로와 풍부한 녹음이 어우러진 오호리 공원은 후쿠오카 최대의 힐링 스페이스다. 공원 동쪽엔 후쿠오카 성 터이자 벚꽃 명소로 이름난 마이즈루 공원이, 남동쪽으로는 느티나무 가로수길이 아름다운 케야키 거리가 다이묘와 이 일대를 연결하며 꿀맛 같은 여유를 선사한다. 서민적인 상점가와 트렌디한 감성이 공존하는 롯폰마츠도 가까워 산책 삼 아 둘러보기 좋다.

1 윤슬이 반짝이는 호숫가 '물멍'
오호리 공원
大濠公園

후쿠오카는 물론 전국에서 손에 꼽히는 거대한 호수 공원. 약 40만 평 면적의 절반 이상이 물로 채워진 '물의 공원'이다. 잔잔하고 푸른 호수를 둘러싼 약 2km의 순회 로는 산책, 조깅, 라이딩 3가지 전용 도로로 널찍하게 구분돼 있어 각자의 리듬에 맞 춰 공원을 누비는 후쿠오카 시민들의 활기찬 에너지를 느낄 수 있다. 오리배나 보트 를 탈 수 있는 보트하우스, 멋진 호수 뷰 카페, 미술관, 일본 정원 등도 자리해 낭만을 더하고 물결에 일렁이는 반영과 해 질 무렵 비추는 석양이 한 폭의 그림 같다. 호수 위에 둥둥 뜬 3개의 작은 섬을 연결하는 다리들을 건널 때면 마치 물 위를 걷는 듯한 기분. 봄에는 벚꽃 명소로 이름을 날리고, 매년 8월에는 성대한 불꽃놀이가, 12월에 는 몽환적인 일루미네이션 이벤트가 호수 위를 장식한다. **MAP ⑤-A·B**

ⓖ 오호리 공원
OPEN 24시간
WALK 지하철 오호리공원역에서 5분/ 쿠로몬黒門 또는 오호리 공원大濠公園 정류장에서 4분
WEB ohorikouen.jp

오호리 공원 보물찾기

1600년경 후쿠오카성 외벽을 튼튼하게 방어했던 해자는 오늘날 후쿠오카 시민들의 사랑을 듬뿍 받는 멋진 수경 공원으로 거듭났다. 호수를 둘러싼 산책로를 따라 주요 명소를 둘러보면 2시간 이상 소요된다.

쿠로몬
黒門

오호리 공원
大濠公園

오호리공원역

오호리·니시 공원 관리사무소

노가쿠도

레스토랑
レストラン

매점

보트 선착장
貸ボートのりば

보트하우스

마이즈루교
舞鶴橋

칸게츠교 観月橋

쿠지라 공원(어린이 놀이터)
くじら公園

부견당(우키미도)

야나기섬 柳島

마이즈루 공원 →

쇼게츠교 松月橋

동구리 공원(어린이 놀이터)
どんぐり公園

스타벅스

노지마노모리
野島の森

마츠섬 松島

카모섬 鴨島

차손교 茶村橋

매점

아야메섬 菖蒲島

사츠키교 さつき橋

후쿠오카 시립 미술관

오호리 테라스

일본 정원

Spot. 1 보트하우스
Boathouse

오호리 공원의 뷰 맛집으로 꼽히는 로열 가든 카페(264p)를 비롯해 레스토랑, 보트 대여소, 기념품점 등이 모여 있는 복합상업시설. 보트 체험은 백조 배, 전기 백조 배, 노 젓는 배 중에서 선택할 수 있다.

OPEN 11:00~18:00(토·일·공휴일 10:00~)/일몰 1시간 전까지 접수
PRICE 백조 배 1200엔~, 전기 백조 배 2200엔~, 노 젓는 배 800엔~/30분 기준, 초과 시 10분당 200~600엔
WEB oohoriboathouse.jp/rental-boat/

Spot. 2 부견당(우키미도)
浮見堂

호수 한복판 야나기섬柳島에 자리한 아담한 건축물. 오호리 공원의 상징이자 호수를 조망하기 좋은 포토 스폿이다. 옛 후쿠오카시 동물원에서 이축해온 건물로, 육각 지붕과 주홍 색 기둥이 인상적이다.

Ⓖ 오호리 공원 부견당
OPEN 24시간
WALK 보트하우스에서 3분

Spot. 3 스타벅스 오호리 공원점
Starbucks Coffee

'자연과 조화를 이루는 건축'으로 잘 알려진 세계적 건축가 쿠마 켄고가 설계한 건물. 오호리 공원의 자연 경관에 스며들 듯 어우러지도록 디자인됐다. 매장을 둘러싼 통창 덕분에 어디에 앉아도 호수와 공원의 풍경이 시야에 들어온다. 규슈산 목재 인테리어 와 부드러운 절전 조명, 자연광이 조화를 이루는 따뜻한 분위기도 편안함을 준다.

Ⓖ 스타벅스 오호리 공원점
ADD 1-8 Ohorikoen, Chuo Ward
OPEN 07:00~21:00
WALK 보트하우스에서 5분

Spot. 4 일본 정원
日本庭園

오호리 공원 50주년을 기념해 1984년에 조성된 전통 일본 식 정원. 크고 작은 연못과 폭포, 다실, 차회관 등이 연못을 둘러싸고 배치된 지천회유식 정원으로, 산책 삼아 둘러볼 만하다. 후쿠오카시 미술관 쪽 메인 입구를 포함해 오호리 테라스 옆, 서문 등 3곳에서 출입할 수 있다.

Ⓖ 오호리공원 일본정원
OPEN 09:00~18:00(10~4월 ~17:00)/폐장 15분 전까지 입장/ 월요일(공휴일인 경우 그다음 평일), 12월 29일~1월 3일 휴무
PRICE 250엔, 6~14세 120엔
WEB ohoriteien.jp

<호박>

강렬한 색과 패턴으로
바람에 휘날리는 천을 형상화한
<윈드 스컬프쳐(SG)Ⅱ>

Spot. 5 후쿠오카시 미술관
福岡市美術館

살바도르 달리, 마르크 샤갈, 호안 미로, 앤디 워홀 등 해외 거장들의 작품을 비롯해 에도 시대 이전의 고미술부터 근현대 일본 거장들의 작품까지 1만6천여 점을 소장하고 있는 시립 미술관. 미술관 앞 야외 공간에는 현대 미술가 인카 쇼니바레의 <윈드 스컬프쳐(SG)Ⅱ>, 쿠사마 야요이의 <호박> 조각이 전시돼 시선을 끈다. 특히 노란 바탕에 검은 물방울 무늬가 특징인 <호박>은 세계 곳곳에 다양한 버전으로 전시될 만큼 유명한데, 이곳 조각은 1994년 후쿠오카 아트 이벤트에 출품된 작가 최초의 야외 설치작이라는 점에서 의미가 깊다.

Ⓖ 후쿠오카시 과학관
OPEN 09:30~17:30(7~10월 ~20:00)/폐장 30분 전까지 입장/월요일(공휴일인 경우 그다음 평일), 12월 28일~1월 4일 휴무
PRICE 200엔, 고등·대학생 150엔, 중학생 이하 무료
WALK 보트하우스에서 10분/13번·140번 후쿠오카시 미술관 동쪽 출구福岡市美術館東口 정류장에서 3분
WEB fukuoka-art-museum.jp

Spot. 6 오호리 테라스
Ohori-Terrace

일본 전통 목조 기술과 현대 건축 기법을 접목한 2층 규모의 세련된 건축물. 외관부터 내부까지 일본산 삼나무를 사용해 공간 전체에 따스한 온기가 감돈다. 규슈산 식재료를 컨셉으로 한 식료품점 겸 카페 앤드로컬스(265p)와 기모노 대여점 등이 입점해 있다.

Ⓖ ohori terrace
OPEN 09:00~18:00/시설마다 다름
WEB ohori-terrace.jp

Spot. 7 노가쿠도
能楽堂

일본 전통 예능 노가쿠를 상연하는 극장이다. 노가쿠는 다양한 표정의 가면과 화려한 의상을 갖춘 배우들이 절제된 춤과 연기를 펼치는 공연으로, 유네스코 무형문화유산으로 지정돼 있다. 지하 1층과 지상 1층 규모이며 노가쿠 외에도 다양한 일본 전통 음악 공연이 열린다.

Ⓖ ohori park noh theater
OPEN 09:00~17:00/
월요일(공휴일인 경우 그다음 평일), 12월 29일~1월 3일 휴무
WEB ohori-nougaku.jp

천수대

천수대에서 내려다본
후쿠오카풍경

후쿠오카성의 정문 역할을 한
시모노하시 고몬下之橋御門

② 벚꽃 아래 두근두근 밤 소풍
마이즈루 공원
舞鶴公園

약 1000그루의 벚나무가 만개하는 후쿠오카 시내 최고의 벚꽃 명소이자 후쿠오카 성터가 자리한 역사 공원이다. 벚꽃 시즌에는 푸드트럭과 노점이 공원 곳곳에 들어서며 저녁 6시 전후부터 사쿠라 라이트업이 시작되고 야시장도 열린다. 이 기간에만 임시로 공개되는 천수대天守台에 오르면 후쿠오카 시내와 하카타만을 한눈에 조망할 수 있는데, 특히 벚꽃철에는 사방이 분홍빛으로 물들어 더욱 환상적이다. 공원 내에는 후쿠오카성 관련 자료를 전시하는 후쿠오카성 무카시 탐방관福岡城むかし探訪館, 당나라와 신라와의 외교에 사용됐던 고대 영빈관의 유적 및 관련 자료를 소개하는 코로칸 역사박물관鴻臚館跡展示館이 있다. **MAP ⑥-A·B**

⑥ 마이즈루 공원
OPEN 공원 24시간, 후쿠오카성 무카시 탐방관·코로칸 역사박물관 09:00~17:00/ 탐방관·박물관은 연말연시 휴무
PRICE 무료
WALK 지하철 아카사카역 또는 오호리공원역에서 8분/13번·140번 후쿠오카시 미술관 동쪽 출구福岡市美術館東口 정류장에서 바로
WEB midorimachi.jp/maiduru/

테루모 신사 앞 돌계단

③ 현지인의 봄 산책 명소
니시 공원
西公園

봄이면 벚꽃과 신사, 전망이 절묘하게 어우러지는 장소. 신사 앞 돌계단은 '일본 벚꽃 명소 100선'에 선정될 만큼 아름다우며 공원 정상의 중앙 전망광장에서는 하카타만과 후쿠오카 타워까지 시원하게 조망할 수 있다. 단, 공원 내 자리한 테루모 신사光雲神社는 후쿠오카성 초대 영주이자 임진왜란 때 조선을 침공한 무장 쿠로다 나가마사黑田長政를 기리고 있어 우리에게 쓰라린 역사를 상기시킨다. 공원 규모가 크지 않아 정상까지 왕복해도 1시간이면 충분하다. **MAP ⑥-A**

⑥ 니시 공원 I 테루모 신사
OPEN 공원 24시간/테루모 신사 09:00~17:00
WALK 지하철 오호리공원역에서 15분/ 중앙 시민 수영장中央市民プール 정류장에서 2분
WEB terumojinja.com

츠타야 서점

④ 영감이 샘솟는 복합 문화 공간
롯폰마츠 421
六本松421

롯폰마츠 재개발 프로젝트의 핵심 시설로 2017년에 문을 연 6층 규모의 복합상업시설. '롯폰마츠 421'은 이곳의 주소에서 따온 이름이다. 1층에는 베이커리, 슈퍼마켓 등이 있으며 2층에는 스타벅스와 감각적인 잡화점, 츠타야 서점이 자리한다. 츠타야 서점 내 스탠딩 사케 바 스미요시 슈한住吉酒販에서는 규슈 각지의 술을 글라스로 즐길 수 있고 술과 관련된 책이 함께 큐레이션돼 있어 술 애호가들에게 반응이 좋다. 3~6층은 후쿠오카시 과학관, 옥상은 정원이 조성돼 있다. **MAP ⑥-B**

ⓖ ropponmatsu 421
ADD 4-2-1 Ropponmatsu, Chuo Ward
OPEN 10:00~20:00/시설마다 다름
WALK 후쿠오카시 미술관에서 12분/
후쿠오카현 호국 신사에서 5분/지하철 롯폰마츠역에서 바로/
롯폰마츠六本松 정류장에서 1분
WEB jrkbm.co.jp/ropponmatsu421/

⑤ 꼬마 과학자들의 놀이터
후쿠오카시 과학관
福岡市科学館

과학 전시와 체험, 천체 영상을 즐길 수 있는 시립 과학관. 입장료가 저렴하고 무료 시설도 많아 가볍게 들르기 좋다. 총 4층 규모에 테마별 전시관, 돔 시어터, 키즈 스페이스, 뮤지엄숍 등을 갖추고 있으며 추천 연령대는 미취학 아동부터 초등 저학년까지다. 롯폰마츠 421과 내부로도 연결되지만 건물 밖에 별도의 전용 입구(에스컬레이터)도 마련돼 있다. **MAP ⑥-B**

ⓖ 후쿠오카시 과학관
OPEN 09:30~21:30(기본 전시실 ~18:00)/돔 시어터 및 기획전시실은 홈페이지 참고/화요일(공휴일인 경우 그다음 평일), 12월 28일~1월 1일 휴무(방학 기간은 매일 오픈)
PRICE 5층 기본 전시실 510엔, 고등학생 310엔, 초등·중학생 200엔
WALK 롯폰마츠 421 3~6층
WEB fukuokacity-kagakukan.jp

6 살고 싶은 느티나무 가로수길
케야키 거리
けやき通り

봄과 여름에는 신록, 가을에는 단풍이 터널을 이루는 멋진 느티나무 가로수길이다. 마이즈루 공원 남쪽 아카사카 3초메 교차로赤坂3丁目交差点에서 다이묘 남서쪽 끝 케고 교차로警固交差点까지 약 800m 구간으로, 후쿠오카시 중심부를 남북으로 가로지르는 국도 202호선의 일부다. 길 양옆 골목마다 감각적인 패션 편집숍과 잡화점, 카페, 레스토랑이 숨어 있어 산책하는 즐거움이 큰 곳으로, 예술·디자인계 종사자들의 단골 가게가 많다. 인근 고급 주택가는 '살고 싶은 동네'로 손꼽히며 11~3월에는 저녁 6시 무렵부터 가로수에 조명을 켜 거리를 로맨틱하게 물들인다.
MAP ❻-B

Ⓖ keyaki dori
WALK 후쿠오카시 미술관 또는 일본 정원에서 6분

케야키 거리 서쪽 초입에 자리한 인기 카페, 코히 비미

7 어서옵쇼! 쫄깃한 해산물 천국
나가하마 선어시장
長浜鮮魚市場

오호리 공원 북동쪽, 도보 15~20분 거리에는 항구도시 후쿠오카의 활기를 느낄 수 있는 나가하마 선어시장이 있다. 해산물 경매장은 관계자 전용이지만 시장회관鮮魚市場市場会館에 입점한 해산물 전문 식당은 일반인도 이용 가능해 오호리 공원에 들르기 전후로 신선한 회, 초밥, 생선구이를 즐기기에 제격이다. 매월 둘째 토요일에 열리는 시민 감사의 날 09:00~12:00에는 경매장 일부가 일반에 개방되고 참치 해체쇼나 어린이 초밥 만들기 체험 같은 이벤트가 열린다. **MAP ❻-A**

Ⓖ 나가하마 선어시장
ADD 3-11-3 Nagahama, Chuo Ward
OPEN 식당마다 다름/일 휴무
WALK 지하철 아카사카역에서 12분/나가하마니초메長浜二丁目 정류장에서 4분
WEB nagahamafish.jp

263

숲캉스를 더욱 달콤하게
오호리 공원 카페 & 베이커리

푸릇푸릇한 오호리 공원을 산책한 뒤 나른해진 몸과 마음에 달콤한 휴식을 선물할 시간.
공원 곳곳에서 퍼져나오는 고소한 커피 향과 갓 구운 빵 냄새가 자연스레 여행자의 발길을 머물게 한다.

음료 638엔~, 주말 한정 모닝 메뉴인 오믈렛 세트와
보트하우스 브렉퍼스트 각 1408엔

오호리 공원 햇살 맛집
로열 가든 카페 오호리 공원
Royal Garden Cafe

도쿄와 오사카의 핫플레이스에만 문을 여는 세련
된 분위기의 카페. 후쿠오카 지점은 오호리 공원
한복판, 호수 바로 앞이라는 환상적인 입지를 자
랑한다. 날씨 좋은 날엔 테라스석에서 공원을 바
라보며 느긋한 시간을 보내기 좋다. 친절한 서비
스와 더불어 점심·저녁·카페 메뉴가 다양하고 플
레이팅도 예쁘다. 아침 일찍 문을 여는 주말에는
토스트, 오믈렛, 샐러드 등으로 구성된 모닝 메뉴
(09:00~10:45/L.O.)가 인기. 커피 리필 가능.
MAP ⑥-A

Ⓖ 로얄가든카페 오호리 공원
ADD 1-3 Ohorikoen, Chuo Ward
OPEN 11:00~20:30(토·일·공휴일 09:00~)
WALK 보트하우스 1층
WEB royal-gardencafe.com/ohoripark/

탱글 달콤한 마성의 한 스쿱
푹 커피 파크
FUK COFFEE Parks

공항을 컨셉으로 한 감각적인 인테리어와 정통 푸딩, 심플한 컵 디
자인으로 후쿠오카 인스타 명소로 떠오른 카페. 탱글하고 탄력 있
는 푸딩은 달걀 풍미 진한 베이스에 쌉쌀한 캐러멜소스, 바닐라아
이스크림(푸딩 주문 시 추가)이 어우러져 깊고 균형 잡힌 맛을 선사
한다. 라테 아트가 아름다운 커피 메뉴, 바삭하고 달콤한 쿠키 슈크
림도 많은 사랑을 받고 있다. 캐널시티 근처 본점을 포함해 시내 4
개 매장 중 이곳의 인기가 가장 높다. **MAP ⑥-A**

Ⓖ fuk coffee parks
ADD 1-4-20 Arato, Chuo Ward
OPEN 08:00~20:00
WALK 지하철 오호리공원역에서 2분/보트하우스에서 8분
WEB fuk-coffee.com

푸딩+바닐라아이스크림 670엔
카페라테 650엔

다시타마산도 세트(녹차 포함)
940엔, 단품 500엔

후쿠오카 감성으로 차린 로컬 식탁
앤드로컬스 오호리 공원점
& LOCALS Ohori Park Shop

규슈 각지의 로컬푸드를 선보이는 식료품 편집숍 겸 카페. 창밖으로 오호리 공원이 시원하게 펼쳐지고 자연과 어우러진 세련된 목조 건축이 분위기를 더한다. 추천 메뉴는 감칠맛 나는 육수로 만든 달걀말이를 부드러운 빵에 끼운 다시타마산도だし玉サンド로, 매콤하고 고소한 와사비 마요네즈가 입맛을 돋운다. 시골 집밥 컨셉의 시그니처 메뉴인 달걀말이 정식(1540엔, 명란 토핑 +330엔)은 11:30부터 수량 한정 판매. 아크로스 후쿠오카, 미나 텐진에도 각기 다른 컨셉의 지점이 있다.
MAP ⑥-B

Ⓖ 앤드로컬스 오호리공원
ADD 1-9 Ohorikoen, Chuo Ward
OPEN 09:00~18:30/
월요일(공휴일인 경우 그다음 평일) 휴무
WALK 보트하우스에서 12분
WEB andlocals.jp

모나카, 밤
말차아이스크림이 든
파르페 モナの恋人
830엔

한입 맛보면 파리로 순간 이동!
파티스리 자크 오호리점
Pâtisserie Jacques

후쿠오카를 대표하는 프랑스 정통 파티스리로, 디저트 컬렉터들 사이에선 후쿠오카 최고라고 평가받는다. 시그니처인 캐러멜 무스 케이크 자크Jacques는 진한 바닐라 풍미와 절제된 단맛, 부드러운 식감의 균형이 탁월하다. 피스타치오 무스에 프랄린과 초콜릿 시트를 더한 피스타슈 앙탄스Pistache Intense는 소량 제작해 금세 품절되는 인기 메뉴. 깔끔한 로고 박스와 아이스팩이 기본 제공돼 이동 중에도 맛과 형태가 잘 유지된다. **MAP ⑥-A**

Ⓖ 자크 오호리점
ADD 3-2-1 Arato, Chuo Ward
OPEN 10:00~16:00/화·수 휴무
WALK 보트하우스에서 4분
WEB jacques-fukuoka.jp

자크 1조각
640엔

후쿠오카 커피 문화 그 자체
코히 비미
珈琲 美美

후쿠오카 커피 씬에서 독보적인 영향력을 지닌 존재. 1977년 이마이즈미의 8평 남짓한 공간에서 시작해 강배전, 융드립 추출 방식으로 후쿠오카의 커피 수준을 끌어올린 주역이다. 2009년 현재의 2층 목조 건물로 옮긴 뒤 창업자의 아내와 딸이 전통을 잇고 있다. 천 필터로 천천히 내리는 방식이라 시간이 꽤 오래 걸리지만 그만큼 중후하고 깊은 쓴맛과 단맛을 즐길 수 있다. 핫 커피는 블렌드, 싱글 오리진, 데미타스, 배리에이션으로 나뉘며 직원 추천을 받아 고르는 게 일반적. 셰이커를 얼음 위에 돌려 식히는 아이스 커피 추출 퍼포먼스도 이곳의 볼거리다. **MAP ⑥-B**

Ⓖ 코히비미
ADD 2-6-27 Akasaka, Chuo Ward
OPEN 12:00~17:00(L.O.)/원두 판매 11:00~18:30/
월·화 휴무
WALK 마이즈루 공원 바로 남쪽/
후쿠오카시 미술관에서 6분/지하철 롯폰마츠역에서 12분
WEB cafebimi.com

아이스커피 800엔
후르스케이크 400엔

인생 치즈케이크의 기준
히이라기
ひいらぎ

1973년 문을 연 노포 카페. 클래식 음악이 흐르는 고급스럽고 레트로한 분위기에서 주인 할아버지와 아들이 정성껏 내려주는 커피가 일품이다. 커피는 진한 정도, 쓴맛, 신맛 취향을 물어본 뒤 추천해주며 전 세계에서 수집한 예쁜 찻잔을 손님이 직접 고를 수 있는 등 세심한 배려가 돋보인다. 찻잔 크기에 따라 양도 달라지니 넉넉히 마시고 싶다면 큰 잔을 선택할 것. 꼭 맛봐야 할 메뉴는 버터처럼 생긴 꾸덕꾸덕하고 진한 치즈케이크로, 커피와 찰떡같이 어울리는 이 집의 자랑이다. **MAP ⑥-B**

Ⓖ 히이라기
ADD 3-16-33 Ropponmatsu, Chuo Ward
OPEN 11:00~21:30/월 휴무
WALK 후쿠오카시 미술관에서 9분/
지하철 롯폰마츠역에서 10분
WEB www.instagram.com/coffeehiiragi

블렌딩 커피 & 치즈케이크 세트 1800엔

시간의 레이어가 쌓인 맛 지도
롯폰마츠 미식 산책

한때 규슈대학 캠퍼스가 있던 롯폰마츠는 대학 이전 후 한동안 침체기를 겪었지만 재개발을 계기로
다시 활기를 되찾은 지역이다. 덕분에 이곳에는 오랜 세월 자리를 지켜온 노포 식당과 감각적인 신생 빵집,
카페가 자연스럽게 공존하며 묘한 매력을 풍긴다.

아보카도와 새우튀김 우동 950엔

키나코 타이모찌 580엔

세월이 증명한 n년째 우동 맛집
우동 비요리
うどん日和

조용한 주택가에 1977년 문을 연 자가제면 우동 전문점.
부드럽고 쫄깃한 면발, 천연 재료로 우려낸 담백한 국물,
과하지 않은 맛과 정갈한 플레이팅으로 오랜 세월 사랑받
아온 곳이다. 밝고 깔끔한 분위기, 친절한 서비스도 장점
이다. 간판 메뉴는 아보카도와 새우튀김이 올라간 붓카케
우동. 바삭한 튀김, 크리미한 아보카도, 상큼한 레몬이 어
우러진 산뜻하고 가벼운 맛에 기분까지 상쾌해진다. 해산
물 붓카케와 토리텐(닭튀김) 붓카케도 인기 메뉴. 튀김
을 따로 주문해 곁들이는 것도 좋은데, 그중 제철 야채를
큼직하게 썰어 바삭하게 튀겨낸 야채튀김의 만족도가 높
다. 오픈런 권장. **MAP G-B**

ⓖ 우동비요리
ADD 4-4-12 Ropponmatsu, Chuo Ward
OPEN 11:00~15:00(재료 소진 시 종료)/화 휴무
WALK 지하철 롯폰마츠역에서 6분
WEB instagram.com/udonbiyori

말랑 쫀득 붕어떡의 텍스처
롯폰폰
ROppOnpOn

쌀가루로 만든 붕어떡, 타이모찌たいもち로 유명한 테이
크아웃 전문점. 한번 구운 다음 데쳐내 쫄깃하고 고소하
며 팥앙금이 꽉 찬 타이모찌는 플레인, 말차, 시나몬, 호
지차 4가지 맛이 있다. 붕어떡에 콩가루를 듬뿍 뿌려 차
와 함께 맛보는 키나코きなこ 타이모찌도 추천. 오리지널,
카레, 유즈코쇼 3가지 맛 옵션이 있는 닭튀김(카라아게か
らあげ)을 곁들이면 꽤 든든한 한 끼로도 손색없다. 가게
옆 벤치에서 즐기면 소박한 운치가 있고 지브리 감성의
아기자기한 외관은 포토존으로도 인기. **MAP G-B**

ⓖ 롯폰폰
ADD 4-7-4 Ropponmatsu,
Chuo Ward
OPEN 10:00~19:00/목 휴무
WALK 지하철 롯폰마츠역에서
5분

빵집과 카페의 환상 콜라보

마츠빵
マツパン

후쿠오카 대표 베이커리 '빵 스톡'의 수셰프 출신 제빵사가 2016년 문을 연, 작지만 실력 있는 동네 빵집. '이유식으로도 먹일 수 있는 건강한 빵'을 컨셉으로 내세우며 명란바게트(멘타이 프랑스), 리치 식빵, 카레빵 등 약 80종의 빵을 매일 구워낸다. 가장 많은 빵이 진열되는 시간은 오전 11시 전후. 같은 건물의 카페 커피맨Coffeeman과 상생하는 구조로, 구매한 빵을 카페로 가져가 음료와 함께 즐길 수 있다. 2014년 재팬 커피 로스팅 챔피언십 우승자가 직접 로스팅한 커피맨의 블렌드 커피는 깊이 있는 풍미와 깔끔한 맛이 뛰어나다. **MAP ⑥-B**

Ⓖ 마츠빵
ADD 4-5-23 Ropponmatsu, Chuo Ward
OPEN 마츠빵: 08:00~18:00/월·화 휴무 | 커피맨: 09:00~19:00/화 휴무
WALK 지하철 롯폰마츠역에서 5분
WEB 마츠빵: matsu-pan.com
커피맨: coffeemanonline.stores.jp

도쿄, 교토 사람들도 홀린 빵 맛집

아맘 다코탄 롯폰마츠점(본점)
Amam Dacotan

2018년 오픈 이래 전국에 마리토초 열풍을 일으킨 베이커리 본점. 이탈리안 레스토랑 셰프 출신 오너가 개발한 독창적인 비주얼과 맛으로 유명하다. 휘핑크림을 가득 채운 브리오슈 디저트 마리토초 외에도 적양배추 피클과 수제 소시지(살시차)로 만든 다코탄 버거, 창업 초기부터 꾸준히 사랑받는 명란 페페론치노 바게트가 대표 메뉴다. 보들보들하고 쫀득한 생도넛 역시 반응이 뜨거워 도넛 전문 브랜드 아임 도넛?(243p)을 따로 론칭할 정도. 오픈 전부터 줄을 서고 인기 메뉴는 금세 품절되니 일찍 방문하는 것이 좋다. 도쿄와 교토에도 지점이 있다.
MAP ⑥-B

Ⓖ 아맘 다코탄
ADD 3-7-6 Ropponmatsu, Chuo Ward
OPEN 08:00~17:00
WALK 지하철 롯폰마츠역에서 6분
WEB amamdacotan.com

동네 주민이 인정한 이 구역 에이스들
나가하마 선어시장 맛집 랭킹

초대형 도매시장 옆, 나가하마 선어시장 주변에는 새벽 경매 직송 재료로 차려낸 해산물 식당들이 옹기종기 모여 있다.
바닷바람 솔솔 부는 항구 도시 하카타의 숨결을 느끼며 신선한 한 끼를 맛보자.

가게 앞에 차려진 음식을 살펴 마음 가는 곳을 고르자.

숨은 해산물 맛집 찾으세요?
나가하마 선어시장 식당가
長浜鮮魚市場

나가하마 시장 시장회관 빌딩 1층에 자리한 현지인들의 아침
식사 명소. 회, 초밥, 생선구이, 조림, 튀김, 해산물덮밥 등 다양
한 메뉴를 합리적인 가격에 즐길 수 있다. 세련된 분위기는 아
니지만 생선 요리 정식이 1000엔 안팎으로 시내보다 저렴하고
만족도도 높다. 대부분 오전 8~9시 오픈, 오후 2시 전후 마감한
다. 인기 식당은 회전초밥집 시장스시 우오타츠市場ずし魚辰, 오
랜 역사의 오키요 식당おきよ食堂, 푸짐한 정식으로 유명한 후쿠
우오 식당福魚食堂이다. **MAP ⑥-A**

⑥ 나가하마 선어시장
ADD 3-11-3 Nagahama, Chuo Ward(鮮魚市場市場会館)
OPEN 식당마다 다름/일 휴무
WALK 지하철 아카사카역에서 12분/
나가하마니초메長浜二丁目 정류장에서 4분
WEB nagahamafish.jp

오니카라시

원조 하카타 돈코츠 라멘
500엔

원조 돈코츠 라멘은 이런 맛
간소 라멘 나가하마케
元祖ラーメン 長浜家

하카타식 돈코츠 라멘의 원형을 맛볼 수 있는 '찐' 로컬 맛집. 뽀
얗고 진한 돈코츠가 아닌 맑고 담백한 고깃국 스타일이라 오히려
신선하게 다가온다. 국물은 담백·보통·진하게, 면은 익힘 정도에
따라 5단계 중 고를 수 있으며 인기 조합은 '보통' 국물과 알덴테
식감의 '카타' 면이다. 테이블 위 참깨, 초생강, 타레(간장 양념)로
간을 맞추고 여기에 잘게 다진 매운 갓절임 오니카라시鬼辛子를
더하면 얼얼한 매운맛이 입안을 강타한다. 면·오니카라시·차슈
추가는 각 100엔. 붐비는 시간엔 합석이 기본이다. **MAP ⑥-A**

⑥ 원조라멘 나가하마케
ADD 2-7-10 Otemon, Chuo Ward
OPEN 24시간/월요일 07:00~09:00는 청소 시간
(월요일이 공휴일인 경우 화요일에 청소)
WALK 지하철 오호리공원역에서 10분/미나토잇초메港一丁目 정류장에서 2분
WEB facebook.com/Ganso.Ramen.Nagahamake

후쿠오카 뒷골목, 아늑한 은신처
야쿠인·시로가네·히라오

후쿠오카 시내 중심을 벗어나 로컬의 온기를 느끼고 싶다면 이마이즈미 바로 남쪽 야쿠인藥院에서 시로가네白金, 히라오平尾까지 천천히 걸음을 옮겨보자. 니시테츠 전철과 지하철이 지나는 야쿠인역을 중심으로 고택을 개조한 복합문화공간, 후쿠오카 커피 문화를 이끄는 스페셜티 커피숍, 트렌디한 편집숍과 독립서점, 하이엔드 문구점, 사케 펍 등이 골목골목 자리를 지키고, 그 틈 사이로 동네 아저씨들의 단골 선술집까지 한데 어우러져 세련됨과 서정이 공존한다. 넉넉한 테이블 간격과 아늑한 소파석 덕분에 자연스레 느려지는 걸음, 그 여유를 따라 진짜 '동네 산책'의 즐거움이 꽃핀다.

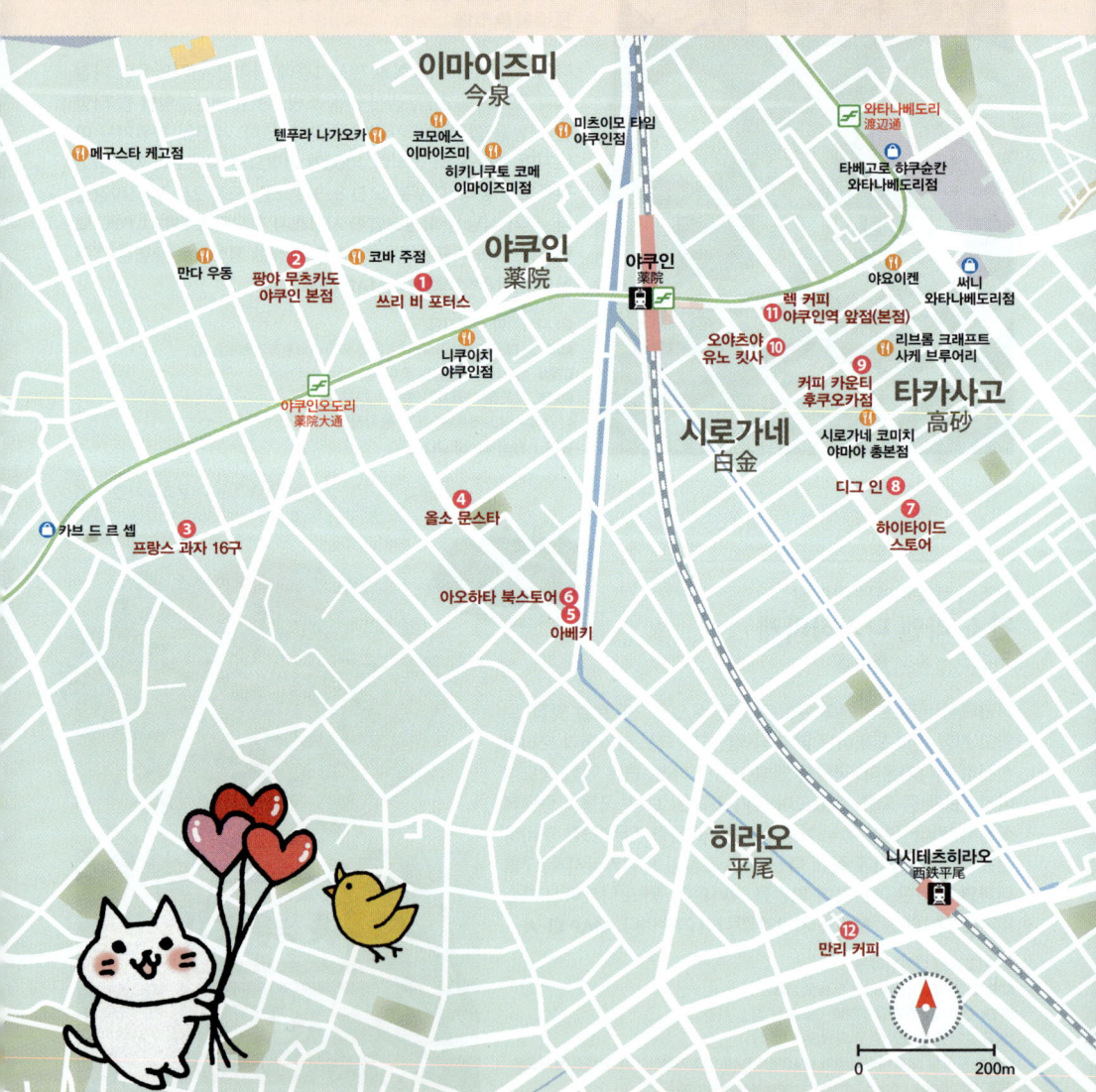

이마이즈미
今泉

메구스타 케고점

텐푸라 나가오카

코모에스
이마이즈미

히키니쿠토 코메
이마이즈미점

미츠이모 타임
야쿠인점

와타나베도리
渡辺通

타베고로 하쿠슌칸
와타나베도리점

만다 우동

2 팡야 무츠카도
야쿠인 본점

코바 주점

1 쓰리 비 포터스

야쿠인
藥院

야쿠인
藥院

야요이켄

써니
와타나베도리점

니쿠이치
야쿠인점

렝 커피
11 야쿠인역 앞점(본점)

야쿠인오오도리
藥院大通

오야츠야
유노 킷사 10

리브롬 크래프트
사케 브루어리

시로가네
白金

커피 카운티
후쿠오카점 9

타카사고
高砂

카브 드 르 셉
3 프랑스 과자 16구

4
올소 문스타

시로가네 코미치
야마야 총본점

디그 인 8

하이타이드
스토어 7

아오하타 북스토어

5
아베키

히라오
平尾

니시테츠히라오
西鉄平尾

12
만리 커피

0   200m

① 헤리티지 잡화점에서 만난 일상템
쓰리 비 포터스
B·B·B POTTERS

후쿠오카에서 30년 넘게 사랑받아온 라이프스타일 편집
숍. 미니멀하고 실용적인 식기류와 생활용품을 중심으로
문구류, 의류까지 매력적인 잡화가 가득하다. 2층 카페
는 쇼핑 중에 여유를 부리기 좋은 공간으로, 1층에서 판
매하는 예쁜 그릇에 브런치와 디저트를 담아내는 감각적
인 플레이팅이 눈에 띈다. 바로 옆의 고급 주방용품 전문
점 쓰리 비 앤드BBB&도 함께 들를 만하다. 후쿠오카 서쪽
이토시마섬에는 쓰리 비의 가구와 잡화로 채운 호텔 비
비비 하우스bbb haus도 운영하고 있다. **MAP ⑦**

📍 **쓰리 비 포터즈**
ADD 1-8-8, Yakuin, Chuo Ward
OPEN 11:00~19:00(카페 L.O.18:00)
WALK 지하철 야쿠인오도리역에서 3분/
지하철·니시테츠 전철 야쿠인역에서 5분/
돈키호테 텐진 본점에서 10분
WEB bbbpotters.com

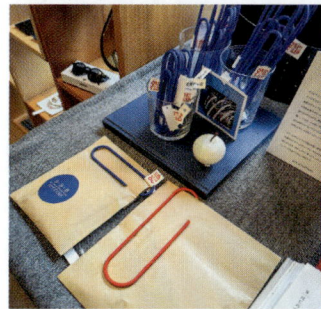

② 차원이 다른 프리미엄 식빵
팡야 무츠카도 야쿠인 본점
パン屋 むつか堂

후쿠오카를 대표하는 식빵 전문점. 2013년 '매일 먹어도
질리지 않는 고급 식빵'을 컨셉으로 창업 때부터 화제를
모았다. 살짝 달콤하고 야들야들한 식감의 각형角型 식
빵이 시그니처. 이를 활용한 후르츠산도(과일샌드위치)와
크로크무슈도 인기다. 테이크아웃 전문이며 인기 제품은
일찍 품절된다. **MAP ⑦**

📍 **무츠카도**
ADD 2-15-2 Yakuin, Chuo Ward
OPEN 10:00~20:00(품절되는 대로 종료)/일 휴무
WALK 쓰리 비 포터스에서 3분
WEB mutsukado.jp

각형 식빵 1개 432엔

후르츠산도 702엔

③ 파리에서 배달 왔어요 ♪
프랑스 과자 16구
フランス菓子16区

1981년 오픈 이래 꾸준히 사랑받아온 양과자점. 파리 고급 주택가 16구의 과자점에서 일본인 최초 수석 파티시에로 활약한 제과 명장 미시마 타카오가 오너 파티시에로 있다. 대표 메뉴는 미시마가 직접 고안해 널리 알려진 샌드형 다쿠아즈. 몽블랑과 슈크림도 인기이며 구매한 디저트는 2층 카페에서 음료와 함께 즐길 수 있다. 품질 유지를 위해 지점 없이 이곳 한 곳만 운영한다. **MAP ⑦**

 프랑스과자16구
ADD 4-20-10 Yakuin, Chuo Ward
OPEN 10:00~18:00(카페 ~17:00)/
월(카페는 월·목) 휴무

WALK 쓰리 비 포터스에서 8분
WEB 16ku.jp

다쿠아즈 2개입 486엔

④ 장인의 손길로 빚은 명품 신발
올소 문스타
Also Moonstar

1873년 창립 이래 고무 기술과 장인 정신을 바탕으로 구루메시에서 전통 방식으로 신발을 제작해온 문스타의 플래그십 스토어. 모든 제품은 구루메 자사 공장에서만 생산되며 'Made in Japan'이 아닌 'Made in Kurume'를 고집한다. 고무에 유황을 섞어 밑창과 갑피를 고온에서 압착·가열하는 벌커나이즈(가황) 공법을 적용한 'Fine Vulcanized' 시리즈를 중심으로 비 오는 날에도 신기 좋은 캔버스화·스니커즈·레인부츠 등 편안한 신발을 선보인다. 구루메 출신 건축가가 공장 분위기를 모던하게 재해석한 매장 인테리어도 세련됐다. **MAP ⑦**

 올소 문스타
ADD 3-11-22 Yakuin, Chuo Ward
OPEN 11:00~19:00/월 휴무

WALK 쓰리 비 포터스에서 6분
WEB instagram.com/
also_moonstar/

치즈케이크 500엔
커피 600엔

⑤ 마음을 비우는 미니멀 카페
아베키
Abeki

흰 벽과 목재 가구로 꾸민 단정한 공간, 잔잔히 흐르는 가톨릭 성가, 하얀 가운을 입고 묵묵히 커피를 내리는 점주가 있는 이 카페에선 시간마저 느리게 흐르는 듯하다. 핸드드립 커피와 함께 곁들이는 큐브 형태의 진한 치즈케이크는 탄탄한 밀도가 매력적인 명물로, 그 한 조각만으로도 일부러 들를 만한 가치가 있다. **MAP ⑦**

⬤ 아베키
ADD 3-7-13 Yakuin, Chuo Ward
OPEN 12:00~17:30(L.O17:00)/일요일,
매월 첫째·셋째·다섯째 월요일 휴무

WALK 쓰리 비 포터스에서 8분
WEB abeki-f.blogspot.com

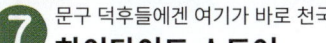

6 예술적 영감을 깨우는 보물창고
아오하타 북스토어
Ao-Hata Bookstore

디자인 감각이 돋보이는 아트북 전문 독립서점. 아베키 근처 건물 2층, 아지트처럼 숨어 있어 찾는 재미가 있다. 자연광이 드는 아늑한 공간에 그래픽 디자이너 출신 주인이 센스 있게 큐레이션한 미술·사진·디자인·문학·사회과학 분야의 서적이 진열돼 있어 눈이 즐겁다. 책과 관련된 포스터, 사진집, 토트백 등의 굿즈도 판매하며 2~3주 간격으로 아티스트 전시가 열린다. **MAP 7**

🅖 아오하타 서점
ADD 3-7-15 Yakuin, Chuo Ward(2층)
OPEN 12:00~19:00/수 휴무
WALK 아베키를 바라보고 오른쪽으로 15m
WEB aohatabooks.com

7 문구 덕후들에겐 여기가 바로 천국
하이타이드 스토어
Hitide Store

후쿠오카에서 탄생한 문구 브랜드 하이타이드 본사 1층에 자리한 직영매장. 시그니처 플래너, 노트, 펜은 물론 비비드하고 레트로한 디자인으로 국내에서도 사랑받는 펜코 등 오리지널 브랜드 제품이 가득하다. 감각적인 디자인에 소장욕을 자극하는 잡화까지 더해져 문구 마니아들의 시간을 순식간에 앗아간다. 가격대는 다소 높지만 우리나라보다 저렴하고 면세도 가능. 미니 카페와 야외 테이블도 마련돼 있다. **MAP 7**

🅖 하이타이드 스토어 후쿠오카
ADD 1-8-28 Shirogane, Chuo Ward
OPEN 11:00~19:00/부정기 휴무
WALK 지하철·니시테츠 전철 야쿠인역에서 7분
WEB hightide.co.jp/store/hightidestore-fukuoka/

8 완판 신화 베이글 샌드위치
디그 인
Dig Inn

한적한 주택가에 꼭꼭 숨어 있는데도 예쁘고 맛있는 베이글 샌드위치로 매일 품절 사태를 빚는 테이크아웃 전문점. 7종의 완제품 베이글 샌드위치(달걀·참치·훈제연어·후르츠·딸기·앙버터·브라우니) 외에 원하는 조합으로도 만들어 먹을 수 있다. 5종의 베이글(통밀·시나몬 레이즌·멀티 그레인·초콜릿·말차) 중 1개와 5종의 크림치즈(블루베리·럼 레이즌·크랜베리 초콜릿·무화과·시즌 한정) 중 1~2개를 골라 즉석에서 만들어주는 방식. 한 번에 한 팀만 입장하는 시스템이다. **MAP 7**

🅖 dig inn 후쿠오카
ADD 1-7-10 Shirogane, Chuo Ward
OPEN 10:00~15:00(품절되는 대로 종료)/수·목 휴무
WALK 하이타이드 스토어 건너편
WEB instagram.com/diginn_sandwich/

후르츠 700엔

카페라테 650엔

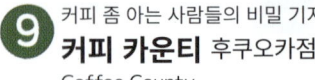

갸토쇼콜라 580엔
카페오레 580엔

⑨ 커피 좀 아는 사람들의 비밀 기지
커피 카운티 후쿠오카점
Coffee County

야쿠인을 '커피 스트리트'로 만든 주역 중 하나. 2014년 재팬 커피 로스팅 챔피언십 2위, 2024년 카펙 재팬 브루어스 컵 1위에 오른 오너가 구루메시에 1호점을 연 후 야쿠인, 니시나카스, 도쿄까지 지점을 확장했다. 시그니처 컬러 보라색을 살린 밝고 탁 트인 공간엔 커피 외에도 머그컵, 초콜릿 등 선물용 잡화가 갖춰져 구경하는 재미가 있다. 싱글 오리진 원두만 취급하며 전 품목 시향 가능.

MAP ⑦

Ⓖ 커피카운티 후쿠오카점
ADD 1-21-21 Takasago, Chuo Ward
OPEN 11:00~19:30/수 휴무
WALK 하이타이드 스토어에서 3분
WEB coffeecounty.cc

핸드드립 아이스커피
700엔

⑩ 감성 도파민 최고치 찍기
오야츠야 유노 킷사
OYATUYA.Uの喫茶

인스타 피드를 환하게 밝혀주는 디저트 맛집. 꾸덕하고 달지 않은 갸토쇼콜라, 은은한 홍차 향이 감도는 홍차 치즈케이크, 대접 만한 도기에 담긴 커피, 감각적인 플레이팅까지 비주얼과 맛 모두 완벽하다. 브라우니, 파운드케이크, 쿠키, 구움과자 등은 테이크아웃으로도 인기이며 치즈케이크와 갸토쇼콜라는 고급스러운 선물 포장(유료)도 가능하다. 본점은 약 2km 떨어진 사쿠라자카역 근처에 있다. **MAP ⑦**

Ⓖ oyatuyau 시로가네
ADD 1-12-1 Shirogane, Chuo Ward
OPEN 10:30~18:30
WALK 지하철·니시테츠 전철 야쿠인역에서 4분
(아사리 코포라스아사리코포라스 건물 입구로 들어가서 왼쪽)
WEB instagram.com/oyatuya.u/

에어로프레스 커피 600엔~
밀크브루 600엔

⑪ 렉 커피 야쿠인역 앞점(본점)
야쿠인 커피 대장은 여기!

Rec Coffee

야쿠인 커피 씬의 대장격으로 불리는 렉 커피 본점. 2008년 야쿠인 주차장의 커피 트럭으로 시작해 후쿠오카에 6개 지점을 열고 도쿄와 대만까지 진출했다. 2016 월드바리스타 챔피언십 2위 수상자인 오너의 노하우로 완성된 커피는 쓴맛보다는 깊고 진한 풍미와 산미, 밸런스가잘 어우러진다. 블렌드·싱글 오리진 원두 선택이 가능해취향대로 즐길 수 있고 라테 아트도 정교하고 우아하다. 밤늦게까지 문을 여는 레트로한 분위기의 매장에는 감각적인 원두 패키지와 디저트, 어린이 음료까지 준비돼 있다. 일본어와 영어를 섞어 친절히 응대하는 바리스타들에게서 커피에 대한 진심이 전해진다. **MAP ⑦**

 rec coffee yakuin
ADD 1-1-26 Shirogane, Chuo Ward
OPEN 08:00~24:00(토·일·공휴일 10:00~, 금·토는 다음 날 01:00까지)
WALK 지하철·니시테츠 전철 야쿠인역에서 3분
WEB rec-coffee.com

⑫ 만리 커피
오롯이 커피에 집중하는 시간

Manly Coffee

후쿠오카에서도 개성이 뚜렷한 스페셜티 커피 전문점. 스타벅스 블랙 에이프런 챔피언 출신의 일본 여성 로스터 1세대이자 '에어로프레스의 어머니'로 불리는 스나가 노리코須永紀子가 정성껏 커피를 내린다. 히라오 골목 고택들 사이 작은 공간은 실험실 같은 분위기, 현지인들이 조용히 커피를 즐기는 모습, 친절한 서비스도 인상적이다. 묵직하고 부드러운 에어로프레스 커피를 비롯해 밀크브루 등 독창적인 메뉴, 은은한 단맛의 밀크초콜릿, 산미가매력적인 에티오피아 내추럴 등 10여 종의 원두를 만날수 있다. **MAP ⑦**

 manly coffee
ADD 2-14-21 Hirao, Chuo Ward
OPEN 10:00~17:00/월·화 휴무
WALK 니시테츠 전철 니시테츠히라오역에서 3분
WEB manly-coffee.com

275

식사 & 술

관광객 맛집이 밀집한 시내 중심부에서는 만나기 어려운 진짜 로컬 식당들. 지금껏 알던 맛과는 결이 다른 사케의 깊은 세계, 사람 냄새 물씬 풍기는 현지인의 술문화를 온몸으로 느낄 수 있는 곳으로 안내한다.

하카타 멘타이오리 고젠
博多めんたい織 ~御膳~ 3500엔

하카타 멘타이오리 카이센주
博多めんたい織 ~海鮮重~ 2500엔

정원이 있는 가정식 다이닝

시로가네 코미치 야마야 총본점 明太子やまや総本店 白金小径

명란 전문 브랜드 야마야에서 운영하는 레스토랑. 계절의 변화를 담은 안뜰을 바라보며 정갈한 가정식을 즐길 수 있다. 메인 메뉴는 하카타오리博多織의 전통 문양에서 영감을 받아 구성된 점심 세트로, 냉동하지 않은 매콤한 명란을 중심으로 규슈산 야채와 고기, 후쿠오카 앞바다에서 잡은 생선, 규슈산 쌀밥이 차려진다. 꽃 피는 계절에 특히 어울리는 힐링 식사 공간. 점심시간 이후에는 안주 3종과 와인, 생맥주 등 음료 1잔이 포함된 오되브르Hors d'oeuvre 세트(1100엔), 팬케이크 세트(1500엔), 명란 파스타 등 다양한 카페 메뉴와 디저트를 주문할 수 있다. 테이블체크·타베로그에서 예약 가능하다. **MAP ❼**

ⓖ 시로가네 코미치 야마야 총본점
ADD 1-5-5 Shirogane, Chuo Ward
OPEN 런치 11:00~15:00, 카페 타임 15:00~17:30
WALK 지하철·니시테츠 전철 야쿠인역에서 6분
WEB yamaya-sohonten.jp/shiroganekomichi

니쿠고보텐 우동 1200엔

하카타식 우동에 튀김이 퐁당

만다 우동 豊前裏打会 萬田うどん

반투명하고 부드러운 하카타식 우동 면발에 진한 국물이 어우러진 우동 전문점. 불고기 양념 소고기와 길쭉한 특상 우엉튀김을 올린 니쿠고보텐肉ごぼう天 우동과 간 마와 달걀노른자로 풍미를 더한 만다 우동이 대표 메뉴. 주문 즉시 면을 썰어 삶아 신선함과 쫄깃한 식감이 살아 있다. 야채튀김도 인기 있으며 넓고 쾌적한 공간과 정성 어린 서비스가 만족도를 높인다. 원 후쿠오카 빌딩 지하 2층에 지점이 있다. **MAP ❼**

ⓖ 만다 우동
ADD 2-13-33 Yakuin, Chuo Ward
OPEN 11:30~15:00(L.O.), 17:30~21:00(L.O.)(토·일·공휴일 11:00~)/화·수 휴무
WALK 쓰리 비 포터스에서 5분/돈키호테 텐진 본점에서 12분

후쿠오카식 가맥이란 이런 것
코바 주점
こば酒店

주류 판매점 한쪽에 서서 마시는 후쿠오카식 카쿠우치角打ち 술문화를 체험할 수 있는 로컬 주점. 일본에서도 귀한 사가현산 프리미엄 사케 나베시마鍋島 특약점으로, 열처리하지 않은 신선한 생사케 등 다양한 라인업을 갖췄다. 메뉴 표기는 일본어뿐이지만 현지인의 일상 속으로 들어가는 특별한 경험이 된다. 테이블 위 소쿠리에 현금을 올려두면 직원이 계산하는 선불 시스템은 빠른 회전율을 위한 카쿠우치 특유의 방식. 아사히 생맥주(小)와 간단한 안주는 200엔부터 시작하지만 생사케는 가격이 꽤 나가니 현금을 넉넉히 준비해야 한다. **MAP ⑦**

🄶 코바주점
ADD 1-12-18 Yakuin, Chuo Ward
OPEN 카쿠우치: 17:00~23:00(토 ~22:00)/
월·일·공휴일 휴무
상점: 10:00~21:00/일·공휴일 휴무
WALK 쓰리 비 포터스에서 1분/
돈키호테 텐진 본점에서 10분
WEB kobasaketen.com

나베시마 한정판
야마다 니시키山田錦 900엔

일본식 오이 무침,
시오다레큐리塩だれきゅうり 200엔

사케의 '넥스트 레벨'
리브롬 크래프트 사케 브루어리
LIBROM Craft Sake Brewery

전통 양조 방식에 제철 과일과 허브를 더해 독창적인 크래프트 사케를 만드는 양조장 겸 펍. 2023년 세계 사케 대회 플래티넘 수상작인 버베나를 비롯해 아마오우 딸기, 유자, 카모마일, 커피 등 다양한 맛의 사케는 알코올 도수가 10도 안팎으로 부담 없이 즐기기 좋다. 시음용 3종 세트(스탠더드·신상·계절 한정)는 입문자에게 추천. 카르파초, 타다키, 블루치즈 햄카츠, 고로케 등 안주도 훌륭하며 유리창 너머 술 빚는 과정을 구경하는 재미도 있다. 전화 또는 인스타그램으로 예약 가능. **MAP ⑦**

🄶 리브롬
ADD 1-21-27 Takasago, Chuo Ward
OPEN 16:00~22:00(금·토·공휴일
~23:00)/일·월 휴무
WALK 지하철·니시테츠 전철 야쿠인역
또는 지하철 와타나베도리역에서 6분
WEB librom.jp

사케 3종 시음 세트Sake Flight
1300엔(각각 45ml)

사케 1병(500ml) 2600엔~

글로벌 감성의 해변 휴양지
시사이드 모모치 シーサイドももち

여유로운 분위기의 해변공원, 반짝이는 도시의 스카이라인, 그리고 그 사이를 거리 예술로 채운 시사이드 모모치는 후쿠오카에서 가장 현대적이고 국제적인 워터프런트다. 후쿠오카 타워, 미즈호 페이페이 돔, 대형 쇼핑몰과 엔터테인먼트 시설 등 즐길 거리가 가득해 주말만 되면 현지인들로 들썩인다. 크게 타워 쪽과 돔 쪽으로 나뉘며 두 구역은 3개의 다리로 연결돼 있다. 이 중 2개는 보행자 전용 다리로, 산책하며 이동하기에 좋다. 한낮의 산책에서 해 질 무렵 석양까지, 하루를 꽉 채우고 싶은 날에 더욱 빛나는 장소다.

시사이드 모모치 가는 법

지하철역과는 다소 거리가 있어 니시테츠 버스를 이용하는 것이 효율적이다. 후쿠오카 타워로 갈 때는 후쿠오카 타워 남쪽 입구福岡タワー南口 또는 후쿠오카 타워·TNC 방송회관福岡タワー<TNC放送会館> 정류장에서 하차. 미즈호 페이페이 돔은 미즈호 페이페이 돔みずほPayPayドーム 또는 규슈 의료 센터九州医療センター 정류장이 가장 가깝다.
지하철을 이용할 경우 후쿠오카 타워는 니시진역西新에서 내려 도보 약 20분, 미즈호 페이페이 돔은 도진마치역唐人町에서 내려 도보 약 15분 소요된다.

● 후쿠오카 타워행 주요 버스
❶ 하카타역 출발
하카타 버스터미널 1층 6번 승차장에서 306번 이용(기온역 경유) → 25~30분, 260엔

❷ 텐진 출발
텐진미나미, 텐진 고속버스터미널 앞 1번 정류장, 텐진키타에서 302번, W1번 이용 → 약 15분, 260엔

● 미즈호 페이페이 돔행 주요 버스
❶ 하카타역 출발
하카타 버스터미널 1층 6번 승차장에서 306번 이용 → 약 20분, 260엔

❷ 텐진 출발
텐진미나미, 텐진 고속버스터미널 앞 1A번 정류장, 텐진키타에서 300·301·W1번 이용 → 약 15분, 260엔

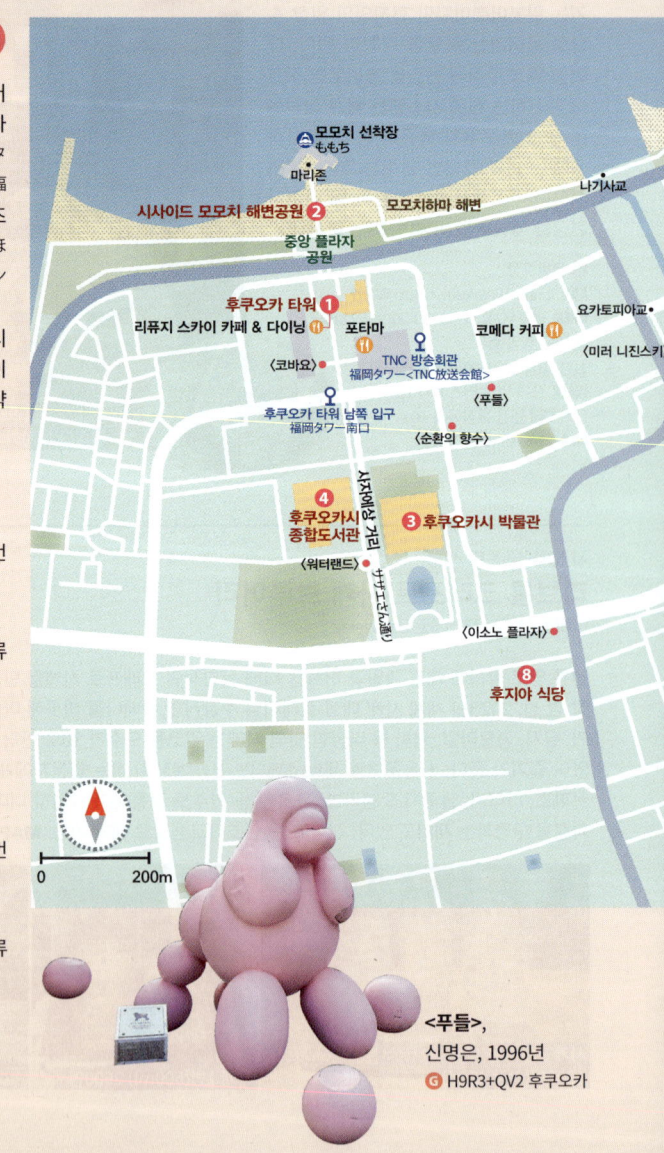

모모치 선착장
ももち
마리존
시사이드 모모치 해변공원 ❷
모모치하마 해변
나기사교
중앙 플라자 공원
후쿠오카 타워 ❶
리큐지 스카이 카페 & 다이닝
포타마
코메다 커피
요카토피아로
〈코바요〉
TNC 방송회관
福岡タワー<TNC放送会館>
〈미러 니진스키〉
〈푸들〉
후쿠오카 타워 남쪽 입구
福岡タワー南口
〈순환의 향수〉
후쿠오카시 ❹ 종합도서관
후쿠오카시 박물관 ❸
시사에노 거리 サザエさん通り
〈워터랜드〉
〈이소노 플라자〉
후지야 식당 ❽

0   200m

〈푸들〉,
신명은, 1996년
Ⓖ H9R3+QV2 후쿠오카

도심 속 퍼블릭 아트 산책

시사이드 모모치 거리 곳곳에서 볼 수 있는 퍼블릭 아트는 현대적인 건물, 해변과 어우러져 독특하고 예술적인 도시 경관을 만들어낸다. 후쿠오카 타워 남쪽으로 이어지는 사자에상 거리サザエさん通り는 만화 <사자에상>의 작가 하세가와 마치코長谷川町子가 어린 시절을 후쿠오카에서 보낸 인연으로 조성된 거리다. 차도와 인도가 널찍하게 나뉘어 있고 곳곳에 조형물이 세워져 있어 천천히 산책하며 사진 찍는 재미가 있다.
미즈호 페이페이 돔 서쪽의 지교 중앙공원地行中央公園과 후레아이교ふれあい橋 (복층 구조의 보행자 전용 다리) 주변도 산책로와 예술 조형물이 잘 정비돼 있어 모모치 지역의 예술 산책 코스를 완성해준다.

<사랑에 빠진 큰 새 Grand Oiseau Amoureux>, 니키 드 생팔, 1993년
호루스와 큐피드를 모티프로 한 알록달록한 새 형상으로 사랑과 자유를 표현했다.
Ⓖ H9V5+9M 후쿠오카

지도
- 절경 3형제(옥상)
- 산리오 캐릭터즈 드리밍 파크(7F)
- 팀랩 포레스트 후쿠오카(5F)
- ❺ 미즈호 페이페이 돔 후쿠오카
- ❻ 보스 이조 후쿠오카
- <솔방울>
- <사랑에 빠진 큰 새>
- 지교 중앙공원
- 규슈 의료 센터 九州医療センター
- ❼ 마크 이즈 후쿠오카 모모치
- 후레아이교
- 미즈호 페이페이 돔 みずほPayPayドーム

0 200m

니시진 西新

<솔방울>,
소토오 에츠로, 1993년
Ⓖ H9V6+JG6 후쿠오카

<미러 니진스키 Mirror Nijinski>,
베리 프라나간, 1992년
Ⓖ H9R5+X7 후쿠오카

<이소노 플라자 Isono Plaza>,
인기 만화 <사자에상>의 작가 하세가와 마치코의 옛 거주지를 기념해 조성한 광장 조형물. 조개, 게, 물결 무늬 등으로 만화 속 바닷가 배경을 표현했다.
Ⓖ H9Q4+59 후쿠오카

<코바요向波容>,
키요미즈 큐베이, 1994년
Ⓖ H9R2+XG 후쿠오카

<순환의 향수>,
최재은, 1996년
Ⓖ H9R3+GGW 후쿠오카

<워터랜드>,
키쿠타케 키요유키, 1989년
Ⓖ H9Q2+JV 후쿠오카

① 후쿠오카 최고의 전망 명소

후쿠오카 타워

福岡タワー

해변 타워로서는 일본 최고 높이(234m)를 자랑하는 전망 타워. 전면 유리로 된 정삼각형 구조가 독특하며 구석구석이 포토존이다. 전망 1층(116m), 전망 2층(120m), 전망 3층(123m)으로 구성돼 있으며 1층 입구에서 엘리베이터를 타고 전망 3층으로 직행하면 후쿠오카 도심과 하카타만이 360° 파노라마로 펼쳐진다. 해 진 후에는 몽환적인 조명 쇼와 '일본 야경 100선'에도 선정된 전망이 어우러져 더욱 환상적인 분위기를 뽐낸다. 전망 2층에는 카페 겸 레스토랑이 있고 전망 1층에는 캡슐토이가 천장에서 떨어지는 천공 가차, 핀볼 오미쿠지, 착시 효과 창문 해프닝 윈도, 사랑의 자물쇠와 포토존 등 다양한 체험 공간이 마련돼 있다. 타워 입구 앞 셀카 포토존도 SNS 단골 명소다. **MAP ⑧**

ⓖ 후쿠오카 타워
ADD 2-3-26 Momochihama, Sawara Ward
OPEN 09:30~22:00/폐장 30분 전까지 입장/유동적 휴무(홈페이지 참고)
PRICE 1000엔, 초등·중학생 500엔, 4세 이상 200엔
WALK 후쿠오카 타워 남쪽 입구福岡タワー南口 정류장 또는 후쿠오카 타워·TNC 방송회관福岡タワー<TNC放送会館> 정류장에서 3분
WEB fukuokatower.co.jp

천공 가차

사랑의 자물쇠 & 포토존

리퓨지 스카이 카페 & 다이닝
Refuge Sky Café & Dining

전망을 좀 더 느긋하게 즐기고 싶다면 전망 2층에 있는 카페 겸 레스토랑을 이용해보자. 커플석이 잘 마련돼 있어 데이트 명소로도 꼽힌다. 커피는 550엔~, 디저트는 880엔~, 카레와 파스타 등 가벼운 식사류는 1210엔. 18:00 이후에는 1인당 300엔의 테이블 차지가 있다. 전망대 입장권 소지자만 이용 가능. 디너 코스(5000엔~)는 전망대 입장권이 포함돼 있고 전날까지 예약해야 한다. 핫페퍼에서 예약 가능.

Ⓖ refuge sky cafe
OPEN 11:00~22:00
WEB www.hakatadenya.com/refuge.html

후쿠오카 타워에서
내려다본 마리존

② 파도 소리 ASMR 들으며 로맨틱 산책
시사이드 모모치 해변공원
シーサイドももち海浜公園

후쿠오카 타워 북쪽에 펼쳐진 물빛 찬란한 해변. 사계절 내내 바다와 모래사장을 즐기려는 이들의 발길이 끊이지 않는다. 여름이면 40m 길이의 대형 그늘막이 설치되고 수영 가능 구역(동쪽)에서 무료 냉수 샤워실, 탈의실, 코인로커가 임시 운영된다. 서쪽 비치하우스 내 유료 온수 샤워실과 코인로커는 상시 이용 가능하다. 해변을 따라 걷다 보면 바다 위에 떠 있는 유럽풍 해상 리조트 마리존Marizon에 닿는다. 카페, 레스토랑, 상점, 해양 액티비티 시설이 모여 있어 산책 도중 쉬어가기 좋다. 우미노나카미치 해변공원까지 20분 만에 연결되는 고속선 우미나카라인의 모모치ももち 선착장도 이곳에 있다.

MAP ⑧

Ⓖ 시사이드 모모치 해변공원
OPEN 24시간/시설마다 다름
WALK 후쿠오카 타워에서 1분
WEB marizon-kankyo.jp

> 앙투안 부르델의 청동 조각상. 웅변·힘·승리·자유를 형상화했다.

③ 시공을 넘나드는 후쿠오카
후쿠오카시 박물관
福岡市博物館

원시 시대부터 근현대까지의 후쿠오카 역사와 생활상을 풍부한 영상·음향 시스템으로 소개한다. 일본인에게는 교과서로만 접했던 국보 금인金印(약 2000년 전 중국에서 전래)을 실물로 볼 수 있다는 점에서 의미 있는 장소로 꼽힌다. 2층에 상설·기획 전시실과 특별 전시실이 있고 하카타 전통공예관はかた伝統工芸館(무료)이 병설돼 있다. 상설전 티켓 구매 시 한국어 안내지가 제공되며 후쿠오카 투어리스트 시티 패스 등 각종 패스를 제시하면 입장료가 할인된다. **MAP ⑧**

Ⓖ 후쿠오카시 박물관
ADD 3-1-1 Momochihama, Sawara Ward
OPEN 09:30~17:30/폐장 30분 전까지 입장/
월요일(공휴일인 경우 그다음 평일), 12월 28일~1월 5일 휴무
PRICE 상설·기획전 공통 200엔, 고등·대학생 150엔/특별전 별도
WALK 후쿠오카 타워에서 8분/후쿠오카타워 남쪽 입구福岡タワー南口 정류장 또는 박물관 남쪽 입구博物館南口 정류장에서 4분
WEB museum.city.fukuoka.jp

④ 영화 마니아들의 시네마 천국
후쿠오카시 종합도서관
福岡市総合図書館

약 200만 권의 책을 소장한 전국 최대급 도서관. 매년 열리는 후쿠오카 아시아 필름 페스티벌의 개최지로서 아시아 각지의 영화 자료를 수집·보존하는 데 주력하고 있으며 유·무료 극장 시설도 마련돼 있다. 정문 앞에는 부엉이를 모티프로 한 나무 형상의 추상 조형물 <숲의 시森の詩>가 있다. **MAP ⑧**

Ⓖ 후쿠오카시 종합도서관
ADD 3-7-1 Momochihama, Sawara Ward
OPEN 10:00~20:00/월요일(공휴일인 경우 그다음 평일), 12월 28일~1월 4일 휴무
WALK 후쿠오카시 박물관에서 3분
WEB toshokan.city.fukuoka.lg.jp

<숲의 시>

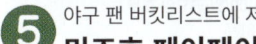

⑤ 야구 팬 버킷리스트에 저장!
미즈호 페이페이 돔 후쿠오카
みずほPayPayドーム福岡

후쿠오카를 연고지로 둔 프로야구팀 소프트뱅크 호크스의 홈구장. 야구 경기는 물론 콘서트, 박람회 등 대형 이벤트가 열리는 복합 공간으로, 굿즈숍과 체험형 투어 프로그램까지 갖춰 야구팬들의 발길이 끊이지 않는다. 일본시리즈 우승 11회에 빛나는 강팀 소프트뱅크 호크스는 홈구장인 돔 구장 개장 이후 25년 넘게 퍼시픽 리그 최다 관중 기록을 이어오며 견고한 팬덤을 자랑한다. 비시즌이나 경기 없는 날엔 돔 외곽과 매표소 인근만 개방되는 경우가 많고 전망대나 내측 공간은 투어에 참여해야 관람할 수 있다. **MAP ⑧**

Ⓖ 페이페이돔 후쿠오카
ADD 2-2-2 Jigyohama, Chuo Ward
WALK 후쿠오카 타워에서 20분/규슈 의료 센터九州医療センター 정류장에서 5분/미즈호 페이페이 돔みずほPayPayドーム 정류장에서 8분
WEB softbankhawks.co.jp

+MORE+

미즈호 페이페이 돔 투어 프로그램

페이페이 돔 투어는 더그아웃, 라커룸, 불펜 등을 둘러보는 '돔 만끽 코스', 여기에 돔 전체를 35m 높이에서 조망할 수 있는 전망 체험이 더해진 '어드벤처 코스', '경기일 한정 연습 견학 코스', '경기 종료 후 필드 체험 코스' 총 4가지 프로그램으로 운영된다. 모두 일본어로만 진행되지만 특별히 불편한 점은 없으며 충분한 사진 촬영 시간과 해외 방문객용 특별 기념품도 제공된다. 공식 홈페이지 또는 여행 플랫폼에서 예약하며 일부 코스는 잔여석이 있을 경우 현장 구매할 수 있다.

PRICE 돔 만끽 코스(60분) 1800엔, 3세~초등학생 1050엔/어드벤처 코스(60분) 12세 이상 2800엔/경기 종료 후 필드 체험 코스(40분) 1300엔, 3세~초등학생 800엔
WEB dometour.softbankhawks.co.jp

6 야구와 문화가 만난 신세계

보스 이조 후쿠오카
Boss E·Zo Fukuoka

2020년 미즈호 페이페이 돔 옆에 문을 연 대형 복합상업시설. 도심 한복판에서 테마파크처럼 즐길 수 있는 공간이다. 쇼핑, 전시, 체험형 콘텐츠, 공연 등이 층별로 구성돼 있으며 실내 또는 반 실내 공간이 대부분이라 날씨에 상관없이 쾌적하게 둘러볼 수 있다. 1층은 HKT48 전용 극장, 3층은 MLB를 테마로 한 공식 카페와 다양한 맛집이 모인 푸드홀, 4층은 오 사다하루 베이스볼 뮤지엄, 5층은 팀랩 포레스트 후쿠오카, 6층은 VR 체험관, 7층은 산리오 캐릭터 드리밍 파크가 들어서 있다. 옥상에는 체험형 놀이시설인 '절경 3형제'가 있다. **MAP ⑧**

MLB 카페

 보스 이조 후쿠오카
ADD 2-2-6 Jigyohama, Chuo Ward
OPEN 시설마다 다름
WALK 미즈호 페이페이 돔에서 1분
WEB e-zofukuoka.com

---

7 현지인 라이프를 즐기러 가볼까?

마크 이즈 후쿠오카 모모치
MARK IS 福岡ももち

페이페이 돔 옆에 자리한 4층 규모의 대형 복합상업시설로, 약 150개 매장이 모여 있다. 유니클로, GU, ABC마트, 아웃렛, 라이프스타일 편집숍, 토이저러스 & 베이비저러스, 슈퍼마켓 등 대중적인 쇼핑 스폿이 많고 1층에는 코스트코 인기 상품을 비회원도 소량으로 구매할 수 있는 코스트코 셀렉트 숍이 들어섰다. 2층에는 라이브 공연장 젭 후쿠오카와 츠타야 서점이, 3층에는 동물 카페·캡슐토이숍·키즈 스페이스가, 4층에는 게임센터와 영화관이 자리해 즐길 거리가 다채롭다. 푸드코트는 3층에, 옥상에는 무료 어린이 놀이터가 있다. **MAP ⑧**

 마크이즈 후쿠오카 모모치
ADD 2-2-1 Jigyohama, Chuo Ward
OPEN 숍 10:00~21:00, 레스토랑 11:00~22:00/매장마다 조금씩 다름
WALK 보스 이조 후쿠오카에서 2분/규슈 의료 센터九州医療センター 정류장 또는 미즈호 페이페이 돔みずほPayPayドーム 정류장에서 1분
WEB mec-markis.jp/fukuoka-momochi/

---

8 단골 삼고 싶은 동네 밥집

후지야 식당
ふじや食堂

관광지에서 조금 떨어진 주택가에 자리한 오래된 대중식당. 인근 직장인과 학생들이 매일 드나드는 서민적인 분위기 속에서 함박스테이크, 치킨 난반, 돈카츠, 야키소바 같은 친근한 가정식을 700~800엔대의 부담 없는 가격에 즐길 수 있다. 평일에는 그날그날 바뀌는 오늘의 정식도 제공한다. 한국어 메뉴판이 잘 갖춰져 있으며 테이블에 놓인 종이에 메뉴를 적어 건네는 방식이다. **MAP ⑧**

 후지야 식당
ADD 6-8-20 Nishijin, Sawara Ward
OPEN 11:30~14:15, 17:30~21:00/일·공휴일 휴무
WALK 후쿠오카시 박물관에서 8분/
마크 이즈 후쿠오카 모모치에서 15분
WEB instagram.com/fujiyasyokudo/

치킨 난반 정식
800엔

함박스테이크 정식 800엔

보스 이조 후쿠오카 200% 즐기기

Spot. 1 팀랩 포레스트 후쿠오카
teamLab Forest Fukuoka

혁신적 디지털 아트 집단 팀랩이 2020년에 개장한 몰입형 아트 뮤지엄. 빛, 소리, 움직임이 어우러진 공간으로, 관람객의 몸짓에 반응하며 끊임없이 변하는 환상 속을 걷고 뛰며 오감을 깨운다. 바닥이 울퉁불퉁한 구역이 많아 운동화 착용은 필수. 앱을 이용한 인터랙티브 체험이 있어 휴대폰 배터리를 넉넉히 준비하는 것이 좋다. 관람은 최소 1시간 이상 소요되며 출구 밖으로 완전히 나가기 전까지 재관람할 수 있다. 주말에는 온라인 예약이 안전하다.

OPEN 11:00~19:00
(토·일 10:00~, 마지막 입장 18:30)
PRICE 2400엔~, 고등·대학생
2000엔~, 4~15세 1000엔~
WALK 보스 이조 후쿠오카 5층
WEB teamlab.art/jp/e/forest/

Spot. 2 산리오 캐릭터즈 드리밍 파크
Sanrio Characters Dream!ng Park

굿즈숍과 놀이 시설을 결합한 후쿠오카 최초의 산리오 캐릭터 파크. 총 8개의 체험형 공간에서 산리오 캐릭터들과 친구가 되어 아기자기한 게임을 즐기고 AR 캐릭터 영상과 함께 기념 촬영도 할 수 있다. 드리밍 파크 한정 굿즈도 판매. 무료 입장이지만 각 체험은 유료이며 이용권은 현장 키오스크 또는 온라인에서 구매한다. 인기 콘텐츠는 대기 시간이 길 수 있어 평일 방문을 추천한다.

OPEN 11:00~19:00/폐장 10분 전까지 입장
PRICE 체험당 500엔, 3공간 체험권 1100엔, 원데이 패스포트 1300엔
WALK 보스 이조 후쿠오카 7층
WEB e-zofukuoka.com/dreamingpark/

Spot. 3 절경 3형제
絕景3兄弟

후쿠오카 도심과 하카타만을 배경 삼아 스릴을 만끽할 수 있는 어트랙션 3종 세트. 지상 40m 높이에서 외벽을 따라 활강하는 슬라이더 스베조すべZO, 60m 상공을 레일에 매달려 질주하는 츠리조つりZO, 수직 벽을 오르는 암벽 체험 노보조のぼZO로 구성된다. 나이, 키, 체중 제한이 있으며 우천이나 강풍 시 운영이 중단될 수 있다.

OPEN 스베조·노보조 11:00~18:00, 츠리조 14:00~18:00
PRICE 스베조 1200엔~(온라인 예매 가능), 츠리조 1800엔~(현장 구매), 노보조(현장 구매) 클라이밍 900엔~, 볼더링 500엔~
WALK 보스 이조 후쿠오카 옥상
WEB e-zofukuoka.com/zekkei-brothers/

츠리조

노보조

페리 타고 훌쩍, 두 개의 낙원

하카타항·우미노나카미치

하카타만을 사이에 두고 마주 보는 두 지역, 하카타항과 우미노나카미치는 페리로 20분이면 오갈 수 있어 함께 묶어 돌아보기 좋다. 세월의 흔적이 깃든 하카타항에서는 하카타 포트 타워 전망대와 현지 먹거리를 즐기고, 광활한 해변공원 우미노나카미치에서는 현지인처럼 자연을 만끽해보자. 우미노나카미치에서 버스로 10~15분 거리에 위치한 인공섬 아일랜드시티는 친환경 컨셉의 신도시로, 하루 일정에 포함해 둘러보기 적합하다.

하카타항 가는 법

● 니시테츠 버스
46·46L·47·47-1·48·48-1·63·90·99·161번이 베이사이드 플레이스 앞 하카타 부두博多ふ頭 정류장까지 직행한다. 하카타역 앞 F 정류장에서 99번 이용 시 약 18분, 260엔. 텐진에서 90번 이용 시 약 10분, 210엔.

● 무료 셔틀버스
주말과 공휴일에 운행하는 복고풍 미니버스. 하카타역 앞에서 약 15분, 텐진 후쿠오카 시청 근처에서 약 30분 소요된다. 정류장 위치와 시간표는 웹사이트(baysideplace.jp/ser-atin/) 참고.

무료 셔틀버스

우미노나카미치 가는 법

우미노나카미치는 면적이 넓어 입구와 가까운 역·정류장·선착장을 미리 확인하고 동선을 짜는 것이 중요하다. JR역과 페리 선착장은 각각 2곳이 있으며 버스 정류장도 그 주변에 있다.

● JR
JR 하카타역에서 가고시마본선 보통(각역 정차)을 타고 카시이역香椎 환승 후 카시이선 이용 → 우미노나카미치역海ノ中道 또는 사이토자키역西戸崎 하차: 총 30~40분, 560엔/1시간에 약 2편

● 니시테츠 버스
미나 텐진 옆 후쿠오카 중앙 우체국 앞 18A 정류장에서 25A, 25B, 25I번 이용(후쿠오카시 아카렌가 문화관, 나카스 경유 / 25I 번은 주말·공휴일 한정 운행) → 마린 월드 우미노나카미치マリンワールド海の中道 정류장 하차: 25A번 약 41분, 25B번 약 36분, 25I번 약 28분, 680엔
*왕복만 해도 1일 승차권(1200엔) 또는 24시간권(1100엔)이 유리하다.

● 페리
2개의 페리 노선이 베이사이드 플레이스 하카타와 연결된 하카타항 제1터미널에서 출발한다.

❶ 하카타만 내항로博多湾内航路 우미나카라인海中ライン 이용 → 우미노나카미치海の中道 선착장 하선: 20분, 1300엔(어린이 650엔)/평일 1일 4편, 주말·공휴일 7편
*시사이드 모모치 해변의 마리존 출발편도 있으며 요금과 소요 시간은 같다.
WEB yasuda-gp.net/hakata

❷ 후쿠오카 시영 도선福岡市営渡船 이용 → 사이토자키西戸崎 선착장 하선: 15분, 450엔(어린이 230엔, 산큐 패스 이용 가능)/1일 14~15편
WEB city.fukuoka.lg.jp/kowan/kyakusen/hakata-port/ferry_city.html

❶ 베이사이드 플레이스 하카타와 ❷ 하카타 포트 타워 ❸ 미나토온센 나미하노유

❶ 베이사이드 플레이스 하카타
페리 타고 짬짬이 들르는 터미널 상가
Bayside Place Hakata

우미노나카미치·사이토자키·시카섬행 페리가 출발하는 하카타항 제1터미널이 자리한 복합상업시설. A·B·C관으로 구성된 2층 건물에 상점, 레스토랑, 드럭스토어, 아쿠아리움 등이 있으며 맞은편에는 하카타 포트 타워와 천연온천도 있어 가볍게 둘러보기 좋다. 페리 매표소와 터미널은 버스에서 내리면 바로 보이는 C관 안쪽에 있다. **MAP 286p**

Ⓖ 베이사이드 플레이스 하카타
ADD 13-6 Chikkohonmachi, Hakata Ward
OPEN 10:00~20:00(레스토랑 11:00~)/시설마다 다름
WALK 하카타 부두博多ふ頭 정류장에서 바로
WEB baysideplace.jp

╋ M O R E ╋

하카타 토요이치 博多豊一

가성비 좋은 카페테리아식 해산물 식당. 60종의 초밥(1개 120엔~, 세금 불포함)을 비롯해 조개와 새우를 직접 구워 먹는 하마야키浜焼き 세트, 회덮밥, 튀김 등이 있으며 테이크아웃도 가능하다. 점심시간과 주말에는 줄이 길고 재료 소진 시 조기 마감되니 오픈런 추천. 나가하마 선어시장 근처 지점은 본점보다 한산하며 온라인 예약도 가능하다. 현금만 가능. **MAP 286p**

Ⓖ 하카타 토요이치
OPEN 11:00~20:30(금 ~21:30, 토 10:30~21:30, 일 10:30~19:30)/재료 소진 시 종료/수요일(공휴일인 경우 변경될 수 있음) 휴무
WALK 베이사이드 플레이스 하카타 B관 1층
WEB baysideplace.jp/restaurant/restaurant_toyoichi/

❷ 하카타 포트 타워
낮엔 뷰 맛집, 밤엔 빛의 향연
博多ポートタワー

지상 약 70m 높이의 무료 전망대에 오르면 하카타항과 도심 풍경이 파노라마로 펼쳐진다. 도쿄 타워, 오사카 츠텐카쿠, 삿포로 TV 타워, 벳푸 타워 등을 설계한 '탑 박사' 나이토 타추内藤多仲의 탑 시리즈 중 하나다. 1층 하카타항 베이사이드 뮤지엄에서는 하카타항의 역사와 미니어처 등을 무료로 관람할 수 있다. 사계절 영롱하게 반짝이는 야간 라이트업도 볼거리다. **MAP 286p**

Ⓖ 하카타 포트 타워
ADD 14-1 Chikkohonmachi, Hakata Ward
OPEN 10:00~20:00/폐장 20분 전까지 입장/수요일(공휴일인 경우 그 다음 평일), 12월 29일~1월 3일 휴무
PRICE 무료
WALK 하카타 부두博多ふ頭 정류장에서 바로
WEB city.fukuoka.lg.jp/kowan/somu/hakata-port/port_museum.html

❸ 미나토온센 나미하노유
후쿠오카에서 가장 가까운 온천
みなと温泉 波葉の湯

지하 800m에서 끌어올린 천연 온천을 당일치기로 즐길 수 있는 곳. 건물은 다소 오래됐지만 노천탕, 사우나, 5종류의 암반욕, 전세탕(90분, 최대 4명) 등 내부 시설이 깔끔하게 관리돼 있어 가볍게 들를 만하다. **MAP 286p**

Ⓖ 나미하노유 온천
ADD 13-1 Chikkohonmachi, Hakata Ward
OPEN 10:00~23:00/시설마다 조금씩 다름
PRICE 1100엔(토·일·공휴일 1250엔), 초등학생 이하 500엔, 2세 이하 무료/암반욕 별도/타월 세트 대여 500엔
WALK 하카타 포트 타워에서 1분
WEB instagram.com/namiha_bayside

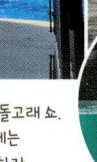

바다를 배경으로 펼쳐지는 돌고래 쇼. 앞줄의 주황색 의자에는 물이 튈 수 있으니 주의하자.

④ 우리 가족 에듀테인먼트 명소
마린 월드 우미노나카미치
マリンワールド海の中道

우미노나카미치 해변공원 안에 자리한 규슈 최대 규모의 아쿠아리움. 규슈 바다를 테마로 한 3층 규모 10개 전시관에서 약 350종 3만 마리의 해양 생물을 볼 수 있다. 1~2층을 관통하는 수심 7m, 폭 24m의 대형 수조가 장관이며 바다를 배경으로 펼쳐지는 돌고래·바다사자 쇼(하루 3~6회), 펭귄·돌고래·바다사자 먹이주기 체험이 하이라이트. 각종 프로그램은 계절·요일별로 시간이 달라 방문 전 홈페이지에서 스케줄 확인 필수. 주말과 성수기에는 개장 시간에 맞춰 입장하거나 특별 야간 개장을 이용하면 보다 여유롭게 관람할 수 있다. 1층 레스토랑은 혼잡하니 도시락을 준비하면 좋은데, 돌고래 쇼장 입구 근처의 매대(~13:00)에서 사서 공연이 끝난 후 관람석에서 먹어도 된다. **MAP 286p**

ⓖ 마린월드 우미노나카미치
ADD 18-28 Saitozaki, Higashi Ward
OPEN 09:30~17:30(여름철 ~21:00, 12~2월 10:00~17:00)/폐장 1시간 전까지 입장/임시 휴무일 있음(홈페이지 참고)
PRICE 2500엔, 초·중학생·65세 이상 1200엔, 3세 이상 700엔/돌고래 먹이주기 체험 1000엔(온라인 예약 권장), 바다사자 먹이주기 체험 500엔/공식 홈페이지 및 온라인 여행 플랫폼에서 티켓 구매 시 할인
WALK JR 우미노나카미치역에서 8분/마린 월드 우미노나카미치 정류장에서 5분/우미노나카미치 선착장에서 3분
WEB marine-world.jp

우미노나카미치 해변공원

시사이드 힐 시오야
동물의 숲
동물의 숲 전망대
선샤인 풀
수국 오솔길
우미노나카미치역 입구
카모어케 입구
도그런
환경공생의 숲 미라이노모리
원더 월드
빛과 바람의 광장
꽃 언덕 (하나노오카)
원더 월드 입구
JR 우미노나카미치역
하카타만 파노라마 광장
마린 월드 우미노나카미치
マリンワールド海の中道
빛과바람의 광장 입구
서사이클링 센터 입구
마린 월드 우미노나카미치
우미노나카미치 선착장
서쪽 입구
해변공원 서쪽 입구
海浜公園西入口
사이토자키역 앞
西戸崎駅前
JR 사이토자키역
사이토자키 선착장

0   500m

푸른 융단처럼 언덕을 뒤덮은 네모필라

5 끝이 안 보이는 '공원 왕국'
우미노나카미치 해변공원 海の中道海浜公園

놀이기구 100~600엔

푸른 바다로 둘러싸인 후쿠오카 최대 규모의 국영 공원이다. 여의도 면적과 맞먹는 약 3km²의 광활한 부지에 동물원과 놀이공원, 수영장, 자전거 코스는 물론 바비큐장과 숙박시설까지 갖췄다. 대잔디 광장 옆 하나노오카花の丘(꽃의 언덕)는 봄에는 네모필라, 가을에는 코스모스가 만개해 절경을 이룬다. 공원에는 총 6곳의 출입구가 있는데, JR 우미노나카미치역과 연결된 입구가 마린 월드와 선착장과 가까워 가장 많이 이용된다. 서쪽 입구 역시 JR 사이토자키역과 선착장, 대형 주차장에 인접해 접근성이 좋다. 주요 볼거리가 이 두 입구 사이에 모여 있으므로 이 구간을 중심으로 동선을 짜는 것이 효율적이다.
넓은 부지를 편하게 둘러보고 싶다면 각 입구에서 자전거나 전동 킥보드를 대여해도 좋다. 해안선을 따라 이어지는 약 12km 자전거 코스는 대부분 평지라 초보자도 부담 없다. **MAP 286p**

Ⓖ 우미노나카미치 해변공원
OPEN 09:30~17:30(11~2월 ~17:00)/
폐장 1시간 전까지 입장/
12월 31일~1월 1일, 2월 1주간 휴무(월별 휴무일은 홈페이지 개원 캘린더 참고)
PRICE 15세 이상 450엔, 65세 이상 210엔/
전동 킥보드 1시간 1000엔~/
자전거 3시간 600엔~(여름·겨울 1일권 500엔)
WALK 마린 월드에서 6분/JR 우미노나카미치역에서 바로/JR 사이토자키역에서 8분/사이토자키 선착장에서 10분/여름철에는 텐진에서 선샤인 풀까지 셔틀버스 운행
WEB uminaka-park.jp

그린그린 지붕에서 바라본 공원 풍경

그린그린

6 인공섬에서 누리는 완벽한 힐링
아일랜드시티 중앙공원 アイランドシティ中央公園

후쿠오카 동부 하카타만의 인공섬 아일랜드시티에 조성된 공원으로, 시민들의 일상적인 휴식처로 자리 잡았다. 넓은 잔디 광장과 놀이터, 산책로를 두루 갖추고 있으며 세계적인 건축가이자 프리츠커상 수상자인 이토 도요가 설계한 체험형 온실 그린그린ぐりんぐりん이 대표 명소다. 약 3000㎡ 규모의 온실은 북측·중앙·남측 3개 블록으로 구성돼 사계절 내내 다양한 식물을 선보인다. 어린이를 동반한 가족은 물론 식물과 건축에 관심 있는 여행자에게 강력 추천! 식물로 뒤덮인 지붕을 걸으며 공원을 내려다보는 경험도 색다르다. **MAP 286p**

Ⓖ 후쿠오카 grin grin
ADD 4-1-1 Kashiiteriha, Higashi Ward
OPEN 09:00~17:00/폐장 30분 전까지 입장/
화요일(공휴일인 경우 그다음 평일), 12월 29일~2월 말 휴무
PRICE 100엔, 초등학생~14세 50엔
BUS 텐진에서 25B번, 22N번을 타고 17~27분(510엔)/우미노나카미치에서 25B번, 25l번을 타고 10~15분(360엔)
WEB ic-centralpark.jp

미니미니한 보물섬
노코노시마 能古島

투명하고 얕은 바다에 둘러싸인 노코노시마는 후쿠오카 메이노하마 선착장에서 페리로 10분이면 닿는 둘레 12km의 작은 섬이다. 화려한 도시나 휴양지와는 다른, 투박한 옛 가옥과 시간이 멈춘 듯한 풍경에 천천히 스며들고 싶다면 이곳으로 발길을 옮겨 보자. 페리 왕복과 식사까지 포함하면 4시간 이상 여유 있게 잡는 것이 좋으며 섬에는 편의점이 없고 아일랜드 파크 내부에도 괜찮은 식당이 많지 않아 도시락을 준비해 가는 것이 좋다.

노코노시마 가는 법

니시테츠 버스를 타고 노코토센바能古渡船場 정류장에 내리면 바로 앞이 메이노하마 선착장姪浜渡船場이다. 자판기에서 승선권을 구매해(신용카드 가능) 페리를 타고 노코노시마에 도착, 건너편 정류장에서 니시테츠 버스를 타고 종점에 내린다. 성수기에는 페리 도착 시간에 맞춰 버스를 증편 운행한다.

선착장에서 아일랜드 파크까지 걸어간다면 해안선을 따라 이어지는 언덕길로 약 40분, 자연탐방로(2.5km)로 50분~1시간 소요된다. 선착장 근처 카페 겸 자전거 대여소에서 전동 자전거(09:00~17:00, 2000엔)를 빌려 섬을 한 바퀴 도는 것도 특별한 즐거움으로, 소요 시간은 40분~1시간 정도다.

● 후쿠오카 시내 ➡ 메이노하마 선착장

❶ 하카타역 출발
하카타 버스터미널 1층 5번 승차장에서 312번 니시테츠 버스 이용 → 약 40분, 500엔

하카타역 앞 A 정류장에서 300번, 301번, 302번 니시테츠 버스 이용 → 약 50분, 500엔

❷ 텐진 출발
텐진미나미, 텐진 고속버스터미널 앞 1A번 정류장, 텐진키타에서 300번, 301번, 302번 니시테츠 버스 이용 → 약 35분, 430엔

❸ 지하철 메이노하마역 출발
메이노하마역 북쪽 출구 앞에서 98번 **니시테츠 버스** 이용 → 10~15분, 210엔

● 메이노하마 선착장 ➡ 노코노시마 선착장
후쿠오카 시영 도선福岡市営渡船 이용 → 약 10분, 230엔
(어린이 140엔, 자전거 120엔, 산큐 패스 이용 가능)/06:15~22:00
(반대편은 06:00~21:45, 토·일·공휴일은 앞뒤로 1시간 연장)/1시간 간격

● 노코노시마 선착장 ➡ 노코노시마 아일랜드 파크
니시테츠 버스 이용 → 약 13분, 260엔
(니시테츠 버스 1일권·산큐 패스 이용 가능)/아일랜드 파크에서 노코노시마 선착장행 막차 시각: 17:41(토·일·공휴일은 18:48)

시카섬이 바라보이는 꽃밭
노코보카이 전망대
카페 유메지
동물 체험존
코짱 우동
츠츠지 꽃밭
정문
노코노시마 아일랜드 파크
꽃밭
노코노시마 전망대
자전거 대여소
잣코
도선장 앞 渡船場前
노코노이치 시장
노코노시마 선착장 福岡市営渡船
노코스 오션

0   500m

+ M O R E +

노코노이치 시장 のこの市

노코노시마 여객 대합실 바로 앞에 자리한 관광안내소 겸 간이식당. 라멘, 도시락, 지역 특산품 등을 판매하며 간단한 식사나 쇼핑을 겸하기 좋다. 주문 즉시 굽는 와규 패티가 일품인 노코 버거, 상큼한 청량감이 매력인 병 사이다가 명물이다.

OPEN 09:00~17:00/연말연시 휴무

바다와 꽃의 사랑스러운 하모니

노코노시마 아일랜드 파크
のこのしま アイランドパーク

노코노시마 북서쪽 고지대에 자리한 사계절 꽃 공원. 봄엔 유채꽃과 벚꽃, 여름엔 메리골드와 수국, 해바라기, 가을엔 코스모스, 겨울엔 동백꽃이 계절마다 피어나 바다와 어우러진 절경을 선사한다. 축구장 22개 규모(약 15만㎡)에 걸쳐 꽃밭, 잔디광장, 피크닉 공간 등이 조성돼 있으며 후쿠오카의 옛 마을을 재현한 추억의 거리, 도예 체험장, 기념품숍, 카페, 식당까지 갖춰 하루 종일 머물러도 좋은 곳이다. 바다를 앞마당 삼은 작은 동물원에서는 양과 토끼 등에 먹이를 주고 쓰다듬는 체험이 인기 만점이다. 쫄깃한 노코우동으로 유명한 코짱 耕ちゃん 우동과 카페 유메지夢路의 디저트도 놓칠 수 없다. **MAP 290p**

ⓖ 노코노시마 아일랜드 파크
OPEN 09:00~17:30
(일·공휴일 ~18:30)
PRICE 1500엔, 초등·중학생 800엔, 3세 이상 500엔
WALK 버스 종점(아일랜드파크 アイランドパーク)에서 바로
WEB nokonoshima.com

+ M O R E +

노코노시마 추천 식당

◆ 잣코 雜魚
항구 근처에 자리한 조용한 식당으로, 섬 내 식당 중 가장 가성비가 좋다. 어부들이 잡아온 생선으로 회, 구이, 튀김, 조림 등 그날그날 구성을 달리해 내놓는 잡어(잣코) 정식이 알차다. 밥, 된장국, 밑반찬까지 곁들여져 양도 넉넉. 수량 한정 메뉴라 일찍 방문하는 것이 좋고 현금 결제만 가능하다.

ⓖ 잣코
ADD 462 Noko, Nishi Ward
OPEN 11:00~18:00/
월·부정기 휴무
WALK 노코노시마 선착장에서 3분

잣코 정식 2500엔

◆ 노코스 오션 Noko's Ocean
테라스석을 갖춘 바다 전망 레스토랑. 오늘의 정식과 와규 스지 카레(1200엔)가 인기이며 1인 3200엔부터 주문 가능한 바비큐 세트도 준비돼 있다. 노코노시마 명물 사이다 '노코리타'를 비롯해 음료와 주류(400엔~)도 다양하게 갖췄다. 현금 결제만 가능.

ⓖ nokos ocean
ADD 657-8 Noko, Nishi Ward
OPEN 11:30~15:00,
17:00~20:30(주말 11:30~20:30)/
목 휴무
WALK 노코노시마 선착장에서 6분
WEB noko-o.com

오늘의 정식 1650엔

'후쿠오카의 하와이'에서 멋진 하루를
이토시마 糸島

후쿠오카 서쪽의 이토시마 반도는 탁 트인 바다와 세련된 해변 카페, 아름다운 석양으로 인기가 높은 반나절 코스 여행지다. 그중 사쿠라이 후타미가우라桜井二見ヶ浦는 이토시마의 매력을 가장 잘 보여주는 지역으로, 새하얀 해중 도리이와 부부바위, 야자수 그네가 이어진다. 렌터카 필수 코스로 알려졌지만 하카타·텐진에서 출발하는 직행버스를 이용해도 쉽게 다녀올 수 있다.

이토시마 가는 법

하카타 버스터미널에서 출발해 기온마치(기온역 2번 출구 앞)와 텐진을 경유하는 직행버스 웨스트 코스트 라이너West Coast Liner를 이용하면 팜 트리 스윙, 해중 대도리이, 부부바위까지 가장 편하게 이동할 수 있다. 한편 후쿠오카에서 지하철 공항선을 타고 규다이갓켄토시역九大学研都市에서 내려 버스로 환승하거나 자전거로 이동하는 방법도 있다. 웨스트 코스트 라이너는 막차 시간이 이른 편이므로 늦은 시간 돌아올 경우에는 이 경로가 대안이 된다. 모든 버스는 예약 없이 이용 가능하며 산큐 패스를 사용할 수 있다.

● 웨스트 코스트 라이너 이용 시
❶ 하카타 버스터미널 출발
하카타 버스터미널 3층 32번 승차장에서 웨스트 코스트 라이너 이용 → 팜 트리 스윙 약 55분, 부부바위·해중 대도리이 약 1시간 10분 소요.
TIME 08:48~14:28(1시간 1~2편 운행)/
반대편 막차 17:30경(주말 18:30경)/
PRICE 1150엔

❷ 텐진 출발
텐진4초메天神四丁目, 텐진3초메天神三丁目 정류장에서 하카타역 출발 웨스트 코스트 라이너 이용 → 팜 트리 스윙 약 45분, 부부바위·해중 대도리이 약 1시간 소요.
TIME 텐진4초메 09:09~14:39(1시간 1~2편 운행)/
반대편 막차 17:30경(주말 18:30경)
PRICE 1150엔

● 지하철+버스 이용 시
후쿠오카 출발 → 지하철 공항선 지쿠젠마에바루·니시카라쓰·가라쓰행 이용 → JR 규다이갓켄토시역 하차(공항선과 상호 직통 운행하므로 환승 불필요) → 북쪽 출구 앞에서 5B-2번 버스 이용 → 팜 트리 스윙 약 20분, 부부바위·해중 대도리이 약 30분 소요.
PRICE 지하철 570엔+버스 팜 트리 스윙까지 480엔, 부부바위·해중 대도리이까지 730엔

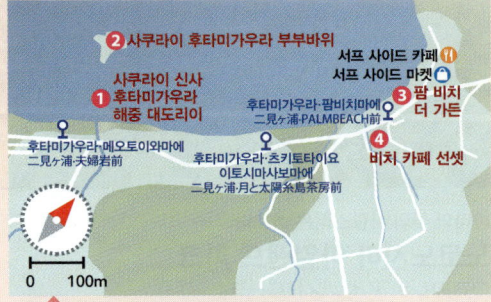

+ **MORE** +

자전거로 가기

해안 자전거 여행을 즐기고 싶다면 JR 규다이갓켄토시역 북쪽 출구 앞 관광안내소(SKIP 모빌리티 허브)에서 자전거를 대여하는 방법도 있다. 해중 대도리이까지 자전거로 40분~1시간 정도 걸리는데, 오르막 구간이 있어 전동 모델을 추천한다.

OPEN 09:00~18:00(토·일·공휴일 12:00~)
PRICE 전동 자전거 1일 3300엔/일반 자전거 2시간 600엔, 4시간 1200엔, 4시간 이상~1일 1800엔
WEB skip-mobilityhub.studio.site

① 바다 위에 서 있는 순백의 도리이

사쿠라이 신사 후타미가우라 해중 대도리이

櫻井神社 二見ヶ浦 海中大鳥居

이토시마를 대표하는 풍경으로, 투명한 바다 위에 순백의 도리이가 서 있는 장면이 압도적이다. 백사장·하늘·도리이가 만든 삼각형 실루엣이 아름답고 특히 일몰 무렵 붉게 물드는 바다와 어우러지는 순간이 매력적이다. 썰물 때는 도리이 가까이 다가갈 수 있으나 물이 차오른 상태가 더 운치 있다. 주변에 카페와 전망 포인트가 많아 해안 산책이나 드라이브 코스로도 사랑받는다. **MAP 292p**

Ⓖ 사쿠라이신사 후타미가우라 토리

WALK 후타미가우라·메오토이와마에二見ヶ浦·夫婦岩前 정류장에서 바로/후타미가우라·츠키토타이요 이토시마사보마에二見ヶ浦·月と太陽糸島茶房前 정류장에서 4분

WEB sakuraijinja.com/futamigaura/

② 도리이와 어우러진 절경

사쿠라이 후타미가우라 부부바위

桜井二見ヶ浦 夫婦岩

바다 위에 2개의 바위가 나란히 선 모습이 인상적인 명소. 남편 바위와 아내 바위를 굵은 시메나와가 잇고 있어 '부부바위(메오토이와)'로 불리며 좋은 인연을 상징한다. 해변에서 바라보면 해중 도리이와 부부바위가 한 프레임에 들어와 독특한 실루엣을 만든다. 하지 무렵에는 두 바위 사이로 해가 지는 장면이 펼쳐져 특별한 일몰 포인트로 꼽힌다. **MAP 292p**

Ⓖ 사쿠라이 후타미가우라 메오토이와

WALK 사쿠라이 신사 후타미가우라 해중 대도리이가 서 있는 모래사장 바로 앞바다

WEB kanko-itoshima.jp/spot/sakuraihutamigaura/

: WRITER'S PICK :

이토시마 반도 1day 프리패스

구매 당일 하카타·텐진과 이토시마를 오가는 웨스트 코스트 라이너 왕복 1회와 이토시마 내 노선버스를 무제한 이용할 수 있는 패스. 스마트폰 'my route' 앱에서 구매하며 탑승 직전 티켓을 활성화해 하차 시 버스기사에게 제시한다. 단, 앱 설정 언어를 일본어로 바꿔야 구매할 수 있다. 후쿠오카 시내부터 사용할 수있는 이토시마 반도 마룻토 오무스비 프리 패스(고속버스 추가)糸島半島まるっとおむすびフリーパス(高速バス付)인지 확인 후 구매한다.

PRICE 2000엔(어린이 1000엔)

③ 식사·쇼핑·사진 다 되는 바닷가 몰
팜 비치 더 가든
Palm Beach The Gardens

해중 대도리이 근처에 자리한 이토시마 최대의 비치 리조트 몰. 하와이 감성의 카페와 레스토랑, 잡화점이 모여 있어 식사와 쇼핑을 한 번에 해결하기 좋다. 통유리 너머 바다 전망이 아름다운 서프 사이드 카페, 파노라마 오션뷰가 매력인 피자·파스타 맛집 팜 비치 레스토랑, 이토시마 로고 티셔츠와 소품을 고르기 좋은 서프 사이드 마켓이 대표 매장이다. 단지 벽면의 '천사 날개'는 줄 서서 찍는 인기 포토존이니 놓치지 말자. **MAP 292p**

G surfers market | angels wing photo spot
OPEN 마켓 11:00~18:30, 카페·레스토랑 11:00~20:00(매장마다 다름)
WALK 후타미가우라·팜비치마에二見ヶ浦·PALMBEACH前 정류장에서 바로
WEB pb-gardens.com

④ 이토시마 원조 선셋 카페
비치 카페 선셋
Beach Cafe SUNSET

1990년부터 자리를 지켜온 이토시마 카페 거리의 전설. 오늘날 '후쿠오카의 하와이'라는 이미지를 만든 원조 카페. 세월의 흔적이 남은 나무 오두막과 야자수, 탁 트인 테라스가 어우러져 독보적인 낭만을 선사한다. 대표 메뉴는 두툼한 햄버그와 특제 소스가 어우러진 하와이안 스타일의 오리지널 로코모코. 식사 후에는 길 건너 해변의 오두막 포토존에서 기념사진을 남기기 좋으며 가게 이름처럼 해 질 녘 붉게 물드는 석양이 압권이다. **MAP 292p**

G beach cafe sunset
OPEN 11:00~21:00(L.O.20:00)/목요일·매월 셋째 수요일 휴무
WALK 후타미가우라·팜비치마에二見ヶ浦·PALMBEACH前 정류장에서 1분
WEB beachcafesunset-1990.com

⑤ 야자수 그네 타고 인생샷 찰칵
팜 트리 스윙(야자수 그네)
Palm Tree Swing

이토시마가 '후쿠오카의 하와이'라 불리는 이유를 보여주는 대표 포토 스폿이다. 모래사장에 있는 두 그루의 야자수 그네를 타면 마치 푸른 바다 위를 나는 듯한 장면이 연출돼 인기가 높다. 최근에는 2인용과 서서 타는 형태 등 다양한 그네가 추가돼 촬영 선택지가 늘었다. 기상과 조도에 따라 분위기가 크게 다른데, 빛이 부드러운 오전 10시 이전이나 노을이 예쁜 해 질 무렵에 방문하면 드라마틱한 사진을 찍을 수 있다. 이용객이 많은 주말에는 대기 줄이 생긴다. **MAP 292p**

G palm tree swing
WALK 자우오혼텐마에ざうお本店前 정류장에서 바로
WEB city-fukuoka.com/yashinokiburanko/

작고 소중한 고양이 섬
아이노시마 相島

후쿠오카 북부의 신구항新宮港에서 페리로 단 17분, 그 짧은 뱃길 끝에는 사랑스러운 고양이 왕국 아이노시마가 있다.
섬 곳곳에서 애교 만점 개냥이들이 스스럼없이 다가와 냥집사들에겐 천국 같은 장소.
최근 일본 미디어뿐 아니라 우리나라 예능 프로그램에도 소개돼 핫플레이스가 됐다.

◆ 사람이 손님이 되는 아이노시마

한때 어업이 번성했던 아이노시마는 이제 고양이 섬으로 더 유명하다. 어부들이 길렀던 고양이들이 섬에 남아 자연스럽게 정착한 것. 최근엔 중성화로 개체 수가 줄어들고 있어 '지금 아니면 못 보는 섬'으로 불린다. 아이노시마는 둘레 약 6km의 작은 섬으로, 선착장에서 시계 방향으로 도는 10분 남짓의 짧은 코스에 대부분의 고양이가 모여 있다. 고양이에게는 전용 간식만 줄 수 있으며 고양이를 쫓아 사유지에 들어가거나 무리하게 사진을 찍지 않도록 주의한다. 식사는 페리 대합실과 연결된 건물 1층 마루야마 식당丸山食堂(화·수 휴무)의 회 정식, 해물 짬뽕, 고로케가 먹을 만하다. 같은 건물에 관광안내소와 기념품숍도 함께 있다. **MAP ❶**

◆ 아이노시마 가는 법

아이노시마는 기차-버스-페리로 이동한다. JR 하카타역에서 JR 홋코다이마에역福工大前까지 가고시마본선 보통(각역 정차)으로 약 15분(340엔), 이어 북쪽 출구 앞에서 커뮤니티 버스 아이랜드선 제1 루트(돌아올 땐 제2 루트 이용)로 10분(100엔)이면 신구항 선착장에 닿는다. 여기서 페리를 타고 17분(편도 480엔, 왕복 870엔)이면 아이노시마에 도착. 전 구간 합쳐 최소 1시간 10분 소요. 버스와 페리 운행은 하루 5~6편뿐이라 환승 시간을 놓치지 않도록 주의한다.

페리·버스 시간표 ➡

바다를 품은 귀여운 털뭉치들

버스 요금은 현금만 가능. 거스름돈은 주지 않는다.

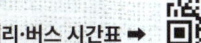

太宰府 다자이후

천년 전 규슈의 정치·문화 중심지였던 다자이후는 지금도 그 기운이 살아 있는 고즈넉한 도시다. 학문의 신을 모신 다자이후 텐만구를 중심으로 전통과 자연, 예술이 조화를 이루며 거리마다 역사와 감성이 흐른다. 과거의 위엄과 지금의 여유를 함께 느낄 수 있는 곳. 짧은 여정 속에 고요함과 설렘을 함께 품은 다자이후는 오래도록 기억에 남는다.

DAZAIFU
太宰府
IN FUKUOKAKEN
DAY TRIP FROM FUKUOKA

니시테츠 전철과 직행버스가 모두 후쿠오카와 연결돼 있지만 대부분의 여행자는 전철을 이용한다. 하루 동안 후쿠오카 시내와 다자이후 지역을 버스로 자유롭게 이동할 수 있는 후쿠오카 시내+다자이후 라이너버스 타비토 24시간 패스, 니시테츠 전철 왕복권과 명물 떡 교환권 및 관광시설 입장료 할인 혜택이 포함된 다자이후 산책 티켓 정보는 139p 참고.

■ 후쿠오카 → 다자이후

❶ 니시테츠 전철 西鉄電車: 25~30분

니시테츠후쿠오카(텐진)역 2층에서 니시테츠 텐진오무타선을 타고 약 15분 후 니시테츠후츠카이치역西鉄二日市에 내린다. 1번 승강장에서 다자이후선으로 갈아타고 2정거장(약 8분) 이동하면 종점인 다자이후역에 도착한다. 일부 열차는 관광 테마 래핑 열차 '타비토'(032p)로 운행돼 여정에 즐거움을 더한다.

평일 오전 9~10시, 주말 오전 9~12시 사이에는 환승 없이 다자이후까지 가는 직통 급행이 30분 간격으로 운행하며 보통(각역정차)은 시간이 오래 걸려 추천하지 않는다.

PRICE 420엔, 6~11세 210엔
(2026년 4월부터 480엔, 6~11세 240엔)
WEB nishitetsu.jp/kr

❷ 버스: 하카타 약 40분, 후쿠오카공항 약 25분

하카타 버스터미널 1층 11번 정류장에서 다자이후 직행버스 타비토旅人를 타고 후쿠오카공항 국제선 터미널을 거쳐 종점에 내린다. 1일 28편(토·일·공휴일 36편) 운행. 선착순 탑승이며 산큐 패스 이용 가능. 돌아갈 때는 다자이후역 바로 앞 공항버스 전용 정류장에서 탑승한다.

PRICE 700엔(후쿠오카공항 출발 600엔)
WEB nishitetsu.jp/bus/rosen/dazaihu_liner

다자이후 직행버스 타비토

■ 야나가와 → 다자이후

● 니시테츠 전철 西鉄電車: 약 50분

니시테츠야나가와역에서 30분 간격으로 운행하는 특급을 타고 니시테츠후츠카이치역에서 하차한 뒤 다자이후 방면 보통(각역정차)으로 갈아타고 다자이후역에 내린다.

PRICE 690엔, 6~11세 350엔
(2026년 4월부터 780엔, 6~11세 390엔)

니시테츠후쿠오카(텐진)역에 정차한 특급열차

다자이후역

: WRITER'S PICK :
코인로커 & 수하물 보관소

다자이후역을 나와 오른쪽으로 조금만 가면 보이는 코인로커는 귀국 직전 다자이후에 잠시 들를 때 유용하다. 요금은 크기별로 400~1000엔. 24시간 보관 가능하며 자정을 넘기면 하루 금이 추가된다. 수하물 보관소는 역에서 도보 2분 거리인 화과자점 야스타케やす武에서 08:00~19:00에 운영하며 홈페이지를 통해 예약도 가능하다.

WEB 수하물 보관소 cloak.ecbo.io/space/hto-ybhk

다자이후역 코인로커 & 세븐뱅크

카마도 신사 →
(1.5km)

텐카이 이나리 신사 **5**

6

본전

나카지마 신사

기린 · 보물전

다섯 번째 도리이

2 다자이후 텐만구

타이코바시

레인보우 터널
(규슈 국립박물관 입구)

텐잔 다자이후 푸딩

나미만

후쿠타로 다자이후점

야마야 베이스

카자미도리

첫 번째 도리이

두 번째 도리이

스타벅스 다자이후 오모테산도점

네 번째 도리이

어신우

오모테산도 **1**

후쿠오카 시내·공항행 타비토 버스 정류장

마츠야

야스타케 (수하물 보관소)

카사노야

텐만구 안내소

라멘 오이겐

다자이후산도 텐잔 본점

세 번째 도리이

카마도 신사행 마을버스 정류장
太宰府

다자이후
太宰府

코바 카페

이치란 다자이후 오모테산도점

코묘젠지 **4**

우메노하나

규슈 국립박물관 **3**

0   100m

두 번째 도리이

① 시공을 초월한 옛 거리
오모테산도
表参道

다자이후역에서 다자이후 텐만구까지 250m가량 이어지는 참배길. 전통 화과자점, 카페, 식당 등 80여 곳의 상점이 거리를 가득 메운다. 다자이후 명물 떡 우메가에모찌를 맛보며 기념품을 고르는 사람들 사이로 참배길을 따라 세워진 3개의 석조 도리이가 신성한 공간에 들어섰음을 알리고 경건한 분위기를 더한다. **MAP ⑨**

G GG9J+RR8 다자이후
WALK 다자이후역에서 1분

다자이후 렌만구 입구 역할을 하는
세 번째 도리이

+MORE+

다자이후 참배길의 '꼭먹템'
우메가에모찌 梅ヶ枝餅

'매화가지 떡'이란 뜻의 구운 찰떡으로, 가운데 매화꽃 무늬가 새겨져 있다. 찹쌀과 맵쌀을 섞은 바삭하고 쫀득한 식감에 달콤한 팥앙금이 가득! 갓 구워 따끈한 상태로 제공돼 식감이 탁월하다. 다자이후로 유배된 스가와라 미치자네가 식음을 전폐하자 이웃 할머니가 매화가지에 찹쌀떡을 꿰어 몰래 전했다는 설화에서 유래했다. 모든 상점에서 1개 150엔 균일가로 판매된다.

자꾸만 걸음이 멈추네
오모테산도 길거리 간식

다자이후 텐만궁 참배길에 넘쳐나는 맛있는 간식들! 뭐부터 먹어야 할지 고민에 빠지기 전에
아래 장소들을 체크해두자. 대부분 현금 결제만 가능하니 현금을 두둑이 준비해 가는 것이 좋다.

구운 명란 주먹밥
350엔

명란빵 기본 500엔,
치즈 600엔

아마오우 딸기 푸딩
600엔

야메차와 수제 떡을 더한
야메차 푸딩 520엔

❶ 후쿠타로 다자이후점
福太郎

명란 간식의 원탑, 후쿠타로가 운영하
는 구운 명란 주먹밥 테이크아웃점.
즉석에서 구운 밥에 짭짤한 명란과 김
을 더한 주먹밥이 SNS에서 화제를 모
았다. 멘베이를 꽂은 소프트아이스크
림도 히트 상품이다.

Ⓖ 후쿠타로 다자이후점
OPEN 09:00~17:00

❷ 야마야 베이스
Yamaya Base

부드럽고 쫄깃한 빵과 짭짤한 명란,
고소한 버터 풍미가 어우러진 명란빵
맛집. 현지 TV에 소개되며 인기를 끌
고 있다.

Ⓖ 야마야 베이스 다자이후
OPEN 09:30~17:30

❸ 텐잔 다자이후 푸딩
天山太宰府ぷりん店

다자이후 화과자 명가 텐잔이 2025년
말 새로 연 푸딩 전문점. 후쿠오카산
우유·달걀·야메차 등 로컬 재료에 텐잔
특유의 섬세한 화과자 기술을 더했다.
기본 푸딩부터 아마오우 딸기, 야메차·
수제 팥앙금 조합까지 선택 폭이 넓고
비주얼도 뛰어나다.

Ⓖ 텐잔 다자이후 푸딩
OPEN 10:00~17:00

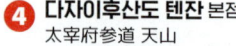
❶ 후쿠타로

야마야 베이스
❷ ❸ 렌잔 다자이후 푸딩

오모테산도(참배길)

❹
다자이후산도 텐잔

🚉 다자이후역

❹ 다자이후산도 텐잔 본점
太宰府参道 天山

홋카이도산 팥앙금을 듬뿍 채운 도깨비 기와鬼瓦 모양 모나
카로 참배길을 평정한 디저트 최강자. 겨울·봄 한정 딸기 모
나카는 후쿠오카산 아마오우에 말차, 팥앙금, 콩앙금이 어우
러져 입안에서 사르르 녹는다. 빨리 품절되니 보이면 망설이
지 말자.

Ⓖ 다자이후산도 텐잔 본점
OPEN 10:00~17:00

딸기 모나카는 말차,
시로앙(흰콩앙금), 쿠로앙(팥앙금)
중에 고르면 즉석에서 만들어준다.
800엔

멘타이코 차즈케 500엔

수량 한정
생딸기 파르페 1100엔

⑤ 아지노 멘타이코 후쿠야
味の明太子ふくや

짜지 않은 후쿠야 명란에 육수와 와사비를 더한 명란 컵밥, 멘타이코 차즈케明太茶漬け가 참배객의 입맛을 사로잡는다. 양은 적지만 뜨끈한 국물의 감칠맛이 뛰어난 특별 간식.

ⓖ 아지노 멘타이코 후쿠야 다자이후점
OPEN 09:30~17:30

⑥ 토피
toffee

예쁜 비주얼의 소프트아이스크림은 여름에 특히 잘 어울리는 달콤한 간식. 겨울·봄 한정 아마오우 딸기 아이스크림과 파르페, 텐만구 매실을 모티브로 한 매실 아이스크림이 인기다.

ⓖ toffee dazaifu
OPEN 10:00~18:00

⑦ 스타벅스
Starbucks

일본 건축 거장 쿠마 켄고가 설계한 컨셉스토어. 노송으로 만든 독특한 목조 구조가 건물을 지탱하며 햇살과 바람을 부드럽게 끌어들여 편안한 분위기를 만든다. 내부에는 다자이후 텐만구를 상징하는 매화나무가 자라고 있다.

ⓖ 스타벅스 다자이후 **OPEN** 08:00~20:00

몽블랑
1200엔~

멘타이코마요
明太子マヨ 300엔

⑧ 카구노코노미
香菓

밤 크림을 국수처럼 가늘게 짜 올린 몽블랑이 간판 메뉴. 적당히 달콤한 밤 크림에 시원한 아이스크림과 바삭한 머랭 쿠키가 더해져 식감도 재미있다.

ⓖ 다자이후 카구노코노미
OPEN 09:30~18:00

⑨ 테라코야 혼포
寺子屋本舗

간장에 적셔 구운 오카키(찹쌀 센베) 꼬치, 쿠시누레 오카키串ぬれおかき 전문점. 진한 간장 향에 겉은 바삭하고 속은 말랑한 고기 식감이 인상적이다.

ⓖ 테라코야 혼포 다자이후점
OPEN 09:30~17:30

⑩ 테라다야
寺田屋

두껍지 않은 바삭한 반죽에 적당한 양의 팥앙금이 어우러져 균형 잡힌 맛을 낸다. 가게 안쪽에는 사계절 정취를 느낄 수 있는 일본식 정원도 있다.

ⓖ 다자이후 테라다야
OPEN 09:00~17:30

| 아지노 멘타이코 후쿠야 ⑤ | 토피 ⑥ | 스타벅스 ⑦ | 카구노코노미 ⑧ | ⑨ 테라코야 혼포 | 테라다야 ⑩ |

오모테산도(참배길)

다자이후 텐만구 입구
(도리이)

⑪ 야스타케

⑫ 카사노야

⑪ 야스타케
やす武

참배길에서 가장 세련되고 깔끔한 우메가에모찌 전문점. 바삭하고 얇은 찹쌀피 안에 달지 않은 통팥을 꽉 채워 부담 없이 여러 개 집어 들게 된다. 신용카드 결제 가능.

ⓖ 야스타케
OPEN 08:30~18:00

⑫ 카사노야
かさの家

두툼한 반죽의 말랑하고 쫀득한 식감이 돋보이는 우메가에모찌 명소. 팥알이 살아 있는 담백한 맛으로 늘 긴 줄이 이어진다. 운치 있는 정원과 카페 공간은 308p 참고.

ⓖ 카사노야
OPEN 09:00~18:00

② 다자이후 텐만구

학문의 신님, 합격을 비나이다

太宰府天満宮

학문의 신인 스가와라노 미치자네菅原道眞를 천신天神으로 모시는 신사. 905년 창건돼 일본 전역에 1만2000여 개가 넘는 텐만구 신사의 중심이 되는 총본궁이다. 미치자네는 뛰어난 재능과 성정으로 오늘날까지 일본인들에게 추앙받는 인물로, 학문뿐 아니라 문화와 예술, 액운을 막아주는 신으로서도 존경받아 전국 각지에서 참배객이 모여든다.

경내에는 6세기 후반의 화려한 모모야마桃山 건축 양식이 돋보이는 본전, 국보를 소장한 보물전 등 볼거리가 많고 토비우메飛梅라 불리는 매화나무를 비롯한 6000여 그루의 매화나무가 심겨 있다. 참배로 끝 입구 옆의 다자이후 텐만구 안내소에서 다자이후 텐만구 경내 지도와 안내서를 받거나 무료 경내 가이드 서비스를 신청하면 더욱 알차게 관람할 수 있다. MAP ⑨

🇬 다자이후 천만궁
ADD 4-7-1 Saifu, Dazaifu
OPEN 06:30~19:00
PRICE 무료
WALK 다자이후역에서 5분
WEB dazaifutenmangu.or.jp

렌만구 안내쇼. 오리지널 굿즈를 판매하는 기념품점과 화장실이 마련돼 있다.

+ **M O R E** +

스가와라 미치자네

헤이안 시대 최고의 천재이자 문장가로 이름을 떨친 인물이다. 다이고 덴노 때 정계 최고 위치인 우대신까지 올랐으나 취임 18일 만에 세도가인 후지와라 가문의 음모에 휘말려 누명을 쓰고 다자이후로 쫓겨났다. 그 후 생활고와 질병에 시달리다가 903년 59세의 나이로 생을 마쳤다. 미치자네가 사망한 후 그를 모함한 사람들에게 악재가 연달아 일어나자 사람들은 그를 신으로 모시기 시작했다. 처음에는 벼락을 내리는 재앙의 신으로 여겨졌지만 점차 학문의 신으로 숭배되며 텐진天神 신앙의 시초로 자리 잡았다.

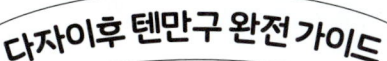

다자이후 텐만구 완전 가이드

텐카이 이나리 신사 ⑩

관공 역사관 부부 녹나무

코마이누 ⑥ ⑤ 본전 ⑦ 토비우메

대장 녹나무

임시 참배소

⑧ 나카지마 신사

로몬

초즈야

⑨ 보물전

기린 ④

에마도

소부이케
(창포 연못)

지가사

신지이케

타이코바시 ③

오모레산도

세 번째
① 도리이 어신우 ②

텐만구 안내소

어신우御神牛

신사 입구에 있는 황소 동상. 미치자네가 죽은 뒤 그의 유해를 싣고 장지로 향하던 우마차가 멈춰 선 자리에 신사를 세웠다는 전설에서 유래한다. 이후 황소는 지혜의 상징이 되었고 머리를 만지면 총명해진다는 믿음에 수험생들이 합격을 기원하며 사진을 찍는다. 신사 내에 총 11개가 있다.

1 **세 번째 도리이**三の鳥居

다자이후 텐만구 입구에 세워진 거대한 석문. 신사 안쪽의 신의 영역과 바깥세상을 구분하는 경계를 의미한다.

3 **타이코바시**太鼓橋

과거, 현재, 미래를 상징하는 3개의 주홍색 다리. 다리가 놓인 신지이케心字池 연못은 순수함을 상징한다. 이 다리를 건너면 신성한 영역으로 들어간다는 의미다.

4 **기린**麒麟

신사로 들어가기 전 손 씻는 곳(초즈야)에 세워진 조각상. 기린은 용의 머리와 말 또는 사슴의 몸을 가진 신화 속 동물로, 미치자네의 지혜를 나타내는 또 다른 상징물이다. 수많은 방문객이 만져서 반질반질 윤이 난다.

공사 기간에 사용하는 임시 본전

⑤ 본전 本殿

1591년에 재건된 본전은 섬세한 조각이 장식된 건축미가 돋보인다. 주목할 것은 본전 위의 연꽃과 잉어, 인물을 그린 화려한 난간欄干. 중국 황하를 거슬러 오른 잉어가 용이 된다는 등용문登竜門 전설을 입신출세의 상징으로 해석한 것이다. 2027년 스가와라 미치자네 사후 1125주년 기념행사에 맞춰 2026년까지 보수공사 중이며 이 기간에는 건축가 후지모토 소우가 설계한 임시 본전 '가전'을 운영한다. 지붕 위에 숲이 떠 있는 듯한 디자인의 공사 기간 한정 건축물이다.

⑦ 토비우메 飛梅

미치자네를 흠모해 멀리서 날아왔다는 매화나무. 미치자네가 "동풍이 불면/향기를 뿜어라/매화꽃이여/주인이 없다고/봄을 잊지는 말라"라는 아쉬움 가득한 노래를 남기고 교토를 떠나자 매화가 하룻밤 만에 그를 찾아 다자이후까지 날아왔다는 전설이 있다. 2월 초부터 3월 초까지 약 6000그루의 매화나무가 꽃을 피운다.

⑥ 코마이누 狛犬

본전으로 가는 길에 늘어선 4쌍의 신화 속 동물. 그중 하얀 대리석으로 빛나는 한 쌍이 가장 눈에 띄는데, 오른쪽에는 입을 벌린 수컷이, 왼쪽에는 입을 다문 암컷이 있다.

⑨ 보물전 宝物殿

약 50만 점의 유물과 예술품을 소장한 유료 전시관. 미치자네가 쓴 시의 원본, 그가 사용했던 칼, 국보로 지정된 중국의 역사서 한원翰苑의 필사본 등을 볼 수 있으며 기념품 코너가 있다.

OPEN 09:00~16:30/폐장 30분 전까지 입장/월요일 휴무(공휴일은 제외)
PRICE 500엔, 고등·대학생·200엔, 초등·중학생 200엔/
보물전·관광역사관·규슈 국립박물관 3개관 공통권(성인만 해당) 1400엔

⑧ 나카지마 신사 中島神社

본전 옆 한적한 장소에 자리한 작은 신사. 꽃나무와 연못이 어우러진 그늘에서 잠시 쉬어 가기 좋다.

⑩ 텐카이 이나리 신사 天開稲荷神社

다자이후 뒤편에 자리한 역사 깊은 신사. 자세한 내용은 307p.

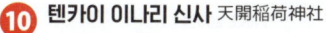

③ 쉼터가 되어주는 박물관
규슈 국립박물관
九州国立博物館

도쿄, 나라, 교토에 이어 4번째로 세워진 국립박물관. 총 4층 규모의 건물에 구석기 시대부터 근세 말기까지의 유물을 전시하며 일본과 주변국의 관계를 보여주는 전시 구성이 돋보인다. 연 3~4회 열리는 특별전은 국보급 유물이나 해외 박물관 소장품을 소개해 도쿄 국립박물관 못지않은 수준이다. 곡선미가 돋보이는 현대적인 건축 형태도 볼거리다. 1층에는 후쿠오카 대표 축제인 하카타 기온 야마카사博多祇園山笠 때 사용되는 장식 수레, 어린이 무료 체험 전시실, 레스토랑, 야외 족욕 카페 등 다채로운 시설이 있고 뮤지엄숍의 기념품 퀄리티도 높다. 시간이 부족하다면 1층만 둘러봐도 된다. 다자이후 텐만구의 소부이케와 보물전 사잇길을 따라 가면 터널형 입구가 나타나며 이곳에서 에스컬레이터와 무빙워크로 편리하게 이동할 수 있다. MAP ❾

Ⓖ 규슈국립박물관
ADD 4-7-2 Ishizaka, Dazaifu
OPEN 09:30~17:00(특별전 개최 기간 금·토 ~20:00)/
폐장 30분 전까지 입장
PRICE 700엔, 대학생 350엔(신분증 제시)
WALK 다자이후 텐만구 보물전에서 터널 입구까지 2분,
박물관 입구까지 총 5분
WEB www.kyuhaku.jp

야마카사 때 사용되는 장식 수레, 야마

다자이후 텐만구와 박물관을 잇는 터널.
레인보우 터널虹のトンネル로도 불린다.

④ 물이 없어도 아름다운 일본 정원
코묘젠지
光明禅寺

1273년 창건돼 가레산스이 정원(물을 사용하지 않고 만든 정원)으로 유명한 사찰. 입구에 들어서면 아름다운 뒤뜰린 잇테키카이노니와一滴海之庭가 눈앞에 펼쳐진다. 이끼는 새, 하얀 모래는 넓은 바다를 표현하며 단풍나무가 심겨 있어 가을에 특히 아름답다. 건물 안쪽에 자리한 붓코세키테이佛光石庭 정원은 15개의 돌로 '광光'자를 표현한 가레산스이 정원으로, 북적이는 텐만구와 대비되는 고요한 분위기를 자아낸다. MAP ❾

Ⓖ 고묘젠지
ADD 2-16-1 Saifu, Dazaifu
OPEN 09:30~16:30
PRICE 200엔
WALK 다자이후역에서 6분

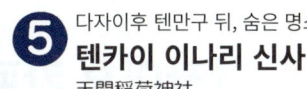
⑤ 다자이후 텐만구 뒤, 숨은 명소

텐카이 이나리 신사
天開稲荷神社

규슈에서 가장 오래된 이나리 신사. 벼를 수호하는 이나리신에게 오곡풍양과 상공업의 번창을 기원하는 곳이다. 이곳으로 가려면 다자이후 텐만구 뒤편의 구불구불한 비탈길과 가파른 돌계단을 올라가야 하는데, 맑은 공기와 새 소리, 바람 소리에 마음이 정화돼 일본인들에게는 '파워 스폿'으로 통한다. 12지신을 상징하는 12개의 끈 중에서 자신의 띠에 해당하는 종을 울려 참배하는 방식이 독특하다. 제일 안쪽에는 작은 석조 동굴 참배소, 오쿠노인奥の院이 있다. **MAP ⑨**

ⓖ 텐카이 이나리 신사
ADD 4-7-43 Saifu, Dazaifu
OPEN 06:30~18:30
WALK 다자이후 텐만구 본전에서 10분

 여기가 <귀멸의 칼날> 발상지라고?!

카마도 신사
竈門神社

창건한 지 1350년 이상 된 오래된 신사. 연애운이 트이는 곳이라 하여 젊은 층이 많이 찾는다. 최근엔 인기 만화 <귀멸의 칼날>의 주인공 카마도 탄지로의 성과 신사명이 같고 바둑무늬 수행 의상도 비슷한 데다, 퇴마 장소의 역할도 겸한다는 점이 귀신을 쫓는 작품의 내용과 관련성이 높아 수많은 팬들이 성지순례하듯 방문한다. 참배객들이 에마絵馬(소원을 적는 나무판)에 직접 그린 캐릭터 일러스트도 재미있는 볼거리다. 봄에는 벚꽃, 가을에는 단풍이 아름답다. **MAP ⑨**

> 참배객들이 연애운 향상을 기원하며 기둥에 묶어둔 붉은 실들. 붉은 실은 신과의 연결을 의미한다.

ⓖ 카마도 신사
ADD 883 Uchiyama, Dazaifu
OPEN 09:00~16:00
WALK 다자이후역을 등지고 왼쪽 큰길 건너 후쿠오카은행 앞 버스 정류장에서 우치야마·카마도신사内山·竈門神社행 마을버스를 타고 종점 하차, 약 8분 소요, 100엔/30분 간격 운행
WEB kamadojinja.or.jp

별세계로 통하는 문
다자이후 카페

다자이후 텐만구 참배길의 카페들은 겉모습은 소박하지만, 문을 열고 들어서는 순간
번잡한 거리와는 전혀 다른 고요한 세상으로 우리를 이끌어 준다.

말차 세트
650엔

말차 세트
700엔

독보적인 우메가에모찌 카페
카사노야
かさの家

1922년 창업한 우메가에모찌 집으로, 참배길에서 가장
많은 손님을 불러 모은다. 우메가에모찌 제조 과정을 지
켜보는 재미가 쏠쏠하고 작은 정원이 딸린 고풍스러운 카
페 공간은 마치 교토에 온 듯한 분위기. 우메가에모찌가
포함된 커피 또는 말차 세트를 시키면 국그릇만 한 커다
란 찻잔에 음료가 담겨 나온다. 콩가루와 흑설탕 시럽을
뿌려 먹는 쿠즈모찌くず餅, 단팥죽, 말차 아이스크림도 추
천. 대기 시간이 긴 편이니 여
유 있게 방문하자. MAP ❾

Ⓖ 카사노야
ADD 2-7-24 Saifu, Dazaifu
OPEN 09:00~18:00
WALK 다자이후역에서 3분
WEB kasanoya.com

비밀의 정원에서 쉬어 가요
마츠야
松屋

다자이후역에서 나와 우회전해 참배길에 들어서면 제일
먼저 보이는 우메가에모찌 집. 여기서도 유리 너머로 우
메가에모찌 제조 과정을 구경할 수 있지만 이곳의 진짜
매력은 바로 뒤편에 숨겨진 안뜰에 있다. 우거진 나무들
이 시원한 그늘을 만들어주는 정원 테이블에서 말차 세트
를 주문하면 꽃과 나뭇잎으로 예쁘게 플레이팅된 우메가
에모찌와 말차를 내준다. MAP ❾

Ⓖ 다자이후 마츠야
ADD 2-6-12 Saifu, Dazaifu
OPEN 09:00~18:00
WALK 다자이후역에서 1분

홈메이드 푸딩
(피스타치오) ㄱ50엔

얼그레이 몽블랑 파르페+음료 세트 2000엔

아이리시커피 900엔,
레어 치즈케이크 350엔

이 집 파르페, 놓치지 말기!

코바 카페
Coba Cafe

제철 과일을 층층이 쌓아 올린 화려한 파르페로 인스타 피드를 장악한 카페. 오키나와의 자연 친화적이고 느긋한 카페 문화에서 영감을 받아, 입구부터 화분과 소품이 어우러진 아기자기한 분위기를 자아낸다. 런치 타임에는 신선한 야채를 듬뿍 사용한 샐러드 플레이트가 인기를 끌고 파르페는 450엔을 추가하면 과일이 풍성한 스페셜 버전으로 업그레이드할 수 있다. 아침부터 대기 줄이 생길 정도로 인기여서 오픈런이 필수며 1인 1음료를 주문해야 한다. **MAP ❾**

Ⓖ 코바 카페 다지이후
ADD 2-7-4 Saifu, Dazaifu
OPEN 11:00~18:00(런치 ~14:00)
WALK 다자이후역에서 2분
WEB instagram.com/coba_cafe_dazaifu

킷사텐의 시간은 거꾸로 흐른다

카자미도리
風見鶏

시계를 거꾸로 돌린 듯 레트로한 분위기를 품은 일본식 다방 킷사텐喫茶店. 료칸을 개조한 2층짜리 건물에 괘종시계와 빈티지 가구, 장식품이 놓인 공간에서 100년이 넘은 오르골 연주를 들으며 커피와 디저트를 음미할 수 있다. 식사 메뉴는 따로 없고 기본에 충실한 맛의 샌드위치를 선보인다. 1인 1메뉴 주문 필수. 검은색 유니폼을 입은 종업원들이 정중하게 서비스한다. **MAP ❾**

Ⓖ 카자미도리
ADD 3-1-23 Saifu, Dazaifu
OPEN 10:00~17:00
WALK 다자이후역에서 1분
WEB instagram.com/
dazaifu_kazamidori

천천히 스며드는 한 끼
다자이후 밥집

여행길에 익숙한 메뉴도 다자이후에선 조금 다르게 다가온다. 느긋한 공기와 공간의 분위기를 담은
소박한 음식부터 정원을 바라보며 즐기는 가이세키 요리까지. 느낌이 다른 한 끼들을 모았다.

자연스레 마음이 놓이는 맛
나미만
縁結び食堂 なみ満

'인연을 맺는 식당縁結び食堂'이라는 이름
답게, 100년 넘은 고택을 개조한 따뜻한
공간에서 정성 어린 소바를 내어준다. 홋
카이도산 천연 다시마와 가고시마산 가
다랑어포로 우려낸 깊은 맛의 쯔유에 꼬
들꼬들한 면발과 푸짐한 양까지 더해져
만족스러운 한 끼가 완성된다. 홋카이도
산 메밀면 본연의 풍미를 느낄 수 있도록
면만 소금에 살짝 찍어 먹어보는 것이 팁.
현지인들은 닭고기덮밥 오야코동親子丼
(1100엔)도 즐겨 먹는다. 입구 대기 명단
에 이름을 적고 기다린다. **MAP ⑨**

Ⓖ 나미만
ADD 3-2-55 Saifu, Dazaifu
OPEN 11:00~15:00/수 휴무
WALK 다자이후역에서 3분
WEB dazaifu-namiman.com

텐자루소바 1870엔

계산을 마치면 '인연(고엔) ご縁'과
같은 발음의 5엔 동전을
인연의 상징으로 선물해준다.

합격 세트 1410엔,
단품 980엔

솔깃한 이치란표 합격 라멘
이치란 다자이후 오모테산도점
一蘭

다자이후에서만 맛볼 수 있는 '합격 라멘'으로 유명한 이치란 지점. 일본어
로 합격(고카쿠合格)과 발음이 같은 오각 그릇에 담겨 나오는 라멘은 긴 행
복을 기원하는 의미로 면 길이가 보통의 2배가 넘는 59cm에 달한다. 그릇
의 각진 부분으로 국물을 마시면 입안에 부드럽게 들어가서 운수가 더욱
좋아진다고. 다자이후역에서 나오면 오른쪽에 바로 보인다. **MAP ⑨**

Ⓖ 이치란 다자이후
ADD 2-6-2 Saifu, Dazaifu   **WALK** 다자이후역에서 1분
OPEN 09:00~19:00   **WEB** ichiran.com/shop/kyushu/dazaifu-sando

흑모 와규(샤부샤부/숯불구이 중 선택)가 포함된
우메노하나 가이세키 키와미 梅の花懐石 極 6100엔

모든 것이 만족스러운 가이세키 요리
우메노하나
梅の花 太宰府別荘自然庵

> 끓인 두부 위에 생기는 유바두유 막을 젓가락으로 걸어 먹는 히키아게 유바引き上げ湯葉

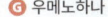

부모님을 모시고 간 여행자들에게 추천하는 고급 두부 요리 전문점. 마치 교토의 대저택을 방문한 듯한 넓은 정원과 조경이 돋보이며 프라이빗한 개인실에서 정갈한 가이세키 요리를 맛볼 수 있다. 전채 요리, 두부와 유바湯葉(두유를 끓일 때 생기는 얇은 막)를 활용한 메인 요리, 디저트 등 12~14가지 메뉴가 차례로 나올 때마다 직원이 친절하게 설명해준다. 종류가 많아 고르기 어려울 수 있지만 가장 저렴한 코스(3900엔)에도 유바튀김湯葉揚げ, 두부(유도후湯豆腐) 또는 유바두부(유바도후湯葉豆腐), 두부 슈마이とうふしゅうまい 등 대표 요리가 포함돼 있으니 메인 메뉴 위주로 선택하면 된다. 어린이용 런치 코스도 있다. 구글 예약 권장(당일 예약 가능). **MAP ⑨**

G 우메노하나
ADD 4-4-41, Saifu, Dazaifu
OPEN 11:00~16:30, 17:00~21:00
WALK 다자이후역에서 10분/
규슈 국립박물관에서 5분
WEB umenohana-restaurant.co.jp

> 깔끔하고 섬세한 맛으로 입맛을 돋우는
> 프리미엄 새우 라멘 1350엔

> 숯불 향을 더한
> 프리미엄 돈코츠 1250엔

진한 돈코츠 vs 깔끔한 새우 라멘
라멘 오이겐
らーめん おいげん

다자이후역 바로 옆에 자리한, 인기가 식을 줄 모르는 라멘 맛집. 돼지 뼈를 장시간 고아 낸 돈코츠 라멘이 간판 메뉴로, 진하지만 잡내 없이 부드러운 뒷맛이 인상적이다. 돈코츠 위에 올리는 차슈는 주문 즉시 숯불에 구워 불 향과 깊은 풍미를 살렸다. 새우와 간장으로 감칠맛을 끌어낸 새우 라멘도 돈코츠 못지않게 많이 찾는다. 푸짐하게 먹고 싶다면 면과 반숙란을 추가해보자(각 150엔). 12개의 카운터석으로 이루어진 아담하고 쾌적한 공간과 신용카드 결제가 가능한 키오스크(한국어)도 만족도를 높인다. **MAP ⑨**

G 라멘 오이겐
ADD 1-10-32 Saifu, Dazaifu
OPEN 10:00~16:00(토·일·공휴일 ~20:00)/국물이 떨어지면 영업 종료
WALK 다자이후역을 등지고 왼쪽 큰길 건너. 도보 1분
WEB ramen-oigen.jp

柳川

야나가와

후쿠오카시 남서부에 자리한 야나가와는 에도 시대부터, 물의 도시,라 불려 왔다. 섬세한 그물처럼 얽힌 930km의 수로가 시내를 감싸고 있어 사시사철 뱃놀이를 즐길 수 있다. 봄에는 벚꽃잎이 물 위를 수놓고, 여름에는 싱그러운 녹음이 드리우며 가을에는 단풍, 겨울에는 설경을 감상하며 유유히 흐르는 물길에 몸을 맡기는 경험은 이곳만의 낭만이다.

YANAGAWA
柳川
IN FUKUOKAKEN
DAY TRIP FROM FUKUOKA

야나가와까지는 니시테츠 전철을 이용하는 것이 가장 빠르고 편리하다. 렌터카를 이용할 경우 후쿠오카공항에서 약 1시간 소요된다. 구글맵에서 교통편을 검색할 땐 반드시 '니시테쓰야나가와역'이라고 입력할 것. 그냥 '야나가와역'만 입력하면 도쿄 근처의 JR 야나가와역이 나온다. 다자이후·야나가와까지 니시테츠 전철 왕복권과 뱃놀이 승선권 등이 포함된 다자이후·야나가와 관광 티켓 정보는 138p 참고.

■ 후쿠오카 → 야나가와

● 니시테츠 전철 西鉄電車: 약 50분

니시테츠후쿠오카(텐진)역에서 30분 간격으로 운행하는 니시테츠 텐진오무타선 특급을 타고 니시테츠야나가와역西鉄柳川에 내린다.
니시테츠야나가와역은 동쪽·서쪽 출구로 나뉘며 관광명소는 서쪽 출구 쪽에 모여 있다. 3곳으로 나뉜 뱃놀이 승선장까지는 도보 5~10분 소요. 다자이후·야나가와 관광 티켓 등이 있다면 동쪽 출구로 나가 무료 셔틀버스를 타고 선착장으로 갈 수 있다. 수로 주변 식당과 상점은 대부분 해 지기 전에 문을 닫으므로 오전 10시 전에 역에 도착하는 것이 좋다.

PRICE 870엔, 6~11세 440엔
(2026년 4월부터 960엔, 6~11세 480엔)
WEB nishitetsu.jp/kr

■ 다자이후 → 야나가와

● 니시테츠 전철 西鉄電車: 약 45분

니시테츠 다자이후선 특급을 타고 2정거장 뒤 니시테츠후츠카이치역西鉄二日市에서 텐진오무타선으로 환승, 니시테츠야나가와역에 하차한다.

PRICE 690엔, 6~11세 350엔
(2026년 4월부터 780엔, 6~11세 390엔)

니시테츠후쿠오카(텐진)역

니시테츠야나가와역

■ 야나가와 시내 교통

니시테츠야나가와역 주변에는 뱃놀이 승선장만 있고 주요 관광지는 뱃놀이가 끝나는 오하나 주변에 모여 있다. 역에서 오하나까지는 도보 이동이 어려워 대부분 뱃놀이용 쪽배인 돈코부네를 타고 이동한다. 택시 이용 시 오하나~니시테츠야나가와역 간 요금은 약 1300엔.

❶ 시내버스

니시테츠 버스 6번이 역과 오하나 근처 오하나마에御花前 정류장을 1시간 간격으로 연결한다. 서쪽 출구 앞에서 승차해 약 10분 소요, 요금은 220엔.
동쪽 출구 앞에서는 야나가와시 커뮤니티버스柳川市コミュニティバス의 일부 노선이 오하나까지 운행하며 요금은 1회 100엔(미취학 아동 무료), 일요일은 운휴.

❷ 무료 셔틀버스

뱃놀이 승선권이 포함된 관광 티켓 소지자는 니시테츠야나가와역~오하나 구간 무료 셔틀버스를 이용할 수 있다. 니시테츠야나가와역에서는 열차 도착 시간에 맞춰 출발하고 하선장 인근에서는 30분~1시간 간격으로 운행한다. 선착순 탑승 가능하며 정류장 위치는 수시로 변경되므로 역에서 확인한다.

시내버스

무료 셔틀버스

뱃놀이 승선권이 포함된 다자이후·야나가와 관광 티켓

간소 모토요시야 본점 🍴

🔴 ① 야나가와 뱃놀이
(쇼게츠 승선장)

서쪽 출구 🚻 동쪽 출구
니시테츠야나가와
西鉄柳川

🍴 카와요시

뱃놀이 하선장
뱃놀이 하선장
야나가와 영주
타치바나 저택 오하나 ❌

0 ─── 200m

구 토시마가 주택 ⑤

🍴 ⑥ 카바시마 코카

키타하라 하큐슈 ④
생가와 기념관

뱃놀이 하선장

③   사라야   타치바나
야나가와시   후쿠류   사료관   뱃놀이 하선장
관광 정보 센터   ② 야나가와 영주
              🍴   🍴   **타치바나 저택 오하나**
           와카마츠야
       간소 모토요시야
       오키노하타점   쇼토엔

0 ─── 100m

야나가와 관광개발의 돈코부네가 출발하는
쇼게츠 승선장松月乗船場

---

① 쪽배 타고 슬렁슬렁 뱃놀이
야나가와 뱃놀이 (야나가와 가와쿠다리) 柳川川下り

24인승 쪽배인 돈코부네どんご船를 타고 즐기는 선상 유람. 야나가와시를 흐르는 강을 따라 천천히 유람하며 사계절 풍경을 감상하고 사진을 남길 수 있다. 수문을 지나 종점까지 약 4km 길이의 수로를 60~70분간 편도로 운항하는데, 뱃사공이 노 대신 대나무 막대기로 강바닥을 찍어 배를 움직이는 방식이 독특하다. 뱃사공은 야나가와의 역사, 문화, 자연을 다국어로 재미있게 해설하거나 야나가와 출신 시인 기타하라 하쿠슈의 시나 각국의 인기곡을 불러주기도 한다.

뱃놀이는 7~8개 선박 회사에서 운영하고 있으며 니시테츠야나가와역 주변의 승선장 3곳에서 예약 없이 승선한다(일부 선박 회사는 온라인 예약 가능). 메인 관광지인 오하나御花 주변만 30~40분간 도는 짧은 코스도 있다. 주말이나 성수기에는 첫 배부터 만석인 경우가 많으니 아침 일찍 방문하는 것이 좋다.

뱃놀이를 즐기기 가장 좋은 시기는 강 위로 벚꽃이 활짝 피는 3월 말부터 4월 초까지다. 외국인 관광객이 가장 많이 찾는 쇼게츠 승선장松月乗船場은 야나가와 최고의 벚꽃 명소로 꼽히며 바로 옆에 자리한 미하시라 신사三柱神社 역시 약 500그루의 왕벚나무가 장관을 이루는 벚꽃 명소다. **MAP** ⑩

🟢 쇼게츠 승선장: 야나가와 뱃놀이 선착장
OPEN 09:30~17:00/30분 간격 운항/
시즌과 선박 회사에 따라 다름
PRICE 60~70분 코스 1800엔~2000엔/
30~40분 코스 900~2000엔/
6~11세 반값/선박 회사에 따라 다름
WALK 니시테츠야나가와역 서쪽 출구에서
8분(쇼게츠 승선장 기준)
WEB
야나가와 관광개발 yanagawakk.co.jp
스이고 야나가와 관광 kawakudari.com
다이토 엔터프라이즈 daitoenterprise.com
하쿠슈 관광(40분 코스 전문)
hakusyukankou.com

② 에도 시대 귀족의 생활상 엿보기

야나가와 영주 타치바나 저택 오하나

柳川藩主立花邸 御花

1620~1871년에 야나가와를 다스린 영주 타치바나 무네시게 가문의 별저. 계절마다 아름다운 꽃으로 물들어 '오하나(꽃)'라는 애칭으로도 불린다. 현재는 후손이 역사와 문화를 계승하여 료칸을 운영하고 있으며 소나무와 연못, 석등이 어우러진 아름다운 정원 쇼토엔松濤園을 비롯한 7000평 규모의 부지 전체가 문화재로 지정돼 있다. 료칸은 2025년, 창업 75주년을 맞아 새롭게 단장해 문을 열었다.

저택 관람은 오하나 본관 옆에 붙어 있는 별동인 타치바나 사료관立花家史料館부터 시작한다. 역대 영주의 갑옷, 혼례 의상, 장신구, 다기 등을 전시한 사료관을 지나면 넓고 개방적인 다다미방 오히로마大廣間가 있는 저택과 메이지 시대 건축물인 서양관, 정원 등을 둘러볼 수 있다. 오히로마의 툇마루에 앉아 쇼토엔을 바라보며 마시는 커피 한 잔은 시간이 멈춘 듯한 순간을 선물한다. 저택 안에 전시된 정교한 히나마츠리 인형과 사게몬さげもん도 감탄을 자아내는 볼거리다. **MAP ⑩**

ⓖ 타치바나 저택 오하나
ADD 1 Shinhokamachi, Yanagawa
OPEN 10:00~16:00
PRICE 1200엔, 고등학생 500엔, 초등·중학생 400엔(타치바나 사료관에서 구매)
WALK 오하나 북문 승·하선장御花北門 乗下船場 바로 앞/오하나마에御花前 정류장에서 3분
WEB 타치바나 저택 오하나 ohana.co.jp
타치바나 사료관 tachibana-museum.jp

히나마츠리 인형과 사게몬

포토 포인트로 손꼽히는 정원, 쇼토엔

③ 셀프 드립 커피가 있는 휴식 공간
야나가와시 관광 정보 센터
柳川市観光情報センター

야나가와의 대표적인 관광안내소로, 지역 정보를 안내하고 특산품도 판매한다. 6종의 원두 중 원하는 것을 골라 직접 갈고 드립까지 할 수 있는 셀프 커피 자판기를 비롯해 건물 옆 야외 자판기 뒤편에 테이블과 화장실도 마련돼 있어 잠시 쉬어 가기 좋다. 자전거 대여 서비스도 운영 중(800엔~). MAP ⑩

 야나가와시 관광안내소
OPEN 09:00~17:00/시즌에 따라 변동
WALK 오하나에서 5분

④ 시인의 시심詩心이 담긴 공간
키타하라 하큐슈 생가와 기념관
北原白秋生家·記念館

일본의 대표적인 서정 시인이자 아동문학가 키타하라 하큐슈의 생가와 기념관. 하큐슈 탄생 100주년을 기념해 1985년 개관했다. 주조업을 하던 키타하라 가문의 넓은 부지에 복원된 생가에는 부엌과 토방, 다다미방, 불단, 창고 등이 고스란히 남아 있어서 일본 실업가 가문의 생활상을 엿볼 수 있고 기념관에는 하큐슈의 작품 및 야나가와의 역사와 문화를 담은 전시물이 있다. 들어가지 않아도 흰 담과 검은 기와가 어우러진 단정한 외관만으로도 야나가와의 전통미가 고스란히 전해진다. MAP ⑩

 키타하라 하큐슈 생가와 기념관
OPEN 09:00~17:00(폐장 30분 전까지 입장)/
12월 29일~1월 3일 휴무
PRICE 600엔, 학생 450엔, 6~11세 250엔
WALK 야나가와 관광 정보 센터에서 2분
WEB hakushu.or.jp

⑤ 예쁜 정원을 카메라에 담아보자
구 토시마가 주택
旧戸島家住宅

아담하고 평화로운 분위기의 정원이 매력적인 고택. 1828년 야나가와 영주 요시다 카네모토吉田兼備의 은거지로 지어졌다가 훗날 타치바나 영주 가문에 바쳐져 다실로 사용됐다. 야나가와 지방 무가 주택의 전형이어서 건물과 정원이 후쿠오카현 문화재로 지정돼 있다. 아름다운 정원은 사진 촬영하기에 제격. 갈대를 엮은 지붕이 옛 정취를 더한다. MAP ⑩

 former residence toshima
OPEN 09:00~17:00/화요일(공휴일은 그다음 평일), 연말연시 휴무
PRICE 100엔, 미취학 아동 무료
WALK 오하나에서 5분

야나가와식 장어덮밥 맛집

야나가와의 맛은 기승전 '장어'

야나가와에서 뱃놀이 다음으로 유명한 것이 장어찜 요리인 세이로무시せいろ蒸しだ.
후쿠오카에도 맛있는 장어덮밥집이 많지만 초벌구이 장어와 달걀지단을 양념한 밥에 얹어 나무 찜기(세이로)에 쪄낸 세이로무시는 야나가와에 왔다면 꼭 맛봐야 할 향토요리다. 식당마다 매력이 다르므로 특정 맛집만 찾기보다는 이동 경로에 따라 자연스럽게 들를 수 있는 곳을 선택하는 것이 좋다. 방문 전엔 휴무 여부를 꼭 확인하자.

원조의 위엄답게 가격은 가장 높은 수준.
세이로무시 4800엔~

양은 적지만 세이로무시의 맛을
그대로 담아낸 미니 세이로무시 3300엔(평일 한정)
(상급 세이로무시 4230엔~)

장어 달걀말이,
우마키鰻卷

간소 모토요시야 본점
원조라는 자부심
元祖 本吉屋

1681년 창업, 10대째 대물림해온 세이로무시의 원조. 관광지와는 거리가 있는 한적한 주택가에 자리 잡고 있으며 격자창과 다다미방, 넓은 정원이 어우러진 일본식 가옥이 격식 있는 분위기를 더한다. 양념이 골고루 잘 밴 장어는 푹신푹신한 식감도 일품인데, 다른 곳보다 부드럽고 담백한 맛이라 장어 본연의 맛이 잘 느껴진다. 상큼한 장어 초무침(우자쿠うざく)은 장어덮밥의 명조연으로 제격이다. 오하나 근처에 있는 오키노하타점은 본점보다 접근성이 좋지만 분위기나 서비스 수준은 본점이 훨씬 뛰어나다. **MAP ⑩**

Ⓖ 간소 모토요시야
OPEN 10:30~19:30/월 휴무
WALK 니시테츠야나가와역에서 12분/쇼게츠 승선장에서 7분
WEB motoyoshiya.jp

와카마츠야
하선장 근처에선 여기가 제일!
若松屋

하선장 근처 장어 전문점 중에 현지인들이 최고로 손꼽는 곳으로, 170년 전통을 자랑한다. 불향을 입힌 쫄깃한 식감의 장어에 달콤하고 진한 양념이 어우러져 깊은 풍미를 느낄 수 있다. 작은 사이즈의 미니 세이로무시를 합리적인 가격에 맛볼 수 있는 것도 장점. 장어 달걀말이(우마키)와 장어 초무침(우자쿠)이 함께 나오는 가이세키 세트도 준비돼 있으며 그중에서도 미니 세이로무시에 1000엔을 더한 평일 한정 특가 세트가 인기다. 분위기 좋은 정원이 딸린 실내에는 테이블석, 1인석, 다다미방 등 다양한 좌석이 마련돼 있고 대기실도 잘 갖춰져 있다. **MAP ⑩**

Ⓖ 와카마쓰야
OPEN 11:00~14:30, 17:00~20:00/첫째·셋째 화 및 매주 수 휴무
WALK 오하나에서 2분
WEB wakamatuya.com

본점

세이로무시 4510엔

현지인이 아끼는 맛
카와요시
川よし

현지인들의 인지도 면에서
와카마츠야와 어깨를 나란히
하는 장어 전문점. 위치가 살짝
애매해 관광객의 발길이 드문 만큼 비교적 한적하게
세이로무시를 즐길 수 있다. 바삭한 식감의 장어와 알맞게 간이 밴
밥은 양도 푸짐해 멀리 찾아온 보람을 느끼게 한다. 작은 사이즈의 맛보기 세
이로무시(3630엔)도 있다. 배를 타지 않고 걸어서 야나가와역과 오하라를 오
갈 경우나 렌터카로 갈 때 특히 추천한다. **MAP ⑩**

Ⓖ 카와요시
OPEN 11:00~15:00,
17:00~20:00/
화요일(공휴일은
그다음 평일) 휴무
WALK 니시테츠야나가와역
서쪽 출구에서 12분
WEB yanagawa-kawayoshi.com

가성비로 즐기는 세이로무시 주먹밥
사라야 후쿠류
皿屋 福柳

저렴하고 맛있는 테이크아웃 장어 주먹밥을 선보이는 세이로무시 전문점. 매
점 카운터에서 주문하면 온장고에서 따끈하게 보관돼 있던 장어 주먹밥 우나
무스うなむす를 꺼내준다. 달콤 짭조름하게 양념한 밥에 작은 장어 조각 1점이
얹힌 주먹밥은 세이로무시 특유의 맛을 가볍게 즐기기에 더없이 좋다. 가게
앞 수로변 벤치에 앉아 경치를 구경하며 먹으면 더 꿀맛이다. **MAP ⑩**

Ⓖ 사라야 후쿠류
OPEN 11:30~14:30(테이크아웃 10:30~18:00)/목요일, 매월 넷째 수요일 휴무
WALK 오하나에서 3분
WEB saraya-fukuryu.com

장어 주먹밥
650엔(2개 세트)

카바시마 쿄카 糀島氷菓

고택을 개조해 만든 테이크아웃
과자점. 2011년부터 자체 농장에
서 재배한 과일로 아이스바(아이
스캔디)와 팥빵 등을 선보인다. 망
고즙이나 말차를 더한 빙과류, 흰
콩앙금과 팥앙금을 넣은 빵 위에
그려진 귀여운 하마 일러스트를
보고 있으면 절로 미소가 지어진
다. 하마를 모티브로 한 아기자기
한 잡화도 판매 중. 니시테츠 야
나가와역 관광안내소에서도 일부
상품을 만날 수 있다. **MAP ⑩**

Ⓖ 카바시마 쿄카
OPEN 11:00~16:00/수 휴무
WALK 오하나에서 3분
WEB kabajirushi.com

아이스바
210엔

반죽이 얇고 속이 꽉 찬
하마빵 150엔

유후인

由布院(湯布院)

오이타현 중앙, 완만한 능선미를 뽐내는 유후다케由布岳 활화산에 둘러싸인 유후인은 온화하고 투명하며 부드러운 물이 끊임없이 솟아나는 온천마을이다. 전국에서도 손에 꼽을 정도로 풍부한 원천 개수와 수량을 자랑하는 덕분에 넓은 면적과 멋진 뷰를 가진 료칸들이 띄엄띄엄 자리 잡고 있어 느긋하고 차분한 분위기를 만끽할 수 있다. 개성적인 미술관과 작은 갤러리, 귀여운 카페와 잡화점, 고급 식당과 찻집이 조화를 이루는 독특하고 세련된 마을 분위기 덕분에 일본 여성들이 가장 사랑하는 온천 휴양지이기도 하다.

Area Guide

야마구치현

시모노세키 · 모지코(기타큐슈)
고쿠라(기타큐슈)

후쿠오카 · 후쿠오카현
다자이후
오이타공항
유후인 · 벳푸
오이타현
야나가와
구로카와 온천
구마모토현

봄(4~5월)과 가을(10~11월)이 베스트 여행 시즌이다. 특히 3월 말~4월 초에는 오이타강大分川을 따라 이어지는 벚꽃길과 유채꽃밭이, 11월에는 유후다케를 붉게 물들이는 단풍이 매우 아름답다. 늦가을과 겨울 아침에는 킨린 호수에 김이 서린 신비로운 장면을 볼 수 있다. 지대가 높고 내륙에 위치한 덕분에 다른 지역보다 비교적 시원한 여름에도 많은 관광객이 방문한다.

유후인은 일본어로 '由布院' 또는 '湯布院'이라 쓴다. '由布院'은 역이나 버스센터 등 행정·교통명에 사용되는 공식 지명이고 '湯布院'은 관광지 명칭, 상호, 상품명 등에서 온천지로서의 이미지를 강조할 때 주로 쓰인다.

유후인에는 주 2일 이상 휴무하거나 영업시간이 수시로 바뀌는 상점이 많으므로 방문 전 홈페이지나 구글맵에서 최신 정보를 확인하는 것이 좋다. 현금 사용 비중이 높은 지역이니 현금을 넉넉히 준비하자.

유후인 가는 법

● 후쿠오카·후쿠오카 공항 → 유후인

쾌적하고 여유롭게 이동하고 싶다면 특급열차를, 텐진·후쿠오카공항에서 곧장 가거나 교통비를 아끼고 싶다면 고속버스를 이용한다. 열차와 버스 예약 방법은 125p, 129p 참고.

❶ JR 관광특급 유후인노모리 & 특급 유후: 2시간~2시간 10분

규슈 최고의 관광특급 유후인노모리와 특급 유후가 운행한다. 럭셔리한 목재 인테리어와 파노라마처럼 펼쳐지는 차창 밖 풍경이 어우러지는 유후인노모리는 지정석으로 예약 필수다. 일반 열차인 특급 유후는 자유석과 지정석 모두 예약 없이 이용할 수 있다. 북큐슈 레일 패스 이용 가능.

TIME 유후인노모리 09:17, 10:11, 14:38/ 유후 07:43, 12:14, 18:30
PRICE 유후인노모리 6130엔/ 유후 5100엔(자유석), 5630엔(지정석)
WEB www.jrkyushu.co.jp/trains/yufuinnomori/

관광특급 유후인노모리

❷ 고속버스: 텐진 2시간 20분~, 하카타 2시간~, 후쿠오카공항 1시간 40분~

텐진과 하카타, 후쿠오카공항 국제선 터미널에서 유후인 행 고속버스를 타면 유후인역 바로 앞에 위치한 유후인역 앞 버스센터(유후인 버스터미널)에서 내린다. 지정석이며 주말과 성수기에는 최소 2주 전, 특히 오전 출발편처럼 인기 있는 시간대는 가능한 한 빨리 예매하는 것이 좋다. 정차 횟수가 많은 일부 버스는 시간이 더 걸린다. 산큐 패스 이용 가능.

TIME 니시테츠 텐진 고속버스터미널 5번 정류장 08:25~16:25, 하카타 버스터미널 3층 34번 정류장 08:48~16:48, 후쿠오카공항 국제선 터미널 11번 정류장 09:08~17:08 (1일 13~14편 운행)
PRICE 3250엔, 6~11세 1630엔
WEB 고속버스 예약 www.highwaybus.com 또는 atbus-de.com

● 벳푸 → 유후인

유후인은 벳푸에서 가까워 당일치기로 다녀오기에 적당하다. 벳푸 시내에서는 열차와 버스를, 지옥 순례 관광지인 칸나와에서는 버스를 이용해 갈 수 있다.

❶ JR: 약 1시간

1일 2편 운행하는 특급 유후가 벳푸와 유후인을 오간다. 만약 이 기차를 놓쳤다면 벳푸역에서 수시로 출발하는 JR 닛포본선을 타고 오이타역까지 간 후 1시간에 1~2편 운행하는 유후인행 JR 큐다이본선 보통(각역정차)으로 갈아타고 가며 이 경우 약 1시간 30분이 걸린다. 모두 북큐슈 레일 패스 이용 가능.

TIME 유후 13:13, 18:09
PRICE 유후 2300엔(자유석), 2830엔(지정석)/닛포본선 1300엔

❷ 버스: 36번-벳푸역 약 52분,
유후린-벳푸역 약 1시간 10분, 칸나와 약 48분

카메노이 버스 회사의 노선버스 36번과 관광쾌속버스 유후린ゆふりん이 운행한다. 36번 버스는 벳푸역 서쪽 출구 앞 1번 정류장, 유후린은 동쪽 출구 앞 5번 정류장에서 타고 유후인역 앞 버스센터에서 내린다.
유후린은 벳푸 여행의 중심인 칸나와 지역을 두루두루 거쳐오며 짐칸에 캐리어를 실을 수 있어 여행자에게 특화된 교통수단이다. 단, 평일 1일 1편, 주말과 공휴일 1일 6편만 운행하니 시간표를 잘 확인하자. 두 버스 모두 선착순 탑승이고 현금, IC 카드 사용 가능. 36번 버스는 산큐 패스 이용 가능.

TIME 36번 버스 07:37~18:20(1시간 1~3편 운행)/
유후린 평일 11:00, 주말·공휴일 07:40~16:00(1일 6편 운행)/벳푸역 출발 기준
PRICE 36번 버스 1100엔, 유후린 1100엔
WEB 유후린 kamenoibus.com/guruspa/hp/yufurin/index2.html

● 오이타공항 → 유후인: 약 55분

오이타공항 도착 로비 밖 3번 정류장에서 탑승해 유후인역 앞 버스센터에서 내린다. 산큐 패스 이용 가능.

TIME 10:05~17:35(1일 5편 운행)
PRICE 2000엔(6~11세 1000엔)

+MORE+

유후인역 앞 버스센터
由布院駅前バスセンター

후쿠오카(공항 포함), 벳푸(칸나와 포함), 오이타공항, 구로카와 온천·구마모토행 버스들이 정차하는 자그마한 버스터미널이다. 매표소에서 신용카드 결제 가능. 코인로커(크기에 따라 400~600엔)와 화장실 있음.

Ⓖ 유후인역앞 버스센터
OPEN 08:00~17:00

관광쾌속버스 유후린(왼쪽)과 36번 버스(오른쪽)

: WRITER'S PICK :

여행 팁

유후인역 밖 코인로커.
초대형칸(1200엔)이 있다.

❶ 코인로커 & 수하물 보관소

유후인역, 유후인역 앞 버스센터, 유후시 관광 정보 센터 등에 코인로커와 수하물 보관소가 있다. 유후인역 바깥쪽 코인로커(24시간 이용 가능)를 제외하고 대부분 오후 5~6시까지만 운영하며 자정까지를 기준으로 하루 요금을 계산한다는 점에 유의한다. 구글맵에서 '유후인 luggage storage'로 검색하면 사설 코인로커 위치를 쉽게 찾을 수 있다. 요금은 크기에 따라 300~1200엔.

❷ 역 ⇌ 숙소 짐 배송 서비스

숙소를 예약했다면 유후시 관광 정보 센터(323p) 내 짐 배송 서비스인 유후인 칫키ゆふいんチッキ를 이용해 보자. 접수 시간은 09:00~15:00(숙소 → 센터는 12:00 마감).

PRICE 소 600엔, 중 700엔, 대 800엔
WEB yufuin.gr.jp/spot/spot-2295

유후인 시내 교통

유후인은 작은 마을이라 주요 명소 대부분을 걸어서 둘러볼 수 있다. 관광 명소, 상점, 숙소 등이 적당한 간격을 두고 자리 잡고 있어서 걷거나 자전거로 산책하듯 여행하는 것이 유후인을 즐기는 방법. 숙소에 따라 유후인역까지 무료 셔틀버스를 운행하는 곳도 있다.

● 자전거

유후시 관광 정보 센터에서 빌릴 수 있다. 전동·어린이용·2인승 자전거도 있으며 현금·페이 결제만 가능.

TIME 09:00~17:00(16:00 접수 마감)
PRICE 2시간 1000엔(이후 1시간당 500엔)
WEB yufuin.gr.jp/spot/spot-2296/

● 관광마차

유후인역 앞에서 출발해 붓산지와 우나기히메 신사를 거쳐 다시 역으로 돌아오는 코스로, 시골 풍광을 여유롭게 즐길 수 있다. 정원 10명, 소요 약 60분. 당일 09:00부터 유후시 관광 정보 센터에서 선착순 예약하며 현금만 가능.

TIME 매일 다르므로 예약 시 확인/1월 1일~3월 1일 휴무
PRICE 2500엔, 4세~초등학생 1800엔
WEB yufuin.gr.jp/spot/spot-1281

● 노르크 nolc

최고 속도 19km로 유후인을 순회하는 9인승 친환경 모빌리티. 유후인역~우나기히메 신사를 거쳐 다시 유후인역으로 돌아오는 약 50분 코스이며 유후시 관광 정보 센터 창구 또는 전화로 당일 09:00부터 선착순 예약만 가능하다.

TIME 10:30, 11:30, 13:30/
1·2월 및 3~11월 화~목
(공휴일은 제외), 12월
6~21일 월~금 휴무
PRICE 1800엔, 초등학생 이하
1300엔
TEL 0977-84-2446
WEB yufuin-nolc.com

● 인력거

한국어와 영어를 섞어 사용하는 입담 좋은 인력거꾼이 킨린코까지 데려다준다. 간단한 일본어를 할 줄 안다면 더 재미있다. 12분, 30분, 60분, 120분 코스가 있으며 30분 이상 코스는 홈페이지에서 예약 가능.

TIME 09:00~17:00
PRICE 1인 9000엔, 2인 1만엔/킨린코행 30분 코스 기준
WEB ebisuya.com/branch/yufuin

관광마차

인력거

+MORE+

유후인 시내 대형 마트

◆ 이온 마트 イオン湯布院店

유후인에서 가장 큰 대형 마트. 대부분 상점이 문을 닫는 오후 6시 이후에도 영업해 여행자들이 즐겨 찾는다. 각종 식료품과 간식은 물론 도시락 종류도 많고 저렴하며 의약품과 의류도 판매한다. 다이소도 입점했다. 면세 가능. 방문객은 주차장 이용 무료. **MAP ⑬**

Ⓖ 이온 유후인점
ADD 2924-1 Yufuincho
Kawakami, Yufu
OPEN 09:00~22:00
WALK 유후인역에서 5분

◆ 에이코프 Aコープ ゆふいん店

관광객이 붐비는 유노츠보 거리에 자리 잡은 대형 마트. 다양한 식료품을 판매해 숙소에 가져갈 도시락이나 간식을 사기 좋다. 방문객은 주차장 이용 무료. **MAP ⑫**

Ⓖ 에이코프 유후인점
ADD 3028 Yufuincho Kawakami, Yufu
OPEN 10:00~19:00
WALK 유후인역에서 10분

호시노 리조트
카이 유휴인

유후인 북쪽 고지대

탄스 바
산소 무라타
아르테지오
테오무라타
& 테 테오
유후인 야스하
산쇼
카레 우동
키쿠스케
무라타 후쇼안

YUFUIN

유후다케
由布岳

유후인
쇼와칸
유후인 가라스노모리
유노츠보 요코초
湯の坪横丁
유후인
플로랄 빌리지
스누피
빌리지
누루카와온센
시탄유
킨린코
(킨린 호수)
유노츠보 거리 330p
유후료치쿠
에노키야 료칸
유노츠보온센
텐소 신사
에이코프
바-스피크
스테이 타마노유
코미쿄
아트 뮤지엄

킨린코와 그 주변 336p

유후인역과 그 주변 326p

유후인 남쪽 지역

오토마루온센칸

유후연역 앞 버스센터
由布院駅前バスセンター
젬스 유후인
그랜드마
유후인
由布院
유후시 관광 정보 센터
이온 마트
센케
료스 마키바노이에
유후인
겐코온센칸
유후인
스테인드글라스 미술관
유후인 호텔 슈호칸
유후인 산스이칸
유후다케온센
바이엔 가든 리조트
유후인 아마미차야
유후인 이요토미
우나기히메 신사

0   200m

무소엔

325

여행의 경쾌한 시작
유후인역과 그 주변

유후인 여행의 관문인 유후인역과 그 주변에는 다양한 편의시설이 있다. 세계적인 건축가들이 지은 멋진 건물에서 쉬어가며 여행 정보를 얻고, 족욕을 즐기고, 맛있는 먹거리로 가득한 마트에서 간식 쇼핑을 해보자.

와사쿠
오토마루온센칸
니코 도넛
유후인 본점
테라토
말차 젤라토
세븐일레븐
유후인역 앞 버스센터
由布院駅前バスセンター
히노신 족욕탕
유후마부시 신 2호점
젬스 유후인
로손
도리이
타케오
JR 유후인에키노
야시유
히노신
미르히
도넛 앤 카페
JR 유후인역
타비무스비
유후시
관광 정보 센터
이온 마트
코마츠야

0　　　　100m

① 유후인의 현관이자 세련된 쉼터
JR 유후인역
由布院駅

검은색으로 통일된 시크한 분위기의 목조 건물. 2019년 프리츠커상 수상자인 이소자키 아라타磯崎新가 1990년에 지었다. 높이 12m에 달하는 뻥 뚫린 로비는 예배당을 모티브로 해 웅장한 느낌을 준다. 갤러리를 겸하는 대기실은 여행자들의 훌륭한 휴식처가 되고 플랫폼에는 족욕탕도 마련돼 있다. 역 앞으로 펼쳐지는 유후다케 전망이 매우 멋지다. **MAP ⑫**

 유후인역

역에서 바라본 유후다케

대기실

2 역 플랫폼에서 즐기는 기차 뷰 족욕

JR 유후인에키노 아시유(유후인역 족욕탕)

JR 由布院駅の足湯

유후인역 플랫폼 바로 옆에 마련된 족욕탕. 열차 탑승 전후로 발의 피로를 풀 수 있으며 유후인노모리를 촬영하려고 플랫폼에 들어가는 이들에겐 일종의 입장권 역할도 한다. 역 매표소에서 티켓을 사면 수건과 엽서 제공, 짐은 라커룸에 보관 가능. 여성 전용 탈의실도 있다. **MAP ⑫**

Ⓖ 유후인역 족욕탕
OPEN 09:00~17:00
PRICE 300엔, 어린이 100엔
WALK 유후인역으로 들어가 오른쪽, 1번 플랫폼 끝

+MORE+

히노신 족욕탕

日乃新 足湯·手湯

유후인역을 등지고 왼쪽에 있는 대형 기념품점, 히노신日乃新에서 운영하는 무료 족욕탕. 유후인역과 버스센터 사이에 있고 테이블과 의자가 놓여 있어서 기차나 버스를 기다리며 쉬기 좋다. 히노신 건물 뒤편이나 상점 내부에서 연결된다. **MAP ⑫**

Ⓖ 히노신 족욕탕
OPEN 09:00~17:00
WEB yufuin-hinoshin.co.jp/shop/bath

히노신

3 본격적인 여행의 시작!

유후시 관광 정보 센터

YUFUiNFO

유후인역에서 나오면 오른쪽에 자리한 관광안내소. 2014년 프리츠커상을 수상한 건축가 반 시게루坂茂가 설계했으며 전면 유리창과 Y자 형태의 입체적인 목조 기둥이 인상적이다. 자전거 대여, 관광마차 예약, 코인로커, 숙소-역 간 짐 배송 서비스 등을 제공한다. 2층에는 유후다케를 조망할 수 있는 전망 데크와 1500여 권의 여행서를 갖춘 여행 전문 도서관이 마련돼 있다. **MAP ⑫**

Ⓖ 유후시 관광정보 센터
ADD 8-5 Yufuincho Kawakita, Yufu
OPEN 09:00~17:30
WALK 유후인역에서 1분
WEB yufuin.gr.jp

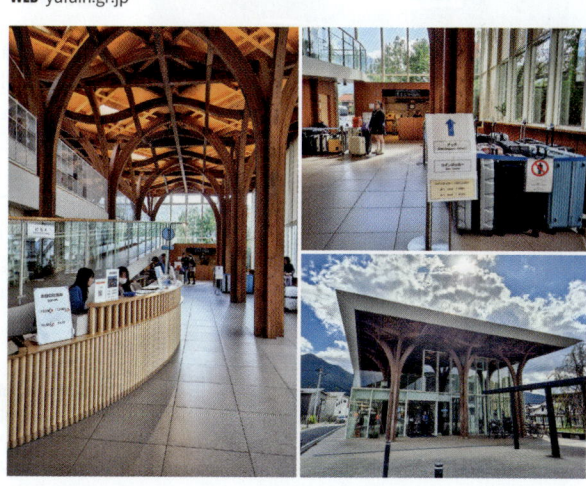

입지도, 맛도 탁월해요

유후인역 밥집 & 소문난 디저트

열차와 버스를 기다리는 짧은 대기 시간부터 느긋한 점심, 하루 끝의 한잔까지, 다양한 순간에 어울리는
식당들을 모았다. 여행자들이 줄지어 찾는 인기 디저트 맛집 3곳도 꼭 체크해두자.

기다린 보람 충만한 스페셜 식탁

타케오
たけお

타케오동 1200엔
(곱빼기 1500엔)

화로를 둘러싼 'ㄷ'자형 카운터석에서 셰프의 이름을 건
덮밥인 타케오동을 맛볼 수 있는 곳. 소고기, 회, 달걀지
단, 다시마, 부추, 쪽파, 명란젓 등 다양한 재료를 특제
양념을 뿌려 밥과 비벼 먹는 타케오동은 상상 이상으로
풍부하고 깔끔한 맛이 난다. 각종 야채와 소바면을 비벼
먹는 소바 샐러드도 특별 메뉴. 모든 손님의 주문을 받
은 후 한 번에 한 가지 메뉴만 만들기 때문에 요리가 나
오기까지 최소 20분은 걸리지만 워낙 특색 있는 음식인
데다 정갈하고 가격도 저렴해서 늘 만석이다. **MAP ⑫**

Ⓖ 타케오
ADD 2931-4 Yufuincho Kawakami, Yufu
OPEN 11:30~14:30, 17:00~20:00
WALK 유후인역에서 4분(석조 도리이가 있는 길 왼쪽)

여행자들이 찜한 야키니쿠 맛집

와사쿠
七厘焼き和作

야키니쿠의 느끼함을 잡는
오이 & 된장 샐러드 550엔

지역 농가와 계약한 A4 등급 이상의 분고규(오이타산 와규)
를 한 마리 단위로 들여와 합리적인 가격에 선보이는 야키니
쿠집. 신선하고 야들야들한 소고기를 참숯 화로에 직접 구워
먹으며 숯 향과 육즙이 어우러진 소고기의 깊은 풍미를 제대
로 느낄 수 있다. 대표 메뉴는 다양한 부위를 3점씩 맛보는
오야지의 기분대로 8종 모둠親父の気まぐれ八種盛り(6050엔).
A5 등급 소고기 4가지 부위에 밥·국·야채가 포함된 보스 세
트(3850엔), 등심·갈비·우설·안창살·샤모(싸움닭)와 반찬이 함
께 나오는 프리미엄 세트(5800엔)는 김치도 제공돼 한국인에
게 특히 인기다. 손님이 많아 예약은 필수. **MAP ⑫**

Ⓖ 와사쿠
ADD 3064-4 Yufuincho Kawakami, Yufu
OPEN 17:00~22:30/목요일, 부정기 휴무
WALK 유후인역에서 3분
WEB yufuin-wasaku.com(이용일 기준 3일 전까지 한국어로 예약 가능)

런치 박스 900엔~

따끈따끈 가마솥 주먹밥

타비무스비

おむすびCafé Tabimusubi

가마솥밥으로 만든 주먹밥(무스비)과 샐러드, 튀김을
푸짐하게 맛볼 수 있는 카페. 주먹밥 종류는 소금, 매실장아찌,
명란젓, 연어, 치킨, 참치마요 등 무난한 맛부터 우설된장, 가쓰오부시 크림치즈
등 색다른 맛까지 20여 가지! 인기 1위는 유자 된장과 버섯 주먹밥, 2위는 크림
치즈 명란젓이다. 유후인역 바로 앞이라 기차나 버스를 기다리며 시간을 보내거
나 런치 박스를 포장해 기차에서 즐기기에 안성맞춤이다. MAP ⑫

Ⓖ 타비무스비
ADD 6-6 Yufuincho Kawakita, Yufu

OPEN 08:00~17:00
WALK 유후인역 건너편

주먹밥 2종을 곁들인
치킨 플레이트 1600엔

달콤쌉싸래한 '5단계' 말차 젤라토

테라토 말차 젤라토

抹茶ジェラート専門店 telato

후쿠오카현의 고품질 차 산지인 호
시노무라星野村산 말차와 아소산 저
지 우유로 만든 말차 젤라토가 일품
이다. 단계가 올라갈수록 말차 함량
도 높아져서 한층 진하고 꾸덕한 맛
을 내는데, 인기 메뉴는 3단계이고
말차 마니아라면 4~5단계를 추천.
1kg당 8만엔에 달하는 고급 말차를
넣은 프리미엄 젤라토(4000엔)는 하
루 3개 한정 판매한다. MAP ⑫

Ⓖ 테라토 녹차 젤라또
ADD 2939-4 Yufuincho Kawakami, Yufu
OPEN 10:30~16:30
WALK 유후인역에서 3분
WEB instagram.com/telato.yufuin

말차 젤라토 600엔

온천수로 쪄낸 든든한 찹쌀떡

코마츠야

小松家 おはぎ店

작고 동그랗게 뭉친 찹쌀밥을 팥앙
금으로 감싸 유후인의 온천수로 쪄
낸 일본 전통 간식 오하기おはぎ 전
문점. 쫀득쫀득한 찹쌀의 식감과 적
당한 단맛의 부드러운 팥앙금이 기
막히게 어우러진다. 동네 주민들이
부담 없이 즐겨 찾는 맛과 가격, 모
자가 운영하는 정겨운 분위기, 청결
한 매장 관리가 호감도를 높인다. 당
일 제조·판매가 원칙으로, 늦게 가면
품절될 때가 많다. MAP ⑫

Ⓖ 고마쓰야
ADD 9-12 Yufuincho Kawaminami, Yufu
OPEN 10:00~17:00(겨울철 ~15:00)/수·목
휴무
WALK 유후인역에서 4분

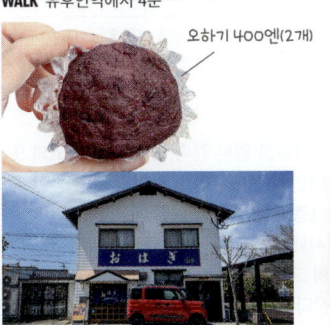

오하기 400엔(2개)

담백한 콩 도넛과 콩 아이스크림

니코 도넛 유후인 본점

nico ドーナツ

유후인에서 오랫동안 사랑받는 도넛
가게. 일본산 콩, 밀가루, 버터를 사
용해 16가지 잡곡 파우더를 섞어 만
드는 도넛은 기름지지 않고 촉촉해
서 아이부터 어르신까지 부담 없이
즐길 수 있다. 기본에 충실한 플레인
외 시나몬, 코코아, 말차 초콜릿, 딸
기 초콜릿 등 다양한 맛이 있으며 콩
으로 만든 소프트아이스크림도 담백
하고 맛있다. 휴무가 잦은 편이니 휴
일 체크 필수. MAP ⑫

Ⓖ 니코도넛
ADD 3056-13 Yufuincho Kawakami, Yufu
OPEN 10:00~17:00/목·부정기 휴무
WALK 유후인역에서 3분
WEB nico-shop.jp

콩 소프트아이스크림
432엔(테이크아웃)

콩 도넛(테이크아웃) 205엔~

귀여운 거, 맛있는 거, 재밌는 거 다 있는
유노츠보 거리 湯の坪街道

유후인 최대 번화가인 유노츠보 거리는 걸음마다 즐거움이 가득하다. 무심코 들어간 기념품점에는 귀여운 잡화가 가득하고, 맛있는 디저트 카페와 족욕탕이 여행자들의 발길을 붙잡는 곳. 유후인의 인기가 예나 지금이나 변함없는 비결은 바로 이 거리에 있다. 오이타강 건너 삼거리에 있는 디저트 가게 비-스피크 오른쪽 길부터 시작해 1km가량 이어진다.

일본 전통 목재 기술인 야키스기(삼나무 판자의 표면을 태워 만드는 탄화목)를 사용한 검은색 외관이 유후인의 초록빛 경관과 절묘하게 어우러진다.

① 유후인의 고품격 아트 스페이스
코미코 아트 뮤지엄
Comico Art Museum Yufuin

오호리 공원과 다자이후 스타벅스를 디자인한 일본 건축 거장 쿠마 켄고의 또 하나의 역작. 옛 유후인 미술관 자리에 2017년 오픈했으며 유후인의 자연을 한 폭의 작품처럼 담아냈다는 평가를 받고 있다. 1층에는 쿠사마 야요이, 무라카미 다카시 등 일본 대표 현대예술가들의 작품이 전시돼 있고 따뜻한 색감의 나무로 둘러싸인 2층 라운지에서는 요시토모 나라 특유의 고독한 감성이 담긴 대형 조각 'Your Dog' 뒤로 유후다케 전망이 시원하게 펼쳐진다. 조용한 감상을 위해 관람 인원을 제한하므로 웹사이트 예약이 필수이며 한국어 무료 음성 안내를 제공된다. **MAP ⑬**

ⓖ 코미코 아트 뮤지엄
ADD 2995-1, Yufuincho Kawakami, Yufu
OPEN 09:30~17:00/격주 수 휴무
PRICE 1700엔, 대학생 1200엔, 중·고등학생 1000엔, 초등학생 700엔, 어린이 무료/홈페이지 예약 시 200엔 할인
WALK 비-스피크에서 3분
WEB camy.oita.jp(당일 예약 가능)

지도 내 표기:
유후인 마나마나
유후인 챔키친
코토코토야
에이코프
비-스피크
JR 유후인역
동구리노 모리
미르히 본점
유노츠보 거리 湯の坪街道
쿠쿠치
에노키야 료칸
코미코 아트 뮤지엄
스테이 타마노유
유노츠보온센
나카츠 카라아게 키치고
금상 고로케 2호점
팡토 에스프레소토
유후인토
유노츠보 요코초
하나코지 키쿠야
유후료치쿠
족욕 카페 유후인
유후인노 이누야시키
유노츠보 거리
유후인 플로랄 빌리지
유후인 쇼와칸
유후인 가라스노모리
湯の坪街道
유후인노 네코야시키
노르웨이의 숲 카페(2F)
0 100m

② 지브리의 세계로 초대합니다
동구리노모리(도토리의 숲)
どんぐりの森

커다란 토토로 봉제 인형이 입구에서 반겨주는 지브리 애니메이션 굿즈 전문점. <이웃집 토토로> <마녀 배달부 키키> <센과 치히로의 행방불명> <하울의 움직이는 성> 등 지브리 관련 굿즈들이 가게 구석구석을 빼곡하게 채웠다. 가게 앞에는 동심을 자극하는 포토존이 있다. **MAP ⑬**

ⓖ 동구리노모리
ADD 3019-1 Yufuincho Kawakami, Yufu
OPEN 10:00~17:00(토·일·공휴일 09:30~17:30)
WALK 비-스피크에서 3분

③ 전통 가옥을 테마로 한 쇼핑몰
유노츠보 요코초
湯の坪横丁

유노츠보 거리와 유노츠보강이 만나는 지점에 자리한 골목형 쇼핑 거리. 잡화점과 카페 등 레트로한 분위기를 풍기는 상점 12곳이 입점했다. 가장 눈길을 끄는 곳은 도쿄에서 시작한 인기 베이커리 카페 빵토 에스프레소토 유후인점으로, 탁 트인 유후인 전망을 바라보며 맛있는 빵과 커피를 즐길 수 있다. **MAP ⑬**

ⓖ 유노츠보 요코초
ADD 1524 Yufuincho Kawakami, Yufu
OPEN 09:00~17:00
WALK 비-스피크에서 7분
WEB yufuin.org

④ 발 담그고 여행 화보 찍기
족욕 카페 유후인
足湯カフェ湯布院

고택을 개조해 2024년 오픈한 족욕 카페. 새빨간 도리이가 줄지어 늘어선 입구가 시선을 단번에 사로잡는 포토 포인트다. 테라스석, 실내석 등 인원수에 따라 컨셉이 다른 50석의 좌석이 마련돼 있어서 가족 또는 연인끼리 가볍게 족욕을 즐길 수 있다. 수건이 포함된 족욕 500엔, 미취학 아동 무료. 음료 500엔~. **MAP ⑬**

ⓖ 족욕 카페 유후인
ADD 1509-2 Yufuincho Kawakami, Yufu
OPEN 10:00~17:00
WALK 유노츠보 요코초에서 1분
WEB ashiyu-cafe.com

5

6

7

냥집사들이 난리 난 캐릭터숍
유후인노 네코야시키
由布院の猫屋敷

고양이를 좋아한다
면 안 가볼 수 없는
고양이 전문 잡화점.
가게 안에는 고양이들이 '냥냥' 하며
부르는 동요와 캐럴이 울려 퍼진다.
귀여운 고양이가 그려진 머그컵이
나 접시, 문구류, 인형, 장식품은 물
론이고 고양이 간식까지 있는 고양
이 천국. 2층에 노르웨이의 숲 카페
(337p)가 있다. **MAP ⑬**

Ⓖ 유후인노 네코야시키
ADD 1511-5 Yufuincho Kawakami, Yufu
OPEN 09:00~17:30(토·일·공휴일 ~18:00)
WALK 유노츠보 요코초에서 3분

애견인은 이쪽으로 모이세요
유후인노 이누야시키
ゆふいんの犬屋敷

유후인노 네코야시키 맞은편에 자
리 잡은 강아지 전문 잡화점. 강아
지 그림이 그려진 문구용품, 생활잡
화, 애견용품 등을 판매하고 스누피
캐릭터 굿즈도 많다. 강아지 장난감
과 귀여운 옷에 절로 미소가 번지는
곳. 가게는 비좁지만 애견 동반도 가
능해서 반려인들에게는 설레는 쇼핑
장소다. **MAP ⑬**

Ⓖ 유후인노 이누야시키
ADD 1511-4 Yufuincho Kawakami, Yufu
OPEN 09:00~17:00
(토·일·공휴일 ~17:30)
WALK 유노츠보 요코초에서 2분

반짝반짝 유리의 숲속으로
유후인 가라스노모리
由布院ガラスの森

숲속 오두막을 닮은 외관이 눈길을
사로잡는 대형 유리 공예 전문점. 유
리로 만든 귀여운 동물 미니어처, 스
노볼, 액세서리, 식기 등이 가득 진
열돼 있어 구경하는 재미가 쏠쏠하
다. 2층에 약 5000엔(오르골 가격+체
험료 660엔+유리값)으로 나만의 오르
골을 만들어볼 수 있는 오르골 전문
공간으로, 100엔을 내면 원하는 곡
을 들을 수 있는 대형 클래식 오르골
도 있다. **MAP ⑬**

Ⓖ 하코네 유리의 숲
ADD 1477-1, Yufuincho Kawakami, Yufu
OPEN 09:30~17:30
WALK 유노츠보 요코초에서 3분

8 레트로 분위기 뿜뿜
유후인 쇼와칸 湯布院昭和館

1960~70년대 일본의 생활상을 실감 나게 고증한 테마파크형 박물관. 타임슬
립한 듯한 복고풍 외관이 인상적이며 내부에는 옛날 과자를 파는 구멍가게,
나무 교실, 전파상, 흑백 TV가 있는 거실, 이발소, 진료소 등 20개 이상의 테마
공간이 꾸며져 있다. 우리나라의 옛 모습과도 닮아 있어 향수를 자극하며 사
진 촬영 장소로도 사랑받는다. **MAP ⑬**

Ⓖ 유후인 쇼와칸
ADD 1479-1 Yufuincho Kawakami, Yufu
OPEN 09:00~17:00
PRICE 1400엔, 고등학생 1000엔, 중학생 800엔, 4세~초등학생 500엔, 70세 이상 1100엔
WALK 유노츠보 요코초에서 4분
WEB showakan.jp

꿈결처럼 달콤한 디저트 순례

유노츠보 거리 디저트숍

유후인의 꾸준한 인기 뒤엔 디저트숍들의 활약이 있다. 유노츠보 거리에서 꼭 가봐야 할 곳들을 미리 찜해두자.

쫄깃, 폭신한 명물 롤케이크

비-스피크
B-speak

유노츠보 거리 초입에 자리한 롤케이크 전문점. 카메노이 벳소, 타마노유와 함께 유후인 3대 료칸으로 꼽히는 산소 무라타에서 운영한다. 대표 메뉴는 P롤 플레인과 P롤 초코. 포크로 누르면 탱탱하게 탄성이 느껴질만큼 쫄깃하면서도 폭신폭신하고 많이 달지 않은 맛이 일품이다. 방부제를 넣지 않아 소비기한이 하루뿐인데도 잔뜩 사 가는 손님이 많다. 오전에 품절될 때도 있으니 서둘러 방문하는 것이 팁. 산소 무라타 옆 병설 카페 2곳(348p)에서 1/4조각으로 맛볼 수 있다. **MAP ⑬**

ⓖ 비-스피크
ADD 3040-2 Yufuincho Kawakami, Yufu
OPEN 10:00~17:00
WALK 유후인역에서 7분
WEB b-speak.net

P롤 플레인과
P롤 초코 각 1620엔

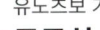

속은 묵직, 기름은 산뜻한
흑모 와규 고로케豊後牛極上コロッケ 370엔

유노츠보 거리의 간식 끝판왕

쿠쿠치
鞠智

유노츠보 거리에서 눈에 띄게 규모가 큰 인기 디저트숍으로, 고즈넉한 고민가를 개조한 우드톤 매장과 무료 정원이 어우러져 잠시 쉬어가기 좋다. 오른쪽엔 즉석에서 구운 따끈한 도라야키 제과점, 왼쪽엔 금상 고로케(339p)보다 맛있다는 흑모와규 고로케 테이크아웃 가게가 있다. 중앙 통로를 따라 들어가면 무료로 개방된 정원이 펼쳐지며 벤치에서 간식을 즐기거나 화장실을 이용할 수 있다. 카페 테라스에서 맛보는 소바도 별미다. **MAP ⑬**

ⓖ 쿠쿠치
ADD 3001-1 Yufuincho Kawakami, Yufu
OPEN 10:00~17:00
WALK 비-스피크에서 3분
WEB cucuchi.jp

팥앙금이 듬뿍 든 두툼한 도라야키 370엔

치즈케이크
오리지널 280엔

푸딩 360엔.
바닥에 깔린 캐러멜을
잘 섞어 먹으면
더 꿀맛이다.

유후인 디저트의 아이콘
미르히 본점
由布院ミルヒ

유후인산 우유로 만든 독일식 미니 치즈케이크와 푸딩으로 여행자들의 미각을 단숨에 사로잡은 곳. 오리지널, 말차, 초콜릿 등 4가지 맛의 치즈케이크(케제 쿠헨Käse Kuchen)는 바삭한 쿠키, 부드러운 케이크, 진한 치즈크림 3겹이 층층이 어우러진다. 따뜻하거나 차가운 것 중에 고를 수 있는데, 치즈의 풍미가 극대화되는 따뜻한 것을 추천. 숟가락으로 뜨면 주르륵 흘러내릴 정도의 묽은 질감에 진하고 고소한 분유 맛이 매력이다. 테이크아웃만 가능. MAP ⓭

Ⓖ 유후인 미르히
ADD 3015-1, Yufuincho Kawakami, Yufu
OPEN 10:30~17:30
WALK 비-스피크에서 3분
WEB milch-japan.co.jp

+ M O R E +

미르히 도넛 앤 카페
由布院ミルヒドーナツ＆カフェ

유후인역 앞에 자리한 미르히의 지점. 테이크아웃점인 본점과 컨셉을 달리해 도넛 카페로 운영한다. 독일식 구운 도넛 외에도 치즈케이크와 푸딩을 한 병에 담은 지점 한정 케제 푸딩Käse Pudding, 소프트아이스크림, 치즈 수플레, 시폰 케이크 등을 테이블에서 여유롭게 맛볼 수 있다. MAP ⓬

Ⓖ 미르히 도넛 앤 카페
ADD 5-26 Yufuincho Kawakita, Yufu
OPEN 10:00~17:00
WALK 유후인역에서 1분

케제 푸딩
520엔

에스프레소 밀크 +
초콜릿 540엔

본점

도넛 앤 카페

쫀득한 카눌레와 아이스크림의 만남
유후인 마나마나
湯布院 Mana Mana

그냥 지나치기 아쉬운 비주얼의 카눌레 전문점. 추천 디저트는 플레인, 바닐라, 호지차, 초콜릿, 커피, 홍차 등 6종의 카눌레 중 1개를 소프트아이스크림 위에 꽂아 먹는 카눌레 아루키かぬれあるき다. 우유 맛이 진하고 부드러운 소프트아이스크림과 쫀득한 카눌레의 맛이 기가 막히게 어우러진다. MAP ⓭

Ⓖ 유후인 마나마나
ADD 3037-17 Yufuincho Kawakami, Yufu
OPEN 10:00~17:30
WALK 비-스피크에서 1분
WEB instagram.com/yufuinmanamana

카눌레 아루키
800엔

갓 튀긴 치킨은 언제나 '맛없없'
나카츠 카라아게 키치고
中津からあげ吉吾

주문 즉시 눈앞에서 튀겨주는 바삭한 닭다리튀김이 일품인 곳. 깨끗한 기름을 사용하고 튀김옷이 얇아서 느끼하지 않다. 계산하고 번호를 부르면 치킨을 받아오는 시스템이며 가게 옆에 놓인 간이 의자에서 따끈하게 먹을 수 있다. MAP ⑬

📍 나카츠 가라아게 키치고
ADD 1100-8 Yufuincho Kawakami, Yufu
OPEN 10:30~16:45(토·일 ~17:00)
WALK 비-스피크에서 6분
WEB kichigo.com/store/store_164

특제 간장 베이스의 깊은 풍미가 느껴지는 원조 카라아게 520엔(3조각)

푸딩도라 250엔

도라에몽 푸딩샌드 300엔

푸딩을 감싸안은 도라에몽 빵
하나코지 키쿠야
御菓子司 花麹菊家

폭신한 도라야키 안에 팥앙금 대신 몽글몽글한 푸딩을 넣은 푸딩도라로 유명한 화과자점. 냉동 상태가 기본이므로 그 자리에서 바로 먹겠다고 계산대에 말하면 냉장 해동된 것을 꺼내주는데, 푸딩이 살짝 얼어 있어 아이스크림처럼 시원하다. 포장해 갈 경우 냉동실에서 직접 꺼내 계산대로 가져가면 된다. 도라에몽 얼굴이 새겨진 도라에몽 푸딩샌드도 귀여운 컨셉의 간식이다. MAP ⑬

📍 하나코지 키쿠야
ADD 1524-1 Yufuincho Kawakami, Yufu
OPEN 10:00~17:00
WALK 유노츠보 요코초에서 1분

유후인의 자연을 담은 수제 잼
유후인 잼키친 코토코토야
湯布院のジャムキッチン ことことや

1986년부터 사랑받아 온 수제 잼 가게. 향료나 착색료를 사용하지 않고 자연 그대로의 맛을 최대한 살린 잼을 만든다. 딸기가 덩어리째 든 딸기잼을 비롯해 블루베리, 자두, 키위, 유자, 복숭아 등 새콤달콤한 과일잼이 인기다. 인삼잼, 호박잼 같은 독특한 잼도 있으며 시식이 가능하다. 1병 680엔~. MAP ⑬

📍 카페 코토코토야
ADD 3037 Yufuincho Kawakami, Yufu
OPEN 10:00~17:00/화 휴무
WALK 비-스피크에서 1분
WEB kotokotoya.com

시식용 잼

#Walk

지금, 힐링하러 갑니다
킨린코와 그 주변

유후인을 상징하는 킨린코(킨린 호수)는 사계절 수려한 자연 경관을 자랑한다. 봄에는 분홍빛 벚꽃, 여름에는 싱그러운 녹음, 가을에는 붉은 단풍, 겨울에는 새하얀 설경이 호수 주변을 물들이는 그림 같은 풍경을 카메라에 담을 수 있다.

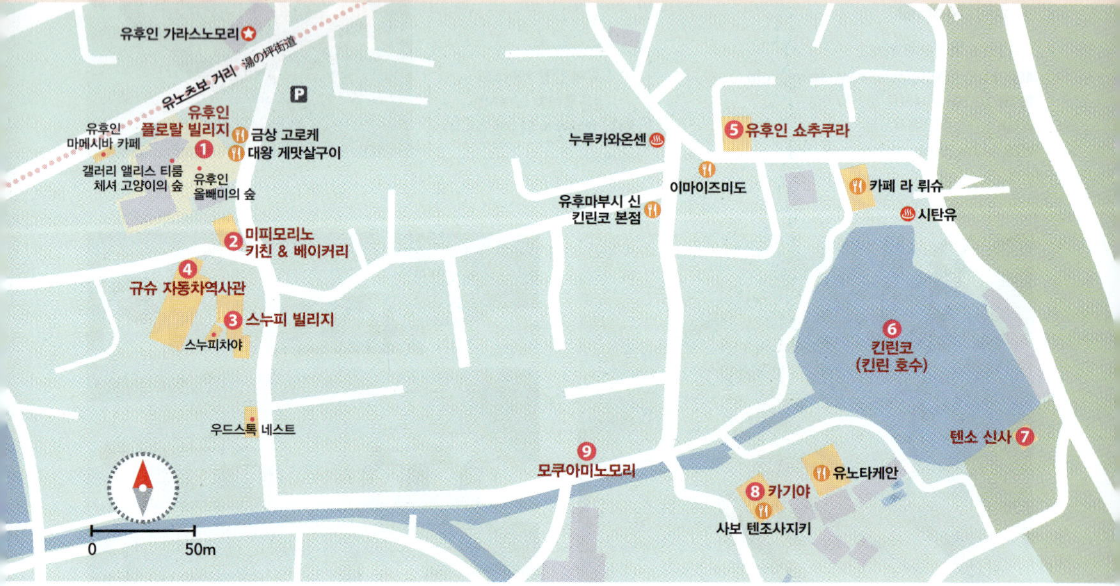

유후인 가라스노모리
유노츠보 거리 湯の坪街道
P
유후인 마메시바 카페
1 유후인 플로랄 빌리지
금상 고로케
대왕 게맛살구이
갤러리 앨리스 티룸 체셔 고양이의 숲
유후인 올빼미의 숲
2 미피모리노 키친 & 베이커리
4 규슈 자동차역사관
3 스누피 빌리지
스누피차야
우드스톡 네스트
누루카와온센
5 유후인 쇼추쿠라
이마이즈미도
유후마부시 신 킨린코 본점
카페 라 뤼슈
시탄유
6 킨린코 (킨린 호수)
텐소 신사 7
9 모쿠아미노모리
유노타케안
8 카기야
사보 텐조사지키
0
50m

1 영국 시골 마을을 옮겨온 동화 거리
유후인 플로랄 빌리지
湯布院フローラルビレッジ

유후인에서 킨린코 다음으로 많은 방문객이 찾는 미니 테마파크. '세계에서 가장 아름다운 마을'로 불리는 영국 코츠월드를 재현한 공간으로, 동화 같은 풍경 덕분에 사진 명소로 사랑받는다. <이웃의 토토로> <마녀 배달부 키키> <하이디> <이상한 나라 앨리스> 등을 테마로 한 잡화점을 비롯해 동물 카페, 포켓몬 굿즈숍 등 20여 개 매장이 입점해 있다. 30분 정도면 충분히 둘러볼 수 있는 작은 마을이지만 동물 카페에 들르거나 아기자기한 상점을 구경하다 보면 은근히 시간이 지나간다. 예쁜 사진을 남기고 싶다면 오픈 직후 한적한 시간대를 노리자. MAP 14

G 유후인 플로랄빌리지
ADD 1503-3 Yufuincho Kawakami, Yufu
OPEN 09:30~17:30
PRICE 입장 무료
WALK 유후인 가라스노모리에서 1분/ 킨린코에서 5분
WEB floral-village.com

YUFUIN FLORAL VIL

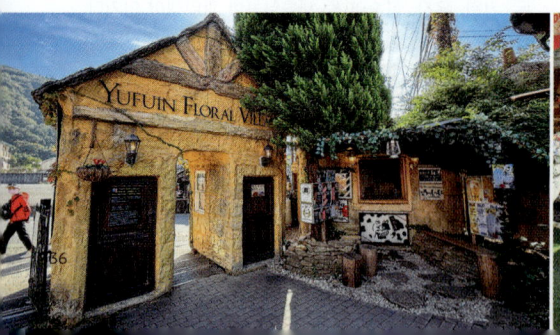

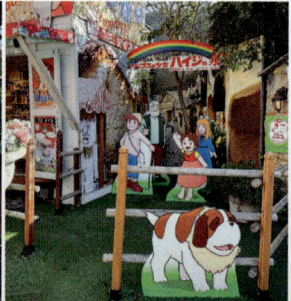

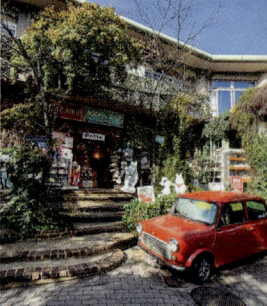

귀요미들을 만나러 가자!

동물 카페 체험

플로랄 빌리지 안과 그 주변에는 귀여운 동물들을 만나볼 수 있는 동물 카페들이 옹기종기 자리 잡고 있다.
실내 카페는 입장료를 내면 30분 이용 기준 자판기 음료 1잔 무료. 연령 제한 규정에 유의해 방문한다.

Spot. 1 유후인 올빼미의 숲
湯布院のフクロウの森

10여 마리의 올빼미를 손에 올려보고 해리 포터 의상 체험과 기념 촬영도 할 수 있는 작지만 특별한 공간. 고양이 카페인 앨리스 티룸에도 들른다면 공통권을 사는 게 경제적이다. **MAP ⑭**

Ⓖ 유후인 올빼미의 숲
ADD 유후인 플로랄 빌리지 내
OPEN 09:30~17:30(12~2월 ~17:00)
PRICE 900엔, 4~12세 600엔, 3세 이하 무료/각 체험료 별도
WEB owls-cats-forest.com/free/owls-yufuin

Spot. 2 갤러리 앨리스 티룸 체셔 고양이의 숲
Gallery Alice's Tearoom
チェシャ猫の森

<이상한 나라의 앨리스> 테마로 꾸며진 카페 안에서 벵갈 고양이 15마리와 즐거운 시간을 보낼 수 있다. 6세 이상 입장 가능. **MAP ⑭**

Ⓖ 앨리스 체셔캣 유후인
ADD 유후인 플로랄 빌리지 내
OPEN 09:30~17:30(12~2월 ~17:00)
PRICE 900엔, 6~12세 600엔/올빼미의 숲 공통권 1600엔, 6~12세 1000엔

Spot. 3 노르웨이의 숲 카페
Norwegian Wood Café
ノルウェイの森

유후인노 네코야시키(332p) 2층에 자리 잡은 고양이 카페. 일명 '놀숲'으로 통한다. 앨리스 티룸과 놀숲 중 한 곳만 간다면 놀숲을 추천. **MAP ⑬**

Ⓖ 노르웨이 숲 유후인
ADD 1511-5, Yufuincho Kawakami, Yufu
OPEN 09:30~17:00
PRICE 800엔, 6~12세 600엔, 5세 이하 무료/마메시바 기페 공통권 1500엔, 6~12세 1200엔
WALK 유후인 플로랄 빌리지에서 1분

Spot. 4 유후인 마메시바 카페
由布院豆柴カフェ

시바견 중에서도 체구가 작아 '콩알'이란 이름을 가진 마메시바들을 만날 수 있다. 스태프가 자세나 옷차림을 알려주면서 마메시바들과 잘 놀 수 있도록 도와준다. **MAP ⑭**

Ⓖ 유후인 마메시바 카페
ADD 1507-2 Yufuincho Kawakami, Yufu
OPEN 09:30~17:00(12~2월 ~16:30)
PRICE 1000엔, 8~12세 700엔
WALK 유후인 플로랄 빌리지에서 1분

② 작고 사랑스러운 네덜란드 토끼
미피모리노 키친 & 베이커리
みっふぃー森のきっちん＆べーかりー

네덜란드 국민 캐릭터 미피의 잡화와 제과가 한자리에 모였다. 그릇, 젓가락, 인형, 가방 등 모든 제품이 '미피미피'. 베이커리에는 노릇노릇하게 구운 미피 모양 팥빵부터 미피가 그려진 콧페빵, 메론빵, 큐브 식빵 등이 가득 진열돼 있다. 2층에는 구매한 빵을 음료와 함께 즐길 수 있는 아늑한 카페테리아와 미피 포토존이 있다. **MAP ⑭**

Ⓖ 미피모리노 키친
ADD 1503-8 Yufuincho Kawakami, Yufu
OPEN 09:30~17:30(12~2월 ~17:00)
WALK 유후인 플로랄 빌리지에서 1분
WEB miffykitchenbakery.jp

③ 3가지 감성으로 만나는 '스누피 월드'
스누피 빌리지
SNOOPY Village

스누피를 테마로 한 카페, 초콜릿숍, 잡화점 3개 동이 나란히 붙어 있는 스누피 왕국. 스누피차야SNOOPY茶屋에서는 스누피 얼굴이 그려진 오므라이스, 카레, 팬케이크, 파르페, 만주, 피자 등 귀엽고 유쾌한 메뉴를 즐길 수 있고 유후인점 한정 기념 과자도 판매한다. 초콜릿숍 SNOOPY Chocolat의 깜찍한 스누피 초콜릿 세트는 선물용으로 추천. 잡화점 우드스톡 네스트WOODSTOCK NEST에는 스누피 관련 잡화가 총출동했다. **MAP ⑭**

Ⓖ 스누피차야 유후인점
ADD 1540-2 Yufuincho Kawakami, Yufu
OPEN 09:30~17:30(12~2월 ~17:00)
WALK 유후인 플로랄 빌리지에서 1분
WEB snoopychaya.jp

스누피 마시멜로 드링크
(아이스) 990엔

④ 자동차 마니아들의 놀이터
규슈 자동차역사관
九州自動車歴史館

스포츠카, 트럭, 오토바이 등 80여 대의 차량을 전시한 박물관. 대부분 일본 영화나 드라마, 광고에 쓰였던 옛 모델들이다. 1970년대 람보르기니, 포드 머스탱, 메르세데스 벤츠 SL 등 서양 클래식카를 비롯해 스바루 360 1958년형 등 일본 경차들도 줄지어 있다. 자동차 외에 1950~70년대 전기 제품과 카메라 등도 볼만하다. **MAP ⑭**

Ⓖ 규슈 자동차 역사관
ADD 1539-1 Yufuincho Kawakami, Yufu
OPEN 09:30~16:30(토·일·공휴일 ~17:00)/목 휴무
PRICE 1000엔, 중·고등학생·시니어 900엔, 6~11세 400엔
WALK 유후인 플로랄 빌리지에서 1분
WEB ret.car.coocan.jp

⑤ 한 잔에 담긴 일본 소주의 세계
유후인 쇼추쿠라
湯布院燒酎蔵

오이타현 내 15곳의 술창고에서 가져온 지역 쇼추(청주를 증류해 만든 일본식 소주) 전문점. 총 200종, 2000병 정도의 술을 보유하고 있다. 여러 종류의 쇼추를 시음해볼 수 있어서 좋은데, 도수가 매우 높은 것도 있으니 잘 확인하고 마실 것. 술병 자체의 예술성도 뛰어나서 선물하기에도 좋다. 인기 상품은 오리지널 도자기에 담아주는 카메노이주조亀の井酒造의 무기쇼추麦燒酎다. **MAP ⑭**

ⓖ 유후인 쇼추쿠라
ADD 1611-1 Yufuincho Kawakami, Yufu
OPEN 10:00~17:00
WALK 킨린코에서 2분
WEB yufuin-shoyuya.com

+MORE+

킨린코 주변 인기 간식

킨린코로 가는 길, 호숫가 산책의 즐거움을 더해주는 인기 간식을 만나보자.

◆ 금상 고로케 湯布院金賞コロッケ

NHK 주최 제1회 전국 고로케 콩쿨에서 금상을 받은 '금상 고로케'로 유명한 노점. 기본 금상 고로케 외에도 치즈 고로케, 게살 크림 고로케, 야채 고로케, 멘치카츠 등 여러 종류가 있다. 유노츠보 거리에 있는 2호점도 인기가 높다. **MAP ⑭**

ⓖ 유후인 금상고로케
OPEN 09:00~17:30(토·일 ~18:00)
WALK 유후인 플로랄 빌리지 정문 근처

와규, 감자, 양파가 알싸한 후추 향과 조화를 이루는 금상 고로케 200엔

◆ 대왕 게맛살구이 巨大カニカマ

금상 고로케와 함께 유후인 플로랄 빌리지 근처 길거리 간식 투톱으로 꼽히는 노점. 토치로 불향을 입힌 큼직한 게맛살을 마요네즈나 간장에 찍어 먹는다. 익숙한 맛이지만 주변 분위기가 좋은 덕분에 늘 손님들로 북적인다. 가게 이름은 따로 없다. **MAP ⑭**

ⓖ 7988+X8J 유후시
OPEN 10:00~17:00(재료 소진 시 마감)
WALK 유후인 플로랄 빌리지 정문 근처

1개 500엔

◆ 이마이즈미도 今泉堂

팥앙금을 흑설탕으로 감싸 바삭하게 튀겨내는 흑설탕 튀김만주 전문점. 기름 냄새가 전혀 나지 않고 파삭파삭한 식감이 고스란히 살아있다. 딱딱한 상태로 먹을 때 가장 맛있으며 유통기한은 일주일. 흑설탕맛, 유자맛 2가지 모두 한입 크기여서 가볍게 맛보기 좋다. **MAP ⑭**

ⓖ 이마이즈미도
ADD 1608-1 Yufuincho Kawakami, Yufu
OPEN 09:30~17:00/토·일 휴무(자주 바뀜)
WALK 킨린코에서 1분

흑설탕 튀김만주 3개 604엔

⑥ 물안개 피는 신비의 호수

킨린코(킨린 호수)

金鱗湖

호수 바닥에서 차가운 샘물과 뜨거운 온천수가 동시에 솟아나 수면 위로 물안개가 피는 모습이 몽환적인 호수. 둘레 약 400m, 수심 약 2m의 작은 호수는 맑고 투명해서 물속의 고기 떼가 지나가는 모습이 훤히 들여다보인다. 물고기가 물 위를 뛰어오르는 모습이 석양에 비치면 금빛을 띤다고 하여 '금색 비늘(킨린)'이란 뜻의 이름이 붙은 것으로 전해진다. 킨린코는 사계절 아름답지만 기온이 낮아 수온과의 차이가 커지는 늦가을부터 겨울철에 방문해야 물안개를 감상할 수 있다. 물안개를 볼 확률이 높은 시간대는 해 뜨기 직전부터 오전 8시경까지. 단, 물안개 발생 여부는 날씨에 따라 다르니 전날 숙소에 문의해보는 것이 좋다. 호숫가를 한 바퀴 산책하는 데 20분 정도 걸리며 주변에 카페, 식당, 잡화점이 늘어서 있다. **MAP ⑭**

ⓖ 킨린 호수　　**ADD** 1561-1 Yufuincho Kawakami, Yufu　　**OPEN** 24시간　　**WALK** 유후인 플로랄 빌리지에서 5분

텐소 신사에서 바라본 킨린코

7 물 위에 떠 있는 도리이 하나

텐소 신사
天祖神社

킨린코 남동쪽에 자리 잡은 신사. 규모는 작지만 그 역사는 무려 2000년이나 된다. 신사 뒤로 돌아가면 호수 위에 신비롭게 서 있는 석조 도리이를 볼 수 있어서 이른 아침 물안개가 필 때 많은 이가 찾는 포토 스폿이다. 경내에 수령 1000년이 넘은 거대한 삼나무가 우뚝 서 있다.

MAP ⑭

G 텐소신사
ADD 156-1 Yufuincho Kawakami, Yufu
OPEN 24시간
WALK 킨린호 남쪽에서 바로

8 정취까지 파는 전통 감성 기념품점

카기야
鍵屋

유후인 3대 료칸 중 하나인 카메노이 벳소 내 정원에 자리한 기념품점. 료칸에서 직접 만든 식품과 조미료, 대나무 공예품, 그릇 등 품질 좋은 지역 특산품을 판매한다. 추천 상품은 오이타현 유자 껍질과 풋고추를 갈아 만든 향신료 유즈코쇼柚子胡椒. 팥앙금, 콩가루, 검은깨를 묻힌 경단 오하기おはぎ는 간식거리로 인기가 높다. **MAP ⑭**

G 카기야
ADD 2633-1 Yufuincho Kawakami, Yufu
OPEN 09:00~19:00
WALK 킨린코에서 2분

9 전통 목재 건축이 멋스러운 쇼핑몰

모쿠아미노모리
もくあみの杜

2019년에 킨린코 근처에 오픈한 감각적인 복합상업시설. 오이타현 전통 대나무 공예 기법을 차용한 목조 건물이 안뜰을 둘러싸는 설계로 2019년 일본 우드 디자인상을 수상했다. 아기자기한 전통 장식품, 천장에 주렁주렁 매다는 일본식 모빌 사게몬さげもん, 마그넷 등 기념품점의 제품 퀄리티도 뛰어나다. **MAP ⑭**

G coco
ADD 1558-2 Yufuincho Kawakami, Yufu
OPEN 10:00~18:00
WALK 킨린코에서 2분

킨린코 주변 맛집 & 카페

물빛처럼 반짝이는 멋과 맛

신비롭고 매혹적인 킨린코 주변에는 안개처럼 조용히 스며든 맛집과 카페들이 있다.
때로는 북적이고, 때로는 고요한 이곳의 맛은 풍경처럼 여운이 남는다.

오래도록 머물고 싶은 분위기 맛집

사보 텐조사지키

茶房 天井棧敷

카메노이 벳소에서 운영하는 카페 겸 레스토랑.
맛, 분위기, 서비스 모두 훌륭해 여행 중 힐링과
여유를 만끽할 수 있는 특별한 곳이다. 유후인
산 지역 식재료로 만든 계절 수프, 온천 달걀, 메
인 요리, 음료 등이 차례대로 제공되는 모닝 세트
(09:00~11:00)는 메뉴가 나올 때마다 친절한 설명
이 곁들여진다. 부드러운 식빵 안에 두툼한 돈카
츠를 끼우고 머스터드로 알싸함을 더한 카츠산도
도 가벼운 식사 메뉴로 추천. 크림치즈에 휘핑크
림과 브랜디에 재운 건포도를 올린 시그니처 디
저트 몽유후Mont Yufu도 꼭 맛보자. **MAP ⑭**

ⓖ 사보 텐조사지키
ADD 2633-1 Yufuincho Kawakami, Yufu
OPEN 09:00~17:00/부정기 휴무
WALK 킨린코에서 1분(카기야 2층)

비주얼도 맛도 뛰어난
몽유후 770엔

브렉퍼스트 플레이트(모닝)
1870엔

카츠산도(포크커틀릿 샌드위치)
음료 세트 1980엔, 단품 1540엔

비프테키동 3800엔(곱빼기 4500엔)

분고규마부시 3200엔

호화로운 한 끼로 기분 내기

유노타케안
湯の岳庵

일본 맛집 정보 사이트 타베로그에서 유후인 식당 중 최고 점수를 받는 고급 레스토랑. 사보 텐조사지키와 마찬가지로 카메노이 벳소에서 운영한다. 대표 메뉴는 양념을 거의 하지 않고 바싹 구워 담백하고 꼬들한 장어덮밥 우나주鰻重와 규슈산 흑소 스테이크덮밥인 비프테키동ビフテキ丼. 직접 간을 맞춰 먹을 수 있는 산초와 간장, 야채 반찬과 디저트를 함께 제공한다. 풍경도 좋고, 테이블 간격도 넓고, 서비스도 고급 료칸 수준인 만큼 음식 가격은 높은 편. 저녁(17:00~)엔 흑모 와규 코스 요리를 선보인다. 전화 예약 후 방문 권장. 예약 없이 방문하면 남은 테이블을 선착순으로 배정해준다. MAP ⑭

Ⓖ 유노타케안
ADD 2633-1 Yufuincho Kawakami, Yufu
OPEN 11:00~21:00(런치 ~15:00)
TEL 예약 0977-84-2970
WALK 킨린코에서 1분
WEB kamenoi-bessou.jp/yunotake.html

몸과 마음이 따뜻해지는 솥밥

유후마부시 신 킨린코 본점
由布まぶし 心

유후인에서 제일 줄이 긴 식당. 관광지 맛집치고 저렴한 가격, 나고야식 장어덮밥 히츠마부시에 솥밥을 결합한 독특한 비주얼, 다양한 반찬 등으로 인기가 높다. 대표 메뉴인 장어덮밥 우나기마부시鰻まぶし와 소고기덮밥 분고규마부시豊後牛まぶし는 규슈산 고품질 장어와 소고기를 사용해 만든다. 처음엔 그대로 먹다가 파, 김, 유즈코쇼, 와사비 등을 곁들여 먹고, 남은 밥엔 따뜻한 육수를 부어 먹으며 다채로운 맛을 느껴보자. 유후인역 앞에 2호점이 있다. MAP ⑭

Ⓖ 유후마부시 신 본점
ADD 1492-1 Yufuincho Kawakami, Yufu
OPEN 10:30~17:30
TEL 예약 0977-85-7880
WALK 킨린코에서 2분
WEB yufumabushi-shin.com

모닝 플레이트 2000엔

앙버터 토스트 500엔

SNS에서 핫한 그 전망 카페

카페 라 뤼슈
Cafe La Ruche

킨린코에 면해 있어 뛰어난 전망을 자랑하는 베이커리 카페. 대표 빵인 데니쉬 식빵과 오믈렛, 샐러드, 요거트, 음료 등으로 푸짐하게 차린 모닝 플레이트(~10:30)가 인기 있고 런치 메뉴도 평이 좋다. 킨린코가 한눈에 바라보이는 야외 테이블석은 늘 인기 만점. 목요일은 갓 구운 빵 대신 구움 과자류만 판매하니 참고하자. MAP ⑭

Ⓖ 카페 라 루슈
ADD 1592-1 Yufuincho Kawakami, Yufu
OPEN 09:00~16:30/수 휴무
WALK 킨린코에서 바로
WEB cafelaruche.jp

오이타강 따라 살랑살랑
유후인 남쪽 지역

킨린코에서 시작해 남서쪽으로 흘러가는 작은 강, 오이타강 남쪽으로 내려가다 보면 유후인의 여유로운 전원 풍경이 눈앞에 펼쳐진다. 한가로운 시골길을 걸으며 작은 빵집과 식당을 발견하는 기쁨이 있는 곳. 유후인 만렙 여행자도 미처 발견하지 못한 유후인의 보석이다.

① 완벽하게 조화로운 풍경미

유후인 스테인드글라스 미술관
由布院ステンドグラス美術館

적갈색 유럽풍 교회와 그 곁의 작은 미술관이 논 한가운데 고요히 내려앉은 풍경이 한 장의 그림 같다. 안개처럼 얇은 햇살이 유리창에 스며들고 산 그림자가 풍경에 물감을 덧칠하듯 얹힌다. 미술관에서는 19세기 영국·독일·프랑스에서 제작된 스테인드글라스와 함께 아르누보를 대표하는 작가 에밀 갈레의 유리 공예와 회화, 몽환적인 색유리 작업으로 유명한 해리 크라크의 섬세한 삽화가 관람객의 시선을 사로잡고 교회 안에는 성모 마리아와 아기 천사를 그린 창이 조용히 빛을 흘린다. 입장료가 다소 비싸고 내부 촬영이 금지돼 있어 입구에서 발길을 돌리는 이도 적지 않지만 굳이 들어가지 않더라도 미술관 앞 풍경만으로 충분히 가볼 만한 곳이다. **MAP ⑪**

 유후인 스테인드글라스 미술관
ADD 2461-3 Yufuincho Kawakami, Yufu
OPEN 09:00~17:00/폐장 30분 전까지 입장/매월 휴무일 다름(홈페이지 참고)
PRICE 1000엔, 초등·중학생 500엔
WALK 유후인역에서 15분
WEB www.yufuin-sg-museum.jp

유후인의 안개에서 영감을 얻은
크림소다 780엔

커피 600엔, 빵 300엔~

그림 같은 논 뷰 카페

센케

湯布院千家

유후다케를 정면에 두고 마주 앉을 수 있는 카페. 창 너머로 펼쳐지는 유후다케 산 능선이 유난히 가까워 이 일대에서 풍경이 가장 아름다운 곳으로 꼽힌다. 간판 메뉴는 오픈 당시부터 20년 넘게 이어온 시그니처 디저트, 크림소다. 오이타산 유자를 섞은 사이다 위에 요거트 바닐라 아이스크림과 솜사탕을 얹은 비주얼 덕에 카메라를 먼저 들게 된다. 만화 캐릭터를 그려주는 라테아트도 눈길을 끌며 치킨 정식과 치킨 도리아 같은 든든한 식사 메뉴도 있다. 이른 시간 문을 연다. **MAP ⑪**

 센케
ADD 2850-7 Yufuincho Kawakami, Yufu
OPEN 08:30~17:00/목요일, 매월 둘째 금요일 휴무
WALK 유후인역에서 10분
WEB senke.info

❸ 유후인의 해피 해피 브레드

그랜드마

Grand'ma

센케와 함께 예쁜 논 뷰로 사랑받는 베이커리 카페. 할머니가 운영하는 빵집 '그랜드마'와 할아버지가 운영하는 카페 '그랜드파'가 나란히 붙어 있다. 센케처럼 시야가 트이진 않지만 빵을 고르면 정성껏 잘라 담아주는 소박한 접시가 아침 식사로 제격이다. 겨울에는 화목난로가 운치를 더한다. **MAP ⑪**

 그랜드마
ADD 2794-2 Yufuincho Kawakami, Yufu
OPEN 08:00~17:00/수·목 휴무
WALK 코미코 아트 뮤지엄에서 5분

❹ 고목이 늘어선 아담한 신사

우나기히메 신사

宇奈岐日女神社

관광지에서 벗어나 조용히 자연을 만끽할 수 있는 작은 신사. 과거 습지였던 이 지역의 농민들이 농지 개간에 어려움을 겪자 우나기鰻(장어)를 늪의 정령으로 모신 것에서 신사의 이름이 유래했다는 설과, 우나기히메라는 예쁜 여신이 유후인의 호수를 없애고 지금의 분지를 만들었다는 두 가지 설이 전해진다. 본전 쪽에 태풍 때 쓰러졌던 수령 600년의 삼나무 그루터기가 장식된 모습이 인상적이다. **MAP ⑪**

❻ 우나기히메신사
ADD 2220 Yufuincho Kawakami, Yufu
OPEN 24시간
WALK 유후인 스테인드글라스 미술관에서 8분

당고지루, 닭튀김(토리텐), 야세우마, 반찬 등으로 구성된 후루사토ふるさと 정식 1540엔

⑤ 쭉~쭉 늘어나는 당고가 국에 퐁당
유후인 아마미차야
由布院 甘味茶屋

130년 된 고택을 개조한 아늑하고 편안한 분위기의 레스토랑. 메인 요리(소고기구이/두부스테이크/닭튀김 중 선택)에 당고지루だんご汁가 곁들여진 정식 메뉴가 맛있다. 당고지루란 우엉, 토란, 당근, 표고버섯 등 각종 야채와 된장을 넣은 국물에 얇고 기다랗게 펴서 데친 밀떡을 2~3개 넣어 먹는 오이타현 향토요리로, 쫄깃한 식감과 깊은 감칠맛이 일품이다. 디저트로는 콩가루를 묻힌 당고 야세우마やせうま를 추천. 본점은 벳푸 칸나와에 있다. **MAP ⑪**

ⓖ 유후인 아마미 차야
ADD 113-12 Yufuincho Kawaminami, Yufu
OPEN 10:00~17:00/수 휴무
WALK 유후인역에서 10분
WEB amamichaya.greater.jp

+MORE+

유후인이 자랑하는 명산
유후다케 由布岳

유후인 북동부에 자리한 해발 1583m의 웅장한 활화산. 예부터 후지산과 닮았다 하여 '오이타현의 후지산(분고후지豊後富士)'이라 불렸다. 해발 1000m 이상의 산에 둘러싸여 분지를 이루고 있으며 아소쿠주阿蘇くじゅう 국립공원에 속해 있어서 맑은 날 정상에 서면 일본의 명산들인 쿠주산, 아소산 등이 한눈에 들어온다. 겨울마다 산기슭의 시든 잔디를 태우는 덕분에 봄이면 새싹으로 뒤덮인 초원과 그 뒤로 우뚝 솟은 산봉우리가 한 폭의 풍경화 같다. 최고 인기 시즌은 '규슈 진달래'라 불리는 미야마키리시마ミヤマキリシマ가 꽃피는 5월 말, 단풍이 아름다운 10월 말이다.
유후다케 등산 코스는 초보자도 도전할 수 있는 난이도지만 출발 전 화산 활동 정보를 확인하고 낙석에 주의해야 한다. 정상 부근에는 가파른 바위 구간이 있으며 전체 소요 시간은 왕복 5~6시간 정도다.

ⓖ 정면 입구: 유후토잔구치
BUS 유후인역 앞 버스센터에서 벳푸행 카메노이 버스 36번 또는 유후린을 타고 15분, 유후토잔구치由布登山口 하차. 편도 430엔

등산로 입구

산속에 자리 잡은 작은 왕국
유후인 북쪽 고지대

유후인 북쪽, 유후다케가 실감 나게 바라보이는 한적한 산기슭에는 유후인 3대 료칸 중 하나인 산소 무라타山莊無量塔가 운영하는 미술관, 식당, 카페가 자그마한 왕국을 이루고 있다. 경사가 꽤 가파르지만 올라온 보람을 느끼게 할 만큼 멋진 경치와 고급스러운 분위기가 기다리고 있다.

① 예술과 미식이 어우러진 문화공간
아르테지오
空想の森 アルテジオ

산소 무라타에서 운영하는 복합상업시설. 음악을 테마로 한 1층 미술관에는 마티스, 존 케이지, 만 레이, 앤디 워홀 등의 음악을 주제로 한 작품이 전시돼 있고 2층 도서관에는 자유롭게 열람 가능한 음악·회화 관련 도서 1000여 권이 진열돼 있다. 음악과 시각 예술이 융합한 차분한 분위기를 즐기며 관내의 푹신한 소파에 앉아 쉬어 가기에 좋은 곳. 대중교통편이 없어서 산길을 올라야 하지만 일부러 찾을 만한 가치가 충분한 장소다. 아르테지오 바로 아래에는 재일교포 2세 정동주 화백의 아틀리에가 있다. **MAP ⑪**

Ⓖ 아르테지오
ADD 1272-175 Yufuincho Kawakami
OPEN 10:00~17:00/수 휴무
PRICE 600엔, 6~11세 300엔
WALK 유후인 쇼와칸에서 20분
WEB artegio.com

부르델,
'장발의 베토벤'(1891)

347

P롤 플레인 650엔
핫 커피 550엔

② 폭신폭신 P롤 케이크의 유혹

테오무라타 & 테 테오
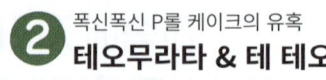
théomurata & thé théo

아르테지오 미술관의 필수 코스인 초콜릿숍과 카페. 초콜릿숍 테오무라타는 미술관 입장권 판매소를 겸해서 가장 먼저 들르게 되는데, 세련된 패키지로 장식한 시그니처 초콜릿은 선물용으로 제격이다. 숍 안쪽에 자리한 밝고 모던한 분위기의 카페 테 테오는 유후인 디저트 맛집 비-스피크(333p)의 P롤 케이크를 조각으로 맛볼 수 있어 반가운 곳. 디저트뿐 아니라 산소 무라타 셰프가 감수한 함박스테이크 등 런치 메뉴도 평이 좋다. 날씨가 좋은 날엔 야외 테라스석을 추천. **MAP ⑪**

ⓖ theomurata / thetheo
ADD 아르테지오 내(경사진 복도 끝 오른쪽)
OPEN 10:00~16:30/수 휴무(카페 수·목 휴무)

계절 한정 파르페
1800엔

③ 오롯이 나만을 위한 시간

탄스 바
Tan's bar

산소 무라타 2층에 자리한 조용한 카페 겸 바. 이곳에서도 비-스피크의 P롤 케이크를 조각으로 맛볼 수 있는데, 카페 테 테오와 휴무일이 달라 테 테오가 쉬는 날에 들르기 좋다. 영국 고가구가 놓인 고풍스러운 인테리어, 대형 빈티지 스피커로 흐르는 클래식 음악과 함께하는 차분한 티타임이 깊은 여운을 남긴다. 산소 무라타 1층 카운터에 요청하면 직원이 2층 카페로 안내해준다. **MAP ⑪**

ⓖ tan's bar
ADD 산소 무라타 2층
OPEN 13:00~17:00/토·일·공휴일 휴무
WALK 아르테지오에서 5분

P롤 케이크 650엔,
우유가 함께 나오는 오리지널
블렌디드 스페셜티 커피 700엔

④ 초록빛 뷰와 인생 소바 한 그릇

무라타 후쇼안
Murata 不生庵

자루 소바(냉소바) 1200엔

산소 무라타에서 운영하는 소바 전문점이자 SNS 뷰 맛집. 직접 메밀가루를 제분하고 매일 필요한 분량만 제면하는 덕분에 향긋한 메밀면의 풍미가 제대로 살아 있다. 유후인 두부 가게에서 만든 유바를 달큰하게 조리한 키츠네 소바, 심플한 자루 소바(냉/온 중 선택) 등은 깔끔한 맛이 난다. 좀 더 화려하게 즐기고 싶다면 2일간 푹 조려서 야들야들한 흑돼지 차슈를 올린 흑돼지 소바를 추천. **MAP ⑪**

키츠네 소바
1300엔

새우와 각종 야채를 튀겨낸
카키아게 1200엔

ⓖ 무라타 후쇼안
ADD 1266-18 Yufuincho Kawakami
OPEN 11:00~15:30/화 휴무
WALK 아르테지오에서 3분
WEB sansou-murata.com/facilities/fushoan

산초 카레우동 적赤 1595엔

⑤ 매콤하고 깊은 산초 카레의 맛

산쇼 카레 우동 키쿠스케
山椒カレーうどん 菊すけ

2018년 미슐랭 빕구르망에 선정된 매운 카레우동 가게. 기본 메뉴는 자극적인 산초 맛을 음미하는 '적'과 캐슈넛으로 부드럽게 만든 '백' 2가지로, 야채·떡·치즈 등을 추가할 수 있다. 유난히 두꺼운 면발과 풍부한 감칠맛이 매력. 우동을 거의 비운 뒤 직원에게 요청하면 밥과 마늘 플레이크를 남은 국물에 말아먹는 특별한 맛도 즐길 수 있다. 큼직한 병에 담긴 시원한 보리차와 상큼한 디저트 스무디가 호감도를 끌어올린다. **MAP ⑪**

ⓖ 키쿠스케
ADD 1269-36 Yufuincho Kawakami, Yufu
OPEN 11:00~15:00/수 휴무(화요일 비정기 휴무)
WALK 아르테지오에서 1분

🔴 부담 없이 즐기는 하루 온천
당일 온천 & 공중탕

유후인에서 하룻밤 묵기 어려운 일정이라면 가볍게 당일 온천을 즐겨보자.
고급 료칸의 프라이빗 노천탕부터 유서 깊은 동네 공중탕까지 다양한 온천이 기다리고 있다.
세면도구와 타월 제공은 시설마다 유·무료 여부가 다르므로 미리 확인하고 가야 한다.

360도 절경 뷰 노천탕
유후다케온센
由布岳温泉

노천탕 어디에서든 유후다케가 시야에 담기는 공중탕이다. 남녀 대욕장 외에도 성인 4명까지 이용할 수 있는 6개의 프라이빗 가족탕이 있어 가족 단위 이용객에게 추천할 만하다. 물병을 가져가면 음용 가능한 유후다케 지하수를 무료로 담아갈 수 있다. **MAP ⑪**

Ⓖ 유후다케 온천
ADD 2425-2 Yufuincho Kawakami, Yufu
OPEN 09:30~18:00(11~3월 11:00~)
PRICE 600엔, 가족탕 1시간 2200엔
WALK 유후인역에서 20분/스테인드글라스 미술관·우나기히메 신사에서 5분

피부에 촉촉하게 스며드는 자연
유후인 이요토미
由布院いよとみ

자연에 둘러싸인 아담하고 세련된 분위기의 노포 료칸. 피부에 좋은 약알칼리성 온천으로, 노천탕과 크고 작은 실내탕까지 총 3개의 온천을 당일치기로 이용할 수 있다. 아담한 키즈룸도 마련돼 있어 아이와 함께 찾기 좋다. **MAP ⑪**

Ⓖ 유후인 이요토미
ADD 848 Yufuincho Kawakami, Yufu
OPEN 10:00~15:00(14:00까지 접수)
PRICE 800엔, 6~11세 400엔,
5세 이하 250엔, 타월 별도
WALK 유후인역에서 10분
WEB iyotomi.jp

유후다케를 배경 삼은 암석탕
누루카와온센
ぬるかわ温泉

킨린코 인근에 자리한 아담한 료칸. 온천 당일치기 버스 여행 중 잠시 들르기에도 부담 없는 규모로, 남녀 노천탕과 7개의 프라이빗 가족탕이 마련돼 있다. 특히 거대한 암석으로 만든 100% 천연 노천탕에서는 유후다케를 한눈에 조망할 수 있다. 유료 주차장 운영. **MAP ⑪**

Ⓖ 누루카와 료칸
ADD 1490-1 Yufuincho Kawakami, Yufu
OPEN 08:00~20:00
PRICE 600엔, 초등학생 이하 300엔,
가족탕(최대 4인, 60분) 2000엔·2600엔
WALK 유후인역에서 20분/킨린코에서 2분
WEB hpdsp.jp/nurukawa

당일 온천에 무료 족욕까지

유후인 산스이칸 ゆふいん山水館

유후인을 대표하는 중형급 온천 호텔. 시설은 다소 오래됐지만 청결하게 관리돼 있으며 대욕장과 노천탕(남성 1층, 여성 2층)에서는 유후다케를 마주하며 입욕을 즐길 수 있다. 세면도구와 헤어드라이어 등 비품이 잘 갖춰져 있고 호텔 앞에는 누구나 이용할 수 있는 무료 족욕탕이 마련돼 있다. 무료 주차장 완비. **MAP ⑪**

Ⓖ 유후인 산스이칸
ADD 108-1 Yufuincho Kawaminami
OPEN 13:00~16:00
PRICE 1000엔, 4~12세 500엔(페이스 타월 1인 1매 포함)
WALK 유후인역에서 6분
WEB sansuikan.co.jp

푸른빛이 감도는 숲속 온천탕

유후인 야스하 杜の湯 ゆふいん泰葉

유후다케 산기슭, 아르테지오 미술관 근처 조용한 숲속에 자리한 료칸. 중심가에서는 조금 떨어져 있지만 그만큼 한적한 분위기 속에서 당일 온천을 즐기기 좋다. 예약 없이 이용 가능한 프라이빗 가족탕 7개와 족욕탕이 마련돼 있으며 푸른빛이 감도는 뛰어난 수질로도 잘 알려져 있다. **MAP ⑪**

Ⓖ 유후인 야스하
ADD 1270-48 Yufuincho Kawakami, Yufu
OPEN 10:00~20:00
PRICE 1000엔, 초등학생 700엔, 전세 노천탕(50분) 2300엔·2800엔
WALK 아르테지오 미술관에서 3분/유후인 쇼칸칸에서 20분
TAXI 유후인역에서 5분
WEB yasuha.co.jp

오랜 역사가 깃든 동네 무인탕

오토마루온센칸 乙丸温泉館

에도 시대부터 마을 주민의 사랑을 받아온 전통 공중탕. 유후인역과 유노츠보 거리 사이에 있어 접근성도 좋다. 입구 요금함에 동전을 넣고 입장하는 무인 시스템이며 뜨거운 탕과 미지근한 탕을 각각 이용할 수 있다. 아침 일찍부터 밤늦게까지 운영한다. 세면도구와 타월은 유료, 주차장 완비. **MAP ⑫**

Ⓖ otomaru onsenkan
ADD 2946-1 Yufuincho Kawakami, Yufu
OPEN 06:30~22:00/매월 셋째 목요일 휴무
PRICE 200엔
WALK 유후인역에서 5분/비-스피크에서 3분
WEB city.yufu.oita.jp/kankou/onsen/onsen_cate1_1/otomaru

유노츠보 거리 뒷골목의 시간탕

유노츠보온센 湯の坪温泉

유노츠보 거리에서 가까운 위치에 자리한 소박한 공중탕.
에도 시대 문헌에도 기록된 유서 깊은 탕으로, 편백나무와
화강암으로 꾸며진 남녀 실내탕이 각각 하나씩 있다. 입구
의 요금함에 200엔을 넣고 이용하는 무인 시스템이며 세면
도구와 타월은 별도로 준비해야 한다. MAP ⑬

ⓖ yunotsubo onsen
ADD 1087-1 Yufuincho Kawakami, Yufu
OPEN 10:00~22:00
PRICE 200엔
WALK 유후인역에서 13분/비-스피크에서 6분
WEB city.yufu.oita.jp/kankou/onsen/onsen_cate1_1/yunotubo

유후인에서 독일식 스파 즐기기

유후인 겐코온센칸 湯布院健康温泉館

독일식 온천요법을 도입한 현대적 온천 시설. 운동 온천탕,
자쿠지, 폭포탕 등 9종의 다양한 탕을 갖추고 있으며 수영
복 착용 구역과 일반 탕 구역이 분리돼 있다. 세면도구는 물
론 휴게 공간도 잘 마련돼 있어 당일 온천 장소로 추천할 만
하다. 한국어 안내문 비치. MAP ⑪

ⓖ 유후인 겐코온센칸
ADD 2863 Yufuincho Kawakami, Yufu
OPEN 10:00~21:30/폐장 30분 전까지 입장
PRICE 520엔, 수영복·타월 대여 및 풀 이용 시 830엔(초등·중학생 620엔)/
매월 둘째·넷째 목요일(공휴일은 그다음 평일) 휴무
WALK 유후인역에서 8분
WEB city.yufu.oita.jp/kankou/onsen/onsen_cate1_1/kua

혼욕탕은 처음이라

시탄유 下ん湯

남녀 혼욕이 가능한 곳으로 유명한 노천탕. 욕탕 수면 높이
가 바로 옆에 자리한 킨린코와 거의 같아 마치 호수에 몸을
담은 듯한 기분이 든다. 요금함에 현금을 넣고 이용하는 무
인 시스템이며 세면도구와 타월은 각자 준비해야 한다. 지
역 주민의 공중탕이므로 호기심으로 출입하는 일은 삼간다.
MAP ⑭

ⓖ 시탄유 온천
ADD 1585, Yufuincho Kawakami, Yufu
OPEN 10:00~20:00
PRICE 300엔
WALK 킨린코 북쪽에서 바로

몸과 마음을 치유하는 힐링 스테이

유후인 온천 료칸 & 호텔

유후인의 료칸과 호텔 대부분은 객실 안에서도 풍부한 자연을 누릴 수 있다.
뜨끈한 온천에 몸을 담그고 지역 식재료로 정성껏 차린 가이세키 요리를 맛본 뒤 풀벌레 소리와 등불 속에서
밤을 맞이해보자. 안개가 내려앉은 고요한 아침을 천천히 여는 일도 머무는 이에게 주어지는 특권이다.

여성 전용 노천탕, 쿠카이노유空海の湯

꿈 같은 노천탕에 풍덩

무소엔 山のホテル 夢想園

1938년 개업한 유서 깊은 온천 호텔. 유후인 분지 남쪽 고지대에 자리해 웅장한 유후다케산을 한눈에 담을 수 있는 탁 트인 전망을 자랑한다. 특히 273m² 규모의 여성 전용 대형 노천탕의 전망이 압도적이다. 객실은 초가 지붕을 얹은 전통 건축 양식을 살린 본관, 별관, 신관으로 구성돼 있으며 화실, 화양실, 전용 노천탕이 있는 객실까지 선택의 폭이 넓다. 오이타산 제철 식재료를 활용한 정갈한 가이세키 석식과 일본식 조식도 수준급. 10:00~14:30 사이에는 노천탕과 2개의 가족탕을 당일 온천으로 제공해 비투숙객에게도 인기가 높다. **MAP ⑪**

ⓖ 무소엔
ADD 1243 Yufuincho Kawaminami, Yufu
PRICE 1박 1인 조식·석식 포함 1만8700엔~/당일 온천 1000엔, 5~12세 700엔
WALK 유후인역에서 22분
TAXI 유후인역에서 5분
WEB musouen.co.jp

+ M O R E +

저녁 식사 시간에
주의하자

료칸의 저녁 식사 제공 시간은 보통 오후 6시경이다. 혹시 이보다 늦게 체크인할 예정이라면 숙소에 미리 연락해 도착 예정 시간을 알려주는 것이 좋다.

대자연 속 최고의 하룻밤

호시노 리조트 카이 유후인 界 由布院

일본을 대표하는 고급 호텔·료칸 운영 기업 호시노 리조트에서 2022년 오픈한 럭셔리 료칸. 건축가 쿠마 켄고가 설계했으며 45개 전 객실과 관내 곳곳에서 사계절 변화하는 유후다케산과 계단식 논이 어우러진 전원 풍경을 감상할 수 있다. 객실은 논 전망 또는 숲 전망으로 나뉘며 모두 프라이빗 노천탕을 갖춰 온전히 나만의 시간을 누릴 수 있다.

풍부한 수량과 부드러운 수질을 자랑하는 온천은 실내 대욕장에서 탁 트인 벤치형 노천탕으로 이어지며 일부 객실에는 숲속 개별 노천탕도 갖춰져 있다. 오이타산 식재료를 활용한 가이세키 석식과 일식·양식 선택 가능한 조식도 구성이 뛰어나다. 품격 있는 접객은 물론 오이타 전통 공예인 볏짚 부적 만들기, 아침 안개 테라스 체조, 24시간 티·커피를 제공하는 트래블 라이브러리 등 차별화된 프로그램이 잘 마련돼 있다. 체크아웃은 12시로 여유롭고 유후인역까지 무료 셔틀버스도 운영한다. **MAP ⑪**

Ⓖ 호시노 리조트 카이 유후인
ADD 398 Yufuincho Kawakami, Yufu
PRICE 1박 1인 조식·석식 포함 3만3000엔~
TAXI 유후인역에서 10분 또는 셔틀버스 이용
WEB hoshinoresorts.com/ja/hotels/kaiyufuin

> 료칸 앞으로 펼쳐진 계단식 논 뷰. 여름에는 푸르름을, 겨울에는 설경을 만끽할 수 있다.

©호시노 리조트

©호시노 리조트

한 달 살이 로망 실현
스테이 타마노유 STAY 玉の湯

유후인 3대 료칸 타마노유가 운영하는 장기 체류형 숙소. 앞마당이 딸린 총 10
실의 별채에 1박부터 30일까지 머물 수 있으며 각 객실에는 간이주방이 마련돼
있다. 조식은 간단한 빵과 커피가 제공되고 저녁 식사 의무가 없어 료칸 수준의
프라이빗 공간을 갖춘 온천 숙박치고 부담 없는 가격이 가장 큰 매력이다. 관내
실내탕·노천탕은 물론 본관 타마노유의 대욕장도 이용 가능하며 전날 예약 시
가이세키 석식도 선택할 수 있다. 간호사와 요양보호사가 상주해 노인과 함께
와도 안심하고 장기 체류할 수 있다. **MAP ⑬**

Ⓖ stay tamanoyu
ADD 2711-1 Yufuincho Kawakami, Yufu
PRICE 1박 1인 조식 포함 1만8250엔~
(3박부터 할인)
WALK 유후인역에서 16분/
비-스피크에서 8분/킨린코에서 6분
WEB stay-tamanoyu.co.jp

산과 하늘, 온천의 삼중주
료소 마키바노이에 由布の里 旅荘 牧場の家

유후인 최대 규모를 자랑하는 대형 노천탕에서 유후다케를 정면으로 바라보며
입욕할 수 있다. 바위탕, 편백탕, 마이크로 거품탕, 도자기탕 등 8가지 스타일의
가족탕도 이곳의 자랑이다. 초가지붕 건물과 정원이 어우러진 고풍스러운 분위
기, 전 객실이 별채 구조로 프라이빗한 휴식이 가능하며 숙소 안을 산책하는 것
만으로도 힐링이 된다. 정갈한 가이세키 석식과 조식도 정평이 나 있고 무료 주
차장·짐 보관·우산 대여 등 세심한 서비스도 인상적이다. 11:00~17:00 사이에
는 남녀 노천탕에서 비투숙객의 당일 온천 이용도 가능하다. **MAP ⑪**

Ⓖ 료소마키바노이에
ADD 2870-1 Yufuincho Kawakami, Yufu
PRICE 1박 1인 조식·석식 포함 2만2000엔~/
당일 온천 1000엔, 초등학생 이하 500엔
WALK 유후인역에서 8분
WEB ryosoumakibanoie.com

유후인 최대 규모의 노천탕, 운카이노유雲海の湯

힙하게 재탄생한 전통 료칸
에노키야 료칸 榎屋旅館

2023년 리뉴얼을 통해 쾌적한 시설과 세련된 감각을 갖춘 전통 료칸. 훌륭한 접객과 합리적인 가격으로 호평받는다. 다다미와 침대를 조합한 채광 좋은 화양실은 강 또는 산 전망 중 선택할 수 있으며 반려견 동반 투숙도 가능하다. 남녀 대욕장과 실내탕, 노천탕, 가족탕이 있으며 객실 내 태블릿으로 가족탕 이용 현황을 확인할 수 있어 편리하다. 가이세키 요리는 물론 1층 카페 겸 바에서 즐기는 음료와 안주 메뉴도 반응이 좋다. **MAP ⑬**

ⓖ 에노키야
ADD 1086-2 Yufuincho Kawakami, Yufu
PRICE 1박 1인 조식·석식 포함 1만8630엔~
WALK 유후인역에서 12분/비-스피크에서 5분
WEB yufuin-enokiya.jp

뛰어난 입지에 레트로 감성까지
유후료치쿠 由府両築

유노츠보 거리 옆에 자리한 목조 고택 료칸. 1925년 창업 이래 레트로한 분위기와 전통미가 어우러진 공간으로, 고택 특유의 따뜻함과 차분한 정취가 느껴진다. 다다미 객실 7개, 화양실 1개로 구성된 아담한 규모지만 입지와 가성비 면에서 만족도가 높다. 오이타산 와규를 중심으로 구성한 가이세키 석식은 물론 조식도 깔끔하게 잘 나오고 로비에는 무료 음료 코너도 있다. 노천탕 2곳과 실내탕 2곳, 총 4개의 온천은 모두 24시간 가족탕으로 운영해 프라이빗하게 입욕할 수 있다. **MAP ⑬**

ⓖ 유후료치쿠
ADD 1097-1 Yufuincho Kawakami, Yufu
PRICE 1박 1인 조식·석식 포함 1만8580엔~
WALK 유후인역에서 15분/비-스피크에서 7분
WEB ryoutiku.jp

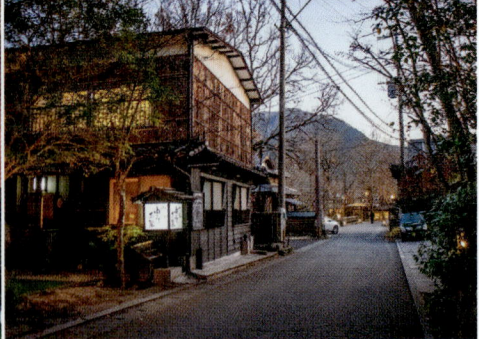

한눈에 반함! 정원+별채+온천

바이엔 가든 리조트 由布院 梅園 Garden Resort

1만 평의 광대한 부지에 아름답게 조성된 정원과 유후다케를 조망할 수 있는 남녀 대욕장(노천암반탕, 반노천암반탕, 노송나무탕), 타 료칸보다 넉넉한 규모의 가족탕을 갖추고 있다. 본관 14실, 별채 12실로 구성된 품격 있는 객실과 감각적인 로비가 인상적이며 푸짐한 구성의 조식과 가이세키석식, 수준 높은 접객, 무료 음료 코너, 100대 규모의 무료 주차장까지 편의 시설도 잘 갖췄다. 셔틀버스는 운영하지 않는다. **MAP ⑪**

Ⓖ 바이엔 가든 리조트
ADD 2106-2 Yufuincho Kawakami, Yufu
PRICE 1박 1인 조식·석식 포함 3만7000엔~
TAXI 유후인역에서 5분
WEB yufuin-baien.com

유후인역이 코앞인 신상 호텔

젬스 유후인 GEMS Yufuin

2023년 11월 오픈한 라이프스타일 호텔로, 유후인역 바로 근처에 있어 편리하다. 미니멀하고 세련된 인테리어가 인상적인 7개의 객실은 최대 6~8명까지 숙박할 수 있어 가족 단위 여행객에게도 적합하다. 단, 객실은 모두 2층 이상에 위치하고 엘리베이터가 없어 짐이 무거울 경우 다소 불편할 수 있다. 천연 온천탕과 사우나, 카페 겸 바, 라운지 등 부대시설을 잘 갖췄으며 1층 카페는 투숙객이 아니어도 자유롭게 이용할 수 있다. 조식 포함 예약 시 핫샌드위치와 음료가 제공된다. **MAP ⑫**

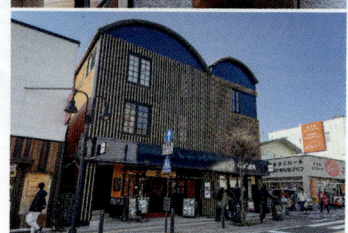

Ⓖ 젬스 유후인
ADD 2-11 Yufuincho Kawakita, Yufu
PRICE 1박 1인 9680엔~
WALK 유후인역에서 2분
WEB gems-yufuin.com

가성비 좋은 중형급 호텔

유후인 호텔 슈호칸 ゆふいんホテル秀峰館

유후인을 대표하는 4성급 온천 호텔. 4가지 타입의 46개 객실 대부분에서 유후다케를 조망할 수 있으며 대욕장, 노천탕, 사우나를 갖추고 있다. 시설은 다소 노후했지만 고급 료칸이 부담스러울 때 선택하기 좋은 가성비 숙소로 인기가 많다. 서양식 객실 비중이 높아 일반 호텔처럼 편하게 이용할 수 있다. 1층에는 라멘 맛집 고쿠마루ごくまる가 입점해 있고 야외 무료 족욕탕 등 부대시설도 다양하다. 유후인역 도착 후 호텔로 전화하면 픽업 서비스를 받을 수 있으며 무료 셔틀버스도 이용 가능. 무료 주차장 완비. **MAP ⑪**

Ⓖ 유후인호텔슈호칸
ADD 2415-2 Yufuincho Kawakami, Yufu
PRICE 1박 1인 1만4950엔~/당일 온천 1000엔, 4~12세 500엔(페이스 타월 1인 1매 포함)
WALK 유후인역에서 12분/스테인드글라스 미술관에서 5분
WEB shuhokan.jp

BEPPU
別府
IN KYUSHU

벳푸

別府

오이타현 벳푸만 안쪽 깊숙이 자리한 벳푸는 일본에서 온천 수와 용출량 모두 1위를 자랑하는 대표 온천지다. 2000여 개 원천에서 분당 8만 L 이상의 온천수가 솟아나며 지옥 온천 순례를 즐기려는 방문객이 일년 내내 끊이지 않는다. 시내와 칸나와까지 하루면 돌아볼 수 있지만 깨끗하게 단장된 가옥과 정돈된 마을길을 거닐며 소도시 여행의 로망을 느끼고 싶다면 하룻밤 머무는 것도 좋다.

야마구치현
시모노세키 · 모지코(기타큐슈)
고쿠라
[기타큐슈]
후쿠오카 후쿠오카현
다자이후
오이타공항
벳푸
유후인
야나가와
오이타현
구로카와 온천
구마모토현

벳푸는 기온이 온화한 봄과 가을에 방문하기 가장
좋지만 봄방학과 5월 골든위크, 단풍철에는 관광객이
몰려 숙박비가 오르고 식당 대기 줄도 길어진다.
여름은 기온이 높고 무더워 온천욕을 하기에는 다소
부담스럽지만 성수기보다는 한산하다는 점이 장점이다.
겨울은 부산·남해안보다 다소 쌀쌀하고 눈이 오는 날도
있지만 뜨끈한 온천을 즐기기에 더없이 시기로, 무료 족욕탕과
공중목욕탕을 순례하며 즐겁게 시간을 보낼 수 있다. 숙소는 벳푸역이나 버스터미널 근처 등 교통이 편리한 지역이
여행 동선을 짜기에도 수월하다. 당일 온천 시 타월을 준비해가면 대여료를 아낄 수 있다.

벳푸 가는 법

벳푸는 유후인과 가까워 여행자들은 주로 함께 묶어서 방문한다. 후쿠오카에서 열차를 이용하면 기타큐슈를 거쳐 가기
때문에 시간이 오래 걸리고 고속버스는 유후인을 지나가므로 유후인을 먼저 들렀다 벳푸로 가는 코스가 더 효율적이다.

● 유후인 → 벳푸

❶ JR: 약 1시간

관광특급 유후인노모리와 특급 유후가 운행한다. 유후인
노모리는 지정석제이므로 예약 필수. 특급 유후는 자유
석과 지정석 모두 예약 없이 탑승할 수 있다. 북큐슈 레일
패스 이용 가능.

TIME 유후인노모리 12:32/특급 유후 10:05, 14:42
PRICE 유후인노모리 3030엔/
유후 2300엔(자유석), 2830엔(지정석)

관광특급 유후인노모리

특급 유후

**❷ 버스: 벳푸역 50분(36번)~1시간 10분(유후린),
칸나와 약 45분(유후린)**

관광쾌속버스 유후린ゆふりん과 카메노이 버스 36번이
유후인역 앞 버스센터에서 출발해 벳푸역으로 간다. 이
중 유후린은 벳푸 지옥 순례로 유명한 칸나와를 경유하므
로 칸나와에 들렀다가 벳푸 시내 또는 후쿠오카로 이동하
는 코스를 짜기에 적합하다. 구마모토~구로카와 온천~유
후인~칸나와~벳푸역을 연결하는 규슈횡단버스도 하루 1
편 운행한다. 36번·규슈횡단버스는 산큐 패스 이용 가능.
단, 규슈횡단버스는 예약 필수이며 산큐 패스 이용 시엔
창구 또는 전화 예약만 가능하다.

TIME 36번 06:56~18:00(1시간 1~2편 운행)/
유후린 평일 13:35(1일 1편 운행), 주말·공휴일 09:20~17:40
(1일 6편 운행)/규슈횡단버스 16:33/유후인역 출발 기준
PRICE 36번·유후린 1100엔, 규슈횡단버스 1300엔
WEB 36번 beppuni.com/bus/route/k36.html
유후린 kamenoibus.com/guruspa/hp/yufurin/index2.html

유후린

36번 노선버스

유후린을 타고 칸나와를 왕복할 때는 정류장 위치를
잘 확인해야 한다. 유후인에서 출발한 버스는 바다
지옥 앞(우미지고쿠마에)海地獄前과 칸나와구치鉄輪口
정류장에서 정차하고, 유후인으로 돌아가는 버스는
칸나와鉄輪② 정류장(버스터미널)에 선다.

바다 지옥 앞(우미지고쿠마에)

● 후쿠오카·후쿠오카공항 → 벳푸

❶ JR: 약 2시간

JR 하카타역에서 특급 소닉을 이용한다. 넓은 창문과 세
련된 인테리어, 편안한 좌석을 갖추고 자유석과 지정석으
로 나뉜다. 북큐슈 레일 패스 이용 가능. 한국에서 북큐슈
레일 패스를 구매했다면 JR 하카타역에서 실물 패스로
교환한 뒤 지정석을 예
매한다.

특급 소닉 883계

TIME 06:21~22:06
(1시간 2편 운행)
PRICE 6380엔(자유석),
6910엔(지정석), 니마이킷푸
7600엔(2인 또는 왕복)

❷ 고속버스: 칸나와 약 2시간 30분(하카타 기준),
벳푸 키타하마 약 2시간 45분(하카타 기준)

카메노이 고속버스 토요노쿠니호가 하카타 버스터미널 3
층 34번 승강장에서 출발해 니시테츠 텐진 고속버스터미
널, 후쿠오카공항 국제선 터미널 10번 승차장, 칸나와구
치鉄輪口 등을 거쳐 벳푸 시내 중심 정류장 벳푸 키타하마
別府北浜(362p)까지 운행한다. 텐진에서 출발하면 하카타
보다 약 20분, 공항에서는 약 50분 짧게 걸린다. 예약 필
수인 지정석제이며 산큐 패스 이용 가능.

TIME 07:31~21:04(1일 10편 운행)
PRICE 3250엔
WEB nishitetsu.jp/bus/highwaybus/rosen/toyokuni

● 기타큐슈(고쿠라·모지코) → 벳푸

● JR: 고쿠라 1시간 10~30분,
모지코 1시간 30~50분

고쿠라역에서 오이타행 특급 소닉을 이용한다. 모지코역
출발 시 고쿠라를 경유하게 되며 요금은 동일하다. 북큐
슈 레일 패스 이용 가능. 참고로 기타큐슈공항에서 벳푸
까지는 직행 노선이 없으므로 1번 승차장에서 고쿠라행
공항버스를 타고 고쿠라역 하차(33분, 710엔) 후 특급 소
닉으로 갈아타고 벳푸역까지 간다.

TIME 07:14~23:04(1시간 2편 운행)
PRICE 4660엔(자유석), 5190엔(지정석),
니마이킷푸 7600엔(2인 또는 왕복)

특급 소닉 885계

● 오이타공항 → 벳푸

● 버스: 약 50분

오이타공항 2번 버스 정류장에서 공항특급 에어라이너를
이용한다. 오이타행을 타면 벳푸 키타하마 정류장에 서고
벳푸역행을 타면 벳푸 키타하마를 거쳐 벳푸역에 선다. 산
큐 패스 이용 가능. 칸나와로 가려면 벳푸 키타하마 또는
벳푸역에서 환승해야 한다.

TIME 08:20~21:55(19:05 이후는 벳푸 키타하마까지만 운행/
1시간 2~5편 운행)
PRICE 1600엔

벳푸역 주변은 충분히 걸어 다닐 수 있고 여행자가 가장 많이 찾는 벳푸 지옥 온천은 시내 중심에서 멀리 떨어진 고지대 (칸나와)에 있어 버스를 이용해야 한다. JR 벳푸역 출구는 동쪽 출구東口와 서쪽 출구西口가 있으며 시내 중심부로 가려면 동쪽 출구로 나간다.

● 시내버스

파란색 카메노이 버스亀の井バス와 빨간색 오이타 교통大分交通을 포함해 총 4개 회사가 벳푸 시내와 근교를 운행한다. 여행자가 주로 이용하는 것은 카메노이 버스로, JR 벳푸역 동쪽·서쪽 출구 앞을 거점으로 벳푸 시내 전역을 연결한다. 반면 오이타 버스는 오이타역을 중심으로 운행하며 벳푸 시내로 들어오는 노선은 3개뿐이다. 오이타 버스의 노선 번호 앞에는 모두 'AS'가 붙으며 여행자가 이용할 일은 거의 없다.

WEB 카메노이 버스 kamenoibus.com
　　　 오이타 교통 oitakotsu.co.jp

카메노이 시내버스

벳푸 지옥 순례 코스를 도는
카메노이 정기관광버스

● 카메노이 정기관광버스

여행자는 약 3시간 동안 7개 지옥을 둘러보는 벳푸 지옥 순례 코스別地獄めぐりコース를 주로 이용한다. 벳푸 키타하마 정류장 또는 JR 벳푸역 동쪽 출구 앞 4번 정류장에서 출발하며 전화 또는 현지 매표소와 관광안내소에서 예약 필수. 일본인 가이드가 동행하며 한국어 팸플릿을 제공한다.

TIME 벳푸 키타하마 출발 09:10, 13:50(벳푸역 출발은 10분 후)
　　　 (1일 2편 운행)
PRICE 4500엔, 중학생 3500엔, 초등학생 이하 2300엔
TEL 전화 예약 0977-23-5170(08:30~17:00)
WEB kamenoibus.com/sightseeing_jigoku

● 택시

여럿이 15분 이내의 짧은 거리를 이동하거나 버스 운행 시간이 맞지 않을 때는 택시가 효율적이다. JR 벳푸역 동쪽·서쪽 출구 앞에 있는 택시 정류장에서 탑승한다. 칸나와의 바다 지옥까지 약 15분 소요, 요금은 2000엔 안팎이다.

+MORE+

벳푸 시내의 주요 버스 정류장

벳푸의 장거리 버스와 시내버스는 대부분 아래의 정류장들을 기·종점으로 운행한다. 벳푸역과 벳푸 키타하마 정류장은 도보 약 8분 거리다.

JR 벳푸역 동쪽 출구 앞

벳푸 키타하마

◆ **벳푸역(벳푸에키)別府駅 또는**
　벳푸역 앞(벳푸에키마에)別府駅前
JR 벳푸역 동쪽 출구 앞. 대개 벳푸 키타하마를 경유한다.

◆ **벳푸역 서쪽 출구(벳푸에키니시구치)別府駅西口**
JR 벳푸역 서쪽 출구 앞

◆ **벳푸 키타하마別府北浜,**
　키타하마 버스센터北浜バスセンター
토키와 벳푸점 앞 대로 주변에 총 6곳이 흩어져 있고 시내버스, 고속버스, 공항버스 승차장이 각기 다르니 잘 확인하고 탑승해야 한다. 키타하마 버스센터는 대합실, 화장실 등을 갖춘 버스터미널로, 카메노이 버스 건물과 오이타 교통 버스 건물 2개가 나란히 자리한다.

벳푸역 관광안내소

벳푸 관광에 필요한 모든 정보와 티켓·패스를 취급하는 곳. 원화 환전, 수하물 보관, 자전거 대여 서비스도 제공한다. 특히 이곳에서 무료로 주는 버스 안내지는 정류장 위치, 운행 시간, 노선 정보가 보기 좋게 정리돼 있어 구글맵보다 편리하니 꼭 받아두자. JR 벳푸역 동쪽 출구를 나와 오른쪽으로 조금만 이동하면 바로 보인다.

ⓖ wander compass beppu
OPEN 08:45~18:00　　**WEB** beppuinfo.jp

★ 아프리칸 사파리

JR 豊後豊岡

JR 亀川

벳푸 지옥 순례 372p

피의 연못 지옥
(치노이케지고쿠)

바다 지옥
(우미지고쿠) ★ 〇 칸나와
鉄輪
★
벳푸
지옥 순례

JR 別府大学

츠루미다케
鶴見岳 📷

📷 벳푸 로프웨이

글로벌 타워 🔭
벳푸 공원
📷 벳푸
別府

JR 벳푸역 주변 364p

🔭 키타하마 버스센터
北浜バスセンター

JR

↙ 유후인

라쿠텐치 📷

JR 東別府

★ 우미타마고

N

0   1km

: WRITER'S PICK :

벳푸 여행에 유용한 패스

❶ 벳푸 주유 패스 Beppu Round Tour Passport

벳푸 지옥 순례를 포함한 관광명소 17곳을 1~2일간 둘러볼 수 있는 모바일 전용 할인 패스. 각 시설 입구에서 QR코드를 제시하면 1회씩 입장할 수 있다. 대중교통 이용 불포함.

PRICE 1일권 3800엔, 6~11세 2500엔/
2일권 6000엔, 6~11세 3500엔
WEB yunotabi.jp/ticket_kr

❷ 지옥 순례 공통권

7개 지옥 입장권을 개별로 구매하는 것보다 저렴한 공통 입장권. 각 지옥 매표소에서 판매하며 구매일로부터 2일간 유효하다. 공식 홈페이지의 할인 쿠폰을 제시하면 추가 할인도 받을 수 있다.

PRICE 7개 지옥 2400엔, 초등·중학생 1200엔
WEB beppu-jigoku.com/discount

옛 정취와 현대의 만남
JR 벳푸역 주변

벳푸역 주변은 대형 마트와 백화점이 모여 있어 벳푸에 머무는 여행자에게 먹거리와 쇼핑의 즐거움을 선사하는 최적의 장소다. 오래된 아케이드 상점가를 거닐며 간식을 맛보고 공중목욕탕에서 모래찜질을 체험하는 것도 이곳에서 누릴 수 있는 소박한 기쁨이다.

유사이노야도 보우카이

⑤ 벳푸 타워

벳푸 키타하마③
別府北浜③

카메노이 버스
키타하마 버스센터
北浜バスセンター

토요츠네
벳푸역점

아마넥 벳푸 유라리

토키와 벳푸점 ④
로쿠세이(B1F)
토요켄(B1F)
족욕탕(B1F)

벳푸 키타하마②
別府北浜②

토요츠네 본점

JR 벳푸역 ①
야부라야
쿠마하치 동상

벳푸역 서쪽 출구
(벳푸에키니시구치)
別府駅西口

서쪽 출구
동쪽 출구

벳푸 핫토 온야도 노노

벳푸역 앞(벳푸에키마에)
別府駅前

벳푸역(벳푸에키)
別府駅

벳푸 키타하마
別府北浜

오이타 교통
벳푸 키타하마
別府北浜

호시노 리조트
카이 벳푸

에키마에 코토온센

마루야마 스토어
벳푸역점

슈퍼 호텔
벳푸 에키마에

야요이 상점가 ③

소르파세오
긴자 상점가

야요이텐구

킷사 나츠메

벳푸역 시장

후쿠야

타케가와라온센 ⑥

킷사 무무무

유메타운 벳푸 ⑦

: WRITER'S PICK :

마루야마 스토어 벳푸역점 ルミヤストア

JR 벳푸역 남쪽, BIS 남관에 위치한 대형 슈퍼마켓. 역에서 가까운 데다 놀랄 만큼 크고 푸짐한 초밥류를 저렴하게 판매해서 현지인과 여행자 모두가 선호한다. 저녁 이후 할인 상품을 노려보자.

Ⓖ 마루야마 스토어 벳푸역점
ADD 11-7 Ekimaecho, Beppu
OPEN 09:30~22:00
WALK JR 벳푸역 동쪽 출구에서 3분(관광안내소 옆 상점가 입구로 들어가서 제일 안쪽)

토모나가팡야

0   100m

① 벳푸에 빠질 준비, 됐나요?

JR 벳푸역
別府駅

벳푸의 현관인 벳푸역에는 음식, 쇼핑, 편의시설이 한데 모여 있다. 역 중앙 콩코스를 중심에 두고 남쪽의 BIS 남관BIS南館 쇼핑몰, 북쪽의 B 파사주B-Passage 쇼핑몰 내 약 40개 매장에서 쇼핑과 식사를 즐길 수 있다. 무료 와이파이 제공, 면세 가능 매장도 있다.

벳푸역 남쪽 고가 아래에는 1960년대부터 이어져 온 벳푸역 시장べっぷ駅市場이 있다. 생선, 청과, 의류, 정육, 꽃집 등이 1km가량 늘어서 있으며 2026년 여름까지 단계적인 리뉴얼 공사가 진행될 예정이다. **MAP ⑮**

Ⓖ 벳푸역

② 벳푸 관광의 '미스터 개척자'

아부라야 쿠마하치 동상
油屋熊八の像

JR 벳푸역 동쪽 출구 앞에는 벳푸 관광 개발에 앞장선 사업가 아부라야 쿠마하치(1863~1935)의 동상이 있다. 망토를 걸친 채 두 팔을 벌리고 미소 짓는 모습이 재치 넘치며 동상 아래에 새겨진 '아이들을 사랑한 반짝반짝 아저씨'라는 문구가 눈길을 끈다.

쿠마하치는 1948년 벳푸에서 일본 최초의 체인 호텔인 카메노이 호텔을 창업한 인물이다. 벳푸 버스 사업 부흥과 여성 버스 가이드 도입을 비롯해 유후인 온천 관광지 개발, 어린이 동화 클럽 운영 등 지역 사회 발전에도 크게 이바지했다. 동상 뒤에는 온천수에 손을 담글 수 있는 테유手湯가 있다. **MAP ⑮**

> 아기 도깨비가 망토 끝자락을 잡고 있는 모습이 앙증맞다.

Ⓖ 아부라야 쿠마하치 동상

테유

텐구랑 기념사진 찍기

야요이 상점가 やよい商店街

오랫동안 벳푸에서 가장 큰 상점가로 지역 주민의 사랑을 받아온 곳. 현재는 인근 백화점과 쇼핑몰에 상권을 뺏기며 분위기가 침체했지만 상점가를 상징하는 거대한 조각상 야요이텐구やよい天狗만은 발도장을 찍고 가야 할 사진 명소다. 1973년 화재 발생 뒤 복구 과정에서 액막이로 설치한 이 텐구는 일본 전설에 자주 등장하는 전설 속 요괴로, 빨간 얼굴에 기다란 코가 특징이다. 벳푸역과 토키와 벳푸점 사이, 큰길 남쪽에 위치한다. **MAP ⑮**

Ⓖ yayoi tengu
ADD Oita, Beppu, Motomachi, 16-23
OPEN 10:00~19:00
WALK JR 벳푸역 동쪽 출구에서 5분

> 상점가의 마스코트인 야요이텐구

④ 여행자를 위한 실속템 총집합

토키와 벳푸점

トキハ 別府店

벳푸를 대표하는 백화점으로, 2023년 대대적인 리뉴얼을 통해 활기를 되찾았다. 무인양품, 드럭스토어, 로프트, 세리아, 에디온 등 인기 브랜드가 빼곡하고 지하 1층에는 무료 족욕탕도 마련돼 있다. 특히 관광지에서 멀리 떨어져 있어 일부러 찾아가야 했던 토요켄과 로쿠세이 지점이 입점한 지하 1층 푸드코트 유케무리 요코초湯けむり横丁를 비롯해 지하 식품관의 큼직하고 신선한 초밥과 회는 이곳을 방문해야 하는 가장 큰 이유다. 백화점 바로 옆에는 벳푸 교통의 허브인 키타하마 버스센터와 벳푸 키타하마 정류장이 자리한다. **MAP ⑮**

ⓖ 토키와 백화점 벳푸점
ADD 2-9-1 Kitahama, Beppu
OPEN 10:00~19:00
WALK JR 벳푸역 동쪽 출구에서 6분/
벳푸 키타하마別府北浜 정류장에서 바로
WEB tokiwa-dept.co.jp/beppu

무료 족욕탕(타월 대여 100엔)

+MORE+

유케무리 요코초 맛집

◆ **로쿠세이** 手のべ冷麺専門店 六盛
벳푸 사람들의 소울푸드로 꼽히는 벳푸 냉면 전문점. 단맛 없이 깔끔하고 짭조름한 육수에 굵고 꼬들꼬들한 면발이 특징이다. 냉면 위에 양배추 김치를 고명으로 얹는 방식은 호불호가 갈린다.

냉면 990엔

ⓖ 로쿠세이 토키와 벳푸점
OPEN 11:00~19:00/
수 휴무
WEB 6-sei.com

◆ **토요켄** レストラン東洋軒
오이타 명물 토리텐とり天을 개발한 원조 맛집. 토리텐은 간장과 마늘로 간을 한 닭다리살에 달걀 반죽만 입혀 바삭하게 튀겨낸 닭튀김으로, 간장 소스에 찍어 먹는다. 정식을 주문하면 부드럽고 감칠맛 나는 중화풍 달걀국과 양배추 샐러드가 함께 나온다.

ⓖ 토요켄 토키와 벳푸점
OPEN 11:00~16:00,
17:00~19:00
WEB toyoken-beppu.
co.jp

토리텐 정식 1450엔
(단품 1250엔)

⑤ 벳푸의 야경을 완성하는

벳푸 타워

別府タワー

벳푸의 상징인 100m 높이의 전망 타워. 나고야, 오사카에 이어 1957년 일본에서 3번째로 지어진 고층 타워로, 국가 등록 유형 문화재이자 일본 야경 유산으로 지정돼 있다. 16·17층 전망대에서는 벳푸 시내 전경과 인근 지역, 시코쿠까지 훤히 내려다보인다. 2층에는 오이타현 출신 예술가들의 작품을 전시한 벳푸 아트 뮤지엄이 있다. **MAP ⑮**

ⓖ 벳푸 타워
ADD 3-10-2 Kitahama, Beppu
OPEN 09:30~21:30/폐장 30분 전까지 입장/
수 휴무(공휴일은 제외, 시설에 따라 다름)
PRICE 16·17층 전망대 800엔, 중·고등학생 600엔, 4세~초등학생 400엔/2층 벳푸 아트 뮤지엄 1000엔, 중·고등학생·800엔, 4세~초등학생 600엔
WALK JR 벳푸역 동쪽 출구에서 10분/토키와 벳푸점에서 3분
WEB bepputower.co.jp

+ M O R E +

에키마에 코토온센
駅前高等温泉

1924년 문을 연 공중목욕탕으로, 서양식 외관이 인상적이다. 시설은 낡았지만 요금이 저렴하고 위치가 좋아 인기가 높다. 욕탕은 서로 다른 두 원천에서 나오는 뜨거운 탕(약 44.5℃)과 미지근한 탕(38~40℃)으로 구분돼 있다. 티켓은 자동판매기에서 각각 구매하며 타월 및 세면도구는 유료. 2층에는 개인실(1인 2600엔)과 남성 전용 도미토리(1인 1600엔, 입욕세 100엔 별도)가 있어 온천과 숙박을 함께 이용할 수 있다. **MAP ⑮**

Ⓖ 에키마에 코토 온천
ADD 13-14 Ekimaecho, Beppu
OPEN 06:00~24:00
PRICE 뜨거운 탕(아츠유あつ湯)·미지근한 탕(누루유ぬる湯) 각 250엔, 6~11세 각 150엔
WALK JR 벳푸역 동쪽 출구에서 2분

⑥ 모래찜질로 에너지 풀충전
타케가와라온센
竹瓦温泉

1879년 문을 연 벳푸에서 가장 오래된 공중목욕탕. 온천 열을 이용한 모래찜질탕인 사나유砂湯로 유명하다. 사나유는 최대 8명으로 입원을 제한해 대기가 길 수 있으니 온천 입장 즉시 서둘러 가는 게 좋다. 티켓은 키오스크에서 구매하며(신용카드 가능) 한국어 안내도 잘 갖춰져 있다. 타월과 세면도구는 모두 유료. 일반탕은 협소하고 샤워 시설도 없지만 옛 대중탕 분위기를 체험해보기엔 괜찮다. **MAP ⑮**

Ⓖ 타케가와라 온천
ADD 16-23 Motomachi, Beppu
OPEN 일반탕 06:30~22:30, 모래탕 08:00~22:30/폐장 1시간 전까지 입장/매월 셋째 수요일(공휴일인 경우 그다음 평일) 휴무
PRICE 일반탕 300엔, 초등학생 100엔, 모래탕 1500엔(6세 이상 입욕 가능), 타월 350엔, 샴푸·린스·비누 세트 100엔, 드라이어(7분) 100엔
WALK JR 벳푸역 동쪽 출구에서 10분
WEB takegawara-onsen.com

⑦ 벳푸 쇼핑의 또 다른 키워드
유메타운 벳푸
ゆめタウン別府

토키와 벳푸점과 함께 벳푸 쇼핑을 책임지는 3층짜리 복합상업시설. 유니클로와 GU 대형 매장을 비롯해 패션 잡화 브랜드, 카페, 레스토랑, 게임센터 등 다양한 매장이 들어서 있다. 3층 푸드코트에서는 벳푸 냉면과 토리텐 등 벳푸 대표 먹거리를 맛볼 수 있고 1층 식품관도 둘러볼 만하다. **MAP ⑮**

Ⓖ 유메타운 벳푸
ADD 382-7 Kusunokimachi, Beppu
OPEN 09:30~21:00
WALK JR 벳푸역 동쪽 출구에서 12분/타케가와라온센에서 3분
WEB izumi.jp/tenpo/beppu

세월이 흘러도 변함없는 맛
벳푸를 빛내는 노포 명가

예부터 온천 이용객의 발길이 끊이지 않았던 벳푸에는 여행 입맛을 돋우는 다양한 음식이 발달했다.
세월이 담긴 손맛을 지닌 노포 맛집에서 벳푸의 식문화를 느껴보자.

튀김 냄새에 배가 꼬르륵
토요츠네 본점
とよ常

붕장어 텐동
1650엔

특상 텐동 1210엔

1957년 창업해 벳푸에서 가장
성공한 식당. 왕새우튀김 2개와
야채튀김 4개를 얹은 튀김덮밥(텐
동)을 부담 없는 가격에 맛볼 수 있다.
얇고 넓게 펼친 튀김옷으로 바삭함을 살린 튀김이 밥 위에
춤추듯 올려진 그릇을 마주하는 순간 감탄이 절로 터진다.
큼지막한 붕장어를 통째로 튀겨낸 붕장어 튀김덮밥은 인기
No.2. 테이블 간격이 널찍하고 좌석도 넓어서 여럿이 가기
좋고 한국어 메뉴도 잘 갖췄다. 벳푸역 앞에 있는 벳푸역점
은 접근성이 뛰어나다. **MAP ⑮**

Ⓖ 토요츠네 본점 | 토요츠네 벳푸역점
ADD 본점: 2-12-24 Kitahama, Beppu
벳푸역점: 5-30 Ekimae Honmachi, Beppu
OPEN 본점: 11:00~21:00/화·수 휴무
벳푸역점: 11:30~14:30, 17:00~21:00/목·금 휴무
WALK 본점: JR 벳푸역 동쪽 출구에서 10분/토키와 벳푸점에서 3분
벳푸역점: JR 벳푸역 동쪽 출구에서 2분

강아지빵 140엔

크림빵 120엔

백 년 내공 크림빵 맛집
토모나가 팡야
友永パン屋

벳푸에서 줄이 제일 길게 늘어서는 빵집. 1916년 오픈해
100년 넘게 대를 이어온 노포다. 부드러운 커스터드 크
림이 든 크림빵은 나오자마자 완판되는 인기 메뉴. 다양
한 빵들은 1개 100엔대로 저렴하다. 줄을 서서 기다리면
점원이 메뉴와 주문서를 나눠주고 주문을 받은 뒤 번호표
를 준다. 빵이 떨어졌을 경우 예약하고 빵 나오는 시간에
맞춰 찾으러 가면 된다. **MAP ⑮**

Ⓖ 토모나가팡야
ADD 2-29 Chiyomachi, Beppu
OPEN 08:30~18:00/일·공휴일 휴무
WALK JR 벳푸역 동쪽 출구에서 12분/타케가와라온센에서 7분
WEB instagram.com/tomonaga_panya

브렉퍼스트 세트 950엔

아즈키 커피 700엔

맥주 500엔~

레트로 카페에서 맛깔나는 한 끼
킷사 무무무
喫茶 ムムム

50년 넘은 킷사텐을 젊은 부부가 인수해 2016년 새롭게 문을 연 뒷골목 카페. 차분하고 클래식한 분위기, 친절한 서비스, 수준급 식사 메뉴로 현지인과 여행자 모두에게 인기를 누린다. 점심(11:00~15:00)에는 두툼한 달걀말이를 얹은 오므라이스와 반숙란을 올린 철판 나폴리탄을 추천. 버터 향과 케첩 라이스의 조화, 짙은 소스의 풍미까지 맛도 비주얼도 만족스럽다. 오전(~11:00)에는 버터 토스트, 스크램블 에그, 포크 소시지, 샐러드, 음료로 구성된 브렉퍼스트 세트를 즐길 수 있다. **MAP ⑮**

ⓖ kissa mumumu
ADD 1-27 Chuomachi, Beppu
OPEN 09:30~16:00(토 ~17:00)/일 휴무
WALK JR 벳푸역 동쪽 출구에서 5분
WEB facebook.com/kissamumumu

60년 된 킷사텐에 푹 빠지는 시간
킷사 나츠메
喫茶 なつめ

1963년, 핸드드립 커피 장인 나츠메 씨가 소르파세오 긴자 상점가에 문을 연 카페. 진갈색 목조 인테리어와 멜론 소다, 달걀샌드위치 같은 클래식한 메뉴가 정통 킷사텐 분위기를 더한다. 달지 않은 통팥앙금을 가득 채운 고쿠라 핫 샌드 세트小倉ホットサンドセット와 커피에 팥앙금을 섞어 마시는 아즈키あずき 커피가 특별 메뉴. 진한 커피에 바닐라 아이스크림을 푸짐하게 올린 커피 플로트コーヒーフロート도 추천한다. **MAP ⑮**

ⓖ 카페 나츠메
ADD 1-4-23 Kitahama, Beppu
OPEN 11:00~16:00/수 휴무
WALK JR 벳푸역 동쪽 출구에서 6분

옛날식 이자카야 챌린지!
후쿠야
ふくや

1948년 창업해 3대째 운영되는 10석 남짓한 소규모 카운터 이자카야. 맑고 담백한 닭뼈 육수에 20여 가지 오뎅 재료를 담아내며 단골손님이 끊이지 않는다. 다 먹은 꼬치를 유리병에 꽂아두면 색깔별로 커다란 나무 주판을 이용해 계산하는 모습이 인상적이고 잔술 대신 병맥주를 주로 파는 것도 옛 모습 그대로다. 영어는 통하지 않지만 로컬 이자카야 특유의 따뜻한 분위기를 느끼기 충분하다. 인기가 많아 문 열기 전부터 대기 줄이 생긴다. **MAP ⑮**

ⓖ fukuya 벳푸
ADD 3-8 Motomachi, Beppu
OPEN 18:00~22:30/일·월 휴무
WALK JR 벳푸역 동쪽 출구에서 5분

나폴리탄
스파게티 콤보
(샐러드와 음료 세트)
1100엔

커피 플로트 800엔

고쿠라 핫 샌드 630엔
(따뜻한 커피 세트 920엔)

오뎅은 꼬치 1개당
150·200·250엔
3가지로 구분돼 있다.

벳푸 시내에서 한 발짝 더
벳푸에서 조금은 특별한 하루

벳푸 시내를 조금만 벗어나면 버라이어티한 교외 명소가 여행자들을 반긴다. 산 정상에서 내려다보는 탁 트인 전망, 바다를 마주한 수족관에서의 느긋한 시간, 살아 있는 야생의 숨결을 가까이에서 느끼는 특별한 체험까지. 렌터카가 있다면 이 다채로운 코스를 더욱 여유롭게 누릴 수 있다.

분화의 시간을 지나 하늘로
벳푸 로프웨이 別府ロープウェイ

벳푸 시내·칸나와 유후인 사이에 있어 이동 중 잠시 들르기 좋은 명소. 해발 1375m의 츠루미다케鶴見岳 정상까지 101인승 대형 곤돌라를 타고 단 10분이면 도착한다. 정상에서 산책로를 따라 15분쯤 오르면 시야가 확 트이는 전망대가 펼쳐진다. 츠루미다케는 1100여 년 전 분화한 휴화산으로, 맑은 날엔 벳푸는 물론 유후다케와 아소쿠주 국립공원 연산까지 한눈에 들어온다. 산 아래보다 기온이 10℃ 이상 낮아 한여름에도 겉옷은 필수. 주차장 앞 규슈 소주관에는 규슈 각지 소주 500여 종이 진열돼 있어 로프웨이 탑승 전후로 둘러보기 좋다. MAP 363p

Ⓖ 벳푸 로프웨이
ADD 10-7 Minamitateishi, Beppu
OPEN 09:00~17:00(상행 막차 17:00, 하행 막차 17:30)/
11월 중순~3월 중순은 휴장 또는 30분 단축 운행/20~30분 간격 운행
PRICE 편도 1200엔/왕복 1800엔, 4세~초등학생 편도 600엔/왕복 900엔
BUS JR 벳푸역 서쪽 출구 앞에서 카메노이 버스 36번을 타고 벳푸 로프웨이 하차(20분, 500엔)/JR 벳푸역 동쪽 출구 앞 또는 칸나와 정류장에서 관광쾌속버스 유후린을 타고 약 40분/유후인역 앞 버스센터에서 카메노이 버스 36번을 타고 약 30분(750엔)
WEB beppu-ropeway.co.jp

심장이 쫄깃! 사자 먹이 주기 체험
아프리칸 사파리 九州自然動物公園 African Safari

약 115만㎡의 광활한 대지에 70여 종, 1400마리 이상의 동물이 서식하는 일본 최대 규모의 체험형 사파리 파크. 정글 버스를 타고 50분가량 순회하며 사자, 기린, 코끼리 등에게 기다란 집게로 먹이를 주는 체험이 인기다. 버스는 당일 선착순 탑승제이며 예약 불가. 캥거루와 카피바라를 만날 수 있는 후레아이 존, 승마 코너, 강아지·고양이 카페 등 체험 시설도 다양하고 레스토랑과 기념품숍도 잘 갖췄다. 개인 차량으로 사파리 존을 누빌 수 있는 마이카 사파리도 있다. MAP 363p

Ⓖ 아프리칸 사파리
ADD 2-1755-1 Minamihata, Ajimumachi
OPEN 09:00~16:00(11~2월 09:30~15:00)
PRICE 입장권 2600엔, 4세~중학생 1500엔/정글 버스 1500엔
BUS JR 벳푸역 서쪽 출구 앞 3번 정류장에서 카메노이 버스 41번을 타면 칸나와② 정류장을 경유해 사파리사파리까지 간다. JR 벳푸역에서 약 46분 소요(900엔), 칸나와②에서 약 30분 소요(660엔)/JR 벳푸역 기준 08:50~14:50/30분~1시간 간격 운행
WEB africansafari.co.jp

바다코끼리야, 뿌잉뿌잉!
우미타마고 うみたまご

'동물들과 친해지기'를 테마로 한 체험형 수족관. 벳푸 근교에서 아이와 함께 가기 좋은 명소다. 바다가 보이는 건물에 약 90종 1500마리의 물고기가 헤엄치는 대형 수조를 비롯해 다양한 전시를 갖췄으며 2층에는 해양생물을 직접 만져볼 수 있는 체험 공간도 있다. 수족관의 슈퍼스타인 바다코끼리 공연 후에는 바다코끼리를 만져보는 특별한 시간이 주어진다. **MAP 363p**

ⓖ 우미타마고 수족관
ADD 3078-22 Kanzaki, Oita
OPEN 09:00~17:00/폐장 30분 전까지 입장
PRICE 3000엔, 초등·중학생·1500엔, 4세~미취학 아동 1000엔
BUS JR 벳푸역 동쪽 출구 앞에서 오이타 버스 AS60번 또는 벳푸 키타하마 정류장에서 오이타 버스 AS71번을 타고 타카사키야마高崎山 하차(12~16분, 280엔) 후 바로
WEB umitamago.jp

벳푸를 한눈에 담는 조용한 전망대
글로벌 타워 グローバルタワー

콘서트 홀과 국제회의장 등을 갖춘 비콘 플라자B-Con Plaza의 상징적 구조물. 원주와 곡면이 조화를 이루는 독창적 외관이 인상적이다. 높이 125m, 100m 지점의 전망 테라스에서는 벳푸 시가지와 벳푸 만의 전경이 360°로 펼쳐진다. 엘리베이터로 이동하며 입장료가 저렴하고 방문객이 많지 않아 조용한 분위기 속에서 벳푸의 일상을 여유롭게 감상할 수 있다. 단, 천장이 뚫려 있어 비 오는 날엔 주의가 필요하고 기상 상황에 따라 휴관할 수 있다. 근처에는 잔디광장과 연못이 어우러진 벳푸 공원이 있고 도보 15~20분 거리에는 케이블카로 오르는 복고풍 유원지 라쿠텐치ラクテンチ가 있어 함께 둘러보기 좋다. **MAP 363p**

ⓖ 글로벌 타워
ADD 12-1 Yamanotecho, Beppu
OPEN 09:00~21:00(12~2월 ~19:00)/12월 29일~1월 3일 휴무
PRICE 300엔, 중학생 이하 200엔
BUS JR 벳푸역 서쪽 출구 앞 1번 정류장에서 카메노이 버스 3번, 36번, 8번을 타고 약 8분(190엔), 비콘 플라자 앞ビーコンプラザ前 하차
WEB b-conplaza.jp/ko

벳푸 여행의 핵심
벳푸 지옥 순례 別府地獄めぐり

칸나와鉄輪는 마을 전체에 온천 수증기가 하얗게 피어올라 장관을 이루는 온천 지대다. 지하 250~300m에서 100℃ 전후의 열탕과 수증기가 솟아오르는 모습이 지옥 같다고 해 이름 붙여진 7개 지옥을 차례로 둘러보는 '지옥 순례(지고쿠메구리地獄めぐり)'는 벳푸 여행의 하이라이트! 레트로한 온천마을 분위기를 느끼며 지옥찜 요리를 맛보는 경험도 특별하다.

피의 연못 지옥 앞
血の池地獄前

⑩ 피의 연못 지옥
(치노이케지고쿠)

⑪ 소용돌이 지옥
(타츠마키지고쿠)

0   200m

가마솥 지옥
(카마도지고쿠) 가마솥
③   찻집

바다 지옥
(우미지고쿠)①

극락만주 본점·
카페테리아 우미

칸나와엔

도깨비산 지옥
(오니야마지고쿠)
④

지옥 온천
⑤ 뮤지엄
미유키자카
みゆき坂

이야시노야도 이로하

⑨ 무스비노
⑧
후지야 하나야모모

칸나와
鉄輪②
칸나와·鉄輪①

이데유자카
いでゆ坂

언덕길

지고쿠메구리 거리
地獄めぐり通り

흰 연못 지옥
⑥ (시라이케지고쿠)

지옥찜 공방 칸나와

야스라기노야도
유후

오니이시노유

스님 머리 지옥
② (오니이시보즈지고쿠)

바다 지옥 앞
海地獄前

쿠르다야 호텔

효탄온센
地獄原·ひょうたん温泉

칸나와구치
鉄輪口

효탄온센

서쪽 출구 3번 정류장

동쪽 출구 5번 정류장

칸나와 가는 법

칸나와행 버스는 JR 벳푸역 서쪽 출구 앞 3번 정류장과 동쪽 출구 앞 5번 정류장에서 출발하며 노선에 따라 요금과 소요 시간이 다르다. 운행편수는 서쪽 출구 쪽이 훨씬 많고 동쪽 출구에서 출발하는 버스는 벳푸 키타하마 정류장을 경유한다.

칸나와鉄輪(철륜) 정류장은 벳푸 시내에서 출발한 모든 칸나와행 카메노이 버스가 지나는 작은 버스터미널로, 칸나와①과 칸나와② 2곳의 정류장이 대각선으로 마주보고 있다. 벳푸 시내 방면은 칸나와①을, 유후인·후쿠오카 방면은 칸나와②를 이용한다. 칸나와②에는 관광안내소와 코인로커도 마련돼 있다. 유후인·후쿠오카에서 칸나와로 가는 방법은 360p, 361p 참고.

◆ JR 벳푸역 출구별 칸나와행 버스 노선 안내

출발	도착 정류장	버스 번호	배차 간격	소요 시간	요금
서쪽 출구 3번 정류장	바다 지옥 앞 海地獄前	5번, 7번, 41번	1시간 1~2편	18분	390엔
		1번, 2번	1시간 2편	23분	390엔
동쪽 출구 5번 정류장	바다 지옥 앞 海地獄前	24번	1~2시간 1편	24분	420엔
	효탄온센 地獄原·ひょうたん温泉	20번	1~2시간 1편	26분	380엔
	피의 연못 지옥 앞 血の池地獄前	26A번, 26번	1시간 1~3편	30분	460엔

칸나와① 정류장

칸나와② 정류장

+ M O R E +

칸나와의 코인로커 & 수하물 보관소

칸나와를 경유해 다른 지역으로 이동할 계획이라면 지옥 온천 뮤지엄(377p)의 무료 수하물 보관소(09:00~18:00, 최대 10개) 또는 칸나와② 정류장의 코인로커(06:00~22:00, 중형 600엔·대형 700엔)에 짐을 맡기자.

지옥 온천 뮤지엄 수하물 보관소

칸나와② 정류장의 코인로커

지옥 순례 추천 코스

7개 지옥 중 북쪽에 멀리 떨어진 2곳을 제외한 5곳은 가까운 거리에 모여 있어 도보로 둘러볼 수 있다. 순례길의 서쪽 끝 고지대에 위치한 바다 지옥부터 여행을 시작하면 내리막길로 이동할 수 있어 훨씬 수월하며 전체 동선도 깔끔하게 이어진다. 바다 지옥 앞(우미지고쿠마에) 정류장에서 하차해 바다 지옥을 관람한 뒤 지고쿠메구리 거리地獄めぐり通り와 미유키자카みゆき坂 언덕길을 따라 내려오며 스님 머리 지옥, 가마솥 지옥, 도깨비산 지옥, 흰 연못 지옥 순으로 둘러보면 칸나와 정류장에 도착한다. 이후에는 이데유자카 언덕길いでゆ坂를 걸으며 지옥찜 요리를 맛보고 효탄온센(380p)에 들러 당일 온천을 즐기는 것도 좋다.

이 모든 온천마을의 정취를 느끼며 돌아보는 데는 반나절이면 충분하다. 입장권은 각 지옥 입구의 티켓 판매소에서 판매하며 1곳당 500엔, 7개 지옥이 모두 포함된 공통권(363p)은 2400엔, 초등·중학생은 반값이다.

WEB beppu-jigoku.com

+MORE+

바다 지옥의 먹거리

◆ **카페테리아 우미** カフェテリア海

바다 지옥 입구 왼쪽에 자리한 카페테리아. 야외석이 있는 깔끔하고 넉넉한 공간이며 바다 지옥 입장권 없이도 누구나 이용할 수 있다. 바다 지옥의 증기로 만든 지옥 스팀 푸딩(400엔)은 달걀의 풍미를 살린 진한 맛이 일품. 온천 달걀(150엔)과 소프트 아이스크림(450엔)도 인기 간식이다.

OPEN 08:00~17:00

◆ **극락만주 본점** 極楽饅頭本舗

바다 지옥에서 출구로 나가기 직전, 만주 찜기에서 수증기가 펄펄 피어오르는 곳. 입장권 없이도 이용할 수 있다. 바다 지옥의 지열로 쪄낸 한입 크기 극락만주가 유명하다. 15개입 1팩 650엔.

OPEN 08:00~16:30

---

① 푸른 온천의 전설

바다 지옥 (우미지고쿠)
海地獄

지옥 중에서 가장 규모가 크고 인기도 높은 곳. 황산철 성분으로 인해 물빛이 남태평양을 연상케 하는 코발트블루색을 띠며 온도는 무려 98℃에 이른다. 신사와 정원 등 다양한 볼거리를 갖춘 국가 지정 명승으로, 지옥 순례의 출발점이자 상징 같은 존재다. 지옥 순례를 마친 뒤 카페테리아에 들러 잠시 쉬어 가는 것도 좋다. **MAP ⑯**

Ⓖ 바다지옥
ADD 559-1 Kannawa, Beppu
OPEN 08:00~17:00
PRICE 500엔, 초등·중학생 250엔
WALK 바다 지옥 앞(우미지고쿠마에)海地獄前 정류장에서 3분
WEB umijigoku.co.jp

② 둥그렇게 끓어라, 솟아올라라

스님 머리 지옥 (오니이시보즈지고쿠)
鬼石坊主地獄

바다 지옥에서 나와 오른쪽으로 조금만 이동하면 만나게 되는 온천. 지열로 뜨거워진 회색 진흙이 둥글게 끓어오르는 모습이 마치 스님의 머리 같다고 해 이름 붙여졌다. 오니이시鬼石라는 지명에서 유래했다는 설도 있다. **MAP ⑯**

Ⓖ oniishi bozu jigoku
ADD 559-1 Kannawa, Beppu
OPEN 08:00~17:00
PRICE 500엔, 초등·중학생 250엔
WALK 바다 지옥에서 3분
WEB oniishi.com/oniishi-bouzu-jigoku

바다 지옥 둘러보기

2 기념품숍 렌REN
규슈의 인기 기념품과 바다 지옥 온천수로 만든 분말형 입욕제 등을 판매한다. 2층에 전망대가 있다.

3 바다 지옥海地獄
팔팔 끓는 온천수이지만 바다처럼 수심이 깊어 빛이 반사되면서 파란색을 띤다.

1 바다 지옥 정원海地獄庭園
입구에 들어서자마자 가장 먼저 마주치는 연못 정원. 7~10월에는 연꽃이 흐드러지게 핀다.

4 벳푸 하쿠류이나리 신궁
白龍稲荷大神
바다 지옥을 지나면 보이는 신사. 가정의 평화와 사업 번창, 교통안전을 기원하는 장소로, 붉은 도리이가 인상적이다.

5 바다 지옥 전망대
海地獄 展望台
바다 지옥을 한눈에 내려다볼 수 있는 곳. 안쪽에 무료 갤러리와 벤치가 있어 쉬어 가기 좋다.

6 지옥 분기 이용 온실
地獄噴気利用温室
바다 지옥의 증기를 활용해 연꽃을 재배하는 온실. 11~12월 휴무.

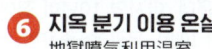

7 아카이케赤池
푸른 바다 지옥과 대조되는 붉은색을 띠어 '빨간 연못'이라 불린다.

8 바다 지옥 족탕海地獄 足湯
무료로 족욕을 즐길 수 있다. 타월은 매점에서 구매 가능(1개 250엔).

색이 변하는 지옥 5초메

온천 체험 코너,
극락 1~4초메

③ 펄펄 끓는 가마솥 들여다보기
가마솥 지옥(카마도지고쿠)
かまど地獄

돌 틈에서 증기가 새어 나오는 모습이 가마솥을 닮아 '가마솥 지옥'이라는 이름이 붙었다. 벳푸에서는 봄가을 대제 때 이곳의 수증기로 밥을 지어 신에게 바치는 관습이 있었다고 전해진다. 규모는 바다 지옥보다 훨씬 작지만 붉은색, 파란색, 회색 등 색과 성질이 다른 6개의 온천이 모여 있어 아기자기한 매력을 느낄 수 있다. 각 온천에는 1초메丁부터 6초메까지 번지수가 붙어 있어 차례로 둘러보기 좋고 기념품점과 간식 코너도 잘 갖췄다. 온천 체험 코너도 흥미로운데, 마시면 10년이 젊어진다는 음용 온천 (종이컵 1개 10엔), 무료 수·족욕탕, 목과 피부에 증기를 쐬는 스팀탕 등이 있다. MAP ⑯

가마솥 지옥의 마스코트,
도깨비가 있는 지옥 2초메

지옥 6초메

ⓖ 가마도 지옥
ADD 621 Kannawa, Beppu
OPEN 08:00~17:00
PRICE 500엔, 초등·중학생 250엔
WALK 바다 지옥에서 1분
WEB kamadojigoku.com

+MORE+
가마솥 찻집(카마도차야)
かまど茶屋

가마솥 지옥 안에 있는 작은 매점. 바다 지옥의 카페테리아보다 간식 종류가 더 다양하고 알차다. 온천 달걀(100엔), 라무네(250엔), 간장 푸딩(400엔)이 이곳의 3대 먹거리로 손꼽힌다.

OPEN 08:00~17:00

④ 도깨비랑 악어랑 놀자
도깨비산 지옥(오니야마지고쿠)
鬼山地獄

1948년부터 입구 바위에 걸터앉아 있는 빨간 도깨비상이 포토 포인트다.

온천 열을 이용해 악어를 포함한 약 70마리의 동물을 사육하고 있어 '악어 지옥'이라는 별칭을 가졌다. 원천 온도가 매우 높아 안개가 낀 듯 수증기로 뒤덮인 주변 풍경이 신비로운 분위기다. 주말 오전 10시 피딩 타임에는 박력 넘치게 먹이를 받아먹는 악어를 관찰할 수 있다. **MAP ⑯**

Ⓖ 귀산지옥
ADD 625 Kannawa, Beppu
OPEN 08:00~17:00
PRICE 500엔, 초등·중학생 250엔
WALK 가마솥 지옥에서 1분
WEB beppu-jigoku.com/oniyama

⑤ 감각적인 아트 & 휴식 공간
지옥 온천 뮤지엄
地獄温泉ミュージアム

다양한 각도로 이루어진 거울 벽, 마치 물 위에 떠 있는 듯한 사진을 찍을 수 있다.

온천을 테마로 한 몰입형 미디어아트 전시관. 빗물이 땅속에 스며들어 여러 지층을 통과하고 마침내 온천수가 되는 과정을 4개의 입체 영상으로 실감 나게 체험할 수 있다. 1층 뮤지엄 카페(50 Café)에서는 규슈산 식재료로 만든 핫도그와 소프트아이스크림, 기념품을 판매한다. 건물 규모가 크고 뒤뜰에 테이블이 마련돼 있어 휴식 장소로도 적합하며 캐리어 10개까지 보관 가능한 무료 수하물 보관소도 운영한다. **MAP ⑯**

Ⓖ jigoku onsen museum
ADD 321-1 Kannawa, Beppu
OPEN 09:00~18:00/폐장 30분 전까지 입장/연간 4일 부정기 휴무
PRICE 1500엔, 초등·중학생 1000엔
WALK 도깨비산 지옥에서 1분/칸나와 정류장에서 2분/칸나와구치鉄輪口 정류장에서 6분
WEB jigoku-museum.com

⑥ 산신령이 나타날 것만 같은
흰 연못 지옥(시라이케지고쿠)
白池地獄

청백색의 열탕이 특징인 온천. 지하에 있을 땐 무색투명이지만 지상으로 솟아오르며 압력과 온도가 급격히 낮아져 하얀색으로 변한다. 안쪽에는 온천 열로 아마존 열대어를 기르는 수족관이 있다. 국가 지정 명승이다. **MAP ⑯**

Ⓖ 흰연못지옥
ADD 283-1 Kannawa, Beppu
OPEN 08:00~17:00
PRICE 500엔, 초등·중학생 250엔
WALK 지옥 온천 뮤지엄 바로 앞
WEB shiraikejigoku.com

⑦ 후끈후끈 건강 찜 요리
지옥찜 공방 칸나와
(지고쿠무시코보 칸나와)
地獄蒸し工房 鉄輪

100℃에 가까운 온천 증기로 육류·해산물·야채 등
을 쪄내는 지옥찜 전문점 중 평이 가장 좋은 곳이
다. 대표 메뉴는 해산물 세트, 고기·야채 세트, 지옥
찜 모둠(2000~2300엔)이며 돼지고기와 야채를 층
층이 쌓아 온천 증기로 쪄낸 샤부샤부와 옥수수찜
도 인기다. 재료가 담긴 조리 기구를 받아 직접 증
기에 찌는 방식이며(가마 사용료 400엔/15분 별도)
리셉션에서 번호표를 뽑고 키오스크(한국어)에서
결제한 뒤 식사를 마치면 퇴식구에 식기를 반납한
다. 성수기에는 대기 줄이 길어지니 오픈런 권장.
바로 옆에 무료 족욕탕이 있어 식사 후 잠깐 휴식하
기 좋다. **MAP ⑯**

ⓖ 지고쿠무시코보 칸나와
ADD 8F8G+5F 벳푸시
OPEN 10:00~18:00
WALK 지고쿠 온센 뮤지엄에서 3분/
칸나와 정류장에서 2분/
칸나와구치鉄輪口 정류장에서 4분
WEB jigokumushi.com

케이크 & 커피 세트 1150엔~

⑧ 130년 역사와 예술이 깃든 공간
후지야 하나야모모
冨士屋 一也百 Hall & Gallery

오래된 료칸을 개조해 카페, 기념품점, 갤러리, 콘서트홀 등으로
사용하는 복합상업시설. 벳푸 유일의 메이지 시대(1899) 건축
물이며 국가 등록 유형문화재로 지정돼 있다. 1층에서 신발을 벗
고 들어가는 카페 하나야모모는 일본 중세 가구로 꾸며진 고풍스
러운 공간으로, 편안한 소파에 앉아 여유를 만끽할 수 있다. 기념
품점에서는 귀엽고 품격 있는 잡화와 각종 수제 잼, 칸나와에서
유용하게 쓰이는 족욕용 일러스트 타월 등을 판매한다. 2025년
에 3층 규모의 라이프스타일 호텔을 개업해 다시금 주목받고 있
다. **MAP ⑯**

ⓖ 후지야 하나야 모모
ADD 上1組 Kannawa, Beppu
OPEN 카페 10:00~17:00(오후에는 2층의 공
연 소음으로 입장 불가한 날 있음)/월·화 휴무
WALK 칸나와 정류장에서 3분
WEB fujiya-momo.jp

돼지고기와 야채 전골, 고등어구이 등으로 구성된 오늘의 무스비노 런치 1650엔

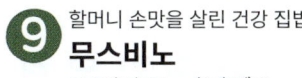

9 할머니 손맛을 살린 건강 집밥
무스비노
ここちカフェ むすびの

노부부가 운영하는 유기농 요리 전문 카페. 영양 가득한 집밥 스타일의 무스비노 런치むすびのランチ가 일품이다. 런치 주문 시 녹차, 홍차, 커피(핫·아이스) 등 다양한 음료를 무제한 제공하는 점도 매력. 주문부터 식사 준비까지 할머니 혼자 담당하므로 시간 여유를 갖고 방문하는 것이 좋다. 바로 옆 무료 목욕탕 네츠노유熱の湯温泉 옆에 전용 주차장이 있다. **MAP ⑯**

ⓖ kokochi cafe musubino
ADD 上1組 Kannawa, Beppu
OPEN 07:30~09:30, 11:30~17:00(수 11:30~17:00)/
목·금 휴무(공휴일은 제외)
WALK 후지야 하나야모모에서 1분

10 오싹오싹 살벌한 지옥
피의 연못 지옥(치노이케지고쿠)
血の池地獄

1300년 넘게 끓어온, 일본에서 가장 오래된 천연 온천이자 국가 지정 명소. 원천 부근의 점토층이 녹아 올라와 붉게 물든 모습이 마치 피가 끓는 지옥 가마 같다 하여 이처럼 무시무시한 이름이 붙었다. 매점에서는 이곳 진흙으로 만든 피부 연고가 인기이며 매장 왼쪽 계단을 오르면 피의 연못이 내려다보이는 포토 포인트가 있다. 마지막엔 무료 족탕에서 여정을 마무리한다. **MAP 372p**

ⓖ chinoike jigoku
ADD 778 Noda, Beppu
OPEN 08:00~17:00
PRICE 500엔, 초등·중학생 250엔
WALK 피의 연못 지옥 앞(치노이케지고쿠마에)血の池地獄前 정류장에서 1분
WEB chinoike.com

11 우리나라에서 볼 수 없는 간헐천
소용돌이 지옥(타츠마키지고쿠)
龍巻地獄

105℃의 펄펄 끓는 온천수가 솟아오르는 간헐천이다. 분출 간격은 30~40분으로 길고 분출 시간은 3~10분 정도로 짧아 타이밍이 맞지 않으면 관람석에서 한참 동안 기다려야 한다. 안전상의 이유로 온천수가 지붕에 부딪혀 다시 떨어지기 때문에 규모에 비해 다소 시시하게 느껴질 수 있지만 우리나라에서는 보기 힘든 간헐천을 직접 눈앞에서 본다는 데 의의가 있다. 국가 지정 명승이다. **MAP 372p**

ⓖ 회오리지옥
ADD 782 Noda, Beppu
OPEN 08:00~17:00
PRICE 500엔, 초등·중학생 250엔
WALK 피의 연못 지옥에서 1분
WEB beppu-jigoku.com/tatsumaki/

칸나와 당일 온천

피로를 싹 날릴 특급 처방

전통의 멋과 편안함을 갖춘 인기 온천부터 가족 단위에 어울리는 대형 시설, 지옥 순례 중 들르기 좋은 조용한 온천까지. 칸나와에는 취향에 따라 고를 수 있는 당일 온천이 다양하다.

벳푸 당일 온천 대표주자

효탄온센
ひょうたん温泉

창업 100년이 넘었지만 현대적인 시설과 세심한 서비스로 꾸준히 사랑받는 대표 온천 시설. 세찬 물줄기로 어깨와 등의 피로를 푸는 용탕, 계곡처럼 온천수가 쏟아지는 노천탕, 1922년에 만든 호리병(효탄瓢箪) 모양의 바위탕 등을 갖췄다. 가족탕과 모래찜질은 가족 단위 여행자에게 제격. 지옥찜, 벳푸 냉면, 푸딩 등 명물 먹거리와 넓은 휴게실도 있어 하루 종일 머물러도 될 정도다. 입장권은 키오스크(한국어)에서 구매하며 한국어 안내도 잘돼 있다.
MAP ⑯

Ⓖ 효탄온천
ADD 159-2 Kannawa, Beppu
OPEN 09:00~24:00
PRICE 대욕장 1160엔, 7~12세 400엔, 4~6세 280엔/
가족탕 60분(성인 3명 기준) 2400엔/모래찜질용 유카타 840엔/
목욕 타월 200엔
WALK 칸나와 정류장에서 7분/스나바루砂原 정류장에서 4분/
지고쿠바루·효탄온센地獄原·ひょうたん温泉 정류장에서 2분
WEB hyotan-onsen.com/korea/

접근성, 시설 모두 Good

오니이시노유
鬼石の湯

스님 머리 지옥 옆에 있어 찾아가기 쉬운 곳. 실내탕, 노천탕, 가족탕, 휴게실 등을 고루 갖췄고 욕탕 안에는 샴푸, 린스, 바디워시도 준비돼 있다. 입욕권과 타월은 키오스크(한국어)에서 구매하며 신용카드 결제 가능. 음료, 온천 달걀, 온천 찜 푸딩 등 간식도 판매한다. **MAP ⑯**

Ⓖ 오니이시노유
ADD 559-1 Kannawa, Beppu
OPEN 10:00~22:00/화 휴무
PRICE 620엔, 초등학생 300엔, 미취학 아동 200엔/가족탕(최대 4인)
60분 2000엔·3300엔/타월 대여 150엔
WALK 스님 머리 지옥 바로 옆
WEB oniishi.com/oniishi-no-yu

일본 최고의 온천마을에서 하룻밤

벳푸 온천 료칸 & 호텔

일본에서 가장 다양한 온천 수질을 가진 벳푸를 당일치기로 스쳐 지나가는 건 최고급 뷔페에서 샐러드만 맛보는 격. 하룻밤이라도 느긋하게 머물며 벳푸의 다채로운 온천수를 만끽해보길 권한다.

벳푸의 디테일과 품격을 담은 곳
호시노 리조트 카이 벳푸
界 別府

'드라마틱한 온천마을'을 컨셉으로 2021년 벳푸역에서 도보 10분 거리에 문을 연 료칸. 세계적인 건축가 쿠마 켄고가 활기찬 벳푸 거리 풍경을 건물 전체에 녹여내 벳푸의 정수를 현대적으로 재해석한 공간이라 평가받는다. 전 객실 오션뷰, 일본 정원을 품은 대욕장, 반개인실에서 가이세키로 맛보는 오이타현 향토 요리, 벳푸만을 마주한 노천 족욕탕, 수준 높은 접객이 휴식에 깊이를 더한다. 밤에는 온천 증기가 피어오르는 '지옥 라멘' 노점과 저그 밴드 공연, 핀볼 게임, 센베 만들기 등 다채로운 이벤트가 이어진다. 라이브러리의 차와 커피, 품격 있는 기념품점도 매력적이다. **MAP ⑮**

©호시노 리조트

G 호시노 리조트 카이 벳푸
ADD 2-14-29 Kitahama, Beppu
PRICE 1박 1인 조식·석식 포함 1만7000엔~
WALK 벳푸역 동쪽 출구에서 10분
WEB hoshinoresorts.com/ja/hotels/kaibeppu/

가족, 연인끼리 오붓한 별채 온천
이야시노야도 이로하 癒しの宿 彩菓

모든 객실이 노천탕 또는 반노천탕이 딸린 별채형으로 구성돼 커플이나 가족 단위 여행객에게 인기 있는 프라이빗 숙소. 최근 리모델링을 마쳐 더욱 깔끔하며 복층 구조의 객실도 마련돼 있다. 식사를 제공하지 않는 대신 가격이 합리적이고 생맥주와 커피 등을 무료로 제공해 좋은 평가를 받고 있다. 대욕장은 24시간 개방되며 당일 온천(10:00~16:00)도 가능하다. 칸나와 정류장에서 가까워 대중교통 이용도 편리하다. **MAP ⑯**

G 이야시노야도 이로하
ADD 6 Kumi, Kannawa, Beppu
PRICE 1박 1인 식사 불포함 1만2000엔/ 당일 온천 1000엔, 초등학생 500엔
WALK 칸나와 정류장에서 3분
WEB gloria-g.com/iroha/

나만 알고 싶은 프라이빗 료칸
야스라기노야도 유후 やすらぎの宿 由布

칸나와 온천 중심에 자리한 아담한 료칸. 지옥 온천이 도보권에 있어 이동이 편리하다. 최근 리뉴얼을 마쳐 깔끔한 7가지 스타일의 객실과 4개의 가족탕(실내탕 2, 노천탕 2)을 갖췄다. 모든 탕은 원천에서 직접 끌어올린 온천수를 끊임없이 흘려보내는 카케나가시掛け流し 방식으로, 항상 신선한 온천욕을 즐길 수 있다. 오이타산 생선회, 분고규 스테이크, 지옥 찜 등으로 구성된 저녁 식사와 일본 가정식에 빵과 커피를 곁들인 아침 식사도 호평받는다. 어린이는 투숙 불가. **MAP ⑯**

ⓖ 야스라기노야도 유후
ADD 4-2 Kannawa Higashi, Beppu
PRICE 1박 1인 조식·석식 포함 1만7160엔~
WALK 칸나와 정류장에서 8분/지고쿠바루地獄原 정류장에서 3분
WEB y-yufu.jp

자체 원천에서 흐르는 낭만
칸나와엔 山荘 神和苑

전통과 모던이 조화를 이루는 고지대의 고급 료칸. 벳푸 시내를 내려다보는 전망이 탁월하다. 2개의 자체 원천을 보유해 남녀 대욕장, 전망 노천탕, 4가지 스타일의 가족탕 등 모든 탕에 100% 천연 온천수를 공급한다. 넓은 부지 안에는 전통 예술 극장 노가쿠당과 유형문화유산으로 지정된 일본 정원이 있어 산책하는 즐거움도 크다. 지옥 온천이 도보권이며 벳푸역까지 무료 셔틀버스를 운영한다. 무료 주차장 완비. **MAP ⑯**

ⓖ 칸나와엔
ADD 345 Kannawa, Beppu, Oita
PRICE 1박 1인 조식·석식 포함 2만엔~
WALK 칸나와 정류장에서 8분/바다 지옥에서 4분
WEB kannawaen.jp

뛰어난 입지에 인피니티 뷰까지
유사이노야도 보우카이 別府温泉 悠彩の宿 望海

벳푸만에 인접해 대부분의 객실과 옥상 노천탕, 대욕장에서 바다 전망과 벳푸 시내 야경을 조망할 수 있는 료칸. 2개의 자체 원천에서 솟는 천연 온천수는 피부를 촉촉하게 해주는 물로 입소문이 나 있다. 2024년 남녀 대욕장과 사우나를 갖춘 온천동이 본관 옆에 새로 오픈하며 시설도 강화됐다. 벳푸 타워와 돈키호테가 가까워 관광과 쇼핑에도 편리하다. **MAP ⑮**

ⓖ 유사이노야도 보우카이
ADD 3-8-7 Kitahama, Beppu
PRICE 1박 1인 조식 포함 1만3200엔~
WALK 벳푸역 동쪽 출구에서 12분/벳푸 타워에서 2분
WEB bokai.jp

고급 료칸이 부럽지 않은 호텔
벳푸 핫토 온야도 노노 別府八湯 御宿 野乃別府

도미인으로 유명한 비즈니스 호텔 체인이 선보이는 일본풍 프리미엄 브랜드로, 2023년 벳푸역 앞에 문을 열었다. 전통 료칸의 정서와 현대적 편의성을 결합해 로비와 객실이 다다미로 돼 있어 맨발로 편안하게 다닐 수 있다. 최상층 대욕장부터 7개의 가족탕까지 벳푸 8탕을 테마로 한 다양한 온천이 있으며 가족탕은 객실 TV에서 실시간 이용 현황을 확인한 뒤 가능한 시간에 맞춰 방문하면 된다. 웰컴드링크, 아이스크림, 유산균음료, 야식 라멘, 마사지 의자, 만화책 등도 모두 무료. 오이타 향토요리와 서양식 메뉴가 어우러진 조식 뷔페도 만족도가 높다. **MAP ⑮**

Ⓖ 벳부핫토 온야도 노노
ADD 2-6 Ekimae Honmachi, Beppu
PRICE 1박 1인 조식 포함 1만1700엔~/시기에 따라 변동 있음
WALK 벳푸역 동쪽 출구에서 1분
WEB dormy-hotels.com/dormyinn/hotels/nono_beppu/

도심 한복판의 리조트급 여유
아마넥 벳푸 유라리 アマネク別府ゆらり

벳푸역 동쪽 출구 인근에 자리한 디자인 호텔. 총 191개의 다양한 객실은 전통과 현대가 어우러진 스타일리시하고 따뜻한 분위기를 자아낸다. 특히 벳푸만이 한눈에 들어오는 루프탑 인피니티풀과 대욕장은 이곳의 자랑이다. 인피니티풀 비운영 기간에는 숙박비가 비교적 저렴한 편. 라운지, 바, 사우나(남성 전용), 피트니스센터, 휴식 살롱 등 부대시설도 다양하며 지역 특산물을 활용한 조식 뷔페까지 합리적인 가격대에 즐길 수 있다. **MAP ⑮**

Ⓖ 아마넥 벳푸 유라리
ADD 6-35 Ekimae Honmachi, Beppu
PRICE 1박 1인 조식 포함 8480엔~
WALK 벳푸역 동쪽 출구에서 3분
WEB amanekhotels.jp/beppu/

천연 온천이 있는 갓성비 호텔
슈퍼 호텔 벳푸 에키마에 スーパーホテル別府駅前

일본 대표 비즈니스 호텔 체인으로, 벳푸역 바로 옆이라는 탁월한 입지에 벳푸 온천수를 끌어온 남녀별 천연 온천 대욕장을 갖춰 가격 대비 만족도가 높다. 유기농 식재료 중심의 무료 조식 뷔페와 웰컴바도 제공된다. 객실은 전반적으로 작지만 다양한 스타일이 있으며 친환경 어메니티 제공에 베개 선택도 가능. 주변에 편의점과 식당이 많아 여행자에게 편리한 조건을 갖췄다. **MAP ⑮**

Ⓖ superhotel beppu ekimae
ADD 13-8 Ekimaecho, Beppu
PRICE 1박 1인 조식 포함 7500엔~
WALK 벳푸역 동쪽 출구에서 1분
WEB superhotel.co.jp/s_hotels/beppu/

구로카와 온천

黒川温泉

'검은 강'이라는 뜻을 지닌 구로카와 온천은 아소산 북쪽, 해발 700m 고지에 자리한 조용한 산속 온천마을이다. 마을 중심을 흐르는 타노하라강의 졸졸 흐르는 물소리와 때묻지 않은 듯한 자연, 곳곳에서 솟아나는 7종류의 온천수 덕분에 사계절 내내 여행자의 발길이 이어진다.

Area Guide

야마구치현

시모노세키 모지코(기타큐슈)

고쿠라(기타큐슈)

후쿠오카 후쿠오카현

오이타공항

다자이후 오이타현

오이타공항

야나가와 유후인 벳푸

구로카와 온천

구마모토현

구로카와 온천은 계절마다 다른 풍경을 선사한다. 봄에는 벚꽃, 가을에는 단풍이 마을을 물들이고 여름에는 선선한 기온 속에서 반딧불을 볼 수 있다. 겨울에는 눈 덮인 노천탕과 강물 위에 조명이 떠오르는 라이트업 이벤트(12월 중순~3월)가 낭만을 더한다. 구로카와 온천 여행의 백미는 나무로 만든 온천 패스 뉴토테가타를 목에 걸고 마을을 돌며 25개 료칸 중 3곳의 노천탕을 자유롭게 즐기는 것이다. 지름 5km 안에 30개 료칸과 34개 점포가 옹기종기 모여 있어 두어 시간 천천히 산책하며 마을 전체를 둘러보기에 충분하다. 식당은 많지 않지만 최근 푸드 허브 오 구로카와Au Kurokawa를 중심으로 지역색을 뚜렷하게 살린 가게들이 들어서며 변화를 맞고 있다. 대중교통은 없고 각 료칸에서 제공하는 셔틀버스나 도보로 이동한다.

구로카와 온천 가는 법

열차는 없고 고속버스를 타고 이동한다. 후쿠오카, 유후인, 벳푸에서 출발한 고속버스는 마을 남쪽에 있는 구로카와 온천黑川温泉 정류장에 정차하며 마루스즈 다리까지 도보 약 2분, 관광안내소(카제노야)까지는 약 10분 걸린다.

● 후쿠오카 → 구로카와 온천

● 고속버스: 텐진 약 3시간, 하카타 약 2시간 35분, 후쿠오카공항 약 2시간 15분

니시테츠 텐진 고속버스터미널(5번 승차장)에서 출발, 하카타 버스터미널(3층 34번 승차장), 후쿠오카공항 국제선 터미널(2번 승차장)을 경유해 구로카와 온천에 도착한다. 1일 3편(오전 2편, 오후 1편)만 지정석제로 운행하므로 예약이 필수다. 산큐 패스 이용 가능.

TIME 텐진 고속버스터미널 09:30, 11:15, 12:40
하카타 버스터미널 09:53, 11:38, 13:03
후쿠오카공항 국제선 터미널 10:13, 11:58, 13:23
PRICE 4000엔
WEB 예약 highwaybus.com 또는 atbus-de.com

● 벳푸 & 유후인 → 구로카와 온천

● 버스: 벳푸 시내 약 2시간 35분, 칸나와 약 2시간 5분, 유후인 약 1시간 35분

벳푸(벳푸역 앞 혼마치, 벳푸 키타하마, 벳푸 교통센터, 칸나와)와 유후인(유후인역 앞 버스센터)에서 출발하는 구마모토행 고속버스(규슈횡단버스)를 타고 구로카와 온천에서 하차한다. 벳푸 출발편은 1일 1편만 운행하므로 주의할 것. 유후인 출발편은 1일 3편 운행한다. 예약 필수이며 산큐 패스 이용 시 창구 또는 전화 예약만 가능하다.

TIME 벳푸역 앞 혼마치別府駅前本町 08:10
벳푸 키타하마別府北浜 08:11
벳푸 교통센터別府交通センター 08:16
칸나와鉄輪 08:29/유후인 버스센터 09:10, 13:50, 14:50
PRICE 벳푸 시내 4000엔, 칸나와 3700엔, 유후인 2700엔
TEL 0570-09-3533
WEB 예약 japanbusonline.com/ko
(첫 화면에서 '모든 노선 보기' 선택 → '벳푸' 선택 → '벳푸, 오이타 ⇄ 구마모토' 선택 후 예약 진행)

니시테츠 텐진 고속버스터미널

구로카와 온천 정류장

료칸 코우노유

④ 오 구로카와

P

파티세리 로쿠　🔵 고토사케텐
② 지조도　P　① 카제노야
후모토 료칸
신메이칸　🟧 스미요시 쇼쿠도
유는 카페　　　우나키타
③ 후지야　🟧 이코이 료칸
마루스즈 다리

타노하라강 田の原川

호시노 리조트
카이 아소

🔵 구로카와 온천
黒川温泉

🔵 구로카와 온천
黒川温泉

N

0　　　100m

: WRITER'S PICK :

구로카와 온천 여행 치트키
뉴토테가타 入湯手形

구로카와 온천 여행을 특별하게 만들어줄 온천 패스. 구로카와산 삼나무로 만든 목걸이형 패스로, 료칸 조합에 소속된 온천 료칸 25곳 중 3곳의 노천탕에서 입욕을 즐길 수 있다. 노천탕 2곳과 식당 또는 기념품점 1곳으로도 조합 가능. 구로카와 온천 내 각 료칸과 관광안내소(카제노야)에서 구매하며 온천을 이용할 때마다 스탬프를 하나씩 받아 모두 모으면 기념품까지 받을 수 있다. 어린이용 패스는 노천탕 3곳 또는 노천탕 2곳+주스 1병 중 선택 가능하며 노천탕 3곳 이용 시 장난감이나 과자를 제공한다.

PRICE 1500엔, 3세~초등학생 700엔
WEB kurokawaonsen.or.jp/tegata

387

+MORE+

구로카와 온천의 편의점
고토사케텐 後藤酒店

일반 편의점이 없는 구로카와 온천에서 여행자들의 주전부리를 책임지는 오래된 상점이다. 가게 이름처럼 사케가 주력 상품이지만 지역 맥주와 와인은 물론 컵라면, 과자, 과일, 야채 등 숙소에서 간편하게 먹기 좋은 것들을 판매한다. **MAP ⑰**

Ⓖ 고토사케텐
ADD 6991-1 Manganji, Minamioguni
OPEN 08:40~22:00
WALK 카제노야에서 1분
WEB gotosake.com

① 설레는 첫 발걸음을 위한 필수 코스
카제노야
風の舎

구로카와 온천 여행자들이 가장 먼저 들르게 되는 관광안내소. 온천 패스와 기념품을 구매하고 당일 이용 가능한 온천 정보를 전광판으로 확인할 수 있다. 온천가 지도를 받고 유카타와 자전거도 대여할 수 있다. 각 료칸의 코인로커는 크기가 작으니 큰 짐은 이곳의 대형 코인로커(500엔)에 보관하자. 안내소 뒤편의 벳친칸べっちん館에는 다다미방 무료 휴게실(10:00~17:00)이 마련돼 있어 잠시 쉬어 가기 좋다. 화장실, 주차장 이용 무료. **MAP ⑰**

Ⓖ 카제노야
ADD 6594-3 Manganji, Minamioguni
OPEN 09:00~17:00
WALK 구로카와 온천 정류장에서 10분
WEB kurokawaonsen.or.jp

구로카와 초등학생들이 그린 모자이크 천장화.
무려 110년 전 작품도 있다.

다 쓴 온천 패스를 봉납하며
소원을 비는 장소로도 유명하다.

② 쿠로카와 온천의 탄생 비화
지조도
地蔵堂

구로카와 온천의 유래에 얽힌 지장보살상이 볼거리다. 옛날, 병든 아버지를 위해 참외를 훔친 가난한 소년이 죽자 이를 가엾게 여긴 지장보살이 대신 목이 잘렸다고 한다. 이후 한 수행승이 그 머리를 옮기다 지금의 자리에서 잠시 쉬었는데, 지장보살이 "이곳에 나를 안치해다오"라 말해 그대로 따르자 발밑에서 뜨거운 온천이 솟아났다고 전해진다. 매년 5월 8일에는 이를 기리는 지장 축제가 열린다. **MAP ⑰**

Ⓖ kurokawa jizoson
ADD 6612-2 Manganji, Minamioguni
OPEN 24시간
PRICE 무료
WALK 카제노야에서 3분

③ 구로카와 온천 최고의 포토존
마루스즈 다리 丸鈴橋

구로카와 온천 한가운데를 흐르는 타노하라강田の原川에 운치 있게 놓인 다리. 낮에는 온천마을의 정취를 한눈에 담을 수 있고 겨울 밤이면 강물 위를 밝히는 유아카리湯あかり(대나무 등불 라이트업)의 절경이 펼쳐진다. 유아카리는 12월 중순부터 3월 말까지 매일 17:00~21:30에 진행된다. **MAP ⑰**

G marusuzu bridge
ADD 6600-1 Manganji, Minamioguni
OPEN 24시간
WALK 카제노야에서 5분/
구로카와 온천 정류장에서 2분

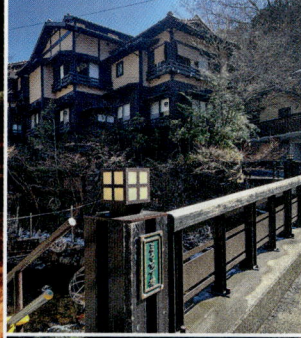

④ 구로카와 온천의 새로운 랜드마크
오 구로카와 Au Kurokawa

구로카와 온천 마을의 풍경을 새롭게 바꾸고 있는 복합 문화 공간이다. 총 8개 동 규모로 조성되는 식음료 허브 프로젝트로, 온천 외에 즐길 거리를 찾는 여행자들에게 새로운 선택지로 떠올랐다. 그 출발점이 된 곳이 오팡 & 커피Au Pan & Coffee다. 프로젝트의 첫 번째 주자로 문을 연 이곳은 구마모토산 삼나무와 노송나무, 지역 도기로 꾸민 공간에서 차분하면서도 세련된 미식을 선보인다. 지역 식재료를 활용한 포카치아와 식빵 같은 식사빵은 물론 도넛과 머핀 등 디저트도 고루 평이 좋다. 직접 로스팅한 커피와 내추럴 와인을 곁들여 여유로운 시간을 보내기 좋다. **MAP ⑰**

오팡 & 커피

G au pan & coffee
ADD 6733-1 Aso District, Manganji, Minamioguni
OPEN 09:00~17:00/수·목 휴무(오팡 & 커피)
WALK 카제노야에서 8분(오 구로카와 주차장 끝)
WEB aukurokawa.jp

온천 마을의 일상 같은 맛

디저트 & 런치

온천 사이사이 즐기는 구로카와의 소박한 미식. 달콤한 디저트부터 든든한 한 끼까지, 마을의 일상을 담은 맛집들.

저지 슈크림과 저지 푸딩 각 400엔

카츠동 900엔

저지 우유 카린토 ￦430엔

갓 구운 슈크림 즉시 확보!

파티세리 로쿠
Patisserie ROKU 麓

구로카와 온천에서 달콤한 휴식을 책임지는 테이크아웃 디저트숍. 담백하고 은은한 단맛의 구마모토산 저지 우유 크림을 주문과 동시에 듬뿍 채워 주는 시그니처 저지 슈크림이 인기다. 슈는 매장에서 직접 구워 신선함이 살아 있으며 오후 3시 이후에는 품절되는 날이 많으니 서둘러 방문하자. **MAP ⑰**

ⓖ 파티세리 로쿠
ADD 6610-1 Manganji, Minamioguni
OPEN 09:00~17:00/화 휴무
WALK 지조도 앞
WEB kurokawa-roku.jp

부담 없는 식사 장소로 당첨!

스미요시 쇼쿠도
すみよし食堂

구로카와 온천에서 가성비 최고로 손꼽히는 대중식당. 대표 메뉴인 카츠동을 비롯해 오야코동, 카레라이스, 우동, 소바, 야키소바, 짬뽕 등 간단한 식사류를 600~800엔대에 즐길 수 있다. 내부가 협소해 어린이 포함 최대 4인까지만 입장 가능하며 주말에는 대기 줄이 길 수 있으니 식사 시간을 피해 방문하자. **MAP ⑰**

ⓖ 스미요시쇼쿠도
ADD 6603 Manganji, Minamioguni
OPEN 11:00~18:00(L.O.17:30)
WALK 지조도에서 1분

여기는 저지 우유 간식 구역

유논 카페
Yunon Café

구로카와 온천이 속한 오구니小国 지역산 저지 우유를 활용한 메뉴를 선보이는 캐주얼 카페. 진한 소프트아이스크림과 코코아, 카페오레, 요구르트 등 음료가 다양하고 핫도그·타코야키·고로케는 간단한 식사로 제격이다. 저지 우유를 넣은 전통 과자 카린토かりんとう는 기념품으로 추천. **MAP ⑰**

ⓖ yunon cafe
ADD 6602 Manganji, Minamioguni
OPEN 09:00~12:30, 13:30~18:00
WALK 지조도에서 1분
WEB yunon.jp

입욕 후엔 역시 든든한 장어덮밥

우나키타 うな北

1922년 구마모토 시내에서 창업한 장어 노포 도쿠나가키타德永北의 구로카와 지점. 통통한 장어를 저온에서 천천히 숙성한 뒤 100년 전통 비법 소스로 구워 깊은 풍미를 낸다. 두툼한 장어덮밥(우나주)과 나고야식 히츠마부시가 대표 메뉴. 1인 1800엔 이상 주문 필수. **MAP ⑰**

ⓖ 우나키타 구로카와
ADD 6600-2 Manganji, Minamioguni
OPEN 11:30~14:30, 17:00~20:30
WALK 마루스즈 다리 앞
WEB unagi-nobori.shop

장어덮밥 특상(3장) 5000엔

두근두근 온천 순례, 시작해볼까?

구로카와 온천 료칸

온천 패스를 목에 걸고 각 료칸이 자랑하는 노천탕을 순례하는 것은 구로카와 온천만의 특별한 경험이다.
옷은 바구니에, 귀중품은 작은 코인로커에 보관하면 된다.
당일 입욕이 불가한 프라이빗 온천에 하룻밤 묵는 것도 구로카와를 온전히 즐기는 좋은 방법이다.

난생처음 경험하는 동굴 온천

신메이칸 新明館

온천마을 중심에 자리한 120년 역사의 고급 료칸. 레트로한 분위기의 멋진 외관이 인증샷을 부른다. 료칸 주인이 직접 파낸 30m 길이의 동굴탕을 필두로 온도와 청결이 잘 유지된 욕탕 5곳이 더 마련돼 있다. 육류와 해산물이 메인인 아침·저녁 식사도 평이 좋은데, 전통 화로에 구워 먹는 생선구이가 일품이다. 객실은 산 뷰와 강 뷰 중 선택 가능. 온천 패스 이용 가능. **MAP ⑰**

Ⓖ 쿠로카와 온천 신메이칸
ADD 6608 Manganji, Minamioguni
OPEN 체크인 15:00, 체크아웃 10:00
PRICE 조식·석식 포함 2인 4만엔~
WALK 구로카와 온천 정류장에서 5분
WEB shinmeikan.jp

이로리囲炉裏에
구워 먹는 생선구이

마음 가는 대로 즐기는 13개 탕

이코이 료칸 黒川温泉 いこい旅館

총 13개의 탕 중 대부분을 당일 온천으로 이용할 수 있다. '일본 명탕 비탕 100선'에 선정된 노천탕 타키노유滝の湯와 피부에 좋은 미인탕이 유명하며 무료 족욕탕도 갖췄다. 입욕 후에 맛보는 온천 달걀도 별미. 객실을 넓고 쾌적하게 리뉴얼해 투숙객들의 평도 좋다. 온천 패스 이용 가능. **MAP ⑰**

Ⓖ 이코이 료칸
ADD 6548 Manganji, Minamioguni
OPEN 체크인 15:00, 체크아웃 10:00
PRICE 조식·석식 포함 2인 5만1700엔~,
WALK 구로카와 온천 정류장에서 1분
WEB ikoi-ryokan.com

대나무 숲이 내다보이는 노천탕이 자랑

후모토 료칸 ふもと旅館

구로카와 강변, 신메이칸 맞은편에 자리한 레트로한 분위기의 료칸. 가족탕, 대욕장, 노천탕 등 총 11종류의 다양한 탕을 갖추고 있다. 최대 수심 150cm의 타치유たち湯 (서서 입욕하는 방식으로, 수압 마사지 효과가 있어 혈액 순환과 허리 통증 완화에 도움)와 대나무숲 전망이 시원하게 펼쳐지는 노천탕 후모토노유麓の湯이 자랑거리다. 온천 패스 이용 가능. **MAP ⑰**

Ⓖ 후모토 료칸
ADD 6697 Manganji, Minamioguni
OPEN 체크인 15:00, 체크아웃 10:00
PRICE 조식·석식 포함 2인 4만6000엔~
WALK 구로카와 온천 정류장에서 6분
WEB fumotoryokan.com

일부러 찾아갈 가치가 있는 곳

료칸 코우노유 黒川温泉 旅館 こうの湯

중심가에서 살짝 벗어나 있지만 찾아가는 수고가 아깝지 않을 만큼 훌륭한 시설로 보답한다. 자연에 둘러싸인 9동의 독립형 객실은 회랑으로 연결돼 있어 이동이 편하고 전 객실에 전용 노천탕 또는 반노천탕이 딸려 있다. 비순환 방식이라 위생적이고 신선한 100% 원천수 카케나가시 온천과, 일본에서 가장 수심이 깊은 노천탕(최대 162cm)도 갖추고 있다. 온천 패스 이용 가능. **MAP ⑰**

Ⓖ 료칸 코우노유
ADD 6784 Manganji, Minamioguni
OPEN 체크인 15:00, 체크아웃 10:00
PRICE 조식·석식 포함 2인 4만8000엔~
WALK 구로카와 온천 정류장에서 18분
WEB kounoyu.jp

©호시노 리조트

©호시노 리조트

©호시노 리조트

완벽하게 프라이빗한 시간

호시노 리조트 카이 아소
界 阿蘇

해발 1050m 산중턱에 자리한 호시노 리조트 계열의 고급 온천 리조트. 아소쿠주 국립공원의 자연에 둘러싸여 조용히 쉬어 갈 수 있는 최적의 장소다. 12개 전 객실이 스위트룸이며 전실 전용 노천탕 완비. 아침·저녁으로 제공되는 가이세키 요리는 제철 산채, 아소 지역산 소고기, 구마모토산 해산물 등 지역 식재료를 중심으로 구성되며 메인 요리인 아소 화산석에 구운 안심 스테이크가 특히 호평받는다. 벽난로가 있는 라이브러리 라운지에서는 음악과 책을 곁에 두고 여유로운 시간을 보낼 수 있다. 오구니산 삼나무 목공 체험, 아소 칼데라 지형 만들기 체험(이상 무료), 승마 체험 등 지역 문화와 자연을 느낄 수 있는 다양한 체험 프로그램도 운영하며 예약 시 누구나 참여할 수 있다. 대중교통 접근이 어려우므로 렌터카 이용을 권장한다. 무료 주차장 완비.

Ⓖ 호시노 리조트 카이 아소
MAPCODE 440 578 255*16
ADD 628-6 Senomoto, Yutsubo, Kokonoe-machi, Kusu-gun
OPEN 체크인 15:00, 체크아웃 12:00
PRICE 조식·석식 포함 2인 10만엔~
CAR 카제노야에서 약 10분/ 후쿠오카공항에서 약 2시간/ 구마모토공항에서 약 1시간 10분
WEB hoshinoresorts.com/ko/hotels/kaiaso

투숙객을 위한 조용한 공간

후지야 ふじ屋

구로카와 온천의 중심, 마루스즈 다리 바로 옆임에도 놀라울 만큼 프라이빗한 분위기의 료칸. 당일 온천은 제공하지 않고 숙박객 전용 탕만 운영한다. 목재와 석재, 자연광과 은은한 조명이 어우러진 차분한 인테리어가 고급스러운 느낌을 더하며 서재 공간도 마련돼 있어 한적하게 쉬어 갈 수 있다. **MAP** ⑰

Ⓖ 후지야 구로카와
ADD 6541 Manganji, Minamioguni
OPEN 체크인 15:00, 체크아웃 11:00

PRICE 조식·석식 포함 4만2000엔~
WALK 구로카와 온천 정류장에서 2분
WEB ryokan-fujiya.jp

KOKURA(KITAKYUSHU)
小倉
IN KYUSHU

고쿠라 (기타큐슈)

小倉(北九州)

고쿠라는 기타큐슈의 심장부이자 가장 생동감 넘치는 지역이다. 혼슈와 큐슈가 만나는 철도 관문으로, 북큐슈 여행의 시작점으로 제격이다. 〈은하철도 999〉 작가 마쓰모토 레이지의 고향으로도 유명해, 만화의 도시, 라는 별칭을 갖고 있다. 고쿠라역을 오가는 〈은하철도 999〉 래핑 모노레일은 팬들에게 단순한 교통수단을 넘어 특별한 감성을 선사한다.

Area Guide

야마구치현

시모노세키 ● 모지코(기타큐슈)

고쿠라(기타큐슈)

후쿠오카 · 후쿠오카현

다자이후

오이타공항

오이타현

벳푸

아나가와

유후인

구로카와 온천

구마모토현

봄과 가을의 고쿠라는 온화한 날씨 속에서 벚꽃과
단풍을 즐기기 좋아 고쿠라성 주변이 특히 붐빈다.
여름은 무덥지만 축제와 불꽃놀이 등 계절 이벤트가
많고 겨울은 여행비가 저렴해지는 데다 로맨틱한
일루미네이션이 펼쳐져 조용히 머물다 가기 좋다.
고쿠라는 후쿠오카에 비해 항공료와 숙박비가 저렴한 편이며
고쿠라성·리버워크 등 주요 명소가 고쿠라역 주변에 모여 있어 일정 짜기도 수월하다.

*고쿠라는 기타큐슈시 7개 구 중 고쿠라키타구小倉北区와 고쿠라미나미구小倉南区 일대를 가리키며 JR 고쿠라역이 있는
 고쿠라키타구가 행정·경제의 중심지다. 모지코와는 같은 시에 속하지만 거리가 있고 여행자들이 보통 모지코를 시모노세키와
 묶어 돌아보기 때문에 이 책에서는 고쿠라와 모지코를 분리해 소개한다.

고쿠라 가는 법

고쿠라역小倉은 규슈의 관문 역할을 하는 JR 주요 거점역으로, 산요신칸센을 포함한 대부분의 JR 열차가 지난다. 인천
공항에서 직항편이 운항하는 기타큐슈공항과는 리무진버스로 연결돼 접근성도 뛰어나다. 규슈와 혼슈를 연결하는 기
타큐슈의 중심 역은 고쿠라역이며 '기타큐슈'라는 이름의 역은 없으니 혼동하지 않도록 주의하자.

● 기타큐슈공항 → 고쿠라

● 버스: 약 35분

터미널 밖 1번 승차장에서 고쿠라행 공항버스를 이용한다. 항공기
도착 시간에 맞춰 운행해 입국 수속을 마친 직후 바로 이동할 수
있다. 단, 선착순 탑승 방식이라 좌석이 금세 차는 편이며 만석일
경우 간이 좌석을 이용하거나 다음 차를 기다려야 하므로 일정을
여유 있게 짜는 것이 좋다.

버스는 고쿠라역 신칸센 출구小倉駅新幹線口(일부 시간대는 무정차)를
거쳐 종점인 고쿠라역 버스센터小倉駅バスセンター에 도착한다. 만
화박물관을 제외한 주요 관광 명소와 상업시설은 대부분 버스센터
가 있는 남쪽 출구 쪽에 몰려 있어 종점에서 하차하는 편이 이동에
더 수월하다. 컨택리스 카드·산큐 패스 이용 가능.
공항으로 갈 땐 고쿠라역 남쪽 출구 앞 버스센터 8번 정류장(공항
버스 전용)에서 탑승한다.

TIME 05:45~24:15(1시간에 1~3편 운행)   **PRICE** 편도 710엔
WEB korea.kitakyu-air.jp/rev-access/rev-bus.php

기타큐슈공항 버스 정류장

고쿠라역 공중보도에서
공항버스 정류장까지는
에스컬레이터와
엘리베이터로 연결된다.

: WRITER'S PICK :
고쿠라역 앞 버스 정류장은 여러 곳!

고쿠라역 주변에는 이름이 비슷한 버스 정류
장이 여럿 있어 승차장을 잘 확인하고 탑승
해야 한다. 아래 2곳이 대표적인 정류장이며
모두 남쪽 출구 앞에 있다.

◆ **고속버스 정류장** 小倉駅前高速バスのりば
이름 그대로 각종 고속버스의 발착지로, 세
인트시티 쇼핑몰 앞에 있다. 승차권은 건
너편 가든시티 고쿠라 1층 우체국 옆에 있
는 니시테츠 버스 발매소에서 구매할 수 있
다(10:00~19:00, 토 ~18:00, 일·공휴일 ~17:00,
13:00~14:00 휴게시간).

◆ **고쿠라역 버스센터** 小倉駅バスセンター
공항버스와 기타큐슈 지역 노선버스를 운
행하는 니시테츠 버스 기타큐슈의 주요 정
류장. 행선지에 따라 정류장이 흩어져 있다.
대부분 고쿠라역 2층과 연결된 공중보도에
서 에스컬레이터나 엘리베이터로만 접근할
수 있어 표지판을 잘 확인해야 한다.

● 후쿠오카 → 고쿠라

❶ JR 특급: 약 40분

하카타역에서 오이타·고쿠라·모지코행 특급 소닉을 타고 고쿠라역까지 이동하는 것이 가장 효율적이다. 북규슈 레일 패스, JR 규슈 모바일 패스 이용 가능. 가고시마본선 쾌속·보통 열차도 있으나 1시간 10분 이상 걸려 비효율적이다.

신칸센은 약 15분 만에 도착하고 주요 시간대에는 3~13분 간격으로 운행한다. 패스는 적용되지 않지만 특급 지정석 수준의 요금으로 자유석을 이용할 수 있어 시간 절약 효과가 크다. 특히 평일 외국인용 하카타↔고쿠라 신칸센 편도 티켓을 온라인 여행 플랫폼에서 구매하면 정가보다 560엔 저렴하다. 1일 1회 왕복 운행하는 하카타~고쿠라~신오사카 헬로키티 신칸센도 시간만 맞는다면 이용해볼 만하다.

TIME 06:21~22:34(1시간에 2~3편 운행)/특급 소닉 기준
PRICE 특급 소닉 자유석 2110엔, 지정석 2640엔,
　　　　니마이킷푸 3400엔(왕복 또는 2인)/
　　　　신칸센 자유석 2160엔, 지정석 3460~3780엔/
　　　　가고시마본선 1510엔(예약 불가)
WEB jrkyushu.co.jp/korean
　　　헬로키티 신칸센: jr-hellokittyshinkansen.jp/kr/

❷ 고속버스: 약 1시간 35분

텐진 고속버스터미널 2번 승차장에서 고쿠라행 니시테츠 버스를 타고 고쿠라역에 도착한다. 예약 없이 바로 탑승할 수 있으며 산큐 패스 이용 가능.

TIME 평일 05:30~23:30, 주말 06:00~23:15(5~20분 간격 운행)
PRICE 1350엔

: WRITER'S PICK :

기타큐슈시 종합관광안내소
北九州市総合観光案内所

기타큐슈 시내 전역과 인근 지역의 관광 안내를 비롯해 수하물 보관, 외화 환전, 핸드폰 배터리 대여 등의 서비스를 제공한다. 기타큐슈 시내 상점에서 사용할 수 있는 외국인 관광객용 전자 상품권이나 할인 쿠폰 증정 이벤트도 종종 열리니 잘 살펴보자. 고쿠라역 3층에 있으며 수하물 보관은 09:00~18:00, 1일 700엔.

ⓖ 기타큐슈시 관광안내소
OPEN 09:00~19:00 **WEB** kitakyushucity.guide

● 벳푸 → 고쿠라

● JR 특급: 약 1시간 20분

벳푸역에서 고쿠라·하카타행 특급 소닉을 타고 고쿠라역까지 이동한다. 주말이나 성수기, 출퇴근 시간에는 JR 규슈 예약 사이트 또는 역 구내의 '표 사는 곳'(녹색 창구)이나 지정석 발권기에서 지정석 예약을 권장한다. 일반 열차를 이용할 경우 오이타역에서 환승해야 한다. 모든 열차는 북규슈 레일 패스 이용 가능.

TIME 05:21~21:38(1시간에 2~3편 운행)
PRICE 특급 소닉 자유석 4660엔, 지정석 5190엔,
　　　　니마이킷푸 7600엔(왕복 또는 2인)
WEB jrkyushu.co.jp/korean

● 시모노세키 → 고쿠라

● JR: 약 15분

시모노세키역에서 JR 산요본선·가고시마본선 고쿠라행 열차를 타면 해저 터널을 통해 빠르게 이동할 수 있다(2정거장). 북큐슈 레일 패스 이용 가능. 버스는 산큐 패스를 이용할 수 있지만 직행이 없고 소요 시간도 길어 추천하지 않는다.

TIME 05:52~23:55(1시간에 2~4편 운행)
PRICE 340엔

● 모지코(기타큐슈) → 고쿠라

❶ JR: 약 15분

모지코역에서 JR 가고시마본선 쾌속 또는 보통을 타면 3정거장 뒤 고쿠라역에 도착한다. 북큐슈 레일 패스, JR 규슈 모바일 패스 이용 가능. 이른 아침에만 일부 운행하는 특급은 요금이 2배 이상 비싸 패스가 없다면 추천하지 않는다.

TIME 05:04~23:33(1시간에 3~4편 운행)
PRICE 340엔

❷ 버스: 40~45분

모지코역 남쪽 출구 앞 버스 정류장에서 니시테츠 버스 70번, 72번, 74번 등을 타고 고쿠라역 입구小倉駅入口 버스 정류장에 내린다. 산큐 패스 이용 가능.

TIME 07:00~19:00경(수시 운행)
PRICE 470엔

#Walk

고성, 강, 만화가 만난
도시 어드벤처
JR 고쿠라역 주변

도시 중심부에 우뚝 선 고쿠라성과 그 옆으로 흐르는 강이 멋스러운 JR 고쿠라역 주변은 다채로운 매력으로 여행자를 끌어들인다. 대형 쇼핑몰에서 쇼핑을 즐기고, 만화 성지에서 굿즈 쇼핑과 박물관 관람으로 덕심을 채우고, 레트로한 아케이드 상점가와 시장을 거닐며 길거리 간식을 맛보자.

+ M O R E +

기타큐슈 시내 교통

고쿠라역 주변의 주요 관광지는 도보만으로도 충분히 둘러볼 수 있다. 이동 범위를 조금 넓히고 싶다면 시내버스나 모노레일을 적절히 활용하자.

◆ 시내버스

니시테츠 버스가 기타큐슈 전 지역을 촘촘하게 연결한다. IC 카드 및 산큐 패스 이용 가능. 1일 승차권 정보는 139p 참고.

◆ 기타큐슈 모노레일北九州モノレール

고쿠라역에서 기쿠가오카역企救丘까지 13개 역을 지나는 8.8km 길이의 1개 노선을 운행한다. 기점에서 종점까지 총 소요 시간은 약 18분. 탄가 시장으로 이동할 때 유용하며 맨 앞 또는 맨 뒤 칸에 타면 시내 전망을 감상하기 좋다. <은하철도 999> 컨셉의 래핑 열차도 운행 중. 승차권은 각 역 자동판매기에서 구매한다. IC 카드 이용 가능.

TIME 06:07~24:00/고쿠라역 출발 기준/10분 간격 운행
PRICE 100~320엔(2026년 4월부터 100~380엔)/
　　　　구간에 따라 다름
WEB kitakyushu-monorail.co.jp

398

니시코쿠라 西小倉 JR

0　　100m

6 **리버워크 기타큐슈**

8 **고쿠라 기온 야사카 신사**

츠키미야구라

토라노몬

천수각　7 **고쿠라성**　고쿠라성 정원

니시노구치몬

오테몬　오테사키몬

시로 테라스

9 **마츠모토 세이초 기념관**

시라스 등대

10 **기타큐슈시 평화의 마을 뮤지엄**

나카노교

고쿠라 외곽 지역

西小倉
고쿠라리성 🏯　JR 🏯 **고쿠라** 小倉 JR

아웃렛 기타큐슈

스페이스월드
スペースワールド

이온몰 야하타히가시

기타큐슈 시립미술관

야하타 JR
八幡

기타큐슈시립 이노치노타비
(생명의 여행) 박물관

케이블카 산로쿠역
山麓

슬로프카 전망대역
展望台

사라쿠라산 전망대

케이블카 슬로프카
산조역 山上

카와치 후지엔

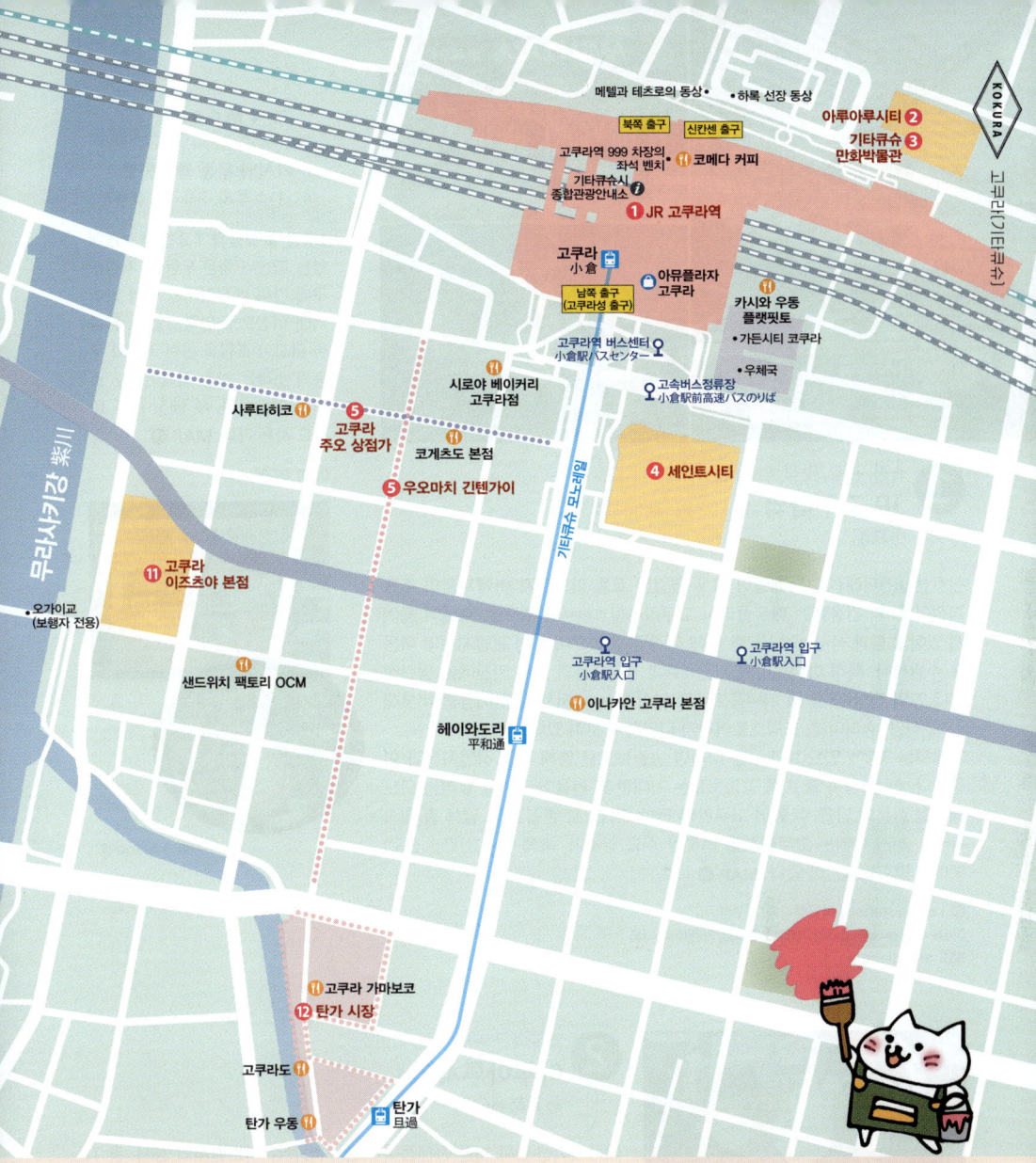

메텔과 테츠로의 동상• •하록 선장 동상

북쪽 출구 신칸센 출구

고쿠라역 999 차장의 아루아루시티 ❷
좌석 벤치• ☕ 코메다 커피 기타큐슈 ❸
만화박물관

기타큐슈시
종합관광안내소 ℹ️

❶ 🚉 JR 고쿠라역

고쿠라
小倉

남쪽 출구 아뮤플라자
(고쿠라성 출구) 고쿠라

🍴 카시와 우동
플랫핏토

고쿠라역 버스센터 •가든시티 코쿠라
小倉駅バスセンター 🚹

•우체국

고속버스정류장 🍴
小倉駅前高速バスのりば

시로야 베이커리 🚹
고쿠라점

사루타히코 🍴 ❺ 고쿠라 ❹ 🏢 세인트시티
주오 상점가

코게츠도 본점 🍴

❺ 우오마치 긴텐가이

❶❶ 고쿠라
🍴 이즈츠야 본점

•오가이교
(보행자 전용)

샌드위치 팩토리 OCM 🍴

고쿠라역 입구 고쿠라역 입구
小倉駅入口 小倉駅入口

헤이와도리 🚹 🍴 이나카안 고쿠라 본점
平和通

🍴 고쿠라 가마보코
❶❷ 탄가 시장

고쿠라도 🍴

탄가 우동 🍴 탄가
旦過

: WRITER'S PICK :

**기타큐슈는 일본 4대
공업도시 중 하나**

메이지 시대 이후 일본 산업화를 견인한 야하타제철소를 중심으로 발전한 기타큐슈는
요코하마·나고야·한신(오사카·고베)과 함께 일본 4대 공업도시로 꼽힌다. 1901년 설립된
야하타제철소는 일본 최초의 근대 제철소로, 일부 시설이 유네스코 세계문화유산으로
보존돼 있다. 한때 중공업의 쇠퇴로 침체를 겪기도 했지만 이후 쇠락한 공업도시의 이미
지를 벗고 친환경 도시로의 전환에 성공했다. 대표 사례인 기타큐슈 에코타운은 재활용
공장과 환경 기업이 모인 산업지구로, 도시 규모로는 세계 최고 수준의 자원 순환 시스
템을 갖췄다. 일부 시설은 공장 견학도 가능해 산업·환경 분야에 관심 있는 여행자에게
색다른 테마가 될 수 있다.

+ M O R E +

카시와 우동 플랫핏토
かしわうどん ぷらっとぴっと

1·2번 플랫폼과 7·8번 플랫폼에 있는 가성비 좋은 우동집. 저렴한 구내 간이 매장이지만 맛과 양이 기대 이상으로 만족스럽다. 달콤한 닭고기 조림을 올린 카시와 우동과 소바는 각종 미디어에도 소개된 명물이다. 두 매장 모두 IC 카드 사용 가능. MAP ⑱

OPEN 07:00~21:00

① 쇼핑, 관광, 맛집, 다 있는
JR 고쿠라역
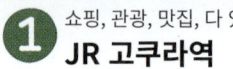
小倉駅

신칸센·JR 재래선·모노레일이 모두 연결된 교통 허브이자 여행자들의 주요 거점이다. 역 건물에는 아뮤플라자 고쿠라AMU Kokura와 푸드홀, 호텔이 들어서 있어 쇼핑과 식사, 숙박을 한 번에 해결할 수 있으며 주변 관광지로의 이동도 수월하다. 특히 아뮤플라자 서관 1층과 지하 1층의 아뮤 키친에는 명란젓이나 지역 명물 과자 등 기념품으로도 인기 있는 디저트·식품 매장을 비롯해 카페, 식당, 슈퍼마켓, 드럭스토어까지 다양하게 모여 있다.
개찰구는 3층에 있으며 출구를 나서면 공중보도를 통해 주변 상업시설과 연결된다. 이 중 남쪽 출구 쪽 공중보도는 거대한 역 건물과 공중을 달리는 모노레일을 한눈에 담을 수 있어 고쿠라의 전망 명당으로 손꼽힌다. 남쪽 출구(고쿠라성 출구) 쪽에는 고쿠라성을 비롯한 주요 명소가, 북쪽 출구(신칸센 출구) 쪽에는 만화박물관이 있다. MAP ⑱

Ⓖ kokura station I 아뮤플라자 고쿠라
OPEN 아뮤플라자 고쿠라: 10:00~20:00/가게마다 다름
WEB amuplaza.jp

카시와 우동 500엔

② 와글와글 애니 팬들 집합소
아루아루시티
あるあるCity

애니메이션·만화·게임 전문점이 모인 기타큐슈 서브컬처의 성지. 총 7층 규모로, 5~6층의 기타큐슈 만화박물관을 중심으로 애니메이트, Gee스토어, 라신반, 게이머즈, 만다라케, 멜론북스 등 애니메이션·게임 관련 대형 체인이 층마다 2~3곳씩 입점해 있다. 메이드 카페 체인 메이드리밍, 애니메이션 제작사 유포테이블ufotable의 콜라보 카페, 패밀리 레스토랑 사이제리야도 체크해두자. MAP ⑱

Ⓖ 아루아루 시티
ADD 2-14-5 Asano, Kokurakita Ward
OPEN 11:00~20:00(카페·레스토랑 ~22:00 또는 23:00)
WALK JR 고쿠라역 북쪽 출구 또는 신칸센 출구에서 공중보도로 연결. 2분
WEB aruarucity.com

③ 하루 종일 즐기는 대형 만화방
기타큐슈 만화박물관
北九州市漫画ミュージアム

1977년 출간돼 세계적인 인기를 얻은 SF 만화 <은하철도 999>의 작가 마츠모토 레이지를 비롯해 수많은 만화가를 배출한 '만화의 도시' 고쿠라 의 상징으로, 2012년 아루아루시티에 개관했다. 약 7만 권의 만화를 자 유롭게 열람할 수 있는 6층 열람실이 주요 관람 포인트이며 <은하철도 999> 전시물 및 기타큐슈 출신 만화가의 작품도 함께 전시돼 있다. 당일 폐장 30분 전까지 재입장이 가능해 하루 종일 만화의 세계에 푹 빠져볼 수 있다. **MAP ⑱**

Ⓖ 기타큐슈 만화박물관
OPEN 11:00~19:00/폐장 30분 전까지 입장/
화요일(공휴일인 경우 그다음 평일),
연말연시, 시설 점검일 휴무

ADD 아루아루시티 5·6층
PRICE 480엔, 중·고등학생 240엔,
초등학생 120엔
WEB ktqmm.jp

+MORE+

만화박물관 가는 길에 <은하철도 999> 찾기

고쿠라역에서 만화박물관으로 가는 길 에는 <은하철도 999> 관련 동상들을 볼 수 있어 박물관 관람객의 기대감을 높인다. 가장 먼저 눈에 띄는 동상은 고쿠라역 안 북쪽 출구 쪽에 있는 '고 쿠라역 999 차장의 좌석 벤치'. 역 밖 으로 나가면 정면에 <은하철도 999> 의 주인공인 '메텔과 테츠로(철이)의 동 상'이 있으며 만화박물관 쪽으로 조금 더 걸어가면 '하록 선장 동상'도 있다.

마츠모토 레이지의
작업실 재현 코너

④ 일본 인기 브랜드가 한자리에!
세인트시티
セントシティ

고쿠라역 남쪽 출구 앞으로 뻗은 공중보도와 연결된 쇼핑몰. 일본 잡화 쇼핑의 명당인 로프트(6층)와 빌리지 뱅가드(5층)를 비롯해 100엔숍 세리아(4층), 390엔숍 땡큐마트(4층), 유니클로(3층), GU(5 층), 무인양품(1층) 등이 입점한 기념품 쇼핑 명소다. 지하 1층에는 저렴한 패밀리 레스토랑 사이제리야가 있다. **MAP ⑱**

Ⓖ 세인트시티
ADD 3-1-1 Kyomachi, Kokurakita Ward
OPEN 10:00~20:00(사이제리야 11:00~23:00)
WALK JR 고쿠라역 남쪽 출구에서 1분
WEB saintcity.jp

⑤ 활기찬 아케이드 상점가 탐방

우오마치 긴텐가이 &
고쿠라 주오 상점가
魚町銀天街 & 小倉中央商店街

고쿠라의 대표적인 2대 아케이드 상점가. 우오마치 긴텐
가이는 1951년 일본 최초의 아케이드 상점가로 조성돼
지금도 고쿠라 쇼핑 명소로 손꼽힌다. 남북으로 이어진
거리 양옆에는 잡화점, 기념품 가게, 카페 등이 늘어서 있
으며 돈키호테도 있어 여행자들의 발길이 끊이지 않는다.
거리를 끝까지 걸으면 탄가 시장이 나온다.
주오 상점가는 우오마치와 직각으로 교차하는 동서 방향
거리로, 옷가게와 생활잡화점, 저렴한 음식점이 모여 있
어 현지인들이 자주 찾는다. **MAP ⑱**

ⓖ 고쿠라 주오 상점가 I 우오마치 긴텐가이
WALK JR 고쿠라역 남쪽 출구에서 2분
WEB 우오마치 긴텐가이 uomachi.or.jp

⑥ 안 들르곤 못 배기는 이 구역 쇼핑 왕

리버워크 기타큐슈
リバーウォーク北九州

기타큐슈의 상징인 무라사키강紫川에 면해 있는 복합상
업시설. 지하 2층~지상 17층의 본관, 지하 1층~지상 11
층의 서관에 100여 개의 매장이 입점했다. 가장 주목할
곳은 초특가 할인마트 로피아와 다이소, 드럭스토어, 캡
슐토이 코너가 모인 지하 1층이다. 고쿠라성이 잘 보이는
5층 루프 가든은 최고의 포토 스폿. 메인 입구 앞 원형 광
장에서는 고쿠라성을 배경으로 음악 분수쇼가 펼쳐진다.
14층에는 일본 지도 박물관인 젠린 뮤지엄ゼンリンミュー
ジアム이 자리한다. **MAP ⑱**

ⓖ 리버워크 기타큐슈
ADD 1-1-1 Muromachi, Kokurakita Ward
OPEN 10:00~20:00(젠린 뮤지엄 ~17:00, 월 휴무)
WALK JR 고쿠라역 남쪽 출구에서 10분
WEB riverwalk.co.jp

+MORE+

상점가의 '꼭먹템'을 찾아라

◆ 시로야 베이커리 고쿠라점 シロヤベーカリー
1964년 창업한 노포 빵집으로, 주오 상점가의 명물이다.
창업과 동시에 선보인 오믈렛빵은 부드럽고 느끼하지 않
은 우유크림이 가득 들어 자꾸 손이 가는 맛. 1966년 탄생
한 써니빵(연유빵)은 추억의 옛날 빵 맛을 그대로 전한다.
JR 하카타역 1층 잇핀 거리
(166p)에도 지점이 있다.

ⓖ 시로야 베이커리 고쿠라점
ADD 2-6-14 Kyomachi,
Kokurakita Ward
OPEN 10:00~18:00
WALK JR 고쿠라역 남쪽 출구에
서 2분
WEB shiroya-pan.com

오믈렛 5개 320엔

◆ 코게츠도 본점 湖月堂
1895년 고쿠라에서 탄생한 유명 화과자점. 속껍질이 붙
은 상태로 건조한 밤을 달콤하게 조려낸 뒤 양금으로 감
싼 통밤만주 히토츠구리一つ栗가 간판 상품이다. 아담한
일본식 정원이 보이는 카페에서는 단팥죽이나 빙수를 즐
길 수 있다.

ⓖ 코게츠도 본점
ADD 1-3-11 Uomachi,
Kokurakita Ward
OPEN 09:00~19:00
WALK JR 고쿠라역 남쪽
출구에서 3분
WEB kogetsudo.
com

7 고쿠라를 상징하는 '미니 오사카성'

고쿠라성

小倉城

후쿠오카현에 현존하는 성 중에서 천수각을 가진 유일한 성. 맨 위층인 5층이 밖으로 튀어나와 4층보다 더 큰 건축 양식인 카라즈쿠리唐造り로 지어졌다. 해자가 성을 둘러싼 모습이 오사카성과 비슷해 '작은 오사카성'이라 불리기도 한다.

고쿠라성은 전국시대 무장 호소카와 타다오키細川忠興가 나카츠中津에 있던 본성을 고쿠라로 옮기면서 1610년 완공됐다. 당시 규모는 지금과 비교할 수 없을 정도로 컸지만 1837년 벼락으로 대부분이 소실됐고 1959년에 축소 재건됐다. 천수각 내부까지 관람할 여유가 없다면 공원만 산책해도 고쿠라성의 아름다움을 충분히 느낄 수 있다. 일본에서 유일하게 연중 야간 개장하는 성으로, 해 질 무렵 라이트업된 천수각이 한층 운치 있다. **MAP ⑱**

G 고쿠라성

ADD 2-1 Jonai, Kokurakita Ward

OPEN 공원 24시간/천수각과 고쿠라성 정원 각각 09:00~20:00(11~3월 ~19:00)

PRICE 공원 무료/천수각과 고쿠라성 정원 각각 350엔, 중·고등학생 200엔, 초등학생 100엔/천수각+고쿠라성 정원 공통권 560엔(마츠모토 세이초 기념관 포함 시 700엔), 중·고등학생 320엔, 초등학생 160엔

WALK JR 고쿠라역 남쪽 출구에서 15분/리버워크 기타큐슈에서 1분

WEB kokura-castle.jp

리버워크 기타큐슈 루프 가든에서 바라본 고쿠라성

천수각에서 내려다본 고쿠라성 정원과 시내 풍경

입장권이 필요한 고쿠라성 관람 구역

◆ 천수각 天守閣

엘리베이터를 이용해 5층까지 오른 뒤 한 층씩 걸어 내려오며 전시를 관람하면 동선이 편하다. 5층에는 고쿠라 시내를 조망할 수 있는 전망대와 일본 유일의 천수각 내 카페가 있으며 매주 토요일 밤에는 '캐슬 바'(18:00~22:00)로 변신해 야경을 즐길 수 있다. 4층은 지역 예술가들의 갤러리, 3층은 고쿠라성과 인연이 깊은 전설의 두 검객 무사시와 코지로의 피규어가 설치된 포토존, 2층은 고쿠라성 1/30 축소 모형과 대형 북, 무사 갑옷 등이 전시돼 있으며 1층은 대형 역사 시어터 외에 가상 복식 체험과 활쏘기 게임 등 체험형 콘텐츠가 마련돼 있다.

전설의 검객들의 결투를 재현한 3층

◆ 고쿠라성 정원 小倉城庭園

호소카와 가문의 뒤를 이어 1632년부터 200년 넘게 고쿠라성을 다스린 오가사와라 가문의 별저 터에 조성된 정원. 연못을 따라 걸으며 자연 경관을 감상하는 지천회유식 정원과 그 너머로 보이는 천수각이 한 폭의 그림 같은 풍경을 이룬다. 에도 시대 무가 서원을 재현한 쇼인도書院棟 툇마루에서 정원을 바라보며 차를 즐길 수 있다.

⑧ 성과 함께 둘러보는 고쿠라 대표 신사

고쿠라 기온 야사카 신사
小倉祇園 八坂神社

고쿠라성 내에 자리한 유서 깊은 신사. 1617년 호소카와 타다오키가 창건해 1934년 지금의 위치로 이전했다. 16개의 제신을 모시고 있어 각종 행사 때마다 많은 참배객이 찾는다. 신사 입구는 성과 도리이를 한 프레임에 담을 수 있는 포토 스폿으로 유명하다. MAP ⑱

ⓖ 고쿠라기온 야사카 신사
ADD 2-2 Jonai, Kokurakita Ward   **PRICE** 무료
OPEN 09:00~17:00   **WEB** yasaka-jinja.com

⑨ 고쿠라 출신 대문호의 집필 세계

마츠모토 세이초 기념관
北九州市立 松本清張記念館

고쿠라에서 태어난 일본 문학계의 거장 마츠모토 세이초(1909~1992)를 기념하는 전시관. 그는 추리소설 <점과 선> <모래그릇>을 비롯해 다양한 장르를 넘나들며 1000여 편에 달하는 작품을 남겼다. 2층 규모의 기념관에는 작가의 친필 원고, 카메라 등 소장품과 함께 서재와 응접실 등 자택 일부를 재현한 공간도 마련돼 있다. MAP ⑱

ⓖ 마츠모토세이초기념관
ADD 2-3, Jonai, Kokurakita Ward
OPEN 09:30~18:00/폐장 30분 전까지 입장/
월요일(공휴일인 경우 그다음 평일), 12월 29일~1월 3일 휴무
PRICE 600엔, 중·고등학생 360엔, 초등학생 240엔
WALK 고쿠라성에서 5분(쿠로가네몬으로 나가면 가까움)
WEB seicho-mm.jp

이즈츠야 만주

10 전쟁의 참상을 가감 없이 보여주는 곳
기타큐슈시 평화의 마을 뮤지엄
北九州市平和のまちミュージアム

기타큐슈의 역사와 시민들의 생활사, 전쟁의 비극과 생명의 소중함을 전하는 시립 박물관. 1945년 나가사키에 투하된 원자폭탄은 원래 고쿠라의 조병창(육군 무기공장)을 목표로 했으나 구름으로 인해 목표가 바뀌며 고쿠라는 직접적인 피해를 면할 수 있었다고 알려져 있다. 박물관은 바로 그 조병창 터에 세워져 평화를 기원하는 상징적 장소로 의미를 더한다. 잔디 광장과 어린이 놀이터를 갖춘 카츠야마 공원勝山公園 안에 위치해 시민들의 휴식 공간으로도 사랑받는다. MAP ⑱

 기타큐슈 평화의 마을 뮤지엄
ADD 4-10, Jonai, Kokurakita Ward
OPEN 09:30~18:00/월요일(공휴일인 경우 그다음 평일), 연말연시 휴무
PRICE 200엔, 중·고등학생 100엔, 초등학생 50엔
WALK 고쿠라성 오테사키몬大手先門에서 7분/탄가 시장에서 10분
WEB kitakyushu-peacemuseum.jp

11 '井' 글자를 찾아보아요
고쿠라 이즈츠야 본점
小倉井筒屋

외관에 새겨진 로고 '井'이 눈길을 끄는 고쿠라의 대표 백화점. 지하 1층~지상 9층 규모의 본관과 신관이 연결돼 있다. 인기 스폿은 바로 본관 지하 1층 식품관. 단돈 40엔에 맛볼 수 있는 명물 이즈츠야 만주いづつや饅頭는 부드러운 식감과 은은한 단맛이 일품이며 제조 과정을 직접 볼 수 있는 점도 흥미롭다. 본관 1층에는 명품 매장이, 7층에는 산리오 기프트 게이트가 눈길을 끈다. 백화점 뒤에 놓인 보행자 전용 다리 오가이바시鴎外橋를 통해 고쿠라성과 연결된다. MAP ⑱

 고쿠라 이즈츠야
ADD 1-1 Senbamachi, Kokurakita Ward
OPEN 10:00~19:00
WALK 고쿠라성 천수각에서 5분/고쿠라역 남쪽 출구에서 8분
WEB izutsuya.co.jp/storelist/kokura

12 먹거리가 풍성한 '기타큐슈의 부엌'
탄가 시장
旦過市場

100년 넘게 고쿠라의 밥상을 책임져온 재래시장. 약 180m 길이의 아케이드 상점가에 120여 개 점포가 빼곡히 늘어서 있어 시장 특유의 활기찬 풍경이 펼쳐진다. 꼭 맛봐야 할 것은 고쿠라 가마보코(어묵)小倉かまぼこ의 카나페カナッペ(180엔). 얇은 식빵에 어묵을 돌돌 말아 튀겨 낸 이 간식은 1959년 탄생한 시장 명물이다. 고쿠라도KOKURA堂의 복숭아 빙수(1980엔)는 큼직한 복숭아가 통째로 올라간 비주얼로 인증샷까지 챙기기 좋다. 30년 넘게 사랑받아온 탄가 우동旦過うどん의 수제 유부주머니, 롤 캐베지(부드럽게 졸인 소고기 속 양배추룰), 소힘줄 어묵도 인기 만점. 쌀겨와 된장으로 고등어나 정어리 등을 졸인 고쿠라식 생선조림 누카미소다키ぬかみそ炊き를 파는 반찬가게들도 눈여겨보자. MAP ⑱

 탄가시장
ADD 4-2-18 Uomachi, Kokurakita Ward
OPEN 10:00~17:00/일 휴무
WALK JR 고쿠라역 남쪽 출구에서 12분/고쿠라성에서 10분/모노레일 탄가역에서 1분
WEB tangaichiba.jp

어묵 카나페
1개 180엔

탄가 우동

중요한 건 멈추지 않는 젓가락

고쿠라 맛집 순례

미슐랭 맛집부터 놀라운 맛의 샌드위치까지! 고쿠라에서 놓칠 수 없는 현지인 맛집을 엄선했다.

마제소바 1050엔

일본식 비빔면 대령이오

사루타히코
さるたひこ

카페처럼 세련된 분위기에서 친절한 서비스와 함께 일본식 비빔면 마제 소바를 즐길 수 있다. 두툼하고 납작한 수제면 위에 닭고기, 김, 땅콩, 쪽파, 양파, 달걀노른자 등을 듬뿍 올린 마제소바는 노멀(기본)로 맛본 뒤 고추(페퍼)→식초→카레가루 순으로 레이어드하면 감칠맛이 더해진다. 한국어 안내를 참고해 천천히 음미해보자. 면을 다 먹은 뒤 직원을 부르면 남은 소스에 비벼 먹을 수 있도록 공깃밥을 갖다준다. **MAP** ⑱

Ⓖ 사루타히코 라멘
ADD 1-5-12 Kyomachi, Kokurakita Ward
OPEN 11:30~15:00/월·화 휴무
WALK JR 고쿠라역 남쪽 출구에서 5분
WEB facebook.com/sarutahiko159

세이로무시(竹) 4070엔

기타큐슈 장어덮밥은 여기가 제일

이나카안 고쿠라 본점
田舎庵

기타큐슈는 물론 규슈 내에서도 으뜸으로 손꼽히는 장어덮밥 전문점. 1926년 창업해 2019년 미슐랭 빕구르망에 선정됐다. 대표 메뉴인 야나가와식 장어덮밥 세이로무시는 양념이 자극적이지 않아 장어 본연의 풍미가 살아 있고 뒷맛도 깔끔하다. 장어 양에 따라 송松·죽竹·매梅 3단계로 나뉘며 밥양 선택 가능. 테이블에 비치된 양념으로 간 조절도 가능하다. 현지인들 사이에선 일반 장어덮밥 우나주鰻重(3520엔~)도 인기. 부담 없이 맛보려면 미니 우나동(2200엔)을 추천한다. **MAP** ⑱

Ⓖ 이나카안 고쿠라본점
ADD 1-1-13 Kajimachi, Kokurakita Ward
OPEN 11:00~20:30
WALK JR 고쿠라역 남쪽 출구에서 5분
WEB inakaan.com

달걀+에비카츠 690엔

샌드위치의 놀라운 진화

샌드위치 팩토리 OCM
Sandwich Factory OCM

샌드위치도 품격 있는 한 끼 요리가 될 수 있다는 것을 보여주는 곳. 쟁반을 들고 속재료 2가지를 고른 뒤 직원에게 주문하고 계산대에서 음료를 주문 후 한꺼번에 결제하는 카페테리아 방식이다. 추천 속재료는 탱탱한 새우살이 가득 씹히는 에비카츠エビカツ. 샌드위치 가격은 선택한 2가지 속재료 중 더 비싼 쪽으로 책정된다(예: 생햄 730엔+에비카츠 690엔⇒730엔). **MAP** ⑱

Ⓖ 샌드위치 팩토리 OCM
ADD 3-6 Senbamachi, Kokurakita Ward (2층)
OPEN 10:00~19:00(빵 품절 시 마감)
WALK JR 고쿠라역 남쪽 출구에서 8분/이즈츠야 백화점에서 2분
WEB instagram.com/sandwichfactoryocm

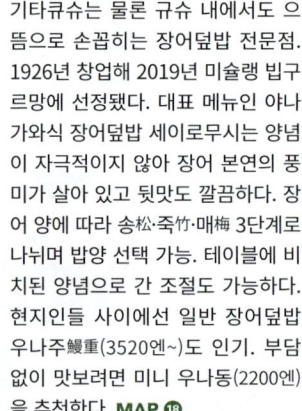

'건축계 노벨상'인 프리츠커상 수상자 이소자키 아라타의 초기작이다.

① 서일본 공립 미술관의 중심
기타큐슈 시립미술관
北九州市立美術館

영화 촬영지로도 쓰일 만큼 세련된 외관이 인상적인 근현대 전문 미술관. 르누아르, 모네 등 인상파 화가부터 우키요에(에도 시대 풍속화) 화가 카츠시카 호쿠사이葛飾北斎와 지역 작가들까지, 국내외 미술을 아우르는 풍부한 컬렉션을 보유하고 있다. 옥상 전망대에서는 기타큐슈 시내와 바다가 한눈에 내려다보이며 주변 공원과 산책로도 잘 정비돼 있어 산책 겸 방문하기에도 좋다. **MAP 398p**

ⓖ kitakyushu municipal museum of art
ADD 21-1 Nishisayagatanimachi, Tobata Ward
OPEN 09:30~17:30/폐장 30분 전까지 입장/
월요일(공휴일인 경우 그다음 평일), 연말연시 휴무
PRICE 300엔, 고등·대학생 200엔, 초등·중학생 100엔(상설전 기준)
BUS JR 고쿠라역 남쪽 출구 앞 고쿠라역 입구小倉駅入口 정류장에서 7M번 니시테츠 버스를 타고 약 30분(340엔, 1시간에 2편 운행), 기타큐슈 시립미술관 정류장 하차
WEB kmma.jp

말랑 젤리 같은 미니 휴가
고쿠라 외곽 지역

잃어버린 감성을 적셔줄 미술관, 어린 시절 추억을 떠올리게 하는 놀이 공원, 반짝이는 도시 야경이 펼쳐지는 산 전망대, 신나는 아웃렛 쇼핑까지. 설렘을 더해줄 고쿠라 외곽 여행지로 안내한다.

ⓖ 기타큐슈시립 이노치노타비
ADD 2-4-1 Higashida, Yahatahigashi Ward
OPEN 09:00~17:00/폐장 30분 전까지 입장/
연말연시, 6월 말경 휴무
PRICE 600엔, 고등학생 360엔,
초등·중학생 240엔

② 공룡 좋아한다면 지금 바로 저장!
기타큐슈시립 이노치노타비(생명의 여행) 박물관
北九州市立いのちのたび博物館

서일본 최대 규모의 자연사 박물관. 약 9000점의 동식물 표본, 화석, 암석 등이 5개 관에 전시돼 있다. 지구의 탄생부터 신생대까지의 역사를 소개하는 어스몰관은 필수 관람 구역. 티라노사우루스 전신 골격 복제본과 세계 최대 익룡 케찰코아틀루스의 골격 표본 등 박력 있는 공룡 전시가 압권이다. 약 1억3000만 년 전 백악기의 기타큐슈를 재현한 디오라마는 공룡 시대로 타임슬립한 듯하고 움직이며 짖는 공룡 로봇도 재미있는 볼거리다. 식당은 없지만 1·2층 휴게실에서 도시락을 먹을 수 있다. 당일 재입장 가능. **MAP 398p**

TRAIN JR 고쿠라역에서 가고시마본선 쾌속·보통을 타고 약 15분(340엔), 스페이스월드역スペースワールド 하차 후 5분
WEB kmnh.jp

③ 사이좋게 자리한 아웃렛 & 쇼핑몰
아웃렛 기타큐슈 & 이온몰 야하타히가시
The Outlets Kitakyushu & AEON Mall 幡東

생명의 여행 박물관에 들른 김에 함께 즐기기 좋은 아웃렛 & 쇼핑몰. 야외에 자리한 규슈 최대 규모의 아웃렛과 이온몰이 나란히 있어 쇼핑의 폭이 넓다. 아웃렛 1층 푸드코트에는 후쿠오카의 함박스테이크 맛집 키와미야 (174p)가 입점해 여행자들 사이에서 호응이 높다. **MAP 398p**

 아웃렛 기타큐슈 I 이온몰 야하타히가시
ADD 아웃렛: 4-1-1 Higashida, Yahatahigashi Ward/
이온몰: 3-2-102 Higashida, Yahatahigashi Ward
OPEN 아웃렛: 10:00~20:00(푸드코트~21:00, 식당가 11:00~21:00)/
이온몰 10:00~21:00(식당가 11:00~22:00)
WALK JR 스페이스월드역スペースワールド 출구에서 3분
WEB the-outlets-kitakyushu.aeonmall.com

④ 보랏빛 등꽃 터널 아래서 인생샷
카와치 후지엔
河內藤園

4월 말~5월 초에 일시 개장하는 등나무 정원. 약 1000평 부지에 심어진 22종의 등나무가 보랏빛 터널을 이루어 CNN 선정 '일본에서 가장 아름다운 장소 31선'에 이름을 올렸다. 사진 촬영은 관람객이 가장 적은 개원 직후가 최적의 타이밍. 예약제로만 운영되며 관람은 2시간으로 제한된다. 대중교통편이 없어 접근이 쉽지 않다는 점도 감안해야 한다. 입장권은 3월 말부터 공식 홈페이지 또는 주요 편의점(세븐일레븐, 패밀리마트, 로손, 미니스톱)에서 구매할 수 있다. 700그루의 단풍나무가 붉게 물드는 11월 중순~12월 초에도 한시 오픈한다. **MAP 398p**

 가와치 후지엔
ADD 2-2-48 Kawachi, Yahatahigashi Ward
OPEN 4월 말~5월 초 08:00~18:00,
11월 중순~12월 초 09:00~17:00
PRICE 18세 이상 1600엔(성인 1명당 고등학생 이하 2명까지 무료)
CAR JR 야하타역八幡에서 택시 20분/
사라쿠라산 전망대에서 자동차 20분
WEB kawachi-fujien.com

5 신新 일본 3대 야경 1위!

사라쿠라산 전망대
皿倉山展望台

해발 622m 사라쿠라산 정상에 자리한 전망대. 기타큐슈 시내와 새빨간 와카토대교若戸大橋가 한눈에 들어오는 야경은 2018년 '신 일본 3대 야경' 1위로 선정될 만큼 압도적이다(2위 삿포로시, 3위 나가사키시). 전망대 내 레스토랑에서 식사를 즐기며 야경을 감상하는 것도 로맨틱한 경험이다.
JR 야하타역八幡에서 무료 셔틀버스를 타고 산로쿠역山麓까지 이동한 뒤 케이블카를 타고 산조역山上에 도착하면 다시 슬로프카로 환승해 전망대에 오른다. 오르내리는 길에 케이블카와 슬로프카 창 너머로 펼쳐지는 야경도 놓치지 말자. **MAP 398p**

ⓖ 사라쿠라산 전망대
ADD 1481-1 Ogura, Yahatahigashi Ward
OPEN 10:00~케이블카 막차 시각(상행 4~10월 21:20, 11~3월 19:20)/ 화요일(공휴일·8월 12일 제외), 6월 초 약 3일, 2026년 2월 16~27일 휴무
PRICE 케이블카+슬로프카 왕복권 1230엔, 초등학생 이하 620엔 (유아는 성인 티켓 소지자 1인당 1인 무료)
TRAIN+BUS+CABLE CAR+SLOPE CAR JR 고쿠라역 → 가고시마본선 15분(340엔) → JR 야하타역 하차 → 셔틀버스 10분(무료) → 케이블카 산로쿠역 → 케이블카 6분 → 산조역 하차 → 슬로프카 3분 → 전망대역 하차 후 바로/ 산큐 패스 소지자는 고쿠라역~야하타역 구간 이동 시 22번 버스 이용/
BUS+CABLE CAR+SLOPE CAR 금·토·일·공휴일 저녁에는 고쿠라역 신칸센 출구 앞에서 케이블카 산로쿠역 앞까지 직행버스가 운행한다. 4~10월(2025년 기준) 고쿠라역 출발 17:25-20:05, 산로쿠역 출발 19:35-22:00, 11~3월 고쿠라역 출발 17:25, 산로쿠역 출발 19:20, 편도 요금 640엔(초등학생 320엔), 소요 시간 약 20분, 산큐 패스 이용 가능/전망대 휴무일 운휴
WEB 케이블카: sarakurayama-cablecar.co.jp
직행버스: nishitetsu-ktq.jp/bus/local/post-15726/

모지코(기타큐슈)

門司港(北九州)

고쿠라와 함께 기타큐슈를 대표하는 모지코는 1889년 개항 이후 무역항으로 번성했던 항만 지구다. 1890년대부터 1930년대까지 전성기의 흔적을 품은 서양식 건축물과 현대적인 거리 풍경이 나란히 펼쳐져 시간의 결이 켜켜이 쌓인 듯한 독특한 분위기를 자아낸다. 산책하듯 걷다 보면 어느새 100년 전 항구의 정취 속에 스며든다.

Area Guide

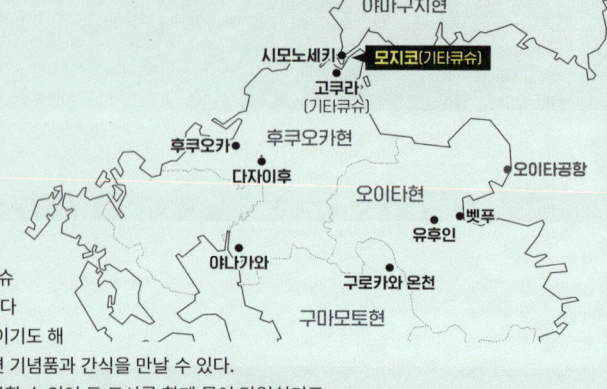

모지코는 '모지코 레트로'와 '메카리 공원' 두 지구로 나뉜다. 레트로 지구에는 19세기 말~20세기 초 서양식 건축물이 영화 세트처럼 늘어서 있고, 메카리 공원은 혼슈 시모노세키와 이어지는 칸몬교를 중심으로 로맨틱한 바다 풍경이 펼쳐진다. 일본에서 바나나가 처음 수입된 항구이기도 해 바나나가 상징처럼 자리 잡았으며 곳곳에서 바나나 관련 기념품과 간식을 만날 수 있다. 모지코는 시모노세키와 도보 또는 페리로 편리하게 왕복할 수 있어 두 도시를 함께 묶어 당일치기로 방문하기 좋은 여행지다. 모지코의 인기 열차인 모지코 레트로라인 시오카제호(미니기차)와 시모노세키 카라토 시장에서 열리는 초밥 시장을 즐기려면 주말 방문을 추천한다.

모지코 가는 법

모지코 여행은 JR 규슈 최북단 역인 모지코역에서 시작한다. 고쿠라역에서 열차로 3정거장, 후쿠오카·벳푸 출발 시 대부분 고쿠라역에서 환승한다. 시모노세키에서는 연락선을 이용하면 5분 만에 모지코역 인근 승선장에 도착한다.

● 고쿠라 → 모지코

● JR: 12~15분

JR 고쿠라역에서 모지코행 가고시마본선을 타고 모지코역에서 내린다. 북큐슈 레일 패스, JR 규슈 모바일 패스 이용 가능. 고쿠라역 앞에서 출발하는 버스는 40~50분 걸려 추천하지 않는다.

TIME 05:55~24:31
(10~15분 간격 운행)
PRICE 340엔

● 후쿠오카 또는 벳푸 → 모지코

● JR 특급: 하카타 1시간~1시간 20분, 벳푸 1시간 40~50분

후쿠오카는 하카타역, 벳푸는 벳푸역에서 특급 소닉을 타고 고쿠라역까지 간 다음 모지코행 보통으로 갈아타고 모지코역에 내린다. 참고로 하카타역에서 모지코행 가고시마본선 보통을 타면 환승 없이 갈 수 있지만 정차역이 많아 시간이 오래 걸린다. 북큐슈 레일 패스 이용 가능. JR 규슈 모바일 패스는 하카타~모지코 구간에서 이용 가능.

TIME 하카타역 출발 06:21~23:34/
벳푸역 출발 05:21~23:06(1시간에 1~2편 운행)
PRICE 하카타역 출발 자유석 2330엔, 지정석 2860엔,
니마이킷푸 3620엔(왕복 또는 2인)/
벳푸역 출발 자유석 4660엔, 지정석 5190엔,
니마이킷푸 7600엔(왕복 또는 2인)

: WRITER'S PICK :

모지코역 관광안내소 門司港駅観光案内所

JR 모지코역 1층에 자리한 레트로한 분위기의 관광안내소. 클로버 티켓을 판매한다. 카운터에서 관광지와 식당 등의 할인 쿠폰이 포함된 팸플릿을 무료로 배포하는 경우도 있으니 한 번쯤 문의해보자.

Ⓖ 모지역/항 관광안내소
OPEN 09:00~18:00

● 시모노세키 → 모지코

❶ 칸몬 연락선(칸몬기선): 약 5분

카라토터미널 1번 승선장에서 모지코행 연락선을 이용하는 방법이 가장 빠르다. 산큐 패스 이용 가능. 그 외 칸몬 터널 인도를 도보로 건너는 방법도 있다(435p 참고).

TIME 시모노세키 출발 매시 00분, 20분, 40분/
　　　　　모지코 출발 매시 10분, 30분, 50분
PRICE 400엔, 어린이 200엔

❷ JR: 17~25분

연락선보다 시간이 더 걸리고 중간에 갈아타야 하지만 북 큐슈 레일 패스 소지자라면 이용해볼 만하다. 시모노세키 역에서 산요본선 고쿠라행 보통(각역정차)을 타고 고쿠라 하차 후 가고시마본선 모지코행 열차로 환승한다.

TIME 05:52~23:55(1시간에 2~4편 운행)
PRICE 340엔

+ M O R E +

클로버 티켓 활용!
모지코 & 시모노세키 알찬 1일 코스

모지코와 시모노세키를 하루에 둘러볼 경우 클로버 티켓으로 주요 교통수단을 편도 1회씩 저렴하고 편리하게 이용할 수 있다. 단, 시모노세키역에서 출발할 경우 카라토까지는 티켓이 적용되지 않아 버스비가 별도로 든다. 따라서 모지코를 출발점과 도착점으로 삼고, 시모노세키는 칸몬 연락선을 이용해 왕복하는 코스를 추천한다. 클로버 티켓에 대한 자세한 내용은 140p 참고.

모지코역 → 도보 4분 → **칸몬 연락선 모지항 승선장** → 연락선 5분(클로버 티켓) → **카라토터미널** → 도보 4분 → **카라토 시장** → 도보 5분 → **아카마 신궁** → 선덴 버스 2~3분(클로버 티켓) → **칸몬터널 인도** → 도보 15분 → **메카리 공원** → 시오카제호 10분(클로버 티켓) 또는 니시테츠 버스 20분(클로버 티켓) → **모지코 레트로** → 도보 3분 → **모지코역** / 반대 방향으로도 가능

바나나의 고장답게
맨홀 뚜껑도 바나나

행복의 노란 바나나 우체통

모지코 시내 교통

모지코역과 모지코 레트로 주변은 도보만으로도 충분히 둘러볼 수 있다. 그 외 지역은 버스, 미니기차, 자전거 등을 활용해 이동하면 된다.

● 버스 & 미니기차

모지코역 남쪽 출구로 나가 모지코역 앞門司港駅前 정류장에서 니시테츠 버스를 이용하거나, 주말과 공휴일에만 운행하는 미니기차 시오카제호潮風号를 타고 이동할 수 있다. 메카리 신사와 칸몬터널 인도 입구까지는 모지코역 앞 정류장에서 4번 버스를 타면 약 15분, 요금은 280엔. 시오카제호에 대한 자세한 정보는 422p 참고.

● 자전거

모지코와 시모노세키를 연결하는 칸몬터널 인도는 자전거를 끌고 통과할 수 있다. 자전거는 모지코 레트로 지구 내 대여소에서 여권 제시 후 빌릴 수 있으며 한국어 안내가 마련돼 있다. 현금 또는 페이 결제만 가능.

ⓖ 조인트 자전거 대여소
ADD 6-66 Higashiminatomachi, Moji Ward
OPEN 10:00~18:00(11~3월 ~17:00)/연말연시 휴무
PRICE 1일 800엔~
WALK 모지코역에서 8분
WEB npo-ido.com/business/rent/oneday_2

시간을 거슬러 오르는 지구
모지코 레트로 門司港レトロ

낡음 속에 숨겨진 특별한 매력, 모지코 레트로로 떠나는 시간 여행. 19세기 후반부터 20세기 초까지 국제 무역의 거점으로 번성하던 시절 지어진 서양식 건물들은 일본 근대 문화유산으로 보존되며 '모지코 레트로'라는 이름의 관광지로 다시 태어났다. 이국적이면서도 복고적인 분위기가 어우러진 거리에서 과거와 마주하는 여행의 순간을 기록해보자.

모지코역 플랫폼에 자리한 '여행자들의 종'과 '행복의 샘'.
모지코역의 상징물로, 여행자들의 출발을 응원한다.

메카리 시사이드 프롬나드

메카리 신사

칸몬해협메카리역
関門海峡めかり

노픽 광장
시오카제호
노픽광장
ノーフォーク広場

메카리 공원 422p

시모노세키

모지코
레트로 전망대

칸몬 연락선
모지항 승선장

이데미츠미술관
出光美術館

모지코
門司港 JR

카이쿄 플라자

칸몬해협
뮤지엄

규슈철도기념관

규슈 철도기념관

시모노세키

모지 전기통신
레트로관 ⑩

모지코 레트로 전망대 ⑨

기타큐슈시
다렌우호기념관 ⑧

이데미츠미술관
出光美術館

블루윙 모지 ⑦
mojiko♥

구 모지세관 ⑥

코가네무시 ⑪

프리미어 호텔 모지코

바나나맨 상

칸몬 연락선
모지항 승선장 ②

카레혼포
모지코 레트로점

구 오사카상선 ③

지모군 상

카이쿄 플라자 ⑤

매표소

밀크홀

베어 프루트
프린세스 피피

구 모지미츠이
클럽 ④

북쪽 출구

① JR 모지코역

모지코역 앞
門司港駅前

남쪽 출구

규슈철도기념관

⑫ 칸몬해협 뮤지엄

⑪ 규슈 철도기념관

414

① 모지코 레트로 여행의 시작점
JR 모지코역 JR 門司港駅

1914년 완공된 신르네상스 양식의 아름다운 목조건물로, 플랫폼과 역사 곳곳이 100년 전 모습을 고스란히 품고 있어 걷는 내내 영화 속 한 장면에 들어와 있는 것 같다. 일본 역 건물 중 최초로 중요문화재로 지정됐으며 규슈 철도의 시작을 알리는 0마일표도 기념사진 명소다. 출구는 남쪽과 북쪽 2곳으로, 관광 명소는 북쪽 출구 쪽에 몰려 있다. 2019년 오픈한 역사 안 스타벅스는 천장과 벽면에 규슈 철도 레일을 재활용한 인테리어로 눈길을 끈다. 과거 발권 창구와 대합실로 쓰이던 1층 관광안내소도 모지항 전성기의 분위기를 느낄 수 있는 공간이다. 역을 나서면 모지코 사람들의 만남의 장소인 분수 광장이 시원하게 펼쳐진다. **MAP ⑲**

Ⓖ 모지코역　　**OPEN** 매표소 07:30~19:00

열차 헤드마크처럼 디자인한 역대 스타벅스 로고

② 시모노세키로 가는 입구
칸몬 연락선 모지항 승선장
関門汽船 門司港乗り場

시모노세키의 카라토터미널과 모지코를 5분만에 연결하는 미니 크루즈. 승선장 주변은 항구 분위기를 만끽하며 산책하기 좋고 야경 또한 아름답다. 지붕 없이 탁 트인 배 2층에 앉아 바람을 맞으며 달리는 기분이 매우 상쾌하다. 시모노세키 쪽으로 갈 때 경치가 특히 좋다. **MAP ⑲**

Ⓖ 칸몬연락선 모지항 승선장
ADD 1-4-1 Nishikaigan, Moji Ward
TIME 06:15~21:50/07:10~18:00는 20분 간격 운행
PRICE 편도 400엔, 어린이 200엔(매표소 건물 내 자판기에서 구매)/산큐 패스 이용 가능
WALK JR 모지코역 북쪽 출구에서 4분
WEB kanmon-kisen.co.jp

③ 모지코 레트로의 랜드마크
구 오사카상선 旧 大阪商船

모지코 레트로의 상징인 등록유형문화재로, 1917년 준공된 2층 서양식 건물이다. 한반도·중국·대만·동남아·유럽으로 향하는 여객선이 한 달 평균 60척 이상 모지항에서 출항하던 전성기에는 수많은 승객들이 이곳 대합실에 모여 설렘 속에 출발을 기다렸다. 특히 1935년 무렵에는 연간 40만 톤의 화물과 11만 명의 승선객, 17만 명의 상륙객을 기록하며 활황을 누렸다. 팔각형 첨탑(높이 24.18m)은 야간에 등대 역할도 했다. 현재는 기타큐슈시 소유로, 고쿠라 출신 만화가 와타세 세이조渡瀬政造(1945~)의 갤러리(유료)와 기념품점 등으로 활용되고 있다. **MAP ⑲**

Ⓖ 구 오사카상선
ADD 7-18 Minatomachi, Moji Ward
OPEN 09:00~17:00
WALK JR 모지코역 북쪽 출구에서 3분
WEB mojiko-retoro9.jp/spot/former_osaka_merchant_ship

④ 그 시절 호텔은 어떤 모습이었을까?
구 모지미츠이 클럽
旧 門司三井倶楽部

1921년 미츠이물산에서 개업한 호텔. 1층에는 레스토랑과 기념품 코너가 있으며 유료 관람 구역인 2층에는 1922년 아인슈타인 박사 부부가 숙박한 메모리얼 룸이 있다. 중후한 나무문과 벽난로 등에서 당시 호텔의 화려한 모습을 엿볼 수 있다. **MAP ⑲**

메모리얼 룸

Ⓖ 구 모지미츠이 클럽
ADD 7-1 Minatomachi, Moji Ward
OPEN 09:00~17:00
PRICE 1층 무료/2층 150엔, 어린이 70엔
WALK JR 모지코역 북쪽 출구에서 2분
WEB mojiko.info/spot/mitui.html

⑤ 한 번에 끝내는 모지코 기념품 쇼핑
카이쿄 플라자
海峡プラザ

바나나상과 함께 모지코 레트로를 대표하는 마스코트, 지모군 상 じーもくん像. 카이쿄 플라자 입구에 있다.

모지코항을 눈앞에 두고 바다 풍경과 함께 쇼핑과 식사를 즐길 수 있는 복합상업시설. 1층에는 기타큐슈·모지코 특산품, 한정 과자, 캐릭터 소품이 가득해 쇼핑하는 재미가 쏠쏠하다. 특히 기념품 퀄리티가 훌륭해 모지코 명물 야키카레 밀키트, 바나나빵, 바나나 카스텔라, 모지코 사이다 등 마음을 사로잡는 아이템이 많다. 2층 바다 전망 레스토랑에서는 칸몬해협의 시원한 풍경을 감상하며 식사할 수 있고 쇼핑센터 앞 벤치에서는 바닷바람을 맞으며 쉬어가기 좋다. 운이 좋다면 1층 안내소에서 외국인 관광객 전용 환영 바우처를 받을 수 있다. **MAP ⑲**

Ⓖ 가이쿄 플라자
ADD 5-1 Minatomachi, Moji Ward
OPEN 10:00~20:00
WALK JR 모지코역 북쪽 출구에서 3분
WEB kaikyo-plaza.com

카이쿄 플라자 앞에 자리한 모지코 최고의 인증샷 포인트, 바나나맨 상

진한 바나나향이 솔솔~ 바나나 소프트아이스크림

6 한 군데만 둘러본다면 여기 찜!

구 모지세관
旧 門司税関

1912년 모지항이 일본 3대 무역항으로 번성하던 시절, 수출입 통관과 세관 행정을 위해 지어진 붉은 벽돌 건물이다. 모지코 레트로의 상징 중 하나로, 수많은 상인과 여행객들이 이곳에서 통관 절차를 밟으며 드나들었다. 1~2층 전시실과 3층 전망대가 모두 무료로 개방되며 특히 바닷가 쪽 2층 전망실에서 바라보는 항구 풍경이 인상적이다. **MAP ⑲**

G 구 모지세관
ADD 1-24 Higashiminatomachi, Moji Ward
OPEN 09:00~17:00
PRICE 무료
WALK 바나나맨 상에서 3분
WEB mojiko.info/spot/zeikan.html

1912년 재건된 구 모지세관

7 사랑이 꽃피는 도개교

블루윙 모지
ブルー ウィングもじ

전체 길이 108m로 일본 최대 규모를 자랑하는 보행자 전용 도개교. 매일 10:00~16:00 사이 매시 정각마다 20분간 다리가 열리며, 이때 한국어 안내 방송도 함께 울려 퍼진다. 다리가 닫힌 직후 가장 먼저 건너는 커플은 영원한 사랑을 이루게 된다고. 구 모지세관 옆이 구경하기 좋은 명당으로, 'MOJIK♡' 조형물을 배경 삼아 사진을 남기기에도 좋다. **MAP ⑲**

G 블루윙모지
ADD 4-1 Minatomachi, Moji Ward
OPEN 24시간
WALK 구 모지세관에서 1분
WEB mojiko.info/spot/bluewing.html

8 오며 가며 들르기 좋은 무료 쉼터
기타큐슈시 다렌우호기념관
北九州市大連友好記念館

1994년 기타큐슈시와 중국 다렌시의 우호를 기념해 구 모지세관 맞은 편에 세워진 붉은 벽돌 건물이다. 1902년 러시아가 다렌에 세운 사무소를 본떠 설계됐으며 내부는 러시아풍 구조와 인테리어로 꾸며져 있다. 2층에는 지역 작가들의 작품을 전시하는 무료 갤러리가 있다.
MAP ⑲

ⓖ 기타큐슈시 다렌우호기념관
ADD 1-12 Higashiminatomachi, Moji Ward
OPEN 09:00~17:00
PRICE 무료
WALK 구 모지세관에서 1분
WEB mojiko-retoro9.jp/spot/dalian_friendship_memorial_hall

> 뒤에 보이는 빌딩이 모코코 레트로 전망대다.

9 위에서 내려다보는 레트로 풍경
모지코 레트로 전망대
門司港レトロ展望室

모지코 레트로를 한눈에 내려다볼 수 있는 전망대. 칸몬해협을 바라보는 높이 103m의 고층 빌딩 31층에 자리한다. 시모노세키 유메 타워 전망대보다 접근성은 좋지만 전망 자체는 유메 타워 쪽이 더 뛰어나다. **MAP ⑲**

ⓖ 모지코 레트로 전망대
ADD 1-32 Higashiminatomachi, Moji Ward
OPEN 10:00~22:00/폐장 30분 전까지 입장/연 4회 부정기 휴무
PRICE 300엔, 초등·중학생 150엔
WALK 구 모지세관에서 1분
WEB mojiko-retoro9.jp/spot/mojiko_retro_observation_room

⑩ 100년 전 전화 교환기 체험
모지 전기통신 레트로관
門司電気通信レトロ館

전화기와 전신의 역사를 소개하는 무료 박물관. 1924년 지어진 구 모지 우체국 전화과 청사에 자리하고 있다. 1800년대 후반부터 현대까지의 다양한 전화기와 전신기를 전시하며 교환기 체험 코너도 있어 아이들도 흥미롭게 관람할 수 있다. 예상 소요 시간은 20~30분. **MAP ⑲**

ⓖ 모지 전기통신 레트로관
ADD 4-1 Hamamachi, Moji Ward
OPEN 09:00~17:00/폐장 30분 전까지 입장/월요일(공휴일인 경우 그다음 평일), 연말연시 휴무
WALK 구 모지세관에서 8분
WEB ntt-west.co.jp/kitaQ/moji/

> 1900년 일본 최초로 도쿄에 설치된 공중전화 박스 복제품은 포토 포인트!

11 짜릿한 기차 놀이의 모든 것
규슈 철도기념관
九州鉄道記念館

교토에 이어 일본에서 두 번째로 큰 철도 박물관이다. 플랫폼처럼 꾸민 전시장에는 1922~1972년 사이 규슈를 달린 7대의 열차가 전시돼 있으며 이 중 침대차가 달린 블루 트레인을 포함한 4대는 내부 관람도 가능하다. 2층 규모 본관에는 1909년형 4륜 3등차를 복원한 메이지 시대 객차를 비롯해 대형 스크린으로 열차를 운전해보는 규슈 철도 대 파노라마(1회 100엔), 기념품점, 운전 시뮬레이터(1회 300엔) 등이 마련돼 있다. 열차 장난감이 가득한 키즈룸도 갖추고 있으며 한국어 안내도 꼼꼼하다. 관람을 마치고 밖으로 나오면 카모메, 유후인노모리, 소닉 등 5종의 열차를 직접 운전해볼 수 있는 미니 철도 공원이 이어진다. **MAP ⑲**

G 규슈 철도 기념관
ADD 2-3-29 Kiyotaki, Moji Ward
OPEN 09:00~17:00/폐장 30분 전까지 입장/연 10일 부정기 휴무
PRICE 300엔, 4세~초등학생 150엔
WALK JR 모지코역 남쪽 출구에서 5분
WEB k-rhm.jp

12 바다와 친해지는 시간
칸몬해협 뮤지엄
関門海峡ミュージアム

칸몬해협을 오감으로 즐기는 체험형 박물관. 박력 넘치는 음악과 바다 영상이 흘러나오는 18×9m 초대형 스크린 존, 실제 어류를 관찰할 수 있는 해협 아트리움, 선박 제조와 크레인 조종 시뮬레이터 체험 존, 다이쇼 시대 모지항 거리를 재현한 1·2층 해협 레트로 거리 등이 나선형 구조를 따라 한층 한층 연결돼 있다. 5층 전망 데크에서는 칸몬해협이 시원하게 펼쳐지고, 아이와 함께라면 그물 놀이기구가 설치된 해협 어린이 광장(1회 100엔)도 추천. 프롬나드 데크, 전망 데크, 카페, 해협 레트로 거리 등 무료 입장 구역만 둘러봐도 충분히 즐겁다. **MAP ⑲**

G 칸몬해협 뮤지엄
ADD 1-3-3 Nishikaigan, Moji Ward
OPEN 09:00~17:00/폐장 30분 전까지 입장/연 5일 부정기 휴무
PRICE 500엔, 초등·중학생 200엔(한국어 오디오 가이드도 포함)
WALK JR 모지코역 북쪽 출구에서 6분
WEB mojiko-retoro9.jp/spot/kanmon_kaikyo_museum

모지코에선 다들 '이것'을 먹는다
모지코 야키카레

모지코의 명물 야키카레焼きカレー는 밥 위에 카레 소스와 치즈, 달걀을 얹어 오븐에 구워낸 요리로,
카레에 그라탱 특유의 고소함과 부드러움을 더한 메뉴다. 1955년 모지항 인근 카페에서 남은 카레에 달걀을 올려
구워낸 것이 시초로 곳곳에 전문점들이 생겨났고, 여행자들이 호기심에 한 번쯤 맛보는 지역 음식으로 자리 잡았다.
모지코역을 등지고 왼쪽 큰길을 따라 전망 좋은 야키카레 전문점들이 늘어서 있다.

단언컨대 야키카레 맛집 NO.1
프린세스 피피 プリンセスピピ

예쁜 플레이팅과 바다 전망이 매력적인 야키카레 맛집. 빠에야
그릇에 담긴 야키카레는 명란, 와규, 치킨, 새우 등 다양한 토핑
을 취향껏 고를 수 있다. 특히 야채 소믈리에 주인이 엄선한 12
종 이상의 제철 야채를 큼직하게 썰어 듬뿍 올린 야채 소믈리에
야키카레野菜ソムリエ焼きカレー는 카레 본연의 깊은 맛에 치즈와
반숙란의 고소하고 부드러운 풍미가 더해져, 꼭 맛봐야 할 메뉴
다. 모든 야키카레에는 아삭한 야채 절임이 곁들여지며 바나나
맥주와의 의외의 궁합과 활기찬 서비스도 매
력적이다. 수~일요일 저녁 시간대는 타베로
그에서 예약 가능. **MAP ⑲**

Ⓖ 프린세스 피피
ADD 1-4-7 Nishikaigan, Moji Ward
OPEN 11:00~20:30(월 ~15:00)
WALK JR 모지코역 북쪽 출구에서 2분

매콤한 특제 향신료가 매력
베어 프루트 Bear Fruits

양파와 피망을 듬뿍 넣은 밥에 특제 향신료인 빗
쿠리 스파이스(서프라이즈 스파이스)를 뿌려 매콤
함과 감칠맛을 끌어올린 슈퍼 야키카레로 이름난
카레 전문점이다. 테이블에도 빗쿠리 스파이스가
비치돼 있어 취향에 따라 매운맛을 조절할 수 있
고 야채, 소고기, 치즈, 해산물 등 다양한 토핑을
곁들여 즐길 수 있다. 샐러드·수프·음료가 포함된
세트 메뉴도 인기가 많다. 프린세스 피피 바로 옆
에 있으며 항구가 보이는 자리도 있다. **MAP ⑲**

Ⓖ bear fruits
ADD 1-4-7, Nishikaigan, Moji Ward
OPEN 11:00~20:30(금·토 ~21:30)
WALK JR 모지코역 북쪽 출구에서 2분
WEB bearfruits.jp

모지코 바나나 맥주
글라스 660엔

야채 소믈리에 야키카레
1265엔

슈퍼 야키카레
1210엔

복어튀김ふぐ唐揚げ과
포테이토 935엔

가족이 함께일 때 더 맛있는 공간
밀크홀 ミルクホール

카페 콘셉트로 운영되는 베어 프루트 별관. 넓은 창가석과 탁 트인 전망, 키즈 메뉴와 놀이 공간까지 마련돼 있어 아이와 함께 방문하기 좋다. 야키카레는 본점과 마찬가지로 빗쿠리 스파이스를 뿌려 먹지만 밥 맛이 다소 아쉬워 오므라이스나 파스타를 고르는 편이 만족도가 높다. 시그니처 디저트인 푸딩과 바나나향 밀크셰이크가 달콤한 즐거움을 선사한다. **MAP ⑲**

ⓖ 밀크홀
ADD 1-4-3 Nishikaigan, Moji Ward
OPEN 10:00~20:00(금·토·일·공휴일 ~21:00)
WALK JR 모지코역 북쪽 출구에서 1분
WEB bearfruits.jp/milkhallmojiko

야키카레 1210엔
(샐러드 추가 시 1460엔)
밀크셰이크 770엔
모지코 푸딩 693엔

프린세스 피피랑 야키카레 투톱
카레혼포 모지코 레트로점 伽哩本舖

모지코 야키카레를 현대적으로 발전시켜 대중화한 대표 맛집으로, 깊고 진한 오리지널 야키카레 맛을 제대로 즐길 수 있다. 달걀은 반숙과 완숙 중 선택할 수 있으며 추가 요금을 내면 밥 양과 그릇 크기를 함께 늘려 든든하게 맛볼 수 있다. 매운맛 단계 조절은 물론 더블 치즈, 와규, 해산물, 바나나, 복어 등 다양한 토핑 메뉴도 인기 비결이다. 모지코역과 칸몬해협을 내려다보는 2층 아늑한 공간과 복고풍 인테리어가 여행 분위기를 한층 살려준다. 본점은 후쿠오카 카와바타 상점가에 있다(190p). **MAP ⑲**

ⓖ 카레혼포 모지코레트로점
ADD 9-2 Minatomachi, Moji Ward
OPEN 11:00~20:00
WALK JR 모지코역 북쪽 출구에서 1분
WEB curry-honpo.com/mojikou-retro.html

모지코 레트로점
한정 메뉴인
바나나 야키카레(소)
1000엔

요술쟁이 할머니의 손맛
코가네무시 こがねむし

노포 분위기가 물씬 풍기는 대중식당. 콘과 아스파라거스를 듬뿍 넣은 야키카레는 잘게 썰어 토핑한 양파튀김이 결정적인 한 방을 더한다. 테이블에 놓인 매운맛 시즈닝을 추가하면 더욱 꿀맛. 하야시라이스, 오무라이스, 돈카츠 등 경양식 메뉴도 다양하고 가격이 저렴해 여럿이 나눠 먹기 좋다. 한국어 인사말을 건네는 친절한 주인 할머니 덕분에 호감도도 높다. **MAP ⑲**

ⓖ 코가네무시
ADD 1-1-24 Higashihonmachi, Moji Ward
OPEN 11:45~14:30, 17:00~20:30/목·금 휴무
WALK JR 모지코역 북쪽 출구에서 10분/구 모지세관에서 5분
WEB instagram.com/koganemushi.chiesan

하야시라이스
750엔

야키카레 800엔

바다가 보인다
메카리 공원 和布刈公園

해발 175m 고토산高塔山 일대에 자리한 메카리 공원은 칸몬해협을 내려다보는 전망 명소다. 제2 전망대라 불리는 칸몬교 전망대關門大橋展望台 테라스에서는 해협을 가로지르는 칸몬교와 시모노세키 시가지, 멀리 시코쿠까지 한눈에 담을 수 있다. 공원 안에는 모지코 관광지를 연결하는 미니기차역과 해변 산책로도 마련돼 있다.

 띠띠뽀 띠띠뽀 ♪ 미니기차 타기
모지코 레트로라인 시오카제호
北九州銀行レトロライン 潮風号

주말과 공휴일에만 달리는 2량짜리 귀여운 소형 디젤기관차(8월 9일~17일은 매일 운행). 2.1km 구간을 최고 시속 15km로 느긋하게 달려 짧지만 특별한 여행을 선물한다. 모지코역 남쪽 출구 앞 버스 정류장 건너편에 있는 규슈철도기념관역을 출발해 이데미츠미술관역出光美術館과 노퍽광장역ノーフォーク広場을 지나 규슈 최북단 기차역인 칸몬해협메카리역関門海峡めかり까지 약 10분 만에 도착. 모지코의 레트로 감성을 제대로 만끽할 수 있다. **MAP 422p**

Ⓖ 규슈테쓰도키넨칸 I 간몬카이쿄메카리
TIME 규슈철도기념관역 출발 10:00~16:40, 칸몬해협메카리역 출발 10:20~17:00/40분 간격
PRICE 편도 500엔, 6~11세 250엔150엔/1일 프리 승차권 1000엔, 6~11세 500엔/클로버 티켓 이용 가능
WALK JR 모지코역 남쪽 출구에서 2분
WEB retro-line.net

+ M O R E +

픽 메카리 파크
Pic Mekari Park

칸몬해협메카리역 바로 앞, 오래된 기차를 개조한 카페. 깔끔하고 아기자기한 분위기 속에서 오르골 연주를 들으며 여유롭게 커피를 즐길 수 있다.

Ⓖ 메카리공원
OPEN 10:00~17:00/월~목 휴무(공휴일은 제외)
WALK 시오카제호 칸몬해협메카리역 바로 앞

下関 시모노세키

칸몬해협을 사이에 두고 모지코와 마주한 시모노세키는 오래전부터 규슈와 혼슈를 잇는 바닷길 관문이었다. 항구도시 특유의 활기찬 어시장에서 싱싱한 초밥을 마음껏 즐기고 시원한 바닷바람을 맞으며 해변 데크를 걷다 보면 눈 깜짝할 사이에 하루가 훌쩍 지나간다. 펭귄과 돌고래가 반겨주는 아쿠아리움, 시모노세키 조약의 현장, 조선통신사 유적지까지 두루 살펴볼 수 있어 짧은 일정에도 알차게 다녀오기 좋다.

Area Guide

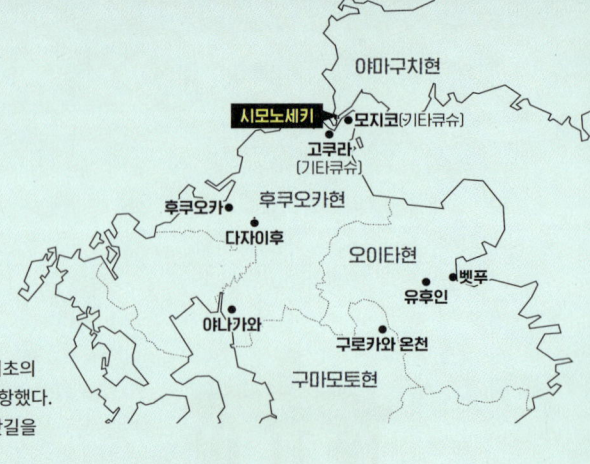

야마구치현

시모노세키 · 모지코(키타큐슈)

고쿠라
(기타큐슈)

후쿠오카 · 후쿠오카현

다자이후

오이타현 · 벳푸

유후인

야나가와

구로카와 온천

구마모토현

시모노세키는 야마구치현에 속한 혼슈 최서단의 항구 도시다. 일본 본토 중 부산과 가장 가까우며 예로부터 한일 간 해상 교류의 관문 역할을 해왔다. 부산~시모노세키를 잇는 약 240km의 항로는 우리나라 최초의 정기 국제여객선 노선으로, 1905년 부관연락선이 처음 취항했다. 현재는 부관훼리가 성희호와 하마유호를 운항하며 이 바닷길을 잇고 있다.

도시 면적은 우리나라 군산시의 약 2배에 달하지만 인구는 약 23만 명으로 비슷한 수준이다. 명소는 시내 여러 곳에 흩어져 있으나 칸몬해협을 따라 이어지는 산책길과 조선통신사 유적, 카라토 시장 등은 모지코와 함께 당일치기로 도보 여행하기에 적합하다. 날씨는 바다 건너 인접한 기타큐슈와 비슷하다.

시모노세키 가는 법

시모노세키까지는 연락선(페리), JR 열차, 버스 등 다양한 방법으로 이동할 수 있다. 모지코와 묶어 당일치기로 둘러본다면 클로버 티켓(140p)을 구매하는 것이 이득이다. 부산에서 부관훼리를 타면 시모노세키항 국제터미널에 도착하며 JR 시모노세키역까지 공중보도(육교)를 따라 도보로 약 8분이면 닿는다. 참고로 신칸센은 시모노세키역에서 2정거장 떨어진 신시모노세키역新下関을 이용한다.

● 모지코 → 시모노세키

❶ 칸몬 연락선(칸몬기선): 약 5분

JR 모지코역 북쪽 출구에서 도보 4분 거리인 칸몬연락선 모지항 승선장(415p)에서 출발한다. 하선장인 카라토터미널 부두唐戸ターミナル桟橋 주변으로는 시모노세키 여행의 중심인 카몬 워프, 카라토 시장, 카이쿄칸 등이 자리한다. 산큐 패스 이용 가능.

TIME 모지코 출발 매시 10분, 30분, 50분 출발/
시모노세키 출발 매시 00분, 20분, 40분 출발
PRICE 400엔, 어린이 200엔/산큐 패스 이용 가능

❷ JR: 17~25분

모지코역에서 가고시마본선 고쿠라 방면 열차를 타고 모지역門司에 하차한 후 JR 서일본의 산요본선 시모노세키행 열차로 갈아타고 시모노세키역에 내린다. 북큐슈 레일 패스 이용 가능.

TIME 05:04~23:33(1시간에 2~3편 운행)
PRICE 340엔
WEB jrkyushu.co.jp/korean/

● 고쿠라 → 시모노세키

● JR: 약 15분

고쿠라역 4번 또는 6번 승강장에서 가고시마본선 시모노세키행 열차를 타고 시모노세키역에 내린다. 북큐슈 레일 패스 이용 가능.

TIME 05:47~23:41(1시간에 2~4편 운행)
PRICE 340엔
WEB jrkyushu.co.jp/korean/

카라토터미널 부두

시모노세키역

● 후쿠오카 → 시모노세키

❶ JR: 특급+보통 1시간~1시간 15분

하카타역 2번·3번 승강장에서 오이타·고쿠라·모지코행 특급 소닉을 타고 고쿠라역에 하차한 후 가고시마본선·산요본선 시모노세키행 보통(각역 정차)으로 갈아타고 시모노세키역에 내린다. 북큐슈 레일 패스 이용 가능. 참고로 하카타역에서 신칸센을 이용하면 신시모노세키역까지 30분 만에 직행하지만 특급보다 요금이 비싸고 북큐슈 레일 패스를 이용할 수 없다.

TIME 특급 소닉 06:21~23:44(1시간에 2~3편 운행)/
가고시마본선 05:47~23:41(1시간에 2~3편 운행)
PRICE 특급 소닉+가고시마본선 자유석 2330엔, 지정석 2860엔
니마이킷푸 3400엔(고쿠라까지 특급 왕복 또는 2인)+340엔
(가고시마본선 편도)

❷ 고속버스: 텐진 약 1시간 40분, 하카타 약 2시간

니시테츠 텐진 고속버스터미널 3층 1번 승차장에서 출발하는 시모노세키행 고속버스 후쿠후쿠호가 카라토 시장 인근 카라토 정류장을 거쳐 JR 시모노세키역까지 운행한다. 이 중 하루 4편은 하카타 버스터미널 3층 31번 승차장에서 출발해 텐진 고속버스터미널을 경유한다. 예약은 필요 없으며 산큐 패스 이용 가능.

TIME 하카타 버스터미널 07:18, 08:18, 14:38, 16:08/
텐진 고속버스터미널 07:40~21:00(1일 12편 운행)
PRICE 1700엔

시모노세키 시내 교통

시모노세키역 주변의 쇼핑·관광 명소는 도보로 둘러볼 수 있고, 카라토 시장을 비롯한 주요 관광지까지는 역 앞에서 시내버스(선덴 버스)나 택시를 이용한다.

● 선덴サンデン 버스

시모노세키 시내 및 근교를 구석구석 연결하는 노선버스로, JR 시모노세키역 1층 동쪽 출구 앞 시모노세키역(시모노세키에키)下関駅 정류장에서 발착한다. 1~4번 승차장의 모든 버스가 카라토 시장, 카라토터미널 등이 있는 카라토唐戸 정류장에 서며 1번·2번 승차장의 모든 버스는 칸몬터널 인도 입구가 있는 미모스소가와御裳川 정류장에도 선다. 클로버 티켓으로는 카라토~미모스소가와 구간 내에서만 승하차할 수 있다.

TIME 06:00경~21:00경
PRICE 시내 중심부 240엔/그 외 지역은 구간에 따라 다름
WEB sandenkotsu.co.jp

설렘을 품은 길목
시모노세키역과 그 주변

시모노세키의 중심부인 JR 시모노세키역 주변은 역 건물과 대형 쇼핑센터 시몰·다이마루가 연결돼 있어 쇼핑과 식사를
한곳에서 해결할 수 있다. 대부분의 노선버스가 이곳을 경유해 이동이 편리하며 부산행 페리가 출항하는 국제터미널과
시모노세키 최고의 전망 타워도 가까이에 자리한다.

1 시모노세키항 쇼핑의 메카
시몰 & 다이마루 시모노세키점
シーモール & 大丸

JR 시모노세키역 2층 개찰구 밖 공중보도 앞에 나란히 자리한 쇼핑몰과
백화점. 전 층이 내부 통로로 연결돼 있어 이동이 편리하다. 시모노세키 최
대의 쇼핑몰 시몰에는 다이소·스탠다드 프로덕트·쓰리피(2층), 드럭스토어
마츠모토키요시(1층), 에디온(4층), 대형 슈퍼마켓 맥스밸류(지하 1층) 등이
입점해 있어 기념품 쇼핑에 적합하다. 가벼운 식사 장소로는 우동 체인 마
루가제 제면(1층), 패밀리레스토랑 사이제리야(4층)를 추천. 1층에는 세븐
뱅크·이온뱅크 ATM도 있다. 다이마루 백화점은 지하 1층~지상 7층 규모
이며 7층 식당가와 지하 1층 식품관이 가볼 만하다. **MAP ⓴**

Ⓖ 시모노세키 씨몰 I 다이마루 시모노세키점
ADD 4-4-8 Takezakicho, Shimonoseki
OPEN 시몰 10:00~19:30(맥스밸류·사이제리야
~22:00)/다이마루 10:00~18:00(식당가 ~21:00)
WALK JR 시모노세키역 동쪽 출구 앞. 2층 공중보
도와 연결
WEB 시몰 seamall.jp
다이마루 daimaru.co.jp

2 부산과 시모노세키 우호의 상징
부산문
釜山門

시모노세키시가 부산시와의 자매결연 35주년을 기념해 2011년 세운 건축
물. 한식당과 상점이 밀집해 '리틀 부산'으로 불리는 JR 시모노세키역 그린
몰 상점가 입구에 있다. 높이 5m, 너비 7.6m의 누각 형태로, 양 도시의 오
랜 우정을 기념하고 향후 교류 증진에 기여하기 위해 건립했다. **MAP ⓴**

Ⓖ 시모노세키 부산문　　**WALK** JR 시모노세키역에서 2분. 2층 공중보도와 연결

③ 부산에서 페리로 오고 갈 땐

시모노세키항 국제터미널
下関港国際ターミナル

부산과 시모노세키를 페리로 왕복할 때 이용하는 터미널로, 내부에는 기념품점과 자동판매기, 매표소 등이 단출하게 자리한다. 카라토 지역까지는 버스를 이용하는 편이 수월하며 시몰과 카이쿄 유메 타워 등 역 주변의 쇼핑·관광 명소도 도보 5~10분 거리에 있다. **MAP ⑳**

🇬 시모노세키항 국제터미널
ADD 1-10-50, Higashiyamatomachi
WALK JR 시모노세키역에서 7분. 2층 공중보도와 연결
WEB shimonoseki-port.com

④ 시모노세키 1등 전망 타워

카이쿄 유메 타워
オーヴィジョン海峡ゆめタワー

시모노세키를 상징하는 높이 153m의 전망 타워. 최상층 전망대에서 칸몬해협을 360°로 조망할 수 있다. 4층 매표소에서 티켓을 구매한 뒤 고속 엘리베이터로 30층 전망대에 올라가 한 층씩 차례로 내려오며 관람한다. 29층에는 음료 자판기와 테이블이 마련돼 있어 잠시 머무르기 좋고 28층에는 푹신한 2인용 소파와 사랑의 자물쇠, 연인의 신사 등이 있어 데이트 명소로도 인기가 많다. **MAP ⑳**

🇬 카이쿄유메타워
ADD 3-3-1 Buzendacho, Shimonoseki(카이쿄 메세 시모노세키 내)
OPEN 09:30~21:30/폐장 30분 전까지 입장/1월 넷째 토요일 휴무
PRICE 600엔, 초등·중·고등학생·65세 이상 300엔
WALK JR 시모노세키역에서 8분. 카이쿄 유메 광장海峡ゆめ広場이 있는 서쪽에 전망대행 에스컬레이터와 입구가 있다.
WEB yumetower.jp

시모노세키의 매력 부자
카라토터미널부터 칸몬교까지

카라토터미널에서 칸몬터널 인도 입구까지는 잘 정비된 해변 인도를 따라 걸으며 시모노세키의 매력을 만끽할 수 있는 코스다. 가장 먼저 카라토터미널 앞 카라토 시장에서 신선한 해산물을 맛보고 동쪽으로 이동하며 레트로한 분위기의 서양식 건축물들을 감상해보자. 조금 더 걸으면 길이 780m의 해저 터널인 칸몬터널 인도 입구가 나온다. 가로수가 거의 없는 땡볕이라 여름에는 걷기 힘드니 버스 이용을 권장한다.

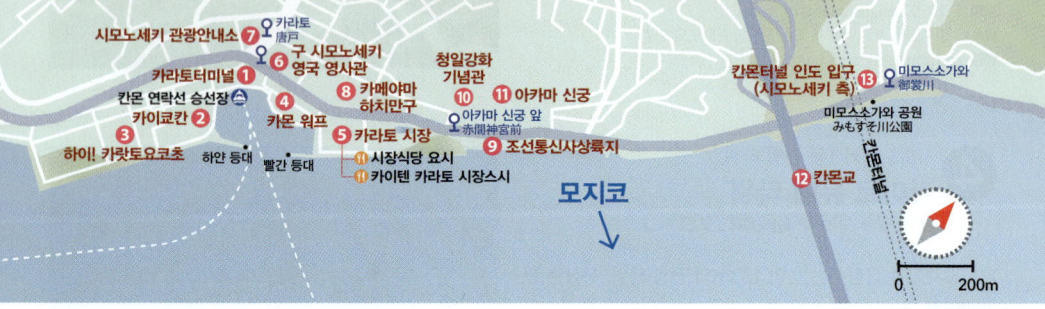

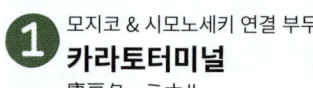

① 모지코 & 시모노세키 연결 부두
카라토터미널
唐戸ターミナル

칸몬해협을 사이에 두고 모지코와 마주한 시모노세키의 현관. 터미널 왼쪽에는 대형 수족관 카이쿄칸이, 오른쪽에는 신선한 해산물을 맛볼 수 있는 카라토 시장과 칸몬해협 전망 명소인 카몬 워프가 자리한다. 칸몬해협은 일본에서도 조류가 빠르고 항로가 좁아 배들이 지나기 쉽지 않은 바다다. 이 험난한 물길을 지키듯 빨간 등대(남자)와 하얀 등대(여자)가 서로를 바라보며 마주 서 있어 영원한 만남을 상징하는 '연인 등대'라 불린다. 일몰 무렵 두 등대 너머로 펼쳐지는 노을이 특히 아름다워 카라토 지역의 포토 스폿으로 손꼽힌다. **MAP ⑳**

G 카라토터미널 부두
WALK 카라토 유메 타워에서 25분   **BUS** JR 시모노세키역 동쪽 출구 앞에서 선덴 버스를 타고 5~7분(260엔), 카라토唐戸 하차 후 도보 5분

2 펭귄, 돌고래, 뭐부터 보지?
카이쿄칸
市立しものせき水族館 海響館

전 세계 바다생물 550종, 5만5000점을 사육하는 대형 시립 수족관이다. 가장 큰 볼거리는 일본 최대 규모를 자랑하는 펭귄 마을로, 수중 터널을 지나 머리 위로 펭귄이 헤엄치는 모습을 볼 수 있다. 복어의 본고장답게 전 세계 복어류도 100종 이상 보유하고 있다. 1층 무료 구역에는 노르웨이에서 대여한 희귀한 대왕고래 골격 표본이 전시돼 있고 2층 공연장에서는 돌고래와 바다사자 쇼가 펼쳐진다. **MAP ⑳**

ⓖ 카이쿄칸
ADD 6-1 Arcaport, Shimonoseki
OPEN 09:30~17:30/폐장 30분 전까지 입장
PRICE 2500엔, 초등·중학생 1200엔,
3세~미취학 아동 500엔
WALK 카라토터미널에서 3분
WEB kaikyokan.com

3 무료 입장이니 발걸음 가볍게!
하이! 카랏토요코초
はい！からっと横丁

미취학 어린이와 함께 즐기기 좋은 아담한 놀이공원. 칸몬해협을 내려다보는 높이 약 60m의 6인승 대관람차를 비롯해 회전 그네 등 14종의 놀이기구가 마련돼 있다. 입장은 무료이고 놀이기구는 유료. 대부분의 기구는 3세부터 탑승할 수 있다. **MAP ⑳**

ⓖ 카랏토요코초
ADD 1-40 Arcaport, Shimonoseki
OPEN 11:00~18:00/수 휴무
PRICE 입장 무료, 놀이기구 1개당 300~700엔/
원데이 프리패스 초등학생 이상 2200엔, 3세~미취학 아동 1300엔,
가족 동반 프리패스(3세~초등학생 미만+16세 이상 1명) 2900엔
WALK 카이쿄칸에서 3분
WEB haikarat.com

포토 포인트는 카몬 워프 앞 복어 오브제.
몸에 새겨진 하트무늬를 찾아보자.

4 해변 산책, 쇼핑, 식사까지 OK

카몬 워프
カモンワーフ

칸몬해협을 따라 세워진 복합상업시설. 시모노세키의 명
물인 복어와 초밥 등을 맛볼 수 있는 레스토랑 존과 야마
구치현 기념품점이 모인 쇼핑 존으로 구성돼 있다. 카라
토 시장, 카이쿄칸과 데크로 연결돼 있어 산책 코스로도
사랑받는다. 매월 특정일 11:00~16:00에 바닷가 야외무
대에서 펼쳐지는 원숭이 묘기도 놓칠 수 없는 볼거리다.
묘기 일정은 홈페이지 공지사항에서 확인할 수 있다.
MAP ⑳

 카몬 워프
ADD 6-1 Karatocho, Shimonoseki
OPEN 식당 11:00~22:00, 상점 09:00~19:00/가게마다 다름
WALK 카라토터미널에서 1분
WEB kamonwharf.com

5 초밥을 털어라!

카라토 시장
唐戸市場

1933년부터 카라토를 지켜온 해산물 전문 도매시장. 금·
토요일(10:00~15:00)과 일·공휴일(08:00~15:00)에는 '이
키키 바칸가이活きいき馬関街'라는 초밥 시장이 열려
시장 전체가 스시 노점 거리로 변신한다. 가게마다 1개
(100~800엔) 단위로 판매하는 신선한 초밥을 일회용 용
기에 골라 담은 후 2층 전망 테라스나 해변 데크에서 바
다 풍경과 함께 즐길 수 있다. 평일이라면 2층 식당가를
공략할 것. 단, 대부분 일찍 문을 닫으므로 오전 방문이
유리하다. **MAP ⑳**

 가라토시장
ADD 5-50 Karatocho, Shimonoseki
WALK 카라토터미널에서 4분
WEB karatoichiba.com

+ **MORE** +

카라토 시장 2층 맛집 공유

◆ **시장식당 요시** 市場食堂よし
맛있는 복어튀김과 복어회를 선보여 손님이 끊임없이 밀
려든다. 정오까지만 주문을 받으니 서둘러야 하며 화·수요
일은 휴무이니 주의할 것. 카운터석 21석, 4인석 2석 규모
로 키오스크 결제 방식(한국어 지원, 신용카드 가능).

◆ **카이텐 카라토 시장스시** 海転からと市場寿司
200~300엔대 초밥이 일품이라 오픈 전부터 줄을 서서
번호표를 뽑고 기다리는 진풍경이 펼쳐진다. 복어살, 껍
질, 계절 한정 알 등 다양한 복어 초밥도 맛볼 수 있다. 테
이블에 비치된 한국어 터치패드로 주문 가능.

 시장식당 요시
OPEN 06:00~14:00(일·공휴일 08:00~)(L.O.13:00)/화·수 휴무

 회전 카라토 시장스시
OPEN 11:00~15:00(L.O. 14:30)

복어튀김,
복어회로 구성된
복어 정식ふくふく定食
2400엔

6 피터래빗이 사는 붉은 벽돌집

구 시모노세키 영국 영사관

旧下関英国領事館

1906년 지어진 영국 영사관 건물은 메이지 시대 외교 시설의 전형으로 평가받는 붉은 벽돌 건축물이다. 2층짜리 본관과 L자형 단층 별관으로 구성돼 있으며 내부 곳곳에 영국 동화 <피터래빗>을 활용한 포토존이 마련돼 있다. 1층은 피터래빗 기념품점, 2층은 애프터눈티를 제공하는 티룸 리즈Liz가 운영 중이다. 화장실 무료 이용 가능. **MAP ⑳**

ⓖ 시모노세키 영국 영사관
ADD 4-11, Karatocho, Shimonoseki
OPEN 09:00~17:00(티룸 리즈 10:00~18:00)/화 휴무
WALK 시모노세키 관광안내소에서 2분
WEB kyu-eikoku-ryoujikan.com

7 백 년 역사가 숨 쉬는 건축미

시모노세키 관광안내소
(구 아키타상회 빌딩)

旧秋田商会ビル

서일본 최초의 콘크리트 건물이자 시 지정 유형문화재. 1905년 종합무역회사 아키타상회의 사옥 겸 주택으로 지어졌다. 1층은 관광안내소, 2·3층은 일본식과 서양식이 어우러진 주거 공간으로 꾸며져 있다. 무료로 관람할 수 있고 창밖 경치도 훌륭해 잠시 들르기에 좋다. 나선 계단으로 오를 수 있는 옥상에는 일본 정원과 다실이 있지만 현재는 비공개. 옆에는 지금도 영업 중인 일본 우체국 청사 가운데 가장 오래된 시모노세키 남부 우체국이 있다. **MAP ⑳**

ⓖ 아키타 상회
ADD 23-11, Nabecho, Shimonoseki
OPEN 10:30~16:00/화·수(공휴일인 경우 그다음 평일) 휴무
PRICE 무료
WALK 카라토터미널에서 5분/카라토唐戸 정류장에서 1분

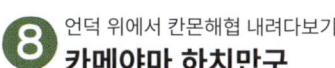

8 언덕 위에서 칸몬해협 내려다보기

카메야마 하치만구

亀山八幡宮(亀山宮)

헤이안 시대인 859년에 창건된 유서 깊은 신사. 입구에 세워진 높이 12.7m의 화강암 도리이는 일본 최대 규모로 알려져 있다. 언덕 위에 위치해 가파른 돌계단을 올라야 하지만 그 끝에는 칸몬해협과 시모노세키 시내가 한눈에 들어오는 시원한 풍경이 기다리고 있다. **MAP ⑳**

ⓖ 카메야마 하치만구
ADD 1-1 Nakanocho, Shimonoseki
OPEN 06:00~18:00
PRICE 무료
WALK 카몬 워프에서 3분
WEB kameyamagu.com

에마도 귀여운 복어 모양

⑨ 조선통신사의 발자취를 따라서

조선통신사상륙지

朝鮮通信使上陸淹留之地の碑

조선통신사가 일본에 첫발을 디딘 상륙지가 시모노세키
였음을 기념해 2001년에 세운 비석이다. 에도 시대 당시
조선은 일본과 유일하게 교류한 나라였으며 1607년부터
1811년까지 총 12차례 통신사를 파견했다. 시모노세키는
대마도를 제외하고 조선통신사가 처음 발을 디뎠던 장소
로, 매번 경유하던 항로상의 중요한 지점이었다. **MAP ⑳**

ⓖ 조선통신사상륙지　　　**WALK** 카라토 시장에서 8분

---

⑩ 반드시 기억해야 할 역사의 현장

청일강화기념관

日淸講和記念館

한반도 이권을 두고 일본과 청이 대립하던 가운데 1895
년 4월 17일 시모노세키 조약이 체결된 역사를 기록한 장
소다. 강화 회담이 열린 슌판로春帆楼 인근에 1937년 개관
했으며 청 전권대사 이홍장李鴻章과 이토 히로부미가 조약
을 맺은 회의실이 재현돼 있다. 이 조약으로 일본은 조선
에 대한 지배권을 확립하고 청으로부터 배상금과 영토를
넘겨받았다. 슌판로는 옛 병원을 요정 겸 여관으로 개조한
건물이자 일본 최초로 복어 요리 허가를 받은 곳이다. 이
토 히로부미가 이곳에서 복어 요리에 반해 300여 년 만에
복어 금식령을 풀었다고 전해진다. 제2차 세계대전 때 파
괴됐다가 복원됐다. **MAP ⑳**

ⓖ 청일강화기념관
ADD 4-3 Amidaijicho, Shimonoseki
OPEN 09:00~17:00
PRICE 무료
WALK 카몬 워프에서 8분/아카마 신궁에서 2분
WEB shimohaku.jp/page0106.html

---

⑪ 칸몬해협이 예쁘게 찍히는 포토존

아카마 신궁

赤間神宮

칸몬해협의 상징으로 불리는 신사. 입구에 세워진 붉은색
수천문水天門은 용궁을 형상화한 것이다. 1185년 칸몬해
협에서 벌어진 단노우라 전투壇ノ浦の戦い에서 8세의 어
린 나이에 바다에 몸을 던진 안토쿠 덴노를 기리기 위해
건립됐다. 매년 5월 2~4일에는 덴노를 추모하는 성대한
축제가 열린다. 신사 안에 왕릉이 있어 왕실이 시모노세
키를 방문할 때 반드시 참배하는 곳이며 조선통신사의 숙
박지로도 활용됐다. 일본 괴담 <귀 없는 호이치>의 배경
지이기도 해서 경내에는 비파를 연주하는 호이치芳一 동
상이 있다. **MAP ⑳**

ⓖ 아카마신궁
ADD 4-1 Amidaijicho, Shimonoseki
OPEN 09:00~17:00
PRICE 무료
WALK 카몬 워프에서 8분/아카마진구마에赤間神宮前 정류장 앞
WEB akama-jingu.com

12 혼슈와 규슈를 잇는 관문
칸몬교
関門橋

시모노세키와 기타큐슈를 잇는 총길이 1068m의 현수교. 1937년 개통 당시 세계 10위, 아시아에서는 가장 긴 다리였다. 낮에는 높이 61m의 다리 아래로 유유히 지나가는 대형 선박을 감상할 수 있고 밤에는 조명이 아름답게 빛난다. **MAP ⑳**

Ⓖ 간몬교

13 해저 터널 따라 모지코까지
칸몬터널 인도 입구
(시모노세키 측)
関門トンネル人道入口

야마구치현

후쿠오카현

터널 중간의 야마구치현(시모노세키)과 후쿠오카현(기타큐슈)이 만나는 지점

1938년 착공해 1958년에 완공한 세계 최초의 해저 보행자 전용 터널. 지상 입구에서 엘리베이터를 타고 지하 55m 아래로 내려가면 본격적인 해저 터널이 시작된다. 칸몬해협 아래를 780m가량 관통해 모지코까지 도보 약 15분. 자전거나 오토바이를 타고 왔다면 내려서 끌고 가야 한다. 터널을 빠져나오면 찻길 건너에 메카리 신사(423p)가 자리한다.

터널 입구에는 칸몬터널 자료관과 소규모 상점들이 입점한 칸몬 플라자가 있다. 인기 먹거리는 이치무라 카마보코市村蒲鉾 직영점의 치쿠와 어묵과 소프트아이스크림이다. **MAP ⑳**

Ⓖ 칸몬플라자
ADD 22-34 Mimosusogawacho, Shimonoseki
OPEN 06:00~22:00
PRICE 도보 무료, 자전거·오토바이 20엔(요금함에 투입)
WALK 아카마 신궁에서 15분(1km)
BUS JR 시모노세키역 동쪽 출구 앞에서 선덴 버스를 타고 약 11분(300엔), 미모스소가와御裳川 정류장 하차/카라토터미널 근처 카라토唐戸 정류장에서 선덴 버스를 타고 약 4분(230엔), 미모스소가와 정류장 하차

+MORE+

미모스소가와 공원 みもすそ川公園

칸몬터널 인도 입구 앞 큰길 건너에 자리한 곳으로, 1185년 겐페이 전쟁의 마지막 무대였던 단노우라(옛 시모노세키) 전투를 기념한다. 이 전투에서 승리한 겐지가 권력을 잡아 이후 19세기 후반까지 이어지는 군사정권 체제를 수립한다. 무사정권의 주축 가문 겐지源氏와 귀족 권력을 상징하는 헤이시平氏의 주요 인물 조형물, 전장 설명 패널, 어린 안토쿠 덴노가 바다로 몸을 던진 지점을 기리는 비석 등이 당시의 비극과 격변을 전한다.

THIS IS
디스이즈후쿠오카
FUKUOKA
후쿠오카 유후인 벳푸 기타큐슈 시모노세키

⑲ 모지코레트로

모지 전기통신 레트로관 ⑩

모지코 레트로 전망대 ⑨

기타큐슈시 ⑧ 다렌우호기념관

블루윙 모지 ⑦ mojiko♥

구 모지세관 ⑥

이데미쓰미술관 出光美術館

시모노세키

코가네무시 🍴

카레혼포 모지코 레트로점

칸몬 연락선 모지항 승선장 ②

프리미어 호텔 모지코

매표소

구 오사카상선 ③

바나나맨 상

•지모군 상

밀크홀 🍴

베어 프루트 프린세스 피피 🍴

구 모지미츠이 클럽 ④

카이쿄 플라자 ⑤

북쪽 출구

① JR 모지코역

남쪽 출구

모지코역 앞 門司港駅前

ℹ️

규슈철도기념관

칸몬해협 뮤지엄 ⑫

규슈 철도기념관 ⑪

0   100m

⑳ 시모노세키

칸몬터널 인도 입구 (시모노세키 측)

미모스소가와 御裳川

칸몬교

아카마 신궁 ☆

아카마 신궁 앞 赤間神宮前

카라토 唐戸

카라토 시장 ☆

카라토터미널 ☆

카이쿄칸 ☆

0   500m

부산문

시모노세키역 下関駅

JR

카이쿄 유메 타워 ☆

시모노세키 下関

다이마루 시모노세키점

시몰

시모노세키항 국제터미널 下関港国際ターミナル

모지코

칸몬 연락선 모지항 승선장

시모노세키 관광안내소 ⑦

카라토 唐戸

구 시모노세키 ⑥ 영국 영사관

청일강화 기념관 ⑩

아카마 신궁 ⑪

칸몬터널 인도 입구 ⑬ (시모노세키 측)

미모스소가와 御裳川

카라토터미널 ①

칸몬 연락선 승선장

카메야마 ⑧ 하치만구

아카마 신궁 앞 赤間神宮前

미모스소가 공원 みもすそ川公園

카이쿄칸 ②

카몬 워프

카라토 시장 ⑤

조선통신사상륙지 ⑨

하이! 카랏토요코초

시장식당 요시 🍴

칸몬교 ⑫

하얀 등대

빨간 등대

카이텐 카라토 시장스시 🍴

모지코

0   200m

메텔과 테츠로의 동상 • • 하록 선장 동상

아루아루시티 **2**

북쪽 출구 신칸센 출구

기타큐슈 만화박물관 **3**

고쿠라역 999 차장의 좌석 벤치 코메다 커피

기타큐슈시 종합관광안내소 **1** JR 고쿠라역

고쿠라 小倉

남쪽 출구 (고쿠라성 출구)

아뮤플라자 고쿠라

카시와 우동 플랫핏토
• 가든시티 코쿠라
• 우체국

고쿠라역 버스센터 小倉駅バスセンター

시로야 베이커리 고쿠라점

사루타히코 **5** 고쿠라 주오 상점가

고속버스정류장 小倉駅前高速バスのりば

코게츠도 본점

4 세인트시티

5 우오마치 긴텐가이

기타큐슈 모노레일

11 고쿠라 이즈츠야 본점

• 오가이교 (보행자 전용)

샌드위치 팩토리 OCM

고쿠라역 입구 小倉駅入口

고쿠라역 입구 小倉駅入口

헤이와도리 平和通

이나카얀 고쿠라 본점

고쿠라 가마보코

12 탄가 시장

고쿠라도

탄가 우동

탄가 旦過

0   100m

⑰ 구로카와 온천

료칸 코우노유

④ 오 구로카와

파티세리 로쿠 고토샤케텐
② 지조도 ① 카제노야
후모토 료칸
스미요시 쇼쿠도
신메이칸 우나키타
유논 카페
타노하라강 田の原川 ③ 후지야
이코이 료칸
마루스즈 다리

호시노 리조트
카이 아소

구로카와 온천
黒川温泉

0 ---- 100m

⑱ JR 고쿠라역 주변

⑥ 리버워크 기타큐슈

⑧ 고쿠라 기온 야사카 신사

츠키미야구라

토라노몬

천수각 ⑦
고쿠라성
고쿠라성 정원

니시노구치몬
오테몬 오테사키몬
시로 테라스

⑨ 마츠모토 세이초
기념관

시라스 등대

⑩ 기타큐슈시
평화의 마을 뮤지엄

나카노교

⑮ JR 벳푸역 주변

유사이노야도 보우카이

⑤ 벳푸 타워

토요츠네 벳푸역점

벳푸 키타하마③ 別府北浜③

카메노이 버스 키타하마 버스센터
北浜バスセンター

아마넥 벳푸 유라리

토키와 벳푸점 ④

벳푸 키타하마 別府北浜

토요츠네 본점

JR 벳푸역 ①

아부라야 쿠마하치 동상

로쿠세이(B1F)
토요켄(B1F)

족욕탕(B1F)

오이타 교통 벳푸 키타하마 別府北浜

호시노 리조트 카이 벳푸

벳푸역 서쪽 출구
(벳푸에키니시구치)
別府駅西口

②

벳푸역 앞(벳푸에키마에)
別府駅前

벳푸 핫토 온야도 노노

벳푸 키타하마 別府北浜

동쪽 출구

벳푸역(벳푸에키)
別府駅

에키마에 코토온센

슈퍼 호텔 벳푸 에키마에

소르파세오 긴자 상점가

마루야마 스토어 벳푸역점

야요이 상점가 ③

킷사 나츠메

야요이텐구

후쿠야

타케가와라온센 ⑥

벳푸역 시장

킷사 무무무

⑦ 유메타운 벳푸

토모나가팡야

0   100m

⑯ 벳푸 지옥 순례(칸나와)

이야시노야도 이로하

⑨ 무스비노
⑧
후지야 하나야모모

가마솔 지옥
(카마도지고쿠)

가마솔 찻집

도깨비산 지옥
(오니야마지고쿠)

바다 지옥
(우미지고쿠) ①

칸나와엔

③

칸나와
鉄輪②

④

칸나와 鉄輪①

야스라기노야도 유후

극락만주 본점
카페테리아 우미

지고쿠메구리 가린
地獄めぐり通り

지옥 온천 뮤지엄

미유키자카
みゆき坂

이데유자카
いでゆ坂

연덕길

효탄온센

地獄原・ひょうたん温泉

유후

오니이시노유

스님 머리 지옥
(오니이시보즈지고쿠) ②

흰 연못 지옥
(시라이케지고쿠) ⑥

⑤

바다 지옥 앞
海地獄前

지옥찜 공방 칸나와

쿠로다야 호텔

칸나와구치
鉄輪口

효탄온센

0   200m

⑫ 유후인역과 그 주변

와사쿠 · 니코 도넛 유후인 본점 · 오토마루온센칸
세븐일레븐 · 테라토 말차 젤라토 · 유후마부시 신 2호점
젬스 유후인 · 도리이 · 로손
유후인역 앞 버스센터 由布院駅前バスセンター
히노신 족욕탕 · 타케오
② JR 유후인에키노 아시유
히노신 · 미르히 도넛 앤 카페
① JR 유후인역 · 타비무스비
③ 유후시 관광 정보 센터
이온 마트
코마츠야
0 100m

⑬ 유노츠보 거리

유후인 마나마나 · 유후인 잼키친 코토코토야 · 동구리노 모리
팡토 에스프레소토 · 족욕 카페 유후인 · 유후인노 이누야시키 · 유후인 쇼와칸 ⑧
에이코프 · 미르히 본점 · 나카스 카라아게 키치고 · 유후인토 · ③ 유후인 요코초 · ④ · ⑥ ⑦ 유후인 가라스노모리
비-스피크 · 유노츠보 거리 湯の坪街道
JR 유후인역 · 금상 고로케 2호점 · 하나코지 키쿠야 · 유노츠보 거리 湯の坪街道
⑤ 유후인노 네코야시키 · 노르웨이의 숲 카페(2F)
쿠쿠치 · 에노키야 료칸 · 유후료치쿠 · 유후인 플로랄 빌리지
① 코미코 아트 뮤지엄 · 스테이 타마노유 · 유노츠보온센
0 100m

⑭ 킨린코와 그 주변

유후인 가라스노모리 ☆
유노츠보 거리 湯の坪街道
유후인 플로랄 빌리지 · 유후인 마메시바 카페
금상 고로케 · 대왕 게맛살구이 · 누루카와온센 · ⑤ 유후인 쇼추쿠라
갤러리 앨리스 티룸 체셔 고양이의 숲 · 유후인 올빼미의 숲
이마이즈미도 · 카페 라 뤼슈
② 미피모리노 키친 & 베이커리 · 유후마부시 신 킨린코 본점 · 시탄유
④ 규슈 자동차역사관
③ 스누피 빌리지 · 스누피차야
⑥ 킨린코 (킨린 호수)
우드스톡 네스트
텐소 신사 ⑦
⑨ 모쿠아미노모리 · ⑧ 카기야 · 유노타케안
사보 텐조사지키
0 50m

호시노 리조트
카이 유휴인

탄스 바
산소 무라타

아르테지오

테오무라타
& 테 테오

유후인 야스하

산소
카레 우동
키쿠스케

무라타 후쇼안

유후다케
由布岳

유후인
쇼와칸

유후인 가라스노모리

유노츠보 요코초

유후인
플로랄 빌리지

누루카와온센

스누피
빌리지

시탄유

유노츠보 거리
湯の坪街道

킨린코
(킨린 호수)

유후료치쿠

에노키야 료칸

유노츠보온센

텐소 신사

에이코프

비-스피크

MAP 13

코미코
아트 뮤지엄

스테이 타마노유

MAP 14

MAP 12

오토마루온센칸

유후인역 앞 버스센터
由布院駅前バスセンター

젬스 유후인

그랜드마

유후인
由布院

유후시 관광 정보 센터

이온 마트

센케

료소 마키바노이에

유후인
겐코온센칸

유후인
스테인드글라스 미술관

유후인 호텔 슈호칸

유후인 산스이칸

유후다케온센

바이엔 가든 리조트

유후인 아마미차야

유후인 이요토미

우나기히메 신사

무소엔

0   200m

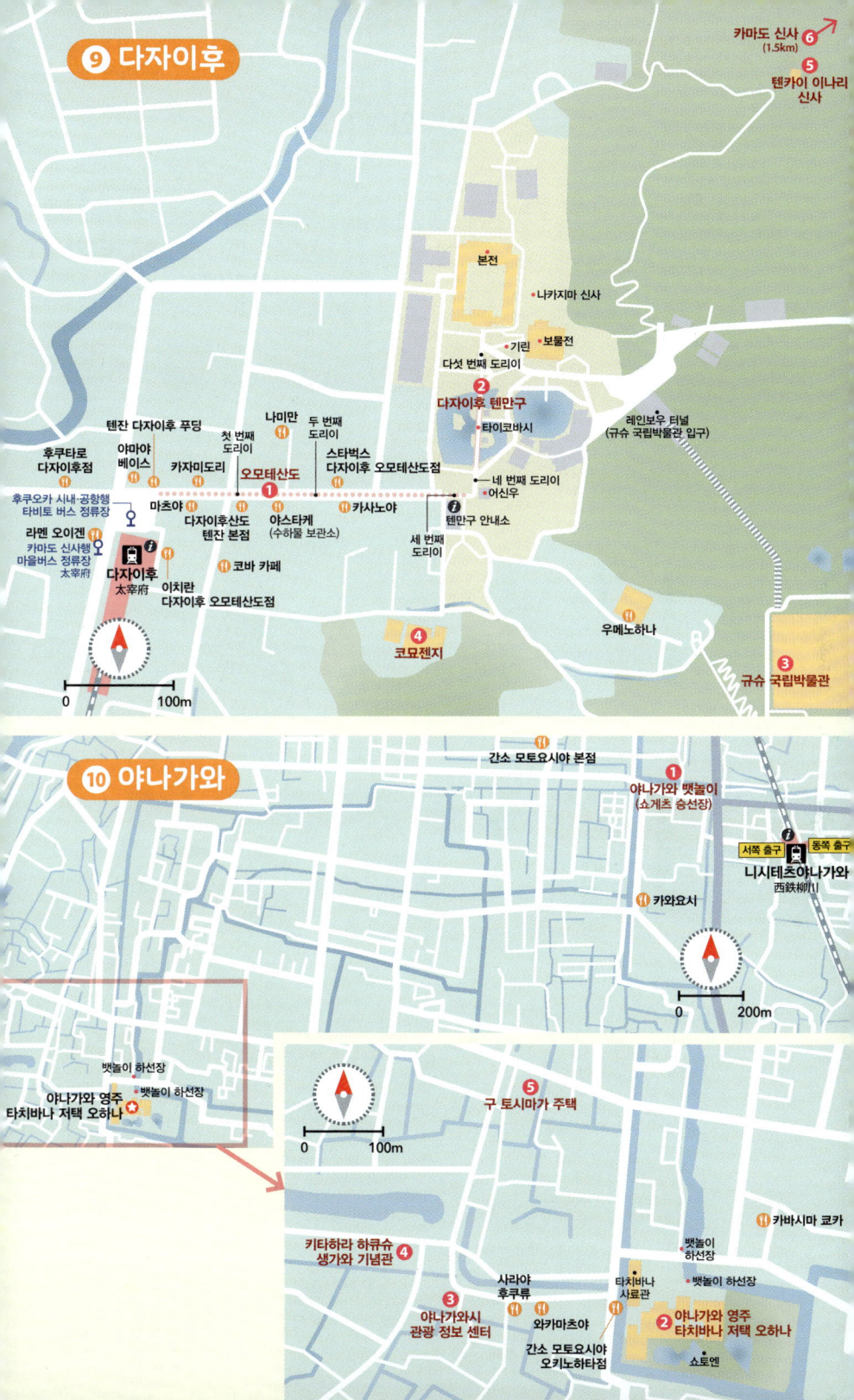

⑨ 다자이후

카마도 신사 ➏
(1.5km)

텐카이 이나리 ➎
신사

본전

나카지마 신사

➋ 기린 · 보물전
다섯 번째 도리이

다자이후 텐만구

타이코바시

레인보우 터널
(규슈 국립박물관 입구)

나미만
두 번째
도리이
네 번째 도리이

첫 번째
도리이
어신우

스타벅스
다자이후 오모테산도점

텐잔 다자이후 푸딩

야마야
베이스

카자미도리

오모테산도 ➊

후쿠타로
다자이후점

ⓘ
텐만구 안내소

마츠야

야스타케
(수하물 보관소)

카사노야

세 번째
도리이

후쿠오카 시내·공항행
타비토 버스 정류장

다자이후산도
텐잔 본점

라멘 오이겐
카마도 신사행
마을버스 정류장

🚉 ⓘ
다자이후
太宰府

코바 카페

이치란
다자이후 오모테산도점

우메노하나

➍
코묘젠지

➌
규슈 국립박물관

0   100m

⑩ 야나가와

간소 모토요시야 본점

➊
야나가와 뱃놀이
(쇼게츠 승선장)

서쪽 출구 ⓘ 동쪽 출구
🚉
니시테츠야나가와
西鉄柳川

카와요시

0   200m

뱃놀이 하선장

야나가와 영주
타치바나 저택 오하나

➎
구 토시마가 주택

0   100m

키타하라 하큐슈
생가와 기념관 ➍

카바시마 쿄카

사라야
후쿠류

뱃놀이
하선장

타치바나
사료관

뱃놀이 하선장

➌
야나가와시
관광 정보 센터

와카마츠야

➋
야나가와 영주
타치바나 저택 오하나

간소 모토요시야
오키노하타점

쇼토엔

7 야쿠인·시로가네·히라오

메구
텐푸라 나가오카
코모에스
미츠이모 타임
야쿠인점
타베고로 하쿠슌칸
와타나베도리점
코메
이점
만다 우동
코바 주점
야쿠인
薬院
야쿠인
薬院
2 쾅야 무츠카도 야쿠인 본점
야요이켄
써니 와타나베도리점
쓰리 비 포터스
렉 커피 11 야쿠인역 앞점(본점)
니쿠이치 야쿠인점
오야츠야 유노 킷사 10
리브롤 크래프트 사케 브루어리
야쿠인오도리 薬院大通
9 커피 카운티 후쿠오카점
타카사고 高砂
시로가네 白金
시로가네 코미치 야마야 총본점
4 올소 문스타
디그 인 8
카브 드 르 셉
3 프랑스 과자 16구
하이타이드 스토어
아오하타 북스토어 6
5 아베키
히라오 平尾
니시테츠히라오 西鉄平尾
12 만리 커피

0 — 200m

8 시사이드 모모치

절경 3형제(옥상)
산리오 캐릭터즈 드리밍 파크(7F)
팀랩 포레스트 후쿠오카(5F)
모모치 선착장
ももち
마리존
5 미즈호 페이페이 돔 후쿠오카
6 보스 이조 후쿠오카
나기사교
시사이드 모모치 해변공원 2
모모치하마 해변
중앙 플라자 공원
솔방울
후쿠오카 타워 1
리퓨지 스카이 카페 & 다이닝
포타마
코메다 커피
〈사랑에 빠진 큰 새〉
지교 중앙공원
규슈 의료 센터
九州医療センター
마크 이즈 후쿠오카 모모치
요카토피아교
〈코바요〉
TNC 방송회관
福岡タワー〈TNC放送会館〉
〈미러 니진스키〉
〈후레아이교〉
7 미즈호 페이페이 돔
みずほPayPayドーム
후쿠오카 타워 남쪽 입구
福岡タワー南口
〈푸들〉
〈순환의 향수〉
사잔센 거리
4 후쿠오카시 종합도서관
3 후쿠오카시 박물관
〈워터랜드〉
〈이소노 플라자〉
8 후지야 식당

0 — 200m

6 오호리 공원·롯폰마츠

- 니시 공원 중앙 전망 광장
- **3** 니시 공원
- ♨ 테루모 신사
- 나가하마 선어시장 **7**
- 나가하마 선어시장 식당가
- 나노츠도리 那の津通り
- 간소 라멘 나가하마케
- 나노츠도리 那の津通り
- 다이쇼도리 大正通り
- 푹 커피 파크
- 파티스리 자크 오호리점
- 메이지도리 明治通り
- ♨ 오호리 공원 大濠公園
- 오호리공원 大濠公園
- 쇼와도리 昭和通り
- 쇼와도리 昭和通り
- 노구쿠도
- 보트하우스
- 로열 가든 카페 오호리 공원
- 메이지도리 明治通り
- 아카사카 赤坂
- 시모노하시 고몬
- 부견당 (우키미도)
- 후쿠오카성 무카시 탐방관
- 아카사카 赤坂
- 스타벅스 오호리 공원점
- **1** 오호리 공원
- 코로칸 역사박물관
- 경고교차점 警固交差点
- 후쿠오카 미술관 동쪽 출구 福岡市美術館東口
- **2** 마이즈루 공원
- 〈윈드 스컬프처(SG)Ⅱ〉
- 〈호박〉
- 천수대
- 앤드로컬스 오호리 공원점
- 후쿠오카시 미술관
- 고쿠타이도리 国体道路 国体道路
- **6** 케야키 거리
- 케고 警固
- 오호리 테라스
- 일본 정원
- 코히 비미
- 아카사카3초메교차점 赤坂3丁目交差点
- 고쿠타이도리 国体道路
- 히이라기
- 코메다 커피
- 아맘 다코탄 롯폰마츠점(본점)
- 사쿠라자카 桜坂
- 롯폰마츠 六本松
- **4** 롯폰마츠 421
- **5** 후쿠오카시 과학관
- 우동 비요리
- 롯폰폰
- 커피맨
- 마츠빵
- 0 200m

A

B

B

이온 쇼퍼스 후쿠오카
보쿠스(4F)
다이소·쓰리피(4F)

미나 텐진
로프트(4F)
GU(4F)
유니클로(1~2F)
쓰리코인즈 플러스(B1F)

⑤ 후쿠오카 현립미술관
커넥트 커피

하카타 하나미도리
나카스 본점

나카스카와바타
中洲川端

돈키호테
나카스점

야타이바 에비짱
후쿠오카시
아카렌가 문화관 **④**

이치란
본사총본점

나카스
中洲

昭和通り

나카강
那珂川

쇼와도리

텐진 지하가

트러플 베이커리
텐진 지하가점

우마카몬 거리
博多名物うまかもん通り

스이쿄 텐만구 **③**

메이지도리 明治通り

줄리엣츠 레터

돈카츠 와카바
본점

텐진
리바크루즈

후쿠하쿠
만남 다리

텐진
天神

텐진
天神

파르코
후쿠오카점
(신관)

파르코
후쿠오카점
(본관)

원 후쿠오카 빌딩
나카가와 마사시치 상점(3F)
츠키시마 몬자 타마토야(B1F)
보우야(B1F)

아크로스
후쿠오카 **②**
텐푸라 히라오(B2F)
아지노 마사후쿠(B2F)

빵 스톡 텐진점
구 후쿠오카현
공회당 귀빈관

텐진 중앙공원 **①**

하카타 시푸드
우오덴

간소 하카타 멘타이주

니시나카스
西中洲

메르헨
차임

솔라리아
스테이지

효탄 스시(B2F)
텐진 호르몬 총본점(B2F)
마루니 텐진 본점(B2F)

비오로

이와타야(신관)

텐진 중앙공원 **①**

후쿠오카시청
福岡市役所

솔라리아
플라자

토지
(B2F)

효탄 스시

사츠마야

코메다 커피

고쿠타이도리
国体道路

하루요시
春吉

니시테츠 텐진 고속버스터미널
西鉄天神高速バスターミナル

이와타야
(본관)

솔라리아
터미널 빌딩 **⑥**

니시테츠후쿠오카(텐진)역
西鉄福岡(天神)駅

케고 공원

다이마루 후쿠오카
텐진점(본관)

다이마루 후쿠오카
텐진점(동관)

카쿠우치 후쿠타로

소후렌
와타나베도리점

아임 도넛?

미츠코시
후쿠오카점

이모야 킨지로
텐진 지하가점

텐진미나미
天神南

라멘 나오토

몽벨

빅카메라 텐진 2호관

케고 신사 **⑦**

블루 보틀 커피

빅카메라
텐진 1호관

멘야 카네토라
텐진 본점

오사케노 미술관
텐진점

돈카츠 와카바 별관
(가츠동 와카바)

다이코쿠드럭
텐진미나미점

스파이스
메구스타

슈퍼 스포츠 제비오
후쿠오카 텐진점

코메다 커피

돈키호테
후쿠오카 텐진 본점

하카타
하나미도리
텐진점(B1F)

네오 메구스타
이마이즈미점

이쿠라
텐진 이마이즈미점

그린 빈투바 초콜릿
후쿠오카점

우오추

코모에스
이마이즈미

이마이즈미
今泉

히키니쿠토 코메
이마이즈미점

미츠이모 타임
야쿠인점

와타나베도리
渡辺通

와타나베도리
渡辺通

와타나베도리
渡辺通

타베고로 하쿠순칸
와타나베도리점

0   100m

D

⑤ 텐진·다이묘·이마이즈미

0 ────── 100m

신신 라멘
텐진 본점

야요이켄

야타이 겐카이

쇼와도리 昭和通り

메이지도리 明治通り

하카타 모츠나베 오오야마
텐진 벳테이점

후루기야
잼

만다라케

땡큐 마트

⑧
신텐초 상점가

코히샤 노다
다이묘 본점

리츠 칼튼
후쿠오카

니시테츠
그랜드 호텔

하카타 하나미도리
텐진 니시도리점(2F)

파크 사우스 샌드위치

아카사카
赤坂

메이지도리 明治通り

텐푸라 히라오
다이묘점

⑨
후쿠오카 다이묘
가든 시티 파크

키라메키도리

메구스타
아카사카점

이와타야
(본관)

휴먼 메이드

다이묘
大名

나나미카

포타마

후지마루

부타소바 츠키야
다이묘점

엑스라지

애플

스투시

하카타 모츠나베 아마나카
아카사카점(2F)

맥스밸류 익스프레스

하카타 모츠나베
마에다야 다이묘점

잇푸도
다이묘 본점

리얼 맥코이

리바이스

규카츠 모토무라
텐진 니시도리점

써니
아카사카점

폴 스미스

카반

수프림

준쿠도 서점

원조 토마토 라멘 333 산미
텐진 다이묘 본점

칼하트 윕

그라니프

아카사카
赤坂

토리보시 본점

히카루 커피

간소 모츠나베 라쿠텐치
텐진 총본점(2F)

유니온3

캐피탈

리틀 스탠드
다이묘점

빌리스

모츠나베 타슈
후쿠오카 다이묘 본점

간소 모츠나베 라쿠텐치
이마이즈미 총본점(2F)

아카사카 코미칸

카마키리 우동

더 플레이버 디자인 스토어

고쿠타이도리 国体道路

멘야가가 텐진점

팩토리 마켓

야마야 다이묘점

론 허먼

아루

다이스앤다이스

고쿠타이도리 国体道路

케이탁 스퀘어 가든

돈카츠 요시다

메시야 코야마 파킹

케고
警固

토리보시 케고점

이마이즈미
今泉

카와야 케고점

메구스타 케고점

텐푸라 나가오카

티그르 브로캉트

A

고후쿠마치 吳服町
써니 고후쿠마치점

④ 캐널시티·나카스·기온

하카타 모츠나베 오오야마 본점

네넨테스 하카타

이시무라 만세이도 본점

토키네리(1F)
토카도 커피(B2F)
하카타 리버레인 by 타카시마야 ④

하카타 미즈타키 하마다야 텐야마치점

쇼쿠도 오완

오층탑

후쿠오카 아시아 미술관 ⑥

토초지 ⑩

스즈카케 본점

모치키치 하카타 본점

시마모토 하카타역 앞점

후쿠오카 호빵맨 어린이 박물관 ⑤

나카스카와바타 中洲川端

바쿠레

하카타 아카초코베

기온 祇園

하카타 하나미도리 나카스 본점

판델솔

신슈소바 무라타

기온 祇園

돈키호테 나카스점

하카탄 사카나야고로

하카타 카와바타 젠자이 히로바

하카타 향토관 ⑨

이치란 본사총본점

푸드웨이 나카스시키코마치점

카레혼포 본점

쿠시다 신사 ③

다이토엔 기온점

나카스 中洲

하카타 카와바타 도산코 본점

카와바타 상점가 ②

다이토엔 본점

카와야 기온점

메이게츠도 본점 (카와바타점)

나카강 ⑧

우나기도코로 야나가와야 본점

하카타 모츠나베 마에다야 리버사이드 나카스점

하카타 하나미도리 기온점

나카스 리버크루즈 ⑧

후쿠하쿠 만남 다리

요시즈카 우나기야

맥스밸류 익스프레스 하카타기온점

니시나카스 西中洲

하카타 시푸드 우오덴

부타소바 초키야 본점

후쿠야 나카스 본점

삼 뒤 뱅

나카스 포장마차 거리 ⑦

캐널시티·카와바타 상점가 연결 통로

구시다진자마에 櫛田神社前

하루요시교

모츠나베 이치타카 하카타에키마에도리점

빵토 에스프레소토 하카타토

야타이 라멘 신류

이쿠라 하카타점

그랜드 하얏트 후쿠오카

분수쇼/ 캐널 아쿠아 파노라마

야키니쿠 카쿠라 기온마치점(2F) 풀풀 하카타(1F)

JR 하카타역

캐널시티 하카타 ①

소호렌 하카타에키마에점

소호렌 와타나베도리점

하카타 미즈타키 하마다야 본점(2F)
우나기도코로 야나가와야 하카타점(1F)
야키토리노 하치베이 벳칸(1F)

모츠나베 나가마사 하카타 본점

이토오카시

하루요시 春吉

오사카나토 소멘 이자카야 신

라멘 나오토

쇼쿠도 니자카나 쇼넨

라쿠스이엔 ⑫

토모조에 본점

스미요시 신사 ⑪

메이 카페

스미요시도리 住吉通り

와타나베도리 渡辺通

스탠다드 매뉴얼

스미요시 슈한

와타나베도리 渡辺通

와타나베도리 渡辺通

타베고로 하쿠슌칸 와타나베도리점

메구스타 파이브

이나다야 선

쇼쿠도 미즈

킷사 베니스

스미요시도리 住吉通り

야나기바시 시장 ⑬

써니 와타나베도리점

0   100m

B

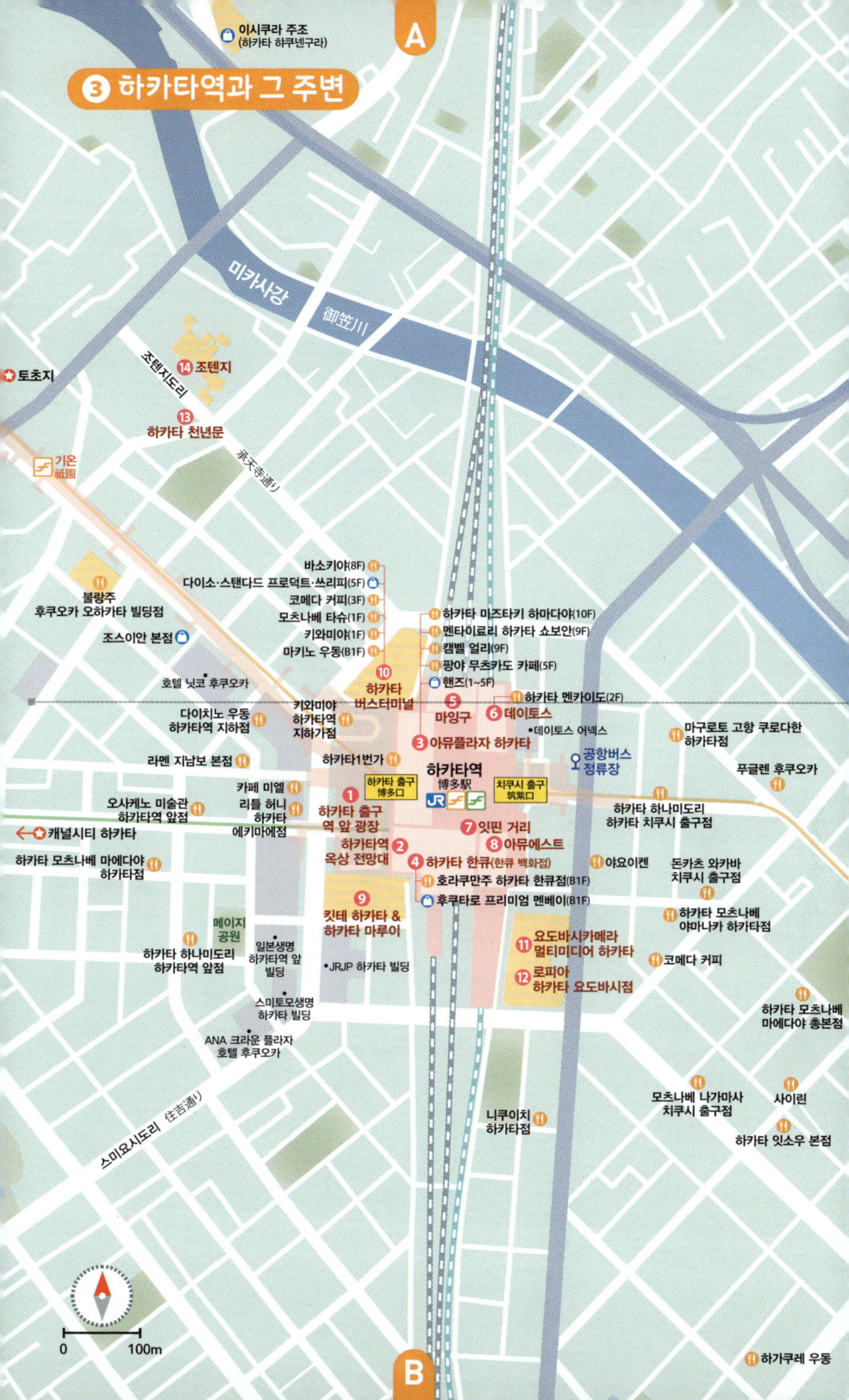

❸ 하카타역과 그 주변

A

이시쿠라 주조
(하카타 하쿠넨구라)

미카사강 御笠川

★토초지

14 조텐지
조텐지도리

13 하카타 천년문

祇園 (기온) 祇園

불랑주
후쿠오카 오하카타 빌딩점

조스이안 본점

바소키야(8F)
다이소·스탠다드 프로덕트·쓰리피(5F)
코메다 커피(3F)
모츠나베 타슈(1F)
키와미야(1F)
마키노 우동(B1F)

호텔 닛코 후쿠오카

하카타 미즈타키 하마다야(10F)
멘타이료리 하카타 쇼보안(9F)
캠벨 얼리(9F)
꽝야 무츠카도 카페(5F)
핸즈(1~5F)

다이치노 우동
하카타역 지하점

키와미야
하카타역
지하가점

10 하카타
버스터미널

하카타 멘카이도(2F)

5 마잉구
6 데이토스
·데이토스 어넥스

라멘 지남보 본점

3 아유플라자 하카타

하카타1번가

마구로토 고향 쿠로다한
하카타점

푸글렌 후쿠오카

카페 미엘
리틀 허니
하카타
에키마에점

오사케노 미술관
하카타역 앞점

←캐널시티 하카타

하카타 모츠나베 마에다야
하카타점

1 하카타 출구
역 앞 광장

하카타역
博多駅

하카타 출구
博多口

공항버스
정류장

하카타 하나미도리
하카타 치쿠시 출구점

하카타역
옥상 전망대

치쿠시 출구
筑紫口

JR

7 잇핀 거리

8 아뮤에스트

야요이켄

돈카츠 와카바
치쿠시 출구점

2

4 하카타 한큐(한큐 백화점)

메이지
공원

9 킷테 하카타 &
하카타 마루이

일본생명
하카타역 앞
빌딩

하카타 하나미도리
하카타역 앞점

스미토모생명
하카타 빌딩

•JRJP 하카타 빌딩

호라쿠만주 하카타 한큐점(B1F)
후쿠타로 프리미엄 멘베이(B1F)

요도바시카메라
멀티미디어 하카타

11

하카타 모츠나베
야마나카 하카타점

12 로피아
하카타 요도바시점

코메다 커피

하카타 모츠나베
마에다야 총본점

ANA 크라운 플라자
호텔 후쿠오카

니쿠이치
하카타점

모츠나베 나가마사
치쿠시 출구점

사이린

스미요시도리 住吉通り

하카타 잇소우 본점

0   100m

하가쿠레 우동

B

❷ 후쿠오카 전도

하코자키미야마에
箱崎宮前

마이다시큐다이뵤인마에
馬出九大病院前

요시즈카역 JR
吉塚駅

하카타항 국제터미널
博多港国際ターミナル
마린 멧세 후쿠오카

지요켄초구치
千代県庁口

하카타항
博多港

하카타 포트 타워
베이사이드
플레이스 하카타

MAP ❻

후쿠오카 현립미술관

커넥트 커피

고후쿠마치
呉服町

MAP ❹

MAP ❸

이시쿠라 주조
(하카타 하쿠넨구라)

나가하마
선어시장

하카타 리버레인
by 타카시마야

나카스카와바타
中洲川端

기온
祇園

하카타
천년문

MAP ❺

후쿠오카시
아카렌가 문화관

나카스
中洲

카와바타
상점가

쿠시다 신사

쿠시다진자마에
櫛田神社前

미나 텐진

텐진
天神

텐진
중앙공원

하루요시교

원 후쿠오카 빌딩

텐진 지하가

후쿠오카시청

이와타야

텐진미나미
天神南

하카타 버스터미널

공항버스
정류장

하카타역 JR

하카타 출구

치쿠시 출구

메이지도리
明治通り

아카사카
赤坂

니시테츠 텐진
고속버스터미널

케고
신사

나카스
포장마차 거리

캐널시티
하카타

케야키 거리

돈키호테
후쿠오카 텐진 본점

니시테츠후쿠오카(텐진)역

와타나베도리
渡辺通り

야나기바시
시장

스미요시 신사

MAP ❼

스미요시도리
住吉通り

시내버스 150엔 균일요금 구간

쓰리 비 포터스

야쿠인
薬院

아쿠인오도리
薬院大通

하이타이드 스토어

카브 드르 셉

사쿠라자카
桜坂

니시테츠히라오
西鉄平尾

만리 커피

나카강

❶ 후쿠오카 광역도

MAP 8

0 2km

0 200m

아이노시마

신구항 선착장

홋코다이마에
福工大前

우미노나카미치
海ノ中道

우미노
나카미치

아일랜드
시티

사이토자키
西戸崎

카시이
香椎

이토시마

노코노시마

모모치
선착장

하카타항 국제터미널
博多港国際ターミナル

메이노하마
선착장

하카타항
博多港

후쿠오카공항
福岡空港

시사이드
모모치

니시테츠후쿠오카(텐진)역
西鉄福岡(天神)駅

하카타역
博多駅

후쿠오카공항
국제선 터미널

규다이갓켄토시
九大学研都市

今宿

下山門

메이노하마
姪浜

라라포트
후쿠오카

니시 공원

모모치 선착장
ももち

시사이드 모모치
해변공원

미즈호 페이페이 돔
후쿠오카

보스 이조 후쿠오카

후쿠오카 타워

나노츠도리 那の津通り

도진마치
唐人町

메이지도리 明治通り

쇼와도리 昭和通り

후쿠오카시 박물관

오호리공원
大濠公園

니시진
西新

오호리 공원

마이즈루 공원

후쿠오카시
미술관

후지사키
藤崎

롯폰마츠
六本松

벳푸사시도리

롯폰마츠 421

別府橋通り

벳푸
別府

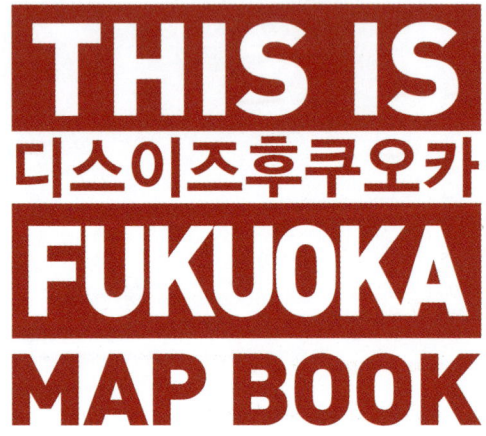

THIS IS
디스이즈후쿠오카
FUKUOKA
MAP BOOK